王定华 河南上蔡人。教育学博士、教授、博士生导师。北京外国语大学党委书记，国家督学，国家教师教育专家委员会副主任委员，教育部普通高等学校师范类专业认证专家委员会副主任委员，全国高等学校设置评议委员会委员。曾在河南大学、河北大学和美国波特兰州立大学学习。先后担任河南大学教育系教师，国家教委基础教育司义务教育处副处长、高中教育处副处长，中国驻纽约总领事馆教育领事，教育部基础教育司办公室主任、综合处处长、副巡视员、副司长。2012 年任教育部基础教育一司司长、全国少工委常务副主任，2016 年任教育部教师工作司司长、国家督学。2018 年任现职。长期参与国家教育政策制定，不懈推动教育改革发展，大力提倡学校品质提升，始终坚持理论与实践研究。主要研究领域为当代基础教育、教师专业发展、中美教育比较、一流大学建设。系列专著有《中国基础教育：观察与研究》《中国高等教育：观察与研究》《中国教师教育：观察与研究》《美国基础教育：观察与研究》《美国高等教育：观察与研究》《美国教师教育：观察与研究》等，主编《新时代高品质学校建设方略》《英国高等教育——中国大学校长之观察与研究》等近 20 部书籍，发表学术论文 160 多篇。

K—12 Education in China
Higher Education in China
Teacher Education in China
K—12 Education in the USA
Higher Education in the USA
Teacher Education in the USA

“中美教育观察与研究系列”总目

中国基础教育：观察与研究
中国高等教育：观察与研究
中国教师教育：观察与研究
美国基础教育：观察与研究
美国高等教育：观察与研究
美国教师教育：观察与研究

丛书责编 刘立德　韩华球
本书责编 龚鹏飞

中国基础教育：观察与研究

K－12 EDUCATION IN CHINA

王定华　著

人民教育出版社

·北京·

图书在版编目（CIP）数据

中国基础教育：观察与研究 / 王定华著 . — 北京：人民教育出版社，2021.1
ISBN 978-7-107-35104-4

Ⅰ . ①中… Ⅱ . ①王… Ⅲ . ①基础教育—研究—中国 Ⅳ . ① G639.2

中国版本图书馆 CIP 数据核字（2020）第 248299 号

中国基础教育：观察与研究

出版发行 人民教育出版社
（北京市海淀区中关村南大街 17 号院 1 号楼　邮编：100081）
网　　址 http://www.pep.com.cn
经　　销 全国新华书店
印　　刷 山东德州新华印务有限责任公司
版　　次 2021 年 1 月第 1 版
印　　次 2021 年 1 月第 1 次印刷
开　　本 787 毫米 ×1 092 毫米　1/16
印　　张 36.5
插　　页 1
字　　数 556 千字
印　　数 0 001 ~ 1 500 册
定　　价 90.00 元

出版说明

本书是王定华教授在人民教育出版社陆续出版的中美教育观察与研究系列专著中的一部。该系列包括《中国基础教育：观察与研究》《中国高等教育：观察与研究》《中国教师教育：观察与研究》《美国基础教育：观察与研究》《美国高等教育：观察与研究》《美国教师教育：观察与研究》。

世界上有198个国家，其教育传统、体制、发展状况各有不同，我们都应该予以了解、全面把握。而美国作为最大的发达国家，其基础教育、高等教育、教师教育的历史、体制、理论、实践、经验、教训，更值得重点关注、深入透视。同时，我们的祖国正在走近世界舞台的中央。作为最大的发展中国家，我国的教育与美国教育相互影响，与世界教育同频共振，必须不断深化改革、加快发展、乐于借鉴、善于弘扬。

王定华教授长期从事中美教育比较研究，曾在教育部工作20多年，参与了一系列重要教育决策，还担任过中国驻纽约总领事馆教育领事，走访调研过中美两国许多地方，因此对两国教育既有总体宏观把握，又有很多生动具体观感，遂以观察与研究的视角切入，编写成系列专著。观察，就要描述客观现实，分享心路历程，避免空泛无物；研究，就须进行理论思考，揭示事物规律，避免浅尝辄止。这两点王定华教授都实现了，并且做到了相得益彰。

中美教育观察与研究系列专著体现了以下几个特点：一是历史与现实相结合，二是国内与国外相结合，三是理论与实践相结合，四是学术性与政策性相结合，五是严谨性与可读性相结合。

《中国基础教育：观察与研究》包括基础教育改革发展、义务教育研究、高中教育研究、立德树人研究、心理健康教育、学校品质提升、推进教育治理、教育交流借鉴、奋进新时代等九编。其中，一些文章是作者担任教育部基础教育一司司长时发表的，收录本书时进行了订正或更新；多数内容则保持了原来的面貌，以便于读者结合我国基础教育的发展阶段和时代背景予以参考。

希望并相信本书的出版能对新时代我国基础教育改革发展发挥积极作用，并对相关教育理论或实践工作者有所助益。

人民教育出版社

2020 年 8 月

目录

绪论：新时代我国教育改革发展的新举措新方略[①]

党的十八大以来，习近平总书记在多个场合、多次会议、多篇著作中深入分析了教育的重要意义、功能定位、价值追求、实现路径，深刻阐述了培养什么人、怎样培养人、为谁培养人的根本问题，对新时代教育重大命题进行了论述。

习近平总书记2018年9月在全国教育大会上的重要讲话，以及他在2016年全国高校思想政治工作会议上、2018年北京大学师生座谈会上、2019年学校思想政治理论课教师座谈会上的重要讲话，形成了比较系统完整的新时代中国特色社会主义教育理论体系，标志着我们党对教育规律的认识达到了新的高度，为新时代教育改革发展提供了根本遵循。深入领会习近平总书记关于教育的重要论述之精神实质，准确把握其落实方略，加快推进教育现代化，努力开创中国特色社会主义教育事业发展的新局面，是新时代教育工作的首要任务。

一、坚持党对教育事业的全面领导，坚定不移走中国特色社会主义教育发展道路

方向决定成败，道路决定出路。中国特色社会主义最本质的特征是中国共产党领导，中国特色社会主义制度的最大优势是中国共产党领导。从全局性和普遍性来看，坚持党对国家事务和社会的领导，是中华人民共和国成立以来的宝贵经验和最为强大的发展动力。

在全国教育大会上，习近平总书记强调，坚持党对教育事业的全面领导，是

① 本文原题《习近平总书记关于教育的重要论述之落实方略》，原载《教育研究》2019年第6期，选入本书时略有修改。

办好教育的根本保证。党的全面领导是扎实办好中国特色社会主义教育的根本保证，是做好教育工作最宝贵、最重要的经验，关乎教育事业举什么旗、走什么路的大问题。只有加强党对教育事业的全面领导，才能把握好我国教育的正确发展方向，这也是我们办好中国特色、世界水平的现代教育的最大政治优势。正是在党的领导下，我国教育事业才取得了伟大成就和伟大变革，建立起了世界上规模最庞大的教育体系，在基础教育、高等教育和职业教育等各领域都取得了世界瞩目的发展成就。坚持党对教育事业的全面领导，是对我国教育事业规律性认识的深化，来之不易，要始终坚持并不断丰富发展，把好方向之舵，领好前进之航。

（一） 压实党委责任

各级党委应该把教育改革发展摆在优先发展的战略地位，纳入重要议事日程，充分发挥好领导和把关作用，统筹全局，协调各方，把方向、谋大局、定政策、促改革。党政主要负责同志要熟悉教育，关心教育，研究教育，紧扣广大人民群众最关心、最直接、最现实的教育重大问题，找准教育改革发展的突破口和着力点，坚持发展抓公平、改革抓机制、整体抓质量、安全抓责任、保证抓党建，切实做到实事求是、求真务实，善始善终、善作善成，把准方向、敢于担当，亲力亲为、抓实工作。同时，要落实党的知识分子政策，增强为教师服务好、服好务的思想意识和行动自觉，做教师的诤友、挚友，政治上充分信任，思想上主动引导，工作上创造条件，生活上关心照顾。

（二） 加强师生党建

党的基层组织是确保党的路线方针政策和决策部署贯彻落实的基础。所以，要把教育系统每一个基层党组织都建设成为坚强的战斗堡垒，使其真正担负起、担负好直接教育党员、管理党员、监督党员和组织群众、宣传群众、凝聚群众、服务群众的职责，着力解决一些基层党组织弱化、虚化、边缘化问题。而且，要全面加强教育系统党建工作，推进高等学校院系、中小学校、民办学校、中外合作办学党组织建设全覆盖，加强高等学校学生和教师党支部建设，把优秀教师和学生吸纳到党内来。除此之外，还应研究制定党建工作考核办法、基层党组织书记考核细则、党支部工作规程、高校党委工作条例等规章制度，不断完善党建工作制度体系。

（三） 强化政治建设

党的政治建设是党的根本性建设，决定党的建设方向和效果，必须把党的政治建设摆在首位。保证全党服从中央，坚持党中央权威和集中统一领导，是党的政治建设的首要任务。一方面，要用习近平新时代中国特色社会主义思想武装头脑，教育引导广大干部师生牢固树立“四个意识”，不断坚定“四个自信”，坚决做到“两个维护”，坚定执行党的政治路线，严格遵守政治纪律和政治规矩，不断提高政治觉悟，坚定政治方向，对党忠诚、为党分忧，永葆共产党员政治本色，确保党的基本理论、基本路线、基本方略在教育系统不折不扣地贯彻落实。另一方面，要教育引导广大党员教师牢记党的宗旨，挺起共产党员的精神脊梁，解决好世界观、人生观、价值观这个“总开关”问题，自觉做共产主义远大理想和中国特色社会主义共同理想的坚定信仰者和忠实实践者。

（四） 抓好意识形态

意识形态工作是战略工程、固本工程、铸魂工程。首先，要充分认识意识形态工作的极端重要性，敢抓敢管、善抓善管。具体表现为落实意识形态工作责任制，牢牢扭住追责、问责这个关键，出了问题严肃查处，以儆效尤。特别是要落实高等学校党委书记、中小学校校长第一责任人责任，规范课堂教学管理，旗帜鲜明地反对和抵制各种错误观点。其次，要认识到课程教材是国家事权，把加强课程教材建设和管理作为抓紧意识形态的重要工作，统筹设计大中小学教材建设目标、任务和措施，确保正确方向。再次，要充分发挥教师的主导作用，引导教师成为先进思想文化的传播者、党执政的坚定支持者、学生健康成长的指导者和引路人。最后，应加强网络阵地建设，抢占互联网的战略阵地，以适应“微时代”的传播形势，并强化内容建设，有效开展主流意识形态宣传教育。在上述基础之上，建立完善意识形态风险评估机制，坚决防止社会风险向教育领域传导，从而全面推进意识形态工作的开展。

二、落实立德树人根本任务，大力培养德智体美劳全面发展的社会主义建设者和接班人

人才培养是育人和育才相统一的过程，而育人是本。习近平总书记在全国教育大会上强调，要坚持把立德树人作为根本任务，并把劳动教育纳入社会主义建设者和接班人的要求之中，强调要培养德智体美劳全面发展的社会主义建设者和接班人。2018 年 5 月，习近平总书记在与北京大学师生座谈时指出："要把立德树人的成效作为检验学校一切工作的根本标准，真正做到以文化人、以德育人，不断提高学生思想水平、政治觉悟、道德品质、文化素养，做到明大德、守公德、严私德。"我们要遵循教育规律和人才成长规律，努力构建德智体美劳全面培养的教育体系，把立德树人贯穿到教育工作的各领域、各环节，使素质教育具体化，培养全面发展的时代新人。

（一） 铸牢理想信念之魂

从基础教育到高等教育，从与青年座谈到与师生座谈，从全国性工作会议到党的全国代表大会，只要讲到教育的立德树人根本任务，习近平总书记都会把理想信念教育作为"灵魂"和首要任务加以明确和强调。这不仅揭示了理想信念教育对培育和践行社会主义核心价值观、培育和弘扬中国精神起着强基固本功能，也明确了理想信念铸魂作为立德树人关键环节的重要作用。习近平总书记提出了一系列新论断新理念，即"理想指引人生方向，信念决定事业成败。没有理想信念，就会导致精神上'缺钙'"，"青年一代有理想、有担当，国家就有前途，民族就有希望，实现我们的发展目标就有源源不断的强大力量"；①"广大青年要坚定理想信念"，"把理想信念建立在对科学理论的理性认同上，建立在对历史规律的正确认识上，建立在对基本国情的准确把握上"②，"广泛开展理想信念教育，深化中国特色社会主义和中国梦宣传教育，弘扬民族精神和时代精神"。③ 不可

①② 习近平. 在同各界优秀青年代表座谈时的讲话［N］. 人民日报，2013-05-05（02）.

③ 习近平. 决胜全面建成小康社会夺取新时代中国特色社会主义伟大胜利——在中国共产党第十九次全国代表大会上的报告［N］. 人民日报，2017-10-28（01）.

否认，当前个别学生理想信念缺失，政治理想上政治淡化倾向明显，主张以自我发展的观点来看待政治问题，注重实惠、实用和物质享受，提倡合理的利己主义，诚信意识淡薄等①。面对这样的问题，教育工作者一是要正视当代青年理想信念形成面临的现实挑战，创新理想信念教育的方式方法，引导广大青年把自己的个人理想、社会共同理想和共产主义最高理想结合起来，在追求中国梦的历史进程中实现青年的个人梦想；二是要深化中国特色社会主义和中国梦宣传教育，弘扬民族精神和时代精神，加强爱国主义、集体主义、社会主义教育；三是要积极培育和践行社会主义核心价值观，加快构建大中小幼一体化德育体系，强化教育引导、实践养成、制度保障，让社会主义核心价值观的种子在青少年心中生根发芽。

（二） 创新思想政治教育

思想政治工作是学校各项工作的生命线。思想政治教育质量的高低，决定了人才培养质量的好坏。我们党历来高度重视思想政治工作，学生思想政治教育成效显著，教师思想政治素质明显提高，各类思想文化阵地建设和管理不断加强，中国特色社会主义理论体系进教材、进课堂、进头脑工作扎实有效，社会主义核心价值观建设持续推进，学校意识形态领域主流积极健康向上，这为保证教育改革发展、服务党和国家工作大局做出了重要贡献。但是也应看到，当前国际形势深刻变化，国内发展日新月异，不同思想文化交流交融交锋，社会思潮多元多样多变，思想政治工作面临着许多新情况新任务新课题。习近平总书记强调，“思想政治工作从根本上说是做人的工作，必须围绕学生、关照学生、服务学生，不断提高学生思想水平、政治觉悟、道德品质、文化素养，让学生成为德才兼备、全面发展的人才”。② 所以我们教育工作者责任重大，在具体的贯彻落实中，坚持从以下几个方面不断推进。

一是因事而化、因时而进、因势而新，遵循思想政治工作规律，遵循教书育人规律，遵循学生成长规律，不断提高工作能力和水平；各级党委、教育主管部

① 田建国. 警惕和克服精神懈怠的危险［J］. 中国高等教育，2011（18）：1.

② 把思想政治工作贯穿教育教学全过程——全国高校思想政治工作会议交流发言摘编［N］. 人民日报，2016-12-09（10）.

门、学校党组织都必须将思想政治工作紧紧抓在手上，不可松懈，增强政治意识、育人意识，把牢办学正确方向，实现全员育人、全过程育人、全方位育人。

二是坚持遵循教育规律、思想政治工作规律、学生成长规律，把握师生思想特点和发展需求，注重理论教育和实践活动相结合、普遍要求和分类指导相结合，推进理念思路、内容形式、方法手段创新，把思想价值引领贯穿教育教学全过程和各环节，形成教书育人、科研育人、实践育人、管理育人、服务育人、文化育人、组织育人长效机制，增强工作时代感和实效性。

三是精心培养和组织一支会做思想政治工作的政工队伍，把思想政治工作做在日常、做到个人。通过研究推进大中小学思想政治工作质量提升工程，打一场漂亮的思想政治理论课质量攻坚战；全面加强马克思主义理论学科建设，深入研究习近平新时代中国特色社会主义思想，支持高等学校在教育学、马克思主义理论等学科设立相关研究方向。

四是要发挥思想政治理论课的课堂主渠道作用，统筹教师、教材、教学各环节，大力推进理论研究和理论教学创新，提高思想政治理论课的亲和力、针对性和感染力。各地各校要把思想政治理论课建设摆在更加突出的地位，突出抓好“六创优”工作，更好地发挥思想政治理论课作为立德树人关键课程的不可替代作用，推动形成全党全社会努力办好思想政治理论课、教师认真讲好思想政治理论课、学生积极学好思想政治理论课的良好氛围。其一，思路创优。要牢牢把握住思想政治理论课的对象是人、关键是思、重点是政、载体是课，从“关键课程”的角度解决好思想政治理论课的核心要素、质量标准、保障条件等问题。其二，师资创优。要瞄准习近平总书记提出的政治要强、情怀要深、思维要新、视野要广、自律要严、人格要正“六个方面素养”标准，对思想政治理论课教师队伍建设存在的问题和薄弱环节进行综合研判，拿出切实有效措施，真正聚集优秀人才，提升思想政治理论课教师队伍质量。其三，教材创优。要切实抓好经典教材、主体教材、专业教材、案例教材、特色教材等几类思想政治理论课教材建设，抓好抓实理论体系向教材体系的转化，充分体现教材的思想含量、政治含量、学术含量，进一步发挥好思想政治理论课教材所承载的历史使命。其四，教法创优。要深入落实“八个统一”① 要求，以辩证唯物主义和历史唯物主义贯穿教学，做到“有虚有实、有棱有角、有情有义、有滋有味、有己有人”。其五，机制创优。要以评价机制创新为核心，深入抓好中共中央、国务院《关于加强和改进新形势下高校思想政治工作的意见》的贯彻落实工作，在思想政治理论课教师队伍建设、思想政治理论课教师职业发展规划等机制创新方面多做探索。其六，环境创优。要切实将思想政治理论课当作“金课”打造，为办好思想政治理论课创造良好的政治生态和学术环境，让思想政治理论课教师能够潜心育人，让优秀教师有志于长期从事思想政治理论课教学。

五是发挥其他课程的思想政治教育作用，守好一段渠，种好责任田，同向同行，形成协同效应；加强学校文化建设，传承弘扬中华优秀传统文化、中国共产党革命精神，弘扬优良校风、教风、学风，促进耳濡目染，实现价值熏陶。

（三） 推进实施素质教育

素质教育是以全面提高受教育者基本素质为目标的教育，它通过德育、智育、体育、美育、劳动教育等的有机结合促进受教育者全面发展。② 但当深入课堂、学生和家庭时仍会发现，学校的课堂形态、学生的成长空间、家长的教育方式等方面的改进空间还很大，应试倾向仍如影随形地伴随着教育的每个环节，一些地方的素质教育实施难以真正落地，不尽如人意。特别是功利主义对素质教育的推进产生重大冲击，教育非均衡发展导致学校教育质量存在差异，重利轻德思想以及人才评价存在的片面与偏差，对素质教育产生了严重冲击，师资队伍素质参差不齐也束缚了素质教育的推行。习近平总书记在党的十九大报告中强调“发展素质教育”，在全国教育大会上提出“六个下功夫”，即在坚定理想信念上下功夫、在厚植爱国主义情怀上下功夫、在加强品德修养上下功夫、在增长知识见识上下功夫、在培养奋斗精神上下功夫、在增强综合素质上下功夫。深入推进素质

① “八个统一”指的是政治性和学理性相统一、价值性和知识性相统一、建设性和批判性相统一、理论性和实践性相统一、统一性和多样性相统一、主导性和主体性相统一、灌输性和启发性相统一、显性教育和隐性教育相统一。

② 朱步楼. 凝心聚力推进素质教育：让教育回归育人本真［N］. 人民日报，2018-08-15（07）.

教育，就要尊重教育规律和学生成长规律，坚持德育为先、能力为重、全面发展的育人理念，采取切实措施减轻学生过重的课业负担和学习压力，让学生有更多时间去了解社会、参与实践，学会动手动脑、做人做事；就要坚持以学生为主体，尊重学生的个性、意愿和选择，激发学生的学习兴趣，因材施教、因势利导，努力使每个孩子都得到适合的教育和自由的发展；就要运用信息技术优化课程设计和流程，以为中小学生减负、让学生增能为目标，不断创新教学方法、教学内容和人才培养模式，注重启发式、探究式、讨论式、参与式教学，着力提高学生的学习能力、实践能力、创新能力；就要切实加强学校体育工作，树立健康第一的教育理念，开齐开足体育课，帮助学生在体育锻炼中享受乐趣、增强体质、健全人格、锤炼意志；更要全面加强和改进学校美育，坚持以美育人、以文化人，提高学生审美和人文素养；在学生中弘扬劳动精神，教育引导学生崇尚劳动、尊重劳动，懂得劳动最光荣、劳动最崇高、劳动最伟大、劳动最美丽的道理，长大后能够辛勤劳动、诚实劳动、创造性劳动，进而充分发挥实践育人功能，开好综合实践活动课程，抓好校内外劳动等关键环节，以劳树德、以劳增智、以劳强体。

三、发展以人民为中心的教育，不断增强广大人民群众的获得感幸福感安全感

真挚的人民情怀是习近平新时代中国特色社会主义思想的理论特质。习近平总书记在党的十九大报告中强调，“坚持以人民为中心。人民是历史的创造者，是决定党和国家前途命运的根本力量。必须坚持人民主体地位，坚持立党为公、执政为民，践行全心全意为人民服务的根本宗旨，把党的群众路线贯彻到治国理政全部活动之中，把人民对美好生活的向往作为奋斗目标，依靠人民创造历史伟业”。在全国教育大会上，习近平总书记特别强调，坚持以人民为中心发展教育，以凝聚人心、完善人格、开发人力、培育人才、造福人民为工作目标。这充分阐明了我们党的人民理念、我国教育的人民立场。进入新时代，我国教育有了长足的发展，“有学上”的问题总体上基本解决，“上好学”的需求更加凸显。教育坚持以人民为中心的发展思想，就是要解决教育发展不平衡不充分问题，扩大优质

资源供给，不断促进教育事业发展成果更多更公平惠及全体人民，努力让每个孩子都享有公平而有质量的教育，办好人民满意的教育。

（一） 推进学前教育普惠发展

学前教育是终身学习的开端，是国民教育体系的重要组成部分。办好学前教育，对于促进儿童终身发展、提升国家人力资源开发水平、解决家庭后顾之忧、维护社会和谐具有重大意义。2018 年，全国有幼儿园 26.67 万多所，在园幼儿 4 656.42 万人，相当于一个中等国家的人口数。我国学前教育普及水平和发展速度有了很大提高，2018 年适龄儿童毛入园率达到 81.7%，达到了中高收入国家的平均水平。① 但是，学前教育仍然是我国教育的一大“短板”，“入园难”问题基本解决，但仍然面临着普惠性资源不足、教师队伍素质不高、保障机制不健全、保教质量参差不齐等问题。要以教育部等四部门的《第三期学前教育行动计划》为抓手，力争到 2020 年，基本建成广覆盖、保基本、有质量的学前教育公共服务体系，全国学前三年毛入园率达到 85%，普惠性幼儿园覆盖率（公办幼儿园和普惠性民办幼儿园在园幼儿数占在园幼儿总数的比例）达到 80%左右。坚持政府主导，不断扩大普惠性资源总量，在大力发展公办园的同时，积极引导和扶持民办园提供普惠性服务，大力支持农村地区、脱贫攻坚地区、城乡接合部和“二孩”政策新增人口集中地区新建、改扩建幼儿园。建立生均拨款、收费、资助一体化机制，增加学前教育投入。完善编制管理办法和工资待遇保障机制，提高准入门槛，引导和监督依法配足配齐保教人员。完善质量评估体系，建立办园行为常态监测机制，确保依法依规办园。持续开展“小学化”专项治理，完善教研责任区制度，强化对各类幼儿园特别是薄弱园的专业指导，让每一个在园儿童接受专业化、有质量的学前教育。

（二） 推进义务教育均衡发展

义务教育关系亿万少年儿童健康成长，关系民族素质和国家未来。培养担当

① 赵彩侠，纪秀君. 爬坡过坎步入“幼有所育”新时代——党的十八大以来我国教育改革发展述评・学前教育篇［N］. 中国教育报，2018-09-08（01）。

民族复兴大任的时代新人，义务教育肩负着崇高的历史使命。党的十八大以来，我国义务教育在办学条件、普及水平等方面取得了历史性成就。截至2018年年底，全国已有2 717个县通过国家义务教育基本均衡评估认定，占全国总县数的92.7%，16个省份整体通过认定。① 然而，面对人民群众对教育需求的转变，我国义务教育还存在教育观念和教学方法相对滞后、素质教育没有全面落实等问题，特别是区域间、城乡间、校际教育质量不够平衡。要解决这些问题，迫切需要加强顶层设计，从全局上系统谋划，通过深化教育教学改革，全面提高义务教育质量。要抓均衡、夯基础、补短板，加快城乡义务教育一体化发展步伐。强化省级政府统筹，把学校布局与乡村振兴战略融为一体，持续推进“全面改薄”工作，基本消除66人以上超大班额。全面加强乡村小规模学校和乡镇寄宿制学校建设，大力推进两类学校建设底部攻坚，让乡村小规模学校小而优、小而美。全面普及目标实现后，控辍保学成为重要任务，辍学高发区要“一县一策”制订完成控辍保学工作方案，锁定重点地区和重点学段，实施精准控辍。要抓优质、促规范、提质量，推动规范教育教学秩序，创新教学方法，加强教研队伍建设，提高教学质量。开展中小学素质教育督导评估和中小学校管理评价，促进学校规范办学行为，开齐开足开好国家规定课程。大力规范校外教育培训机构，促进校外教育培训机构规范有序发展，减轻学生课业负担，探索建立负面清单制度和联合监管机制，使其成为学校教育的有益补充者，而不是教育秩序的干扰者。

（三） 推进高中教育特色发展

高中教育在国民教育体系中处于承上启下的关键部位，承担着引领基础教育发展、为高等教育输送人才、为学生终生发展奠基的重要使命。党的十九大将高中阶段教育由党的十八大的“基本普及”调整为“普及”，这意味着绝大多数城乡新增劳动力都能接受高中阶段教育。经过改革开放40多年特别是近年来的快速发展，我国已经建成了世界最大规模的教育体系。2018年，高中阶段教育在校生为3 931.24万人，毛入学率达88.8%，较2010年的高中阶段毛入学率

① 教育部. 2018年全国义务教育均衡发展督导评估工作报告［R/OL］.（2019-03-26）［2020-05-25］. http://moe.gov.cn/fbh/live/2019/50415/sfcl/201903/t20190326_375275.html.

82.5%，上升了6.3个百分点。① 2018年初，高中新课标的“出世”，更加关注学生个性化、多样化的学习需求和发展要求，给予学生自主、自由选修选考的空间，有利于促进学生个性特长发展。要进一步主动回应人民群众的教育关切，全面实施高中阶段教育普及攻坚计划，解决落后地区教育资源短缺、大班额比例高、学校运转困难等突出问题，提高高中阶段毛入学率；要进一步推进普通高中育人方式改革，推动普通高中多样化有特色发展，深化普通高中课程改革，完成高中各科教材修订，全面实施新修订的课程方案和课程标准，推行选课走班，丰富课程体系，加强生涯指导教育，有力推进育人方式改革。

（四） 推进职业教育融合发展

现代职业教育是服务经济社会发展需要，面向经济社会发展和生产服务一线，培养高素质劳动者和技术技能人才并促进全体劳动者可持续职业发展的教育类型。随着新型工业化的推进和科学技术的发展，现代职业教育体系越来越成为国家竞争力的重要支撑。当前，我国建成世界上最大规模的职业教育体系，职业教育迎来了黄金发展期：现有1.23万所院校、10万个专业点、2 682万名在校生，每年培训上亿人次，向社会输送1 000万名毕业生，就业率保持在90%以上，3万多家企业与学校建立紧密合作关系，职业教育财政性经费达到3 000多亿元，职业院校办学条件显著改善。② 但是也应看到，高端人才严重短缺，“技工荒”问题仍相当突出。必须把加强职业教育作为发展实体经济、推动高质量发展、保障和改善民生的重要举措，采取综合措施大力推进。推行产教融合的职业教育模式。坚持面向市场、服务发展、促进就业的办学方向，科学确定各层次各类型职业教育培养目标，创新技术技能人才培养模式。推行校企一体化育人，推进“订单式”培养、工学交替培养。鼓励学校、行业、企业、科研机构、社会组织等组建职业教育集团，实现教育链和产业链有机融合。建立健全对接产业发展

---

① 教育部发展规划司. 2018年全国教育事业发展基本情况年度发布［EB/OL］.（2019-02-26）［2020-05-25］. http://www.moe.gov.cn/fbh/live/2019/50430/sfcl/201902/t20190226_371173.html.

② 翟帆，樊畅，杨文轶. 在服务经济社会发展中提质升级——党的十八大以来我国教育改革发展述评 · 职业教育篇［N］. 中国教育报，2018-09-07（01）.

中高端水平的职业教育教学标准体系，以增强学生核心素养、技术技能水平和可持续发展能力为重点，对接最新行业、职业标准和岗位规范，优化专业课程结构，更新教学内容。强化课堂教学、实习、实训的融合，普及推广项目教学、案例教学、情境教学等教学模式。完善职业学校教学工作诊断与改进制度。强化大国工匠后备人才培养，建立健全大国工匠优秀后备人才早期发现、选拔和培养制度。

（五） 推进高等教育内涵发展

高等教育是衡量一个国家、一个民族发展水平和发展潜力的重要标志。如今，我国高等教育在学总规模占世界高等教育总规模的五分之一，位居世界第一，2012—2018 年，高等教育毛入学率从 30%增长到 48.1%。① 但规模扩张并不意味着质量和效益增长，走内涵式发展道路是我国高等教育发展的必由之路。要加快“双一流”建设步伐，以重点学科建设为基础，启动特色重点学科项目；以人才培养、创新能力和服务贡献为核心要素，研究建立中国特色“双一流”建设的综合评价体系，充分体现“双一流”建设的目标达成度、社会适应度、条件保障度、质保有效度和结果满意度；积极参与和设立国际学术合作组织、国际科学计划，支持与境外高水平教育、科研机构建立联合研发基地，产生一批国际领先的原创性成果，培养一批国际顶级拔尖人才。大力推进本科教育，全面实施本科教学质量与教学改革工程，抓好抓实标准、专业、课堂、教师这四个提升培养能力的关键要素，实施专业类国家质量标准，以“国标”引领、规范、指导高校专业建设；紧紧抓住课堂教学这个人才培养主阵地主渠道主战场，努力提升每一堂课的教学质量。牢固确立人才培养在高校工作中的中心地位，着力培养信念执着、品德优良、知识丰富、本领过硬的高素质专门人才和拔尖创新人才；把教学作为教师考核的首要内容，把教授为本科生授课作为重要制度；深化教学改革，健全教学质量保障，改进教学评估，激励学生刻苦学习。不断提升科研水平，大力开展自然科学、技术科学、哲学社会科学研究，充分发挥高校在国家创新体系

① 教育部发展规划司. 2018 年全国教育事业发展基本情况年度发布［EB/OL］.（2019-02-26）［2020-05-25］. http://www.moe.gov.cn/fbh/live/2019/50430/sfcl/201902/t20190226_371173.html.

中的重要作用，鼓励高校在知识创新、技术创新、国防科技创新和区域创新中做出贡献。

四、深化教育改革创新，不断推进教育治理体系和治理能力现代化

发展是硬道理，是解决各种问题的钥匙；创新是事业发展的不竭动力，只有改革创新，才能破障碍、活体制、提效率。习近平总书记在党的十九大报告中强调指出，“坚持全面深化改革，只有改革开放才能发展中国、发展社会主义、发展马克思主义。必须坚持和完善中国特色社会主义制度，不断推进国家治理体系和治理能力现代化，坚决破除一切不合时宜的思想观念和体制机制弊端，突破利益固化的藩篱，吸收人类文明有益成果，构建系统完备、科学规范、运行有效的制度体系”。在全国教育大会上，习近平总书记指出，要坚持深化教育改革创新，深化办学体制和教育管理改革，充分激发教育事业发展活力。党的十八大以来，我们不断增强改革的系统性、整体性、协同性，教育改革向纵深推进。一批标志性、引领性改革举措取得明显成效，教育新体制“四梁八柱”搭建完成，整体进入“全面施工内部装修”阶段。但是也应看到，和其他领域改革一样，教育综合改革进入深水区和攻坚期，改到深处既是“硬骨头”甚至铁疙瘩，也是思维革新、利益调整。改革面临的矛盾越多、难度越大，越要坚定攻坚克难的信心，不能因为包袱重而等待、有风险而躲避、有阵痛而不前。

（一）深化“放管服”改革

“放管服”即简政放权、放管结合、优化服务。具体来说，“放”就是指政府取消、下放行政权，削减没有法律依据和法律授权的行政权，厘清多个部门重复管理的行政权；“管”就是指政府部门要创新和加强监管职能，利用新技术新体制加强监管体制创新；“服”就是优化服务，指改进公共服务质量、创新公共服务方式，促进市场主体发展活力。而教育领域“放管服”则要求我们从教育管理向教育治理转变，由微观管理转向宏观管理，由直接管理转向间接管理，由办教育转向管教育，由管理转向服务。

一是在体制上实现由政府放得下向学校用得好的转变。要简政放权，让改革落地生根，让基层、学校、教师切实感受到变化。但简政放权涉及多个部门，触及一系列深层次问题，所以要积极推动相关部门出实施细则、出配套措施，把权力从说法变成做法，从字面落到地面。要放管结合，坚持放权与监管同步，着重从加强党的领导、制度建设与自我监管、事中事后监管、审计监督、信息公开与社会监督等方面加强对办学行为的监管，确保权力下得去、接得住、用得好。

二是在理念上实现以管理为中心向以服务为中心的转变。首先应该改变长期以来所形成的“管”字当头的思维方式和工作模式，树立公共服务的意识与理念。特别是在高等教育领域，用足用好教育部等五部门关于深化高等教育领域“放管服”的政策。政府对高校的服务既包括为高校提供经费支持、国内外教育信息、学生奖贷资助等直接服务形式，还包括制定规则、维护秩序以及营造公平竞争的外部环境等间接服务。政府与高校之间不仅有自上而下的指令性控制关系，还要有平等协商式关系。把优化服务作为推进改革的催化剂，加强协调与指导，简化优化服务流程，依托“互联网＋”、大数据等现代科学技术，建立基于数据分析的检测机制，淡化管理色彩，强化服务意识，为高校、师生提供优质高效便捷的公共服务。

（二） 深化考试招生制度改革

考试招生制度是国家基本教育制度，是教育发展的指挥棒，是牵一发而动全身的牛鼻子。从总体上看，我国考试招生制度符合国情，同时也存在一些问题。2014 年 9 月，国务院印发《关于深化考试招生制度改革的实施意见》，启动了高考综合改革试点，试验了制度设计，取得了良好成效，总结了有效经验。随着改革的不断深入，考试招生制度改革也需不断深化。按照全国教育大会精神，进一步深化改革，既要努力做到高考机会公平、过程公开、结果公正，切实维护社会公平，又要引导通过教学、课程的改革，改进人才选拔方式，把最优秀的人选出来。及时总结上海、浙江及北京、天津、山东、海南等省份的试点经验，为后续启动改革的省份提供借鉴。推进“新高考”考试内容改革，更加突出考查学生运用所学知识分析问题、解决问题的能力，加强和改进综合素质评价，转变以考试成绩为唯一标准评价学生的做法。积极稳妥推进中考改革，做好政策宣传解读，引导各地对接好、不跑偏。合理配置教育资源，科学投放生源指标，缩小区域、城乡差距，促进入学机会公平。进一步以更严格的法规、更先进的技术、更得力的举措，规范自主招生、高考加分等，遏制腐败之风在高考领域滋生蔓延，确保高考成为“一片净土”。

（三） 深化教育对外开放

对外开放是我国的一项基本国策，是我国腾飞的一个秘诀，是推进治理体系和治理能力现代化的重要举措。习近平总书记在党的十九大报告中指出，要推动形成全面开放新格局。中国开放的大门不会关闭，只会越开越大。同时，在2017年5月“一带一路”国际合作高峰论坛开幕式上，习近平总书记强调，“我们要建立多层次人文合作机制，搭建更多合作平台，开辟更多合作渠道。要推动教育合作，扩大互派留学生规模，提升合作办学水平”①。党的十八大以来，我国坚持统筹国内国际两个大局、用好国内国际两种资源，教育对外开放工作全方位推进，扩大留学规模，完善中外人文交流顶层设计，积极参与全球治理，成为我国日益走近世界舞台中央的一张亮丽名片。并在此基础上，进一步深化教育对外开放，不断丰富开放内涵，提高开放水平和国际影响力。全面深化中外教育交流合作，鼓励更多学校与海外优质学校建立伙伴关系，推动同其他国家学历学位互认、标准互通、经验互鉴。深入做好“一带一路”沿线国家交流合作，推进教育政策和标准互通、教育资源互通互联。加强与国际组织和多边组织交流，增进次区域教育合作。提升中外合作办学质量，吸引一批世界一流高校和职业学校、研究机构与国内相关学校合作，建设一批高水平中外合作办学机构与项目，形成一批国际化优质教育资源，为我国教育改革发展提供经验借鉴。打造国际留学中心，打造“留学中国”品牌，努力将我国建成具有重要国际影响力的全球教育高地，吸引国际优秀留学生来华留学，使我国成为世界重要的留学目的地国家。积极参与全球教育治理，深度参与国际教育规则、标准、评价体系的研究制定，结合全球教育发展热点主动发起教育议题，通过与国际组织合作设立教育基金、奖项等，不断创新与国际组织的教育合作方式，推动全球教育发展。

---

① 习近平. 习近平谈治国理政：第二卷［M］. 北京：外文出版社，2017：514.

五、把教师队伍建设作为基础工作，努力培养党和人民满意的高素质教师队伍

国运兴衰，系于教育。教育大计，教师为本。教师是人类灵魂的工程师，是人类文明的传承者，承载着传播知识、传播思想、传播真理，塑造灵魂、塑造生命、塑造新人的时代重任，是教育发展的第一资源，是国家富强、民族振兴、人民幸福的重要基石。党和国家历来高度重视教师队伍建设。党的十八大以来，习近平总书记多次发表重要讲话、作出重要指示，先后提出了“四有好老师”“四个引路人”“四个相统一”等有关教师的重要论述，并强调要从战略高度来认识教师工作的极端重要性，把加强教师队伍建设作为基础工作来抓，弘扬尊师重教的社会风尚，努力提高教师政治地位、社会地位、职业地位，让广大教师享有应有的社会声望，建设政治素质过硬、业务能力精湛、育人水平高超的高素质教师队伍。按照党中央、国务院统一部署，各地区各部门和各级各类学校采取有力措施认真贯彻落实了相关举措，教师队伍建设取得显著成就。广大教师不忘初心、牢记使命，爱岗敬业、教书育人，改革创新、服务社会，做出了重要贡献。面对新方位、新征程、新使命，教师队伍建设仍然面临着困难和挑战，如有的地方对教师工作重视不够、师范教育体系有所削弱、教师素质能力难以适应新时代需要、中小学教师职业吸引力不足、教师结构分布不尽合理等。面对这些挑战，要以落实《中共中央国务院关于全面深化新时代教师队伍建设改革的意见》为统领，优化教师队伍建设方式，推动教师队伍建设质量变革、效率变革、动力变革，提高教师队伍建设质量和效益，造就党和人民满意的符合新时代需要的高素质教师队伍。

（一）铺就师德底色

师德是教师的基础色彩，学高为师，德高为范，人之无德，何以为师。一个人即使学历层次再高、教学能力再强、研究成果再丰富，如果品行不正、德行不端，他的所谓高素质也是变色质、变味质，空有教师之名，难副教师之实。师德师风应作为教师队伍建设的第一标准、第一要求，实施师德师风建设工程，突出

全员全方位全过程师德养成，推动师德师风建设常态化、长效化，引导教师明大德、守公德、严私德。具体而言，一要加强师德教育，突出思政内容，强化理想信念，引导教师树立正确的历史观、民族观、国家观、文化观；二要加强社会主义核心价值观教育，增强价值判断能力、价值选择能力和价值塑造能力，帮助教师在纷繁复杂的社会现象面前认识正误、厘清曲直、明辨是非；三要加强中华优秀传统文化和革命文化、社会主义先进文化教育，引导教师热爱祖国、奉献人民、造福社会；四要加强师德宣传，发掘师德典型，讲好师德故事，持续推出一大批让人喜闻乐见、反映时代风貌的影视作品和文学作品，推进全国高校黄大年式教师团队创建活动，弘扬以“西迁精神”为代表的老一辈知识分子的爱国奋斗精神，注重典型引领，加强精神感召，营造崇德向善、德行天下的浓厚氛围。

（二） 提高教师质量

没有高质量的教师，就培养不出高质量的学生，满足不了人民高质量的美好生活需要。要用优秀的人培养更优秀的人，必须紧紧抓住各级各类教育的不同特点，注重学思践悟、知行并进，分类培育、分级指导，努力培养造就政治素质过硬、业务能力精湛、育人水平高超的高素质教师队伍。要提升办学水平，振兴师范教育，加大投入力度，提高生均拨款，提升保障水平。加强体系建设，完善以师范院校为主体、高水平非师范院校参与的中国特色师范教育体系，增强师范整体实力。加强标准建设，研制师范院校建设标准和师范专业办学标准，实施专业认证，提高准入门槛。提高生源质量，改革招生制度，改进培养方式，吸引选拔有志于从教的优秀学生进入师范专业。分类分级育人，创新培养培训模式，加强教育实践。推进地方政府、高等学校、中小学“三位一体”协同育人，分类深化中小学、幼儿园、中职教师培养模式改革，升级培养卓越教师，提高培养质量；优化培训项目，改进培训方式，强化线上线下相结合，提高实践课程比例，突出跟岗研修，增强培训实效。中小学教师突出专业化，推进供给侧结构性改革，提高培养层次，强化教学基本功和教学技能训练；幼儿园教师突出善保教，大力培养初中毕业起点的五年制专科层次，强化保教融合，突出才艺兼备；职业院校教师突出双师型，深化产教融合、校企合作，加强企业实践，提高实践教学能力；高校教师突出创新型，提升专业能力，促进专业成长，增强创新素质。造就一流人才，实施中小学名师名校长领航工程，倡导教育家办学；支持职业院校吸引企业家、高科技人才、高技能人才兼职任教，引进行业企业高端人才；鼓励高校打造创新团队，培养引进一批具有国际影响力的学科领军人才和青年学术英才。

（三） 改善地位待遇

教师，本身就代表着一种精神、一种情怀。教育要发展，人民上好学，归根到底靠的就是广大教师的奉献精神和人梯情怀，同时也要保障他们相应的收入待遇。只有有了更好的待遇，教师的获得感、幸福感和安全感才会更加充实、更有保障、更可持续，精神才会更强更纯，情怀才会更香更浓。从工资待遇来看，教育在 19 个行业大类中的排名，从 2013、2014 年的第 11 位逐步提升到 2017 年的第 6 位，[①] 教师平均工资实现了连年增长，已属不易。而由于部分地方重视不够、政策理解偏差等原因，义务教育教师平均工资低于公务员的现象仍然普遍存在。因而必须不断改善教师地位待遇，进一步提高教师的职业吸引力，使教师成为让人羡慕的职业。

一是从政治上改善，明确教师的特别重要地位，突显教师职业的公共属性，确立公办中小学教师作为国家公职人员特殊的法律地位，加快推进修订《中华人民共和国教师法》。

二是从收入上改善，完善中小学教师待遇保障机制，健全中小学教师工资长效联动机制，明确中小学教师和公务员平均工资水平的比较口径，核定绩效工资总量时统筹考虑当地公务员实际收入水平，公务员发放奖励性补贴时应及时统筹考虑教师。研究制订绩效工资总量核定和内部分配办法，完善收入分配激励机制，有效体现教师工作量和工作绩效，充分体现多劳多得、优劳优酬，让多干活、干好活的教师获得更好的待遇。建立体现增加知识价值的收入分配机制，扩大高校收入分配自主权，高校在核定的绩效工资总量内自主确定收入分配办法。

三是从荣誉上改善，加大表彰力度，深入做好教学名师、教育系统先进集体和先进个人、教书育人楷模等评选推选活动，鼓励各地因地制宜开展多种形式的

---

① 教育部发展规划司. 2018 年全国教育事业发展基本情况年度发布［EB/OL］.（2019-02-26）［2020-05-25］. http://www.moe.gov.cn/fbh/live/2019/50430/sfcl/201902/t20190226_371173.html.

教师表彰奖励活动，鼓励社会团体、企事业单位、民间组织对教师出资奖励，倡导全社会尊师重教，让教师在社会上有荣誉感。

（四） 关心青年教师

习近平总书记特别关心广大青年，认为青年是祖国的未来、民族的希望。2018 年，我国中小学（不含幼儿园）教师有 1 190 多万人，40 岁以下的有 637.7 万人，占 53.55%；高校教师有 165.7 万人，40 岁以下的有近 88.8 万人，占 53.57%。① 这就必须要把青年教师工作摆在突出位置，紧紧依靠和充分信任青年教师，切实关爱和大力帮助青年教师，支持他们在教育的广阔天地里释放青春激情、追逐青春梦想，支持他们努力提升自我、为国教书育人，支持他们以青春之我、奋斗之我书写青春之歌、奉献之歌。教育引导他们在大学的神圣殿堂里，学习知识，增长才干，成长为新时代的好教师。既关注他们的思想，培正他们的品行，引导他们爱国励志、思想坚定、信念执着，也关心他们的学习，优化培养课程，创新培养方式，注重以知促行、以行促知；既为他们讲好基本理论知识，也带他们开展教育实践，引导他们求真力行，知行合一。帮助青年教师解决住房等实际困难，让他们安心从教、热心从教、舒心从教、静心从教。

总之，习近平总书记关于教育的重要论述，系统回答了一系列方向性、全局性、战略性重大问题，标志着我们党对教育发展规律的认识达到了新高度，为新时代中国特色社会主义教育改革发展提供了根本遵循。教育战线要参悟透、领会准、运用好习近平总书记关于教育的重要论述。要学深学透，掌握全面、把握重点、理解难点；要会学善学，坚持融入思想学、形成体系学、带着问题学、提升本领学，真学、真懂、真信、真用，推动学习往深里走、往实里走、往心里走；要真学真用，紧密联系工作实际，把习近平总书记关于教育的重要论述落下去、落到位。②

---

① 教育部发展规划司. 2018 年全国教育事业发展基本情况年度发布［EB/OL］.（2019-02-26）［2020-05-25］. http://www.moe.gov.cn/fbh/live/2019/50430/sfcl/201902/t20190226_371173.html.

② 把学习成果转化为加快推进教育现代化的强大动力［N］. 中国教育报，2019-06-12（01）.

第一编

基础教育改革发展

论基础教育的科学发展*

基础教育是国民素质提升的基石、各类人才成长的摇篮、和谐社会构建的途径，在各级各类教育中，基础教育处于重中之重的位置。科学发展观，第一要义是发展、核心是以人为本、基本要求是全面协调可持续、根本方法是统筹兼顾。落实以人为本、全面、协调、可持续发展的科学发展观，是不断满足人民群众日益增长的教育需求，将我国巨大的人口压力转变为人力资源优势、建设人力资源强国的战略抉择。

深入落实科学发展观，就要将科学发展观作为思考基础教育问题的坐标，用科学发展观武装基础教育利益攸关者的头脑，将科学发展观作为谋划基础教育改革发展的指针。面向2020年，我国现代化建设处于重要战略机遇期，基础教育也处于重要发展机遇期。基础教育的理论研究者和实践工作者必须以科学发展观为指导，树立新的发展理念，确立新的发展追求，构筑新的发展优势，促进我国基础教育又好又快地发展。

一、高度重视统筹兼顾，促进基础教育协调发展

落实科学发展观，首先要高度重视统筹兼顾，促进基础教育的全面、协调、可持续地科学发展。全面协调可持续，不是眉毛胡子一把抓，仍然要突出重点。如果工作中只顾细枝末节而不突出重点，就等于抓住了芝麻，丢掉了西瓜。同时，要兼顾所谓“木桶理论”，防止出现“短板效应”。为此，就要在继续抓好义务教育这个重点的同时，加快发展高中教育、学前教育，还要处理好基础教育与职业教育的关系。

---

* 本文原载《教育研究》2009年第2期。

（一）继续突出抓好义务教育

我国已经实现了普及九年义务教育的奋斗目标，取得了让世人称道的历史性成绩。全面普及义务教育谱写了我国教育史上的光辉篇章，极大地提高了我国国民素质，为国家经济发展提供了充足的人力资源，明显地提升了社会文明程度。然而，义务教育在一些中西部农村地区的普及基础还比较脆弱，巩固提高的压力仍然很大，有大量农村义务教育阶段学校办学条件达不到合格学校要求；城乡之间、区域之间、校际之间、群体之间的资源配置差距较大，实现教育公平的任务仍然相当艰巨；义务教育优先发展地位尚未确立，省级政府统筹职责不落实，县级教育管理机制不完善，现代学校制度建设亟待加强；义务教育阶段学龄人口流动日趋复杂，学校布局规划难度加大，流动人口随迁子女接受义务教育权益保障压力未减，城镇大班额问题非常突出，不少农村学校却门庭冷落。①

贯彻落实科学发展观，各地就要继续把全面普及和巩固提高九年义务教育作为新时期教育工作的重点，在 2010 年全国所有县普及九年义务教育的基础上，着力提高全国义务教育的质量，促进义务教育均衡发展。依法实行义务教育经费预算单列，用城乡统一的办学标准和整体提升的建设标准，来衡量所有义务教育学校，该新建的新建，该改造的改造。把义务教育学校建设成最坚固、最适用的公共设施，一旦发生地震等自然灾害，义务教育学校能够成为当地群众的避难所。

在实施义务教育过程中，有一个特殊的群体需要给予特殊关照，那就是有残疾的儿童少年。要按国际通行的全纳教育观点，将身心残疾儿童少年的教育规划好、实施好。对特殊教育要实行财政全覆盖，把特殊教育学校办成当地最漂亮的学校，让特殊儿童成为最受呵护的群体。

（二）加快普及高中教育步伐

进入 21 世纪以来，随着经济社会发展、义务教育普及、高等教育规模扩大，

---

① 改革开放以来的教育发展历史性成就和基本经验研究课题组. 改革开放 30 年中国教育重大理论成果［M］. 北京：教育科学出版社，2008：72.

高中教育进入了快速发展时期。总的来看，普通高中教育发展是好的，办学规模迅速扩大，普及程度大幅提高，2008 年全国普通高中学校在校生人数由 21 世纪初的 1 201 万增加到 2 500 多万。但是，高中教育发展的财政投入偏低，高中实际经费长期不足 50%；高中生学业负担重，贫困生缺乏资助体系支持；示范性高中建设偏重硬件，示范功能发挥欠缺。面向未来，高中教育亟待科学发展。

首先，把普通高中教育放在社会经济的大环境中进行认真研究和科学规划。较之义务教育，高中教育与社会经济发展的关联度更大，要区分不同地区、不同发展阶段，确定不同的发展重点。在城镇化背景下，人口流动趋势加速，对不同地域的高中教育需求产生了影响。所以，未来若干年要科学预测高中的发展规模，加强特色，提升质量，讲究效益，满足人民群众的旺盛需求，并顾及城市移民子女未来接受高中教育的需求。已经基本普及了高中阶段教育的地方，要积极实验新课程，创造新经验，寻求新提升。

其次，继续探索普通高中的办学体制改革和办学模式的创新。应该确定新时期普通高中生均财政拨款标准，加大政府对普通高中发展的支持。各地应该根据需要和可能，加大财政对高中教育的投入力度。我国仍是发展中人口大国，仍然处于并将长期处于社会主义初级阶段。对非义务教育阶段宜坚持教育多元发展，实行更加灵活、开放和多样的办学体制，调动各方面支持高中教育的积极性，不断满足人民群众日益增长的多样化教育需求。只要符合国家的法律法规，有利于扩大优质教育资源，有利于提高教育质量，有利于满足群众教育需求的事情，都要鼓励探索、鼓励试验、鼓励创新。在发展公办高中的同时，让民办高中也能发挥应有的作用。①

再次，发挥示范性高中在素质教育中的示范作用。示范性高中如不能发挥示范作用，就成了新一轮的重点高中。示范性高中要进行办学理念的示范，管理经验的引领，教师队伍的带动，教学设施的共享。示范性高中应是当地各个高中共有的资源。示范性高中要为创新人才培养奠定基础，要在素质教育方面发挥示范作用。

---

① 徐辉，周洪宇，朱永新，等. 解放思想更新思路 加快教育发展（笔谈）[J]. 教育研究，2008（5）：3-15.

最后，鼓励普通高中教育和中等职业教育协调发展。普通教育和职业教育在不同地区、不同时期会有正常波动，不必人为划定固定的比例。在中西部地区，应进一步优化普通高中的教育资源，加强与中等职业教育的协调发展。① 借鉴国外经验，继续探索综合高中的办学模式也很有裨益，鼓励高中教育办出特色、千姿百态。要以服务为宗旨，就业为导向，以工学合作为主要模式，采取订单式培养等多种形式，大力发展职业教育，特别是中等职业技术教育。职业教育不应成为死胡同，教育体制应四通八达，构建人才成长的立交桥。

一些经济条件较好的地区，提出普及 12 年免费教育，这自然是可以的。毕竟，重视教育发展是件好事。但是，在我国，地方政府无权设定义务教育的年限。义务教育具有强制性，地方政府不能强制性地要求所有青少年都接受 12 年教育。何时在全国实施 12 年义务教育，还是应由全国人大确定。

（三）关心支持学前教育发展

学前教育是国民教育体系的重要组成部分，随着经济社会的发展，人民群众对学前教育的需求日益强烈。学前教育对个人发展、社会进步都是重要的。进入 21 世纪后，学前教育的发展一直不够顺利。公办园由于得不到必要的财政支持，往往不得不提高收费，在一些城市甚至出现所谓的“天价”幼儿园。民办园占我国幼儿园总数的 85%左右，办园机制活，发挥作用大，但管理跟不上，安全隐患多。

发展学前教育是新时期提升基础教育整体质量和完善国民教育体系的重要措施。现在到了深入研究新形势下学前教育的管理体制，整体谋划未来学前教育的改革发展的时候了。学前教育是社会系统中的问题，应该更加开放，要研究新特点，寻求新突破。一方面，要加大对学前教育财政投入，适当增加公办幼儿园的数量，提升对公办学前教育的资助标准；另一方面要因地制宜，调动多方积极性、多种形式办园，以多样性应对复杂性，创造性地推动学前教育工作。要把发展学前教育，作为“普九”后推进基础教育事业协调发展的一个重要任务来抓，

① 改革开放以来的教育发展历史性成就和基本经验研究课题组. 改革开放 30 年中国教育重大理论成果 [M]. 北京：教育科学出版社，2008：275.

认真探索新形势下学前教育发展的体制机制，加大学前教育改革发展的力度，充分发挥公办幼儿园的骨干和示范作用，规范和引导民办幼儿园发展。城市要规范幼儿园的办园行为和收费行为，鼓励积极开展早期教育、智力开发、超常发展等方面的探索。农村要结合学校布局调整，充分利用现有资源发展学前教育，研究制订基本的办园资格和准入要求。农村小学的学前班吸纳了农村一半以上的学前儿童，不能搞成小学式的教育，要以游戏、歌舞、手工等活动为主，让孩子们安全、健康、幸福地成长。长远看来，彻底改变学前教育薄弱状况要靠学前教育立法，以明确政府责任，理顺管理体制，解决发展过程中各个主要问题。

二、高度重视教育公平，推进基础教育均衡发展

教育公平是社会公平的基础和核心环节。促进教育的公平公正，将有利于平衡和缓和社会矛盾，融洽各种社会关系，构建和谐社会。在物质条件基本满足后，人民群众对社会公平特别是教育公平的愿望更加迫切。对一个家庭而言，孩子有了希望，这个家庭就有了希望，社会才会安定和谐。没有公平的发展是一种畸形的发展，没有公平的现代化是没有灵魂的现代化。教育公平是一种伴随经济发展和社会民主化逐渐扩大和深入的过程，在不同的阶段，问题和重心各不相同。当前，义务教育作为最重要的公共事业，连接着千家万户、惠及亿万群众，推进义务教育均衡发展是致力于教育公平的重要抓手。义务教育均衡发展体现了科学发展观在教育领域的客观要求，是人民群众共享教育改革发展成果的根本保障，是促进教育公平最直接和最重要的途径。通过推进义务教育的均衡发展，让每一个孩子都能够平等接受义务教育，应作为实现基本公共服务均等化的重点。

长期以来，由于种种原因，形成了我国城乡二元结构，教育资源配置不尽合理，农村教育基本是“人民教育人民办”，城乡义务教育发展很不均衡。为了快出人才，各地曾经集中有限资源向重点学校倾斜，并吸纳大量的社会资源投向重点学校，偏重培养尖子，为高等教育输送人才，使学校之间的办学条件、师资水平很不均衡，这在义务教育投入严重不足、资源十分匮乏的时期发挥了一定积极作用。但是，在贯彻落实科学发展观的今天，这种情况再也不能继续下去了。

在义务教育实现普及之后，保障教育公平，推动义务教育均衡发展，必须保

证公共财政对义务教育的投入。《中华人民共和国义务教育法》（简称《义务教育法》）总结了我国农村义务教育管理体制改革的基本经验，结合我国财政体制改革的新要求，规定了我国义务教育经费投入实行国务院和地方各级人民政府根据职责共同负担，省、自治区、直辖市人民政府负责统筹落实的体制。其要点一是明确各级人民政府的分担机制，将义务教育全面纳入财政保障范围；二是由省级人民政府负责统筹落实，明确了责任主体，确保义务教育经费全面纳入财政预算并及时足额拨付，尤其要统筹城乡基础教育综合改革，重点扶持农村地区、贫困地区和少数民族地区义务教育的发展，真正实现从“人民教育人民办”到义务教育政府办的转变。

自2005年以来，各地把推进义务教育均衡发展作为落实科学发展观和构建社会主义和谐社会的重要任务，采取一系列政策措施，努力缩小义务教育发展中区域之间、城乡之间和学校之间的差距，义务教育均衡发展取得了新的进展。有的地方加大教育投入，开展标准化、规范化学校建设；有的地方将区域内城乡教师交流制度化，促进教师资源合理配置；有的地方将优质高中部分招生名额分配初中；还有的地方在全市统筹发放教师结构工资的基础上，鼓励开展校长和教师交流。

学校的大门是向人人敞开的。没有全民教育的普及和提高，便没有国家现代化的未来。教育不能只关注精英、面向少数，而应面向全体学生，要让所有孩子都能享有平等接受教育的权利，尤其要把教育资源向基层和弱势群体倾斜，用教育公益性和公平性促进社会和谐。对家庭经济困难儿童、残疾儿童、少数民族儿童、学习困难学生，应该给予更多的关心和帮助，使全体学生学有所教，让全体人民共享改革发展成果。对进城务工人员子女采用以流入地为主，以公办学校为主，兼用其他有效方式，解决其就学问题，让他们同在蓝天下，共同成长进步。

对义务教育均衡发展，我们要大力推进，同时要做深刻思考。面向未来，在更加关注公平、更加关注民生的大环境下，必须更加重视解决城乡之间、区域之间，特别是区域内校际之间差别过大的问题。从全局来看，要坚持把发展农村教育作为重中之重，把缩小城乡差距和地区之间发展差距作为推进均衡发展的主要任务；从局部来看，要把缩小校际差距、办好每一所学校作为工作重点。同时也要看到，义务教育均衡发展是相对的、动态的，是一个螺旋上升和不断发展提高的过程。义务教育学校不能削峰填谷，所有学校都应随着社会经济发展不断提高办学水平；义务教育均衡发展不能千篇一律，应当允许学校办出特色，呈现出百花齐放的姿态；义务教育均衡发展不能只重硬件，应当突出内涵发展和质量提高。

三、高度重视提高教育质量，促进基础教育内涵发展

全面推进素质教育，关系党和国家教育方针的贯彻落实，关系青少年的健康成长，关系国家和民族的未来。多年来，在党中央、国务院的高度重视下，各地积极贯彻党的教育方针，素质教育观念逐步深入人心，德育工作不断得到强调，基础教育课程改革全面展开，考试评价制度探索不断深入，教师素质有了进一步提高，学校的体育艺术工作和社会实践活动更受重视。

但是，对培养什么样的人、如何培养这样的人的问题，始终未能很好地解决。在教育实践中，强大的功利主义价值观还比较盛行，还存在着诸多突出问题和体制性障碍，使得素质教育工作成效不明显，已经成了社会各界广泛关注的热点和难点问题。

推进素质教育工作，是我国教育事业的一个重大课题，是一项事关全局、影响深远和涉及社会各方面的系统工程，仅靠教育部门和学校解决不了，需要进行综合改革。但是，教育部门应该有所作为，也可以有所作为。基础教育是推进素质教育的主要阶段，全面推进素质教育是新时期基础教育的核心任务。《义务教育法》已将素质教育要求写入了法律，素质教育不再仅仅是理论上的探索和教育观念的转变，而上升为人民的普遍意愿和国家意志。今后必须进一步提高对素质教育重要性的认识，加大对素质教育推进的力度，抢抓机遇，乘势而上，寻求突破。

素质教育强调学生全面发展，努力培养德智体美全面发展的社会主义建设者和接班人。新时期新阶段，要进一步把立德树人作为中小学的根本任务，将社会主义核心价值体系融入学校教育的全过程。要深化教育教学改革，逐步形成符合素质教育要求的课程实施与管理制度、满足学业质量不断提高的评价与指导制度、激励教师专业能力不断增强的教研制度。还要进一步贯彻落实好中央关于加

强青少年学生体育工作的要求，保证学生每天能锻炼一小时。

素质教育强调学生主动发展，努力培养学生兴趣，减轻他们的课业负担。由于受多种因素的影响，减负工作很不容易，但再难也要设法逐步推进。义务教育阶段要率先减负，积极开展启发式教学，努力优化教学过程；注重实施因材施教，尊重学生的年龄阶段特征和个体差异；不断调动学生参与积极性，保护学生的求知欲、好奇心，让学生感受到成功的喜悦。那种靠加重学生课业负担、损害学生身体健康来谋求学生“发展”的做法不符合科学发展观。

素质教育强调不断提高质量，基础教育要让年轻一代都能接受良好的教育。在人人“有学上”和“上得起学”之后，“上好学”已经成为人民群众对教育的迫切期待，这是一个历史发展的必然趋势。今后大家都要集中更多的精力认真研究、切实做好提高基础教育质量的工作，立足学校，走进课堂，安下心来办学，潜下心来育人。教育行政干部要进课堂，掌握教学实际，体察教师需要，了解学生关切，提供保障支持；教研部门要进课堂，加强对学校教学工作的指导，与教师一起备课，研究解决教学中的实际问题，指导教师改进教学方式；广大中小学校长更要进课堂，加强教师教学管理，督促教师提高课堂教学效率。

四、高度重视提高教师队伍质量，促进教师队伍专业发展

构建诚信友爱的和谐社会，在基础教育领域，要营造和谐校园，营造诚信友爱的氛围。教师要尊重学生，关心学生，理解学生，严格要求学生，以学生为主体。学生也要尊敬老师，爱戴老师。学校建好了，孩子进来了，教师队伍就成为提高教育质量，全面实施素质教育，推进教育教学改革的关键。教师是人类文明的传承者。推动基础教育科学发展，培养高素质人才，教师是关键。没有高水平的教师队伍，就没有高质量的教育。

应该说，我国广大中小学教师的总体素质是十分好的。他们爱岗敬业，教书育人，扎实工作，默默奉献，为共和国的教育发展做出了巨大贡献，不愧于人民教师的光荣称号。但是，也有一部分教师受市场经济负面影响，对个人的利益看得过重，师德修养和奉献意识较差。农村中小学教师队伍现状也还不完全适应基础教育进一步发展的需要。至 2008 年，全国小学和初中仍有约 24 万名教师未达

到国家规定的合格学历，同时还有 37 万多名代课人员。同一地区县镇与农村学校的收入待遇存在着差异，城镇富余教师难以分流到农村学校去，农村骨干教师的流失加剧。今后要用科学发展观做指导，促进广大中小学教师的专业发展。

（一）重视培养和选拔，吸引优秀青年担任教师

扩大免费师范生试点范围，做到读师范不交钱，或师范生毕业从事教师工作后由政府偿还贷款。进一步加强和规范中小学教师管理，依法履行对中小学教师选拔、聘用的职责，认真按照国家有关规定，把职业道德标准放在首位，严把“入口关”。

（二）加强培训力度，提高教师全面素质

教师要通过校本教研、脱产进修、攻读学位、争做名师、影子学习等多种方式获得专业发展。切实加强中小学教师队伍的思想政治建设和能力建设，把法制教育和职业道德教育作为教师培训的重要内容，不断提高教师队伍的职业道德水平。教师资格证书不能一劳永逸，应依据教师专业发展情况定期续新。

（三）调整编制额度，统一城镇乡编制标准

在统筹城乡基础教育发展的大背景下，没有理由让城、镇、乡各不相同的教师编制标准延续下去了，应立即统一起来。考虑课程改革的需要、小班化教学的诉求，以及学生人数减少的现实，在统一编制时要就高不就低。鼓励教师合理流动，促进义务教育阶段教师在同区域学校之间的大致均衡配置。

（四）提高工资待遇，调动教师工作积极性

中小学教师基数大，国家大幅度提高他们的工资待遇实属不易，体现了对广大教师的关心和爱护。通过实施绩效工资政策，将《义务教育法》做出的教师工资不低于公务员平均工资水平的规定落到实处，并特别要保证班主任津贴的增长。随后，还要尽快解决幼儿教师和高中教师的工资待遇问题，好事办好，避免出现攀比，影响工作热情，乃至社会稳定。

五、高度重视加强学校管理，促进基础教育规范发展

加强社会管理，维护社会稳定，是构建社会主义和谐社会的必然要求。一个时期以来，在学校管理中存在政府缺位、错位或越位现象，学校管理中各方责权不明，缺少章法，程序不清，效率低下，或者有章不循，我行我素。有的学校置国家课程计划于不顾，随意增减教学科目或课时，有的挤占学生休息时间搞集体补课，有的按考试成绩给学生公开排队，增加了学生的心理压力，等等。这些都违反了教育规律，亟待通过规范办学行为、加强学校管理加以解决。

（一）加强招生管理

义务教育阶段学校要建立健全和自觉执行各项管理规章制度。要规范招生管理，不用考试方式录取新生。义务教育学校要自觉遵守让学生免试就近入学的制度，敞开大门接受符合条件的适龄儿童、少年，不能采取考试、考核、测试方式选拔学生。高中招生要公平、透明、择优，提倡考察学生的平时成绩，参考综合素质评价；高中招收择校生也要有序进行，逐步走向规范。

（二）要加强收费管理

国家对义务教育的投入不断加大，特别是“两免一补”政策①的实施和“管理以县为主、财政分级负担”机制逐步确立，加强了农村义务教育保障机制改革。城市实行免杂费之后，按照将义务教育全面纳入财政保障的要求，借读费、择校费、办班收入等作为学校多渠道办学经费来源的收费项目同时取消。在这种情况下，必须依法增加财政投入，规范学校收费行为。在政府保障了义务教育经费的前提下，学校作为提供公共服务的公益性组织，不应向学生和家长收取开展分内教育教学活动所需的费用。高中的收费也要透明、规范、有序。

---

①“两免一补”即对家庭经济困难学生免除学杂费、免费提供教科书、补助寄宿生生活费。

（三）加强教学管理

在校内要均衡配备资源，不以任何名义分设重点班和非重点班，对所有学生一视同仁，努力创设学生友好型学校。模范执行国家课程方案。义务教育课程方案代表国家意志，学校应自觉遵守。还要争取学生每天锻炼一小时，并保证他们参加社会实践活动的时间。如果不执行国家课程方案，随意延长教学时间，统一组织学科竞赛，那么学生过重负担就不会减轻，素质教育就难以推行。这样的学校无论有多少光环，都不算是最好的学校。

加强学校管理，应注意处理好以下几个关系。一是规范管理与科学管理的关系。规范管理应是科学的管理，规范必须服从于科学性，服务于科学性。不科学的规范，只会是束缚学校发展的羁绊。二是规范管理与人文管理的关系。管理首先得“管”，规范管理具有硬性，人人必须执行；管理还必须要“理”，体现出对人的尊重、理解和关爱，用感人的精神激励，深厚的情感关怀，创设和谐氛围，让教师觉得愉悦，让学生感到温馨。这样，规范才会内化为师生自觉行动。三是规范管理与内涵发展的关系。管理本身不是目的，而是要从科学发展观出发促进学校内涵发展。内涵发展的出发点是提高质量，落脚点是可持续发展。可以说，今日的学校规范管理是为了明日的教育质量提高。四是规范管理与因地制宜的关系。规范管理不能脱离实际，不用某种模式生搬硬套，不依一个标准齐头并进，要通过规范管理，创设良好教育生态，鼓励学校管理创出特色。总之，基础教育战线要在办学中贯彻和谐社会的理念，在服务中实施管理，在管理中体现服务。

六、高度重视安全教育和安全管理，保障基础教育安全发展

做好中小学安全工作、实现基础教育的安全发展，是落实科学发展观的必然要求，是构建社会主义和谐社会的内涵。同时，学校安全教育涉及科学知识传授、逃生机能形成、文明行为养成，也是实施素质教育的有效载体。

（一）学生安全，至关重要

世上最宝贵的是生命。生命不保，何谈教育，何谈发展，何谈幸福。我国有

2.1亿中小学生和2 200万名幼儿园的幼儿，保护这些中小学生和幼儿的安全，责任重于泰山。近年来，全国各地坚持“积极预防，科学预防”的工作方针，在加强立法、完善制度、强化管理和深入开展安全教育等方面采取了一系列政策措施，在教育系统建立起了安全预警机制、定期安全检查机制、信息报送机制、事故统计分析工作机制和重大事故调查与处理工作机制，并狠抓落实，加大监督检查力度，进一步提高学校安全工作的主动性、预见性、针对性和实效性，全国中小学校和幼儿园安全工作取得了一定成绩，各类安全事故发生率和学生伤亡数字都逐年下降。但是，安全工作松懈不得，须警钟长鸣。一所没有安全保障的学校，是一所不合格的学校；一个不具备安全意识的教师，是一个不称职的教师。

（二）安全教育，有用有效

令人欣慰的是，教育部门和广大中小学校大多能高度重视中小学安全教育工作，积极开展紧急疏散演练，不断提高广大师生的安全意识和安全防范能力，认真贯彻落实《中小学公共安全教育指导纲要》，将安全教育纳入学校必修内容，根据不同年龄阶段学生的认知特点，通过专门课程、学科渗透、实践活动等多种方式深入开展安全教育，让学生养成良好的安全行为习惯。在2008年汶川特大地震灾害发生时，许多学校组织学生有序疏散，没有因为拥挤踩踏而发生更大的伤亡。这表明，安全教育有用有效；平时多一次安全学习，危难时刻就多一分生的希望。所以，必须教育广大学生更加自觉地参加安全演练，掌握安全知识，养成良好的安全习惯。要把安全工作纳入学校目标管理范畴，制订目标管理细则，强化内部管理，堵塞安全漏洞，建立覆盖所有工作环节的安全责任体系，并建立责任追究制度。要完善突发事件处置的工作预案，落实预防安全事故和公共卫生事件的措施。

学校要努力提高安全教育的有效性和针对性。在开展交通安全教育、游泳安全教育、灾害防御教育、应急避险教育过程中，调动学生的广泛参与很有必要。要把安全与健康教育纳入教学内容，要有一定的课时保证，要定期开展自救自护的实际演练，使师生员工法制观念、安全防范能力、健康保健意识、自我保护能力得到进一步加强，维护学校安全健康成为师生自觉行动。特别要结合各地各校的具体情况，有针对性地开展安全教育活动。要在开学初、寒暑假和重大节假日前专门对学生进行安全、健康教育，提高学生的安全意识和防范能力。

（三）保护生命，各方协作

孩子是家庭的希望，学生是祖国的未来。保护学生安全，需要发挥政府的统筹协调功能，进一步明确公安、交通、教育、地震、气象、安监等有关部门的职责分工，加强部门之间的沟通与合作，构建学生安全管理工作的部门协调机制，共同为中小学生撑起安全的天空。教育部门和学校担负着保护学生安全的直接责任，必须加强对学校安全工作的领导，实行严格的校长负责制和各种岗位责任制。学校校长是学校安全管理工作第一责任人。每位校长都要深刻认识做好安全工作的重要意义和所肩负的重大责任。从贯彻落实科学发展观和构建社会主义和谐社会的高度，本着对学生负责、对家长负责、对社会负责的态度，进一步增强责任感和使命感，把加强安全管理和学生安全教育工作作为一项重要任务，摆在突出位置，做深、做细、做实。

强调学生安全是完全正确的，但借口安全而放弃举办丰富多彩的教育教学活动则是不能成立的。因噎废食，终将对学生的长远发展不利。关键是科学合理地划定安全责任和事故责任。该承担的责任责无旁贷，该放开的手脚打开枷锁。

七、高度重视生态校园建设，促进基础教育生态发展

人类与自然界共同发展的历史表明，人类只有保持与自然的和谐关系，实现生态文明，才能使人类自身得到健康持续的发展。基础教育作为人类文明的传承者，理应为社会主义生态文明建设做出贡献。

（一）建设人与自然相和谐的生态校园

生态文明是人类文明的一种形式，它以尊重和维护生态环境为宗旨，以可持续发展为依据，着眼于人的素质发展，强调人的行为自觉和自律，追求人与自然环境的相互依存、相互促进和共处共荣。采光充分、用水节约、花草繁茂、空气流通，不仅给学生舒适之感，还有利于陶冶美的情操。同时，可通过一些简便的种植养殖，让学生增强劳动观念和动手能力。

（二）开展对全体学生的生态文明教育

在地理、生物等各门相关学科中渗透构建生态文明的意识，加强环境教育；鼓励开设环境保护主题学校课程；通过丰富多彩的学校活动开展环境教育或参与环保行动。较早地播下生态伦理的种子，让学生初步形成生态意识、环境意识、资源意识、人口意识、法律意识。① 中小学青少年生态文明教育不止于课堂上的生态知识教育，更重在对学生生态行为的引导。所以，生态文明教育要从规范学生的行为习惯做起，培养学生的生态意识和良好生活习惯。

（三）构建良好平衡的教育生态氛围

积极探索政府与学校、学校与社区以及学校内部治理的关系，进一步明晰政府、学校、社区的责、权、利。不断完善校长负责制，扩大学校办学自主权，在学校初步建立起科学、民主的管理体系。努力调动家长、社区、社会参与学校管理的积极性，为学校发展创造良好的生态环境。教育部门和学校要积极加强校风、教风、学风和人文环境建设，加大对学生的法制教育，让学生知法、懂法、守法、用法。开展心理健康教育，开展丰富多彩的校园文化活动，形成健康向上、生动活泼的良好育人环境。弘扬中华民族传统美德，树立诚实守信、团结向上、互相关心、互相帮助的良好道德风尚，形成师生之间、学生之间友爱、和谐的人际关系。

总之，科学推动基础教育改革发展，全面实施素质教育，必须着力把握发展规律、创新发展理念、转变发展方式、破解发展难题。基础教育研究者和实践者使命崇高，任重道远，当勉励他们推动基础教育的科学发展。

① 蔡明. 生态课堂从关怀生命出发［N］. 中国教育报，2009-01-02（06）.

认真厘清基础教育的时代使命*

随着我国综合国力不断增强，经济总量已经跃居世界第二位，人民群众生活水平迈上了新台阶。国内经济社会发展的有利条件、内在优势和长期向好的总趋势没有改变，仍然处于可以大有作为的重要战略机遇期，为教育改革发展提供了坚实的物质保障和良好的外部环境。在这样的背景下，我国基础教育以全面实现“两基”为标志，进入了内涵发展为主的新阶段。同时，基础教育仍然是最受社会关注的领域，相对于人民群众日益增长的教育需求，相对于教育现代化要求，基础教育现状还有较大差距。要如期实现《国家中长期教育改革和发展规划纲要(2010—2020年)》（简称《教育规划纲要》）提出的目标任务，建设人力资源强国，办人民满意的教育，基础教育工作者使命光荣，任重道远。必须适应新形势、顺应新期待、回应新要求，深入调查研究，科学民主决策，努力把握基础教育规律，进一步增强工作的前瞻性和针对性，不断提高工作能力和水平。在新的历史起点上，面对新的形势和任务，必须抓重点、缓热点、破难点、创亮点，着力促进基础教育公平，大力提高基础教育质量，推动完善基础教育体系，继续深化基础教育改革，不断加强基础教育管理。

一、抓重点，全力完成基础教育的核心任务

（一）促进基础教育公平

党的十八大报告中明确指出，要均衡发展九年义务教育，推进教育公平。在基础教育领域，面向全体学生、加强城乡统筹、办好每所学校、促进义务教育均衡发展是贯彻十八大精神的具体体现。在构建社会主义和谐社会进程中，中央倡

* 本文原题《新形势下我国基础教育几点思考》，原载《基础教育参考》2013年9期。

导公平，时代呼唤公平，群众期待公平。根据《教育规划纲要》精神，为了促进教育公平，必须坚持教育的公益性，建成覆盖城乡的基本公共教育服务体系；合理配置公共教育资源，加大对边疆、民族、贫困地区支持力度；促进义务教育均衡发展，缩小城乡之间、地区之间、学校之间差距；树立全纳教育理念，切实解决进城务工人员随迁子女平等接受义务教育问题，给予农村留守儿童更多的关爱，帮助残疾儿童少年接受合适的教育，确保广大学生不因经济困难、学习困难和就学困难等而失学。

义务教育均衡发展是实现教育公平最直接、最现实、最优先的领域。教育公平的关键环节是机会公平，基本要求是让公民依法享有受教育的权利，工作重点是促进义务教育均衡发展和扶持困难群体，根本措施是合理配置教育资源。令人欣慰的是，各级政府已经把教育工作作为最大民生工程，把义务教育均衡发展纳入责任目标予以强力推进。以均衡配置设备、图书、校舍资源推进均衡发展；以均衡配置教师资源推进均衡发展；以优质教育资源共享推进均衡发展；以优化学校布局推进均衡发展；以加强学校管理促进均衡发展；以开展督导评估保障均衡发展。义务教育均衡发展观念深入人心，义务教育均衡发展进展有目共睹。

义务教育均衡发展没有统一的工作模式，各地可创造性地开展工作，但都要处理好以下几个关系。

一是政府责任与学校努力的关系。政府的责任是保障公平和制订规则，根据实际情况追求自己的目标。推进义务教育均衡发展的责任主要在政府，主要手段就是公平配置教育资源。统筹调整义务教育资源配置可以着力改善薄弱学校、农村学校的办学条件，也可以把现有优质教育资源调配、辐射到薄弱学校和农村学校。要切实解决当前农村学校办学条件差、城镇学校班额过大等实际问题。学校也需要做出努力，抓住机遇，乘势而上，或结成联盟，或以强带弱，实现资源共享，良性互动，共同发展。

二是硬件均衡与软件均衡的关系。促进义务教育均衡发展，既要重视图书、设备、校舍等学校硬件建设，同时更要重视软件的提高，抓好义务教育学校管理制度建设，促进教师专业发展。教师是学校的第一资源，择校主要是择师。在当前情况下，尤其要把教师资源的均衡配置和教师水平的提升作为关键。

三是均衡发展与提升质量的关系。均衡发展不是限制发展，而是不断共同发展；不是低位徘徊，而是鼓励提高质量；不是放弃特色，而是鼓励办出特色和品质。坚持在发展中促进均衡，在均衡中促进发展。有条件的地区可逐步提升均衡水平，实现优质均衡发展。

（二）提高基础教育质量

基础教育对人一生的成长至关重要，基础教育质量的高低，不仅直接关系到青少年的德智体美全面发展，而且关系到国家各级各类人才的培养和全民族素质的提高。要深化课程和教学改革，创新教学观念、教学内容、教学方法，着力提高学生的学习能力、实践能力、创新能力，促进学生全面发展。全面贯彻党的教育方针，深入实施素质教育，既是促进人的全面发展的具体体现，也是我们教育工作的出发点和落脚点。目前，“有学上”的问题已经解决，“上好学”成为基础教育面临的新形势，这就要求我们把工作方向进一步从重视规模发展转到更加关注内涵发展和质量提高上来，要在几个关键环节上下功夫。

一要开展“中国梦”主题教育。按照党的十八大精神和习近平总书记要求，更加自觉地把社会主义核心价值体系融入国民教育全过程。社会主义核心价值体系，要求坚持马克思主义指导，坚持中国特色社会主义共同理想，坚持以爱国主义为核心的民族精神和以改革创新为核心的时代精神。推进社会主义核心价值体系建设，要强化教育引导。广泛开展“中国梦”主题教育活动，从小学生抓起、从学校教育抓起，通过开发德育资源、突出实践环节、营造文化氛围，抓好课程德育，倡导社会实践，建设校园文化等工作，将育人理念落到实处。

二要深化基础教育课程改革。十余年来基础教育课程改革，促进了先进教育理念的传播，建立了有中国特色的、更加符合时代要求的新课程体系，带动了基础教育的整体变革，为全面推进素质教育发挥了重要作用。《教育规划纲要》明确提出今后十年我国基础教育改革和发展的基本方向，我们必须坚持育人为本，坚持改革创新，采取有力措施，坚定不移地把基础教育课程改革向纵深推动。不要再对是否要进行基础教育课程改革举棋不定，而要思考如何把它搞好；不要再纠结基础教育课程改革可不可行，而要寻求在教学中把它落实。当然，在实施过程中，还要依据新情况进行必要的动态调整，突出品德、语文、历史、体育、艺术五科统筹。教育部已着手研究普通高中课程方案和各学科课程标准的修订，以适应科技发展态势，适应人的发展需要，促进普通高中特色化多样化发展。

三要加强教师队伍建设。教师队伍建设是提高教育质量、促进教育事业科学发展的根本环节。教育大计、教师为本，要把加强教师队伍建设作为推动教育科学发展最重要的基础工作来抓。有好的教师，才有好的教育。如果说教育是国家的基石，那么教师就是奠基者。今后要多措并举，切实加强教师队伍建设。完善教师准入、退出制度，优化教师队伍总体结构，加强教风、学风、校风建设，提高教师的师德和业务水平；科学实施绩效工资制度，提高教师地位待遇，增加农村教师津补贴，让优秀教师下得去、留得住、干得好。加强和改进教师教育，办好师范院校，健全教师培养培训体系，培养更多一专多能的教师，满足农村学校实施素质教育的需要。开展农村教师周转宿舍建设，鼓励义务教育阶段教师合理流动。倡导教育家办学，改革职称评聘，鼓励有条件的地区开展杰出教师学术休假试点。

四要提高课堂教学效率。教育行政干部、中小学校长要把更多的精力投入教育教学的主业中。深入学校，走进课堂，了解教师关切，观察学生动向，回应师生诉求，破解发展难题。这些年，各地涌现出了教学改革的典型学校或典型模式，大家可以学习借鉴。教学有法，但无定法，贵在得法。上级部门不便指定教学方法，大家尽可选择。

五要更新教育手段。继续以农村为重点，完善现代远程教育的网络，让优质资源对农村学校和教学点全覆盖，全面提升农村学校应用信息技术的水平。现在，各地学校信息化设施设备多已装备到位，以后要加强使用。教师应善于使用信息化手段组织教学活动，帮助学生理解知识、扩充视野。学校要舍得让学生充分使用计算机，宁肯用坏，不能放坏。要大力开发优质远程教育资源，精心筹划、完善功能、丰富内容，源源不断地为农村中小学提供优质资源，促进优质教育资源共享。

二、缓热点，及时化解群众关注的矛盾问题

加强社会管理，维护社会稳定，是构建社会主义和谐社会的必然要求。在基础教育领域，仍存在一些热点难点问题，如义务教育阶段择校、中小学生课业负

担过重、“应试教育”倾向等问题，引起社会高度关注，群众反应强烈。这些热点难点问题中，有的是长期形成的，涉及文化、历史、社会等多方面因素，情况较为复杂，教育部门一直在努力解决但始终没有解决好。这要求我们在今后的工作中，既要明确方向、正确对待，又要坚持不懈、持之以恒，遵循教育发展规律，通过加强研究、规范管理，逐步予以化解。

（一）规范学校收费行为

采取切实措施加强义务教育经费的使用监督，确保经费使用安全、合理和有效。加强对义务教育学校财务管理工作的指导，督促各学校建立健全财务管理制度，规范预算编制，严格预算执行，做好财务决算，强化会计核算，切实加强学校资产管理，提高资金使用效益。要强化学校代收费行为监管，规范学校或教育部门接受社会组织、个人捐赠行为，禁止收取与入学升学直接挂钩的捐款。学校单独或与社会培训机构联合或委托举办以选拔生源为目的的各类培训班，会导致很多问题，要坚决予以取缔。

（二）解决班额过大问题

据教育部发展规划司2011年统计报告，全国小学56人以上的大班额占小学全部班额的13.03%，其中66人以上的超大班额占5.42%；全国初中56人以上的大班额占初中全部班额的51.34%，其中66人以上的超大班额占14.76%。班额过大，不利于因材施教和学生成长，也给学校管理带来很多困难。解决班额过大问题，地方政府要有所作为，加大财政投入力度，实施扩容改造，通过新建、拆分、分流等形式，让当地学校的校额与班额趋于合理。要通过一系列政策与策略，用若干年基本实现小学班额不超过45人，初中班额不超过50人的目标。有条件的学校，可推行小班化教学。

（三）控制农村学校撤并

中小学布局和数量一直处于动态的变化中，随着学生的数量、分布和教育发展需要有增有减。进入21世纪以来，“两基”目标实现后，随着农村人口出生率的降低、城镇化的加快，义务教育开始由“有学上”向“上好学”转变，提高质量成为21世纪义务教育发展的重要任务。2001年，国务院印发《关于基础教育改革与发展的决定》，明确要求“按照小学就近入学、初中相对集中、优化教育资源配置的原则，合理规划和调整学校布局。农村小学和教学点要在方便学生就近入学的前提下适当合并”。2001—2010年，全国小学由49.1万所减少到25.7万所，减少了23.4万所，减幅为47.7%。其中，农村减少了20.5万所，占减少总量的87.6%。全国初中由6.7万所减少到5.5万所，减少了1.2万所，减幅为17.9%。其中，农村减少了1.1万所，占减少总量的91.7%。全国教学点由11.4万个减少到6.7万个，减少了4.7万个，减幅为41.2%。其中，农村减少了4.5万个，占减少总量的95.7%。布局调整改善了办学条件，提高了办学水平，优化了教师队伍，促进了教育公平，但同时出现忽视群众意见盲目撤并学校的现象，造成了学生上学远、路途交通不安全、农村学校萎缩、县镇学校班额过大、农民群众负担加重、出现闲置校园校舍等问题，引起了社会各界的广泛关注。

今后，要规范农村义务教育阶段学校布局调整工作。

一要处理好提高质量和方便入学的关系，把方便学生就近入学作为学校布局调整的首要条件。地方各级政府要保障所辖区域内学校数量与学龄人口数量相匹配。不得通过行政手段强行撤并学校。省级政府制定学校网点布局和服务半径的量化标准，小学低年级学生就近步行上学，小学高年级确有需要可适当集中，初中根据实际确定走读或寄宿。

二要严格布局调整程序。学校布局调整规划由县级政府牵头调查、论证、听证和公示，广泛征求社会公众意见。撤并学校要充分听取学生家长、村民自治组织、乡镇政府和其他利益相关方的意见，在各方意见不一致或多数学生家长反对的情况下，应暂缓实施。学校确需撤并要在研究提出解决后续问题的措施后报上一级政府审批，一次撤并学校数量较多须报省级政府批准。实施经批准的学校布局调整规划或方案，要先建后撤，平稳过渡，好事办好。

三要妥善解决学校撤并遗留问题。各地要采取有效措施，妥善解决因学校撤并导致学生上学远以及上学不安全的问题。切实改善农村学校寄宿条件，加强寄宿制学校管理，保障学生健康成长。办好农村小规模学校和教学点，在公用经费拨付、教师配置、设备配备上实行特殊政策。对于需要保留的教学点，要提高生均经费拨付标准，按班师比和课程实际需要配齐合格教师，并通过城市或中心学校教师巡回教学及现代远程教育等手段保证教育质量。

（四）确保学生路途安全

据教育部基础教育一司 2011 年调查显示，全国有学生接送车辆 28.5 万辆，其中符合国家标准的校车只有 2.9 万辆，占 10.3%；学校租用车辆 5.1 万辆，占 17.8%；家长租用车辆 20.5 万辆，占 71.9%。非专用校车、无牌无照车辆，甚至三轮摩托车、人力车、马车都加入接送学生的行列中，这些车辆的安全性能差，驾驶人员素质偏低，交通违法行为时有发生，给学生交通安全带来很大的隐患。各地应定期开展专项整治行动，督促落实安全责任，切实加强校车及驾驶人源头管理，杜绝使用农用车、拼装车、问题车接送学生上下学行为。摸清辖区内学生出行方式和学校及家长租用车使用情况，提出管理意见和办法。要按照就近入学、寄宿制学校建设、提供共同交通、探索校车服务的顺序，妥善解决学生上学路途交通问题。如需发展校车，则要加大对校车投入力度，购置安全性能好的校车。

三、破难点，推动解决由来已久的痼疾顽症

（一）继续推进减负

减负是一项非常复杂的工作，但坚持开展必见成效。2013 年教育部面向全国启动“减负万里行”，就是想通过这种响亮的方式推进减负。地方教育行政部门要对当地学生作息时间、考试科目和次数、学生家庭书面作业和假期安排等提出统一要求，把提高课堂教学效率作为减负有效手段，实施启发式教学，培养学生学习兴趣、态度和习惯。要改革考试评价制度和学校考核办法，建立监测公告制度，严格教辅资料管理。通过减负让学生有更多的时间走出校园，接触自然，开展综合实践活动，增强动手能力；通过减负让学生有更多的时间参加阳光体育活动，每天锻炼一小时，提升身体素质。对于减负，要标本兼治，综合施策。减负，不可能一劳永逸，要长抓不懈。

（二）缓解择校问题

择校现象背后有复杂的社会原因，择校现象还会长期存在。但我们不能坐视不理、听之任之，而应有所作为。各地要以大城市为重点，严格执行免试就近入学的法律规定，合理划定每所公办学校的招生范围。推进九年一贯制学校建设，鼓励把现有分设的小学和初中学校对应起来，让小学生直升对口初中，支持初中与高中分设办学。当然，治本之策，是大力推进县域内义务教育均衡发展，尤其是加大教师交流力度、推广学校联盟和集团化办学、扩大高中招生指标到校比例。

（三）妥善处理闲置校舍

2011年教育部、国家发展和改革委员会联合发出通知，对各地闲置校园校舍情况进行全面了解。据普查，全国共有不再用作义务教育的闲置学校13.17万所，其中完全闲置不用的为45.40%，其余有的被用作举办幼儿教育、成人教育，也有的成了村里的文化、卫生设施。县城闲置学校很少，乡镇的占一定比例，最多的是在村里。多数闲置学校是20年前建成的，70%以上闲置学校的土地归乡村集体所有，30%左右的闲置校舍年久失修，已成危房。对闲置校园校舍，要妥善处置。

一要科学规划、教育优先。根据区域内教育发展实际制订义务教育阶段闲置校园校舍再利用规划，并纳入城乡总体规划。要与提高义务教育普及水平相结合，与拓展校外教育资源相结合，与加快普及学前教育和高中阶段教育相结合，与构建成人教育网络和终身教育体系相结合，优先保障当地各级各类教育需要。对闲置学校的桌凳、仪器、图书等资产应登记造册，实行“物随生走”，保证教育资源得到最佳利用。

二要依法规范、明晰权属。对于权属明确的义务教育阶段闲置校园校舍，及时办理确权手续，科学合理再利用。对权属存在争议的，根据有关法律法规，按照程序进行确权，权属明晰后进行再利用。

三要因地制宜、分类指导。根据每一所闲置学校的区域位置、历史沿革、建设规模、房屋现状等状况，对闲置校园校舍进行科学评估，确定用途，制订合理的再利用或处置办法。盘活闲置校园校舍资产，防止失管失修，发挥资产效益。对于已经用于教育事业和非营利性社会公共事业的，可在确权基础上继续使用。

四、创亮点，不断形成改革发展的体制机制

（一）寻求改革突破

在新的历史阶段，人民群众盼改革，教育系统盼改革，社会各界盼改革。加快推进改革步伐，人心所向、势在必行。基础教育工作者要加强统筹规划、分类指导、因地制宜，以创造性应对工作的艰巨性，以多样性应对事业发展的复杂性和差异性。2010 年中央召开全国教育工作会议后，国家教育体制改革领导小组审议的第一个文件，就是推进教育体制改革试点的总体方案。国务院专门召开电视电话会议，对教育体制改革试点进行系统部署，目前，涉及基础教育领域的改革试点工作已经实施了一段时间，需要总结深化。为加强对改革试点的指导工作，教育部建立了义务教育均衡发展专家指导制度，成立了国家教育咨询委员会义务教育均衡发展专家咨询组、义务教育均衡发展专家工作组，定期对各地义务教育均衡发展试点进行跟踪、检查、指导和评估，各地也要主动寻求指导和帮助。

试点地区在解决这些问题上先行先试、积极探索，着力破除体制机制障碍，努力解决深层次矛盾，力争在管理体制、运行机制、关键环节、配套条件等方面形成典型经验与政策创新，探索推进基础教育健康发展的新思路和新举措。随着教育改革的不断深入，如何保护好改革的积极性，推动改革走向深入，如何确保人民群众享受教育改革成果成为要高度重视的突出问题。各地要不断增强改革的信心和动力，明确改革方向和目标，确保改革工作有新突破、新成效。对于一些地区采取的行之有效的办法和取得的成功经验，有必要加强指导、及时总结，在更大范围内推广，充分发挥以点带面的示范作用。

（二）建成电子学籍

应按照 2013 年 4 月教育部在贵阳会议上的部署，积极稳妥地推进电子学籍

的建设与使用。尽快建立与国家基础教育信息化平台对接的电子学籍管理系统和学校管理信息系统。依托身份证实行一人一学号并贯穿终身，建立以居住地学龄人口为基准的义务教育管理和公共服务机制。通过完善学籍管理，真正掌握各地学生数量和流动情况，不但有助于解决“吃空饷”问题，还可促进学籍科学管理，方便实行弹性升级制。更可借以推动解决进城务工人员随迁子女的义务教育问题以及由此带来的异地升学问题。

（三）加强宣传引领

加强对社会反映难点问题的研究，及时向公众介绍工作进展情况、采取的措施和取得的成效，交流各地在解决热点问题方面的好经验、好做法、好成果，并加以推广，积极发挥示范带动作用。不说过头话，不开空头支票。坚持正确舆论导向，合理引导社会预期，多做政策宣传、解疑释惑的工作，多做增进共识、统一思想的工作，多做典型报道、示范引导的工作，营造全社会关心、重视、支持教育改革的良好氛围。

努力完成基础教育的四项战略任务*

基础教育就其对象来讲，是面向全体青少年儿童的教育；就其内容来讲，是促进学生对基础知识、基本技能、基本品德学习形成和掌握的教育；就其性质而言，是促进学生德智体美全面发展的教育；就其功能而言，它是构建民主法制、公平正义、诚信友爱、安定有序、充满活力、人与自然和谐相处的社会主义和谐社会的重要途径。所以基础教育是国民教育的基础、人才成长的摇篮，是我国各级各类教育的重中之重。从事基础教育工作的同志、为基础教育保驾护航的同志可以说责任崇高、使命光荣、任重道远。

根据《国家中长期教育改革和发展规划纲要（2010—2020 年）》（简称《教育规划纲要》）的规定，我们国家的基础教育面临着四项战略任务，因此我们的日常工作、课题研究也都要围绕完成这四项战略任务予以展开。

一、促进基础教育公平

公平正义比太阳还要有光辉。在基础教育中要大力推进城乡之间、区域之间、学校之间的义务教育均衡发展。要通过均衡图书、设备、校舍和师资来实现均衡，也就是要以均衡配置教育教学的各种资源促进均衡。具体说，就是要以均衡硬件条件来实现均衡，以均衡配置师资资源促进均衡，以高中招生指标到校促进均衡，以优质的教育理念、教育方法、教育设施、教育手段共享来促进均衡，以加强督导评估促进均衡。在推动义务教育均衡发展的过程中，优质的信息资源共享是一个非常重要的手段。如今，信息资源的有效利用，把过去只有城市地区和发达地区才能享有的优质资源送到了农村，送到了中西部。孩子们笑了，老师

* 本文原题《努力完成基础教育的战略性任务》，原载《教育仪器与实验》2012 年第 5 期，选入本书时略有修改。

笑了，大山和遥远的路途再也阻隔不了知识的阳光。因此，我们要大力推进技术装备的更新，继续实施农村中小学现代远程教育工程，并且特别鼓励各地因地制宜，大胆探索，创出新路来为促进教育公平做出贡献。

二、提高基础教育质量

提高质量首先要抓教师队伍，为此教育部已经确定了未来的优先领域。一要重视培养。教育部继续实施免费师范生制度，在北京师范大学、华东师范大学、东北师范大学、华中师范大学、陕西师范大学和西南大学招收免费的师范生。如果家庭有困难，不但学费不交，生活费也要予以减免。唯一的要求是毕业之后，他们要到中西部的农村任教若干年。二要加大培训。国家 2010 年拿出了 5.5 亿元，2011 年拿出 6.5 亿元，从 2012 年开始，国家可能每年拿出 10 亿元用于中小学教师国培计划。各地还可搞省培计划、市培计划、地培计划、县培计划、校培计划、校本教研、影子学习等。个别的教师如果专业发展有需要，外语程度较高，也可以公费到其他发达国家进修学习、观摩交流。三要统一城镇乡教师的编制标准，体现对农村的倾斜。四要实施好中小学教师的绩效工资制度，体现奖励、体现激励，让所有的教师能安心本职岗位，学为人师、行为世范，默默奉献、教书育人、做出成绩。五要发挥班主任教师作用。克服对班主任工作“不愿做”“不好做”以及政策不配套问题。让班主任岗位成为优秀教师心向往之的一个岗位，成为通向学校管理者的一个台阶，真正把班级带好。另外还有一项教师队伍建设的措施，那就是要为未来教育家的成长提供土壤。2011 年上半年，教育部出台了教育人才培养计划，提出各地可精选一小部分学术造诣较深、有较大学术潜力的优秀教师，每五年给予一个学期的学术休假。在这一个学期里，他们不用教课，甚至也不必在学校待着，他们可以在省内外、国内外巡游。单位照样发工资、报销各种路费，意思就是让他们广泛接触各种先进做法、先进思想，将来能带动其他教师前进，并且他也能够捷足先登。

教师问题解决了，课程教学我们要深抓。教育部这些年特别注重对课程与教学的改革，现在已经完成了义务教育阶段 20 个学科课程标准的修订。高中的课程改革现在也在如火如荼地推进，各地创造了很多好经验。无论是义务教育的课程改革，还是高中的课程改革对实践环节都特别强调，就是要克服在一些地方、某些学校存在的那种让学生死读书、读死书、读书死的不良现象，要让学生学会动脑、学会动手、学会实践、学会创造、学会做人。而这些实践教学的东西，总的来讲各地比较薄弱，以后要加强。课题的研究恰恰能够为未来这方面的工作推进开一条路，指明一个方向，至少开展一种有益探索。

提高教学的质量，教学手段非常重要。“工欲善其事，必先利其器。”古人说：“假舆马者，非利足也，而致千里；假舟楫者，非能水也，而绝江河。”我很小的时候就读这几句话，不知道什么意思，现在明白了，可以用来形容我们的教学手段。有了良好的教学手段并且有效地加以利用，就可以使教育教学的效果事半功倍。所以，从事和研究这项工作的同志可以说责任很大，你们的贡献也将是很大的。当然，强调提高教育质量，不能够加重学生负担，反而我们要努力减轻中小学生过重课业负担。如何减轻呢？社会各界很关心，家长、老师都很关心，学生也渴望着减负。

关于减负，要按照党中央、国务院颁布的《教育规划纲要》来真正地予以落实。政府不能给学校下达升入重点大学的指标，学校要做减负的保障者；家长要改变家庭教育的观念，不能过于望子成龙；社会各种机构和有关方面也不能过分宣传所谓的“不让孩子输在起跑线上”等论调。“不让孩子输在起跑线上”这个说法是一句可以理解的社会或家长的心态，但它并不符合教育发展自身的逻辑，不值得大肆宣传和推崇，某种程度上是一种“忽悠”。人的发展犹如长跑，起跑快慢不决定一生最终的成功。当然，教育系统还是减负主力军，责无旁贷。为此，一要提高教学效率，不能靠加班加点利用节假日、双休日组织学生积极复课或上新课。二要提高教师水平。三要改善教学手段。四要减轻学生的升学压力。小学就近入学，初中免试入学，中考进行改革，高考也要加大改革力度。社会关心的高考改革方案，教育部正在紧锣密鼓地制定。五要加强学生心理辅导。六要引导家长转变观念。七要改革评价方案，减少统考的次数。所有这些工作都是我们在提高教育质量过程中要注意的。

三、完善基础教育体系

完善基础教育的体系就是要大力发展学前教育、义务教育、高中教育、特殊教育，处理好基础教育和职业教育的关系，形成横向连接、纵向衔接的充满生机活力的教育体系，形成人才成长的立交桥。

国家在 2011 年拿出了 500 亿元，启动了学前教育三年行动计划。各省、自治区、直辖市也根据中央要求积极筹措资金，这个资金加起来已经达到了 1 000 亿元。所以中央、地方资金加起来已经超过了 1 500 亿元，这是新中国成立以来用于某一项教育的最大的一笔资金投入，超过了“211 工程”和“985 工程”，超过了信息化工程，也超过了“两基”攻坚计划。估计三四年之后，我国城乡各地入园难、入园贵问题将得到大大缓解。

随着 2011 年 12 月 17 日四川省通过了“两基”国检，在我们中华人民共和国的土地上所有的省份所有的县域已经全部“普九”，你再也找不到任何一个地方连“普九”都没有实现的了。珠海已经实施了 12 年免费教育，很多地方也在实行 12 年免费教育。下一步，对义务教育主要是推动均衡发展，提高普及水平，提高教育质量。发达地区还要利用先进的教育思想、雄厚的人才储备、现代化的教育装备来探索实施教育的现代化。

高中教育下一步一是要加快发展的速度，逐渐走向普及。二是要办出特色。三是要提升品质。四是要发挥示范性高中的辐射带动作用。五是要探索创新人才的培养，至少要为创新人才培养奠定基础。

特殊教育要全面纳入财政的保障范围，让特殊学校成为当地最漂亮的学校，让特殊儿童成为最受关爱、呵护的孩子。另外，让那些具有接受普通教育能力的特殊儿童进入普通学校随班就读，或者到普通学校附设的特殊班接受特殊教育，不光三类残疾要接受特殊教育，将来重度的残疾、自闭症的孩子也将逐步有接受教育的条件。

当然基础教育发展要与职业教育、高等教育相得益彰、协调发展。职业教育要以服务为宗旨，以就业为导向，以工学合作为主要模式，采取订单式培养，东西合作、校企联办等方式来大力发展。对高等教育，基础教育工作者也很关心。

正如胡锦涛总书记在清华大学百年校庆所提出的要求那样，高等教育一要提高培养人的水平，二要加大科研成果的研发，三要增加对经济社会的服务功能，四要大力开展文化传承创新。

四、推动基础教育改革创新

不改革是没有出路的。改革是为了发展，改革也保证发展。广东特别是珠三角地区长足的、跨越式发展最主要是得益于改革开放，先行先试。基础教育面临着很多问题，有的是长期积累的痼疾，有的是一些热点难点。不管是老问题还是新问题都需要用改革的思维、改革的手段，寻求破解的方案，不能这也不行，那也不敢。例如，学校抓安全是对的。一个没有安全保障的学校绝对是一个不合格的学校，一个不具备安全意识的教师绝对是一个不称职的教师。但是，有些地方不搞实践教学，也不搞春游、秋游，怕担安全责任。对此，第一，还是要强调安全的重要性，学生的活动要有安全保障。第二，学生的活动可有保险，现在随着阳光体育的开展，中央财政对每个学生都有一些安全保险的资金，这笔资金钱比较少，各地还可以拿出更多的资金来建立校方责任险。第三，学生的活动要有预案，切实把事故率压到最低。第四，安全的责任要合理划定，已颁布的《中华人民共和国侵权责任法》对于学校有一些免责的条款，不能一旦出任何的事故都到学校去闹，有些事故学校是没有责任或者可以免责的。今后，在确保安全后，学生的社会实践活动要加强而不是削弱。

在改革创新过程中还有一个大家关心的问题就是学校的布局调整。中小学布局调整大家非常关心，认为校车出事与此相关，实际上对这个问题，教育部也有些全面的考虑与研究。有三句话回应大家的关心。第一句话就是对于中小学已经开展的布局调整要有一个实事求是的认识。布局调整是必要的，提高了办学的效益，改善了办学的条件，有很多成绩，同时布局调整在个别地方也出现了过快、过猛，不顾群众愿望的情况，造成了新的上学远、上学不安全的问题。第二句话是布局调整要体现就近原则，从现在开始大规模的布局调整、撤点并校这个任务已经完成，今后就是要解决布局调整中出现的一些困难和问题，提供住宿条件，提供交通车辆，增加学生的困难补助。第三句话是要规范布局调整的程序，要建立听证制度、公示制度，征求村民委员会及乡镇政府的意见。如果意见不一致或者是多数家长反对，这个村小和教学点则应予以保留，同时教育部希望调整布局调整的审批权。由县级人民政府审核之后写出报告并且提出解决有可能出现的后续问题的方案，层层上报至省级政府或教育行政部门。

关于基础教育改革创新，一要增强坚定性，继续推进。二要增强系统性，整体设计。三要体现持续性，持之以恒。今后，我们还会遇到很多困难，在大家的本职岗位上也会遇到各种挑战，我们要善于克服困难，克服挑战。要重视科研引领，教育有规律，不能人云亦云。我们要通过加大科研、加大实践、加大探索来引领教育的改革和发展。

力争实现基础教育又好又快发展*

党的十七大是在我国改革发展关键阶段召开的一次十分重要的大会，对于党和国家各项事业的发展具有重大而深远的意义，科学回答了党在改革开放关键阶段举什么旗、走什么路、以什么样的精神状态、朝着什么样的发展目标继续前进等重大问题，为党和国家的事业发展指明了前进方向。党的十七大报告对教育工作提出了明确要求，是未来我国教育工作者的行动指南。基础教育战线的理论工作者和实际工作者都应该牢固树立和落实以人为本、全面、协调、可持续发展的科学发展观，促进我国基础教育又好又快发展，为构建社会主义和谐社会做出积极贡献。

一、用科学发展观分析我国基础教育的新使命

科学发展观，是立足社会主义初级阶段基本国情，总结我国发展实践，借鉴国外发展经验，适应新的发展要求提出来的时代号角，是我国经济、社会、教育发展的重要指导方针，是发展中国特色社会主义必须坚持和贯彻的重大战略思想。落实科学发展观，必须坚持教育优先发展，分析基础教育成就及挑战，树立基础教育又好又快发展的观念。

（一）坚持优先发展教育，建设人力资源强国

党的十七大明确指出“教育是民族振兴的基石”，要“优先发展教育，建设人力资源强国”。这是党中央在新的历史阶段为进一步实施科教兴国战略和人才强国战略提出的新的重大战略目标。当今世界，经济全球化趋势深入发展，科技

* 本文原题《社会主义和谐社会构建与基础教育又快又好发展》，原载《中国教育学刊》2007年第11期。

进步日新月异，经济社会发展越来越依赖于知识的积累与创新，越来越取决于劳动者和专门人才的数量与质量。国际竞争归根到底是人才竞争，人才资源是第一资源，教育的地位和作用日益提高。优先发展教育，开发人力资源，已经成为许多国家增强国际竞争力，促进现代化建设和社会和谐进步的重大战略。

优先发展教育事业在中国更加重要。我国有13亿多人口，人均自然资源匮乏，生态环境脆弱，经济社会发展的潜在优势是人力资源。教育在我国现代化建设中具有基础性、先导性、全局性的地位和作用。这么多的人口，素质高，就是丰富的人力资源；素质低，就是沉重的人口负担。优先发展教育事业，全面提高人口素质，把我国巨大的人口压力转换为人力资源优势，是功在当代、利在千秋的事业。优先发展教育事业，不能只停留在口头上，关键看是否依法落实了教育投入的“三个增长”，是否把教育发展摆到优于经济增长的位置。

建设人力资源强国在当前愈加迫切。我国各级各类教育迅速发展，农村免费义务教育全面实现，已成为人力资源大国。但是，建设社会主义新农村，走新型工业化道路，建设创新型国家，不能满足只是人力资源大国，教育必须培养年轻一代的科技素养、创新精神和实践能力。落实科学发展观，全面建设小康社会，要求必须实现从人力资源大国向人力资源强国的过渡。建设人力资源强国，是实现经济社会持续发展的必然要求，是更加自觉贯彻落实科学发展观的必然要求。要实现这个战略目标，必须加快建设一个充满生机活力的中国特色社会主义现代化教育体系，建设一个全民学习、终身学习的学习型社会，使广大人民群众共享接受良好教育的机会。

在各级各类教育中，基础教育处于重中之重的位置。基础教育就其对象来说，是面向全体青少年儿童的教育；就其内容来看，是促进学生对基本知识、基础技能、基本品德学习、掌握和形成的教育；就其性质而言，是帮助学生德智体美全面发展的教育；就其功能而言，它可以整体提升公民素质，树立人们的和谐观念，增强人们构建和谐社会的能力。因而，基础教育是国民教育的基础，人才成长的摇篮，和谐社会构建的重要途径。促进基础教育又好又快发展，是不断满足人民群众日益增长的教育需求，将我国巨大的人口压力转变为人力资源优势，建设人力资源强国的根本途径。

（二）基础教育取得巨大成就，同时面临严峻挑战

党的十六大以来，我国教育事业改革发展进入一个迅速发展时期。全国“两基”人口覆盖率从2002年的90%，发展到2006年的98%以上，青壮年文盲率从2002年的4%下降到2006年的3.58%。2007年，我国高中阶段教育毛入学率超过60%，高等教育毛入学率超过22%。全国受教育人口已逾3亿，我国业已建立起了世界上最大规模的教育体系，15岁以上人口平均受教育年限达8.5年左右，新增劳动力平均受教育年限提高到10年以上。

以义务教育为例，我国所取得的成绩非常突出。一是中央坚持科学发展观，以更大的精力和更多的财力发展教育，重点加强农村义务教育，做出了新增教育经费主要用于农村的重大决策。国务院还做出了深化农村义务教育经费保障机制改革的决定，按照“明确政府责任、中央地方共担、加大财政投入、提高保障水平、分步组织实施”的基本原则，建立起了中央和地方分项目、按比例分担的农村义务教育经费保障机制，至2007年春季已将全国农村义务教育全面纳入公共财政保障范围。相应地，各地也普遍加大了对义务教育经费投入的力度。二是组织实施西部地区“两基”攻坚计划，投入100亿元建成7 700多所寄宿制学校，满足了新增165万名学生和204万名寄宿生的学习生活要求。三是高度关注并努力解决义务教育阶段群众反映集中的教育热点问题。在全国推行“一费制”，下大力气规范学校的收费行为；积极推动解决千万进城务工农民子女的就学问题；切实开展贫困学生的救助工作。四是办学条件不断改善，教育信息化程度明显提高。国家实施了“农村中小学现代远程教育工程”“农村初中建设工程”等，让数以千万计的中西部农村中小学生受益。在面上普及的同时，东部经济发达的农村地区和大中城市，通过实施建设“教育强省”“教育强市（县）”等措施，提出了率先实现教育现代化的目标，不断增加教育投入，大力推动高质量、高水平“普九”，建设成一大批具有优质教育资源、办学水平较高的义务教育学校。

如今，我国基础教育的发展总体上已走在发展中人口大国的前列。基础教育各项事业的迅速发展，以及基础教育与职业教育、高等教育的协调发展，正在对整个国家的民生改善、社会繁荣、就业提升、结构调整、文化建设发挥重要作用，必将为全面建设小康社会、加快推进社会主义现代化、实现中华民族伟大复

兴做出重要贡献。

但是，基础教育总是成绩和问题同在，机遇与挑战并存。对于基础教育领域存在的困难和问题，我们必须深入研究、妥善解决。例如，面对新时期经济社会发展的迫切要求，我国基础教育还不相适应。基础教育经费支持还不够巩固，保障机制建立后又出现一些新的问题，教育投入体制、管理体制与运行机制还不够完善。基础教育的优质资源与广大人民群众的教育需求的矛盾仍然尖锐。学前教育发展仍显薄弱，缺乏法律保障，公办幼儿园数量过少，民办幼儿园缺乏指导和监管。义务教育均衡发展任务繁重，在不少地方区域内学校之间在办学条件、师资配置、办学水平等方面仍存在较大差距。高中教育尚不能满足群众的旺盛需求，部分示范性高中遭遇尴尬境遇，西部高中教育比较滞后。中小学校办学行为还不够规范，学校科学管理有待加强，教师队伍建设遇到新的问题，素质教育的推进还存在一些体制和机制障碍。

（三）基础教育进入新阶段，需要又好又快发展

面向现代化、面向世界、面向未来，我国基础教育进入新阶段，肩负新使命。必须按照党的十七大精神，促进基础教育科学发展，协调发展，和谐发展，又好又快地发展。

“好”，突出的是内涵发展，优化结构；提高质量，减轻负担；育人为本，全面发展；教育公平，人民满意。长期以来，有些同志习惯于数量增长型发展、疾风暴雨式改革、一日千里的进步。对于巩固成果、深化改革、提高质量，对于踏踏实实、耐心细致地工作，总是觉得不那么过瘾。全面落实科学发展观，就必须切实转变教育发展观念、创新教育发展模式、提高基础教育发展的质量，也就是实现“好”的发展。为此，一要坚持将以人为本作为科学发展观的本质和核心。坚持以人为本，要求我们在发展中要着眼于人的发展，着眼于满足人民日益增长的物质和精神的以及自身的发展需要。坚持以人为本，要求我们高度重视和充分发挥人的主体作用，充分地调动一切积极因素，最大限度地发挥人的主动性和创造性。坚持以人为本，还要求不断提高作为生产力中最活跃因素的人的素质，坚持教育创新，促进人的全面发展。二要突出重点，把义务教育均衡发展放到突出位置抓紧抓好。义务教育作为最重要的公共事业，连接着千家万户、惠及亿万群

众，必须大力推进义务教育均衡发展。为此，就要强调更加关注农村教育，更加关注少数民族地区、边远山区、困难地区教育，更加关注区域内义务教育学校之间的大致均衡及薄弱学校建设，更加关注社会弱势群体的教育。三要在基础教育发展中努力体现全面、协调、可持续。全面，关键是实施全面发展的教育，把培养德智体美全面发展的高素质人才摆在更加突出的战略位置。协调，关键是在抓好义务教育这个战略重点的同时，要善于弹钢琴，兼顾学前教育、特殊教育、高中教育、扫盲教育等。可持续，关键是建立健全基础教育发展的长效机制，理顺利益相关者的各种关系，保持持续提高基础教育质量的生机活力。

“快”，突出的是转变观念，加快发展学前教育；加强应用，普及现代远程教育；建立机制，激励促进高中教育。这里的“快”，是又好又快，是科学发展，不是盲目之快。一要把发展学前教育作为新时期提升基础教育整体质量和完善国民教育体系的重要措施来抓。学前教育对个人发展、社会进步都是重要的，且“给点阳光，它就灿烂”。对于学前教育，现在不仅应该给它关心的“阳光”，还要给它支持的“雨露”。要增加公共财政对学前教育的投入，提高公办幼儿园在整个幼儿园数量中的比例。要结合农村中小学校布局调整，研究制定促进农村学前教育的新措施。还要积极发展和引导民办幼儿园的发展，对办得好的，给予奖励；办得一般的，给予帮扶；办得太差、存在安全隐患的，要予以严肃处置。还要推动学前教育立法，彻底改变学前教育的薄弱状况，促进学前教育快速健康发展。二要加强信息资源应用，整体提升我国中小学教育信息化水平。通过远程教育手段特别是教学光盘播放，把优质教育资源送到基层学校，解决合格教师缺乏问题，较快提高基础教育质量。大中城市和经济比较发达的县（区）要充分利用城域网或校园网，促进优质教育资源的共享，有效改进薄弱学校的教育质量。三要给普通高中必要的投入和保障。前些年，对高中教育财政投入较少，很大程度上靠收费实现发展。如今，逐步规范了学校的办学行为和收费行为，那就需要加大政府的投入了，不能“又要马儿跑，又要马儿不吃草”。所以，应该进一步研究新时期普通高中发展的机制，加大政府对高中发展的支持，推动各地制定普通高中生均财政拨款标准。高中教育要进一步深化改革，加强特色，提升质量，尽快满足人民群众对高中阶段教育的旺盛需求。东部地区的高中要在教育教学改革中积极实验新课程，创造新经验，寻求新提升。中西部地区要扩大普通高中的教育资源，加强与中等职业教育的协调发展，加快我国普及高中阶段教育的步伐。

二、用和谐社会内涵明确基础教育工作的新要求

实现社会和谐，是人类孜孜以求的社会理想。在我国历史上，从古代到近代，不少思想家、政治家对社会和谐满怀企盼。在西方，19 世纪的空想社会主义者对社会和谐也产生过憧憬。马克思、恩格斯创立的科学社会主义理论，不仅勾画了美好社会的蓝图，还指明了实现美好社会理想的正确途径。我们党在长期的革命、建设、改革实践中，不断进行促进社会和谐稳定的理论研究和实践探索。在新的历史条件下，党中央坚持和继承我们党在社会主义建设方面的理论与实践成果，并借鉴传统和谐思想的有益成分，提出了构建社会主义和谐社会的重大战略思想，系统回答了建设什么样的和谐社会、怎样建设和谐社会的问题。

构建民主法制、公平正义、诚信友爱、充满活力、安定有序、人与自然和谐相处的社会主义和谐社会，对基础教育的改革和发展提出了新的要求，基础教育的改革和发展也必须促进社会主义和谐社会的构建。

（一）构建民主法治的和谐社会要求民主决策、提倡依法治教

民主法治是社会主义和谐社会的首要特征。基础教育政策制定者需要继续提高教育决策的科学性、民主性，使政策代表国家的意志，代表人民群众的意愿。要不断推动教育与管理过程的民主平等、民主参与和民主监督。更重要的是，在推进基础教育各项工作中，必须依据教育法律法规办事。例如，修订后的《中华人民共和国义务教育法》（简称《义务教育法》）就是推进义务教育普及和巩固提高的最高准则。义务教育是政府应予保证的公益性事业，是现代国民教育体系中的核心部分，是其他各级各类教育的基础，因此对义务教育必须高度重视，依法加大投入，建立健全保障机制。

修订后的《义务教育法》总结了农村义务教育经费保障机制改革的基本经验，结合我国财政体制改革的新要求，规定我国义务教育经费投入实行国务院和地方各级人民政府根据职责共同负担，省、自治区、直辖市人民政府负责统筹落实的体制。其要点一是明确各级人民政府的分担机制，将义务教育全面纳入财政

保障范围；二是由省级人民政府负责统筹落实，明确了责任主体。今后，要根据法律的规定，不断完善义务教育经费保障体制，逐步提高保障水平。采取有效措施，确保义务教育经费全面纳入财政预算并及时足额拨付，尤其要重点扶持农村地区、贫困地区和民族地区义务教育的发展，真正实现从人民教育人民办到义务教育政府办的转变。

根据《义务教育法》规定，义务教育具有免费性。全国城市义务教育也需要免除杂费。相对农村而言，城市免杂费比较复杂，不仅推进城市义务教育免费工作需要中央统筹部署，地方各级政府切实加强组织、管理和财政预算上的充分准备，而且城市公办学校的办学形式比较复杂，免杂费工作会涉及企业办学、行业办学、军队办学、大学办附属中小学等，需要通盘考虑，还需要进行细致的调查研究工作，明确相应的政策界限和资金来源。

长期以来，我国义务教育实行的是以财政拨款为主、其他多种渠道筹措教育经费为辅的投入机制。其他多渠道来源的经费已成为学校收入的组成部分，对保证学校的正常办学、促进我国义务教育的发展发挥了重要作用，也在一定程度上弥补了政府对教育投入的不足。城市实行免杂费之后，按照将义务教育全面纳入财政保障的要求，借读费、择校费、办班收入等作为学校多渠道办学经费来源的收费项目将会同时取消。在这种情况下，必须依法增加财政投入，避免引起学校保障水平的下降。

国际上，凡是综合竞争力比较强的国家，其教育发展水平和人力资本积聚程度都很高，教育经费总投入都达到了较高水平。从各国教育经费总投入的情况看，公共财政比例一般都远远高于社会资源比例。国外教育一般是“政府有钱就发展，钱少小发展，没钱不发展”，如南亚、非洲许多国家基础教育多年停步不前，一个重要的原因是财政教育投入有限，民众交税后不可能再多掏钱。然而，我国教育 20 多年的快速发展，基本上是在财政投入不足条件下，政府、学校、社会和群众共同付出巨大努力、创造条件实现的。我国 20 世纪后期普及九年义务教育，当时面临两个选择：要么放慢进度，延迟到十多年之后再发展；要么克服困难，创造条件实现跨越。我国选择了后者，取得了巨大的成功。但实现跨越的方法是超常规的，在新的形势下这种做法不应再继续下去了，必须认真加以调整，加大各级财政对教育包括基础教育的投入。但要避免从一个极端又转到另一个极端。我国处在并将长期处在社会主义初级阶段，这一基本国情不能忘记。城市义务教育阶段的少量服务性收费，高中教育阶段的择校费及其他合理的收费，经批准并在监管之下应允许存在，作为学校教育活动经费之补充。

（二）构建公平正义的和谐社会，要求促进义务教育均衡发展、保障教育公平公正

党的十七大报告指出："教育公平是社会公平的重要基础。"促进教育的公平公正，将有利于平衡和缓和社会矛盾，融洽各种社会关系，构建和谐社会。在物质条件基本满足后，人民群众对社会公平、特别是教育公平的愿望更加迫切。对一个家庭而言，孩子有了希望，这个家庭就有了希望，社会才会安定和谐。推进义务教育均衡发展，保障全体公民共享教育改革发展的成果，是教育公平最直接和最重要的途径。通过推进义务教育的均衡发展，让每一个孩子都能够公平接受义务教育，为每个家庭提供平等的发展机会，应成为制定公共教育政策的基本出发点。

如今，推进义务教育均衡发展的目标已经确定，即通过各级政府的共同努力，力争用2—4年的时间，做到义务教育资源配置更加合理，体制机制更加完善；大中城市基本消除薄弱学校，学校之间差距明显缩小，义务教育阶段"择校"现象大大减少；广大农村地区学校普遍达到基本办学标准，贫困地区及其薄弱学校办学条件和弱势群体受教育的状况得到明显改善；义务教育阶段"上学难、上学贵"问题得到解决。

为了实现上述目标，现在需要从构建社会主义和谐社会的战略高度，进一步提高对义务教育均衡发展重要性的认识，切实加大义务教育均衡发展工作的力度。

一要办好每一所学校。义务教育的公益性和普惠性，决定了义务教育的发展必须是均衡的。义务教育均衡发展，必然要求切实办好每一所学校。要把消除不合格学校、加强薄弱学校建设作为推进义务教育均衡发展的紧要任务来抓，组织力量对薄弱学校逐校进行评估分析，找出存在的突出问题，采取改善学校办学条件、调整领导班子、加强教师力量、优质资源共享、合理配置生源等多种办法，尽快改变这些学校的整体面貌。重要的是，要结合本地实际，认真做好义务教育学校均衡发展的规划，抓紧制定和完善义务教育阶段学校的基本标准，积极推进

城市中小学校标准化建设，实现区域内义务教育学校的均衡发展。

二要提升教师整体水平并逐步实现教师和校长的定期交流。教师、校长的合理流动和均衡配置，是推进义务教育均衡发展的关键之所在。所以，一定要通过体制和机制的创新，加大城市义务教育阶段学校教师和校长的交流力度，形成义务教育阶段学校教师、校长统一调配、定期交流的制度，促进城市义务教育学校之间师资力量的大致均衡。能否实现校际交流，关键是教师收入。各地都要对中小学教师学校结构工资问题进行认真研究，尽快妥善解决好这个问题，在试点基础上，加大教师工资改革力度。特别要切实关心教师的工作和生活，改善教师待遇，确保教师的合理收入，逐步实现区域内义务教育教师工资收入大体相当，为推动教师流动提供基本保障。

三要进一步改革和完善中招中考制度。高中阶段学校招生考试制度，对义务教育均衡发展具有重要的导向作用。要加快普通高中和中等职业学校的普及力度，使绝大多数义务教育毕业生都能享有接受良好的高中阶段教育的机会。要进一步改革和完善高中阶段招生考试制度，试行将普通高中一部分招生指标均衡地分配到初中的办法，推动中等职业教育学校建立灵活的招生入学制度和学籍管理制度，从制度上克服片面追求升学率的顽固倾向，为进一步推进义务教育均衡发展创造条件。

四要提高民办义务教育学校办学水平。免费义务教育实施后，民办教育受到一定的冲击，生源流失比较严重。对此，不少地方将义务教育保障机制惠及民办学校的学生，按生均公用经费标准拨付给民办学校。今后要根据《中华人民共和国民办教育促进法》，继续鼓励和规范一批民办学校不断提高教育教学质量，满足人民群众多元化的教育需要。

五要完善政策制度，为义务教育均衡发展提供体制保障。推进义务教育均衡发展需要制定配套政策和完善制度，运用政策杠杆解决工作中遇到的难点问题，通过制度约束保证工作的顺利进行。要根据义务教育均衡发展的新要求，全面回顾、梳理制定出台的各项政策、制度、措施，研究制定有利于推进义务教育均衡发展涉及的财政投入、工资待遇、人事编制、社会保障等方面的配套政策。

义务教育均衡发展不是整齐划一、齐头并进，不是不要特色、千篇一律，更不是削峰填谷、降低质量，义务教育均衡发展是相对的、动态的。在差别中，推进相对均衡；在均衡中，谋求更高质量。

（三）构建诚信友爱的和谐社会呼唤增强师生诚实守信意识、突出抓好师德建设

构建诚信友爱的和谐社会，在基础教育领域，要营造和谐校园，营造诚信友爱的氛围。教师、学生都要对人真诚，讲究信义，不能言而无信、出尔反尔。学校要重视进行诚信教育，弘扬诚信品质。教师之间、学生之间、师生之间还要互相友爱。教师对学生要有一颗爱心，尊重学生，关心学生，体谅学生，以学生为主体。学生也要尊敬老师，理解老师，爱戴老师，以老师为楷模。

国运兴衰，系于教育；教育大计，教师为本。当前，推动我国教育事业发展，必须充分发挥广大教师的重要作用，把广大教师的积极性、主动性、创造性更好地发挥出来。我们党的几代中央领导集体都对教师工作给予了高度的重视，强调全社会都要尊师重教，并身体力行，为全社会树立了光辉榜样。当前，我国中小学教师队伍的素质总体上是非常好的，广大教师爱岗敬业，教书育人，默默奉献。同时，受市场经济大潮的冲击，现在有一部分教师沾染上了一些不良的习气，师德状况有待改进。

教师是奉献的事业，也是收获人之成长快乐的职业。要以师德为重点，高扬爱和责任的旗帜，进一步完善教师行为规范。教师承担着传光明之道，授立身之业，解人生之惑的神圣使命。教师的职业特点决定了教师必须具备高尚的师德。高尚而富有魅力的师德本身就是一部活的教科书，就是一股强大的精神力量，学生耳濡目染，潜移默化，受益终生。因此，要建立有效的激励机制，鼓励中小学教师无限忠诚党的教育事业，学为人师，行为世范。

（四）构建充满活力的和谐社会，就要继续深化教育改革，全面实施素质教育，促进学生生动活泼主动地发展

1999年中央召开了第三次全国教育工作会议，发布了《中共中央国务院关于深化教育改革全面推进素质教育的决定》，对全面提高学生的思想道德素质、科学文化素质和健康素质提出了更高要求。进入21世纪，素质教育观念逐步深入人心，课程改革不断深化，教学过程更趋合理，学生精神面貌更加积极向上。

总的来说，我国青少年学生学习氛围良好，学校注重基础知识的扎实掌握，强调专业知识的系统学习，着力于分析能力和学习能力的培养，提倡刻苦学习精神和良好的学习习惯，这些是中国教育的优良传统，是中国学生的明显优势。

但是，我们必须清醒地认识到，在推进素质教育中存在种种障碍。从政府的层面看，一些地方仍然把升学率作为衡量学校办学水平的唯一指标。“管经济抓GDP、管教育抓升学率”的狭隘政绩观是推进素质教育在思想、观念和制度方面的一个障碍。从教育部门看，部分教育行政部门对学校教育，特别是初三和高中教育，采取了一些非常规的管理措施，甚至形成了一些主导教育管理的潜规则，如靠拼时间、拼精力、随意延长学生学习时间和教师工作时间来追求升学率。落实科学发展观，全面推进素质教育，大力提高国民素质和民族创新能力，增强综合国力，是新时期基础教育的核心任务，是民族振兴的必由之路。全面推进素质教育，不是容易的事，需要进行综合改革，需要付出艰苦的努力。要构建以素质教育理念为核心的教育质量标准体系，努力构建有利于人才多样化成长的充满活力的宏观教育结构，形成多规格、多渠道、多样性培养专门人才的格局、终身教育体系，构建人才成长立交桥。

推进素质教育，必须全面贯彻党的教育方针，推进教育改革和发展。第一，要以加强和改进青少年思想道德建设为首要任务。解决好培养什么人、怎样培养人的重大问题，努力培养德智体美全面发展的社会主义建设者和接班人。第二，全面推进基础教育课程改革，坚定信心，科学部署，知难而进，务求实效。第三，特别重视青少年学生的身体健康。开展阳光校园体育活动，让中小学生养成锻炼身体的习惯。每天锻炼一小时，健康工作五十年，幸福生活一辈子。少留作业，争取每天让小学生睡眠十小时，中学生睡眠九小时。第四，普遍开展社会实践活动，培养学生团队精神、竞争意识和良好心理素质，提高学习效率，增强他们的动手能力。第五，在总结各地近年来的改革经验基础上，加快在全国范围内推行中考改革，将学生成长记录纳入综合素质评价范围，促进日常评价结果与毕业考试评价相结合。

（五）构建安定有序的和谐社会，要求规范办学行为，做好义务教育阶段学校的规范管理

加强社会管理，维护社会稳定，是构建社会主义和谐社会的必然要求。基础教育战线要按照中央要求，在对中小学校的规范中树立和谐社会的理念，在服务中实施管理，在管理中体现服务。要规范办学行为，停止审批改制学校，逐步规范原有改制学校及公办民助、民办公助学校的办学行为，依据法律要求，义务教育阶段不分重点学校和非重点学校。《义务教育法》修订颁布后，各地积极采取措施依法规范义务教育办学行为，加强了学校的科学管理。

一要规范招生管理，不用考试方式录取新生。义务教育学校要自觉遵守让学生免试就近入学的制度，不能采取考试、考核、测试方式选拔学生。做到这一点并不容易，尤其在区域内教育资源校际分布尚不均衡的情况下，没有点儿勇气是难以为之的。但是“办法总比困难多”，只要强化管理，创新思路，就没有解决不了的难题。

二要规范收费管理，努力体现义务教育公益性。在政府保障了义务教育经费的前提下，学校作为提供公共服务的公益性组织，不应向学生和家长收取开展分内教育教学活动所需的费用。至于一些经审批后仍存在的服务性收费项目，应明确收费办法，遵循自愿、公开、规范、合理、不营利原则。

三要规范班级管理，合理配置校内教育资源。在校内要均衡配备资源，不以任何名义分设重点班和非重点班，对所有学生一视同仁，努力创设学生友好型学校。为因材施教及发挥学生特长，应提倡对不同程度和学力的学生开展分层教学，努力提供适合学生的教育。在教学实践中确需设立实验班的，应在学生入校后根据其潜能和兴趣选定学生，并不另收任何费用，鼓励培养学生音乐、体育、科技、劳动等多方面素质，不能办成改头换面的重点班。而且，办实验班要经过一定程序审批，切莫太多太滥。

四要规范教学管理，模范执行国家课程方案。义务教育课程方案代表国家意志，学校应自觉遵守。如果不执行国家课程方案，随意延长教学时间，统一组织学科竞赛，那么学生过重负担就不会减轻，素质教育就难以推行。

五要规范安全管理，确保中小学生平安健康。从构建社会主义和谐社会和对

国家民族未来负责的高度，进一步做好中小学和幼儿园安全工作，建立健全安全管理制度，明确责任分工，组织开展创建和谐校园活动。

三、努力为基础教育又好又快发展做出贡献

深入学习贯彻党的十七大精神，我们必须从党和国家事业全局的高度，深刻认识教育在社会主义现代化建设中的地位和作用，深刻认识党和国家、广大人民群众对教育工作的新要求，深刻认识教育事业改革发展面临的新机遇、新挑战。从社会主义初级阶段基本国情出发，深入思考“办什么样的教育”和“如何办好这样的教育”，不断深化对教育改革发展规律的认识，科学制定适应时代要求和人民愿望的教育改革发展的方针政策，选择正确的教育发展思路和战略，创造性地研究和解决教育改革发展中的重大问题。为了促进基础教育又好又快发展，基础教育工作者要振奋精神，扎实工作，勇挑重担。

（一）加强研究，增强工作能力

在构建社会主义和谐社会进程中，我们不仅面临经济社会发展对教育提出新的要求和挑战，而且也遭遇到教育自身改革与发展中出现的各种新情况新问题，单靠以前的经验难以应对，仅凭以往教育学的理论不能破解。例如，师范生免费如何落实，不合格教师如何提高，代课教师问题如何解决，需要认真研究；如何看待教育投入仍显不足以及保障机制建立过程中的新问题；怎样完善教育管理体制与运行机制。还有实施素质教育问题、扩大优质教育资源问题、基础教育办学体制改革问题、城市义务教育阶段择校问题、基础教育课程改革问题，以及农民工子女就学问题，都需要认真研究解决。教育有规律，不能人云亦云。我们都必须深入研究，提高适应新形势新要求的能力和水平，把握在新的历史条件下基础教育改革与发展的规律，进一步增强工作的前瞻性和预见性。在知识经济时代，不论具有什么样的学历资历，都不能一劳永逸，必须要不断充实知识，调整结构，树立终身学习的观念。

（二）把握大局，具有时代精神

我国基础教育事业的发展，在任何时候都必须根植于中国特色社会主义建设事业这一大局之中。基础教育的发展与构建社会主义和谐社会息息相关，必须服从和服务于这个大局。要以科学发展观为指导，加强宏观战略性思考，增强驾驭教育改革与发展全局工作的能力，在推进基础教育的改革与发展中体现时代性。在推动工作时，不仅要熟悉教育政策，而且要了解国家经济社会总体发展的大政方针和其他部门的政策；不仅要掌握教育发展的规律，也要了解经济社会发展的规律；不仅要熟悉中国教育，也应了解一点儿世界教育趋势；不仅自己要熟悉精通教育工作，也要善于让其他部门的同志和社会各界了解、理解教育工作。

（三）因地制宜，努力开拓创新

中国社会主义初级阶段立体化的基本国情，要求基础教育工作者避免用一把尺子衡量发展、一个模式推动工作。和谐并不是同一，和谐并非没有反差、没有矛盾。紫禁城的红墙黄瓦是古老的，长安街的流光溢彩是现代的，但就是这种古老和现代的融合，造就了北京独特的魅力。春的烂漫和秋之飘零体现了自然界生与灭的交替，看似对立的表象中却蕴涵着生命过程的和谐。基础教育工作要统筹规划、分类指导、分步实施。有些地方要不断提高教育现代化水平，而另一些地方则可能需要保证基本的教育水平。一定要因地制宜，针对实际情况，不断开拓创新。以创造性应对工作的艰巨性，以多样性应对事业发展的复杂性和差异性。

（四）艰苦奋斗，务必真抓实干

和谐社会不会凭空而至，也坐等不来。既要着眼长远，又要立足当前，人人有责任、人人要行动、人人须贡献。身处一个重要发展时期，无论是理论研究者还是实际工作者，人人面临崇高使命。在实际工作中，我们必须认真学习贯彻党的十七大精神，坚持党的教育方针，坚持以科学发展观统领我国基础教育事业发展全局，坚持教育为社会主义现代化建设服务、为人民服务，全面实施素质教育，深化教育体制改革，统筹城乡、区域教育，统筹各级各类教育，统筹教育发展的规模、结构、质量、效益，努力办好让人民群众满意的教育，从构建社会主义和谐社会建设大局出发，规范办学行为，加强学校管理，推进课程改革，提高教育质量，促进我国基础教育又好又快发展。

面向21世纪基础教育的若干问题*

如今，21世纪即将来临，知识经济初见端倪，国际竞争日益加剧。百年大计，教育为本；国运兴衰，系于人才。站在新旧世纪的交汇点上，反思过去，展望未来，我国基础教育正处于发展的关键时期。一方面，教育经费严重短缺，基础教育的多样化、多层次教育供给不足与对它的庞大社会需求形成尖锐矛盾，加上“应试教育”的普遍影响，使基础教育与当今信息革命和知识经济时代提出的新的挑战有较大差距；另一方面，党和政府对“科教兴国”的空前重视及其为此而采取的一系列重大措施，知识经济的迅速崛起及其影响，人民群众日益增长的教育需求，又为基础教育的发展提供了机遇。怎样进一步深化改革，加快发展，我们需要深入研究，深思熟虑。

一、“两基”是基础教育的中心任务

基本普及九年义务教育，基本扫除青壮年文盲，是当前基础教育的中心任务，是党中央、国务院确定的现阶段我国教育事业发展的“重中之重”。自1993年《中国教育改革和发展纲要》颁布以来，我国义务教育发展很快。1997年，全国小学适龄儿童入学率达到98.9%，辍学率下降到1%，小学五年巩固率为88.5%，小学毕业生升学率为93.7%。初中阶段入学率为87.1%，辍学率下降到3.14%。全国小学、初中专任教师分别为579.36万人和302.17万人，学历合格率分别为93.1%和80.3%。1997年全国通过“两基”验收的人口覆盖率达65%。

当前，我们仍要将资源和精力优先投向“两基”，进一步深化对“两基”工作的分类指导。已通过验收的地区，应从实际出发，做好巩固提高工作；正在实

* 本文原载《河南教育》1999年第1期，选入本书时略有删改。

施“两基”的地区，应按质按量如期完成规划目标；贫困地区则需循序渐进，集中人力、物力、财力先普及初等义务教育，并不断提高其质量，在此基础上发展初中。要重视并保证女童和残疾儿童、流动人口子女接受义务教育，并最大可能地防止新文盲的产生。

面向21世纪，我国义务教育应具有普及性、强迫性、免费性、公平性的特点。为此，就要改变薄弱学校面貌，办好义务教育阶段的每一所学校。当然学校之间的差距是客观存在的，但不要人为地加大差距，更不要去降低好校水平，而是要提高差校水平。在薄弱学校建设中，教育行政部门要统筹配备和使用干部，实行教师定期轮换或定期支援制度，特别要选好“一把手”；同时大力加强对薄弱学校的业务指导，引导它们增强“造血机制”，深化教育教学改革。

二、扎扎实实地推进素质教育

素质教育是一项涉及教育性质、教育功能、教育制度以及教育内容方法等各个方面的全方位、综合性改革，是涉及价值观念、人才观念、教育质量观念以及劳动人事、考试招生制度的社会性改革，是我国为实现社会可持续发展、实施科教兴国战略而必须进行的具有根本意义的教育变革。“素质教育”不是装潢门面的“金字招牌”，也不是虚无缥缈的海市蜃楼。对学校来说，具备以下特点的教育，就可认为是素质教育。

——全体性素质教育的着眼点在于面向全体儿童少年，促进每个学生在各自的基础上获得充分的发展。

——全面性素质教育要求全面提高学生的思想道德、文化科学、劳动技能和身体、心理等方面的素质。它不仅把学生作为认知体，更重要、更本质的是把学生作为生命体。它指导学生如何做人，使其具有完整人生。素质教育注重形成学生的独立人格和创造精神，注重培养学生的公民意识、现代意识和现代思维方式，注重培养学生的非智力因素。

——主动性素质教育将学生的学习活动看作主动获取、主动发展的过程，在教学过程中，特别注意调动学生的学习积极性。素质教育观认为，只有让学生主动发展，人才规格才会有多样性；只有通过主动发展，才能培养孩子的创造性。

这样，将来整个社会的人才结构才能够多样且合理。素质教育从把学生培养成为社会实践主体的人出发，把学生看成是活生生的现实发展主体，从而注重开发人的智慧潜能，唤起学生主体意识，发展学生主体精神，帮助学生形成自信、自尊、自谦、自爱和朝气蓬勃的人生态度，促进学生生动活泼地成长。

——差异性素质教育承认人与人之间的差异，认为这种差异，不仅表现在先天遗传素质上，而且表现在身心成长与智力发展水平的不同上。学生逐渐形成的自我意识水平、个人兴趣爱好、个性特长也有区别，每个人的发展方向、发展速度乃至最终达到的发展水平都会是不同的。教育者应承认这些差别，在对学生实施教育的过程中，既要有基本的统一要求，也要因材施教，因势利导。这样，才能真正面向全体学生，让每个人都能扬长避短，获得各自的最佳发展。

素质教育最终要通过教学过程来实施。优化教学过程，从根本上说应当有利于调动学生学习主体的作用，引导学生生动活泼、积极主动地学习；在全面发展的基础上，要注重培养学生收集和利用信息的基本能力，注重培养学生的创新意识和创新能力，注重培养学生参与社会生活的积极态度和与人合作的能力。优化教学过程，要在素质教育的观念指导下，从优化教学管理、优化教学内容、优化教学方式、优化教学评价体系等方面来进行。当前需要强调的，一是要按照1998年调整的中小学课程的内容和教学要求组织教学；二是要采取切实有效的措施，加强对滥编滥发中小学特别是义务教育阶段的教学复习辅导资料的治理工作，把学生从“题海”的机械训练中解放出来；三是充分发挥现代化教育技术在优化教学过程中的作用，鼓励开展信息化教育和计算机辅助教学，提高教学质量和效益；四是建立和完善符合素质教育要求的教学评价体系，建立取消统考后的教学质量抽查监控机制，切实保证教学质量，克服把百分制改等级制等简单化、模式化的做法。

面向21世纪推进中小学素质教育，主要目的在于全面提高国民素质及其创新能力，重点是改革课程体系和考试、评价制度。由知名专家和经验丰富的优秀中小学校长、教师组成的国家基础教育课程革新委员会，以及教育部基础教育课程教材发展中心，将专门研究国家课程政策。教育部将和各地一起，用3—5年时间初步形成新义务教育课程框架，完成各科试用教材的编写和审查，同时对正在山西、江西和天津试验的高中新课程方案进行总结，并在此基础上规划高中课程体系。通过10年左右的试验，在全国推进21世纪基础教育课程教材体系，建立起促进学生创新意识和创新能力培养的评价制度，并使高考尽量反映学生的综合能力。

三、深化办学体制和办学模式改革

近年来，各地在中小学办学体制和办学模式改革方面进行了许多有益的探索。通过改革，学校内部运行机制有所改善，校长负责制得到落实；办学活力增强，办学效益和质量有一定提高；学校的办学经费增多，办学条件明显改善；教师收入有所提高；教师在公办学校之间的合理流动成为可能。

在办学体制改革过程中，也出现了一些值得注意和需要进一步研究的问题。有的地方对义务教育以政府办学为主的原则缺乏全面科学的理解，过多地把办学质量较好的学校改成民办校；同时对希望进入民办公助学校就读的学生缺乏引导，加剧了考试竞争。

面向21世纪，有必要积极探索公办教育健康发展的多种实现形式，以扩大社会对教育的投入，尽快提高教育资源在社会总资源中的比重。进行办学体制改革，要兴利除弊，掌握必要的条件；要有利于国有教育资源的保值和增值；要保证当地义务教育阶段适龄儿童少年就近入学的充足学位；要有利于学校布局的合理调整，适应人口高峰的变化。办学体制改革要与薄弱学校改造、择校生的引导、规范办学行为和社会资源的吸收几个方面有机结合起来。在运作过程中，首先，要通过签订承办协议，确定承办期限，明确承办主体的职责、任务和权限，并规定其所收费用的一定比例要交由教育行政部门用于其他学校的发展，特别是薄弱学校建设。其次，学校要有有效的、完善的管理和监督机制，如建立教代会、校董会制度，并充分发挥它们的作用。民办学校必须做到独立办学，具有独立法人、独立校舍并进行独立核算。最后，在办学体制改革中，应区分义务教育和非义务教育。在非义务教育阶段，试验的力度可更大一点儿。高中阶段的办学模式应切合21世纪的需要，例如，不宜硬性规定普高与职高的比例，而应顺应历史潮流和人民群众的意愿，大力发展综合高中，为学生未来的多样化发展奠定基础。

四、努力提高学校德育的实效

学校德育工作是一项复杂的系统工程。学生健康的心理素质，文明的行为习惯，良好的道德品质，科学的世界观、人生观、价值观，崇高的理想，正确的政治方向，是通过长期适合时代特点和学生实际的教育和培养才形成的。但不少人臆想学生的精神面貌能按教育者的意志在短时间内“加工成型”，加之其他种种原因，使得德育在很大程度上成了空洞说教，没能取得应有的实效。

面向21世纪，我们必须改进学校德育工作，更新德育内容，提高德育实效。最重要的是，德育要帮助学生具备作为中国公民所应有的品质。要引导学生更加爱党爱国，逐步形成公民的义务观、权利观。还有，21世纪将是高度国际化和信息化的时代，个人参与国际交往的机会越来越多，因此，有必要加强爱国主义教育和国际主义教育。在新时期的德育中，还应使学生充分理解和认识人与自然环境的相互依赖关系，加强热爱大自然、保护环境的意识和行为习惯的培养。要有针对性地培养学生正确处理人际关系的能力，使他们学会尊重、关心、同情和帮助他人，学会与人交流、合作与分享。

广大基础教育工作者要进一步解放思想、实事求是、抓住机遇、开拓进取，按照教育法律法规和教育规律办事，重点推进“两基”和素质教育这两项跨世纪的宏伟工程，为把充满生机和活力的基础教育事业带入21世纪而努力奋斗。

基础教育课程改革的阶段性观察与研究*

基础教育课程改革是新时期贯彻落实党的教育方针的重大决策，是实施素质教育的重要载体和关键环节。2001 年教育部颁布《基础教育课程改革纲要（试行）》（简称《纲要》），启动了新中国成立以来最为广泛和深刻的新一轮基础教育课程改革。至 2010 年前后，课程改革正在积极推进之中，取得了显著成效，新形势下也遇到一些新的情况和问题，需要认真加以研究。

一、基础教育课程改革的重要进展

新中国成立至 20 世纪末，基础教育课程改革已进行过 8 次。进入 21 世纪以来，在新的国际国内背景之下自 2001 年开始的这次课程改革，可算作第八次改革。

（一）全国课程改革推进态势良好

从点上实验到全面铺开。根据《纲要》确定的“先立后破，先实验后推广”的工作方针，2001 年秋季，教育部选择 38 个县（区）作为国家级课改实验区率先进行义务教育新课程实验，2002 年春季实验区增至 42 个，共涉及 31 个省份的 47 万名学生。2002 年秋季，又有 530 个县（区）作为省级实验区跟进，继而逐年扩大。到 2005 年秋季，全国所有小学和初中起始年级的 3 600 万名学生全部实施了新课程，其他各年级都有不同数量的学生在使用新课程，累计学生总数达 1 亿名以上。

---

* 2007—2008 年，一些地方对基础教育课程改革表现出畏难情绪，思想有些动摇。根据国务院领导同志指示，教育部基础教育司对课程改革的阶段性进展进行了梳理，形成了本报告。本报告由笔者执笔，完成于 2010 年 3 月。

从义务教育进展到高中教育。2004 年秋季，广东、山东、海南和宁夏四省（区）率先进行普通高中新课程实验。四省（区）政府及教育行政部门做了大量的准备工作，出台了实验工作方案，成立了改革工作领导小组。

教育部加强了对高中课改工作的领导，建立了部内工作的协调机制，加大了对高考、教师培训等工作的协调力度，同时还建立了实验省（区）联系制度，定期与各地共同研究课程实验中的问题。聘任并组建了相应的专家组，加强对高中课改工作的专业指导，跟踪四省（区）进展；并采取“送培到省”的形式，加大对四省（区）的支持，将国家级培训直接送到实验区校长和一线教师的身边。高度重视与高中新课程相适应的高考方案的设计和研究，组织有关部门和专家对经四省（区）政府讨论后上报教育部的方案逐一进行论证，积极沟通和协调，以达成共识，正式批复。

适时调整了高中新课程实验的推进节奏，2005 年秋季批准江苏省开始高中课改实验。2006 年秋季，浙江、辽宁、天津、福建和安徽开始实验，实验省份扩大到 10 个，形成“东部联片推动”的态势。2007 年，北京等地开始高中课程实验，全国大部分地区动了起来。

从学校实验到政府行为。课程改革实验首先在学校层面展开，随着新课程的深入和实验规模的扩大，地方政府逐步成为当地课改的主要领导、组织、推进者。各地中考方案的确定一般经市（县）政府常务会讨论通过后予以公布实行。高中实验工作的启动和实施方案的确定，特别是高考方案的制定，要经过省级政府认真讨论同意后再报教育部确认。

（二）国家课程标准和课程设置基本确立

课程标准是国家对各科教学的基本要求，是教材编写、教学实施、考试评价的主要依据。在研制课标过程中，教育部组织开展了大量调查研究，广泛听取了家长和社会各方面意见，并对 20 多个国家和地区的课程改革情况进行了研究和借鉴。1 000 多位专家相继参与了研制工作，有 200 多位专家、院士审议了各科课程标准。在此基础上，教育部于 2001 年 6 月颁布了《纲要》和 22 个学科课程标准；2003 年 3 月颁布了《普通高中课程方案（实验）》和 16 个学科的课程标准。

新课标的主要特点有三个。一是在继承我国基础教育传统优势的前提下，强调创新精神和实践能力的培养，更加体现时代性要求。二是更加注重学生身心发展规律，减轻了学生过重课业负担，义务教育课程减少了380多课时；调整了课时结构，适当调减了学科课程的课时，增加了思想品德、综合实践活动、体育与健康、艺术等课程的课时数。三是在达到国家教育基本要求的同时，借鉴了国外课程改革的经验，增加了课程的综合性、开放性，新设了综合实践活动、科学、技术等课程。

适时对课标进行了修订。2004年中共中央、国务院《关于进一步加强和改进未成年人思想道德建设的若干意见》颁布之后，及时组织了对思想政治、语文、历史等学科课程标准的审查，以更好地体现中央精神。2005年，针对数学课标之争，着手对数学课标进行修改和完善。

（三）建立起多样化的中小学教材体系

实行国家基本要求指导下的教材多样化政策，是新课程改革的一个重要方面。在保证相对统一的教育质量的前提下，适当增加教材的多样性，以更好地适应不同地区、不同教育发展水平的需要。经过几年的探索，基本建立了根据国家课程标准编写教科书、国家统一组织审定教科书、地方选用教科书的新的教材管理制度。

2001—2006年，义务教育阶段共编写197种教材，平均每学科8种。在坚持多样化的同时，形成了人教版、苏教版、北师大版等相对的“主流教材”。高中新教材建设也取得明显进展，共出版67种，平均每学科4.5种。2004年中央《关于进一步加强和改进未成年人思想道德建设的若干意见》的文件颁布后，教育部组织力量统一编写了高中思想政治课教材，并在全国高中统一使用。

逐步完善编写、审查机制。一是建立了立项核准机制，审核教材主编和编写人员的资质及编写方案。义务教育实验教材核准率为33.1%。高中实验教材核准率46.5%。二是进一步提高教科书的审查标准。建立完善了审查程序，建立了专家库，规范了过程管理。三是把握好思想政治、语文、历史、地理等学科政治方向，审查时聘请中宣部、中央文献研究室、中央党史研究室、中央党校、中国社科院等单位的专家参加。

在实践中逐步探索建立教材选用的机制。适时调整义务教育教材选用政策，义务教育教材2001年的选用以县（区）为单位进行。随着实验规模的扩大和针对选用过程中出现的一些问题，2004年，教育部对选用政策进行了适时调整，将教材选用上升到地（市）一级。并严格要求选用程序，公示选用结果，并报省级教育行政部门备案。高中实验以省为单位，教材选用以地（市）为单位进行，人口少或少数民族省份也可以省（区）为单位选用。办学质量高的学校经省级教育行政部门批准可单独选用实验教材。

（四）开展了考试评价的有益探索

积极推进中考改革。2004年，17个国家课改实验区的初中学生毕业，与新课改相适应的中考改革拉开了帷幕。到2005年有550多个国家级和省级实验区跟进，遍布全国31个省份，涉及学生近200万人。这次中考改革的主要做法有以下几点。一是改进了学业水平考试，改变过去用百分制的方式单一呈现考试结果的做法，提倡以等级制方式对学生呈现考试成绩的做法，使学生、学校不必分分计较。二是增加综合素质评价，将学生成长记录纳入评价的范围，促进了日常评价结果与毕业考试评价结合。三是调整中招办法，采取差额投档、优秀学生免试保送、将优质高中部分招生名额定向分配给各初中等做法，推动了高中学校自主、多元录取。中考改革在各地政府及其教育行政部门的努力下，进展健康、顺利，基本上为学校、学生、家长和社会所接受，推动了素质教育在学校的落实，引导了社会舆论。

稳步推进与高中新课程相适应的高考改革。2007年，四省（区）有126万名学生参加高考。这是公众高度关注的改革，也是课程改革能否深入发展的关键环节。改革方案的研制，一方面须坚持公开、公正、透明、便于公众参与的原则，另一方面要有利于高校选拔人才，明确改革导向，同时还要充分考虑社会稳定，把握好高中课改与高考招生制度的衔接，按照逐步推进的策略和阶段性的目标稳妥推进。一是针对高中新课程多样性与高考选拔标准统一性的矛盾，在考纲的编制上设计了必考加选考的方式（必考基本上以必修课为主，选考基本上以选修课为主），一方面满足了高校招生的统一标准，另一方面也初步适应了学生选课多样的现状。二是针对各地高中开设选修课能力的不均衡，要求各省份根据本地实际制订选修课开设规划，设计本省份的考试科目及内容范围，增强了考试方案对地方的适应性。三是积极推进对学生进行综合素质的评价，并拟将评价结果进入网上招生录取系统，供高校录取时参考。

课程改革的推进客观上有力地推动了考试评价制度改革，并逐步被纳入地方政府重要议事日程，也从另一个方面促进了教育行政部门、广大学校、教师改变习惯性工作和思维方式，改革也会对中国的考试文化产生一些积极影响，将更有利于推动素质教育。

这次课程改革有以下几个主要特征。一是“自上而下”。为适应日趋激烈的国际竞争，针对我国基础教育中存在的问题，改革是由中央政府发起和主导、地方各级政府与学校参与并执行的一次大规模改革，具有很强的行政推动力。二是一边实验一边整体推进。在时间紧、任务重的情况下，改革采取了一边研制新的课程标准并组织编写新的教材，一边进入改革实验，在短短五年间迅速推广，形成整体推进的态势。三是继承和创新并举。改革整体方案及制度设计在继承我国优秀教育传统的基础上，合理吸收世界主要发达国家的经验，适应了教育现代化发展的趋势。四是统一性与多样性相结合。在达到国家基本要求的同时，在课程设置、教材选用和课程管理等方面，给地方和学校留有充分的空间。五是改革受到全社会的普遍关注，教育界、学术界及家长积极参与讨论，形成了一个开放讨论、民主参与的氛围。

课程改革的实践表明，如此广泛、深刻地涉及上亿名学生、数百万名教师的教育变革，在迅速推进中基本上做到了平稳、健康进行，充分说明了教育变革是最富有希望的变革。改革搅动了基础教育长期以来的稳态，广大中小学校正在发生积极而深刻的变化。课程改革的基本方向得到较为广泛的认可，广大教育工作者在改革实践中创造了丰富经验，教育模式、教学方式发生了较为深刻的变化，优秀的教育传统得以继承并与时俱进，素质教育理念逐步深入人心，学生的创新精神和实践能力得到加强。

同时，课程改革工作面临一些新情况、新问题。

一是认识问题。一些地方的政府及教育行政部门的领导对本次课程改革的重要性、紧迫性认识不足，对国家有关课程改革、教材建设等方面的基本要求不甚了解，对政策要求缺乏全面掌握和系统研究，思想观念跟不上，实践中管理意识和手段落后，某种程度上存在着规避风险、回避压力、消极观望的现象。由于传统观念的影响，教师对新课程和新教材的理解和驾驭需要一个适应过程。

二是经费不足。系统、深入改革所必需的政策研究、大量实证调查、建立专家队伍、长期跟踪改革、总结交流实践经验、修订完善课程标准等工作，都需要经费支持。各级政府偏重硬件建设，花在课程建设发展的资金很有限。前几年的课程改革推进，是在一些中小学特别是农村学校的公用经费十分紧张的情况下进行的，很多学校无力开展课程改革所必需的教师培训、教学资源开发以及各种综合实践活动。

三是考试评价制度改革滞后。中考改革在试验区已有较大进展；在有关司局积极配合下，四个课改省（区）的 2007 年的高考单独进行，但因为担心出现“走后门”等社会负面效应，总体上高考调整平稳有余，改革力度不大，最终将制约新课程的进一步推进。

四是教师队伍不完全适应。尽管新课改实施以来的教师培训是新中国成立以来最为广泛、人数最多的一次，但相对于上千万名的中小学教师队伍仍显得不够。这次课程改革中，教师往往边上岗、边学习，出现了这样那样的不适应，有的地方和学校还出现了形式主义，做表面文章。

五是教学管理跟不上。一些学校校长专业化水平不高。面对课程改革提出的要建立起整体性教学管理制度，促进教师专业发展，进行学校课程规划与开发能力的建设等问题，显得束手无策，指导不力，使得课程改革在这样的学校难以落实。有的校长在升学的压力下，甚至不严格执行国家课程方案，擅自增加课时，削减非考试科目，严重违背教育规律，使得一些问题更加突出。

六是社会舆论环境不够宽松。课程改革具有复杂性、社会性，是一个涉及方方面面的社会系统工程。需要静下心来潜心研究，长期跟踪，需要不断探索和实验，因此应有一个相对宽松的政策环境和社会环境，允许有一个逐步探索的过程，需要方方面面给予更多的理解和支持，避免声音太杂，炒作过热，或急功近利和急于求成。

二、基础教育课程改革的理论定位

（一）按照素质教育要求坚定课程改革的方向

新课程所倡导的先进教育观念，最终要落实到每一所学校、每一位教师和每一节课堂上，转化到每一个学生身上。但由于每位教师的水平不同，对新课程理解的角度不同，所以在实践中表现出很大的差异性。有些学校表现出巨大的惯性，以“不变应万变”，依旧坚持“以考定教”。有些学校虽然认识到课程改革的意义，但有时不得不“忍痛割爱”，又回到应试的旋涡中来。所以，课程改革要获得成功，就必须充分激发每一所学校的内在活力，调动每一位教师的积极性，让教育战线的最基层和教育教学活动的最细微环节都活跃起来。这是一项艰巨而复杂的工程，需要不断深化改革，在实践中不断统一思想，需要坚持不懈的努力。

目前在课程改革的推进中，或多或少地出现了一些形式主义的现象。表现在一些学校和教师在强化“合作学习”“探究学习”的同时，没有正确处理好发挥“传统课堂”优势的作用；在强调学生自主学习的时候，却自觉不自觉地变成了放任自流；在加强发展学生各项能力和培养正确思想观念的同时，没有正确处理好“基础知识”和“基本技能”教学要求；等等。这些都迫切需要加强对学校课程改革工作的有效指导。

课程改革要求学校发挥更多的主动性。但是，目前一些地方的政府和教育行政部门对中小学校干预过多，不利于学校通过课程设置、课堂教学组织、学校文化建设等方面形成各自办学特色。这样一方面淡化了学校管理和责任，另一方面也限制了学校的办学活力和创造性，需要在新的形势下，进一步理顺关系，处理好教育的统一要求与学校办学特色的关系，进一步激发每一所学校的内在活力，形成更多的办学特色鲜明的学校。

（二）培养中小学生的科学精神

第一，通过合理的课程功能定位加强学生科学精神的培养。在新课程中，科学教育将全面实现传递科学文化的功能，即不仅传递科学知识，而且要引导学生学会学习、学会合作、学会生存、学会做人。要重视课程所凝聚的情感、态度、价值观及其所体现的求真务实、勇于创新等精神内涵，体现学生主体性。

第二，通过课程内容的改革促进学生科学精神的培养。这次课程改革的重要目标之一就是课程内容的改革，集中体现在两个方面。一是突破了狭隘的科学世界的框束，强调科学世界与生活世界的统一，加强课程内容与学生生活及现在社会和科技发展的联系。二是不再单纯地以学科为中心组织教学内容，注重与学生的经验结合在一起，使学生获取的新知建立在现实生活的基础上。

第三，通过启发式教学保证对学生科学精神的培养。把教学过程看作是师生交往、积极互动、共同发展的过程，这意味着人人参与、平等对话、善于合作。学生在主动学习、主动探究的过程中，逐步养成思考的习惯、具有批判性思维，形成创新精神，具备探索的本领。

（三）培养中小学生的人文素养

教育的对象是人。教育要关心人、尊重人、理解人，促进人的全面发展，让年轻一代具有高尚品德、健全个性、健康体魄。课程应当具备较强的人文属性，教育、引导和浸润学生的人文精神与人文情怀，逐步形成生命至上、人类和谐、世界共生的意识。课程应有助于中国站位、世界视野和人类命运共同体的形成与构建。

三、基础教育课程改革的制度建设

课程改革取得了明显的进展，但也引发了各种各样的议论和批评，智者见智，仁者见仁，有些意见甚至很尖锐。表面上看这些意见莫衷一是，褒贬不一，但也从另一个方面表明了课程改革的深入和取得的实质进展，使课程改革实验的价值充分体现出来。只有课程改革走到深处，才能产生如此广泛的影响，引发人们更加深入的分析和思考。课程改革到了认真总结、完善机制、全面推进的新的阶段，需要研究新情况、解决新问题，需要调整、完善政策措施，推进基础教育课程改革健康、深入的发展。

（一）建立健全课程标准修订制度

2005 年春天，关于义务教育数学课程标准之争以及两院院士的提案，在基础教育界掀起轩然大波。教育部认真听取了这些数学界大专家的意见，及时组建了数学课程标准修订组，加强了修订工作的权威性和代表性，进一步完善了课标修订的工作程序和政府决策程序。修订组在专家和学术层次上加强不同意见的沟通、补充和整合，对一线教师和学生进行调查、验证，并利用多种方式向业内人士及全社会征求意见。这为有效解决学术分歧和进行课程标准的修订摸索出成功的经验。2006 年，教育部继续组建由权威人士和专家领衔的各科标准修订组，陆续启动对其他各科标准的修订工作，并在全国范围内征求对实验后各科新课标的意见和建议。

全面启动对义务教育课程标准的修订工作。

一是在数学课标修订基础上，开始对其他自然科学学科进行修订，使各科课程标准更加科学，更加符合实际。

二是对语文、历史、地理学科，教育部将进一步明确政治要求，进一步强化对学生民族精神、祖国历史、革命传统、社会主义荣辱观等方面的教育，在此基础上着手修订。

三是加强对“科学”“综合实践活动”“艺术”等新增课程标准修订的组织领导，力争使修订后的课标达到科学性、可行性的要求。

（二）调整完善教材审定与发行制度

此次课程改革的一个重要内容，是实行国家课程标准指导下的教材版本多样化。教材的多样化不仅要适应教育教学的需要，还要应对日益激烈的市场经济下的冲击和影响，这使教材的编写、审定、选用、出版、发行等方面的制度和管理面临诸多挑战，新情况、新问题层出不穷，内部外部各种利益矛盾相互交错，甚至成为反腐败、反商业贿赂的重点领域，许多预想不到的新问题超出了教育工作的范围，更是超出了教育改革的初衷，严重影响到课程改革的健康推进，严重阻碍了新教材建设的深入发展。这主要表现在：巨大的市场份额和利益驱动，助长并强化了各部门、各地方的自我保护行为，甚至不正当竞争，在全国范围内引发了“教材大战”。新的教材管理政策遭遇市场的强烈冲击，有悖于教育改革的初衷。由于实际上的教材编写出版资质准入门槛太低，造成教材出版单位过多（79家）。其中许多出版社实质上不具备提供教材研发、出版、售后服务的能力。缺乏有效的教材评价制度。目前所有实验教材的质量、使用情况都缺乏科学、公正的评价程序与制度。还没有完全形成具有足够公信度和影响力的“主流教材”。教材的建设也缺乏有效的评价、退出机制。中小学教材的长远建设缺乏必要的制度保障。

为此要下大力气调整、完善并建立健全中小学教材的编写、审定、选用、出版、发行制度。

一是完善或制定教材编写及出版单位的资质制度。探索公示、准入制度，防止不具备资质的出版社盲目投入，并建立中小学教材的评价、退出机制。

二是进一步研究、完善教材选用制度，使其更加公正、科学，切实防止腐败行为的发生。

三是制定并严格执行教材出版标准，克服过厚、过重、过贵的弊端。教育部将对纸张、字号等进一步明确规定，并予以公布，以价格手段限制豪华、空白、插页过多等问题。

四是当前对实行农村义务教育保障机制的地方，拟实行公布国家课程教科书（1—9年级）书目及参考控制价格（以某一种或几种平均数为基础），并规定地方课程、练习册、试卷等不得超过教科书价格的四分之一至三分之一，并且要求各地对外公布，联手整顿教辅市场。

（三）建立规范的教育教学制度

规范班级管理，合理配置校内教育资源。在校内要均衡配备资源，不以任何名义分设重点班和非重点班，对所有学生一视同仁，努力创设学生友好型学校。重点班往往在招生时或新生报到时就选定学生，常与高收费或加收辅导费、外教费、电脑费相联系，侧重对学生进行应试训练，促使他们升入所谓重点学校，忽视对大多数学生的培养及学生的全面发展，因而义务教育阶段的重点班该划个句号了。为因材施教及发挥学生特长，应提倡对不同程度和学力的学生开展分层教学，努力提供适合学生的教育。在教学实践中确需设立实验班的，应在学生入校后根据其潜能和兴趣选定学生，并不另收任何费用，鼓励培养学生音乐、体育、科技、劳动等多方面素质，不能办成改头换面的重点班。而且，办实验班要经过一定程序审批，切莫太多太滥，避免把优秀教师和优质教育资源集中于实验班而将其他班置于不利地位。

规范教学管理，依法实施素质教育。规范教育教学秩序，最主要的是学校应努力实施素质教育。第一，坚持德育为首，育人为本。开展与学生年龄相适应的社会实践活动，促进学生养成良好的思想品德和行为习惯。第二，突出培养学生独立思考能力、创新能力和实践能力。实施启发式教学，培养学生学习兴趣、态度和习惯，培养和保护学生的好奇心和探索精神。第三，平等对待每一个学生，关注学生的个体差异。不能只是关爱升学有望、成绩优异或老实听话的学生，要看到每个学生的长处或闪光点，发扬积极因素，克服消极因素，促进学生生动活泼地、主动地发展。第四，模范执行国家课程方案。义务教育课程方案代表国家意志，学校应自觉遵守。还要争取让学生每天锻炼一小时，并保证他们参加社会实践活动的时间。如果不执行国家课程方案，随意延长教学时间，统一组织学科竞赛，那么学生过重负担就不会减轻，素质教育就难以推行。这样的学校无论有多少光环，都不算是最好的学校。

规范目标管理，保证基本教育质量。我国义务教育基本完成了普及任务，整体上面临着由注重外延发展向更加注重内涵发展、由注重普及向更加注重提高的新阶段转变。学校规范管理也要与时俱进，提高管理水平，以保证基本的教育教学质量为目标。为此，学校在加强规范管理过程中，应制订保证或提高教育质量的方案或计划，明确管理指导思想，确立本校管理特色，提出规范管理的具体要求。例如，办学条件应当满足教育教学的基本需要，教师达到国家规定的基本资格，班主任应符合任职条件和工作要求。新时期加强学校规范管理，必须服务于保证或提高基本教育质量这一目标。

（四）建立科学的考试评价制度

对小学生在校学习的日常评价，也基本适应了儿童成长的特点，体现了对儿童自信心、好奇心、求知欲的保护。但在实践探索中也要注意避免走向另一个极端，避免学生养成教育的简单化，不能只是一味地夸奖，放弃必要的管理和严格的要求。

中考制度改革在试图谋求多方面突破的同时，也带来了实施程序复杂，评价结果信度和效度不易控制等问题。这不仅增加了中考制度设计上的难度，在一定程度上增加了考试评价的成本，而且也增添了人们的某种顾虑。中考制度改革要在全国范围内广泛推进，关键是要进一步完善综合素质评价的公信力和可操作性，继续加大高中学校招生录取方式的改革力度。

高中课程改革的深入推进，需要与之相衔接、相协调的高考制度。由于义务教育阶段改革离高考选拔较远，利害关系不突出，改革环境相对宽松，推进相对容易。但到了高中阶段就发生很大变化，所有改革必须马上经受高考的检验，客观上直接联系着学生未来人生的走向和发展前途，备受社会各界特别是学生家长的关注。高中课程改革的推进与高考的衔接成为关键。

四、基础教育课程改革的必要保障

（一）持续增强教师对新课程的适应性

教师是课程改革的骨干力量。没有教师对课程改革的理解、认同和积极实践，课程改革很难落在实处和取得实效。

教师队伍整体素质不高制约了改革的进程。据统计，全国有约 30 万名小学和初中教师未达到国家规定的合格学历，另有 40 多万名代课人员分布在偏远地区农村小学和教学点；高中有近 25 万名教师未达到合格学历。初中和高中教师总量不足，各缺 34 万名和 26 万名，其中外语、音乐、美术、通用技术和信息技术等学科教师普遍缺乏，农村地区更加严重，一些地方不得不把农村初中骨干教师抽调到高中任教。一些新增设的课程，如科学、艺术、通用技术以及高中多样化选修课程，学校难以开设，教师难以适应。需进一步加强教师队伍建设，研究教师教育改革，提高广大中小学教师专业化水平。

一是继续做好教师培训，加强针对性，提高时效性。随着保障机制的建立，将进一步加强对地方培训工作的指导，并探索形成长效工作机制。

二是加大制度建设，组织城镇教师支援农村，采取多种方式，弥补农村教师不足，帮助农村教师专业成长。应加大这方面的制度建设。

三是总结、探索建立以信息化为平台的教师学习、研修的有效机制，加大对基础教育课程资源开发的支持力度。

四是研究教师教育改革，引导、鼓励师范大学调研培养目标，更新教学内容，加强实践环节，切实培养基础教育所需师资，尽快适应基础教育课程改革的形势需要。

（二）不断提高教育管理者对新课程的执行力

一线基层的教育局局长，担负着组织实施本地新课程改革的重任。要改变一些教育行政部门负责人对国家有关课程改革、教材建设等方面的基本要求不甚了解，对政策要求缺乏全面掌握和系统研究，实践中管理意识和手段落后，某种程度上还存在着规避风险，回避压力，不愿改革的现象。

面对课程改革提出的要建立整体性教学管理制度，促进教师专业发展，进行学校课程规划与开发能力的建设等问题，一些校长显得束手无策，指导不力，使得课程改革在这样的学校难以落实。有的校长在升学的压力下，甚至不严格执行国家课程方案，擅自增加课时，削减非考试科目，强迫学生牺牲休息时间补课，严重违背教育规律，使得一些问题更加突出。

在课程改革的推进过程中，尽管广泛调动了各方力量来积极参与，但相应的教师培训机构、教育研究部门、教研系统、教育信息资源建设部门、招生考试部门、大学等专业部门的力量没有完全形成合力，有限的专业支撑也没有及时充分发挥出应有作用。

（三）提高财政对新课程实施的支持度

21 世纪初的课程改革推进，是在一些中小学特别是农村学校的公用经费十分紧张的情况下进行的。很多学校无力开展课程改革所必需的教师培训、教学资源开发以及各种综合实践活动。

各级政府和教育行政部门普遍缺乏相应的课程改革专项经费，使得这一系统、深入改革所必需的政策研究、大量实证调查、建立专家队伍、长期跟踪改革、总结交流实践经验、修订完善课程标准等工作难以落实到位。

（四）建立健全中小学教学质量保障体系

“自上而下”的改革，尤其是课程改革这样具有专业性质的改革，对实施过程进行监控和研究十分重要，决定了课程改革能否持续地产生实际的意义并获得有效的专业支持。

第一，建立独立的教学质量监控体系和信息发布系统。课程改革实施中，对教师的教学能力、学生的学习能力以及不同地区不同学校的教学水平，缺少长期的、客观的跟踪调查与科学分析，使得评价改革进展、调整完善政策缺乏相应的判断依据，也不利于统一思想认识。

第二，建立基于课堂教学实验层面的数据搜集以及实证研究体系。目前课程改革实施中出现的问题很复杂、很具体、很专业。尤其是课堂教学中暴露出很多基本问题，如什么样的知识最有价值、教育水准如何测定、学习方式与效果的关系等，都需要进行认真、细致的分析、研究，需要进行实验数据搜集，开展多方面的科学研究，以提供专业支持，避免实践的盲目性。同时也缺乏科学完整的国际比较研究，特别是对亚洲一些国家教育改革的经验教训的深入研究。课程改革进行到今天，只有使其进程更加精细、科学，才可使改革的方向更加清晰，以少走弯路和避免引起不必要的争议。

第三，建立健全保障监督机制，启动教育质量监测、评估。一是开展基础教育监测，进一步收集数据，加强分析。二是进一步研究论证建立基础教育质量评价体系。三是加强并充分发挥教育督导的作用，着手开展一次对课程改革的系统督导。四是给予专门的经费支持。

（五）新课程实施呼唤“友好型”的社会舆论氛围

课程改革是一项专业性很强的工作，需要创设有利于其健康发展的社会环境。课程改革具有复杂性、社会性，是一个涉及方方面面的社会系统工程。基础教育的课程改革关系到整个教育事业的健康发展，关系到国家和民族的未来，需要全社会共同努力，需要各级政府高度重视。从各国实践来看，基础教育课程改革是国之大事，是由国家层面来组织实施和推动的。

课程改革需要静下心来，潜心研究，长期跟踪，需要不断探索和实验，因此需要一个相对宽松的政策环境和社会环境，允许有一个逐步探索的过程，需要给予方方面面更多的理解和支持，避免急功近利和急于求成。要按照科学发展观的要求，进一步引导地方各级政府树立正确政绩观和教育质量观，切实加大体制创新和政策整合，及时化解矛盾，解决问题。

要增强课程改革决策的科学性和民主性，要有对话平台，拓宽专家支持系统，让不同观点不同学派的人有直抒胸臆的机会。真理愈辩愈明。但要注意两点。一是不要进行人身攻击，什么某某的观点是“食洋不化”，某某的观点散发出“凯洛夫教育学变质的奶酪”气息，这些词是不可以随便就用的。二是在充分征求意见、政府做出了决策、大多数人已开展课程改革之后，最好不要公开地唱反调。学者自然有言论自由的权利，也有传承、追求真理的优良传统的自由，但学者也应为国家和民族的前途和命运着想，没有多大把握时切勿在媒体上妄发议论，乃至哗众取宠。果真有建设性的意见，可向主管部门提出来，或通过人大、政协渠道要求政府主管部门给予解释或调整。

努力开创我国基础教育装备工作新局面*

教育装备工作是基础教育工作的重要组成部分。加强教育装备工作是促进教育公平的基本内容，是提高教育质量的重要支撑，是构建泛在学习环境、推进终身教育的必要条件，也是贯彻创新驱动战略、基本实现教育现代化的关键举措。2013年至2016年间，我们迅速抓住一些社会热点问题和重要环节，加紧完善政策，先后出台了教育部《关于加强新时期中小学图书馆建设与应用工作的意见》《关于进一步加强中小学生校服管理工作的意见》，制定了中小学校服国家标准，明确了相关制度要求。进而，我们立足长远，谋划全局，紧锣密鼓，集思广益，凝聚各地基础教育装备战线智慧和共识，研究起草了教育部《关于新形势下进一步做好普通中小学装备工作的意见》，明确了今后一段时期的主要目标、工作原则和主要任务，指明了深化改革方向。

开好这次全国基础教育装备工作会议，既要认真总结各地经验做法，开展交流，相互借鉴，见贤思齐；又要明确改革发展目标任务，达成共识，鼓舞士气，形成合力。

一、把握基础教育装备工作的新形势

（一）装备工作发挥了重要支撑作用

近年来，随着国家和地方一系列重大教育工程的实施，教育装备工作在基础教育改革发展中扮演了重要角色，发挥了重要作用。

一是装备工作支撑了学校面貌整体更新。随着基础教育的长足发展，学校面貌焕然一新。支撑这一变化的因素，除校舍外，就是装备的数量种类增加和内容

* 本文原载《教育与装备研究》2016年第3期。

更新换代。全面普及九年义务教育后，县域均衡发展工作快速推进，越来越多的学校装备达标，有条件的地区实现特色化，并逐步向数字化、网络化和智能化发展。特别是信息化装备取得重大进展，全国中小学校互联网接入率达到85%，拥有多媒体教室的学校达到77%。可以说，随着教育装备的发展，现代化学校的形象越来越清晰。

二是装备工作支撑了义务教育均衡发展。在2011年教育部与各省级人民政府签署的《均衡发展备忘录》中，装备被列为重要内容。在均衡发展验收指标体系中，装备也是一个指标。各地通过配备和发展教育装备，改善了基本办学条件，共享了优质教育资源，均衡了办学水平，提升了经费使用效益，弥补了师资力量的不足，助力了均衡发展目标如期实现。目前，北京、天津、上海、江苏、浙江等100%通过县域均衡发展的省市，都是教育装备发展较好的地区。

三是装备工作支撑了教育教学深化改革。在支撑和服务新一轮课程改革过程中，装备应用水平不断提升，应用方式不断改进。各地努力开齐、开足、开好实验课程，开展操作技能比赛，进行实验教学应用案例研究，全面推动了实验教学创新和发展。信息化装备的配备为高中多样化发展，以及实施走课制教育模式和研究性学习提供了条件保障。各地还普遍结合教育部旨在推动校外教育而倡导的“蒲公英行动计划”等活动载体，积极探索用好校内校外活动中心、实践基地等装备资源，开展实践教学、实地育人，培养学生实践能力、创新能力和探索精神。

四是装备工作支撑了中小学生全面发展。教育装备配备的重点逐渐从理化生实验仪器，扩展到音乐、美术、科学、英语等课程，为学生德智体美劳全面发展提供了良好条件和环境。一些地区积极探索，将传统的装备扩展到综合实验室、特色实验室、学科功能教室、教育创客空间装备，为综合育人、系统育人、多学科融合互动提供了更多可能。

五是装备工作支撑了行业自身改革重构。装备工作从计划经济体制转型后，面临自身改革发展问题，经历了“阵痛”，实现着“涅槃重生”，探索了新的工作内容、工作机制、工作格局。各地基本完成了教育装备工作的机构和职能调整工作，逐步从简单的仪器采购供应，发展为以采购供应为基础的保障、服务、引领教育教学创新发展的职能，为新形势下基础教育装备事业进一步发展奠定了基础。

（二）装备工作面临着诸多问题挑战

我们也要清楚看到，装备工作距离实现教育现代化的要求仍有很大距离。还存在定位不清、体制不顺、总量不足、结构不合理、质量下滑、保障队伍薄弱等突出问题，亟待解决。从1999年教育部《关于进一步加强中小学教育技术装备工作的意见》印发至今，17年来教育部再没有出台专门指导意见。亟待出台新的文件，建立健全社会主义市场经济条件下教育装备工作政策研究、规划指导、技术开发、质量标准、监督管理等服务保障新的格局。

一是“管不好”，工作定位尚不清晰。长期以来，多种原因造成各级基础教育装备工作指导、规划、统筹与协调职能不同程度弱化，工作中存在一定的“越位”“错位”“缺位”现象。地方基础教育装备部门名称职责各异，多部门介入基础教育装备工作，造成多头管理、机制不清、协作不畅、管理脱节。一些地方，基础教育装备管理人员老化、专业能力不足、职称评定渠道不畅，影响了这些人员积极性的发挥。

二是“配不齐”，总量不达标结构不合理。基础教育装备总量仍然不足，且配置不均衡，中西部地区、农村学校、薄弱学校问题尤为突出。相对实验仪器来讲，学校还比较缺乏体音美器材。此外，重信息技术装备投入、轻常规装备投入，重建设性投入、轻保障性投入的问题普遍存在。在初次配备高峰过后，装备的更新、维护与升级换代缺少持续投入支持。实验教学常用的耗材药品、投影机、灯泡等补充不及时，影响教育教学顺利开展。

三是“用不足”，支撑创新能力有限。还不能适应全面实施素质教育的需要，还没有与课程建设和学校文化深度融合，与师资培养、教学实践融合得也不充分，不能为学生提供多样化、个性化的教学过程和教育方法。一些地方实验教学水平较低，实验室、专用教室利用率低，没有建立服务于学生自主探究与合作学习的管理制度。一些地方缺乏教育装备应用的教师通用技能与学科技能课程，缺少应用技能培训，教师应用水平亟待提高。一些地方也没有将学校和地区基础教育装备建设、实验和实践教学的开展情况纳入办学水平督导评估体系。亟待采取措施，推动教育装备应用常态化。

四是“质量差”，一些地方装备质量有所下滑。由于科学完善的质量标准体系和强有力的监督管理机制尚不健全，进入学校的教育装备产品质量难以保障，制约教育质量提高、造成国家投入浪费。同时，劣质教育装备产品成为校园里的“定时炸弹”。“毒校服”“毒跑道”事件至今还是社会热点，不合格荧光笔、作业本、涂改液问题也时有出现。教育系统、学校、师生成为直接受害者。必须配合有关部门完善各项标准，加大查处力度，解决质量差的问题，确保教育生态环境。对于教育系统违规行为，绝不姑息。

（三）教育装备工作承载时代呼唤

以“互联网＋”和“中国制造 2025”战略为引领的工业化、信息化、城镇化、农业现代化建设进入关键时期，对教育装备工作改革发展提出了新要求。教育装备的支撑、引领、重构、服务作用也将更加凸显。必须坚持创新、协调、绿色、开放、共享的发展理念，推进教育装备现代化，不断提升中小学校品质，不断提高教育质量，服务于“四个全面”战略布局，为如期全面建成小康社会奠定坚实基础。

为此，要建立与教育现代化相适应，与学生发展核心素养培育相配套，与国家课程标准相匹配的国家教育装备标准体系。力争到 2020 年，逐步实现所有学校基本实现教育装备的标准化和管理信息化；鼓励各地根据需要与可能，实现装备特色化。建立完善既统一规范又充满生机活力的国家、省、市、县、校装备工作体系与工作机制。建立政府、学校、事业、科研、企业等各要素深度参与、相互促进的教育装备发展格局。基本形成教育装备硬件设施与资源软件、教师应用能力相匹配，引领学生全面发展的良好局面。

各级教育部门和学校要充分认识新形势下进一步做好教育装备工作的重要性和紧迫性，深入推进，勇于创新，将先进的教育思想、办学理念、科学技术融入教育装备工作，加快形成新的教育发展驱动力，推动基础教育变革与创新，促进新型劳动者和高素质人才培养，全面服务经济社会建设发展大局。

二、明确基础教育装备工作的新任务

（一）配备是基础

充分发挥装备的作用，配备是基础。配得齐、配得好、配得精，才能真正服务于教育教学需要。

首先，健全装备标准。要深入贯彻依法治理理念，完善教育装备分类标准、配备标准、质量标准，形成规范完整的国家教育装备标准体系。充分发挥全国教育装备标准化技术委员会及其分委会等相关专业机构的作用，加快标准制定步伐。教育部将组织编制全国教育装备分类目录，逐步统一装备分类，编制教育装备名称词典，清理当前不规范的装备项目与名词，优化装备管理。也鼓励各省、自治区、直辖市结合实际健全本地装备标准体系，在国家标准的基础上适度增加指标或提高相关标准。

其次，加强设施建设。各地要统筹义务教育“全面改薄”、学前三年行动计划（二期）、高中阶段教育普及、特殊教育提升计划，以及其他中央和地方与教育装备相关的资金和项目，按照标准建设实验教学、校园足球、音体美教育装备场所，充分满足学校教育教学需要。深入贯彻创新发展理念，立足实际，探索建设综合实验室、特色实验室、学科功能教室、教育创客空间等教育环境，为学生开展科学探究、动手实践提供平台，培养学生的创新能力。

再次，科学配置装备。各地要遵循装备和技术生命周期规律，实现配备的可持续发展。要深入贯彻共享发展理念，配齐配足教育装备，保障学校教育教学和生活需要，但不得建设豪华学校。推进“书香校园”全覆盖，引领“书香社会”建设。遵循学生成长规律和教学需求，鼓励配备可升降、可灵活分组拼合的课桌椅。要深入贯彻绿色发展理念，鼓励配备可循环使用的校服，鼓励教师学生自制教具，鼓励结合本地文化、劳动技术、民间艺术教育配备装备，不断提高装备的适用性，更好地服务课程教学。

（二）信息化是先导

教育信息化是促进教育公平、提高教育质量的有效手段，是改进管理方式、构建全民终身学习体系的支撑。我们要把教育信息化建设好、应用好，让信息化先导力量充分迸发。

首先，更加重视信息化装备的作用。当前信息技术发展日新月异，信息化对人类的生产生活乃至思维、学习、生活方式都产生了巨大影响，引发了教育的新思想、新形态，也为教育发展注入了新活力。党的十八届五中全会明确提出“要推进教育信息化，发展远程教育，扩大优质教育资源的覆盖面”。我们要深刻领会中央精神，不断深化对教育信息化的认识，积极思考信息化对教育的深刻影响，探索通过信息化推动教育体系的结构重组、流程再造和思想变革，实现教育的创新发展。

其次，提升信息化装备配备水平。加快推进“宽带网络校校通”，基本实现中小学校的宽带网络全覆盖，完善网络教学环境，提升出口带宽，加强无线校园的建设和应用。东部和中西部具备条件的城镇学校要实现无线网络全覆盖。全面推进“优质资源班班通”，基本建成数字教育资源公共服务体系，实现优质资源共享。大力推进“网络学习空间人人通”，为每个人提供优质学习资源。加快建成区域一体化网络环境，保障中小学信息化教学的开展。根据教学活动需求加快配备多媒体教学和终端设备，鼓励配备便携式终端，提高使用效率。有条件的地区，鼓励探索建设智慧校园，提升学校教学和管理水平。

再次，提升信息化装备应用能力。通过专递课堂大力推广“一校带多校”的教学和教研组织模式，进一步提高教学点和薄弱学校的开课率和教育质量。通过名师课堂充分发挥名师的示范、辐射和指导作用，提升广大教师的教学能力和水平。通过名校网络课堂，鼓励名校带动薄弱学校，使优质教育资源在更大范围内共享。探索通过营造信息化教育环境，促进教学理念、教学方式和教学内容改革，创新人才培养模式。鼓励教师通过应用空间开展备课、授课以及学习指导等教学活动，指导学生开展个性化学习、自主学习和协作学习，实现传统教育和信息化教育的有机融合。

（三）管理是关键

配好装备的同时，要进一步强化管理，通过规范科学的管理，提高装备水平和使用效益，让每一个装备都有质量保障。

首先，规范配备机制。要坚持标准引领，专业支撑。以装备标准体系和规范工作机制为引领，强化法治意识、规范意识和专业意识，坚持推进教育装备规划、实施、管理的制度化和专业化。注重专业工作队伍建设，发挥专业技术力量作用，注重基础设施、数字资源、师生应用能力协同，实现教育技术装备专业化发展。要履行好教育装备采购人职责，健全区域内教育装备集中采购工作体系与机制，实现规范、专业的采购管理。建立教育装备配备工作技术规范和专业规程，科学规划设计教育装备项目，统筹实施计划预算、配备方案、政府采购、合同履约、质量管理、资产监管与运行维护服务等，避免低价竞标，确保采购质量。组织开展教育装备配备标准、产品标准培训，提高采购工作人员素质。建立教育装备配备优质经典案例与政府采购数据库，为装备采购配备提供参考。建立配备质量与效益评价指标体系，指导审计与评价。

其次，构建质量体系。立足获得优质产品和服务，培育、引导、规范教育装备市场，充分发挥其在资源配置中的决定性作用。加强指导和监管，更好地发挥政府部门的作用，形成有效配置资源机制。强化社会监督和用户导向，最大限度地吸收教师、家长、学生及社会各方代表参与教育装备工作。要将质量标准写入装备项目采购招标文件，强化验收。建立教育装备新技术、新产品进入学校的科学实验和论证机制，经过危害性测试和教学适应性评价的技术与产品方可进入学校。建立教育装备质量推荐与评议制度，定期发布优秀教育装备产品评议推荐清单。加强与有关部门联动协作，充分发挥教育装备产品质量专业检测机构的作用，对进入校园的教育装备产品质量进行抽查。建立教育装备质量内部通报制度。加强易燃易爆危险品的管理，定期开展风险排查，确保安全使用。

再次，打造管理平台。利用现代信息技术手段提升教育装备管理能力。教育部将制定《基础教育装备管理办法》，统一、规范装备管理基本流程。建设相关管理信息系统，以产品信息、采购信息、学校装备管理和使用信息为内容，提升装备管理信息化水平。各地要积极部署实施、推动应用，加强教育装备产品质量追溯与资产运维管理，保障教育装备资产与资源充分发挥效益。

（四）应用是根本

应用是装备工作保持活力的源泉。只有在教育教学细节之中全面发挥装备的支撑与引领作用，才能真正实现通过装备发展，助推基础教育整体发展。在标准化的基础上，鼓励学校充分发挥教育装备作为课程资源的作用，实行特色化发展和打造优势学科，实现标准化与特色化的有机统一。

首先，服务教育教学。强化实验教学，推动教育装备在学科教学中的深度应用，服务教育教学各个环节，推动教学和育人方式改革。推行实验室、专用教室全天候向学生开放，建立有利于学生自主探究与合作学习的管理制度。鼓励各地立足促进学生发展和提升学校管理水平，应用教育装备积极开展科学、实践活动。创新图书馆、体育场馆、校外综合社会实践基地等的使用方式，充分发挥其育人功能。

其次，提高教师水平。各地要构建教育装备应用的教师通用技能与学科技能课程，加强应用技能培训，提高教师应用水平。开展教育装备应用与学科教学教研活动，纳入课堂教学评价，提高教师教学水平。探索学科教师管理使用实验室、专用教室的绩效考核机制，推动实验管理、实验教学与学科教学融为一体。各地要制订培训计划，对相关学科教师、实验教学人员、管理人员定期进行教育装备应用培训。

再次，健全考评机制。各地要建立教育装备建设及其应用效果的动态调查、监测与评估制度。建立教育装备应用评价指标体系。完善对地区、学校、教师的评价体系。充分把各种教育装备经常地、全面地用起来，宁肯用坏、不能放坏。将学校和地区基础教育装备建设、实验和实践教学的开展情况纳入办学水平督导评估体系，将教师教育装备应用能力纳入教师考核体系，发挥考核评价的引导作用。加强对学校教育装备使用的督导检查，推动教育装备应用常态化。

（五）创新是源泉

要深入贯彻创新发展理念。信息化时代，装备升级速度快，理念也不断更新。这就要求我们既要“自身硬”，又要开门取经，调动各方力量，提升创新能力，实现可持续发展。

第一，加强科研工作。完善教育装备科研体系，围绕教育装备各个层面开展理论与实践研究，为教育装备发展提供创新动力。教育部将考虑设立全国基础教育装备研究专项课题，全方位推动基础教育装备领域的科学研究。推进国家、区域、学校教育装备发展规划、发展战略和推进策略的研究，教育装备与教育教学过程深度融合的方法与策略研究，教育装备应用效果的评价指标体系研究等。还将定期发布教育装备发展研究报告。

第二，鼓励基层探索。要坚持问题导向，鼓励各地立足实际，差别化探索，进行教育装备实施模式创新、管理方式创新、应用技术创新，使改革更加精准对接发展所需、基层所盼。鼓励学校充分发挥教育装备作为课程资源的作用，结合本地民族特色、传统文化等配备教育装备，打造校本课程，各具特色的发展，实现标准化与特色化的有机统一。

第三，探索社会联动。各地要加强宣传引导，做好政策解读，结合校服、图书等热点问题，以生动的实例，引导学校、家长、学生及社会各界更加重视装备工作，充分调动社会参与的积极性。及时总结推广各地的有益探索和成功经验，推动装备工作不断创新发展。发挥社会监督、舆论监督的积极作用，促进产品质量、生产采购等工作水平不断提升。

第四，推动开放合作。充分发挥行业协会和企业作用，理顺行业协会与装备部门之间的关系，严格规范装备部门参与行业事务，建立促进教育装备企业发展的激励机制、自律机制和质量管理机制。鼓励社会力量开展教育装备设计研究，探索建立基础教育装备产业园、产业基地，完善教育装备研究、设计、开发、生产、建设、运行维护与技术支持服务体系。鼓励教育专家参与教育装备的设计开发。推动教育装备对外开放合作，建立国际合作项目及与港澳台的合作项目，开展先进教育装备理念、产品、标准体系、应用、管理、服务的交流合作。

三、抓好基础教育装备工作的部署实施

（一）加紧统筹规划

各省份要把教育装备发展纳入教育发展规划，抓紧研制本地区实施意见或方

案。明确具体部署、具体要求、具体项目、具体时限、具体责任，有计划、有步骤地推进教育装备工作。在教育部统一部署下，各地要因地制宜地确定教育装备发展路径，突出重点，瞄准薄弱环节。发达地区，重在优化结构，实现教育装备与教育教学有机结合；欠发达地区，重在均衡提高配备和管理水平，并向农村、边远、贫困、民族地区倾斜。要把教育装备工作纳入教育督导，适时开展专项督查，推动教育装备工作为基本实现教育现代化服务。

（二）健全管理机制

教育部将统筹协调相关部门力量，支持各地开展工作。各地要加快建立统一规范的教育装备职能机构，科学确定机构职能和人员编制。教育装备部门要与教学管理、教学研究等部门建立密切协作机制，形成合力。统筹教育系统内部各部门协同推进教育装备发展机制。加快构建各级教育行政部门和学校之间的管办分离、权责明晰、运转高效的新型教育装备工作机制。探索建立专业咨询、第三方服务、装备部门管理的现代服务机制。建立技术专家团队，加强对各级教育装备工作的指导与咨询服务。

（三）保障日常运维

各地要结合教育改革发展实际，依照国家标准及时更新设备设施，确保消耗性材料的补充与供给，确保每个班级都能按照教学进度开展实验，最大限度满足学生动手实践活动的需要。有条件的地方，可以探索制定并逐步提高区域内中小学校学生人均教育装备经费标准和人均每年实验与实践耗材经费标准。加强日常运行维护服务，鼓励以县域为单位集中采购运行维护服务，降低成本。鼓励多渠道筹措装备资源，引导和鼓励社会、企业公益支持教育装备事业发展。

（四）建好管理队伍

各级教育行政部门、装备部门、学校要配齐配强装备工作人员和管理人员，为其提供有利工作和发展的环境。鼓励省级教育行政部门制定实施实验室、专用教室管理员专业标准。鼓励创造条件，不断提高装备工作人员和管理人员各方面待遇。加强培养培训，提高管理水平。探索与有关高等院校加强合作，为教育装备科学发展培养人才。

（五）加强风险防控

教育装备工作有些环节存在较高风险。一定要按照中央反腐倡廉的总体精神，根据相关条例、准则等法规和文件的要求，加强教育装备廉政建设，强化主体责任和监督责任，建立健全教育装备采购的廉政风险防控机制。绝不能配了一批装备、倒下一批干部。要定期开展廉政教育活动，强化责任追究，形成风清气正的良好工作环境。

第二编

义务教育研究

以改革精神统领我国义务教育均衡发展*

党的十八届三中全会通过的《中共中央关于全面深化改革若干重大问题的决定》（简称《决定》）对全面深化改革做出重大部署，其中围绕深化教育领域综合改革，明确了攻坚方向和重点举措，对于促进教育事业科学发展、办好人民满意的教育具有重要指导意义。作为义务教育宏观管理者，我们要从人民群众最关心、最直接、最现实的问题入手，坚持整体推进与分类规划相结合，以改革精神统领我国义务教育均衡发展。

一、义务教育资源均衡配置改革

义务教育是我国各级各类教育的重中之重，义务教育均衡发展是义务教育当务之急。近年来，我国义务教育取得了举世瞩目的成就，但也存在办学水平城乡差距偏大等问题。全面改善贫困地区薄弱学校基本办学条件，推进义务教育学校标准化建设，既是守住基本民生底线、推进教育公平和社会公正的有力措施，也是增强贫困地区发展后劲、缩小城乡和区域差距、推动义务教育均衡发展的有效途径，关乎国家长远发展。《决定》明确提出，统筹城乡义务教育资源均衡配置，实行公办学校标准化建设，促进义务教育学校校长教师交流轮岗。为贯彻落实党的十八届三中全会精神，中央和地方都要加大投入，加强管理，按照“缺什么补什么”原则，最大限度地向农村义务教育学校倾斜，统筹城乡义务教育资源均衡配置。

（一）统筹教学条件

城乡学校都要保障教室坚固、适用、通风，符合抗震、消防安全要求，自然采光、室内照明和黑板材料达到基本规范。按照学校规模和教育教学要求配备必

---

* 本文原载《人民教育》2014 年第 2 期。

要的教学仪器设备。让每个学生都有合格课桌椅，新配桌椅应可调节高度。配备适合学生身心发展特点的图书，激发学生阅读兴趣，小学生均图书不低于15册，初中生均图书不低于25册。农村学校要根据地理条件和农村体育特点建设运动场地，配备体育设施，以加强学生的体育课教学和课外体育锻炼。

（二）统筹生活设施

城乡学校都应设置开水房或安装饮水设施，确保学生饮水安全便捷。厕所要足够，以1∶3设置男女蹲位为宜。学校要有围墙，设置必要的安全设施，保障师生安全。北方和高寒地区学校应有冬季取暖设施。农村寄宿制学校食堂或伙房须保持洁净卫生，满足学生就餐需要，让每名寄宿生都有1个床位。如条件允许，还应考虑在农村寄宿制学校设置浴室和医务室。

（三）统筹教师配置

统一城镇乡编制标准，抓好城乡教师队伍建设，以改革措施激励义务教育阶段校长教师在城乡间、学校间交流轮岗。“新人新办法老人老办法”，新聘教师可不再是“学校人”，而成为“系统人”。通过“特岗计划”等方式，完善农村教师补充机制。鼓励教师教育改革，为农村学校培养能承担多门学科教学任务的小学教师和“一专多能”的初中教师。为农村教师提供在职专业发展机会，保障其职称晋升比例不低于当地城区教师。还要通过地方实施、中央奖补方式，对贫困地区的乡、村学校和教学点教师给予生活补助。积极推进农村教师周转宿舍建设，努力改善农村教师生活条件。

（四）统筹学校布局

根据经济社会发展规划、人口变化预测、教育承载力，统筹布局区域内城乡学校。对需要保留的农村教学点要配备必要设施，满足其教学、生活基本需求。中心学校统筹教学点课程和教师安排。职称晋升和绩效工资分配向教学点专任教师倾斜。对学生规模不足100人的教学点按100人标准单独核定公用经费，按时足额拨付。

（五）统筹校额班额

城乡学校规模要科学合理，不搞巨型学校。大校额、大班额现象主要存在于县镇。为此，要超前谋划，综合施策，首先解决县镇66人以上的超大班额问题，继而逐步把义务教育班额控制在50人之内。可通过学区制、学校联盟、集团化办学等方式合理分流学生。采取新建、扩建、改建等措施，对县镇义务教育学校进行改造扩容。明确政府部门和开发商各自的义务，加强小区配套学校建设。

（六）统筹数字资源

改善城乡学校信息化基础设施，通过信息化扩大优质教育资源覆盖面。稳步推进农村学校宽带网络、数字教育资源、网络学习空间建设，为村小学和教学点配置数字教育资源接收和播放设备。加强农村教师信息技术应用能力培训，提升农村教育信息化水平，让农村地区师生也能便捷共享优质数字教育资源。

二、义务教育免试就近入学改革

《决定》明确要求："义务教育免试就近入学，试行学区制和九年一贯对口招生。"招生入学制度改革对于扭转当前一些地方存在的应试教育倾向、规范义务教育入学秩序、破解择校难题、维护教育公平很有必要。教育部将于近期印发做好小学升入初中免试就近入学工作的实施意见、做好大城市小学升入初中免试就近入学工作的通知，要求各地合理划定入学范围，有序确定入学对象，规范办理入学手续，全面实行阳光招生，真正落实《中华人民共和国义务教育法》提出的免试就近入学的规定。对于大城市，要加强工作指导，抓住主城区、抓好热点学校、抓准关键环节、抓实重点时段，完善相关措施，确定规范入学的时间表、路线图、任务书、责任人。

（一）合理划定入学范围

县区教育行政部门要根据适龄学生和学校分布、学校规模、公共交通状况等因素，按照就近入学原则为每一所初中学校合理划定招生范围，即实行单校划片。对于城市老城区等难以实行单校划片的，可为多所初中划定同一招生范围，即实行多校划片。片区划定后要相对稳定，调整时须审慎论证。

（二）合理确定入学对象

单校划片学校采用对口直升方式招生，让一所初中对口片区内所有小学毕业生入学。多校划片学校，由县区教育行政部门统一组织小学毕业生登记信息，征求入学志愿。报名人数少于招生人数的初中，学生直接入学。报名人数超过招生人数的初中，以随机派位的方式确定学生。随机派位工作由县区教育行政部门统一组织，邀请相关部门或家长代表参与。

（三）合理实行信息公开

小升初开始前，县区教育行政部门要通过多种形式主动向社会公开相关信息，推行阳光招生。本行政区域内小升初政策，初中学校划片范围、招生班级和人数、录取办法，经省级教育行政部门批准的特长生招生信息，各类学校的办学条件、师资力量等，都应公开。小升初期间，县区教育行政部门要主动公布工作咨询、监督举报电话、信访接待部门地址、招生进展和结果等相关信息。

（四）合理制订配套措施

将不低于50%的优质高中招生指标合理分配到区域内初中，并完善指标分配和录取办法，充分发挥其对小升初的引导作用。县区教育行政部门确定特长生招生具体办法，并报省级教育行政部门备案，逐步减少特长生招生学校和招生比例。

三、义务教育治理方式创新改革

《决定》提出，创新行政管理方式，推进科学的宏观调控，实施有效的政府治理；“深入推进管办评分离，扩大省级政府教育统筹权和学校办学自主权，完善学校内部治理结构”。各地各校要深刻领会中央精神，精准把握时代机遇，不断创新治理与管理方式。

（一）创新学籍治理

我国已基本建成全国联网的中小学生学籍信息管理系统，实现了全国范围内学籍管理的无缝衔接和互联共享，这将显著提升义务教育治理能力。各地要制订学籍系统实施细则，抓好系统应用的培训，做好学籍系统数据和事业统计数据的对照、统筹使用等工作。以学生居民身份证号为基础，为每名学生建立全国唯一的电子学籍档案，一人一号，终身不变。各地、各校要对学生学籍注册、学籍档案管理、学籍异动、升级、毕业、成长记录等进行全程信息化管理，实现全国范围内学生流动情况的实时监控与管理。

（二）创新学区治理

一些地方在推进义务教育均衡发展中，试行学区制模式，发挥优质学校在学区内引领带动作用，实现优质办学资源共享，整体提升学区内教育质量和管理水平，为缓解义务教育热点难点问题发挥了积极作用。《决定》将试行学区制作为推进义务教育综合改革的一项重要举措。教育部将加强对各地开展学区制工作的调研，总结提炼经验和做法，探索学区制管理的思路、方式和举措，研究提出推广学区制管理的指导性意见，促进公共教育资源在学区内均衡配置。各地要因地制宜，按照地理位置相对就近、办学水平大致均衡的原则，将初中和小学结合成片进行统筹管理，实行多校协同、资源整合、九年一贯的学区治理结构，实现学生在学区内对口直升。依托学区内初中和小学确定管理方式，制订明确的发展目标，实施有效衔接的中小学管理。推动学区内学校之间教师资源共享，教学资源共享，全面提升学区内教学管理、教师培训、学生活动、课堂改革、质量考核等教育教学工作水平。

（三）创新学校治理

深化教育治理机制改革，关键在于通过建立“管办评分离”制度，明确各级政府责任，落实和扩大学校办学自主权，建设现代学校制度，推动学校管理规范化和制度化。坚持政校分开、管办分离，明确政府管理权限和职责，明确学校办学责任和权利。健全校务公开，发挥中小学教职工代表大会制度作用，不断完善科学民主决策机制。健全中小学家长委员会，明确家长委员会职责，引导社区和有关专业人士参与学校管理和监督。学校要渐去行政级别，突出依法办学、民主办学、自主办学、社会监管。坚持教育公益性原则，形成以政府办学为主体、全社会积极参与、公办教育和民办教育共同发展的良性格局。

（四）创新安全治理

《决定》提出，要深化安全生产管理体制改革，建立隐患排查治理体系和安全预防控制体系。保障广大中小学生生命安全，责任重于泰山。加强中小学安全工作，关键在于各地要树立“底线思维”，落实好安全监管的责任。加强人防、物防、技防，推进校园安全综合治理。落实校园“一岗双责”。推动落实地方政府、监护人的安全管理责任，切实降低交通、溺水事故发生率。落实《校车安全管理条例》，保障学生上下学乘车安全。

四、义务教育教学过程优化改革

《决定》明确提出，“全面贯彻党的教育方针”，“标本兼治减轻学生课业负担”。当前，要树立科学的教育质量观，加强教学研究，提高教学效率，全面推进素质教育。

（一）优化课堂教学

好的课堂教学，是让学生在课堂上达到对知识的掌握。各地应开展优质教学比学赶帮活动，加强教师培训针对性，切实提升教师的业务水平和教学能力。强化教研工作，改革教研机制，创新教研方式，充分整合一线教师、教研员、专家学者力量，侧重教育教学行动研究，为学校和教师提供专业服务。创新教育教学方法，提高课堂教学效率，摆脱填鸭式教学、加班加点、机械重复的藩篱。

（二）优化学习负荷

适当的课业负担是必要的，过重的负担是有害的。对多数地方来讲，减负工作具有复杂性、艰巨性和长期性，必须标本兼治，综合施策，把过重的、不合理的、不必要的负担减下去，把时间、空间、健康还给学生。让学生睡眠充足、精力充沛，有时间参加科技、文艺、体育和社会实践活动，发展兴趣特长，享受幸福人生。教育部曾就《小学生减负十条规定》两次公开征求意见，就是要倡导各地实施阳光入学、均衡编班、“零起点”教学、减少作业，就是要规范考试、等级评价、一科一辅、严禁违规补课、严加督导检查、让学生每天锻炼一小时。2014 年教育部部署在全国开展义务教育学校“减负万里行·第 2 季”活动，对学生课业负担较重、群众反映强烈的省份进行督查巡视，推广一批轻负优质的先进地区和先进学校。还将开展小学生课业负担监测工作，对全国各地（市、州、盟）学生课业负担情况进行抽测并予公布。

五、义务教育随迁子女就学改革

《决定》提出：“创新人口管理，加快户籍制度改革，全面放开建制镇和小城市落户限制，有序放开中等城市落户限制，合理确定大城市落户条件，严格控制特大城市人口规模。”户籍制度改革，对于下一阶段做好不同类型地区进城务工人员随迁子女义务教育工作，保障其平等入学权利具有重要指导意义。

在新型城镇化建设过程中，要根据县镇、中小城市、大城市、特大城市等不同情况，对做好进城务工人员随迁子女义务教育分别提出工作要求，保障 1 400 万名义务教育阶段随迁子女平等接受教育的权利。要依据《决定》精神，完善随迁子女就学的政策措施，县镇和中小城市要积极接收随迁子女就学；大城市要合理确定随迁子女入学条件，帮助他们解决实际困难，融入城市生活；特大城市要结合城市发展规划、人口控制目标和教育承载能力，稳步有序地安排符合条件的随迁子女就学。随迁子女特别集中的地方，在扩大公办学校容量的同时，应鼓励社会力量办学，或购买民办学校服务，满足随迁子女入学需求。

六、义务教育立德树人综合改革

《决定》明确提出要“坚持立德树人，加强社会主义核心价值体系教育，完善中华优秀传统文化教育，形成爱学习、爱劳动、爱祖国活动的有效形式和长效机制，增强学生社会责任感、创新精神、实践能力”。在弘扬中华优秀传统文化、积极吸收各国优秀文明成果的基础上，《决定》赋予立德树人以深刻理论内涵和全新时代特征，字里行间深深寄托着党中央对青少年一代的殷切期望，意义非常深远。

落实立德树人综合改革，必须始终高度重视教育和帮助学生打牢共同思想基础、端正政治立场和前进方向、砥砺品德陶冶情操、激发历史责任感、树立正确的世界观人生观价值观；必须全面实施素质教育，促进学生德智体美劳全面发展，将个人成长成才与投身实现中华民族伟大复兴中国梦的实践紧密相连。充分发挥课堂主阵地作用，把社会主义核心价值体系融入教育教学全过程，推动中小学广泛深入开展“三爱”教育、“三节”活动，形成工作开展的有效形式和长效机制。要加强学校文化建设，营造和谐健康的文化氛围，创建绿色校园、文明校园、书香校园，为建设美丽中国做出贡献。要把德育与教育教学管理工作融为一体，加强班主任、团委书记、少先队大队辅导员、德育课教师的队伍建设。要统筹课堂、校园、社团、家庭、社会等阵地，利用综合实践基地、青少年活动中心（宫、家、站）等各类校外活动场所，科学设计和综合安排课内外、校内外活动。

义务教育均衡发展的目标和任务已经明确，旗帜已举起，集结号已吹响，军令状已签署，指挥部已成立，关键是各地教育部门和广大中小学校抓好落实，勇往直前，夺取胜利。在深化义务教育改革中，一要处理好改革创新与事业发展的关系。《决定》通篇谈改革，但对教育问题既谈了改革，又谈了发展。改革是为了发展，发展需要改革作保障。在重点推进义务教育均衡发展的同时，还要注重学前教育、特殊教育和高中教育的协调发展。二要处理好顶层设计与摸着石头过河的关系。增强改革的协同性、系统性，强化顶层设计，针对各种深层次矛盾问题，提出全面、系统、科学的解决思路和框架。同时，要允许摸着石头过河，立足具体问题，深入探索实践，通过制订具体落实方案和配套措施，并随着改革的深入进行相应调整。三要处理好整体推进与分类指导的关系。既要进行全局谋划、整体推进，也必须分区规划、分类指导，不搞一刀切、齐步走。四要处理好勇于探索与维护稳定的关系。坚持改革力度、发展速度、社会可承受程度的统一。重大改革和涉及群众切身利益的重要举措要充分听取各方面意见，关键性改革项目应先行试点、稳中求进。

以法治精神统领义务教育改革发展*

党的十八届四中全会通过的《中共中央关于全面推进依法治国若干重大问题的决定》，对新时期教育工作具有十分重要的指导意义。义务教育作为法定基本国民教育，面向全体适龄儿童少年，关乎国民素质提升，是教育事业的重中之重。各级教育部门要将义务教育改革发展全面纳入法治轨道，实现义务教育的科学化、规范化、均衡化。

第一，要依法改进教育行政。坚持法定职责就必须依法安排教育经费、师资配备，落实各项法律规定，把义务教育放在优先发展战略地位；坚持法无授权不可为，确权、放权、分权、让权、慎权，把权力关进制度的笼子，进一步转变政府职能，实行管、办、评分开，充分调动基层和学校的积极性与创造性。要依法合理设置义务教育学校，科学配置教育资源，促进义务教育均衡发展，保障适龄儿童少年公平接受教育。

第二，要依法深化教育改革。要自觉提高运用法治思维和法治方式深化改革、推动发展、化解矛盾、维护稳定的能力。依法深化义务教育领域综合改革，既要敢于突破阻碍发展的体制性障碍，又要坚持重大改革于法有据、依法推动，以法治思维破解义务教育发展中的热点难点问题。要依法深化义务教育管理体制改革，形成政事分开、权责明确、统筹协调、规范有序的管理体制。要依法深化义务教育办学体制改革，健全政府主导、社会参与、主体多元、形式多样、充满活力的办学体制，形成既提供基本公共服务、又提供多种选择的良性格局。

第三，要依法确立治理结构。要充分发挥法治作用，综合应用立法、拨款、规划、信息、试点、新闻等方式，改进政策指导和行政措施，提高治理能力。严格落实法定免试就近入学的规定，发挥优质教育资源引领作用，实现优质资源共建共享。推进全国统一的中小学生电子学籍系统建设与应用，为入学注册、跨省

* 本文原载《中国教育报》2014 年 11 月 22 日。

转学、经费监管、科学决策等提供技术支撑。坚持规划先行，加强装备质量标准建设，提高基础教育装备工作管理水平。加强分类指导，消除不合理门槛，依法保障进城务工人员随迁子女在输入地接受义务教育的权利。

第四，要依法理顺内部关系。逐步完善依法治校的体制机制，推动《义务教育学校管理标准（试行）》贯彻落实，加强学校内部制度建设，明确学校办学责任和权利，落实学校办学自主权。坚持校长负责制，实行校务公开，落实教职工代表大会制度，不断完善学校科学民主决策机制。建立健全依法办学、自主管理、民主监督、社会参与的现代学校制度。加强学校安全防范，依法明确安全事故责任，依法处理安全纠纷，不让学校承担不应承担的责任。

第五，要依法提升教育教学。要规范学校办学行为，减轻过重课业负担。要整合现有相关课程中的法治内容，设立法治知识课程，推动中国特色社会主义法治理论普及。要探索以法治体现道德理念、以道德滋养法治精神的融合式教育实践途径，让传统美德培养、法治思维养成、法治精神强化贯穿于义务教育全过程，贯穿于学生成长全过程。让儿童少年在课堂教学中获得法治知识，在生活浸润中形成遵法守法习惯。

以新理念指导义务教育改革发展*

义务教育是最基本的公共服务，在各级各类教育中处于重中之重的地位。进一步推动我国义务教育改革发展，必须用新理念作指导，厘清新思路，迈出新步伐，取得新成就。

一、推动义务教育创新发展

创新是引领发展的第一动力。一要深化教育综合改革，让创新的源泉充分涌流。实践无止境，创新无止境，解放思想无止境。锐意改革，勇于实验，为义务教育均衡发展扫清体制机制障碍。二要培养学生创新精神。推动课程内容融通，改进教学方式方法，减轻过重课业负担，激发学生思维想象，培养学生创新意识与解决问题的能力。优化教育结构，优化招生制度，构建各学段有机衔接的育人体系。三要增加动手操作机会。促进课堂内外、学校内外教育活动的结合，建好综合实践基地，促进社会资源利用，积极推进研学旅行。四要扩展学生求知空间。加快建立与学生创新素养培育相配套的装备支撑体系，搭乘信息化快车，面向“互联网+”，发挥“翻转课堂”“慕课”“微课”作用，培养学生利用信息技术进行自主学习的能力。

二、实现义务教育协调发展

协调是持续健康发展的内在要求。一要实现区域协调发展。对西部地区义务教育支持力度不减；对东部地区学生公用经费基准定额予以一定比例支持；对中部地区明显加大扶持力度，避免中部塌陷。二要实现城乡一体化发展。当前，我国常住人口城镇化率接近55%，而义务教育学生城镇化率已达73%。要做大城

* 本文原题《以新理念指导“十三五”义务教育改革发展》，原载《中国教育报》2015年12月1日。

镇教育，做强乡村教育，让城乡义务教育学校建设标准统一、教师编制标准统一、生均公用经费标准统一、装备配置标准统一。抓好乡村教师支持计划的实施，让乡村教师下得去、留得住、教得好。三要实现学校硬件与软件共同发展。所有学校须在底线标准以上，人人有桌凳、寄宿有床位、厕所不排队、开水全天候、按时升国旗。同时，确立科学发展理念，完善学校发展规划，凝练学校特色文化，完成立德树人根本任务，促进学校品质提升。

三、倡导义务教育绿色发展

绿色是永续发展的必要条件和人民对美好生活追求的重要体现。一要加强环境教育。在教育教学各个环节开展环境教育，贯彻落实新版《中小学生守则》，让学生爱护花草树木，践行垃圾分类，节粮节水节电，绿色环保生活。二要实施“绿色管理”。推进依法治教、依法治校、依法执教，落实《义务教育学校管理标准》，探索推进中小学章程建设，落实学校办学自主权，形成规范管理的新常态。三要普及绿色评价。改变以往片面依升学率评价学校、片面依分数评价师生的方式，建立基于学校办学品质的学校教育质量监测体系。指导各地贯彻落实《中小学校心理健康教育指导纲要》，推进示范区建设，开展特色学校认定活动，让中小学生拥有阳光心态。四要打造生态校园。开展绿化美化，实现节能减排，建设资源节约型环境友好型学校，让校园充满生机。

四、赢得义务教育开放发展

开放是国家繁荣发展的必由之路。一要谋求互惠共赢，鼓励基层教育部门和中小学校对外交流合作，借鉴国际先进教育经验，提升我国基础教育的国际地位、影响力和竞争力。二要促进内地教育与港澳台地区的交流，广泛建立姊妹学校，增加切磋研讨机会。三要实现兼容并蓄，坚持以我为主，探索多种方式利用国外优质教育资源，从中小学生抓起，培养具有一定国际视野、了解国际规则、能够参与国际事务和国际竞争的人才。四要传承中华优秀传统文化。树立民族文化自觉意识，结合实现“中国梦”和建设“一带一路”，举办少年传承中华美德系列活动，培养学生家国情怀。

五、着力义务教育共享发展

共享是中国特色社会主义的本质要求。一要合理布局学校。做大优质蛋糕，可根据需要将初中和小学结合成片，在教学管理、教师培训、学生活动、课堂改革、质量考核、督导评价等方面实行多校协同，促进资源共享共建。着力办好每一所学校，让更加优质的基本公共服务惠及全体人民群众，合理引导预期，使之不断增强获得感。要预测普遍二孩后学龄人口未来变化，合理布局城乡学校，及早做出合理应对。二要确保机会公平。通过随机派位、多校划片、优质高中招生指标到校等措施，实现就近免试入学。加强统筹、狠抓落实，强化各地责任，确保有关政策落到实处。三要提供民办选择。加快推进民办学校分类管理，加大政府扶持力度。逐步形成办学主体多元、办学形式多样，公办和民办教育共举的格局，为人民群众提供多样化的教育选择。四要实施精准帮扶。进一步提高电子学籍系统应用水平，建立帮扶清单和工作台账，做好贫困地区控辍保学工作。按照户籍制度改革要求，确保随迁子女义务教育 90%以上在公办学校就读或通过政府购买学位安置。聚焦双亲均不在家的留守儿童，优先安排其进入寄宿制学校就读，针对留守儿童亲情缺失、安全保护等问题开展多种形式教育关爱服务活动。

中国义务教育改革发展的回顾与展望*

当代中国正处在一个全球和本土都急剧变动和交互影响的大时代，社会转型与民族复兴成为时代主旋律。整个社会呈现出全方位的改革态势，既激烈迅猛，又复杂深刻。改革开放后，中国发生的变化已令世人震惊、令国人振奋，这是中国历史上一次伟大的社会变革。在嬗变和阵痛的转型过程中，不断地抓住机遇、迎接挑战，是中国义务教育在改革中求发展、在发展中求创新、实现跨越式发展的战略选择。经过不懈努力，我国九年义务教育取得辉煌成就，成功地探索出了一条具有中国特色的义务教育发展道路。今天，站在新的历史起点上，我们对义务教育改革发展的历程进行总结和审视，这有助于提高自信心、增强紧迫感、明确新任务、迈出新步伐。

一、中国义务教育改革发展的主要历程

早在19世纪末，中国就出现了普及义务教育的思想。1904年，清政府在《奏定学堂章程》中规定了五年义务教育。1912—1913年，国民政府颁布的学制规定小学四年为义务教育。但是，在积贫积弱的旧中国，普及义务教育的设想从未真正实现。1949年，中华人民共和国成立之际，全国小学学龄人口入学率仅为20%，总人口中文盲占80%，农村人口中文盲占95%。①

新中国成立后，国家高度重视普及教育。1949年，《中国人民政治协商会议共同纲领》提出“有计划、有步骤地实行普及教育”，初等教育获得快速发展。1956年，最高国务会议提出分区分期普及小学义务教育。到1965年，小学学龄人口入学率提高到84.7%。1978年党的十一届三中全会以后，我国进入了改革

* 本文原载《中国教育科学》2013年第4辑。

① 本文所用数据均来自教育部相关统计报告。

开放和社会主义现代化建设的新时期，国家经济社会发展对普及义务教育、提高国民素质提出了更高的要求。1980 年，中共中央提出加快普及小学教育，有条件的地区还可以进而普及初中教育。1982 年，《中华人民共和国宪法》规定普及初等义务教育。以 1985 年《中共中央关于教育体制改革的决定》颁布为标志，我国教育逐步摆脱“文革”的灾难，开始了秩序重建，继而得以稳步发展。

（一）义务教育起步实施（1986—1991 年）

1986 年，第六届全国人民代表大会第四次会议通过的《中华人民共和国义务教育法》（简称《义务教育法》）明确规定：“国家实行九年制义务教育。”“凡年满 6 周岁的儿童，不分性别、民族、种族，应当入学接受规定年限的义务教育。”

《义务教育法》颁布实施以后，国家逐步加大财政投入，各级政府积极行动，社会各界广泛动员，着力推进普及九年义务教育。1981—1991 年，国家财政拨款 357 亿元，社会捐集资等 700 多亿元，共修缮、新建、改建中小学校舍 6.7 亿平方米，使全国中小学危房比例由 15.9%下降到 1.6%，全国基本实现了“一无两有”。① 到 1991 年，全国 90%左右人口所在地区普及了小学教育，小学学龄人口入学率达到 97%左右。城市和部分农村地区普及了初中教育。

（二）义务教育全力推进（1992—2000 年）

根据中国社会主义现代化建设“三步走”的战略部署，1992 年党的十四大报告提出：“到本世纪末，基本扫除青壮年文盲，基本实现九年制义务教育。”由此，“普九”成为 20 世纪末中国教育事业发展最重要的战略目标。

1993 年，中共中央、国务院颁布《中国教育改革和发展纲要》，对“两基”做出系统规划，提出到 2000 年全国基本普及九年义务教育。1994 年，《国务院关于〈中国教育改革和发展纲要〉的实施意见》，进一步确定了普及义务教育“双八五”目标，② 确立了“分区规划、分类指导、分步实施”的原则，按照总

① “一无两有”即校校无危房、班班有教室、学生人人有课桌椅。

② “双八五”即占全国总人口 85%的地区普及九年义务教育，初中阶段的入学率达到 85%左右。

人口40%左右城市及经济发展程度较高的农村、40%左右中等发达程度的农村、15%左右经济发展程度较低的农村、5%左右特别贫困地区的不同要求，分阶段、分步骤实施。

国家相继采取了一系列重大措施强力推进“普九”工作，安排专项资金组织实施了贫困地区义务教育工程，建立了督导检查和评估验收制度。按照义务教育事业在国务院领导下，实行地方负责、分级管理的要求，健全城乡教育费附加征收、管理和使用制度，开展东西部地区学校对口支援，全面推进“普九”。地方各级政府依法履行职责，把完成“普九”任务纳入政府任期目标，作为干部考核的重要指标，加强领导，加大投入，发挥了重要的主导作用。同时，在政府的动员下，社会各界和广大人民群众踊跃集资办学，慷慨捐资助学，义务献工投料，谱写了全民兴教的动人篇章。

中国推进“普九”，同1990年联合国教科文组织等国际组织开始倡导的全民教育行动方向一致。1993年，中国政府领导人出席“九个人口大国全民教育首脑会议”，签署《德里宣言》，做出实现全民教育约定目标的庄严承诺。2000年，又对《达喀尔行动纲领（2001—2015年）》相关预期目标做出积极响应。

经过艰苦卓绝的努力，到2000年年底，全国共有2 541个县级行政单位通过了“两基”验收，全国85%以上人口所在地区普及了九年义务教育。

（三）义务教育攻坚克难（2001—2011年）

2001年，《国务院关于基础教育改革和发展的决定》提出，在已实现“两基”农村地区重点抓好义务教育巩固提高，大中城市和经济发达地区高水平、高质量普及九年义务教育的同时，在占全国人口15%左右、未实现“两基”任务的贫困地区打好“两基”攻坚战。2003年，国务院召开了全国农村教育工作会议，会上印发的《国务院关于进一步加强农村教育工作的决定》提出“力争用五年时间完成西部地区‘两基’攻坚任务”。2004年，国务院批转的《2003—2007年教育振兴行动计划》提出实施国家西部地区“两基”攻坚计划。中央政府与省级政府签订实施“两基”攻坚责任书。

西部是中国的欠发达地区，也是中国实现“两基”、全面推进全民教育最后的“硬骨头”。西部12个省、自治区、直辖市，地域广大、人口众多、资源丰富，约占全国 2/3 的国土面积。全国贫困人口有近一半在西部，国家扶贫开发工作重点县有一多半在西部。到 2002 年年底，虽然全国已有 91.8%的人口地区基本普及了九年义务教育，但西部地区“普九”人口覆盖率只有 77%，仍有 410 个县级行政单位尚未“普九”，人均受教育年限仅为 6.7 年。这 410 个县经济社会发展滞后，教育基础薄弱，其中贫困县有 215 个、少数民族县有 309 个、边境县有 51 个。这些地区自然条件非常艰苦，多为高山、高原、高寒、荒漠、半荒漠地区，普及义务教育的办学成本、就学成本远远高于其他地区。当时全国尚未脱贫的 3 000 万人口，绝大部分生活在这些地区，人民群众贫困程度深，当地适龄儿童上学面临诸多困难。

根据“两基”攻坚计划，国家启动实施了农村寄宿制学校建设工程、农村中小学现代远程教育工程。同时，国家贫困地区义务教育工程二期、中小学危房改造工程、“两免一补”政策向西部和农村地区进一步倾斜，全力支持相关地区推进“两基”攻坚。2006 年，国家启动实施农村义务教育阶段学校教师特设岗位计划，即公开招募高校毕业生到西部“两基”攻坚县农村学校任教，以提高农村教师队伍整体素质。

2005 年国务院决定深化农村义务教育经费保障机制改革，提出逐步将农村义务教育全面纳入公共财政保障范围，建立中央和地方分项目、按比例分担的农村义务教育经费保障机制。从 2006 年起，全部免除西部地区农村义务教育阶段学杂费，惠及西部地区 4 880 万名学生，使约 20 万名因贫困辍学的孩子重返校园。从 2007 年起，免除全国农村义务教育阶段学杂费，中央财政向全国农村义务教育阶段学生免费提供国家规定课程的教科书，惠及 1.5 亿名学生。

经过艰苦努力，到 2007 年，西部地区“普九”人口覆盖率达到 98%，全国共有 3 022 个县级行政单位通过“两基”验收，“普九”人口覆盖率达到 99%，初中毛入学率达到 98%。

2008 年，国家全力支持西部地区尚未“普九”的 42 个边远贫困县推动义务教育普及。针对薄弱环节和特殊人群，实施中西部农村初中校舍改造工程、中西部特殊教育学校建设工程、全国中小学校舍安全工程。2008 年，全国城市义务教育依法免收学杂费。2008 年，国家出台农村义务教育阶段中小学公用经费基准定额，到 2009 年全部落实到位，义务教育经费保障机制进一步完善，并开始实施义务教育阶段教师绩效工资改革。2010年、2011年，国家先后两次提高农村义务教育阶段学校生均公用经费基准定额，义务教育经费保障水平不断提升。

2010年，中共中央、国务院颁布《国家中长期教育改革和发展规划纲要(2010—2020年)》(简称《教育规划纲要》)，对义务教育发展做出新的部署。国家在加大力度实施原有教育专项工程的同时，启动实施农村义务教育薄弱学校改造计划、边远艰苦地区农村教师周转宿舍计划、中小学教师国家级培训计划等。这些专项工程和计划的实施，显著改善了农村学校的办学条件，提高了义务教育阶段教师特别是农村教师队伍整体素质，巩固提高了义务教育普及水平，缩小了区域和城乡差距。

到2011年，最后42个边远贫困县通过“两基”验收。全国所有县级行政单位、所有省级行政区划全部普及了九年义务教育，人口覆盖率达到100%，初中阶段毛入学率超过100%。全面普及九年义务教育，是中国教育发展的历史丰碑，是中华民族伟大复兴道路上最绚丽的篇章。百年梦想终成现实。全面“普九”，大大提高了我国义务教育的办学水平，极大改善了我国义务教育阶段学校办学条件，尤其是西部地区的办学条件实现了根本性改善，大幅提升了我国国民素质，人力资源开发水平实现重大突破。我国初中及以上学历人口比例从1982年的24.87%提高到2010年的61.75%，全国人口平均受教育年限从20世纪80年代初的不到5年提高到2010年的9.5年，促进了人民群众文化素质的提升，为我国社会发展和经济腾飞提供了必备的人力资源。

（四）义务教育走向均衡（2011年至今）

进入21世纪后，很多地方进行了义务教育均衡发展探索。2005年，教育部在成都召开了首次全国义务教育均衡发展现场经验交流会。同年《教育部关于进一步推进义务教育均衡发展的若干意见》印发。2009年，教育部在邯郸召开了第二次全国义务教育均衡发展现场经验交流会。2010年，《教育部关于贯彻落实科学发展观进一步推进义务教育均衡发展的意见》印发。2011年，“普九”全面实现后，全国范围内转入推进义务教育均衡发展的新阶段。

2011年教育部与28个省份签署了义务教育均衡发展备忘录，2012年又与刚通过“两基”国检的其余省份签署了这样的备忘录，构建起了中央部门和地方政府协同推进义务教育均衡发展的新机制。通过签署备忘录的形式，明确中央和地方各自在推进义务教育均衡发展过程中的职责和任务，确保完成《教育规划纲要》提出的到2020年基本实现区域内义务教育均衡发展的目标和任务。其中，教育部表示将通过国家组织实施的义务教育学校标准化建设、义务教育经费保障机制、农村义务教育阶段学校教师特设岗位计划、中小学教师国家级培训计划等项目，在义务教育经费保障、中小学校舍安全工程、农村义务教育薄弱学校改造、教师队伍建设和教育信息化等方面对各省份加大支持力度，宣传推广各地在推进义务教育均衡发展方面的经验和做法。各省份则承诺，以签署备忘录为契机，通过加强省级统筹力度，组织实施好国家重大工程项目，大力推进学校标准化建设，提高教师队伍整体素质等，切实承担起推进义务教育均衡发展的法定责任。随后，北京、福建、广西、贵州、海南、河南、湖北等各省级政府又与地（市、州）、县（市、区）政府签署了责任状，细化了任务分工。于是，全国形成了分县域的义务教育均衡发展的时间表、路线图、任务书。例如，江苏省将优质均衡发展作为义务教育改革发展的战略任务，制订县域义务教育优质均衡发展规划，提出到2018年年底前全省所有县（市、区）实现县域义务教育优质均衡发展。浙江省以教育现代化为引领，推进义务教育高水平均衡发展，提出到2015年基本实现县域义务教育现代化，到2020年全省全面实现义务教育现代化。

《教育规划纲要》提出，要组织开展教育改革试点工作。义务教育均衡发展改革试点作为十大改革试点之一。为加强对改革试点的指导工作，教育部建立了义务教育均衡发展专家指导制度，在国家教育咨询委员会成立的义务教育均衡发展专家咨询组的基础上，又成立了义务教育均衡发展专家工作组，定期对各地义务教育均衡发展试点进行跟踪、检查、指导和评估，配合各地方对试点的经验进行总结提炼和宣传推广。2011年，教育部在京召开了义务教育均衡发展改革试点项目推进会，印发了专家指导方案。通过建立专家工作组的方式，完善专家指导机制，对通过备案的38个试点地区进行对口指导，深入改革试点地区了解工作进展情况，提出指导意见和建议，提升改革试点工作质量和成效。通过开展改革试点工作，从人民群众关心的义务教育领域热点难点问题入手，鼓励改革试点地区在化解这些热点难点问题上先行先试、积极探索，着力破除体制机制障碍，努力解决深层次矛盾，力争在管理体制、运行机制、关键环节、配套条件等方面形成典型经验与政策创新，探索义务教育均衡发展的新思路和新举措。

教育公平是社会公平的起点和核心环节，义务教育均衡发展是实现教育公平最直接、最现实、最优先的领域。面对人民群众要求接受更加公平和更高质量教育的新期待，2012 年《国务院关于深入推进义务教育均衡发展的意见》印发，首次从中央政府的层面明确提出义务教育均衡发展是贯彻落实科学发展观、促进教育公平的重要举措，是义务教育实现普及后一项重要任务，要把义务教育工作重心落实到办好每一所学校和关注每一个孩子健康成长上来，遏制城乡之间、地区之间和学校之间教育差距扩大的势头，积极改善农村学校和城镇薄弱学校的办学条件，逐步实现基本公共教育服务均等化，保障每一个适龄儿童少年平等接受良好义务教育的权利。各地认真贯彻落实，积极进行探索。2013 年，教育部在山西省晋中市召开了第三次全国义务教育均衡发展现场经验交流会。接着，国家教育督导委员会从江苏省苏州市的张家港、常熟、太仓开始，启动了对义务教育基本均衡发展县市的验收工作。面向 2020 年，全国各地都走在推进义务教育均衡发展的征程中。

二、中国义务教育改革发展的基本做法

20 世纪 80 年代中期以来，我国义务教育改革发展之所以取得了如此引人注目的成就，靠的是国家重视、依法治教、积极进取，靠的是因地制宜、实事求是、改革创新，靠的是以人为本、社会支持、群策群力。回顾不平凡的历程，义务教育改革发展积累了宝贵的历史经验。

（一）坚持重中之重，将义务教育摆到突出位置

教育优先发展战略地位的确立和义务教育重中之重地位的落实，对义务教育的改革发展发挥了决定性作用。我国政府从现代化建设全局和中华民族伟大复兴的战略高度出发，提出了实施科教兴国战略和人才强国战略，把教育优先发展作为一项长期坚持的战略方针，采取了一系列重大战略部署加快教育改革和发展。1986 年，《义务教育法》颁布以来，国家先后召开了三次全国教育工作会议，还召开了全国基础教育工作会议、农村教育工作会议等一系列重要会议，制定发布

了《中国教育改革和发展纲要》《国务院关于基础教育改革与发展的决定》《教育规划纲要》等一系列重要文件，确定了不同时期义务教育改革发展的目标、战略、指导方针和实施步骤，出台了调整完善义务教育管理体制和经费投入机制等一系列重大政策。地方各级政府将义务教育纳入本地区经济社会发展总体规划，政府各部门密切配合，构建了党委统一领导、政府统筹规划、部门齐抓共管的工作机制，认真落实推进义务教育改革发展的政策措施。在这个过程中，义务教育改革发展始终是各级政府教育工作的重中之重。

“普九”是一场持续时间长、参与人数多、自上而下的国家工程，各级领导高度重视，很多地方的党政主要领导靠前指挥，对这项举国的工程予以高度重视。教育、财政、发展改革等部门明确职责，合理分工，协调配合。“普九”也是中央与地方、教育与相关部门同心协力、合力攻坚的示范。在一个13多亿人口的大国“普九”，是国家意志和民心民意的高度契合，是国家举全国之力，集中人力财力物力，推进全面实施义务教育发展的一次成功尝试，充分体现了党中央、国务院发展教育的坚强决心，凝聚了各级政府和部门的智慧与创造，倾注了教育工作者的心血和汗水。“普九”的实现，满足了人民群众最基本的教育需求，也体现了发展为了人民、发展依靠人民、发展成果由人民共享的执政理念。

（二）坚持依法治教，努力加强义务教育法制建设

建立和完善相关法律和制度为义务教育改革发展提供了有效保障。1986年颁布实施的《义务教育法》为推动义务教育发展提供了明确的法律依据，我国义务教育的发展从此纳入法制轨道。依法治教成为义务教育稳步推进的重要保证，使得我国用较短时间走完了一些发达国家近百年的发展历程。义务教育的迅速普及，正是得益于依法治教的战略和良好的法制环境。

为了推动和保障《义务教育法》的贯彻实施，我国逐步健全了相关的行政法规，构建了一个比较完整的义务教育法规体系，保障了义务教育的顺利实施；制定出台了《义务教育法》实施细则，对我国实施义务教育的方法、步骤、规划、师资、经费，以及发展义务教育的管理体制等具体问题，都做出了比较详细的规定和相对具体的要求。各省、自治区、直辖市也相继制定了贯彻《义务教育法》的实施办法。此后，我国还制定了《中华人民共和国教育法》《中华人民共和国

教师法》《中华人民共和国未成年人保护法》等法律以及一系列教育行政法规，使义务教育工作逐步走向制度化、规范化和法制化，为推进义务教育的改革发展发挥了重要作用。

2006年6月29日，全国人大常委会修订通过了新的《义务教育法》，从原来只有原则性的18条法律条文增加到63条。修订后的《义务教育法》指明了义务教育均衡发展这个根本的方向，明确要求“国务院和县级以上地方人民政府应当合理配置教育资源，促进义务教育均衡发展，改善薄弱学校的办学条件，并采取措施，保障农村地区、民族地区实施义务教育”。“县级以上人民政府及其教育行政部门应当促进学校均衡发展，缩小学校之间办学条件的差距。”

《义务教育法》进一步完善了义务教育的管理体制，强化了省级的统筹实施，提出了“义务教育实行国务院领导，省、自治区、直辖市人民政府统筹规划实施，县级人民政府为主管理的体制”。确定并完善了义务教育经费保障机制，明确“义务教育经费投入实行国务院和地方各级人民政府根据职责共同负担，省、自治区、直辖市人民政府负责统筹落实的体制。农村义务教育所需经费，由各级人民政府根据国务院的规定分项目、按比例分担”。

《义务教育法》保障了特殊群体接受义务教育的平等权利，要求“父母或者其他法定监护人在非户籍所在地工作或者居住的适龄儿童、少年，在其父母或者其他法定监护人工作或者居住地接受义务教育的，当地人民政府应当为其提供平等接受义务教育的条件”，“保障家庭经济困难的和残疾的适龄儿童、少年接受义务教育”。

《义务教育法》把实施素质教育纳入了法制轨道，要求义务教育必须贯彻国家的教育方针，实施素质教育，提高教育质量，使适龄儿童、少年在品德、智力、体质等方面全面发展，为培养有理想、有道德、有文化、有纪律的社会主义建设者和接班人奠定基础。进一步规范了义务教育的办学行为，要求“不得将学校分为重点学校和非重点学校。学校不得分设重点班和非重点班”，“县级以上人民政府及其教育行政部门不得以任何名义改变或者变相改变公办学校的性质”，“学校不得违反国家规定收取费用，不得以向学生推销或者变相推销商品、服务等方式谋取利益”。

全国人大及地方各级人大重视《义务教育法》执法检查，督促政府和其他责任主体落实法律规定。政府、教育部门、学校和家长各司其职，共同确保了义务教育的实施。

（三）坚持形成合力，在政府主导下动员社会各界参与

实施义务教育首先是政府行为。多年来，各级党委、政府认真贯彻落实党中央、国务院关于教育改革发展的一系列方针、政策，千方百计，采取措施，狠抓落实，克服困难，加大教育投入，为推进义务教育改革发展发挥了根本作用。

作为一项宏大的社会系统工程，若没有广大人民群众的积极参与和配合、社会各界的积极参与和支持，义务教育的改革发展要想取得既定目标也是不可能的。穷国办大教育是我国义务教育发展过程中曾长期面临的基本国情。在义务教育普及过程中，经费投入不足，校舍设施等办学条件一度严重短缺。在 20 世纪 80—90 年代，“人民教育人民办”是实施义务教育的助推器。广大农民群众对农村义务教育的贡献功不可没。

社会各界以各种方式支持义务教育发展，组织实施了“希望工程”“春蕾计划”“烛光工程”，援建学校，救助贫困学生等。正是依赖于广大人民群众的力量，我国的义务教育才在较短时间内创造出了有中国特色社会主义教育的发展奇迹、发展模式和发展道路，为提高全民素质做出了巨大的贡献。

（四）坚持实事求是，实行分区规划分类指导分步实施

作为一个发展中的人口大国，我国城乡之间、区域之间经济社会发展不平衡，教育发展水平差异很大。从这一基本国情出发，我国在推进义务教育发展过程中采取了因地制宜、分区规划、分类指导、分步实施的原则。

20 世纪 90 年代，我国确定了“三步走”的实施步骤，即以县为单位，1996 年在 40%至 45%的人口地区“普九”，1998 年在 60%至 65%的人口地区“普九”，2000 年在 85%的人口地区“普九”，并以省级行政区划为单位，依据经济社会和教育发展状况，把全国划分成东、中、西“三片”，分别提出相应要求，做出相应部署，采取相应措施。

2001 年，我国又进一步确定了贫困地区致力于“两基”攻坚，已实现“两基”的农村地区致力于巩固提高，大中城市和经济发达地区实现高水平、高质量

“普九”的新目标。在鼓励发达地区率先实现“两基”的同时，国家不断加大对经济欠发达地区推进“两基”的支持力度，先后实施了国家贫困地区义务教育工程、西部地区“两基”攻坚计划、农村寄宿制学校建设工程、农村中小学现代远程教育工程和西部农村教师队伍建设工程等多项重大工程，对推进欠发达地区义务教育快速发展发挥了重要作用。实践证明，分区规划、分类指导、分步实施战略符合我国国情，是推动义务教育改革发展的有效策略。

（五）坚持深化改革，建立完善管理体制和保障体制

改革开放以来，科教兴国和人才强国战略成为社会主义现代化建设的重大战略部署，教育优先发展的思路成为中央和地方共识，全国各地认真贯彻落实“教育必须为社会主义建设服务，社会主义建设必须依靠教育”的指导方针，政府投资教育发展的决心和力度逐年加大，义务教育管理体制和经费保障机制不断改革和完善。20 世纪 80 年代，在以“分灶吃饭”为特征的财政包干体制下，义务教育实行“在国务院领导下，地方负责、分级管理”的体制，教育投入实行财政拨款为主、多渠道筹措办学经费的体制。在当时特定的历史条件下，这一体制充分调动了地方各级政府、社会各界和广大人民群众办学的积极性，为在经费短缺的情况下动员更多的资源推进义务教育发展发挥了积极作用。

随着农村税费改革的推进，国家及时对义务教育的管理和投入体制进行调整。2001 年决定实行“在国务院领导下，由地方政府负责、分级管理、以县为主”的体制，并在 2006 年修订《义务教育法》时，进一步强化了省级政府的统筹责任。同时，国家实施了义务教育经费保障机制改革，将义务教育全面纳入公共财政保障范围，不断提高保障水平，分阶段全面免除了义务教育阶段学生学杂费，实现了真正意义上的免费义务教育。

各地积极推动义务教育经费保障机制改革，在依法落实教育经费三个增长的同时，加大省级统筹力度，经费投入向省域内欠发达地区倾斜，提升欠发达地区义务教育办学水平，缩小区域间办学差距。积极推进义务教育学校标准化建设，统筹实施中小学校园安全工程、中西部农村初中校舍改造工程、农村义务教育薄弱学校改造计划等国家级工程项目，一些省份还结合实际有针对性地实施了标准化建设、食堂改善、解决大班额等省级工程项目，有效改善了农村学校、薄弱学

校办学条件。例如，2012 年广东省统一了城乡生均公用经费标准，2015 年将达到小学每学年 1 150 元，初中每学年 1 950 元，并要求各地把公用经费补助标准提标后新增补助资金重点用于保证农村小学教学点和规模较小学校正常运转。江西省从 2013 年起，计划用三年时间，统筹整合资金 50 亿元，实施全省农村义务教育学校标准化建设工程，以村小学和教学点为重点，全面改善农村学校办学条件。宁夏回族自治区 2013 年筹措资金 8 613 万元，按照“配一所、成一所、达标一所”原则，计划为 100 所农村中小学配齐教学实验仪器设备和图书。青海省启动实施全省中小学标准化建设工程，计划从 2012 至 2014 年，使全省乡镇以上中小学达到青海省标准化中小学校办学标准，到 2014 年 60%以上的学校硬件达标、软件配套、功能完善、管理规范、质量合格。

（六）坚持均衡配置，适时提出义务教育均衡发展

义务教育发展完成了全面普及的历史任务后，推进均衡发展成为新时期义务教育的战略性任务。2010 年，《政府工作报告》明确提出：“要促进义务教育均衡发展，在合理布局的基础上，加快推进中西部地区初中校舍改造和全国中小学校舍安全工程，尽快使所有学校的校舍、设备和师资达到规定标准。为农村中小学班级配备多媒体远程教学设备，让广大农村和偏远地区的孩子共享优质教育资源。”2012 年《国务院关于深入推进义务教育均衡发展的意见》明确了推进义务教育均衡发展的指导思想和基本目标，即到 2015 年，全国义务教育巩固率达到 93%，实现基本均衡的县（市、区）比例达到 65%；到 2020 年，全国义务教育巩固率达到 95%，实现基本均衡的县（市、区）比例达到 95%。还就推动优质资源共享、均衡配置办学资源、合理配置教师资源等提出了明确要求，指导各地深入推进义务教育均衡发展工作。

根据国家要求，教育部一直采取多种措施推进义务教育均衡发展。一是加强政策指导。从学校标准化建设、教师队伍建设、优质资源共享、重视教育督导等多方面提出了具体要求和可行措施，推动各地解决区域内义务教育差距问题。二是创新体制机制。为进一步强化省级政府责任，做到上下联动，教育部按照一省一案、分类指导的思路，分别与各省级政府签署了义务教育均衡发展备忘录，明确了双方推进义务教育均衡发展的任务，构建起协同推进义务教育均衡发展的机

制。三是坚持试点先行。实施了国家教育体制改革义务教育均衡发展试点项目，从不同角度入手，探索推进义务教育均衡发展的有效途径。

各地普遍推动了优质教育资源共享。通过学校联盟、集团化办学、对口帮扶、学区化管理等方式，迅速扩大优质教育资源辐射范围，从而以强带弱，实现共同发展；加快教育信息化基础设施建设，特别是农村中小学校的信息化建设，实现优质教育资源共享，缩小城乡教育差距；还积极与相关部门合作，提高社会资源利用水平，广泛开展多种形式的社会实践活动，在推动校内外教育有效衔接的同时，引导社会各界支持义务教育发展。如，福建在所有县（市、区）城区推广“小片区管理”模式，即将城区义务教育阶段学校划分若干片区，以片区内优质学校为龙头，通过小片区内“师资互派、资源共享、统一教学、捆绑考核”来推动均衡发展。黑龙江省越来越多的学校接入宽带，正在实现宽带网络校校通、优质资源班班通，实现了城乡同步教学。北京市 2012 年高标准建设北京数字学校，选拔全市特级教师、学科带头人、市区级骨干教师参与录制，面向全市百万中小学生提供义务教育阶段全科数字化名师同步课程，实现网络和电视双平台播出。

各地重视合理配置教师资源。普遍在落实好国家实施的特岗计划、免费师范生政策、国培计划的基础上，结合实际采取培养全科教师、提高农村教师待遇、科学核定农村教师编制、推进校长教师交流、加强农村教师培训等措施，为农村学校和薄弱学校输送优秀教师，提升农村学校和薄弱学校教师教学水平。四川省 2013 年启动了师范生免费培养计划，省级财政投入专款每年为老、少、边、穷地区农村学校免费定向培养 2 000 名师范生。山东省将按不超过农村中小学教师编制总量 5％的比例核定部分教师机动编制，全部用于补充农村中小学急需的学科教师；建立和完善教师定期双向交流制度，城镇教师每 8 年应当到农村支教 1 年，新进农村教师 3 年内要安排其到城镇学校交流 1 年。河北省 2013—2020 年，每年选派 1 000 名省会城市、中心城市的优秀教师，到 62 个连片特困地区、国家扶贫开发工作重点县以及省级扶贫开发工作重点县支教，按年人均 2 万元的标准给予生活和交通补助。浙江省 2013 年出台了指导意见，规定校长在同一公办学校连续任职达 10 年、教师在同一公办学校连续任教达到 12 年的，应纳入交流范围；城区学校交流到农村学校的教师，交流后服务时间应不少于 3 年；县域内符合交流条件的骨干教师每年参与交流的比例应不低于15%。

（七）坚持与时俱进，规范农村义务教育学校布局调整

农村义务教育学校布局是否科学合理关系到农村学生的切身利益。进入21世纪以来，随着进城务工人员随迁子女增加、农村人口出生率持续降低，农村学龄人口不断下降，各地对农村义务教育学校进行了布局调整和撤并，改善了农村学校的办学条件，但也导致部分学生上学路途变远、交通安全隐患增加、学生家庭经济负担加重等问题。

对于布局调整问题，教育部多次组织了系统调研，通过面向全国开展问卷调查，收集部分省、市、县中小学布局规划，赴问题较为突出的地区实地了解情况等方式，梳理农村中小学布局调整情况。在调查研究的基础上，起草了《关于规范农村义务教育学校布局调整的意见》，在网上广泛征求社会各界意见，于2012年9月由国务院办公厅正式印发。文件从科学制订农村义务教育学校布局规划、严格规范学校撤并程序和行为、办好村小学和教学点、解决学校撤并带来的突出问题、开展农村义务教育学校布局调整专项督查等方面提出了具体要求，制止了部分地区过急过快、盲目撤并学校的势头。为指导各地做好农村义务教育学校布局专项规划，2013年教育部印发了《关于做好农村义务教育学校布局专项规划制定工作的通知》。各地落实国办文件精神和教育部要求，在规范布局调整工作方面取得了成效。

1. 制订农村义务教育学校布局专项规划

2013年，各省、自治区、直辖市制订了农村义务教育学校布局专项规划，并报送国家教育体制改革领导小组。总体来说，各地制订的专项规划基本上都把就近入学作为主要原则，还有一些省份量化了学生就学距离和步行上学的单程时间，学生就近入学的权利得到进一步保障。吉林省提出学校服务半径小学2公里左右，初中3公里左右，走读学生上学途中单程步行时间，小学低年级不超过30分钟，小学高年级、初中不超过45分钟。海南省提出学生上学路程不超过3公里，正常行走时间不超过40分钟。湖南省提出合理确定学校服务半径，原则上农村小学2.5公里，初中3公里，保障学生每天上学单程步行时间一般不超过

40 分钟。福建省提出布局专项规划实施后，全省农村走读生单程步行时间在 30 分钟以内的占 93.5%。

2. 严格规范学校撤并程序和行为

2012 年之后，各地结合地方实际，完善了农村义务教育学校布局调整的程序，规范了相关撤并行为，细化了撤并方案的制订、论证、公示、报批等各个环节，提高了可操作性。一些省份还对听证会的人数、步骤等做了具体规定，切实保障人民群众的参与权和监督权。重庆提出撤并听证会代表人数不少于 50 人，学生家长参与比例不少于 70%，同意撤并的人数不少于 90%。各地还对布局专项规划备案前暂停农村义务教育学校撤并做了重点要求，并作为自查工作的重点，制止了违规撤并学校行为。

3. 办好必要的村小学和教学点

办好必要的村小学和教学点对于推动农村教育发展，促进教育公平具有重要意义。各地采取多种措施，改善村小学和教学点办学条件，提高其教学质量。在经费投入上，各地普遍按照国家要求对学生规模不足 100 人的村小学和教学点按 100 人拨付公用经费，保障其正常运转。一些省份还设立专项资金，扶持村小学和教学点发展。在教师配置上，通过提高乡村教师待遇、在职称评定上给予优惠、加强教师培训等方式，吸引优秀教师到农村从教，提高农村教师教育教学水平。福建省规定在校生 31—200 人的学校按班师比 1∶1.7 配备教师，在校生 10—30 人的至少配备 2 名教师，在校生 10 人以下的配备 1 名教师。青海省提出农牧区乡及乡以下学校任教教师，给予待遇倾斜，享受乡镇工作补贴。浙江省“十二五”期间省级财政每年安排 7 000 万元，开展信息化基础设施建设和教育信息化公共服务平台建设，包括为村小学和教学点配置多媒体教学设备和数字化优质课程教学资源。山西省充分发挥乡镇中心校的管理和指导作用，建立和完善辖区内村小学和教学点管理评价制度，统筹安排课程，对小科教学巡回教学，采取“送教”“走教”等形式，保障村小学和教学点开齐开全课程。

4. 解决学校撤并带来的突出问题

针对寄宿制学校的实际情况，加大经费投入，改善寄宿制学校办学条件，满足学生学习和生活基本需要。2012 年陕西省提高寄宿制中小学生均公用经费补助标准，小学达到 1 000 元，初中达到 1 200 元，主要用于学校聘用后勤人员和学生食堂水、电、煤等能耗费用开支。江西省提出凡是寄宿制小学和有学生在校午餐的学校，都应开办食堂或伙房，配备必要的设备，为学生提供热饭和成本价饭菜，确保食品卫生安全。新疆维吾尔自治区由县财政每年安排专项资金，提高寄宿生生活补助标准。各地落实《校车安全管理条例》，努力保障学生上下学交通安全。积极发展公共交通，满足学生乘车需求，制订校车服务方案，推进校车安全管理，严厉查处接送学生车辆的违法行为，加强学生安全教育，保障学生就学安全。2013 年，湖南省级财政在新增教育经费中安排 1 亿元，设立校车专项补助资金，各地校车管理工作纳入政府及部门绩效考核范围。同年，浙江省分阶段实施学生交通安全保障工程，计划用 3 年时间建立学生交通安全保障体系，基本解决全省义务教育阶段学生上下学交通问题。省级财政每年设立专项资金 1 亿元，根据各地交通安全保障工程实施绩效，予以奖补。

（八）坚持以人为本，关心支持弱势群体

在义务教育改革发展过程中，国家都把做好进城务工人员随迁子女、留守儿童、残疾儿童、家庭经济困难学生等特殊群体义务教育工作作为推进义务教育均衡发展的重要内容，不断创新工作思路和政策措施，千方百计为他们就学提供便利条件，保障他们平等享受义务教育的权利。

随着我国城镇化深入发展，产生大量异地就业人员，其子女有的带在身边，有的放在家乡。安徽对进城务工人员子女实行一样就读、一样入学、一样免费“三个一样”的政策，使其在流入地全部就近入学。实施农村留守儿童之家建设民生工程，至 2013 年建成留守儿童活动室 1 308 个、留守儿童之家 1.9 万个，安装免费亲情电话 2.2 万余部，日通话量达 21 万次，实现了乡镇、村的全覆盖。陕西省延安市开展了“流浪儿童回家行动”，在留守儿童集中的学校创建了 20 所“儿童成长家园”，切实保障农村留守儿童平等接受义务教育。河北省明确义务教育阶段特殊教育学校生均公用经费标准高于普通学校 10—15 倍，特殊教育学校

寄宿生生活补助费高于普通学校1倍。青海省除西宁市四区外的所有农村义务教育阶段学生，按每生每天3元标准提供营养膳食补助；进一步完善义务教育阶段家庭经济困难寄宿学生生活费政策，将布局调整增加的农村寄宿生纳入生活补助范围。云南省从2012年起，实现农村义务教育学生营养改善计划和寄宿制学生生活补助全覆盖，使全省534.9万农村义务教育学生每天享受3元营养餐补助，300万名农村义务教育阶段寄宿小学生每天享受7元、初中生8元生活补助。

（九）坚持建章立制，加强和改进学校管理

在多年推进义务教育的实践中，国家重视加强入学管理、收费管理、教学管理、安全管理、学籍管理。各地努力规范招生入学办法，理顺工作机制，推进学校科学管理，创设公平有序的就学环境，保障所有学生平等接受义务教育的权利。江苏省将“每所公办学校择校生比例低于招生总数的10%”列入省义务教育优质均衡发展县（市、区）督导评估指标，部分地区已实现“零择校”。山西省2013年要求所有义务教育学校对新招入的起始年级新生全部实行均衡编班、公平编班、公开编班，家长监督。浙江省各地普遍实现了义务教育就近免试入学。上海市加强对教育经费使用的监督，配合财政、审计等部门，切实做好相关资金的审计工作，逐步形成财政和审计部门专业监督、教育主管部门委托第三方监管、学校日常监督相结合的监管体系；并在做好向社会主动公开部门预算、“三公”经费预决算等基础性工作的同时，确立了重大财政教育专项经费信息公开机制，通过信息公开加强监管。

加强安全教育和管理，始终是学校管理的一件大事。生命不保，何谈教育，何谈发展，何谈幸福。这些年，教育部对学生安全工作可谓高度重视，发预警，播广告，出通报，常督查。各地强化了防溺水教育、防交通事故教育、防校园踩踏教育，普遍开展了应急逃生演练，推广了人防、物防、技防，进行了校车安全管理，中小学生安全事故总体上呈逐年下降的趋势。

为加强基础教育科学化管理，2013年教育部制定了全国中小学生学籍管理办法，开发统一软件，指导各地开展电子学籍管理系统建设。贵州省、安徽省、浙江省作为全国中小学生学籍信息管理系统首批试点单位，在全国率先建成中小学生学籍信息管理系统，实现中小学学籍管理信息化，实施实时监控。吉林省、

辽宁省、陕西省、河南省、海南省随后跟进，其他省份亦勉力工作，2013 年年底基本建成全国联网的全国中小学生电子学籍。

（十）坚持关注内涵，不断提高义务教育质量

在义务教育改革发展过程中，课程改革、教学改革始终是相伴的。特别是进入 21 世纪后，国家推行了新课程，各地涌现出好典型。各地在促进学校内涵发展，提高义务教育质量上做了很多有益探索，以素质教育为导向，积极开展教育教学改革实验，推动学校特色发展。有的建立了科学的质量评价体系，有的倡导了轻负高效，有的提高了课堂效率，有的开展了综合实践活动。2009 年，黑龙江省哈尔滨市在全市小学实施学生课业负担公告、监测和责任追究制度，小学生的课业负担整体上得到控制。2010 年，上海市在全市小学试行“快乐活动日”，要求学校整合拓展型、探究型课程的部分内容，每周集中半天时间，以学生活动为主要形式完成相关教学任务，从身心健康指数、学习生活幸福指数和学业成就发展指数等方面进行教育教学质量的监测。2011 年，重庆市启动实施了义务教育“卓越课堂”五年行动计划，力争通过 5 年左右的努力，全市义务教育阶段学校课堂教学效率明显提高。2012 年，江西省启动开展基础教育质量监测，成立了“江西省基础教育质量监测与评估中心”，制定了文件，明确了基础教育质量监测的指导思想、目标和基本原则以及主要任务和对象内容，引导各地各校和社会树立正确的教育质量观。2013 年，北京市提出减负工作“八项严格”规定，着力构建负担监测公告制度、专项督导检查机制、社会监督机制、评价表彰机制等减负工作长效机制，重点推动作业、考试评价等关键环节的改革，推出百余所“轻负担、高质量”的学校典型。

（十一）坚持督导检查，发挥督政督学的正能量

重视督导、善用督导是实现“普九”强有力的保障。近年来，各地普遍下大力气开展督导评估工作，结合教育部《县域义务教育均衡发展督导评估暂行办法》制定了实施办法，根据本省份实际完善指标体系，强化一些重要指标，定期开展督导检查，推动各项工作有序开展，确保义务教育均衡发展各项目标的如期实现。青海省、山东省、四川省将县域义务教育均衡发展系数纳入全省县域经济

社会发展综合考评体系，每年进行考核，省政府对于考核实绩突出的给予表彰。湖北省、上海市、宁夏回族自治区实施财政与教育联手督导的机制，加大对落实教育投入法定增长的督导力度，并建立对各区县政府教育工作自评公报制度，开展对各区县政府依法履行教育责任执行情况的年度公示公报工作。根据教育部部署，2013 年起很多省份建立督学责任区制度，开展义务教育发展基本均衡合格区县督导评估，将区县教育财政投入、义务教育学校标准化建设、区域内学生就近入学比率等核心指标，作为区县党政班子实绩考核的重要内容，提高区县党委、政府推进义务教育均衡发展的主动性和积极性。贵州省、云南省、广西壮族自治区把“控辍保学”作为义务教育初步均衡发展考核、县级党政主要领导教育工作督导考核、县级人民政府教育工作督导评估的首要考核指标，实行“一票否决”。辽宁省、青海省、海南省建立县级党委和政府教育工作年度考核制和教育工作督导评估制度，省政府每 3 年对县级政府教育工作进行一次督导评估，并把督导评估结果作为考核领导干部政绩的重要内容和进行表彰奖励或责任追究的重要依据。2012—2013 年，新疆维吾尔自治区先后组织了 8 次义务教育工作督查，有效地调动了各地州县政府支持义务教育的注意力。

此外，在义务教育改革发展过程中，中国还坚持国际合作交流，吸收与借鉴国外先进经验。先后与联合国教科文组织、联合国儿童基金会、联合国开发计划署、世界银行、亚洲开发银行、英国国际发展部、欧盟委员会等许多国际组织和双边发展援助机构建立了良好的合作关系，得到了这些国际组织的多方面帮助。我国政府部门和这些国际机构合作，通过联合实施项目、提供无偿援助方式，在贫困地区帮助女童接受教育、改善办学条件、开展教师培训、提高教育质量。同时，我国借鉴欧美等发达国家先进教育经验，学习其教育理论、办学理念、课程体系、教学方法等，并根据中国教育发展实际正确处理好传统与移植的关系，做到“洋为中用”。同时，在 9 个发展中人口大国中，目前我国是唯一全面实现全民教育目标的国家。联合国教科文组织认为，中国为世界全民教育发展做出了突出贡献，是发展中国家推进全民教育的成功范例。

三、中国义务教育改革发展的未来展望

经过多年艰苦努力，我国义务教育改革发展取得了显著成效，为全面提高国民素质、实现中华民族伟大复兴奠定了坚实基础。在充分肯定成绩的同时，我们还要清醒地看到，当前教育改革进入了深水区、攻坚期，一些深层次矛盾和问题破解难度更大。同时，义务教育承载着群众对公平教育和优质教育的双重期待，涉及面更广、社会关注度更高，面临的形势和任务也更加复杂，推进义务教育深化改革与均衡发展还存在着一些困难和问题。

一是部分地区在认识上还不到位，没有真正把义务教育均衡发展放在战略性位置。进入 21 世纪以来，国家建立并不断完善了农村义务教育经费保障机制，实施了农村义务教育薄弱学校改造计划等一系列重大工程项目，改善了农村义务教育学校办学条件。但是，中西部农村、边远、贫困和民族地区特别是连片特困地区，多系山区、高原、牧区和边境地区，自然条件较差，交通相对不便，物产比较匮乏，经济社会发展落后，地方财力较弱，群众生活困难。这些地区薄弱学校办学成本较高，教学条件普遍较差，寄宿制学校宿舍、食堂等生活设施不足，村小学和教学点运转比较困难，教师队伍不够稳定，有些课程开不齐，辍学率相对较高，是我国义务教育事业的“短板”。全面改善这些地区薄弱学校的基本办学条件，努力提高办学水平的任务还很繁重。对此，必须聚焦重点，加大支持力度，才能在短期内改变这些地区义务教育落后的面貌。大城市校际义务教育学校之间在硬件条件、师资水平、教学质量、管理状况以及在群众中的认可度方面仍有较大差距。一些地方对教师交流、指标分配、集团化办学等涉及体制机制改革的政策措施，瞻前顾后、畏首畏尾，缺乏改革魄力，尚待迈出更大步伐。

二是部分地区教育资源保障水平不高，义务教育持续改革发展还面临不少困难。总体上看，我国的义务教育普及实际上还是低水平的，不能有万事大吉的想法。经费投入仍然不够，改善农村学校教学设施、生活设施存在较大经费缺口，一些农村教师素质不高，教师结构性缺编突出，农村教师岗位吸引力不够强，难以吸引优秀教师长期在那里从教。现在，在一些人心目中教育投入差不多了的松劲思想普遍存在，这是要不得的。作为面向数以亿计学生的宏大公益事业，我国

的义务教育需要保持和加大投入力度，确保其巩固提高、不断改革、均衡发展。

三是城镇化进程加快，带来城乡义务教育一系列新情况。城镇化的加快发展，区域之间人口大量流动，对教育资源分布提出了新的要求，对义务教育产生诸多影响。首先，全面性影响。城镇化对农村义务教育的布局、内容、手段乃至思想观念等各个方面都产生了影响。其次，差异性影响。有些地方城乡义务教育已无实质性区别，有些地方则鲜受城镇化触动，还重复着传统的教育方式。再次，长远性影响。城镇化方兴未艾，对农村义务教育的影响将长期存在。对于城镇化中伴生的挑战，如乡村学校人数锐减、县镇学校人满为患、流动儿童不断增多等，目前尚需进一步充分与恰当的应对。

四是一些长期存在的热点难点问题还没有得到很好解决，与办人民群众满意教育的要求还有一定差距。近年来，各地积极贯彻落实《义务教育法》免试就近入学规定，努力探索小学升入初中的具体方式，取得了积极进展，积累了重要经验。但是，地区间、学校间工作不平衡，一些大城市、知名初中的招生入学工作仍被诟病，影响了社会对教育事业的客观评价，不利于和谐稳定。同时，一些学生过重课业负担与心理压力没有得到根本缓解，中西部县镇大班额普遍难以因材施教。这些问题都需要给予高度重视、科学进行分析，标本兼治，在下一步改革发展中认真加以解决。可以说，义务教育仍然是最受社会关注的领域，相对于人民群众日益增长的教育需求，相对于教育现代化的要求，义务教育发展现状还有较大差距。

当前，我国国内经济社会发展的有利条件、内在优势和长期向好的趋势没有改变，仍然处于可以大有作为的重要战略机遇期，为教育改革发展提供了坚实的物质保障和良好的外部环境。而且，上述挑战的另一面也是机遇。站在新的历史起点上，面对新的形势和任务，我们必须着力促进公平，大力提高质量，不断加强管理，继续深化义务教育改革。

（一）着力统筹城乡，全面推进义务教育均衡发展，努力深化教育改革

做好城镇化背景下的义务教育工作，要处理好几个关系。一是城乡统筹与倾斜农村的关系。在实行城乡一致的拨款标准、建设标准、教师编制标准的基础

上，用更多的精力、更大的财力、更优惠的政策，促进农村义务教育的改革发展。二是全面推进与重点突出的关系。在城镇化背景下发展农村义务教育，当然要均衡配置校舍、图书、设备等资源，但合理配置教师资源是重中之重。努力通过提高教师质量来提升农村义务教育质量，让当地的孩子不仅进得来、留得住，而且学得好。三是统一要求与因地制宜的关系。义务教育的发展方向和基本标准，全国可有统一要求。但更重要的是，各地必须依据本地省情、市情、县情推动工作，善于以多样性应对问题的复杂性。

1. 加快推进农村义务教育学校标准化建设

学校标准化是推进义务教育均衡发展的基础。大力改善农村学校办学条件，实现农村义务教育学校标准化，对于整体提升义务教育质量和水平、促进城乡义务教育均衡发展具有十分重要的意义。今后，应按照《国务院关于深入推进义务教育均衡发展的意见》要求，进一步完善义务教育阶段学校办学标准，对校园校舍、仪器配备、师资配置等方面提出明确具体规定。按照逐步实现基本公共教育服务均等化的总要求，坚持抓关键、补短板，保基本、守底线，推改革、促公平，强管理、提绩效，统筹规划，集中力量，循序渐进，从最薄弱的环节着手，从最困难的地方做起，全面改善薄弱学校基本办学条件，兜住义务教育网底，为加快推进义务教育学校标准化建设、促进义务教育均衡发展奠定坚实的基础。

从 2014 年起，用 4 年左右的时间，使贫困地区农村义务教育学校教室、桌椅、图书、实验仪器、运动场等教学设施满足基本教学需要；学校宿舍、床位、厕所、食堂（伙房）、饮水等生活设施满足基本生活需要；留守儿童学习和寄宿需要得到基本满足，村小学和教学点能够正常运转；基本消除县镇和乡村超大班额现象，逐步做到小学班额不超过 45 人、初中班额不超过 50 人；教师配置趋于合理，数量和素质基本适应课程发展和教育教学需要；小学辍学率努力控制在 0.6%以下，初中辍学率努力控制在 1.8%以下。

下一步推进农村义务教育学校标准化建设有如下几项重点任务。

一是保障基本教学条件。教室应坚固、适用、通风，符合抗震、消防安全要求，自然采光、室内照明和黑板材料符合规范要求。每个学生都有合格的课桌椅。按照学校规模和课程方案配备必要的教学仪器设备、器材和图书，有条件的地方逐步达到小学生均图书不低于15册，初中生均图书不低于25册。根据学校地理条件和农村体育特点，因地制宜地建设运动场地和体育设施，保障学生锻炼和活动空间。

二是改善学校生活设施。保障每名寄宿学生有1个床位，消除大通铺现象。有条件的地方，寄宿制学校生均宿舍使用面积逐步达到小学不低于3平方米、初中不低于3.3平方米。设置浴室或澡堂，配备必要的洗浴设施。食堂或伙房满足学生就餐需要。设置开水房或安装饮水设施，确保学生饮水安全便捷。厕所要有足够厕位。北方和高寒地区学校应有冬季取暖设施。配备必要的安全设施，维护师生安全。

三是妥善解决县镇学校大班额问题。适应城镇化趋势，充分考虑区域内学生流动、人口出生和学龄人口变化等情况，科学规划学校布局，并充分利用已有办学资源，首先解决超大班额，逐步消除大班额。必要情况下，可以采取新建、扩建、改建等措施，对县镇义务教育学校进行改造。加强新建住宅区配套学校建设。对教育资源较好学校的大班额问题，积极探索通过建立学校联盟等方式合理分流学生。对于大班额现象严重的学校，要限制其招生人数。

四是推进农村学校教育信息化。为确需保留的村小和教学点配置数字教育资源接收和播放设备，配送优质数字教育资源。逐步提升农村学校信息化基础设施建设与教育信息化应用水平，加强教师信息技术应用能力培训，组织推进信息技术在教育教学中的深入应用，使农村地区的师生方便共享使用优质数字教育资源。稳步推进农村学校宽带网络、优质资源、网络学习空间建设。加快学籍管理等教育管理信息系统的部署应用，保证学生、教师、资产等基本信息全部入库。

2. 科学合理地配置教育资源

推进义务教育均衡发展，既要不断提高农村学校和城市薄弱学校的办学水平，又要保证进城接受义务教育学生与城市学生享受同样的待遇，还要努力扩大城市优质学校教育资源的辐射范围。因此，必须不断提高政府的保障水平，继续坚持教育资源配置向农村学校倾斜，注重发挥城镇教育资源特别是优质教育资源的辐射带动作用。要通过体制机制创新，开展义务教育阶段集团化办学等方式，扩大优质教育资源辐射范围，缩小学校发展差距，提高薄弱学校办学水平。同时，注意传承和发扬集团内不同学校的办学特色和校园文化，而非简单复制优质学校的办学理念和方式。

3. 不断提高义务教育管理水平

在学生、教师、财务等方面形成更加完善的管理制度，提升管理服务的科学化水平。各地、各校要建立健全学校办学章程和学校资产、财务管理、安全管理等各项管理制度，完善教职工代表大会制度和家长委员会制度，推动建立现代学校制度，促进学校规范化、精细化、科学化管理。要强化中小学生电子学籍信息管理系统的应用，动态跟踪学生流动，全面、及时掌握中小学生的准确情况，为控辍保学、经费监管、学生资助、学生营养改善计划实施和学生上下学交通安全管理等工作提供支撑。

（二）着力完善政策，加强义务教育教师队伍建设，提高教育质量

教育大计，教师为本。教师队伍建设是提高教育质量、促进教育事业科学发展的根本环节，要把加强教师队伍建设作为推动教育科学发展最重要的基础工作来抓，建设一支师德高尚、业务精湛、结构合理、充满活力的高素质专业化教师队伍。

1. 更加重视农村义务教育教师队伍建设

改善教师的初次配置，采取有效措施鼓励新招聘的优秀大学毕业生到农村任教，新增高级岗位指标优先安排农村学校，动员一批高素质人才应聘农村教师。要探索出台提高农村教师待遇的各种有效政策措施，建设农村艰苦边远地区教师周转宿舍。从 2013 年起设立村小和教学点教师岗位津贴等，提升农村教师职业吸引力。继续完善农村中小学教师补充和培养机制，着重加强农村紧缺教师和民族地区双语教师培训。

2. 更加重视义务教育教师队伍专业素质提升

贯彻落实教育部关于教师培训的意见，制订相应的培训规划，推动中小学教师全员培训工作，促进教师队伍整体素质和专业化水平不断提高。继续实施以农

村教师培训为重点的“国培计划”，进一步加大对边疆、民族、贫困地区教师培训的支持力度，发挥国家级培训的示范引领作用和推进改革的主导作用。积极推进教师教育改革创新，构建职前培训和在职培训相衔接的现代教师教育体系，积极推进高师院校在服务、引领义务教育方面发挥作用。

（三）着力体现关怀，切实保障农民工子女受教育权益

随着城镇化进程的加快，面对人口流动性增加的趋势，如何切实保障进城务工人员随迁子女和农村留守儿童的受教育权益，让每个孩子都能成为有用之才，关系到教育公平的落实，也关系到义务教育均衡发展的顺利实现。

1. 关怀进城务工人员随迁子女

解决随迁子女问题，既面临城镇的容纳问题，又面临外来学生的融入问题。需要完善和深化“两为主”政策，做到“两个全部纳入”，确保进城务工人员随迁子女平等享受义务教育的权利。① 也需要加强教育的针对性，使外来学生能够较快地融入新的学习和生活。各地要切实落实流入地政府职责，根据随迁子女数量和分布，规划好学校布局，提早做好相关部署，简化入学手续，接收符合条件的随迁子女入学。一旦入学，应切实保障他们与当地学生享受同等待遇，使他们尽快适应城市的学习和生活，具备阳光心态。

2. 关怀农村留守儿童

解决留守儿童问题，既面临改善农村学校办学条件的问题，又面临关爱留守儿童身心安全健康等问题。为此，应扩大农村寄宿制学校规模，改善办学条件和住宿条件，优先满足双亲均不在家的留守儿童寄宿、用餐、交通需求，同时保障不能寄宿的农村留守儿童就近上学。把留守儿童工作纳入地方经济社会发展总体规划和社会管理创新体系之中，按照“纳入规划、政府主导、多种模式、明确分工、发挥优势、齐抓共管”的思路，建立和完善政府主导、社会广泛参与的关爱

① “两为主”即以输入地政府为主、以公办学校为主解决异地进城务工人员随迁子女义务教育问题；“两个全部纳入”即将常住人口全部纳入区域教育发展规划，将随迁子女全部纳入财政保障范围。

和服务体系，加强心理辅导和健康教育，解决好农村留守儿童的安全保障、身心健康、行为习惯培养等突出问题。

（四）着力标本兼治，减轻学生过重课业负担

针对中小学生课业负担过重、“应试教育”倾向过重等问题，今后的工作中，既要明确方向、正确对待，又要遵循教育发展规律，通过加强研究、规范管理，逐步予以化解。要提高课堂教学效率，实施启发式教学，培养学生学习兴趣、态度和习惯。改革考核评价方式，建立中小学教育质量综合评价指标体系。推进中考高考改革，完善学生综合素质评价。开展阳光体育活动、综合实践活动和社会实践活动，让学生有更多的时间走出校园，接触自然，提升身体素质，增强创新精神和动手能力。

为体现尊重群众、尊重基层、尊重规律的精神，教育部拟订的小学生减负规定稿于2013年两次面向社会公开征求意见，各界人士广泛参与，积极建言献策，提出了许多宝贵的修改意见和工作建议。教育部在对这些意见建议充分研究论证的基础上，对减负十条规定稿进行了反复修改完善。不过，终因未达成共识，该十条规定没有正式出台。

1. 阳光入学

各地要均衡配置义务教育资源，切实缩小校际差距，严格实行免试就近入学，招生不依据任何获奖证书和考级证明。实行信息公开，县区教育行政部门要利用公告、网站等多种方式向社会公开每所小学、初中的招生计划、范围、程序、时间和结果，积极推行网上报名招生。

2. 均衡编班

按照随机方式对学生和教师进行均衡编班。编班过程邀请家长和相关人员参加，接受各方监督。禁止以各种名目分重点班和非重点班。

3. “零起点”教学

一年级新生入学后，要严格按照课程标准从“零起点”开展教学。不得拔高

教学要求，不得加快教学进度。

4. 减少作业

一至三年级不留书面家庭作业，四至六年级要实行控制每天书面家庭作业总量的措施。提倡布置一些体验式作业。要积极与家长互动，指导好学生的课外活动。

5. 每天锻炼一小时

开足、上好体育课。安排好大课间活动或课间操、眼保健操，确保学生每天的体育锻炼时间。

6. 规范考试

一至三年级不举行任何形式的统一考试；从四年级开始，除语文、数学每学期可举行 1 次全校统一考试外，不得安排其他任何课程统考。每门课每学期测试不超过 2 次。考试内容不超出课程标准。考试和教育质量监测不公布学生成绩与排名。

7. 等级评价

实行“等级加评语”的评价方式，采取“优秀、良好、合格、不合格”等分级评价，多用鼓励性评语，激励学生成长。

8. 一科一辅

每个学科可选择一种经省级有关部门评议公告的教辅材料，购买时遵循家长自愿原则。学校和教师不得再向学生推荐、推销其他教辅材料。

9. 严禁违规补课

学校和教师要努力提高课堂教学质量，不得在节假日和双休日组织学生集体补课或上新课，不得组织或参与举办“占坑班”及校外文化课补习。

10. 严加督查

各级教育督导部门要落实督学责任区制度，对减负工作定期进行专项督导，每学期公布督导结果。各级教育行政部门要对减负工作开展经常性检查，并受理群众举报，严格责任追究。

对小学生减负进行规定，只是基础教育教育改革的一个步骤。近年来，教育部按照找准症结、对症下药，标本兼治、综合施策，明确责任、落到实处的思路采取了一些举措，如修订义务教育课程标准和教材、启动县域义务教育均衡发展督导评估认定、实施教师“国培计划”、推进中小学教育质量综合评价改革等。下一步，还将出台小学升初中办法、中考改革意见、学生学业水平考试改革意见、高考改革方案等。同时将进一步加大课程改革力度，加强教学研究，深化教学改革。

（五）着力攻坚克难，推动缓解城市择校问题

严格执行《义务教育法》规定，按照《教育规划纲要》和《国务院关于深入推进义务教育均衡发展的意见》要求，在加快均衡发展义务教育的同时，综合施策、突出重点、着重规范，进一步明确小升初划片入学模式、对口升学流程、入学办理方式、信息公开办法，落实各级政府和教育部门职责，强化工作监管和社会监督，全力推进权利公平、机会公平、规则公平，全面提高小升初工作水平。2013年，教育部出台文件，指导直辖市、副省级省会城市、计划单列市加快形成更为明晰科学的小升初秩序，整体提高管理水平，全面促进教育公平。力争到2017年秋季，重点大城市各县（市、区）实行划片就近入学政策；各义务教育学校实现划片入学；每一所初中90％以上的生源由划片就近入学方式确定。组织考试及与入学挂钩行为得到根治，与择校有关的乱收费得到根治。为此，必须做好以下工作。

1. 合理划定入学范围

县区教育行政部门要根据适龄学生和学校分布、学校规模、公共交通状况等因素，按照就近入学原则为每一所初中学校合理划定招生范围（单校划片）。对于城市老城区等难以实行单校划片的，可为多所初中划定同一招生范围（多校划片），多校划片的各片区办学水平要大致均衡。片区划定后要相对稳定，调整时

要审慎论证。划片后要在当地主要媒体和网络进行不少于10个工作日的公示。期满后，由县级教育行政部门邀请人大、政协、纪检、监察、教育督导等部门和家长代表参与，研究社会反馈意见，调整和最终确定、公布片区范围。

2. 有序确定入学对象

单校划片学校采用对口直升方式招生，即一所初中对口片区内所有小学毕业生入学。多校划片学校，由县区教育行政部门统一组织小学毕业生登记信息，征求入学志愿。报名人数少于招生人数的初中，学生直接入学。报名人数超过招生人数的初中，以随机派位的方式确定学生。报名人数少于招生人数的初中应首先招足志愿生后再招收参加派位但没有能够进入派位学校的学生。随机派位工作由县级教育行政部门统一组织，邀请有关部门和代表参与。初中学校不得以办学改革或实验为名以任何形式跨片区选拔或变相选拔生源。户籍在本学区的非本学区小学毕业的学生申请升入学区内初中的，由县区教育行政部门统一受理、审核，符合规定条件的，按照相对就近原则安排就学。

3. 规范办理入学手续

县域内初中新生入学手续办理工作要在同一时段进行。学生及父母或其他法定监护人持户籍、身份、居住、务工等必要证明，到拟升入的初中或县级教育行政部门指定的地点办理入学手续。县区教育行政部门应及时汇总入学手续办理信息，优先确保户籍和实际居住地一致的学生就近入学。对实际办理入学手续人数超出或不满计划数的学校，及时就近调整。

4. 全面实行阳光招生

小升初开始前，县区教育行政部门要通过多种形式主动向社会公开相关信息。主要内容是，本行政区域内小升初政策，初中学校划片范围、招生计划（班级和人数）、录取办法，经省级教育行政部门批准的特长生招生信息，各类学校的办学条件、师资力量等基本情况。小升初期间，县级教育行政部门要主动公布工作咨询、监督举报电话，信访接待部门地址，应公示的名单、招生结果等相关信息。学校也要主动公开招生结果等重要信息。

5. 制定落实配套措施

将不低于50%的优质高中招生指标合理分配到区域内初中，并完善指标分配和录取办法，充分发挥对小升初的引导作用。义务教育阶段的择校生不应享受到校指标。县区教育行政部门确定特长生招生具体办法，并报省级教育行政部门备案。逐步减少特长生招生学校和招生比例，到2016年省级教育行政部门批准招收特长生的学校所招收的特长生比例应降到5%以内，至2019年全部取消。省级教育行政部门制订外来务工人员随迁子女初中入学的具体办法，由县级教育行政部门具体实施。

（六）着力强化督导，督促各地把义务教育各项重点工作落到实处

1. 全面贯彻《教育督导条例》

2012年10月1日《教育督导条例》（简称《条例》）正式实施。《条例》健全了督政、督学、监测体系，完善了对地方各级人民政府履行教育职责的监督、评价制度，有利于推动地方各级政府落实教育优先发展战略、发展和管理教育的责任。《条例》加强了督导机构和督学队伍建设，提升了教育督导工作的科学化水平。《条例》完善了教育督导法规和规章制度，规范了教育督导工作，同时进一步完善教育督导问责机制，提高了教育督导工作效果。

2. 督促落实义务教育均衡发展备忘录

建立推动有力、检查到位、考核严格、奖惩分明、公开问责的机制，是确保义务教育均衡发展，各项举措落到实处、取得实效的重要保障。各地教育、发展改革、财政部门应建立协商合作机制，共同研究保障政策措施，实施重大项目。各省、自治区、直辖市教育督导机构应根据本级政府与教育部签署的推进县域义务教育均衡发展备忘录的承诺，依据国家教育督导委员会关于县域义务教育均衡发展督导评估办法，制定本省、自治区、直辖市内的县域义务教育均衡发展评估验收标准和办法，切实做好义务教育基本均衡发展的验收。

伴随着时代的发展，在义务教育领域中仍会不断出现新情况、新机遇、新挑战。面向未来，必须以更大的勇气和智慧，抢抓机遇，乘势而上，大胆探索，开拓进取，不断开创义务教育改革发展的新局面。

中国义务教育均衡发展之进展*

据教育部2015年教育统计报告，2014年全国共有义务教育阶段学校25.40万所，在校生1.38亿人，其中小学20.14万所，在校生9 451.07万人；初中5.26万所，在校生4 384.63万人。① 作为国家统一实施的所有适龄儿童少年必须接受的教育和国家必须优先保障的公益性事业，义务教育在整个国民教育体系中起着基础性、先导性、全局性的作用。党中央、国务院历来高度重视义务教育，将之纳入国民经济和社会发展总体规划，采取多种有效措施促进均衡发展。

一、我国义务教育均衡发展成就显著

自《国家中长期教育改革和发展规划纲要（2010—2020年）》（简称《教育规划纲要》）实施以来，我国教育公平迈出重大步伐，适龄儿童少年平等接受义务教育权利得到有效保障。2014年，我国义务教育普及率已经达到发达国家水平，小学净入学率达到99.81%，初中阶段毛入学率达到103.5%，九年义务教育巩固率92.6%。所有适龄儿童少年不但“有学上”，而且越来越多的孩子能够“上好学”，义务教育进入了巩固普及成果、全面提高质量、促进均衡发展的新阶段。

（一）布局调整规范有序，城乡学校设置趋于合理

随着城镇化进程加快，为了合理布局义务教育学校，确保城镇义务教育学位

---

*本文原题《我国义务教育均衡发展之进展》，原载《课程·教材·教法》2015年第11期，选入本书时略有修改。

① 本文数据出自教育部《教育统计报告》2015年第6—12期以及笔者工作中获得的一手材料。

供给，教育部重视对各地义务教育改革发展工作的指导，要求各地统筹考虑区域内常住人口规模、空间分布、学龄人口变化和中小学现状等因素，科学制订义务教育学校设置和建设规划，保障城镇义务教育学校建设用地，扩大城镇义务教育容量。重点落实新建小区配套学校建设，通过新、改扩建学校来提高城镇教育的承载能力，健全规划、交地、经费、建设四项保障机制，推动住宅小区配套学校的同步建设。

为了科学布局农村学校并避免过度撤并，2012 年国务院办公厅下发《关于规范农村义务教育学校布局调整的意见》，要求县级人民政府科学制订农村义务教育学校布局专项规划，规范学校撤并程序，解决上学远、上学贵、上学不安全等问题。2013 年教育部印发了《关于做好农村义务教育学校布局专项规划制定工作的通知》，指导各地做好相关工作，制止盲目撤并学校的行为，满足农村适龄儿童少年就近接受良好义务教育需求。至 2014 年，各地以县为单位制订了规范学校布局调整的专项规划，并报送国家教育体制改革领导小组进行了备案。总体来说，各地制订的专项规划基本上都以就近入学作为主要原则，部分省份对学生的就学距离和步行上学时间做出了量化规定。

（二）办学条件不断改善，学校整体面貌焕然一新

《教育规划纲要》实施以来，国家启动实施了农村义务教育薄弱学校改造计划，按照“科学规划、明确目标、地方为主、中央奖补”的原则，集中力量解决农村义务教育发展过程中的薄弱环节，重点支持教学装备类更新和校舍改造。为进一步改善贫困地区办学条件，加快缩小区域、城乡教育差距，守住教育民生底线。2013 年，经国务院批准，教育部、国家发展和改革委员会、财政部联合印发了《关于全面改善贫困地区义务教育薄弱学校基本办学条件的意见》，决定从 2014 年开始，用 3—5 年的时间，聚焦贫困地区和薄弱学校，按照“缺什么补什么”的原则，全面改善贫困地区义务教育薄弱学校基本办学条件（“全面改薄”）。中央通过完善农村义务教育经费保障机制、实施农村义务教育薄弱学校改造计划和初中改造工程等措施，加大项目统筹与经费投入力度，实行总量控制、突出重点、动态调整、包干使用，对中西部贫困地区和东部部分困难地区“全面改薄”工作予以倾斜支持。2014 年中央财政下达薄弱学校改造计划专项资

金310亿元，中小学校舍维修改造长效机制资金132.4亿元，农村初中校舍改造工程资金50亿元，由省级财政和教育部门统筹用于“全面改薄”工作。通过这些重大工程项目的实施，特别是通过各地的努力，农村学校面貌得到显著改善。在许多中西部农村地区，群众公认，“最好的建筑在学校，最美的环境在校园”。2014年，小学生均校舍建筑面积达到6.85平方米，比2010年增长0.95平方米；初中生均校舍建筑面积达到11.99平方米，比2010年增长3.76平方米。宿舍、食堂等生活用房的建设力度也在不断加大，2014年，小学和初中生均寄宿生宿舍面积分别达到3.53平方米和5.62平方米。同时，校舍质量不断提高。

随着各级政府投入不断加大，教学仪器设备不断更新换代。2014年小学生均教学仪器设备值达到913元，比2010年增长529元；初中生均教学仪器设备值达到1 512元，比2010年增长1 114元。2014年小学每百名学生拥有计算机达到7.45台，比2010年增长2.33台；初中每百名学生拥有计算机达到11.16台，比2010年增长3.38台。2014年，小学音、体、美器械达标的学校比例均超过55%，初中音、体、美器械达标的学校比例均超过75%；小学数学、自然实验仪器达标学校比例为61.06%，初中理科实验仪器达标学校比例达到81.33%。2012年3月教育部颁布了《教育信息化十年发展规划（2011—2020年）》，提出实现“校校通、班班通”，使边远地区师生零距离使用优质教育资源。2014年，小学和初中接入互联网的学校比例分别达到77.43%和95.49%，建立校园网的学校比例分别达到39.10%和67.83%，全国师生空间开通数量已达3 600万个，350多万名教师应用空间开展网络教研，250多万名教师应用空间开展教学。2014年，全国6.4万个教学点实现了数字教育资源全覆盖，400多万名边远农村孩子享受到了优质教育资源。互联网接入和数字资源覆盖有助于实现优质教育资源的共享，让乡村中小学、教学点也能够通过网络获得优质的教学资源，提高了乡村学校教师队伍素质和教学质量。

（三）投入力度持续加大，经费保障水平明显增强

国家构建了由国务院和地方各级政府依法保障的义务教育财政支持体系，将义务教育全面纳入公共财政保障范围，全面免除了城乡义务教育阶段学生学杂费。2006—2013年，全国财政性义务教育经费从3 305亿元增长到12 617亿元，

年均增长 21.1%；小学、初中生均公共财政公用经费分别从 271 元、378 元增长到 2 068 元、2 984 元，年均增长 33.7%、34.3%。国家在义务教育投入中的主体地位逐步凸显，充分体现了从义务教育人民办到义务教育政府办的转变，为义务教育事业发展提供了坚实的经费保障。目前，全国免除了农村义务教育阶段约 1.1 亿名学生的学杂费和教科书费，为中西部地区约 1 240 万名农村义务教育阶段家庭经济困难寄宿生提供生活费补助。2005—2013 年，小学和初中教育事业费的年平均增长率分别达到 22.89%和 25.57%。小学和初中公用经费的年平均增长率分别达到 37.02%和 37.55%。公用经费的大幅增长，使得中小学校的正常运转得到保障。

自 2006 年起，国家建立农村义务教育经费保障机制，全部免除西部农村义务教育阶段学生学杂费。免学杂费资金由中央和地方按比例分担，西部地区为 8∶2，中部地区为 6∶4；东部地区除直辖市外，按照财力状况分省确定。建立农村义务教育阶段中小学校舍维修改造长效机制。到 2014 年，农村中小学校生均公用经费经过 7 次提高标准后已经达到中西部小学 600 元、初中 800 元，东部地区小学 650 元，初中 850 元，基本形成稳定增长机制。同时，对寄宿制学校适当提高了补助标准，并要求地方在分配资金时向寄宿制学校、规模较小学校和教学点等薄弱学校倾斜，并从 2010 年起，实施对不足 100 人的教学点按 100 人核定公用经费的政策。生均公用经费基准定额的制定确保了义务教育经费投入的底线均衡，国家明确要求各地在安排公用经费时，重点向边远、民族、贫困地区倾斜，向艰苦、偏远、高寒地区的薄弱学校倾斜，向规模较小学校和寄宿制学校倾斜，以保障各类学校正常运行需要。2011 年，国家在集中连片特殊困难地区以及西藏、四省藏区、新疆南疆三地州等地区的 699 个县份，启动实施农村义务教育学生营养改善计划国家试点工作，中央财政按照每生每天 3 元的标准提供营养膳食补助，许多省份也在相对困难地区实施了营养改善计划试点。从 2014 年 11 月起，中央财政安排的营养改善计划国家试点地区补助，从每日补贴 3 元提高到 4 元。截至 2014 年年底，该计划已覆盖 13.29 万所农村学校，惠及 3 181.91 万名农村学生。

（四）队伍建设不断加强，农村教师素质显著提升

一是编制管理更加科学。国家逐步实行城乡统一的中小学编制标准。2001年，国家提出按照总量控制、城乡统筹、结构调整、有增有减的原则，调整和使用本地区中小学教职工编制。2012年《国务院关于深入推进义务教育均衡发展的意见》提出在逐步实行城乡统一的中小学编制标准的基础上，对村小学和教学点予以倾斜。2014年《中央编办教育部财政部关于统一城乡中小学教职工编制标准的通知》，将县镇、农村中小学教职工编制标准统一到城市标准，即教职工与学生比为初中1∶13.5、小学1∶19。进一步完善中小学教职工编制动态管理机制，根据学校布局结构调整、不同学段学生规模变化等情况进行动态调整，提高编制使用效益。

二是补充渠道有效扩大。2006年，国家实施农村义务教育阶段学校教师特设岗位计划，招募合格的高校毕业生担任特设岗位教师，到西部“两基”攻坚县以下农村义务教育阶段学校任教，引导和鼓励高校毕业生从事农村教育工作。2009年，将实施范围扩大到中西部地区国家扶贫开发工作重点县。2012年，计划实施范围再次扩大到连片特困地区。各省份也按照中央“特岗计划”的精神，积极推进地方“特岗计划”。到2014年共招聘“特岗教师”43.2万人。所需资金由中央和地方财政共同承担，以中央财政为主。中央财政设立专项资金，用于特设岗位教师的工资性支出，与地方财政据实结算。2012年中央财政将特岗教师工资性补助标准由原来的年人均1.5万元分地区提高到西部2.7万元、中部2.4万元。由于实施了各项优惠政策，服务期满后选择留任的特岗教师超过85%，一定程度上缓解了中西部农村中小学教师素质不高、数量不足的问题。2014年，小学和初中专任教师规模分别达到563.4万人和348.8万人。小学专任教师生师比从1985年的24.87∶1下降到2014年的16.78∶1，相当于每个教师少教8.09个学生；初中专任教师生师比从1985年的18.36∶1下降到2014年的12.57∶1，相当于每个教师少教5.79个学生。与此同时，代课人员数不断减少。2014年，小学代课人员为15.19万，比高峰期的1997年减少70.79万人，小学代课人员占岗教师的比例从1997年的12.92%下降到2013年的2.70%，下降了10.22个百分点。

三是整体素质明显提升。2012 年，《国务院关于加强教师队伍建设的意见》，明确提出“实行五年一周期不少于 360 学时的教师全员培训制度，推行教师培训学分制度。采取顶岗置换研修、校本研修、远程培训等多种模式，大力开展中小学、幼儿园教师特别是农村教师培训”，并要求把教师培训学分作为教师资格定期注册、教师考核和职称聘任的必备条件。这些都使教师培训经费得到充分保障，并且教师培训工作进入常态化、全员化的阶段。2010 年，全面实施“中小学教师国家级培训计划”，包括“中小学教师示范性培训项目”和“中西部农村骨干教师培训项目”两项内容。以中西部农村教师为重点，开展大规模中小学教师专项培训。“国培计划”积极推动培训模式创新，改变传统以集中面授为主的培训方式，大力推行集中面授、网络研修和现场实践相结合的混合式培训，促进学用结合，增强了培训的针对性和实效性。2010—2014 年，中央财政累计投入专项经费 47 亿元，培训中小学教师 600 多万人次，基本完成了中西部农村义务教育教师的一轮培训，大幅提升了我国农村中小学教师能力素质，为推进义务教育均衡发展提供了有力师资保障。通过上述举措，教师队伍整体素质明显提高。专任教师学历合格率、高于规定学历教师比例、中高级职称教师比例逐年提高。2014 年，小学和初中专任教师学历合格率分别达到 99.88%和 99.53%。小学大专及以上学历教师比例达到 89.84%，初中本科及以上学历教师比例达到 77.89%。小学和初中中高级职称教师比例分别达到 53.92%和 60.05%。高学历和高职称教师的增加，使教师队伍整体素质不断提升，为开展教育教学改革，提高教育质量奠定了良好的基础。

四是待遇水平不断提高。自 2010 年起，中央财政全面推进县级基本财力保障机制建设，以“保工资、保运转、保民生”为目标，保障基层政府实施公共管理、提供基本公共服务的基本财力需要，把义务教育阶段教师工资保障问题作为一个重要因素予以考虑。2015 年，国务院出台了乡村教师支持计划、中小学教师职称评聘改革的意见，带来了更新的气象。

五是交流轮岗机制逐步建立。2003 年《国务院关于进一步加强农村教育工作的决定》提出要“建立城镇中小学教师到乡村任教服务期制度”。2005 年教育部印发《关于进一步推进义务教育均衡发展的若干意见》，提出要“建立区域内骨干教师巡回授课、紧缺专业教师流动教学、城镇教师到农村学校任教服务期等项制度”。2006年教育部下发《关于大力推进城镇教师支援农村教育工作的意见》，提出大中城市中小学教师到农村支教、县域内城镇中小学教师定期到农村任教、高校毕业生支援农村教育等。2010年《教育规划纲要》提出“实行县（区）域内教师、校长交流制度”。2014年9月教育部等三部门出台《关于推进县（区）域内义务教育学校校长教师交流轮岗的意见》，提出力争用3—5年时间实现县域内校长教师交流轮岗的制度化、常态化，率先实现县域内校长教师资源均衡配置，支持鼓励有条件的地区在更大范围内推进。其中，城镇学校、优质学校每学年教师交流轮岗的比例不低于符合交流条件教师总数的10%，骨干教师交流轮岗不应低于交流总数的20%。这是国家层面出台的第一份促进教师交流轮岗的专门性文件，对于引导地方加强教师交流轮岗，促进教师均衡配置有重要意义。目前，全国已有19个省、自治区、直辖市出台了关于推进教师流动的专门政策，并开展了改革试点。

这里以一则教师资源均衡的案例为切入点，深入探讨教师资源均衡问题。

“经历是一笔财富，到涉农学校是我无悔的选择。在成就了学生的同时，我们也成就了自己。”这是来自“城乡义务教育教师资源均衡配置的政策研究与实验”课题组教师交流案例中的一段话。说这句话的是四川省成都市青羊区一位从城区名校到偏远涉农学校任教已一年多的王老师。学生们喜欢这位从城区来的阳光教师，同事们更是把他和其他来校交流的教师当成了宝贵的学习资源。

王老师的故事，是全国各地努力促进义务教育教师资源均衡配置的一个缩影。义务教育资源的均衡配置，包括办学条件的均衡配置、教师资源的均衡配置和学生资源的均衡配置。在各地义务教育学校办学条件得到改善和学生资源相对均衡的形势下，教师资源的均衡配置已成为制约义务教育均衡发展的关键所在。

物质资源的配置，只要有足够的财力和决心，就能够做到。而人力资源的配置，则要涉及方方面面的复杂问题，难度之大，无须赘言。多年来，优秀教师由西部向中东部地区流动、由内地向沿海地区流动、由农村向城市地区流动，已成为困扰基础教育教师队伍发展的老大难问题。就教师个体而言，多数教师的流动或是为了个人的发展，或是为了改变环境和氛围，或是为了子女的成长。要解决教师的无序自主流动问题，就要从制度设计和政策实施上下功夫，在研究教师流动的根本原因的基础上，引导优秀教师向资源薄弱地区有序流动。王老师到农村学校任教，就是他在青羊区教育局的政策引导下做出的自主选择。实践证明，他在实现了自我价值的同时，也使当地的学生受益、教师受益。

那么，我们应该如何进行制度设计与政策实施呢？2006 年以来，“城乡义务教育教师资源均衡配置的政策研究与实验”课题组围绕城乡学校结对交流共同评价、教师交流及支教、教师工资规范化、农村教师培训与专业能力建设四个方面的问题，与山东省、北京市、四川省成都市、辽宁省沈阳市等地合作进行实验和调研，积极探索义务教育教师资源均衡配置的政策、制度与模式创新。这些有益的探索，促进了当地义务教育的均衡发展。这些研究成果和政策建议值得各地参考和借鉴。这些探索，也提示我们从更深的层次上思考教师资源的均衡配置问题。

均衡的必要性。大力推进义务教育均衡发展，是全面贯彻落实科学发展观的必然要求，是构建社会主义和谐社会的重要内容，也是公共服务型政府的职责所在。大力推进义务教育均衡发展，有利于全面推进素质教育，有利于办好人民满意的教育，有利于把教育办成面向人人、面向大众的教育。

均衡的条件性。各地义务教育教师资源均衡配置的起点是什么，本地的资源优势有哪些，迫切需要解决的问题是什么，需要创造哪些条件促进教师资源的均衡配置？各地在制定具体政策时，一定要充分调研，从本地的实际出发，开拓创新，提出有效的发展对策。

均衡的成本性。我们进行任何制度与政策设计，都应该对实施该政策的成本、可能达到的效果等进行深入的评估与分析。经济学中的成本效益分析理论提示我们，实现边际效益的最大化是确保制度的有效性和可持续性的关键。

均衡的优质性。教师资源均衡配置不是教师个体在物理意义上的流动，不是现有资源间的简单平均。我们要实现的是高位的均衡、优质的均衡。无论是城市教师还是农村教师，都应该在这一过程中有所收获、有所提升。

均衡的人文性。教师是制度设计的客体，更是具有鲜活的生命意识的主体。在制度设计中，我们要特别关注教师的个体体验，关注教师的发展需求，关注教师的价值追求，这样的设计才能更具有生命力。

这个课题带给我们的启示还有很多。任何努力都是值得尊重的，任何探索都是宝贵的。我们期待通过更多人的努力、更多教育智慧的生成，使我们的孩子都能享受到真正适合他们的优质教育，“人人有学上，人人上好学”。

（五）素质教育全面推进，义务教育质量稳步提升

一是德育工作切实加强。全面部署中小学社会主义核心价值观教育，2014年教育部印发《关于培育和践行社会主义核心价值观进一步加强中小学德育工作的意见》，对中小学深入开展社会主义核心价值观教育做了全面系统部署，要求各地教育部门和广大中小学将培育和践行社会主义核心价值观工作切实抓好。2015年，教育部启动“少年传承中华传统美德”系列教育活动，颁布了新修订的《中小学生守则》，举办了“开学第一课”系列活动，印发了劳动教育文件，召开了全国中小学社会主义核心价值观教育经验交流暨德育工作会议，推动了心理健康教育，深化了“中国梦”主题教育活动。全国各地普遍开展了具有时代性、针对性和感染力的德育活动。

二是课程教学改革不断深化。2011年，正式颁布修订后的义务教育各学科课程标准。新课标针对各学科特点有机渗透了科学发展观和核心价值体系，强化了探究学习和实验环节。系统修订了义务教育14个学科教材，重点调整了教材容量与难度，努力适应不同年龄学生认知特点。全面推动教育教学改革，启动素质教育改革试点，在课程与教学改革、教育质量评价、规范办学行为等方面积极进行探索。启动基础教育课程改革教学研究成果评选活动，对基础教育课程改革进行系统总结，促进成果的交流、共享和推广应用。推动各地加强教研机构建设，改革教研机制，创新教研方式，不断提升教师的教育教学能力。

三是体卫艺教育全面加强。推进学校体育卫生与健康教育工作，严格保证体育课时，确保中小学每天1小时校园体育活动。根据调研显示，我国学生生长发育水平继续呈现增长趋势，营养状况得到改善，中小学生爆发力、柔韧性、力量、耐力等身体素质指标持续下滑趋势开始得到遏制。加强了学校艺术教育，改进美育教学，提高学生审美能力和人文素质。此外，自2014年起国家实行体教结合，加快普及校园足球，研制了校园足球中长期发展规划。2015年，印发了加快发展青少年校园足球的实施意见。

四是质量监测机制逐步建立。2013年，印发推进中小学教育质量综合评价改革的指导意见，对教育质量评价改革进行总体设计和部署，提出了包括学生品

德发展水平、学业发展水平、身心发展水平、兴趣特长养成、学业负担状况5个方面和20项关键性指标的中小学教育质量综合评价指标框架，改变长期以考分和升学率为主的评价导向。2015年，印发了《国家义务教育质量监测方案》，部署在全国开展义务教育质量监测工作，进一步完善监测评估体系，定期发布监测评估报告，推动政府提高决策的科学性和管理的有效性，指导学校改进教育教学，不断提升义务教育质量。

（六）体制机制不断创新，教育综合改革持续深化

一是招生考试评价制度改革全面启动。2014年，国务院印发《关于深化考试招生制度改革的实施意见》，标志着新一轮考试招生制度改革全面启动。就深化考试招生制度改革提出5大任务和措施，主要包括改进招生计划分配方式、改革考试形式和内容、改革招生录取机制、改革监督管理机制和启动高考综合改革试点。

二是免试就近入学制度切实落实。2014年，在总结各地经验基础上，教育部先后出台了进一步做好小学升入初中免试就近入学工作的实施意见，印发了进一步做好重点大城市义务教育免试就近入学工作的通知，要求各地合理划定招生范围，有序确定入学对象，规范办理入学手续，全面实行阳光招生，逐步减少特长招生，在加快均衡发展的同时，健全科学、明晰、便利的免试就近入学制度，不断提高治理水平，促进教育公平。而今，全国义务教育免试就近入学基本实现，其中难度较大的19个副省级以上大城市小学就近入学比例达97.9%以上，初中达95.4%以上。

三是学校治理水平不断提高。2014年，教育部印发《义务教育学校管理标准（试行）》，重点解决学校管理“管什么、怎么管、如何管好”的问题，立足学校管理工作实际，以学生和教师为中心设置了6项管理职责，即平等对待每位学生、促进学生全面发展、引领教师专业发展、提升教育教学质量、营造和谐安全环境、建设现代学校制度。管理职责下设22项管理任务和92条管理要求，涵盖

了学校管理的主要方面。2017 年颁发了修订版，整合为 88 条管理要求。① 管理标准的实施将有力推动学校不断提高管理水平，实现学校治理的法治化和规范化，进一步完善义务教育治理体系。鉴于全国各地区的差异，教育部指出各省级教育行政部门可以依据管理标准和本地实际提出实施意见，细化标准要求，在实施过程中因地制宜，分类指导，分步实施，逐步完善，促进当地学校治理水平的提升。

四是学籍管理更加科学规范。建立健全学籍管理制度。2013 年教育部出台了中小学生学籍管理办法，确立了省级统筹、属地管理，一人一籍、籍随人走，动态监管、全程跟踪的原则，并要求各地统筹制定各学段各类学籍变动的具体条件和要求，在建设应用过程中，针对具体需求，不断建立健全相关制度。按照两级建设、五级应用的体系架构，2014 年全国中小学生学籍信息管理系统正式上线，全国联网运行，全国 1.7 亿名学生信息入库。2015 年这个系统全面应用，有效解决了原有数据管理模式层级多、耗时长、信息滞后等问题，在跨省、自治区、直辖市转学、招生入学和经费监管等方面已初步取得良好综合效益。

（七）省部协同力度加大，教育发展差距明显缩小

一是省部推进机制逐步形成。2011 年和 2012 年，教育部分三批与 31 个省份分别签署了义务教育均衡发展备忘录，构建中央部门和省级人民政府共同推进

① 当时，我国义务教育在普及方面取得了巨大成绩，但优质资源紧缺、整体教育教学水平不高、学生全面而有个性的发展不足等问题依然突出。影响义务教育质量的因素是多方面的，但是从总体上讲，一个重要原因是学校整体管理水平落后。为推进义务教育学校治理体系和治理能力现代化，2014 年 8 月，教育部研究制定了《义务教育学校管理标准（试行）》（简称《管理标准》），并遴选北京市海淀区、江苏省泰州市等 8 个地方开展了实验工作。各试验区在贯彻落实《管理标准》方面进行了积极探索，创造了许多好经验好做法，义务教育学校管理水平明显提高。2016 年，教育部基础教育一司在湖北省宜都市召开会议，进一步总结了实验工作的经验成效。同时，委托第三方研究机构通过数据监测研究显示，《管理标准》落实情况在各实验区学校之间、城乡学校之间没有明显差异，表明《管理标准》既适合东部地区也适合中西部地区，既适合城镇学校也适合农村学校，进一步验证了标准具有基础性和普遍适用性。在各地实验、探索的基础上，教育部按照“既符合现实需要，又面向未来发展；既满足一线需求，又发挥引领作用”的原则，组织对试行的《管理标准》做了进一步修改完善，经教育部党组审议通过后，2017 年 12 月正式印发各地各校全面实施。

义务教育均衡发展的机制。北京等14个省、自治区、直辖市加强省级统筹作用，采取省级政府与辖区内市级或县级政府签署义务教育均衡发展责任书等形式，将均衡发展的目标、任务和责任层层分解、逐级落实，明确县域义务教育基本均衡发展时间表、路线图和任务书。2012年教育部印发了《县域义务教育均衡发展督导评估暂行办法》，建立和完善了均衡发展督导评估制度，形成了县级自评、地市复核、省级评估、国家认定的四级联动督导工作体系。2013年义务教育发展基本均衡县（市、区）督导评估认定工作启动。截至2015年6月，已有804个县（市、区）通过国家义务教育基本均衡发展督导评估认定。在此基础上，国家建立义务教育均衡发展复查监测机制，对已通过国家认定的县（市、区）义务教育发展水平、校际间均衡状况进行监测和复查。

二是城乡教育差距进一步缩小。各级政府从经费、校舍、设备、师资等多个方面对农村学校教育资源进行倾斜投入，城乡学校的差距不断缩小。农村小学生均公共财政预算公用经费支出从2005年的142.25元增长到2013年的1 973.53元，增长了12.87倍，全国小学平均增长了11.42倍；农村初中从2005年的192.75元增长到2013年的2 968.37元，增长了14.40倍，全国初中平均增长了11.81倍，农村增长幅度均高于全国。小学每百名学生拥有计算机台数的城乡差距从2005年的4.10台，缩小到2013年的3.17台；初中城乡差距从2005年的2.85台，缩小到2013年的1.85台。小学高于规定学历教师比例城乡差距从2006年的24.04个百分点，缩小到2013年的11.00个百分点；初中城乡差距从2006年的33.19个百分点，缩小到2013年的16.17个百分点。

三是校际差距不断缩小。各地通过学区管理、集团办学、对口帮扶，发挥优质教育资源的辐射带动作用，整体提升学校办学水平和教育质量。一些地方按照地理位置相对就近、办学水平大致均衡的原则，将初中和小学结合成片进行统筹管理、多校协同、资源整合、九年一贯管理，并推动学区内学校之间校长教师均衡配置，促进设施设备和运动场地等教育教学资源充分共享，全面提升学区内教学管理、教师培训、学生活动、课堂改革、质量考核等工作水平。目前，优质学校带动薄弱学校、城市支持农村、发达地区帮扶欠发达地区的城乡一体化教育发展机制正在形成。

二、我国义务教育均衡发展面临挑战

当前教育改革进入了攻坚期和深水区，义务教育发展面临新型城镇化加速推进，人民群众对优质教育的需求不断增强等一系列挑战。

（一）巩固提高任务艰巨繁重

近年来，我国义务教育普及始终保持在一个较高水平，但是巩固义务教育普及成果面临巨大的挑战，最后实现“两基”① 的地区，义务教育的普及水平就可能出现滑坡。部分地区农村中小学布局调整力度过大或不够规范，导致一些学生由于上学路途较远或寄宿学校的食宿条件差而辍学。一些贫困地区的学生受到社会上新的“读书无用论”的影响，初中阶段辍学打工。部分学习困难的学生，产生厌学心理，甚至经常旷课，处于隐性辍学状态。四川省甘孜、甘肃省甘南、新疆维吾尔自治区南疆等地区学生辍学率一度比较高。从统计数据看，2014 年义务教育巩固率为 92.6%，这说明每 100 个九年前一年级入学的学生，到初三毕业时就有 8 个学生未能如期完成学业。

（二）经费保障机制有待完善

部分地方教育投入缺乏长效机制作保障，农村中小学生均公用经费标准偏低。难以满足日益增长的办学需求，特别是农村寄宿制学校由于运行成本高，公用经费入不敷出。少数地区公用经费政策执行不到位、不规范，公用经费被挤占、挪用来支付教师“五险一金”、聘请代课人员与安保人员、寄宿制学校生活教师和食堂从业人员工资的现象依然存在。河南省、湖南省、安徽省、江西省等一些中部省份在校生规模大、学校数量多，义务教育经费保障水平不高，导致义务教育发展水平与均衡水平的“双重塌陷”。

（三）农村教师队伍亟待加强

根据《中华人民共和国教师法》的规定，取得小学教师资格只需要具备中师

① “两基”指基本普及九年义务教育、基本扫除青壮年文盲。

及以上学历，取得初中教师资格只需要具备大专及以上学历，这一规定与发达国家相比明显偏低，无法满足不断提高义务教育质量的要求。低学历的教师主要集中在中西部和农村学校，很多教师教育观念和教学方法陈旧，很难适应课程改革的要求，影响这些地区教育质量的提高。部分地区教师总体超编和结构性缺员情况并存，难以满足教育教学实际需求。很多农村中小学缺少体育、音乐、美术、英语及信息技术教师，教师老龄化问题严重，特别是小学阶段，导致国家规定的课程未能开设。长期以来，农村教师待遇总体偏低，工作、生活条件普遍较差，培训机会少，发展缺乏后劲，优秀教师下不去、留不住，一些年轻教师难以长期扎根，农村骨干教师流失严重。

（四）均衡发展进度尚需加快

至2015年6月，通过国家义务教育基本均衡督导评估认定的县（市、区）数量，占均衡发展备忘录规划到2015年年底实现基本均衡的县（市、区）数的42.03%，占到2020年实现基本均衡县（市、区）的27.45%，一些省份距离规划目标还有很大差距。从地域来看，在衡量义务教育发展的高于规定学历教师比例、中高级职称教师、生均仪器设备值、实验仪器达标学校比例等多项指标中，中部地区不仅比东部地区差，甚至比西部地区差，或者仅略高于西部地区。小学、初中大班和超大班额比例情况，中部明显高于东部地区，也高于西部地区。从城乡来看，我国农村教育发展相对落后，农村义务教育基础薄弱，城乡差距在教育经费、办学条件、师资队伍等方面普遍存在。特别是一些村小和教学点教学装备更为落后，寄宿制学校宿舍、食堂、厕所等生活设施配备不足，供暖、供水、床具等配套不足。2013年，城市小学和初中生均教学仪器设备值分别比农村多647元和617元，每百名学生拥有计算机台数分别比农村多3.17台和1.85台，实验仪器达标学校比例、音体美器械配备达标学校比例等指标城市小学比农村高30个百分点左右，城市初中比农村高10个百分点左右；农村学校教师队伍整体素质低于城市，部分学科教师不足，教师队伍年龄老化。此外，农村教学点仍是农村教育的短板和薄弱环节，教学质量亟待提高。

（五）城镇化进程应对不足

随着城镇化进程加快，农村人口大量涌入城镇，城乡人口结构变化，对义务教育规划和布局结构产生直接影响。如今，义务教育阶段74%的学生就读于城镇学校。一些乡村学校沦为空壳学校、麻雀学校，布局调整是需要的，适度集中办学也有利于提高教学质量。2001—2014年，全国小学由49.13万所减少到20.14万所，减少近29万所；初中由6.55万所减少到5.26万所，减少近1.3万所。不过，随着农村学校撤并，学生到更远的地方就读，在路途中花费较多时间，影响睡眠，而且存在交通安全隐患，生活成本也有所增加。除此之外，寄宿需求增加了。2014年，全国农村地区寄宿生共有2 643.03万人，其中小学生947.61万人，初中生1 695.42万人。但是，一些寄宿制学校教学条件、生活条件保障不到位，两人一床、大通铺现象还存在，饮水、就餐等生活设施仍无法充分满足寄宿生生活需要。不仅如此，城镇化进程中出现了大量随迁子女和农村留守儿童。2014年全国义务教育阶段随迁子女和留守儿童人数分别为1 708.90万人和2 075.42万人，分别占义务教育阶段学生总数的12.4%和15.0%。大量的进城务工人员随迁子女流入大城市，导致很多城区承受安置的压力。在这些城区，受到土地等资源的制约，以及经费和教师编制困难，学校建设具有一定滞后性，学校教育资源紧张，生均教学及辅助用房面积、生均体育运动场馆面积不达标，大班额现象较为突出。2014年，全国普通小学56人及以上大班额比例为12.2%，普通初中大班额比例为21.7%。由于缺少父母的陪伴，很多农村留守儿童在安全、学习、情感等方面存在不少问题。留守儿童比例较高学校特别是村小和教学点，师资不足，缺少专门的心理教师和生活指导教师，很难为学生提供有效的心理教育、生存教育、安全教育和法制教育等。

三、我国义务教育均衡发展尚需给力

针对义务教育发展中的重点、难点问题，应坚持顶层设计，坚持统筹规划，做到兜底线，保基本，抓关键，补短板，促均衡，提质量。

（一）完善协同机制，强化责任落实

充分发挥教育综合改革部际协调机制、省部协同推进义务教育均衡发展机制，进一步强化顶层设计，建立国家各部委之间、部委与省级政府之间的协同、会商和联动机制，减少政策措施交叉重复、对接困难、缺少配套等问题，形成推进义务教育发展的政策合力。加强中央和省级政府统筹力度，实施东、中、西部对口支援市县义务教育协同提升计划，中央财政根据实际效果实行奖补。在对全国义务教育发展水平和均衡水平进行全面、科学的评估和监测的基础上，明确各级政府在促进义务教育均衡发展中的主体职责和工作重点，立足本地实际，统筹城乡，统筹区域，找准短板，分类指导，落实既定的时间表和路线图，明确着力点和突破口，采取更加有针对性的支持政策和管理措施，有效推动各自突出矛盾的解决。东部发达省区在提高县域内校际均衡水平的同时，要不断扩大均衡发展的范围，逐步实现市域内甚至是省域内、县域间义务教育发展的均衡，不断深化内涵发展，提高义务教育质量，从办学条件均衡向教育质量均衡迈进。中西部地区应加大投入力度，重点抓好义务教育资源的均衡配置，在提高发展水平的同时不断提高县域内校际均衡水平。

（二）建立标准体系，加强学校建设

结合当前经济社会发展状况和未来教育发展的需求，由教育部牵头，与国家发展和改革委员会、财政部、中央机构编制委员会办公室、人力资源和社会保障部、国土资源部、住房和城乡建设部、国家卫生和计划生育委员会、国家地震局等相关部门合作，在对现有标准进行整合的基础上，制定更加符合国情的城乡统一的国家义务教育学校办学条件标准体系，作为强制性的全国中小学办学条件基本标准。各省份应以国家标准为底线标准，根据各自的实际情况制定省标，省标只能高于国标或与国标相当，并按照基本标准和底线要求，全面改善贫困地区薄弱学校基本办学条件，补齐义务教育均衡发展的短板，推进义务教育学校标准化建设。逐县逐校建立义务教育学校标准化建设台账，对照国家和省级标准，切实改善学校办学条件。加大城镇义务教育学校建设力度，建立健全城镇学校建设资金分担机制。保障城镇义务教育学校建设用地，切实控制城镇义务教育学校规模

和班额。探索建立教师编制动态调整机制，加强农村学校建设，加大在交通便利、公共服务成型的农村地区布局义务教育学校的力度。加快探索乡村小规模学校办学机制和管理办法，适应乡村学生流动频繁的新常态。积极推进教育信息化建设，建成“三通两平台”，推动教育信息化创新，加强优质数字教育资源应用，推动信息化和日常教育教学的深度融合。

加强学校建设，不光要重硬件，更要重视学校品质提升。学校品质提升是基础教育改革发展的时代呼唤，是教育治理体系改革的现实需要，是迈向教育现代化的重要步骤，是中小学校多年实践的科学统整，是解决热点难点问题的有效途径。学校品质提升是学校建设新的重要任务。学校品质提升，要塑造全校共同认可的价值观，出台科学明确的学校发展规划，改善学校领导团队的管理行为，发挥广大一线教师的主体作用，建设充满生机的现代学校制度，形成学校文化建设的高品位。

（三）加大保障力度，实行倾斜投入

加大教育投入力度，进一步明确各级政府应承担的教育投入责任，建立健全教育投入责任追究制度，确保教育经费法定增长目标的落实，建立健全城乡一体化的义务教育经费保障机制，全面促进义务教育均衡发展。根据各地义务教育发展的不同需求，采取有针对性的投入政策，探索建立义务教育经费可携带机制，实现中央资金“钱随人走”。在投入内容上，改变过去中央财政确定投入项目，各地申请项目经费的情况，由中央财政根据各地办学条件标准化建设的经费缺口和各地财力的不同，确定投入各省份的经费数量，各省份结合当地教育发展的需要确定经费使用方案，并报中央财政部门批准，保障财政投入切合各地教育发展的实际需要。加大对中部人口大省的投入力度，在中西部地区分省份实施差别化的投入政策，中央和地方经费投入的分担比例根据各省份自身财政收入情况、在校生数、教职工人均工资、义务教育学校办学条件等相关因素确定。不断完善省、自治区、直辖市以下财政体制，加大省、自治区、直辖市对下转移支付力度，强化省级财政教育支出的统筹责任，防止支出责任过度下移，减少贫困区县专项转移支付资金的配套压力。

（四）强化政策引导，促进师资均衡

提高中小学教师任职学历标准，把小学教师的任职学历标准从中师提高到大专及以上，把初中教师的任职学历标准从大专提高到本科及以上，缩小教师队伍的城乡和地区差距。加强职业理想信念和师德教育，重点培养能承担多门学科教学任务的小学教师和“一专多能”的初中教师。推动地方落实城乡统一的中小学教职工编制标准，进一步完善编制动态管理机制，根据学校布局结构调整、每学段学生规模变化等情况进行动态调整。考虑实际需要，对农村边远地区予以倾斜，对学生规模较小的村小、教学点按照生师比和班师比相结合的方式核定编制。继续实施“特岗计划”和“国培计划”，鼓励地方实施师范生免费教育，提高乡村教师队伍素质。改进义务教育教师培训方式，提倡参与式、体验式培训，按照教师需求采取定岗置换、网络研修、送教到校、校本研修等多种形式，增强培训的针对性和实效性。建立教师全员合理流动制度，为在乡村工作的教师提供较高的津补贴，为从城市到农村任教的教师提供交通和伙食补助，加快农村中小学教师周转房建设，吸引优秀教师自愿到农村任教。把教师从“单位人”变成“系统人”，根据生源的变化以及学生的流动等情况，对学校的编制进行定期调整。

（五）提高教育质量，促进全面发展

以素质教育为导向，深化课程与教学方法改革，注重学思结合，知行统一，因材施教。鼓励学校开展教育教学改革实验，提高教学效率，为每个学生提供适合的教育。充分挖掘各类社会资源的教育功能，构建中小学校外教育的社会大课堂。内涵发展、提高质量、促进学生全面发展是义务教育学校的法定职责。立德树人、教书育人的工作，始终是教育第一位的要求。当前的关键，是要把党的教育方针和社会主义核心价值观细化、实化、具体化，进而转化在学生的系统培养之中，从根本上唤起人们的生命存在意识、精神追求取向。根据法律规定，加强教师队伍建设，改进教育方式，改善教学方法，更新教学手段，精选教材内容，优化教学过程，减轻学生过重课业负担，促进其德智体美劳全面发展和健康成长。党的十八届四中全会决定把法治教育纳入国民教育体系，从青少年抓起，在

中小学设立法治知识课程。因而，必须整合现有相关课程中的法治内容，抓紧设立这样的课程，推动中国特色社会主义法治理论普及。要探索以法治体现道德理念、以道德滋养法治精神的融合式教育实践途径，实现法治教育与道德教育相互促进，让传统美德培养、法治思维养成、法治精神强化贯穿于义务教育全过程，贯穿于学生成长全过程。让学生在课堂教学中获得法治知识，在校内外活动中养成法治思维，在生活浸润中形成法治习惯。围绕每年 12 月 4 日的宪法日，开展相应的实践活动。加强学校法治文化建设，向师生普法，向家长宣法，营造良好法治环境。2015 年颁布的《中小学生守则》是中小学生最重要的行为指南，应伴随其学习生活全过程。新守则体现了系统性、继承性、时代性、可行性，要让广大中小学生牢记守则，遵守守则，将守则的要求转化为自觉行动，把守则的实施过程作为法治精神养成的过程。

（六）关注特殊群体，巩固普及成果

落实随迁子女义务教育本地待遇，强化随迁子女流入地政府责任，推动各地将常住人口纳入各地教育发展规划和财政保障范围，按照在校生数拨付进城务工人员随迁子女教育经费。在不断提高随迁子女在公办学校就读比例的基础上，在公办学校暂时不能覆盖地区，通过政府购买服务方式，委托经审批的民办学校接收随迁子女，保证随迁子女平等接受义务教育。综合运用中小学生学籍信息管理系统，探索建立义务教育经费可携带机制。健全农村留守儿童关爱服务体系，推动落实监护人责任，让适龄儿童在父母陪伴下接受有质量的义务教育。加大农村基础设施和公共服务供给，动员社会各界参与留守儿童关爱，建立全社会立体式关爱服务网络，确保留守儿童安全和身心健康成长。加大普通学校随班就读和特教班工作力度，加强特殊教育学校建设，加大特殊教育师资培养、提高残疾儿童少年义务教育普及率。建立学生就学情况的监测制度，切实防止随迁子女、留守儿童、贫困家庭儿童、残疾儿童少年辍学，提高义务教育巩固率。

（七）改革评价监测，完善督导体系

改革考试评价制度和学校考核办法，建立体现素质教育要求，以学生发展为核心，科学多元的中小学教育质量评价制度，切实扭转单纯以学生学业考试成绩

和学校升学率评价学生和学校的倾向，切实减轻学生课业负担，促进学生德智体美劳全面发展和生动活泼主动发展。要贯彻落实县域义务教育均衡发展督导评估制度，继续开展义务教育发展基本均衡县的国家级评估认定工作。鼓励开展市域均衡探索。建立义务教育监测制度，定期公开发布义务教育监测报告，通过监测动态掌握全国义务教育的发展水平和均衡水平，指导各地科学制定推进义务教育均衡发展政策、规划和实施方案。坚持督政与督学并重，监督与指导并重，强化对政府落实教育法律法规和政策情况的督导检查，强化对学校落实国家要求、规范办学行为的督导检查。充分发挥各级人大及其常委会、教育督导部门的作用，对各级政府履行义务教育职责，贯彻落实各项法律规定的情况进行监督，将促进义务教育发展情况纳入对地方各级政府和教育行政部门的考核内容，完善考核机制和问责制度。建立监督检查结果公告制度和限期整改制度，将监督检查结果和问题整改情况及时向社会公开。

四、结语

义务教育均衡发展是政府法定职责，大势所趋，人心所向。必须明确发展是义务教育的硬道理，通过发展来达到义务教育均衡。同时，教育有自身规律，不应当整齐划一，义务教育均衡发展是相对的，学校之间的差别是绝对的，现在要做的是尽可能地让优质教育资源得到扩展，在多样化中求均衡。义务教育均衡发展势必呈现更为鲜明的地方特色，有的以城乡一体化发展为重点，有的以加强薄弱校改造为重点，有的以信息化带动均衡，不搞同一个模式；有的以增加投入改变面貌，有的以师资培训为切入点，有的以集团化办学为突破口，不用同一套方法。义务教育均衡发展永远在路上，通向目的地的路径必然有多条。实践无止境，创新无止境，解放思想无止境。各地要按照党中央的要求，依法推动义务教育均衡发展取得新进展，为实现“两个一百年”奋斗目标和中华民族伟大复兴的中国梦做出新贡献。

关于我国农村义务教育学校布局调整的调查与思考*

农村义务教育学校布局调整是一个重要而敏感的课题。就此课题，笔者通过文献检索、问卷调查、数据分析、实地考察、反复研讨环节实施研究，参考了同行成果，发挥了集体智慧。研究发现，进入21世纪以来，在城镇化、工业化深入发展大背景下，我国农村学校和教学点持续减少，各地开展了较大规模布局调整。布局调整改善了办学条件、优化了教师配置、提高了教育质量，但同时出现了学生上学远、路途不安全、寄宿制学校条件跟不上、农村群众负担加重等问题。下一步，应把农村学生就近接受良好义务教育作为优先事项，下大力气实施学校标准化建设，办好必要的村小和教学点，改善寄宿制学校条件，提高农村教师水平，保障农村学生上学交通安全，促进区域内城乡义务教育均衡发展。

一、农村义务教育学校布局调整的基本情况和主要动因

（一）基本情况

农村义务教育阶段学校布局调整工作由来已久。① 从1986年颁布《中华人民共和国义务教育法》到2000年基本普及九年义务教育，我国农村义务教育学校数量整体呈现减少趋势。这期间，我国小学和初中总数分别由82.1万所、7.6

* 本文原载《华中师范大学学报》（人文社会科学版）2012年第11期，《新华文摘》2013年第7期全文转载。

① 本文“农村”指乡镇和村，不含县城。

万所减少到55.4万所、6.3万所，减幅分别为32.6%和17.3%。① 同期，农村小学、初中的减幅分别为43.3%和38.1%，均高于全国平均减幅。与此同时，我国教学点伴随着义务教育普及进程经历了先增后减的变化过程。1986年我国教学点总数为17.6万个，其中农村为16.3万个，到1995年总数达到峰值21.1万个，其中农村为19.4万个，之后开始逐年下降，到2000年时总数为17.8万个，其中农村为15.8万个。

进入21世纪以来，各地布局调整力度加大，全国农村教学点、小学、初中持续大幅减少。第一，2001—2010年，全国教学点由11.4万个减少到6.7万个，减少了4.7万个，减幅为41.2%。其中，农村减少了4.5万个，占减少总量的95.7%。第二，同期全国小学由49.1万所减少到25.7万所，减少了23.4万所，减幅为47.7%。其中，农村减少了20.5万所，占减少总量的87.6%。第三，同期全国初中由6.7万所减少到5.5万所，减少了1.2万所，减幅为17.9%。其中，农村减少了1.1万所，占减少总量的91.7%。

（二）主要动因

农村义务教育学校布局调整是在广阔的社会背景下发生的。随着时代的进步，现在农村不同于以往的农村，农村正发生着深刻的变化，特别是人口数量、人口结构出现新的情况；现在的农民也不同于以往的农民，生产方式、生活方式、思想观念、行为习惯与以往相比，已有很大的不同。总体而言，农村义务教育学校布局调整顺应这种大趋势。尽管影响布局调整的因素很多，各地情况也不尽相同，但几个主要动因是共同的。

1. 农村学生减少

随着社会的进步和计划生育政策的落实，我国人口出生率持续下降，再与城镇化进程加快、农村人口向城镇迁移因素相叠加，农村义务教育阶段适龄儿童数

① 本文数据除注明的以外，均来源于教育部历年教育事业发展统计公报或笔者一手调查。

量明显减少。笔者从国家人口计生委①了解到，2001 年我国人口出生率为 13.4‰，2010 年下降到 11.9‰。在广大农村地区，多子多福、生儿养老的生育观念正在悄然改变，避免子女缠身、追求生活品质的行为日渐普遍。与此同时，我国城镇化进程不断推进，城镇化率已经达到 51%，进城务工农民达 2.5 亿人。与之相对应的则是农村人口逐步减少，1995 年我国农村人口为 8.6 亿人，2010 年已降至 6.7 亿人。2007 年，我国义务教育阶段农民工随迁子女有 765.7 万人，2010 年达到 1 167.2 万人，三年间增加了 401.5 万人，增幅为 52.4%。伴随人口出生率下降和人口流动，农村义务教育阶段适龄儿童少年数量明显减少，招生数、在校生数不断下降。与 2001 年相比，2010 年全国农村小学招生数减少了 396.6 万人，减幅为 30.2%；农村初中招生数减少了 565.5 万人，减幅为 49.7%。与 2001 年相比，2010 年全国农村小学在校生数由 8 604.8 万人减少到 5 350.2 万人，减幅为 37.8%；农村初中在校生数从 3 172.8 万人减少到 1 786.5 万人，减幅为 43.7%。在一些地方，村里人锐减，往往只有老年人在家守着，甚至出现"空心村"现象。学龄儿童迅速减少，学校和教学点规模迅速缩小，有的只好开展复式教学。在山西朔州调研时，笔者亲眼看到，一个教学点同时有 6 个年级，但只有 8 名学生、1 位教师。2010 年，仅云南省 1 师 1 校的教学点就有 9 000个。

2. 期盼优质教育

随着义务教育的普及和自身观念的变化，农民群众在子女"有学上"之后，对"上好学"的愿望日益强烈，从中央到地方，各级政府和教育部门以及其他相关部门努力满足这种诉求。2000 年，我国虽然在全国范围内实现了基本普及九年义务教育的目标，但是西部地区义务教育普及水平还没有达到国家标准，东部一些地区和中部地区义务教育普及基础还比较薄弱，急需加以巩固和提高。在此背景下，通过适度集中的办学方式，满足群众需求，提高教育质量是现实的选择。2001 年，国务院印发的《关于基础教育改革与发展的决定》明确要求："因地制宜调整农村义务教育学校布局。按照小学就近入学、初中相对集中、优化教

① 现国家卫生和计划生育委员会。

育资源配置的原则，合理规划和调整学校布局。农村小学和教学点要在方便学生就近入学的前提下适当合并。”同时提醒“在交通不便的地区仍需保留必要的教学点，防止因布局调整造成学生辍学”。中央财政也于2001年设立了“中小学布局调整专项资金”，连续6年，每年拨付10亿元，要求各地扩大办学规模，提高项目学校的效益。与此同时，为了支持农村义务教育发展，帮助西部地区实施“两基”攻坚，进一步巩固义务教育普及成果，国家先后实施了一系列重大工程。例如，国家贫困地区义务教育工程（第二期）、中小学危房改造工程、农村寄宿制学校建设工程、中西部农村初中校舍改造工程等四项工程，总投资达738亿元，其中中央财政360亿元。为了提高办学效益和质量，避免校园校舍闲置，这些工程都要求相对集中投入。各地针对农村学龄儿童少年数量减少和农村小规模学校和教学点教育成本高的现实，把解决农村学校布点过多、规模偏小、效益不高和教育质量难以得到保障等突出问题放在重要位置，同时结合国家实施的一系列工程和项目，有计划地削减、整合、撤并了一批农村义务教育学校和教学点，对于满足群众接受优质教育愿望、巩固义务教育普及成果产生了积极效果。

近年来，党中央、国务院一系列强农、惠农、富农政策的落实，极大地改变了广大农民群众的民生状况。生活殷实起来的农民群众，对优质教育的渴望更加强烈，愿意并有一定能力让孩子上好的学校。调查显示，61.3％的农村家长希望子女上“县城学校”，另有25.3％的农村家长则希望子女上“镇上的学校”，两者合计达86.6％。只有13.4％的农村家长希望子女就读于“村里的学校”。调查还显示，对子女接受更好教育有“非常强烈”和“比较强烈”愿望的家长分别占57.5％和39.3％。

3. 各地积极推动

一些地方政府将中小学布局调整纳入当地经济社会发展规划，进行了全面推进，成为布局调整的直接推动力。各地认识到，农村义务教育发展已站在新的历史起点上，农民群众日益增长的对教育公平和质量的需求与城乡间教育差距较大、农村学校办学条件和教育质量不如人意的现实，成为制约农村义务教育进一步健康发展的主要矛盾。于是，很多地方根据城乡人口流动趋势，结合当地实际调整了农村学校布局，同时加大对农村学校投入，并将其逐步纳入城镇化进程和新农村建设总体规划之中，体现了对农村教育的重视，得到了大多数农民群众的支持和理解。

但是，由于近年来我国经济社会发生了很大的变化，再加上各地在理解政策上出现一定偏差，布局调整工作确实存在过快过急、推动力度过大的情况。有的地方对农村义务教育学校布局调整缺乏系统调研和科学论证，未将农村义务教育学校布局与当地的经济社会发展、未来人口变化以及人民群众的现实需要有机结合起来，特别是对方便学生就近入学考虑不够。有的地方把学校布局调整简单地理解为“撤并学校”，提出规模小于某一标准的学校就要撤并，不考虑当地的自然环境、交通条件、学生就学困难等实际问题。甚至还有一些地方超越实际，急功近利，把追求扩大学校规模作为教育政绩或形象工程，致使制订出不切实际的学校撤并“时间表”和“路线图”，应深刻反思。

二、农村义务教育学校布局调整的若干成效和突出问题

农村义务教育学校布局调整，是在我国城镇化深入发展和建设社会主义新农村背景下，伴随着农村人口出生率下降、农村劳动力向城镇转移而进行的，总体上优化了农村教育资源配置，改善了学校办学条件，提高了教学质量和办学效益，为巩固提高义务教育水平发挥了积极作用。但在这一过程中，也导致部分学生上学路途变远、上学交通安全存在隐患、寄宿制学校不能满足需求、并入学校班额过大、学生家长经济负担增加等突出问题，必须尽快加以纠正和解决。

（一）若干成效

1. 改善了办学条件

据教育部统计，与2001年相比，2010年全国农村小学生均教学及辅助用房面积从2.8平方米提高到3.5平方米，体育场馆面积达标学校比例从46.8％提高到54.6％，教学自然实验仪器达标学校比例从45.5％提高到50.4％，体育器械配备达标学校比例从41.4％提高到50.4％，音乐器械达标学校比例从35.2％提高到46.6％，美术器材配备达标学校比例从46.3％提高到58.9％，生均图书从10.3册提高到14.7册。

2. 提升了教师水平

笔者在实地调查了解到，各地结合布局调整，逐步辞退安置了一批代课人员，补充了一批合格教师，优化了农村中小学教师队伍结构，并对教师进行了重新配置。例如，江西省万年县特别注重加强教师队伍建设，教师配备向农村学校倾斜，通过招录、定向培养、支教等方式提高农村教师的整体素质，取得了良好效果。根据教育部统计，2010 年，全国小学生师比为 17.7∶1，比 2001 年下降 3.9，其中农村小学生师比为 17.4∶1，比 2001 年下降 4.7；专任教师学历合格率为 99.5%，比 2001 年提高 2.7 个百分点，其中农村专任教师合格率为 99.4%，比 2001 年提高 3.0 个百分点。2010 年，全国初中生师比为 15.0∶1，比 2001 年下降 4.3，其中农村初中生师比为 15.0∶1，比 2001 年下降 4.9；专任教师学历合格率为 98.7%，比 2001 年提高 9.9 个百分点，其中农村专任教师学历合格率为 98.4%，比 2001 年提高 11.3 个百分点。

3. 提高了教育质量

伴随着布局调整，中小学的校均规模发生了变化。据教育部统计，2010 年全国小学校均规模为 386 人，比 2001 年增加 131 人，其中农村小学校均规模增加了 103 人。规模化办学后，越来越多的学校开齐开足了课程，提升了教育教学质量。例如，农村小学英语课的开设率在 2001 年非常低，而今得以普遍开设。许多学校明确了办学思路，加强了管理制度建设，有效提高了办学水平。一定规模的学校有条件和能力开展正常的教育教学活动。很多学校加强了校园文化建设，组建学生社团，学生文体活动普遍变得丰富起来，学生在合作和交流中提高了综合素质。

（二）突出问题

1. 上学路途变远，交通未能跟上

学校撤并后，农村学生难以就近入学，上学路程普遍变远。据估算，如把寄宿与非寄宿学校一并测算，全国农村小学服务半径平均为 7.2 公里，农村初中服务半径平均为15.9公里。① 另据调查显示，布局调整前家校距离平均为1.6公里，布局调整后家校距离平均为4.6公里，家校距离增幅为187%。学生和家长也普遍认为布局调整后上学距离变远，例如，湖北67%的被调查学生认为上学路远不方便，43%的家长认为孩子上学的主要困难是路太远；广西33%的被调查学生认为去新学校上学的路难走。② 上学路程变远使得走读学生起早摸黑上学情况较为普遍，特别在部分偏远地区，由于学校或教学点撤并不当，致使低年级小学生也要长途跋涉就读，令人心酸。

学校撤并后，很多学生需要乘坐交通工具上学，虽然少数地区通过多种渠道和方式解决了部分学生上学的问题，但受车辆数量、经费、线路、时间等诸多因素的限制，绝大多数农村学生只能自行解决上学交通问题。由于农村道路条件较差、车况良莠不齐、交通情况日趋复杂，学生在上学途中的安全难以切实得到保障。2011年，全国有学生上学接送车辆285 119辆，其中符合国家标准的校车只有29 422辆，占10.32%；学校租用车辆50 633辆，占17.76%；家长租用车辆205 064辆，占71.92%。③ 农村学生上学乘坐农用车、三轮车、拼装车等无客运营运资质的车辆和接送学生车辆超载超速等交通违法行为时有发生，给学生交通安全带来很大的隐患。

2. 农村学校萎缩，城镇班额过大

由于农村小规模学校或教学点在布局调整中的不确定性，很多地方不愿改善其办学条件，忽视小规模学校教学设施设备和教师配置，使得一些家长担心小规模学校或教学点不能保障教学质量而陆续将孩子转出，加速了这些学校“自然”消亡。据2012年4月，对18个省份235个县（市）布局调整规划的分析，只有

① 为了解各地布局调整状况，2012年4月教育部基础教育一司请各省级教育行政部门报送相关情况，结果18个省份报送了有效数据，据此笔者分别估算出农村小学、初中服务半径。

② 教育部基础教育一司于2010年委托国家教育发展研究中心、华中师大等单位从山西、内蒙古、黑龙江、浙江、安徽、河南、湖北、广西、湖南、青海、山东11个省份的62个县抽取1.1万名家长作为样本，进行了调查访谈。

③ 教育部基础教育一司于2011年对全国各地学生接送车辆进行了普查，掌握了相关数据。

16.2%的县（市）提出了适当保留教学点的措施。① 另据 2010 年教育部委托开展的对 11 个省份中 718 个教学点和 650 所乡中心小学的调查显示：危房比例，教学点为 31.1%、中心小学为 14.3%；高中及以下学历教师的比例，教学点为 31.1%，中心小学为 14.2%；教师平均年龄，教学点为 41.0 岁，中心小学为 37.6 岁；教师每年参加 3 次以上培训的比例，教学点为 28.4%，中心小学为 38.1%。调查还显示，39.3%的教师认为中心校对教学点支持力度小，71.2%的教师认为政府应加大对教学点的投入力度。②

一些地区在并入学校办学条件难以满足的情况下，盲目撤并学校，致使并入学校大班额问题突出，教学资源严重不足，教育教学质量难以保障。2010 年，全国小学大班额（大于 56 人）比例为 14.6%，比 2001 年增加 4 个百分点；其中农村地区小学大班额比例为 6.93%，比 2001 年增加 0.6 个百分点；县镇小学大班额比例为 29.7%，比 2001 年增加 7.5 个百分点。2001—2010 年，全国 31 个省份（不含新疆生产建设兵团）中共有 25 个省份大班额比率上升，其中宁夏回族自治区上升了 13.9 个百分点，达到 21.57%；湖南省上升了 10.32 个百分点，达到 24.85%；内蒙古自治区上升了 9.62 个百分点，达到 15.78%；河南省上升了 9.65 个百分点，达到 22.12%。③ 这组数据也反映出随着农村小学的撤并，城市、县镇的压力越来越大。

3. 寄宿条件较差，管理人员缺乏

这些年农村寄宿制学校的发展和寄宿生规模增长在一定程度上缓解了上学远的问题。教育部统计数据显示，2010 年，小学寄宿生有 1 038.1 万人，比 2006 年增加 334.2 万人，其中农村小学寄宿生增加 310.1 万人，占寄宿生增量的 92.8%；全国初中寄宿生占在校生的比例为 43.7%，比 2006 年增加 6.4 个百分

① 为了解各地布局调整状况，2012 年 4 月教育部基础教育一司请各省级教育行政部门提供相关情况，结果 18 个省份报送了有效数据，此比例即据此得出。

② 教育部基础教育一司于 2010 年委托国家教育发展研究中心、华中师大等单位对山西、内蒙古、黑龙江、浙江、安徽、河南、湖北、广西、湖南、青海、山东 11 个省份的 62 个县的部分教师进行了调查访谈。

③ 据教育部发展规划司 2001 年和 2010 年公布的我国教育事业发展统计公报测算。

点，其中农村初中寄宿生占在校生比例为51.0%，同比增加8.9个百分点。不过，农村寄宿生的大量增加，对寄宿制学校提出了新的要求，但各地在经费投入和人员配备上倾斜力度不够，导致很多寄宿制学校生活设施配置不足，缺乏生活管理人员，难以为学生提供基本的生活和学习条件。2010年统计情况显示，全国3 046个县中，302个县生均学生宿舍面积小于1平方米，占9.91%，741个县小于2平方米，占24.33%。宁夏回族自治区、新疆维吾尔自治区、黑龙江省、辽宁省、甘肃省和青海省6省（区）有40%以上的县低于1平方米。

随着中央和地方对农村教育的投入逐步增加，农村寄宿制学校办学条件也得到了一定的改善，但在实地调研中，厕所不足、缺乏澡堂、床铺紧张等现象依然普遍存在。更让人担心的是，各地寄宿制学校普遍缺乏管理人员、服务人员，也缺乏专职的保安人员，往往由专任教师排班值勤。有的教师晚上值班，白天上课打不起精神。也有的地方聘用了临时工，但没有用工合同，也没有稳定的工资渠道。

4. 家长负担加大，陪读现象增多

农村学校或教学点撤并后，学生需要乘坐交通工具上学，增加了交通费用。寄宿生还要承担部分或全部伙食费。据2010年教育部委托开展的对11个省份4 011个学校的46 912名学生的调查显示，2008年，由于布局调整，住宿生一年额外花费的交通费、住宿费和伙食费平均是1 331元，走读生额外花费的费用平均是950元。从教学点、村小、中心校到初中，学生额外付出的教育费用都有所增加，以住宿生为例，每生额外支付的教育费用：教学点为769元，村小为1 113元，中心小学为1 356元；初中是2 041元，九年一贯制学校为2 112元。① 虽说日子渐好的农民群众通常愿意多花一些钱让孩子吃好、住好，但仍有部分群众感觉负担较重。此外，有的家长在县镇陪读，需另支付房租等生活费用，往往也有抱怨。

---

① 此数据是教育部基础教育一司于2010年委托国家教育发展研究中心、华中师大等单位开展调研所获数据。

三、农村义务教育学校布局调整的规范政策与工作思考

面向现代化、面向世界、面向未来，中国农村义务教育在全面普及后正进入一个新时期。各级政府、教育部门和利益相关者都应按照国务院总体要求，依据各地实际，采取有效措施，努力推进农村义务教育学校合理布局、均衡发展、质量提高。①

（一）方便学生就近上学

保障学生就近上学的关键是各地应合理确定学校服务半径和覆盖范围。小学一至三年级学生年龄小，应能在本村就近走读就读。小学高年级学生也应以走读为主，确有需要的才安排寄宿。初中学生根据实际可以走读或寄宿。人口稀少、地处偏远、交通不便的地方，应保留或设置教学点。综合考虑学生家长需求和负担、学龄人口变化、城乡人口流动、地理环境及交通状况、学校办学条件等因素，规划完善学校布局，不要让学生每天把太多时间和精力花在上学路上。

（二）严格撤并学校程序

农村义务教育学校布局调整事关农民群众的切身利益，必须充分尊重他们的意愿，认真听取他们的意见。确因生源减少等原因撤并学校，当地政府必须严格履行方案制订、论证、公示、报批等程序。应通过多种有效途径广泛听取学校师生、学生家长、村民自治组织和乡镇人民政府的意见并举行听证会。多数群众不答应的事，就坚决不要做。听证环节通过后，应把撤并方案上报审批。经批准的方案要先建后撤，平稳过渡，好事办好。“水可载舟，亦可覆舟。”在现时代，无视多数群众意愿的决策、不顾广大群众切实利益的行动，都是非常危险和必须尽量避免的。

---

① 经深入调查研究、广泛听取建议、反复进行修改，2012 年 9 月国务院《关于深入推进义务教育均衡发展的意见》和国务院办公厅《关于规范农村义务教育学校布局调整的意见》正式印发。笔者有幸参与了这两个文件制定全过程。

（三）办好村小和教学点

有必要保留的村小和教学点应予保留和办好。首先，应建立村小和教学点经费保障机制，提高村小和教学点的生均公用经费标准，对于规模很小的学校或教学点的生均公用经费，要成倍地予以核定拨付。其次，发挥远程教育功能，按照国家规定标准配备多媒体教学设备，完善并使用好农村中小学现代远程教育工程，保障具备接受远程教育的能力。开发和输送数字化优质课程教学资源。再次，中心学校要统筹所管辖和辐射教学点的课程安排和教师配置，通过教师巡回教学等方式，保证教学点开足开齐国家规定的课程。最后，教师的配置应向村小和教学点倾斜，设立特殊岗位津贴。

（四）提高教师整体素质

教育大计、教师为本，要把加强教师队伍建设作为推动教育科学发展最重要的基础工作来抓。有了好的教师，才会有好的教育。如果说教育是国家的基石，那么教师就是奠基者。为此，首先，改善教师的初次配置。采取各种有效措施，鼓励新招聘的优秀大学毕业生到农村任教。新增高级岗位指标优先安排农村学校，动员一批高素质人才应聘农村教师。其次，要提高现有农村教师整体素质。尽快实行城乡统一的中小学编制标准，照顾农村学生人数少的学校和教学点，确保各学科教师的合理配置。实行教师资格证有效期制度，加强教师培训，提高培训质量，不断提升教师师德修养和业务能力。再次，实行校长、教师交流制度。实行县级教育部门统一聘任校长，实行校长聘期制，促进校长、教师在一定区域内合理交流，建立和完善鼓励城区校长、教师到农村学校或城市薄弱学校任职、任教机制。建设农村艰苦边远地区教师周转宿舍，探索出台提高农村教师待遇的各种有效政策措施，提升农村教师职业吸引力。

（五）深化课程教学改革

农村义务教育课程必须满足国家义务教育的整体要求，不能靠降低质量要求来贴近农村。但是，为增强课程的适应性和感染力，课程应适当体现农村特点。尤其是，地方课程和学校课程应在一定程度上反映当地生产、生活、自然、文化实际。在教学中，既要充分利用农村优势资源，又要让学生有机会与城镇同龄人交流。另外，还要因地制宜地开展教学模式改革，探索学生综合素质评价，倡导农村学校文化建设。

（六）解决伴生突出问题

首先，对于学校撤并后需要通过车辆接送学生上学的地区，要考虑发挥公共交通作用改善道路通行条件，增设公交线路，增加公交班次，发放学生车贴，方便学生乘坐。公共交通不能满足学生上学需要的地区应创造条件，克服困难，提供校车服务，保障校车安全。其次，对于学校撤并后需要学生寄宿的地区，要按照国家或省级标准，为寄宿制学校配备教室、宿舍、食堂、厕所、浴室等设施和必要的管理、服务、保安人员。再次，做好布局调整过程中出现的闲置校园校舍再利用，应本着统筹兼顾、教育优先原则，在满足了当地学前教育、成人培训、学生实践等教育需求前提下，明确权属，妥善处置。

规范农村义务教育学校布局调整不仅关系着农村教育的发展，更关系着农村中小学生的切身利益。以人为本、科学合理的学校布局对于推进义务教育均衡发展和城乡教育一体化、缩小区域内城乡教育差距、实现义务教育服务均等化具有重要意义。农村义务教育学校布局调整不是孤立的现象。在今后工作中，应该处理好城镇化、工业化和社会主义新农村建设背景下我国义务教育改革和发展的一些重要关系。一是城乡统筹与倾斜农村的关系。教育公平是社会公平的起点和核心环节，公平正义比太阳还要有光辉。人人生而平等，没有高低贵贱。为此，必须大力推进教育公平，促进城乡义务教育均衡发展。实行城乡一致的拨款标准、建设标准、教师编制标准。同时，对农村教育应予倾斜照顾，用更多的精力、更大的财力、更优惠的政策，促进农村义务教育的改革和发展。二是全面推进与重点突出的关系。在城镇化背景下发展农村义务教育，诚然要均衡配置校舍、图书、仪器、设备资源，但合理配置教师资源是重中之重。均衡是有质量的均衡，各地要努力通过提高农村教师质量提升农村义务教育质量，让当地的孩子不仅进得来、留得住，而且学得好。三是整体谋划与尊重特色的关系。在继续做好城乡统筹的同时，各地农村教育可以有特色，也应该有特色。课程内容可有特色，结合农村生产生活实际；校舍设计可有特色，更加美观大方、绿色环保；体育活动可有特色，利用农村有利自然环境，让学生更多地在户外锻炼意志、健康成长。四是循序渐进与改革创新的关系。城镇化不应急于求成，而应水到渠成。过于追求城镇化率，难免城镇基础设施跟不上，公共服务跟不上，义务教育跟不上。改革是发展的动力，城镇化背景下农村义务教育工作不能墨守成规，要避免囿于固定模式，而必须解放思想，开拓创新，以创造性应对工作局面复杂性。五是统一要求与因地制宜的关系。义务教育发展方向和基本标准，全国可有统一要求。更重要的是，各地必须依据本地省情、市情、县情推动工作。我国立体化的国情决定了不能用一把尺子、一个标准衡量所有地区的义务教育工作，要善于以多样性应对问题的复杂性。

义务教育均衡发展的个案调研及启示*

根据教育部部署，笔者带领赴新疆维吾尔自治区蹲点调研组，自 2011 年 10 月 31 日起，前往呼图壁县就义务教育均衡发展进行了为期一个月的蹲点调研。其间，调研组考察了呼图壁县各个乡镇，走遍了县内学校，了解了学校情况，慰问了困难教师，资助了孤儿学生，开展了安全培训，举办了科研讲座。尤其是，蹲点调研组以呼图壁县为案例，就西部民族地区义务教育均衡发展，相继召开了 16 场座谈会，走访了 135 名教师，发放了 300 多份问卷，掌握一手情况，比较政策利弊，寻求未来策略，并放在西部大背景中进行了研究分析。

呼图壁县地处天山中段北麓，居住有维吾尔、回、汉、哈萨克、蒙古等 25 个民族，县域面积 1 万平方公里，共有 7 个乡镇，22 万人口，其中兵团 8 万人。县属小学 12 所，初中 2 所，九年一贯制学校 3 所，义务教育阶段在校生 17 273 人。如今，呼图壁县九年制免费义务教育已经完全普及，小学、初中适龄儿童入学率均为 100%，义务教育阶段辍学率为 0，现在正面临着推进均衡发展的战略任务。

一、呼图壁县义务教育均衡发展的主要进展

（一）改善了学校硬件条件

呼图壁县从 2006 年开始推进义务教育均衡发展工作。当年，该县撤销县维吾尔族中学和县哈萨克族中学，将其高中部并入县一中，初中部合并到县二中，小学部合并到县二小，实现了民汉合校、资源共享。2007 年，呼图壁县将比较

---

* 本文原载《基础教育参考》2012 年第 11 期，原题为《新疆呼图壁县义务教育均衡发展调研及启示》。

薄弱的八所农村学校统统并入位于县城的第三中学（含小学），实现了跨城乡学校重组。2009 年，县四中建成投入使用，县里又将五所乡镇初中合并至县四中。与此同时，该县将乡镇的大部分村级小学集中到原乡镇中学校址办学。扩建的或新建的学校，无论是教室、实验室，还是操场、食堂，条件大为改观，环境相当整洁。此外，全县已完成了农牧区所有学校的校舍抗震加固工程，为全县所有中心校安装了取暖设施。这些工程的安排与实施，改善了农牧区中心校的办学条件，明显缩小了城乡学校办学条件差距。

（二）研制了教育发展规划

呼图壁县依据国家和自治区的教育规划纲要，结合本县实际，研制了《呼图壁县教育发展 2010—2015 年事业发展规划》（简称《规划》）。《规划》提出了坚持教育优先发展战略，走内涵式教育发展的路子，全面普及学前教育，稳步推进双语教育，巩固提高义务教育，普及高中阶段教育，加快发展职业教育，推进教育均衡发展，促进教育公平，力争在全疆率先实现教育现代化，进入自治区人力资源强县行列。《规划》确定了全县义务教育均衡发展的整体思路、方案及具体措施。一是在项目安排上，将农牧区学校作为重点，进一步改善农牧区学校的硬件建设，提高农牧区学校的办学效益。二是根据城镇化进程，进一步做好县城学校教育资源优化工作，保证县城居民子女就近入学，解决农民工子女入学难的问题。三是坚持注重内涵均衡，建立合理的县域师资结构，整体提升县域内课程改革、教育教学管理水平。根据《规划》，到 2015 年呼图壁县将实现义务教育基本均衡发展。

（三）加强了教师队伍建设

呼图壁县共有教职工 2 069 人，其中初中 612 人（少数民族 188 人），小学 998 人（少数民族 387 人）。按职称分，副高级职称教师 479 人，中级职称 1 148 人，初级职称 287 人，无职称 80 人。为实现教师资源均衡配置，呼图壁县研制了县城学校骨干教师与牧区学校教师双向交流实施方案，实施城区与牧区学校对口协作帮扶，每年由县城学校选派部分优秀教师赴牧区学校支教，牧区学校选拔一批具有发展潜能的少数民族教师到支援学校挂教学习。该县还建立了农牧区教务主任到县城学校挂职锻炼、县城学校教务主任到对口帮扶学校进行指导的交流制度。与此同时，县教育局还定期组织县城骨干教师送教到牧区活动。

呼图壁县重视加强对双语骨干教师的培训力度，2011 年选派了 3 位民族语言教师到南京、上海参加骨干教师培训，推荐 5 人参加自治区两年制骨干培训，还直接举办了由 59 位教师参加的为期 20 天的民族中小学教师集中培训。该县研制了民族语言教师考核方案，建立了以评价为杠杆，提高民族语言教师综合素质的考核办法，促进提高民族语言教学水平。

（四）规范了学校办学行为

呼图壁县注重加强学校管理，规范办学行为。县政府不向教育部门下达升学指标，教育局控制全县学生统考次数，学校努力提高教学效率，家长也有机会参与家校联系活动，配合学校素质教育，逐渐更新家教观念。每年，教育局会同有关部门组成督查组，采取随机抽查和明察暗访的形式，定期对学校进行普查或抽查，有效规范了义务教育学校办学行为，切实减轻了中小学生课业负担。蹲点调研组了解到，在呼图壁县，小学低年级不留家庭作业，小学高年级每日家庭作业量控制在 1 小时以内。

（五）深化了课程教学改革

呼图壁县全面总结了课程改革十年来的成果，建立了课程改革的支持、服务体系、学生健康监测体系，充分发挥课程的育人功能，重视对青少年学生综合素质培养。积极推进教育教学改革，大力倡导启发式教学和探究式学习，拓宽创新精神和实践能力培养空间；进一步转变学生的学习方式，落实学生的学习主体地位，促进学生积极主动、生动活泼地全面发展。呼图壁县的德育不尚空谈，做得很实在。课程育人、活动育人、环境育人、文化育人、管理育人，蔚然成风。他们努力把中央关于未成年人思想道德建设的各项要求贯穿于教育教学的各方面，落实到校、落实到班、落实到每位学生的心坎上，把中华民族的传统美德通过恰如其分的形式内化为孩子们的自觉行动，还特别加强了民族团结教育，各民族学生和谐同处。呼图壁县“阳光体育”活动坚持得很好，大课间尤其有声有色。中小学生普遍健康、活泼、大方，近视率很低。这个县的教育局局长对劳动教育理解深刻，认为应让学生从小获得劳动体验，以培养他们的劳动观点和尊重劳动人民的思想感情。

呼图壁县从 2006 年开始民汉合校，2008 年实行双语教学。蹲点调研组通过对县四中民族语言学生的问卷调查显示，86%的学生确认民汉合校后自己的汉语水平提高明显。问卷调查还显示，60%的民语教师表示，在汉族教师指导下，自己的汉语教学能力得到很大提高。同时，部分汉族教师也表示，在民族学生管理及家长沟通等方面得到了民族语言教师很多帮助。

（六）推动了教育信息化

一是基础设施初步具备。自 2003 年被教育部确定为“农村中小学现代远程教育工程”试点示范县以来，呼图壁县在县财政经费紧张的情况下，累计筹措远程教育设备及教育信息化建设资金 3 340 余万元，改善了中小学教育信息化的硬件设施。各校逐步拥有多媒体教室、校园局域网络、校园网站、远程教育地面接收站。至 2011 年，信息终端已进入所有学校。全县各类学校现拥有多媒体教室 33 间，计算机 1 177 台，义务教育阶段城乡中小学的生机比为 17.5∶1，师机比达到了 4∶1。面向全县所有学校的教育信息基础设施体系初步形成。

二是信息化教学不断深入。目前，该县初步建成呼图壁县教育信息网。城乡各中小学建立了学校自己的教学网站。全县各中小学生均建有校园网，并通过光纤或 ADSL 宽带接入互联网，实现天、地网两合一。

三是师生眼界得以拓展。随着新课改的不断推进，教师原有的教育观念不断受到冲击，教师从远程教育中大量了解先进的教育观念、课堂教学策略等，促进了教师们观念的转变。现代教育技术给学生提供了更广阔的学习空间、更丰富的知识、更多样的学习手段，让农村的孩子也能和发达地区孩子一样同步享受优质教育资源。

四是提高了教学效率。备课方式改变了，由“备教材、备教法”变为“备教材、备教法、备学生、备媒体和网络”；由个人独自备课转向网上集体备课。多媒体教学课件突破了时间和空间、微观和宏观、历史和现实的限制，优化了教学过程，发展了学生的认知。教师和学生的角色变化了，教学过程得到优化，课堂效率有所提高。

二、呼图壁县义务教育均衡发展存在的困难问题

（一）部分学校校舍不足

较之五年前，呼图壁县的城乡学校办学条件得到了较大改善，校舍总体上是坚固适用的，但仍存在问题。一是县城多数学校因建校时间长、设计规模过小，难以承受新进城用户子女的就学需求。学校用地不足，校舍不够，班额过大。例如，县二小现有操场太小，三小尚在地下室上活动课。按照学校标准化建设的要求，全县义务教育段校舍共短缺 86 547 平方米。二是城乡配备不均衡、乡村学校的各种功能教室不全。五工台镇小学校园、校内道路较差，一遇雨雪，草场泥泞，学生们只能在狭小的地方做课间操。一些乡村学校，教室只有一个门，不符合安全逃生要求。

（二）教师队伍建设有待优化

2011 年，呼图壁县有民族专任教师总数为 555 人，其中二十里店小学、五工台镇小学、大丰小学、石梯子小学和雀尔沟小学教师为 264 人，占全县民族专任教师总数的 48%。雀尔沟小学只有 2 名教师是汉族。由于民族专任教师相对比较集中，如果不经常使用汉语，这部分教师的汉语水平就会退化，所以需要不断地加以培训。教师们对国培计划非常欢迎，但外出机会少。部分民族教师用汉语授课存在困难。问卷调查显示，县四中 20%的民族语言教师不能完全胜任双语教学，68%的民族语言学生表示汉语授课后感到压力增加。

（三）信息技术使用水平有待提高

就硬件来看，全县现有多媒体教室 33 间；计算机网络教室 27 间，其中 24 间是 2007 年前建设完成的。学生用计算机 1 177 台，教师用计算机 519 台，生机比达到 17.5∶1，远程教育覆盖率 100%。已有 14 所学校建立了校园网或局域网。根据《新疆维吾尔自治区中小学教学仪器设备配备标准》，考虑淘汰 2004—2005 年采购的 992 台计算机的因素，全县共需增加计算机室 27 个；按照师机比

1∶1 的标准，教师机中学缺口 194 台，小学缺口 527 台；按照普通教室的三分之一配备多媒体设备的标准，中学缺多媒体教室 53 间，小学缺 49 间；按照每一所学校建立一所网络机房的标准，需建立网络中心机房 19 个。多媒体教室和计算机配置较少，影响了利用网络资源进行授课。就技术支持看，学校都没有专门网络技术维护人员，基本上依赖信息技术老师在上课之余无偿开展本校计算机维护管理、校园网站建设、多媒体设备管理等工作。就教育资源看，现行的教材不能与教育软件有机衔接，增加了资源应用难度。英语、音乐等课程与远程教育资源不配套。教学资源有限，限制了学科教师应用信息化资源的积极性。

（四）学生乘车状况堪忧

随着呼图壁县教育布局的调整，一方面教育资源得到了整合，规模办学的格局已经形成，另一方面在客观上造成了部分学生上学路途远，接送难。线路车、自用小面包等车辆接送学生上学现象成了一个非常突出的问题。

2011 年 11 月，呼图壁县 17 个中小学校中，学生需乘车上学的有 14 所，学生乘车上学总人数为 6 329 人，其中小学生有 2 653 人，初中生 2 472 人，高中学生有 1 204 人。一小、二小、一中、二中、五中等学校大部分学生走路或骑自行车上学，部分学生乘坐县内公交车上学。三小、三中、四中、五工台镇小学、二十里店小学、石梯子小学、雀尔沟小学七所学校共有乘车学生 5 834 人。三中乘车学生 1 846 人，其中每天乘车学生 1 086 人。每天有 12 辆无营运证小面包及私家车接送 454 人。核载 31 人的线路车，常载学生 60—70 人，核载 8 人的小面包常载学生 18—20 人。独山子小学 168 人，每天由 3 辆线路车接送学生，核载为 31 座实际乘坐学生数为 56 人；回民分校有乘车学生 60 人，每天有 7 人乘坐线路车，53 人由 3 辆无营运证的面包车接送，无营运证的面包车核载 9 人实际接送学生数为 7—21 人。石梯子小学共有乘车学生 234 人，由 4 辆线路车接送，线路车核载 37 座实际乘坐学生数为 42—55 人。雀尔沟小学共有乘车学生 170 人，由 1 辆线路车接送，线路车核载 37 座，实际乘坐学生数为 170 人。

三、从呼图壁县看西部义务教育应采取的政策

（一）审慎开展学校布局调整

一是实事求是地对待已做出的布局调整。随着农村学生人数减少和城镇化进程加快，各地通过优化学校布局调整，改善了办学条件，提高了办学效益。当前，大规模布局调整的任务已经完成。在新的情况下，各地要把妥善解决好学校布局调整带来的问题摆在突出位置，凡是事前缺乏科学规划、无法有效解决寄宿问题、城镇“大班额”现象突出、学生上学路途偏远且缺乏接送车辆的地方，要通过采取建设寄宿设施、提供交通车辆、增加生活补助等各种有效措施，解决存在的问题。

二是提供就近入学的便利。各省级人民政府要依据《中华人民共和国义务教育法》关于学生免试就近入学的要求，制定学校网点布局和服务半径的量化标准，小学一般应以就近、走读为原则，初中可适当集中、分片入学。在调整中小学布局时，各地要统筹考虑经济社会发展状况、人口流动变化趋势和人民群众的实际需要，坚持实事求是，审慎开展相关工作，尽量满足适龄儿童、少年就近入学的需要。

三是严格规范布局调整程序。各地在布局调整过程中，要避免造成新的上学远、上学贵或上学不安全情况，减少出现闲置校园、校舍情况。学校设置规划需继续调整的地方，县级人民政府及其有关部门要建立听证和公示制度。规划和方案要充分听取学生家长和村民自治组织、乡镇政府的意见。在各方意见不一致或大多数学生家长反对的情况下，应当暂缓调整，不得强行撤并学校。布局调整规划要由县级人民政府审核汇总，在研究提出解决后续问题的方案和意见后，逐级上报审批。经科学论证和严格程序审批确定布局调整的地方，要先建后撤，平稳过渡。

（二）切实加强农牧区学校建设

要改变城乡之间、学校之间教育资源不均衡的状况，实现县域内公共教育资

源配置均等化。新增义务教育经费应主要用于农牧区，新建项目应优先安排给薄弱学校。各地尽快制订农牧区学校建设和薄弱学校改造的方案，尽快落实建设和改造资金，及时启动建设和改造项目。

应依据已研制的义务教育均衡发展规划，统筹考虑城乡经济社会发展状况、人民群众的教育需求以及财力可能等因素，区分城乡义务教育面临的不同矛盾和问题，分类推进义务教育均衡发展。对照均衡发展目标、均衡发展标准、办学质量标准等，加大未达标学校建设力度，优先配置教师、校园、校舍、图书、体育场地、艺术场馆、卫生设施、教学仪器设备、信息技术设备等教育资源，推进城乡义务教育学校标准化建设。要努力改变城乡之间教育资源配置不均衡局面，坚持新增义务教育经费主要用于农牧地区，推动实现县域内公共教育资源配置均等化。根据实际需要，新建或改善县镇及乡村寄宿制学校宿舍、食堂、饮水、厕所等生活设施，向学生提供良好食宿条件。妥善解决农村学校食堂工作人员配置和工资问题，保证学校聘用合格员工。加强安全设施建设，保证学校人防、物防、技防落实到位。

（三）不断均衡配置教师资源

保障所有适龄儿童少年平等接受良好的义务教育，关键是提高学校教师的素质，要保障县域内校际之间教师的学历水平、高级职称的比例没有明显差异，新聘的高学历教师优先分配到农牧区学校和县镇薄弱学校，新增的高级职称的评聘指标要向农牧区学校、薄弱学校倾斜。继续实施教师补充和培训的国家项目，鼓励优秀教师到边远地区、薄弱学校、农牧区学校长期任教。面向2020年，在教师队伍建设方面，第一，加大培训力度。开展国培、省培、地培、县培、校本教研等，个别的也可以派往外地做访问学者。提供专门培训，制订专门的成长计划，帮助双语教师实现专业发展，更好地满足教学需要。第二，鼓励教师合理交流。教师区域内学校之间合理交流，是促进义务教育均衡发展的有效途径。开展教师交流时，要解决教师后顾之忧。第三，解决好代课人员问题。在初中阶段代课人员不是很多，2010年在小学阶段全国有代课教师20万人，占教师总数的3.50%。新疆维吾尔自治区的小学代课人员有7 700多人，占教师总数的5.46%，比例超过全国指标。第四，开展教师周转房建设。随着城镇化的推进，教师作为公职人员，较早地转入县城居住，每天到乡镇学校上班往返不便。此外，更多的新教师也需要有个住处。所以，在今后几年，要把农村教师周转房建设作为支持农村义务教育发展的有效举措，切实抓紧抓好。

（四）探索校车解决办法

集中办学之后，学生每天上下学可能出现困难，即使每星期回家一次，也要有合适车辆来乘坐。农用车、拼装车、三轮车、拖拉机根本没有安全保障，过度超载车辆也存在安全隐患。不合格车辆或超员车辆翻车、撞车事故时有发生。所以，中央拿出一部分资金，地方拿出一部分资金，真正买一些坚固的、好用的校车，并且聘用有驾驶经验和高超驾驶技术的司机来驾驶，将有助于孩子们的交通安全。国家颁布校车管理办法后，各地应该制定具体的实施办法，还要拿出解决学生交通问题的措施，切实保障学生安全。各地教育部门要会同公安机关、交通管理部门建立校车动态监管机制，对学校自购或租用用于接送学生上下学的车辆及驾驶人、行驶时间和路线等情况进行全面排查和分类统计、备案，严格取缔不合格车辆，整改存在安全隐患的车辆，清退不合格的校车驾驶人员，杜绝因校车违规驾驶或管理疏漏等问题导致学生和幼儿伤亡。

（五）推动网络资源建设

建立“积木式”资源库，资源库中提供种类丰富、数量足够的教学课件及教案范例，使教师既能以范例为参考自主从素材库中提取素材制作课件或编写教案，也可以将范例作为“模板”，直接从素材库中提取相应的资料加入其中进行修改。加强区、州、县教育信息化建设整体规划，分步实施，坚持软硬件“两手抓”。

（六）保障困难群体受教育权利

将特殊困难群体教育工作纳入经济社会发展规划。树立全纳教育的理念，加强组织领导，制订工作方案，明确部门责任，完善政策措施，加大资金投入，切实解决适龄孤儿、残疾儿童少年、城乡低保家庭学生等特殊困难群体在教育、生活等方面存在的困难和问题。建立稳定的教育经费保障机制，将特殊困难群体教育经费全额纳入政府预算，将义务教育阶段的特殊困难群体寄宿生全面纳入生活补助范围，按时、足额拨付规定标准的各项教育费用。

（七）全面实施素质教育

全面实施素质教育与义务教育均衡发展是并行不悖、相互交叉的关系。我们要全面贯彻党的教育方针，扎实推进素质教育。要面向全体学生，促进学生全面发展，促进学生主动发展，重视对学生创新精神、实践能力和社会责任感的培养。西部少数民族地区要努力提高课堂教学效率。教育行政部门和广大中小学校要把教学改革作为实施素质教育、减轻学生课业负担的关键环节，将提高教育质量的方式优先转变到课堂有效教学上。要以国家制定的各学科课程标准和审定通过的教材为依据组织教学，注重学生学习兴趣的培养和学习方法的引导，促进学生健康快乐成长。

义务教育均衡发展的问题及其破解*

到2011年年底，我国所有的省份通过了“两基”国家验收，城乡全面普及了免费九年义务教育，彻底解决了适龄儿童少年有学上的问题。但是，就总体而言，义务教育普及的基础还比较薄弱，很多学校的办学条件还未达标，区域之间、城乡之间、学校之间发展不均衡，质量水平差距大。这些问题，有待各级政府及其相关部门继续大力推进义务教育均衡发展，努力缩小区域差距，加快缩小城乡差距，切实缩小校际差距，建立义务教育均衡发展的体制机制，使义务教育不断趋于公平。

一、努力缩小区域义务教育差距

（一）国家投入向中西部地区义务教育倾斜

国家实施义务教育的校舍安全项目、薄弱学校改造项目、中小学现代远程教育项目应向中西部地区倾斜。在继续大力投入西部地区义务教育的同时，要特别关心支持中部人口大省义务教育，防止出现“中部塌陷”。目前，还应加大对中西部地区家庭贫困学生补助力度。在为寄宿生提供生活补助的同时，也应一并考虑非寄宿学生的午餐补助问题。要采取有力措施，争取为每个学生每天免费提供一顿午餐。各地应根据经济社会发展水平和财力，对生活补助标准、覆盖范围、发放方式进行动态调整，充分发挥资金效益，确保补助经费用到学生身上。

（二）保障进城务工人员随迁子女平等接受义务教育

据教育部发展规划司2011年统计报告显示，我国有1 167万名义务教育阶

* 本文原载《学习时报》2012年2月3日。

段进城务工人员随迁子女，占全国义务教育阶段学生总数的7.7%。现在，各地应将进城务工人员随迁子女平等接受义务教育纳入区域发展规划和财政经费保障体系，按照随迁子女实际人数拨付教育经费，采用扩大公办学校资源和政府购买服务等方式，保证他们平等接受免费义务教育。在公办学校还不能完全接收进城务工人员随迁子女的情况下，可规范管理、积极扶持依法举办的接收进城务工人员随迁子女的非公办学校，帮助改善办学条件，通过公办学校托管、加强教研指导、开展教师培训等途径提高教育质量。教育部将与各地一道探索随迁子女义务教育后参加中考和高考的问题，各地也要全面清理针对随迁子女义务教育的各种不合理门槛。

（三）为中西部地区培养培训合格教师

继续实施好中西部农村中小学教师特设岗位计划，争取每年能有6万—10万名大学毕业生派往中西部农村地区任教。中央财政应继续支持实施义务教育教师国家级培训，2010年中央财政下达5.5亿元，2011年下达7.2亿元，用于中小学教师的国培计划。在一些民族地区，应重视双语教师培养，为他们制订专门的成长计划，帮助他们实现专业发展，更好地满足教学需要。东部发达地区优秀教师到西部欠发达地区支教，有利于义务教育均衡发展，应予积极提倡。

（四）运用信息化手段输送优质教育资源

现在，各地学校多已装备了信息化设施设备，以后要加强使用。教师应善于使用信息化手段组织教学活动，帮助学生理解知识、扩充视野。学校要舍得让学生充分使用计算机，宁肯把计算机用坏，也不能放坏。“有路更要有好车。”从教育部到各地应开发更多优秀电子资源或载体，通过卫星或网络及时提供给基层学校无偿使用。信息化手段，可以将过去只有发达地区学生才能享有的优质教育资源送到比较边远的学校。

二、加快缩小城乡义务教育差距

（一）审慎开展学校布局调整

为了满足适龄儿童少年就近接受良好义务教育，就需要适应城乡发展进行合理规划，稳妥调整学校布局。当前，新一轮较大规模中小学布局调整已经基本完成，总体上应保持稳定。已经进行调整的地方，要重新审视布局调整是否统筹兼顾了城镇化发展、学龄人口变化、办学效益与教育质量提高、方便学生入学等方面，是否充分考虑了自然状况、交通状况、财政状况、学生就学方式等因素。因布局调整造成教育资源紧张和学生就学困难的地方，要采取有效措施解决出现的问题。准备进行调整的地方，要建立健全布局调整论证、征询意见、方案审批、矛盾调解制度和机制，充分听取村民委员会和学生家长的意见。学校所在地 1/3 以上村民反对的不撤并，去其他学校上学路程较远且不能提供住宿或校车服务的不撤并。经科学论证和严格程序确定布局调整的地方，要先建后撤，平稳过渡。

（二）妥善解决大班额问题

据教育部发展规划司 2011 年统计报告，全国小学 56 人以上的大班额占小学全部班额的 13.03%，其中 66 人以上的超大班额占 5.42%；全国初中 56 人以上的大班额占初中全部班额的 51.34%，其中 66 人以上的超大班额占 14.76%。布局调整后学生人数增多的学校，应完善配套保障措施，保证小学班额不超过 45 人，初中班额不超过 50 人。有条件的学校，可推行小班化教学。对于出现“大班额”的学校，要实施扩容改造。对于需要保留的教学点，要提高生均经费拨付标准，按班师比和课程实际需要配齐合格教师，并通过城市或中心学校教师巡回教学及现代远程教育等手段保证教育质量。

（三）探索校车服务管理有效方法

要摸清辖区内学生出行方式和学校及家长租用车使用情况，提出管理意见和办法。现在一些地方的“黑校车”存在安全隐患，各地应定期开展专项整治行动，督促落实安全责任，切实加强校车及驾驶人源头管理，杜绝农用车、拼装车、问题车接送学生上下学行为。校车问题是一个不能回避、必须正视、亟待解决的问题，国家建立校车制度已不能再拖了。中央政府花钱成批提供校车并涂上“中央政府提供”，便于保证校车的质量，也有利于增强学生的自豪感和对国家的认同度。可先行试点，逐步扩大范围。鼓励各地政府加大对校车的投入力度，购置安全性能好的校车，也允许当地根据实际，实行保障安全、方便学生的多种校车运行管理模式，探索有效的政策措施和管理机制。

（四）促进农村闲置校舍再利用

当前一些闲置村小、教学点的校园校舍要充分利用或妥善处置。据教育部基础教育一司 2011 年统计，全国共有不再继续发挥中小学教育功能的中小学校 13 万所，其中有 55%已改作幼儿教育、卫生所、农牧民文化技术培训基地等，但还有 45%是完全闲置不用的。为避免浪费或流失，闲置校园校舍再利用要教育优先，使之成为学前教育机构或其他教育机构，如具备条件，也可以改为开展劳动教育的学农基地或者扩展学生综合素质的校外活动场所。

（五）实施义务教育学校标准化建设

一是要制定建立或完善城乡统一的省级标准。各省份应在国家标准的基础上，根据经济社会和教育发展的实际，制定或完善更为详尽的省级标准并向社会公布。省级标准应不低于国家标准，体现本省、自治区、直辖市特色，满足本省、自治区、直辖市义务教育改革发展的基本要求。要使城乡学校建设基本标准、条件装备基本标准、校园安全基本标准统一起来。二是硬件资源向农村倾斜。各地要坚持财政拨款向农村倾斜，新增教育经费主要用于农村义务教育，不断增加农村义务教育财政性教育经费投入，逐步缩小城乡之间义务教育生均经费的差距。坚持学校建设向农村倾斜，新设教育基建项目优先安排农村义务教育学校，教学仪器设备、图书等，满足农村学校需求，逐步缩小城乡办学条件差距。三是加大资源整合力度。各地要进一步统筹、整合现有义务教育专项工程资金，加大农村学校食堂和相关设施建设力度，使农村学校基本具备提供营养膳食的硬件条件。要改善农村寄宿制学校的饮水、宿舍、厕所等基础设施，保证学校人防、物防、技防措施落实到位。四是要均衡配置城乡教师资源。实行县域内城乡教师编制和工资待遇同一标准，增加农村教师津贴，建设农村教师周转房，鼓励合格教师在农村长期任教，减少优秀教师外流。此外，实施农村教育硕士师资培养计划，有利于支持农村骨干教师专业发展。总之，要采取各种有效措施以保证均衡配置城乡教师资源。

三、切实缩小义务教育学校之间的差距

（一）以资源共享促进均衡

义务教育均衡发展不加大经费投入力度不行，而实现高水平均衡只靠增加投入远远不够。《国家中长期教育改革和发展规划纲要（2010—2020年）》指出，促进义务教育均衡的根本措施是合理配置教育资源。在这方面，很多地方探索出了行之有效的路子，一种是突破原有的学校管理格局，以学区或片区为单位进行资源整合重组，统一教学要求、人事管理、教研活动、校园网络，共享优质教育资源。例如，天津市河西区提出了“小学教育发展联合学区”，北京市东城区实施“学区化管理”，河北省承德市通过学区建设实现优质资源均衡，河南省郑州市“学区化联合办学”等。鼓励优质学校与薄弱学校协同发展，建立帮扶带动机制，发挥名校的辐射作用，通过兼并、重组、合作、托管等多重形式，向薄弱学校和农村学校输送优质教育资源。未来应不断扩大优质教育资源覆盖面，通过学区管理、联合办学、集团化办学、结对帮扶等多种有效方式，切实缩小学校之间的差距。

（二）以教师交流促进均衡

在硬件条件改善后，教师资源就成了影响义务教育均衡的关键因素。为此，建立健全校长、教师流动交流制度，鼓励优秀校长、教师到相对薄弱学校任教。除新任教师、即将退休的教师外，鼓励所有教师在某所学校任教若干年后到县域内或者学区内其他学校任教。对于具备交流经历的教师，优先安排业务进修，优先晋升高一级职称，并作为学校管理者后备人选的必要条件。

（三）以缓解择校促进均衡

就全国来看，随着义务教育均衡发展不断深入，择校现象已得到缓解。但是，在某些大城市，无序择校现象仍比较严重。在这些大城市，应按照区域内适龄儿童少年数量和学校分布情况，科学划定每所学校的服务范围，每学年向社会公布区域内各义务教育阶段学校招生范围、招生时间、招生计划及有关信息。加大实行优质高中招生名额合理分配到区域内初中的力度，并逐步提高分配比例。坚决制止以各种学科类实验班名义招生，制止举办或参与举办以选拔生源为目的的各类培训班。就近入学、生源均衡是义务教育均衡发展的一个重要方面。

关于我国义务教育均衡发展之审视*

我国正处在经济社会发展和教育改革创新的关键时期。在人力资源大国向人力资源强国转变过程中，义务教育实现了全面普及，进入了一个注重均衡发展、内涵发展、规范发展的新阶段。全面缩小义务教育差距、整体提升义务教育质量、主动回应人民群众对教育公平的关切，已势在必行。

一、义务教育均衡发展意义重大

义务教育是各级各类教育的重中之重，义务教育均衡发展是义务教育各项工作的重中之重。推进义务教育均衡发展，关乎教育公平，关乎教育质量，关乎千家万户切身利益。

（一）义务教育均衡发展是政府公共服务的法定职责

修订后的《中华人民共和国义务教育法》（简称《义务教育法》）强调义务教育的公平性和均衡发展，规定了政府实现教育公平的法律义务。为此，各级政府及其财政部门、教育部门必须把实现教育公平作为重要目标，及时调整义务教育发展战略和工作重点，调整和完善公共财政投入结构和资源配置，把逐步缩小教育发展差距作为政府转变职能、开展公共服务的重要领域和紧迫任务。要从满足广大人民群众不断增长的教育需求出发，通过调整资源配置、提供相对均等的机会和条件，切实保障公民平等接受义务教育的权利。在我国经济持续快速发展的大背景下，各级财力日益增强，在客观上为政府加大义务教育阶段的公共投入、大力推进义务教育均衡发展提供了可能。

---

* 本文原载《中国教育学刊》2010 年第 4 期。

（二）义务教育均衡发展是落实科学发展观的重要体现

以人为本、全面、协调、可持续发展的科学发展观是统领经济社会发展全局的总纲。全面落实科学发展观，应加大统筹城乡发展、区域发展、经济社会发展力度，而义务教育作为最重要的公共事业，连接着千家万户、惠及亿万群众。大力推进义务教育均衡发展，有利于社会主义新农村建设，有利于城乡区域协调发展，是实现经济社会全面、协调、可持续发展的重要支撑。全面落实科学发展观，必须切实转变教育发展观念、创新教育发展模式、提高教育发展质量，必须坚持以人为本、面向每所学校、关注每个学生，这正是义务教育均衡发展的应有之义。只有坚持义务教育均衡发展，才能真正把义务教育办成面向人人、面向大众的教育。

（三）义务教育均衡发展是构建和谐社会的坚实基石

构建社会主义和谐社会，要求切实维护和实现社会的公平公正。这是事关广大人民根本利益的大事，是我们党立党为公、执政为民的必然要求，也是我国社会主义制度的本质特征。教育是民族振兴的基础，教育公平是社会公平的基础。推进义务教育均衡发展，是社会公正和教育公平最直接、最重要的体现。通过推进义务教育均衡发展，为每个人公平地提供发展机会，是社会公平的一个前提。伴随我国社会经济发展水平的不断提高、国家公共财力的日益增强，各级教育发展规模和普及程度都跨上了新台阶，人民群众接受教育的需求和对公平公共服务的诉求与日俱增。对一个家庭而言，孩子有了希望，这个家庭就有了希望，社会才会安定和谐。促进教育的公平公正，将有利于平衡和缓和社会矛盾，融洽各种社会关系，构建和谐社会。虽然近些年来各地都在积极探索，努力化解“择校”矛盾，但总体上看，在一些大中城市这仍是人民群众最不满意的教育问题。而解决这一问题的根本办法在于大力推进义务教育的均衡发展，把薄弱学校建好、建强。如果教育资源相对均衡，择校问题就会渐趋缓解。所有这一切，都要求积极营造公平的教育环境，从法律上、制度上、政策上保障全体公民共享教育改革发展的成果。

（四）义务教育均衡发展是实施素质教育的有效路径

义务教育阶段是我国各级教育中年限最长、所有人必经的阶段，在这一阶段受到什么样的教育，对学生素质的提高具有决定性意义，对他们的一生和国家的长远发展产生着基础性影响。义务教育均衡发展不仅能促进教育结构的调整优化，教育机会的公平均等，还有利于提高教育质量，促进教育内涵的均衡发展。这与实施素质教育的目标和任务是完全一致、相辅相成的。素质教育作为教育工作的主题，其根本宗旨是面向全体学生、促进全面发展。当前，素质教育在一些环节上有所突破，在一些先进地区和先进学校取得了成效，但深层次障碍仍然没有消除，障碍之一就是地区和学校间发展差距过大。全面实施素质教育，就是要使我们学校能够均衡发展，这将有利于减缓升学竞争，减轻学生过重的课业负担。如果校际之间均衡发展问题解决不好，升学竞争过于激烈，就会直接影响学生的健康成长；如果校长和教师疲于应付，挤压实施素质教育的时间和空间，党和国家的教育方针就很难得到有效落实。

（五）义务教育均衡发展是提升基础教育水平的现实选择

在不同的历史时期，推动教育公平有着不同的内容和重点。改革开放以来，一整套教育法律体系的建立，一系列重大教育政策的制定，一次次全国性教育工作会议的举办，强化了政府对义务教育的重要责任，从法律和制度上为所有适龄儿童少年平等接受义务教育提供了有力保障，也无一不是从宏观层面推进教育公平极为重要的基础性举措。经过各级政府、教育部门和全社会的共同努力，到20世纪末，我国实现了基本普及九年义务教育、基本扫除青壮年文盲的宏伟目标，在占世界上人口五分之一的国度里解决了人人有学上的问题，在九个发展中人口大国中位居前列，让世人刮目相看。这一里程碑性成就，使我国人均受教育年限超过了8年，为现代化建设提供了有力的人力支撑。伴随着我国经济社会快速发展，城乡人民物质和文化生活消费水平和需求日益提高，人民群众接受教育的需求不断增长。尤其是随着就业形势的严峻和独生子女时代的到来，家长普遍希望子女接受更高质量的义务教育。从教育自身发展规律看，义务教育必然要经过一个从重数量、重规模、重普及率，到逐步重质量、重内涵、重公平的历程。

从我国义务教育发展阶段及其特点看，普及程度、发展规模整体达到较高的水平后，必须与时俱进，适应义务教育发展的阶段性变化，及时把工作的重点转移到提高质量、促进均衡发展上来。

二、义务教育均衡发展起步良好

推进义务教育均衡发展不应盲目从事，而要加强研究，总结经验，实事求是，科学实施。近年来，国家大力倡导，各地积极探索，一些好的做法值得提炼。

（一）全面建立经费保障机制

国家非常关心和重视义务教育，自2006年建立了农村义务教育经费保障机制，全面实施了城乡义务教育阶段免除学杂费政策，2006—2010年仅这一项中央财政就投入1 600多亿元，主要用于中西部地区。普及的、强迫的、免费的义务教育概念在全国化为现实。与此同时，各地努力落实教育经费“三个增长”和新增教育经费主要用于农村的要求，在经费投入上对薄弱学校改造采取倾斜政策。进一步调整了教育经费支出结构，加大了对经济困难地区义务教育专项支付。制定了推进义务教育均衡发展的配套政策，确保财政投入、工资待遇、人事编制、社会保障到位。河北省委、省政府做出了《关于加强教育工作的决定》，实现了财政性教育经费“三个增长”，加大了义务教育省级统筹，实施了学区改革。湖北省启动义务教育均衡发展行动计划，健全经费保障机制，着力促进县域内义务教育的均衡发展。江苏省统一设立省级专项经费，积极推进义务教育高位均衡发展。

（二）适时启动优惠政策措施

一是实施了倾斜工程。近几年来，国家实施了农村寄宿制学校工程、农村中小学现代远程教育工程、农村初中建设工程等一系列重大工程，极大地改善了中西部农村地区义务教育阶段学校办学条件。“两基”攻坚目标的实现，使得西部地区农村教育面貌焕然一新，学校成了当地最好的建筑。二是统筹了城乡发展。

在统筹城乡协调发展和社会主义新农村建设过程中，许多地方按照统一规划，明显缩小了城乡之间、学校之间办学条件差距。从2009年起，广东省开展了为期3年的“千校扶千校”活动，组织发达地区义务教育阶段学校，对口帮扶省内欠发达地区薄弱学校。四川省成都市统筹灾后教育重建与城乡教育综合改革试验区建设，推进城乡教育一体化。三是制定了办学标准。北京市、上海市、安徽省、广东省、河南省、山西省、黑龙江省等20多个省份制定了义务教育学校办学标准，努力改善农村学校办学条件，加大薄弱学校改造力度，开展了学校标准化建设。浙江省实施九年制义务教育学校标准化建设工程，开展了标准化学校达标验收工作。陕西省吴起县统一全县建校标准，统一仪器配备标准，实现了县域内学校办学条件均等化。

（三）优化提升教师队伍配置

自2006年以来，国家四部门启动中西部农村中小学教师特设岗位计划。至2009年，共招聘特岗教师13万人，覆盖500多个县，6 400多所学校。各地积极跟进，创新了教师补充机制。这项措施，有力地缓解了农村地区教师紧缺和结构性矛盾。教育部多次开展了中小学教师国家级培训，各地也积极开展了教师培训工作，增强了中西部地区教师素质。根据国家规定，各地着手统一城、镇、乡中小学教师的编制标准，基本实现了同一区域同类教师同等待遇。至2010年，全国逾半省份建立了中小学校长、教师交流制度。辽宁省沈阳市规定每年要有一定比例的校长、教师在校际流动。铜陵市鼓励城乡教师跨校互聘兼课、兼职，推进高水平教师资源共享。完善教师补充机制，加强教师队伍建设，推进城乡教师交流，城镇教师与农村教师结对子已经成为各地推进义务教育均衡发展的一个亮点。

（四）大力加强学校规范管理

在推进义务教育均衡发展过程中，为贯彻落实《义务教育法》，教育部2009年出台了加强中小学管理、规范办学行为的指导意见。各地按照法律规定和教育部要求，积极采取措施，努力克服驱使学生拼时间、拼体力的机械重复和题海战术，一些不符合素质教育要求、违背教育规律的做法正在逐步得到纠正。浙江省、江苏省、河南省、重庆市、宁夏回族自治区、新疆维吾尔自治区、内蒙古自治区等地以减轻学生过重课业负担为突破口，科学安排作息时间，努力确保学生每天锻炼一小时。山东省 2007 年以来构建起“政府主导、规范管理、课程带动、评价引领、督导保障”的素质教育运行模式。安徽省合肥市、河北省衡水市、河南省新郑市等地以“指标到校”为杠杆，推行优质高中部分招生名额定向分配给各初中，逐步化解义务教育阶段的择校问题，推进义务教育阶段生源流向均衡。

（五）十分关心特殊群体权益

国家把做好残疾儿童少年、贫困家庭学生、进城务工人员随迁子女和农村留守儿童的义务教育作为重要内容，推动均衡发展。2009 年国家召开了第四次全国特殊教育工作会议，出台了保障和扶持特殊教育的措施。杭州、南京、温州、玉溪等地把进城务工人员子女教育纳入教育规划。安徽省、江西省、四川省建立了农村义务教育阶段留守儿童信息动态管理机制。重庆市南川区首创了留守儿童临时家长代理制，让留守儿童感受到家庭般的温暖和呵护。陕西省石泉县建立了“党政统筹、部门联动、学校为主、家庭尽责、社会参与、儿童为本”的留守儿童教育管护工作机制，为留守儿童提供良好的成长环境。

（六）不断强化教育督导评估

许多地方把义务教育均衡发展作为对县级人民政府教育工作督导评估的重要内容，把督导评估结果作为考核主要领导干部政绩的重要依据。重庆市从 2007 年开始，将义务教育标准化完成率作为考核区县党政班子实绩的重要指标，由市委组织部每年进行考核。黑龙江省对地市义务教育阶段学校标准化达标情况进行量化考核。许多地方建立义务教育均衡发展的激励机制，通过评先表优、典型引路等方式，调动基层政府推进义务教育均衡发展工作的积极性。北京、辽宁、陕西、江苏、河南、四川、广西等地建立了义务教育均衡发展表彰奖励制度。

综上所述，义务教育均衡发展开了个好头，取得的成绩来之不易。基本经验可进一步概括如下：依法治教、政府强力推动是均衡发展的前提；勇于实践、体制机制创新是均衡发展的关键；抓住重点、因地制宜探索是均衡发展的动力；加强宣传、争取社会各界支持是均衡发展的条件；统筹城乡、全面提高教育水平是均衡发展的归宿。

在充分肯定成绩的同时，我们还应该清醒地看到，义务教育均衡发展只是取得阶段性成果，还存在一些困难和问题。一是受经济社会发展或自然条件制约，义务教育均衡发展的保障水平仍然偏低，缩小区域之间、城乡之间、学校之间和群体之间发展差距的任务还十分艰巨。二是一些地方义务教育初中段的普及还不稳固，质量有待提高，推进义务教育均衡发展工作的措施有待落实，力度有待加大。三是重硬件轻软件、重建设轻管理、重外延轻内涵的现象还比较普遍，还不能满足人民群众“上好学”的迫切需求。

从各地情况看，在推动义务教育均衡发展过程中，还不同程度地存在几个认识上的误区，需要予以澄清和纠正。

一是认为义务教育应该全国统一要求。持这种观点的同志主张，义务教育是国家的事业，不管地方经济社会发展水平怎样，均衡发展应是统一的指标、相同的硬件、相似的质量。诚然，这种观点有一定合理性，国家确实要制定基本办学标准并要求各地达到，这是义务教育均衡发展的有利条件。但是，也必须看到，我国不同地区经济社会发展的差别还很大，义务教育普及和巩固的程度也不同，推进义务教育均衡发展的标准应允许不同，不能一刀切。当前，区域内义务教育均衡发展仍是均衡发展的优先领域。区域内学校可比性很强，学校之间在办学条件、师资队伍、管理水平、教学质量方面的较大差异，人们最容易看到并产生不满。

二是认为均衡发展就是学校整齐划一。诚然，通过义务教育均衡发展，学校的办学水平都要得到普遍提高，太差的学校应予消除。但是，推动均衡发展不是搞绝对平均主义，而是要根据经济社会和教育的发展实际，分阶段分步骤地尽可能地缩小差距，尽可能把低水平的学校搞上去，尽可能让优质教育资源得到迅速发展。发展是螺旋式上升，新建改进的学校在硬件上肯定会超过原有的学校；积极探索的学校在校园文化上会更加丰富多彩。今后，有必要继续倡导学校办出特色，办出水平。均衡发展不是“削峰填谷”，不是不要特色，而是要在多样化中谋求均衡，在形成特色中提高水平。

三是认为均衡发展会降低学校教育质量。持这种观点的同志担忧，关注了义务教育均衡发展，就会牵扯大量的人力、财力、物力，就没有精力去顾及质量。

实际上，教育优质发展和教育均衡发展都是中国特色社会主义教育的重要原则。公平与优质不应对立，既不能单纯追求不公平的优质，也不能简单追求低水平的公平。在两者兼顾的同时，着重解决一个时期的突出矛盾。即使在大力推进义务教育均衡发展的时期，也须头脑清醒。缺乏优质学校的引领将会导致义务教育整体水平的下降。因此，在扶助薄弱学校的同时，也要鼓励或允许优质学校继续保持高水平，发挥引领示范作用。

四是认为均衡发展是不可能实现的理想。有的同志断言，义务教育均衡发展提法很好，但只可作为旗帜，不能作为任务。他们说，均衡发展只是一种理想，是脱离中国教育现状的精神层面的追求，现在搞还为时过早。的确，义务教育均衡发展是一项艰巨复杂工程，需要经过不懈努力。均衡的目标不会一下子实现，但实现目标的努力始于足下。所以，要增强义务教育均衡发展的现实感和紧迫性，克服畏难情绪，积极进取，扎实开展。

三、义务教育均衡发展尚待深入

推进义务教育均衡发展，要符合教育发展规律，妥善处理好几个关系。

一是硬件与软件的关系。促进义务教育均衡发展，需要重视抓学校硬件建设，但同时必须重视软件的提高，特别是要抓好教师专业发展和能力建设。义务教育均衡发展必须走内涵式发展道路，不应超出现实条件和需求追求校舍奢华。

二是当前与长远的关系。义务教育均衡发展等不得，要抓住当前机遇，在几年内着力解决人民群众最不满意的区域内学校之间的发展不均衡问题，及时实现初步均衡。义务教育均衡发展急不得，它是一个长期的系统工程，要有打持久战的心理准备，面向 2020 年逐步达到均衡发展各个目标，实现教育过程和教学质量的全面提升，从而实现基本均衡。

三是均衡与协调的关系。义务教育均衡发展与基础教育协调发展是并行不悖的关系。在突出抓好义务教育均衡发展的同时，还要坚持统筹兼顾，关心支持幼儿教育发展，推动普及高中阶段教育，促进高中教育、幼儿教育与义务教育的协调发展，形成基础教育全面健康发展的繁荣局面。

在推进义务教育均衡发展中，需要抓住一些重点环节，力促突破，追求成效。重点环节因地区不同会有不同，不过以下方面是值得共同抓好的环节。

（一）科学制定办学标准，努力办好每所学校

义务教育的公益性和普惠性，决定了义务教育的发展必须是均衡的。首先，要结合本地实际，认真做好义务教育学校均衡发展的规划，抓紧制定或完善义务教育阶段学校的基本标准，积极推进城市中小学校标准化建设，实现区域内义务教育学校的均衡发展。其次，要消除不合格学校，切实办好每一所学校。把加强薄弱学校建设作为推进义务教育均衡发展的紧要任务来抓，组织力量对薄弱学校逐校进行评估分析，找出存在的突出问题，采取改善学校办学条件、调整领导班子、加强教师力量、优质资源共享、合理配置生源等多种办法，尽快改变这些学校的整体面貌。在布局调整或学校集团化建设过程中，通过科学测算和合理程序，也可淘汰一些办得过差而又可有可无的学校。再次，按照《义务教育法》要求，不得举办重点校、重点班，坚决纠正利用公共教育资源集中建设和支持少数“窗口学校”“示范学校”而忽视大多数学校的做法。差距要缩小，各校要达标，目前一些地区学校之间存在的较大差距再也不能持续下去了。

（二）逐步实现教师交流，普惠广大儿童少年

百年大计，教育为本；教育大计，教师为本。在新的历史时期，义务教育均衡发展的关键是学校均衡，学校均衡的关键是教师均衡。要通过体制机制创新，加大义务教育阶段校长和教师的培训力度、交流力度，形成义务教育阶段教师统一管理制度，促进区域内义务教育学校之间师资力量的均衡配置。从某种意义上说“一位好校长就是一所好学校”。要重视发挥好优秀校长的作用，让更多学校收益，从一枝独秀，到百花齐放。要尽快建立起优秀校长、骨干教师定期流动和城镇教师到农村学校任教服务期制度，要把实施绩效工资与深化教师人事制度改革结合起来，并统一中小学教师职称。完善农村中小学教师补充机制，扩大实施农村学校教育硕士培养计划，探索教育硕士培养与特设岗位计划相结合的新机制。鼓励高校毕业生到中西部农村义务教育阶段学校任教，全面推进师范生实习支教行动计划。

（三）重视教育内涵发展，不断提高教育质量

教育是一项神圣而崇高的事业，国运兴衰系于教育，只有一流的教育，才有一流的人才，才能建设一流的国家。在继续做好硬件建设的同时，要更加关注基础教育的内涵发展，将工作重点从扩大规模转向提高质量。要转变工作方式，深入基层，深入学校，开展细致的调查研究，了解课堂教学实际情况，研究教育规律，注重教学效果，关注学生成长。新阶段推进义务教育均衡发展，其根本目的是全面提高义务教育质量。各地在制定政策、配置资源、安排资金时要优先保障提高教育教学质量的需要。要坚持机制创新，制定具体措施和办法，尽快提高农村地区和薄弱学校教学质量。在研究科学高效适用的教学方法上多下些功夫，积极倡导启发式教学。巩固农村中小学现代远程教育工程成果，充分利用好计算机等设备，促进优质教育资源共享，提高广大中小学的教学效率。推进义务教育均衡发展，必须全面贯彻党的教育方针，全面实施素质教育。坚持育人为本，德育为先，把爱国主义教育、革命传统教育、民族团结教育、中华传统美德教育和民主法制教育有机统一于教学过程之中。还要大力开展阳光体育活动，在小操场跑出大境界。关注学生营养，关心学生身心健康。让每天锻炼一小时、健康工作五十年、幸福生活一辈子成为共识。

（四）继续完善中招制度，淡化过早考试竞争

中考制度对义务教育均衡发展具有重要导向作用。要加快普通高中和中等职业学校的普及力度，使绝大多数义务教育毕业生都能享有接受良好的高中阶段教育的机会。进一步改革高中阶段招生考试制度，鼓励将普通高中一部分或大部分招生指标均衡地分配到初中的办法，推动中等职业教育学校建立灵活的招生入学制度和学籍管理制度，搭建人才成长的“立交桥”，从制度上克服“应试教育”和片面追求升学率的倾向，为义务教育均衡发展创造条件。

（五）依法保障财政投入，确保经费稳定来源

义务教育是国家必须予以保障的公益性事业，政府保障、加大投入是保持义务教育免费和均衡发展的基础。即使达到了财政性教育经费占国内生产总值

(GDP) 4%目标，也不意味着增加教育投入努力的终结。各地应依法落实教育经费的“三个增长”，依法将义务教育经费单列，真正把维持学校日常运转的人员经费、公用经费和事业发展经费等，全面纳入财政预算，不留缺口。要加大对薄弱学校的投入和扶持力度。市区两级的投入保障机制，一般性转移支付主要用于义务教育。保证义务教育运转需要钱，促进义务教育均衡发展更需要钱。

（六）继续加强学校管理，切实规范办学行为

要认真贯彻《义务教育法》，执行义务教育阶段“就近免试入学”政策，完善城市义务教育学生流动监控机制。纠正一些地方和学校举办或变相举办重点学校和重点班的做法。对按规定程序批准的实验班、特长班，收费项目和标准要与普通班级相同，不得以办班为由额外加收费用。义务教育阶段学校不利用双休日、节假日给学生集体补课并收取费用，不按学生考试成绩给学生、教师公开排队，减轻师生的心理压力。义务教育学校管理应井井有条，科学有序，富有活力，受人信赖。

（七）科学预测人口流动，关心优待弱势群体

让所有适龄儿童平等接受义务教育，同在蓝天下，共同成长进步，是义务教育均衡发展的一个重要体现。要进一步完善对家庭经济困难学生的资助体系，让他们不因生活困难失去平等接受义务教育的机会。帮助残疾儿童通过进入特殊学校或随班就读接受义务教育。把特殊学校建成当地最漂亮的学校，让残疾儿童成为最受社会呵护的孩子。随着工业化、信息化、城市化进程的加快，人口流动趋势将更为明显。要落实保障进城务工人员随迁子女接受义务教育的各项政策措施，既注意解决农民工子女的实际困难，又顾及城市学校的承载能力，努力实现所有学生享受同等待遇。此外，还要建立政府主导、社会参与的农村留守儿童关爱服务体系，重点管护和教育好父母均在外地务工的未成年人。

（八）推进体制机制创新，激励教育持续发展

实践无止境，创新无止境，解放思想无止境。在推进义务教育均衡发展过程中，要遵循教育规律，针对体制机制障碍，敢于破解，大胆改革，走出新路。首

先，形成城乡和地区义务教育共同发展机制。要把城市学校与农村学校共同发展、优质学校与薄弱学校共同提高作为重要政策取向，建立教育资源向困难地区、农村地区和薄弱学校倾斜的动态机制。通过整合、重组、结对帮扶等多种途径，打破学校和城乡之间的分割，促进区域内优质学校与薄弱学校之间形成稳定的共建机制。其次，创新教育管理运行机制。要对原有的管理机制进行调整和创新，引入实行学区管理、集团化办学、农村九年一贯制、示范性高中和重点高中招生指标定向分配到初中等方式，优化校长、教师的统筹调配机制。再次，完善义务教育质量评价体系和督导制度。把实施素质教育的具体要求，全面纳入学校教育质量监测评价、教育质量目标管理和教育质量保障体系。建立相对独立的教育督导机构，科学设置组织构架、职能权责、工作机制，探索中国特色的现代督导制度。

四、结语

在推进义务教育均衡发展的过程中，整体上提高义务教育阶段的质量至关重要。必须明确发展是义务教育的硬道理，通过发展来达到义务教育均衡。教育有自身规律，义务教育均衡发展是相对的，学校之间的差别是绝对的，现在要做的是尽可能地缩小这种差别，尽可能地让优质教育资源得到扩展，在多样化中求均衡。义务教育均衡发展势必呈现鲜明的地方特色，有的以城乡一体化发展为重点，有的以加强薄弱校改造为重点，有的以信息化带动均衡化，不能一个模式；抑或有的以增加投入为重点，有的以师资培训为重点，有的以对口支援为重点，不能一套方法。义务教育均衡发展的行程已经开始，通向目的地的路径必有多条。

关于我国义务教育均衡发展之再审视*

义务教育属国家行为、政府意志，义务教育系教育主体、学校首任，义务教育是社会责任、家庭权益。在我国各级各类教育中，义务教育是重中之重；在义务教育各项工作中，促进均衡发展是重中之重。对义务教育均衡发展的过去、现在和未来进行审视，有利于提高自信心、增强紧迫感、明确新任务、迈出新步伐。

一、审视过去，我国义务教育均衡发展具备必要基础

1986年《中华人民共和国义务教育法》（简称《义务教育法》）出台后，一些教育理论工作者便借鉴日本义务教育学校标准化、韩国义务教育实施平准化、美国教育经费向薄弱地区学校倾斜以及俄罗斯对边远地方教师发放津贴等做法，提出我国的义务教育应是惠及全体适龄儿童的平等的教育，但由于当时义务教育处于起步阶段，普及的任务很重，故当时对均衡发展的研究未能深入开展。我国一些比较发达的地区对义务教育均衡发展的实践发端于20世纪90年代中期。辽宁省大连市、山东省威海市等地在实现了“两基”目标后，针对本地学校在办学条件方面的过大差距，主动开展了义务教育均衡发展的探索。进入21世纪，四川省成都市、安徽省铜陵市、河北省邯郸市等地加大了义务教育均衡发展的力度，对全国发挥了引领示范作用。这些探索，离不开国家经济社会的有利形势。这些形势再加上已取得的工作进展，构成了继续推进义务教育均衡发展的必要基础。

（一）政治环境基础

进入21世纪后，党中央审时度势，相继做出了落实科学发展观和构建社会

---

* 本文原载《中国教育学刊》2012年第1期。

主义和谐社会的战略部署。科学发展观的核心是以人为本，基本要求是全面协调可持续。在教育领域，面向全体学生、加强城乡统筹、办好每所义务教育学校、促进义务教育均衡发展，就成了贯彻科学发展观的具体体现。在构建社会主义和谐社会进程中，中央倡导公平，时代呼唤公平，群众期待公平，公平正义比太阳还要有光辉。教育公平是社会公平的起点和核心环节，义务教育均衡发展是实现教育公平最直接、最现实、最优先的领域。2010 年，党中央、国务院召开了进入 21 世纪后的第一次全国教育工作会议，颁布了《国家中长期教育改革和发展规划纲要（2010—2020 年）》（简称《教育规划纲要》），对义务教育均衡发展提出明确要求。胡锦涛同志指出："教育公平的关键是机会公平，基本要求是保障公民依法享有受教育的权利，重点是促进义务教育均衡发展和扶持困难群众，根本措施是合理配置教育资源。"温家宝同志多次强调："在基本解决了有学上的问题之后，我们下一步的工作重点是要逐步解决义务教育资源配置不均衡问题，以满足人民群众上好学的要求。"2011 年教师节前夕，温家宝同志到河北省张北县视察，再次要求"一定要把农村教育办得更好"，在义务教育阶段积极推进城乡一体化和均衡发展。总体而言各级政府把教育工作作为最大民生工程，把义务教育均衡发展纳入责任目标，强力地予以推进。在全国范围内，推进义务教育均衡发展政治环境已经形成。

（二）法律规定基础

我国正在进入法治社会，教育工作也应有法可依、有法必依、执法必严、违法必究。2006 年，颁布了修订后的《义务教育法》，其中明确规定："国务院和县级以上地方人民政府应当合理配置教育资源，促进义务教育均衡发展，改善薄弱学校的办学条件，并采取措施，保障农村地区、民族地区实施义务教育，保障家庭经济困难的和残疾的适龄儿童、少年接受义务教育。"《义务教育法》把"均衡发展"作为义务教育的战略性任务，体现了义务教育的本质要求，体现了政府公共服务的法定职责，也体现了我国教育改革发展工作方针中促进公平和提高质量的要求。全国人大常委会于《义务教育法》修订颁布后一年，即组织执法检查。各地相继出台了本地义务教育实施办法或相关地方法规，对义务教育均衡发展提出具体规定。对地方政府是否依法实现教育投入"三个增长"、均衡配置教育资源，各方面开始有了监督。可见，关于义务教育均衡发展的国家法律和地方法规都具备，规定也比较全面，关键在落实。

（三）政策指导基础

教育部依据中央精神，在总结提炼各地成功实践基础上，于 2005 年印发了《教育部关于进一步推进义务教育均衡发展的若干意见》，并于翌年在四川省成都市召开了全国义务教育均衡发展现场经验交流会。更多的地方把义务教育均衡发展摆上战略地位，积极进行了探索，加大了工作力度，涌现出一批先进典型。2009 年，教育部在邯郸再次召开全国义务教育均衡发展现场经验交流会，表彰了全国 93 个推进义务教育均衡发展先进地区。2010 年，《教育部关于贯彻落实科学发展观进一步推进义务教育均衡发展的意见》印发，对各地义务教育均衡发展又给予了宏观指导。各地教育部门也都对本地义务教育均衡发展工作提出了更加具体的要求。

（四）工作进展基础

过去的这些年，中央部门、地方政府和教育部门付出了巨大努力，使出了真招实招，逐步形成了大力推动义务教育均衡发展的良好局面。一是加大了教育投入。中央财政逐年加大对西部地区、民族地区、贫困地区义务教育经费投入，实施了一系列重大工程项目。2010 年，中央财政进一步提高农村义务教育公用经费保障水平，东部地区年生均达到小学 450 元、初中 650 元，中西部地区年生均达到小学 400 元、初中 600 元。将中西部地区农村义务教育阶段家庭经济困难寄宿生生活费补助标准每人每天提高 1 元，年生均补助标准达到小学 750 元、初中 1 000 元，中西部地区约 1 225 万名寄宿生获得资助。各地制定了推进义务教育均衡发展的配套政策，确保财政投入、工资待遇、人事编制、社会保障到位。2011 年，中央财政加大了对中西部地区薄弱学校改造的投入，并支持改善学生就餐条件，对困难学生的生活补助提标扩面，实施学生营养餐工程。二是改造了薄弱学校。2010 年，国家开始实施“农村义务教育薄弱学校改造计划”。各地积极开展学校标准化建设，努力改善农村学校办学条件，加大薄弱学校改造力度，缩小了城乡之间、学校之间办学条件差距。三是均衡配置了教师资源。国家实施了中西部农村中小学教师特设岗位计划、中小学教师国家级培训计划，有计划、有步骤地补充合格教师，并对中小学教师进行分类、分层、分岗培训。各地积极跟进，创新了教师补充机制，缓解了农村地区教师紧缺的情况。四是签署了备忘录。为了明确责任、分解任务、抓好落实，按照分类指导、分期推进、一省一案的原则，经与各省、自治区、直辖市反复协商，教育部于2011年同28个省、自治区、直辖市和新疆生产建设兵团分别签署了义务教育均衡发展备忘录。只有4个省（区）因受自然灾害影响或因情况比较特殊当时尚未接受“两基”国检而没有签署。备忘录明确了教育部对各省、自治区、直辖市支持的具体范围和项目，明确了省级政府推进义务教育均衡发展的举措和责任。签署备忘录的省份大多又与各地市或县市区签署义务教育均衡发展协议或责任书，层层明确目标和责任。

二、审视现在，我国义务教育均衡发展必须全面推进

当前，我国正处于工业化、信息化、市场化、城镇化、国际化、人本化的形势之下，义务教育必须适应新形势，满足新期待，谋求新发展。到2011年年底，所有的省份通过了“两基”国家验收，城乡全面普及了免费九年义务教育，彻底解决了适龄儿童少年有学上的问题。但是，就总体而言，义务教育普及的基础还比较薄弱，很多学校的办学条件还未达标，区域之间、城乡之间、学校之间发展不均衡，质量水平差距大。现在不少地区存在均衡水平与发展水平的反差现象。有的地区均衡水平高，发展水平也高；有的地区均衡水平高，发展水平低；有的地区均衡水平低，发展水平高。我们既要认真解决发展水平较高而均衡水平较低地区的均衡问题，更要重视解决发展水平较低而均衡水平较高地区的发展问题，各级政府及其相关部门应继续大力推进义务教育均衡发展，努力缩小区域差距，加快缩小城乡差距，切实缩小校际差距，建立义务教育均衡发展的体制机制，使义务教育不断趋于公平。

（一）努力缩小区域义务教育差距

1. 国家投入向中西部地区义务教育倾斜

目前，欠发达地区学生在校用餐还存在困难，因而应加大对中西部地区家庭

贫困学生补助力度。在为寄宿生提供生活补助同时，也应一并考虑非寄宿学生的午餐补助问题。要采取有力措施，争取为每个学生每天免费提供一顿午餐或一份蛋奶。各地应根据经济社会发展水平和财力，对生活补助标准、覆盖范围、发放方式进行动态调整，充分发挥资金效益，确保补助经费用到学生身上。国家实施的校舍安全项目、义务教育薄弱学校改造项目、中小学现代远程教育项目应向中西部地区倾斜。在继续大力投入西部地区义务教育的同时，要特别关心支持中部人口大省义务教育，防止出现“中部塌陷”。

2. 保障进城务工人员随迁子女平等接受义务教育

据教育部发展规划司 2011 年统计报告显示，我国有 1 167 万名义务教育阶段进城务工人员随迁子女，占全国义务教育阶段学生总数的 7.7%。现在，各地应将进城务工人员随迁子女平等接受义务教育纳入区域发展规划和财政经费保障体系，按照随迁子女实际人数拨付教育经费，采用扩大公办学校资源和政府购买服务等方式，保证他们平等接受免费义务教育。在公办学校还不能完全接收进城务工人员随迁子女的情况下，可规范管理、积极扶持依法举办的接收进城务工人员随迁子女的非公办学校，帮助改善办学条件，通过公办学校托管、加强教研指导、开展教师培训等途径提高教育质量。教育部将与各地一道探索随迁子女义务教育后参加中考和高考的问题，各地也要全面清理针对随迁子女的各种不合理门槛。

3. 为中西部地区培养培训合格教师

继续实施好中西部农村中小学教师特设岗位计划，全国每年选拔 6 万—10 万名大学毕业生，到中西部农村地区任教。中央财政应继续支持实施义务教育教师国家级培训，2010 年中央财政下达 5.5 亿元，2011 年下达 7.2 亿元，用于中小学教师的国培计划。在一些民族地区，有些少数民族教师可能专业能力很强，但用汉语教不了课。所以，应重视双语教师培养，为他们制订专门的成长计划，帮助他们实现专业发展，更好地满足教学需要。东部发达地区优秀教师到西部欠发达地区支教，有利于义务教育均衡发展，应予积极提倡。

4. 运用信息化手段输送优质教育资源

现在，各地学校多已装备了信息化设施设备，以后要加强使用。教师应善于使用信息化手段组织教学活动，帮助学生理解知识、开阔视野。学校要舍得让学生充分使用计算机，宁肯把计算机用坏，也不能放坏。“有路更要有好车。”从教育部到各地应开发更多优秀电子资源或载体，通过卫星或网络及时提供给基层学校无偿使用。信息化手段，可以将过去只有发达地区学生才能享有的优质教育资源送给比较边远学校的孩子们。

（二）加快缩小城乡义务教育差距

1. 审慎开展学校布局调整

为了满足适龄儿童少年就近接受良好义务教育，就需要适应城乡发展进行合理规划，稳妥调整学校布局。当前，新一轮较大规模中小学布局调整已经基本完成，总体上应保持稳定。已经进行调整的地方，要重新审视布局调整是否统筹兼顾了城镇化发展、学龄人口变化、办学效益与教育质量提高、方便学生入学等方面，是否充分考虑了自然状况、交通状况、财政状况、学生就学方式等因素。因布局调整造成教育资源紧张和学生就学困难的地方，要采取有效措施解决出现的问题。准备进行调整的地方，要建立健全布局调整论证、征询意见、民主评议、方案审批、矛盾调解制度和机制，充分听取村民委员会和学生家长的意见。学校所在地多数村民反对的不撤并，离其他学校较远且不能提供住宿或校车服务的不撤并。经科学论证和严格程序确定布局调整的地方，要先建后撤，平稳过渡。

2. 妥善解决大班额问题

据教育部发展规划司 2011 年统计报告，全国小学 56 人以上的大班额占小学全部班额的 13.03%，其中 66 人以上的超大班额占 5.42%；全国初中 56 人以上的大班额占初中全部班额的 51.34%，其中 66 人以上的超大班额占 14.76%。布局调整后学生人数增多的学校，应完善配套保障措施，保证小学班额不超过 45 人，初中班额不超过 50 人。有条件的学校，可推行小班化教学。对于出现“大班额”的学校，要实施扩容改造。对于需要保留的教学点，要提高生均经费拨付标准，按班师比和课程实际需要配齐合格教师，并通过城市或中心学校教师巡回教学及现代远程教育等手段保证教育质量。

3. 探索校车服务管理实施方法

根据当地实际，实行方便学生、保障安全的多种校车运行管理模式，探索有效的政策措施、可持续的经费投入、有保障的安全管理的机制。要摸清辖区内学生出行方式和学校及家长租用车使用情况，提出具体实施办法。中央政府花钱提供校车并涂上“中央政府提供”，有利于增强学生的自豪感和对国家的认同度。可先行试点，逐步扩大范围。国家建立校车制度时不我待。现在一些地方仍在运营的“黑校车”、超载车存在安全隐患。各地应定期开展专项整治行动，督促落实安全责任，切实加强校车及驾驶人源头管理，杜绝农用车、拼装车、问题车接送学生上下学行为。

4. 促进农村闲置校舍再利用

当前一些闲置村小、教学点的校园校舍要充分利用或妥善处置。据教育部基础教育一司 2011 年统计，全国共有不再继续发挥中小学教育功能的中小学校 13 万所，其中有 55%已改作幼儿教育、卫生所、农牧民文化技术培训基地等，但还有 45%是完全闲置不用的。为整合教育资源，避免浪费或流失，闲置校园校舍再利用要突出教育优先，使之成为学前教育机构或其他教育机构。如具备一定条件，也可以改为开展劳动教育的学农基地或者扩展学生综合素质的校外活动场所。也可开展确权，转为其他公益设施或交回给村集体。

5. 实施义务教育学校标准化建设

一是实施各省义务教育学校标准化规划。按照城乡统一的建设标准提出工作要求，落实规划项目。二是硬件资源向农村倾斜。各地要坚持财政拨款向农村倾斜，新增教育经费主要用于农村义务教育，不断增加农村义务教育财政性教育经费投入，逐步缩小城乡之间义务教育生均经费的差距。坚持学校建设向农村倾斜，新设教育基建项目优先安排农村义务教育学校，教学仪器设备、图书等，满足农村学校需求，逐步缩小城乡办学条件差距。三是加大资源整合力度。各地要进一步统筹、整合现有义务教育专项工程资金，加大农村学校食堂和相关设施建设力度，使农村学校基本具备提供营养膳食的硬件条件。要改善农村寄宿制学校的饮水、宿舍、厕所等基础设施，保证学校人防、物防、技防措施落实到位。四是均衡配置城乡教师资源。实行县域内城乡教师编制和工资待遇同一标准，增加农村教师津贴，建设农村教师周转房，鼓励合格教师在农村长期任教，减少优秀教师外流。此外，实施农村教育硕士师资培养计划，有利于支持农村骨干教师专业发展。总之，要采取各种有效措施以保证均衡配置城乡教师资源。

（三）切实缩小义务教育学校之间的差距

1. 以资源共享促进均衡

义务教育均衡发展不加大经费投入力度不行，而实现高水平均衡只靠增加投入远远不够。《教育规划纲要》指出，促进义务教育均衡的根本措施是合理配置教育资源。在这方面，很多地方探索出了行之有效的路子，一种是突破原有的学校管理格局，以学区或片区为单位进行资源整合重组，统一教学要求、人事管理、教研活动、校园网络，共享优质教育资源。例如，天津市河西区提出了“小学教育发展联合学区”，北京市东城区实施“学区化管理”，河北省承德市通过学区建设实现优质均衡，河南省郑州市实施“学区化联合办学”等。鼓励优质学校与薄弱学校协同发展，建立帮扶带动机制，发挥名校的辐射作用，通过兼并、重组、合作、托管等多重形式，向薄弱学校和农村学校输送优质教育资源。应不断扩大优质教育资源覆盖面。学区管理、联合办学、集团化办学、结对帮扶等多种有效方式，可发挥示范引领作用，切实缩小学校之间的差距。要与社会各部门紧密联系，推动资源向中小学生开放。

2. 以教师交流促进均衡

在硬件条件改善后，教师资源就成了影响义务教育均衡的关键因素。为此，建立健全校长、教师流动交流制度，鼓励优秀校长、教师到相对薄弱学校任教。除新任教师、即将退休的教师外，鼓励其他教师在某所学校任教若干年后到县域内或者学区内其他学校任教。对于具备交流经历的教师，优先安排业务进修，优先晋升高一级职称，并作为学校管理者后备人选的必要条件。

3. 以缓解择校促进均衡

就全国来看，随着义务教育均衡发展不断深入，择校现象已得到缓解。但是，在某些大城市，无序择校现象仍比较严重。在这些大城市，应按照区域内适龄儿童少年数量和学校分布情况，科学划定每所学校的服务范围，每学年向社会公布区域内各义务教育阶段学校招生范围、招生时间、招生计划及有关信息。加大实行优质高中招生名额合理分配到区域内各初中的力度，并逐步提高分配比例。不以各种学科类实验班名义招生，制止举办或参与举办以选拔新生为目的的各类培训班。就近入学、生源均衡是义务教育均衡发展的一个重要方面。

4. 以全面发展促进均衡

义务教育均衡发展应是有质量的内涵发展，应是体现素质教育精神的全面发展。所以，在配置资源和安排资金时要优先保障推进课程教学改革和质量提高的需要，整体提升学校教育教学水平。制定面向全体学生、关注所有学生健康成长的工作制度和机制，把德育工作融入教育教学各个环节，深化课程改革，全面落实国家课程方案和各学科课程标准。全面落实每天锻炼一小时要求，增强学生体质，保护学生视力。同时，要建立科学的学校教育质量监测评价制度，广泛推行学生综合素质评价，建立教育质量目标管理制度和提高教育质量的保障机制。教育部门和学校也需要转变教学方式，切实减轻学生课业负担，着力提高课堂效率。此外，还要引导家长树立正确的育儿观念，树立适合的教育就是好的教育的观念，避免因望子成龙心切而让孩子不堪重负。

三、审视未来，我国义务教育均衡发展呼唤长效机制

面向 2020 年，根据《教育规划纲要》规定，义务教育均衡发展应持续不断科学地推进，建立行之有效的机制予以保障。

（一）建立协同推进机制

2011 年由教育部与各省、自治区、直辖市签署的义务教育均衡发展备忘录明确了双方责任。教育部表示将在国务院领导和有关部委支持下，通过转移支付

和实施专项，支持各地推进学校标准化建设，支持缩小学校和城乡之间在财政拨款、学校建设、教师配置等方面存在的差距，并组织对各地推进义务教育均衡发展进行督导，开展宏观指导，总结有关经验，出台推进制度和措施。备忘录明确了各省份因地制宜推进义务教育均衡发展的时间表、路线图和任务书，为义务教育均衡发展的推进、监督和检查等提供了可操作的工作依据。根据各地规划，签署备忘录的28个省份的2 528个县中，25%的县将在2012年年底实现义务教育基本均衡，64%的县将在2015年年底实现义务教育基本均衡，100%的县将在2020年年底实现义务教育基本均衡。各省份应采取切实措施，履行备忘录承诺。义务教育均衡发展备忘录的签署和落实，可以助推中央和地方进一步明确各自责任，协同推进义务教育均衡发展。

（二）完善投入保障机制

面向2020年，各级政府都应建立健全义务教育均衡发展保障机制。增加义务教育投入，提高城乡学校公用经费和生均教育经费标准，确保实现各省份义务教育均衡发展规划和义务教育学校标准化建设规划确定的目标任务。应依法对义务教育经费实施单列，足额征收城市教育费附加，根据国务院决策，从土地出让收益中计提的教育资金，优先满足义务教育均衡发展的需求。应将义务教育全面纳入财政保障范围，实行国务院和地方各级政府根据职责共同负担，省级人民政府负责统筹落实的投入体制，进一步完善中央财政和地方财政分项目、按比例分担的农村义务教育经费保障机制，不断提高保障水平和均衡配置资源的程度。

（三）启动试点引领机制

推进义务教育均衡发展是宏大的社会事业、复杂的系统工程，必须不断改革创新，锐意进取。在坚持总体要求的基础上，鼓励一些地方积极探索、先行先试，探索适应当地教育情况、符合教育规律的均衡发展模式。改革试点就是行动研究，既具有实践性、行动性，又具有探索性、研究性。尤其是对于学生课业负担过重、城市择校现象突出等社会各界广泛关注的、与群众切身利益密切相关的教育热点难点问题，要积极探索解决对策。对于一些地区采取的行之有效的办法和取得的成功经验，有必要加强指导、及时总结，将办法经验上升为政策措施，在更大范围内推广，充分发挥以点带面的示范作用，引领全国义务教育的整体发展。

（四）强化督导考核机制

建立推动有力、检查到位、考核严格、奖惩分明、公开问责的机制，是确保义务教育均衡发展各项举措落到实处、取得实效的重要保障。各地教育、发展改革、财政部门要建立协商合作机制，共同研究保障政策措施，实施重大项目。各省、自治区、直辖市教育督导机构应根据本级政府与教育部签署的推进县域义务教育均衡发展备忘录的承诺，依据国家教育督导团关于县域义务教育均衡发展督导评估办法，制定本省、自治区、直辖市域内的县域义务教育均衡发展评估验收标准和办法，组织对基本实现义务教育均衡发展的县（市、区）进行评估验收。各地应将义务教育均衡发展情况作为考核下一级政府及其主要负责人的重要内容。把义务教育均衡发展的责任层层分解，形成一级抓一级，层层抓落实的工作格局。对成绩突出的地区予以表彰奖励、宣传展示，营造全社会关心支持义务教育均衡发展的良好氛围。

关于义务教育年限问题的观察与研究*

义务教育是国家统一实施的所有适龄儿童、少年必须接受的教育，是国家必须予以保障的公益性事业，具有公益性、普惠性和强制性的特点。近年来，一些专家学者、代表委员提议延长我国义务教育年限，实施十二年义务教育，进一步提高我国义务教育水平。虽说2020年度的全国“两会”因新冠肺炎疫情延至5月下旬召开，但全国人大代表、著名教育学者周洪宇关于延长义务教育年限的建议热情并未减弱。他认为，从国家和民族长远利益考虑，我国义务教育年限应于“十四五”期间延至10年，“十五五”期间延至11年，“十六五”期间延至12年。当前，加强义务教育年限以及延伸方向研究，对于提高义务教育质量，保障公民基本受教育权，全面提升国民素质，建设人力资源强国具有十分重要的意义。

一、世界各国义务教育年限概况

根据联合国教科文组织统计，世界上至少有185个国家和地区推行了义务教育，义务教育的平均年限达到8.89年，其中非洲的平均年限达7.2年，北美、欧洲主要发达国家的平均年限为10—12年。总体上看（表2-1），一是各国义务年限差别较大，最短的只有4年，最长的达到了13年。二是实行九年义务教育的国家较多，达到39个，占到总数的21.08%。我国实行九年义务教育，是处于国际义务教育年限的中等水平。三是实行10—13年年限的义务教育的国家也最多，共有75个，占总数的40.54%。目前，美国、英国、德国等发达国家大部分实现了十二年或十三年义务教育，部分发展中国家，义务教育年限也达到或超过了10年。例如，朝鲜实行十一年免费义务教育，学生不花一分钱，连文具

* 本文撰写于2020年5月。

费也由国家承担。非洲纳米比亚实行了十年义务教育。埃塞俄比亚是世界上最穷的10个国家之一，也实行八年义务教育，学费、午餐和课本费用全部免除。古巴一直实行十二年免费义务教育。

表2-1 国际义务教育年限统计

年限/年	国家数/个	百分比/%
4	1	0.54
5	8	4.32
6	25	13.51
7	15	8.11
8	22	11.89
9	39	21.08
10	35	18.92
11	20	10.81
12	12	6.49
13	8	4.32
总计	185	100.00

二、主要国家和地区义务教育年限演变历程

纵观发达国家和地区义务教育的发展历程，可以发现义务教育年限一般都呈现出不断延长的趋势，但这种延长并非是随意的，而是在一定的社会历史条件要求下进行的，有其自身的历史合理性。在义务教育制度确立之初，各国对义务教育年限规定不统一，从3年、4年至8年不等，随着社会发展对劳动者受教育水平的要求提高，义务教育年限逐步被延长至9—12年甚至13年。

（一）德国实施12年义务教育

德国是世界上最早推行义务教育的国家，其普及义务教育有着悠久的历史传统。1872年颁布的《普通教育法》规定6—14岁的8年的初等教育为强迫义务教育。20世纪初，又实行了中小学一贯的教育制度。二战以后，其经济迅速恢

复，1959 年联邦各州基本上实行了 8.5 年年限的免费义务教育。20 世纪 60 年代初《汉堡协定》签订后，联邦德国统一了学校教育系统，把义务教育延长至 9 年。进入 70 年代后期，为了适应社会快速发展的需要，又把义务教育的年限延长至 12 年（6—18 岁）。目前，德国全境已基本上形成了一个共同的教育制度，学生可选择接受 12 年的全日制普通学校教育，也可以选择 9 年（个别州为 10 年）的全日制普通学校教育，再加上 3 年的职业学校教育。

（二）英国实施十一年义务教育

1870 年《初等教育法》的颁布，标志着英国义务教育制度正式形成。1880 年又颁布了新的《初等教育法》，规定对 5—10 岁的儿童实行 5 年的普及初等教育。1893 年儿童离校年龄提高到 11 岁，实行 6 年的普及初等教育。1899 年又提高到 12 岁，实行 7 年的普及初等教育。1918 年，国会颁布了《费舍法》，把儿童受义务教育的年龄提高到 14 岁，实行九年义务教育。1944 年颁布的《巴特勒法》把普及义务教育的年限进一步提高到 15 岁，义务教育年限延长至 10 年。1959 年《克鲁塞报告》（报告名称为《15 岁至 18 岁》）中又强烈要求延长义务教育年限，实现对英国全国 5—16 岁儿童 11 年的义务教育。1963 年中央咨询委员会又提出《纽塞姆报告》（又名《我们的半个未来》），建议把英国的义务教育年限提高到 16 岁。到 1972 年前后，英国基本上实现了十一年义务教育。至今，英国的义务教育仍然在不断变化，是否需要将义务教育延长至 18 岁的争论一直不断。

（三）法国实施十一年义务教育

法国是最先提出初等教育免费的国家之一，最初只规定要实行普及初等教育，但对入学与离校年龄并未从法律上予以规定。直到 1881 年颁布《费里法案》，才明文规定对 6—13 岁儿童实行 7 年的免费普及义务教育。1959 年 1 月 6 日《贝图安法令》规定，从 1967 年起把义务教育期限从原来的 6—14 岁延长到 6—16 岁，实行十一年制义务教育（6—11 岁为初等教育，11—15 岁为初中教育阶段，初中毕业时，学生尚未满 16 岁，所以学生还要接受 1 年的高中教育，到满 16 周岁时才能完成义务教育。法国高中第一年为义务教育的最后一年，后两年为非义务教育)。

(四)美国实施13年的免费教育

1852年，马萨诸塞州颁布了美国第一个正式的义务教育法律，规定该州8—14岁的儿童每年上课12周。至1898年当时美国45个州中已有32个州实行强迫义务教育。工业革命进一步推动了全国实施普及初等义务教育的步伐，19世纪末20世纪初，全美各地都实现了以公共税收为经费保障的普及初等义务教育。1957年苏联第一颗人造卫星成功发射，震动了美国朝野上下，美国人对其教育制度进行认真反思。随后，美国于1958年颁布了《国防教育法》，加快了教育普及步伐。1965年，美国政府颁布了《初等与中等教育法》，很多州都延长了义务教育年限。目前，大多数州都实行从学前教育到初中后教育在内的13年的免费教育，其中包括十二年义务教育，一般含小学教育（学前1—5年级）、初中教育（6—8年级）和高中教育（9—12年级）三个阶段。美国义务教育为全免费。

(五)日本实施九年义务教育

日本在1872年颁布第一个《学制》时，要求儿童6岁入学，实行8年强迫小学教育。但因此规定不切合当时日本的经济发展水平和国家财政能力实际，于是，1879年又制定颁布了《教育令》，将原来规定的普及小学教育的八年制改为四年制。1886年，颁布了《小学校令》，正式规定小学4年为普及义务教育年限。1907年，日本政府宣布实施小学六年制义务教育。1947年，日本国会公布了《教育基本法》和《学校教育法》两个重要教育法案，规定满6岁至15岁的所有儿童，都有受教育的权利，接受小学和初中共9年的义务教育。日本实行义务教育经费国库负担制度，对义务教育采取无偿制，免费给学生提供教材和营养午餐。

(六)中国香港和台湾地区实施十二年义务教育

中国香港自2008年9月起推行十二年免费义务教育，包括幼儿园3年、小学6年、初中3年。中国台湾实行十二年义务教育，包括6年小学教育、3年初级中等教育和3年高级中等教育。

（七）经合组织国家实施义务教育情况

根据1998年《教育概鉴——经合组织指标》一书，在绝大多数经合组织国家中，所有年轻人实际上已经享有至少11年的基础教育，只是参与的模式不尽相同。多数国家开始义务教育的年龄为5—6岁，完成年龄在14—18岁。由于就业难度增加，以及不具有充分教育准备的青年难以顺利就业，部分16岁完成义务教育的国家越来越倾向于将学生继续留在学校，直到他们完成高中教育，即离校年龄逐步趋于17或18岁。

（八）金砖国家实行义务教育情况

巴西实施8年的免费义务教育，除免学费外，还为学生免费提供午餐、教材等。苏联从1986年起实施十一年义务教育。1991年苏联解体后，俄罗斯联邦将义务教育年限缩减了2年，实行九年义务教育。20世纪末，俄罗斯又恢复实施十一年免费义务教育（4年普通初级小学、5年普通基础学校、2年普通中等学校），教科书由学校提供，并提供免费午餐。印度在宪法里明确规定实施8年的义务教育，免费提供学费、课本、校服及午餐。南非实施九年义务教育，但并不完全免费，只对没有能力支付学费的家庭实行免费。

（九）9个人口大国中部分国家实行义务教育情况

埃及实施九年义务教育，实行基本免费或低廉的收费政策，学生只缴纳极少量的杂费，书本、校车、课外活动和旅行等都不再收取费用。墨西哥实行15年的义务教育，从学前到高中毕业（3—18岁）。在墨西哥，由政府提供的一切教育均为免费。

三、主要国家延长义务教育年限特点分析

通过以上对世界主要国家和地区义务教育年限演变情况的分析，主要有以下几点结论。

（一）义务教育年限与生产力发展水平密切相关

在以蒸汽机、电气、电子和航天技术等为标志的三次产业革命后，生产力发展和产业结构都发生了深刻变化，对劳动者的文化素质要求也大大提高。为了更好地适应这一变化，发达国家相应采取了延长义务教育年限等措施，提高劳动者受教育年限。

（二）义务教育年限受经济发展状况影响较大

一是人均国内生产总值（GDP）越高，表明一国经济发展水平越高，大众的教育需求更强烈，国家能够负担的教育经费和教育年限也更高。二是公共教育经费占GDP的比例越高，表明一国对义务教育更加重视，财政投入也更加努力，相应义务教育水平和年限也较高。

（三）人口规模对义务教育年限有一定影响

一国的人口规模越大，意味着受教育人口越多，教育投入、师资配备和基础设施建设等需求也更大，普及义务教育的任务也更加艰巨。因此，在同样的教育投入水平下，政府能够负担的义务教育年限相应较低。世界上9个人口大国，除中国外，其他国家虽然实施了一定年限义务教育，但并未真正普及。

（四）义务教育年限有继续延长的趋势

许多国家义务教育年限大都经历了逐步延长的过程，一般先从实施较短年限的初等教育（小学阶段教育）开始，然后根据经济和社会发展需要，逐步向中等教育（初中阶段教育）延伸。在进一步延长义务教育年限时，大都选择向高中阶段延伸，年龄覆盖范围主要是6—18岁，一般不包括5岁以下年龄较小儿童。

四、几点启示

世界各国尤其是一些发达国家和地区延长义务教育年限的做法，为我国推进义务教育改革发展，探索实施更长年限义务教育，提供了有益借鉴和启示。

（一）要与经济社会发展和教育发展水平相适应

各国实施义务教育的年限长短，主要是由该国的经济发展水平和文化教育水平决定的。当前，随着知识经济发展和互联网时代的到来，对劳动者知识和能力素质提出了更高的要求，为了增强本国综合国力，很多发达国家采取延长本国义务教育年限、扩大教育普及范围的做法，提高全体国民受教育程度和国民整体素质。近年来，我国经济快速发展，国力不断增强，已经进入向人力资源强国迈进的关键时期，义务教育在促进经济社会发展和提高劳动者素质方面的基础性作用更加凸显，延长义务教育年限已经提上议事日程。但由于全面普及九年义务教育时间较短，一些地方教育基础还比较薄弱，巩固普及水平、提高教育质量的任务较重，延长义务教育年限应当充分考虑各地经济社会发展水平和教育发展实际。

（二）要鼓励各地积极探索更长年限免费教育

由于各地经济发展极不均衡，义务教育财政投入水平相差也较大，全国各地同时延长义务教育年限，目前还存在较大困难。在不突破现行教育法律法规的前提下，应当允许地方探索实施更长年限的免费教育，进一步提高教育发展水平，为今后延长义务教育年限奠定基础。目前，已有一些地方开始实施更长年限的免费教育，如西藏自治区、青海省天峻县、山西省长治县、陕西省吴起县、广东省深圳市等实施 15 年的免费教育试点，内蒙古自治区乌海市、新疆维吾尔自治区鄯善县、甘肃省天祝县、四川省双流县、江西省德兴市、广东省珠海市等实施 12 年免费教育试点。条件成熟时，中央财政可资助人口大省及欠发达地区实施高中教育免收学费，不必让人口流入较快的特大城市走在前头，以免更多随迁子女涌入。

（三）要加强与现行相关法律法规衔接

我国九年义务教育制度是由《中华人民共和国教育法》（简称《教育法》）确立的。《教育法》第十八条规定："国家实行九年制义务教育制度。"《中华人民共和国义务教育法》第二条也明确规定，国家实施九年义务教育制度，实施义务教育不收学费、杂费。从发达国家和地区的做法来看，确立、延长义务教育年限均需要通过法律法规予以保障。如果准备实施十二年义务教育，在保障公民基本受教育权利的同时，要考虑不能和公民实现其他基本权利相冲突，即不能与其他法律相抵触。比如，不能妨碍和忽略公民基本权利之一的劳动权。如果延长义务教育年限至12年，从6岁上学算起，则一个学生接受完12年的义务教育就年满18岁。按照《中华人民共和国劳动法》（简称《劳动法》）规定，我国最低就业年龄为16周岁（与九年义务教育的毕业年龄16周岁相对应），延长义务教育年限有可能会侵犯公民的劳动就业权。如果义务教育年限延长至12年，法定就业年龄就要相应提高，《劳动法》也要进行相应修改。因此，我国延长义务教育年限，需要做好相关法律法规的衔接工作，应在全面调研、充分论证的基础上，提出年限延长的时间、方式、保障措施以及其他相冲突法律法规的修法建议，报请全国人大审议。

五、建议方案

延长义务教育年限是重大教育政策问题，要充分考虑财政投入、法律准备、社会传统、人口规模等多方面影响因素，遵循教育规律和人才成长规律，在科学研究、充分论证的基础上，征求各方面意见，达成社会共识，稳妥实施、有序推进。在实施策略上，可以考虑在现行九年义务教育的基础上，加上3年的免费教育，到2035年，逐步过渡到十二年义务教育。我们建议将义务教育向上延伸，将高中阶段教育纳入义务教育。

一是较公平。相较学前教育，高中阶段公办学校所占比重较大，能够保证高中学生享受免费教育。而各地公办幼儿园所占比例很小，如将学前教育纳入免费教育，则进入公办幼儿园的幼儿享受免费教育机会较大，而大部分进入民办幼儿园的幼儿不能享受免费教育，造成了新的不公平。

二是经费可承担。按照当前全国普通高中在校生约2 400万人、每人每年学费1 000元计算，大致需要免除学费240亿，杂费、书本费不免。全国中等职业学校在校生约1 900万人，已推行免费教育，绝大多数学生学费已经免除。因此，在高中阶段实行免费教育有一定基础，也在各级财政可以承担的范围内。

三是完善的学籍管理系统有利于提高资金使用效率。全国高中阶段学籍管理系统已投入使用，每个学生都有唯一对应的学籍号，可有效防止套取经费问题，高中阶段经费的使用和管理将更加规范、科学。

四是有利于引导学生形成正确的人生观、世界观、价值观。高中阶段是学生人生观、世界观、价值观逐步成形、走向稳定的阶段，推行高中阶段免费教育，提高高中教育普及程度，有利于培养学生感恩、爱国的正确情怀。

五是两者比较后高中教育更能实现。相对于学前教育，高中阶段学校条件更好，吸纳能力更强，教育质量更有保障。2019 年，全国学前教育毛入园率为 83.4％，高中阶段毛入学率为 89.5％①，将高中阶段纳入义务教育实现基础更好些。

六是国际通行做法。从美国、英国、法国、德国等发达国家来看，学段上多是涵盖了高中阶段教育，只有美国涵盖了 1 年学前教育。从将学前教育纳入义务教育的国家来看，如奥地利、荷兰、以色列、阿根廷、委内瑞拉等国家，也是将学前 1—2 年纳入义务教育。墨西哥虽然将学前 3 年纳入义务教育，不过至今也没有实现幼儿入园的全覆盖。同时，考虑到幼儿身心发展特点和成长需求，也不宜将学前 3 年全部纳入义务教育范围。

七是有利于提高国民整体素质和劳动者就业能力。接受高中阶段教育的学生基本已达到了成人年龄，毕业后就是合法的劳动者。中等职业学校更是培养有一技之长的劳动者，大部分接受职业学校教育的学生毕业后就能直接就业。因此，将高中阶段教育纳入免费进而提高高中教育普及程度，对于提升国民整体素质和劳动者就业能力，将产生直接而积极的效果。

① 教育部. 2019 年全国教育事业发展统计公报［R/OL］.（2020-05-20）［2020-05-25］. www. moe. gov. cn.

新型城镇化背景下城乡义务教育一体化发展*

一、统筹城乡义务教育一体化发展的缘起

（一）落实党中央、国务院提出的新要求

党的十八大报告和十八届三中全会决定都强调“坚持走中国特色新型城镇化道路”，在当前和今后一段时期，我国新型城镇化进程将深入推进，对教育特别是义务教育的发展产生深刻影响。2013 年年底，中央召开了城镇化工作会议，对全面推进新型城镇化工作做出部署。2014 年，中共中央、国务院印发了《国家新型城镇化规划（2014—2020 年）》，国务院印发了《关于进一步推进户籍制度改革的意见》《关于进一步做好为农民工服务工作的意见》，对于有序引导农业转移人口市民化、保障城镇基本公共服务供给提出了要求。特别是《国家新型城镇化规划（2014—2020 年）》对义务教育工作提出了明确要求，如“稳步推进义务教育等城镇基本公共服务覆盖全部常住人口，基础设施和公共服务设施更加完善”“保障随迁子女平等享有受教育权利”“政府要承担农业转移人口市民化在义务教育等方面的公共成本”“教育医疗等公共资源配置要向中小城市和县城倾斜”“合理配置教育资源，重点向农村地区倾斜。推进义务教育学校标准化建设，加强农村中小学寄宿制学校建设，提高农村义务教育质量和均衡发展水平”“合理确定各级政府在教育等公共服务方面的事权，建立健全城镇基本公共服务支出分担机制”等。

2014 年 3 月，刘延东同志在《互联网信息摘要》第 2 期“有媒体称‘后并校时代’农村小学难解生存危机”的信息上批示：“请教育部对城镇化进程中的

* 本文撰写于 2015 年 12 月。

中小学生流入城市的利弊得失做科学分析，合理应对并与社会沟通。”同年 12 月，刘延东同志在新华社《国内动态清样》第 760 期“城乡教育两极分化加剧，教师流动急需落实”的信息上做出批示，要求“对城镇化进程中义务教育合理布局以及过渡期发生的问题应做专题研究，做入‘十三五’教育规划，为孩子们受教育提供条件”。2015 年 8 月，刘延东同志在国务院办公厅秘书三局和教育部基础教育一司联合起草的调研报告《优化教育资源布局，促进公平均衡发展——新型城镇化背景下义务教育改革发展调研与思考》上做出批示：“如何适应新型城镇化趋势，促进义务教育改革发展，是当前教育领域紧迫而重要的课题。报告中反映的城乡资源配置、教师结构性缺员、课程科学设置及留守儿童关爱等问题应予重视，所提建议有参考价值。请教育部会同中编办、发改委、财政部认真研究，从健全机制、调整完善政策措施入手，促进义务教育的公平、均衡发展。”

（二）适应城镇化发展的新形势

综合分析 2011—2014 年教育事业统计和学籍系统有关数据可以看出，随着新型城镇化发展，义务教育学生、教师在城乡之间流动呈现以下特点。

一是在城镇就读的学生比例远高于同期常住人口城镇化率，其增速也快。2014 年城镇义务教育阶段学生占全国义务教育学生总数的比例达 72.55%，比同期我国常住人口城镇化率（54.77%）高 17.78 个百分点。

二是学生从乡村向城镇流动加快，乡村学生规模急剧萎缩。2014 年全国义务教育学生数比 2011 年减少了 1 157.5 万人，减少了 7.7%，但同期乡村学生数则减少了 1 489.9 万人，降幅达 28.5%，而同期城镇学生数增加了 272.3 万人，增幅为 2.8%。

三是学生转学量大无序。全国中小学生学籍信息管理系统数据显示，2014 年，共为全国 427.6 万中小学生办理了转学业务，其中小学 342.9 万人，占转学学生总数的 80.2%；初中 76.7 万人，占转学学生总数的 17.9%。转学学生中有 107.1 万人从农村转向城镇，有 45.8 万人从城镇转向农村，农村往城镇净流入数为 61.3 万人。

四是区域之间义务教育城镇化发展情况不平衡。2011—2014 年，东、中、西部在城镇就读的义务教育学生比例年均分别增长 1.6、3.1、2.5 个百分点，中部地区学生城镇化速度最快。

（三）应对义务教育改革发展面临的新问题

在许多地方，城镇内部和城乡之间二元结构矛盾凸显，城镇教育资源紧缺，乡村教育质量亟待提高。义务教育改革发展面临诸多新问题。

一是城镇教育资源不足与农村教育资源“闲置”并存。一方面，城镇学校“拥挤”，大班额问题突出。2014 年，全国小学、初中 56 人以上大班额比例分别为 12.2%、21.7%，其中中部地区城区 56 人以上大班额比例高达 32.1%。一些地方学校建设与城镇化步伐不相适应，新建小区配套学校规划建设显著不足，满足不了当地新增入学需求。国家教育咨询委员会专家 2015 年 4 月在河南省周口市和信阳市抽查了 8 所中小学校，最大的班额达到 150 人，最小的班额也有 70 余人。另一方面，农村学校数量不断减少，闲置校园校舍增多。在经历了前十年大规模撤点并校后，2011—2014 年，乡村小学和教学点又减少了 2.3 万所，三年降幅近 10%。据教育部和国家发展改革委 2011 年统计，全国共有不再用于义务教育的“闲置”义务教育学校 13.2 万所（60%改用于学前教育或其他社会事业），涵盖校园面积 4 亿平方米。同时，农村学校规模日益缩小，“麻雀”学校、“空壳”学校日渐增多。2014 年全国 100 人以下的小学有 5 万多所，10 人以下的教学点有近 3 万个。

二是城镇师资紧张与乡村教师结构性缺员并存。适应新型城镇化发展，客观上要求城乡义务教育各要素特别是教师管理实现区域统筹和动态流动。但实际层面由于部门之间政策衔接不够，以地方教育行政部门为主确定辖区内学校教职工编制和岗位数量与岗位结构政策落实不到位，使教师在城乡之间、区域之间不能科学调配、按需流动，也不利于促进校长教师轮岗交流，导致城镇师资紧张和乡村教师结构性缺员问题并存，造成教师资源使用效益不高和资源浪费。乡村教师结构性缺员主要体现在学科结构、年龄结构和性别结构等方面。以湖北省黄冈市 2014 年教师队伍状况为例：全市应配音体美教师 5 877 人，实配 2 594 人，缺额 3 283 人；全市小学 50 岁以上专任教师占 33.1%，初中 50 岁以上专任教师占 20.4%；全市中小学 80%以上是女教师，而且问题集中体现在乡村地区。

三是经费投入向农村倾斜与城镇“新洼地”并存。2007 年以来，国家先后实施农村寄宿制学校建设、中小学校舍安全、中西部初中校舍改造、义务教育薄弱学校改造计划、全面改善贫困地区义务教育薄弱学校基本办学条件等一系列工程项目，其中主要投向农村地区，很多学校已成为贫困地区农村最好的建筑。同时，中央财政在日常经费保障上也向农村倾斜，2006 年实施农村义务教育学校经费保障机制以来，生均公用经费经过六次提标，目前已达到中西部小学 600 元、初中 800 元，东部小学 650 元、初中 850 元。与此同时，笔者调研中发现一些市、县城区投入相对不达标，形成了城镇义务教育的“新洼地”，在中西部地区，甚至存在城市义务教育生均公用经费标准低于农村的“倒挂”现象。

四是随迁子女进城就学难和留守儿童关爱缺失并存。随着城镇化推进，随迁子女就学难问题仍较突出，主要体现在以下几点。

第一，城镇学校学位供给不足，难以满足随迁子女就学需求。随迁子女带来的问题比较复杂。一方面，随迁子女义务教育应予保障，让他们与城镇儿童同在蓝天下、共同成长进步。另一方面，过多的随迁子女流入某些大城市，导致这些城市教育资源紧张、不堪重负。随迁子女接受义务教育后在输入地参加中高考是大势所趋，然而这个问题牵涉面广，不同利益群体提出不同诉求，解决起来难度很大。

第二，经费保障压力大。随着异地高考政策逐步放开，预判未来几年相关省份接收随迁子女量还会增加，将给流入地带来更大压力。

第三，随迁子女真正融入流入地教育需要加强。尤其是有的农民工子女学校为追逐最大利润，拼命压低办学成本，办学条件十分简陋，教室通风采光严重不达标，存在安全隐患，师资力量薄弱，难以保证正常教学秩序、学生安全和教育教学质量。由于资金短缺，导致办学条件简陋，教学设施设备短缺，管理水平低下，难以保证正常教学秩序和学生安全。这些学校教师待遇也相对较低，教师更换频繁，师资力量薄弱，严重制约着其教育教学质量。

另外，农村留守儿童，特别是双亲在外务工的留守儿童普遍存在家庭监护不到位的情况，教育关爱缺失，由此导致出现心理健康、人身安全和学习生活等各方面问题。农村留守儿童问题突出表现为以下四个方面。

一是学习滞后。留守儿童的监护人一般是临时的或者是隔代的，“重养不重教”现象严重。

二是心理失衡。由于与父母的分离，留守儿童的心理问题更突出。

三是行为失范。留守儿童正处于身心快速发展的时期，容易在道德观念、道德行为方面受到一些负面影响。

四是安全堪忧。监护人疏于管理、监护责任不到位，导致留守儿童面临较高的安全隐患。

二、城乡一体化发展的指导思想和原则目标

（一）指导思想

坚持以党的十八大和十八届三中、四中、五中全会精神为指导，全面贯彻党的教育方针，全面落实依法治教，坚持立德树人根本任务，深化教育综合改革，统筹推进城乡义务教育一体化发展。适应新型城镇化发展需要，合理规划城乡义务教育学校布局建设，完善城乡义务教育经费保障机制，统筹城乡教育资源配置，向乡村、县镇和中小城市城乡接合部倾斜，大力提高乡村教育质量，适度稳定乡村生源，增加城镇义务教育学位和乡镇学校寄宿床位，推进城镇义务教育公共服务常住人口全覆盖，着力解决“乡村弱”和“城镇挤”问题，加快缩小城乡教育差距，均衡发展九年义务教育，为 2020 年基本实现教育现代化和全面建成小康社会奠定坚实基础。

（二）工作目标

加快推进城乡义务教育一体化进程，促进教育资源的有效流动和向农村倾斜，逐步消除城乡二元结构壁垒，实现城乡义务教育学校建设标准统一、教师编制标准统一、生均公用经费标准统一、装备配置标准统一和“两免一补”政策城乡全覆盖，城乡学校布局更加合理，师资配置基本均衡。

到 2020 年，全国乡村完全小学、初中或九年一贯制学校基本建成标准化学校，寄宿制学校、村小学和教学点达到相应要求，乡村教师岗位吸引力明显增强。城镇大班额基本消除。在县域义务教育基本均衡发展基础上，促进优质均衡发展，探索市域义务教育均衡发展实现路径，基本实现城乡教育基本公共服务均

等化。

（三）基本原则

第一，优先发展，统筹规划。在城镇化进程中坚持优先发展义务教育，做到公共资源配置上教育优先规划、优先投入和优先落实。坚持城乡并重和软硬件并重，加快学校标准化建设。

第二，分类指导，有序推进。针对东中西部、城镇类型、城镇化水平和乡村实际情况，因地制宜选择发展路径，科学规划城乡义务教育规模，促进教师按需配置，引导学生合理流动。

第三，深化改革，创新机制。深化义务教育治理结构、教师管理和保障机制改革，构建与常住人口增长趋势和空间布局相适应的城乡学校布局建设机制，完善义务教育治理体系，提升义务教育治理能力现代化水平。

第四，提高质量，公平共享。把立德树人作为义务教育根本任务，把均衡发展和品质提升作为重要抓手，积极培育和践行社会主义核心价值观，促进教育公平，使城乡学生共享有质量的教育。

三、统筹城乡义务教育一体化发展的主要建议①

党的十八届三中全会明确提出，统筹城乡义务教育资源均衡配置，实行公办学校标准化建设，促进义务教育学校校长教师交流轮岗。这些年，我国义务教育取得举世瞩目成就，但也存在城乡差异大等问题。全面改善贫困地区薄弱学校基本办学条件，推进义务教育学校标准化建设，既是守住基本民生底线、推进教育公平和社会公正的有力措施，也是增强贫困地区发展后劲、缩小城乡和区域差距、推动义务教育均衡发展的有效途径，关乎国家长远发展。为贯彻落实中央精神，我们要在未来3—5年里，加大投入，加强管理，按照“缺什么补什么”原则，加强对农村义务教育学校支持力度，整体缩小农村学校资源配置与当地城镇学校的差距。

① 王定华．统筹城乡义务教育一体化发展［N］．中国教育报，2013-12-17．

（一）统筹教学条件

城乡学校都要保障教室坚固、适用、通风，符合抗震、消防安全要求，自然采光、室内照明和黑板材料达到基本规范。按照学校规模和教育教学要求配备必要的教学仪器设备、器材。每个学生都有合格的课桌椅，新配桌椅应可调节高度。配备适合学生身心发展特点的图书，激发学生阅读兴趣，小学生均图书不低于15册，初中生均图书不低于25册。农村学校要根据地理条件和农村体育特点建设运动场地，配备体育设施，以加强学生的体育课教学和课外体育锻炼。

各地政府要依据常住人口规模变化编制城镇义务教育学校布局规划，纳入城市、镇总体规划予以实施，不得随意变更，确保城镇学校建设用地和学位供给。新建配套学校建设方案，相关部门应征求同级教育行政部门同意。依法落实城镇新建住宅小区配套标准化学校建设，老城区改造和小规模住宅新区配套学校建设不足的，由当地政府统筹配建，满足学生就近入学需要。地方政府要为配套建设义务教育学校积极创造条件，实行"交钥匙"工程，督促住宅小区开发建设单位将配套学校建设与住宅建设首期项目同步规划、同步建设、同步交付使用。实施学区化、集团化办学或学校联盟，发挥优质教育资源辐射作用，加大对新建、改建学校和薄弱学校的扶持力度，促进均衡发展，保障城镇常住人口中适龄儿童少年义务教育同城待遇。

（二）统筹生活设施

各地要逐县（区、市）逐校建立义务教育学校标准化建设台账，全面摸清情况，加强省级政府统筹，聚焦乡村学校和薄弱学校，完善寄宿制学校、村小学和教学点办学标准，全面改善城乡义务教育薄弱学校基本办学条件，加快推进城乡义务教育学校在生活设施方面也能逐步走向标准化。城乡学校都应设置开水房或安装饮水设施，确保学生饮水安全便捷。厕所要足够，以1∶3设置男女蹲位为宜。学校要有围墙，设置必要的安全设施，保障师生安全。北方和高寒地区学校应有冬季取暖设施。农村寄宿制学校食堂或伙房须保持洁净卫生，满足学生就餐需要，让每名寄宿生都有1个床位。如条件允许，还应在农村寄宿制学校设置浴室和医务室。

（三）统筹教师配置

统一城镇乡编制标准，抓好城乡教师队伍建设，以改革措施激励义务教育阶段校长教师在城乡间、学校间交流轮岗。通过“特岗计划”等方式，完善农村教师补充机制，改革教师教育，为农村学校培养能承担多门学科教学任务的小学教师和“一专多能”的初中教师，并为他们提供在职专业发展机会，保障其职称晋升比例不低于当地城区教师。还要通过地方实施、中央奖补，对贫困地区的乡、村学校和教学点教师给予生活补助。积极推进农村教师周转宿舍建设，努力改善农村教师生活条件。① 进一步提高村小学和教学点公用经费标准，通过购买服务等方式为农村寄宿制学校聘请工勤和教学辅助等工作人员。城镇地区要按照国家规定班额标准，采取新建和改扩建校园校舍、均衡配置师资、限制招生人数、合理分流学生等方式，逐步消除现有大班额，避免产生新的大班额问题。各地要在统一城乡办学标准基础上，开展城乡义务教育一体化示范区建设，发挥引领示范作用。

（四）统筹学校布局

根据经济社会发展规划、人口变化预测、教育承载力，统筹布局区域内城乡学校。配合国家加快水电路气等基础设施向农村延伸，在交通便利、公共服务成型的农村地区合理布局义务教育学校，办好必要的村小学和教学点。合理制订闲置校园校舍综合利用方案，严格规范权属确认、用途变更、资产处置等程序，并优先用于教育事业。要避免“边建设、边闲置”现象，切实提高农村教育资源使

① 在笔者看来，各地应当探索建立城乡义务教育教职工编制统筹配置机制和跨区域调整机制，实行教职工编制城乡、区域统筹和动态管理，盘活师资存量，提高使用效益。国务院人社部门和教育部门研究制定县域统一的义务教育学校岗位结构比例，逐步推动县域内学校岗位结构动态管理。各地要在核定的教职工编制总额和岗位总量基础上，按照班额、生源情况，由县级教育行政部门负责确定辖区内每所学校教职工编制和岗位数量，并报同级机构编制部门、人社部门和财政部门备案，统筹配置城乡教职工编制和岗位，充分考虑乡村小规模学校、寄宿制学校和城镇学校的实际需要，着力解决乡村教师结构性缺员和城镇师资不足问题。全面清理学校编制内教师在职不在岗现象，严禁占用义务教育学校教职工编制和各种形式“吃空饷”。县级教育行政部门与有关部门依法履行对义务教育阶段教师的招聘录用、职称评聘、培养培训、调配交流和考核，以及校长的选拔、任用、培训、考核、交流等管理职能。

用效益。

对需要保留的农村教学点要配备必要设施，满足其教学、生活基本需求。中心学校统筹教学点课程和教师安排。职称晋升和绩效工资分配向教学点专任教师倾斜。对学生规模不足100人的教学点按100人标准单独核定公用经费，按时足额拨付。

（五）统筹校额班额

城乡学校规模要科学合理，不搞巨型学校。大校额、大班额现象主要存在于县镇。为此，要超前谋划，综合施策，首先解决县镇66人以上的超大班额问题，继而逐步把义务教育班额控制在50人之内。可通过学区制、学校联盟、集团化办学等方式合理分流学生。可采取新建、扩建、改建等措施，对县镇义务教育学校进行改造扩容。明确政府与开发商各自的义务，加强新建住宅区配套学校建设。

（六）统筹随迁留守

保障随迁子女就学。进一步强化流入地政府责任，将随迁子女义务教育纳入城镇发展规划和财政保障范围，坚持积极进取、实事求是的原则，按照户籍制度改革要求，依法保障随迁子女平等接受义务教育。推动城镇公办学校普遍向符合规定条件的随迁子女开放，公办学校不能满足需要的地方应在坚持以公办学校接收为主的同时，做好购买普惠性民办学校服务工作。利用全国中小学生学籍信息管理系统，增强教育经费的可携带性。实现混合编班和统一管理，促进随迁子女融入学校和社区。公办和民办学校都不得向随迁子女收取有别于本地户籍学生的任何费用。特大城市和随迁子女特别集中的地方，可根据实际制定随迁子女入学的具体办法。

加强留守儿童关爱。各地要健全留守儿童关爱服务体系，形成“政府主导、部门协同、社会参与、家庭履责”的工作机制，促进农村留守儿童健康成长。要深入排查，建立台账，全面掌握留守儿童基本情况，重点加强对无人监护和双亲在外留守儿童的关心、照顾和救助，确保留守儿童人身安全，帮助解决实际困难。中小学校要积极开展心理辅导、法制教育和安全教育。强化家庭监护主体责任，鼓励父母取得居住证的适龄儿童随父母在工作地就近入学，外出务工父母要依法履行监护职责和抚养义务。依法干预父母和其他监护人不履行监护责任的失职行为，依法处置各种侵害留守儿童合法权益的违法行为。发挥村委会和家长委员会作用，提醒外出务工家长履行监护责任。

（七）统筹数字资源

改善城乡学校信息化基础设施，通过信息化扩大优质教育资源覆盖面。稳步推进农村学校宽带网络、数字教育资源、网络学习空间建设。为村小学和教学点配置数字教育资源接收和播放设备。加强农村教师信息技术应用能力培训，提升农村教育信息化水平，让农村地区师生也能便捷共享优质数字教育资源。此外，还要利用电子学籍系统，提高农村教育治理能力。

（八）统筹政府责任

各地政府应根据国家新型城镇化发展的总体战略部署和本地城镇化进程，把义务教育摆在优先发展的突出位置，将城镇义务教育学校建设资金足额纳入财政预算予以保障。完善相关政策措施，采取政府购买服务、税收激励等政策措施，引导和鼓励社会力量支持义务教育发展。要把统筹推进城乡义务教育一体化发展作为各级政府政绩考核的重要内容，建立考核机制，加强部门协调，及时研究解决义务教育改革发展面临的重大问题和人民群众普遍关心的热点问题，确保各项改革措施落实到位，工作目标按期实现，促进义务教育与新型城镇化协调发展。

在这个过程中，必须明确部门职责。教育部门要加强同有关部门的协调沟通，编制完善义务教育规划，积极推动城乡义务教育一体化发展各项措施落实到位。发展改革和财政部门要在安排城镇化建设重大项目和资金投入时，优先考虑和保障义务教育学校建设需要。财政部门和教育部门要积极建立和完善城乡一体化的义务教育经费保障机制。公安机关要加强居住证管理，建立随迁子女登记制度，及时向同级教育行政部门通报有关信息。民政部门要建立健全特殊困难流动留守儿童救助制度，落实兜底监护职责。编制部门和人力资源社会保障部门要为推动实现统筹分配城乡学校教职工编制和岗位提供政策支持。人力资源社会保障部门要加强对企事业单位用人管理的监督检查，依法督促落实职工带薪年休假制度，支持外出务工父母定期回乡看望留守儿童。国土部门要依法切实保障学校建设用地。城乡规划主管部门制定控规涉及中小学用地的，应当征求同级教育行政部门意见。未按照规划配套建设学校，不得发放建设工程规划核实合格书，不得办理竣工验收备案。

（九）统筹督导检查

地方各级政府应当加强对辖区内各部门落实有关义务教育工作情况的专项检查，定期向同级人民代表大会或其常务委员会报告义务教育工作情况。各级教育督导部门要开展城乡义务教育一体化发展主要措施落实和工作目标完成情况的专项督导检查，完善督导检查结果公告制度和限期整改制度。对因工作落实不到位，造成社会不良影响的部门和有关责任人，要严格问责。

（十）统筹宣传引导

各地要加大对国家新型城镇化规划、户籍制度改革、居住证制度和城乡义务教育一体化发展工作等方面的综合宣传力度，进一步凝聚人心，统一认识，在全社会营造关心支持义务教育工作的良好氛围。各地要认真总结成功做法和典型经验，并通过多种形式进行深入宣传和推广，使义务教育改革发展更好地服务于新型城镇化建设。依法推进中小学校信息公开，发挥社会监督和舆论监督的积极作用。

四、结语

城镇化是我国社会结构的一个历史性巨变，对经济社会各方面都产生了深刻影响。作为事关国计民生的农村义务教育，在城镇化进程中经受了前所未有的影响，发生着重大变革。准确把握城镇化与农村义务教育的关系，科学应对城镇化背景下农村义务教育面临的各种挑战和问题，是贯彻落实科学发展观、促进农村义务教育持续健康发展的必然要求。

进入 21 世纪以来，快速推进的城镇化对义务教育的作用呈现出以下特点。一是全面性。城镇化对义务教育的布局、内容、手段乃至思想观念等各个方面都产生了深刻影响。二是差异性。有些地方城乡义务教育已无实质性区别，有些地方则鲜受城镇化触动，还重复着传统的教育方式。三是长远性。城镇化进程方兴未艾，对义务教育的影响将长期存在。

做好城镇化背景下的农村义务教育工作，要处理好以下几个关系。一是城乡统筹与倾斜乡村的关系。二是全面推进与重点突出的关系。三是统一要求与因地制宜的关系。义务教育的发展方向和基本标准，全国可有统一要求。更重要的是，各地必须依据本地实际推动工作，善于以多样性应对问题的复杂性。

切实办好贫困地区义务教育*

党的十八大和十八届三中、四中全会强调，要大力促进教育公平，合理配置教育资源，重点向农村、边远、贫困、民族地区倾斜。习近平总书记在河北省阜平县调研时深刻地指出："治贫先治愚。要把下一代的教育工作做好，特别是要注重山区贫困地区下一代的成长。下一代要过上好生活，首先要有文化，这样将来他们的发展就完全不同。义务教育一定要搞好，让孩子们受到好的教育。"李克强总理在2015年政府工作报告中要求精准扶贫，关注公平和质量，让每个人都有通过教育改变自己命运的机会。义务教育是最重要的国民教育，是当前最大的民生工程和必须优先保障的基本公共服务。切实做好贫困地区义务教育，更对当地儿童少年的现实发展和未来幸福具有无可替代的重要作用。

这是兜住民生底线的重要举措。近些年来，国家逐步健全农村义务教育经费保障机制，实施了农村义务教育薄弱学校改造计划、农村初中改造工程等一系列教育重大工程项目，改善了农村义务教育学校办学条件。但是，贫困地区特别是集中连片特困地区经济社会发展相对滞后，办学成本较高，教学条件较差，寄宿制学校宿舍、食堂等生活设施不足，村小和教学点运转比较困难，教师队伍不够稳定，辍学率相对较高，仍然是我国义务教育事业发展的薄弱环节。补齐这块"短板"，让全体人民共享改革发展的成果，势在必行，时不我待。

这是同步实现小康的根本之策。治贫先重教、扶贫先启智，这是我们30多年扶贫工作的一条宝贵经验。特别是面对我国扶贫开发的新形势新要求，提升贫困地区自我发展能力，越来越有赖于人才队伍的培养和人力资源的开发。办好贫困地区义务教育，为贫困地区"四化同步"发展和"五位一体"建设储备人力资源，既是帮助贫困地区百姓减贫脱贫、增强贫困地区发展后劲、促进地区均衡发展的有效途径，也关系全体国民素质的提高和全面建成小康社会的顺利实现。

---

* 本文撰写于2015年7月。

这是基本实现教育现代化的紧迫任务。全国有40%的义务教育学校、4 700多万名学生分布在贫困地区，涉及1 100多个贫困县。这些地区历史欠账多，发展底子薄，大多数学校教学条件较差，是巩固提高“普九”成果、推进教育公平最难啃的“硬骨头”。现在，距国家提出到2020年基本实现教育现代化目标的时间已很紧迫。必须切实加快贫困地区义务教育发展步伐，为贫困地区与全国同步基本实现教育现代化打下坚实基础。

切实办好贫困地区义务教育，是党中央、国务院的重大战略部署，关乎贫困地区人民群众的脱贫致富和国家长远发展。我们必须适应经济新常态，顺应法治进行时，把贫困地区群众的冷暖放在心上，把那里学生成人成才的责任扛在肩上，把推动教育综合改革的实招抓在手上，切实办好贫困地区的义务教育，让广大群众增强“获得感”。

一是加大投入倾斜。投资教育就是投资未来，支持贫困地区教育就是开启当地群众的幸福之门。应优化财政支出结构，最大限度地向贫困地区义务教育倾斜，严格经费管理，按规划确保各项资金落实到位和管理使用安全高效。对学生规模不足100人的村小学和教学点按100人的标准单独核拨公用经费。不断完善贫困地区义务教育保障机制，重点保障学校基本运行需要和校舍维修。除免除学杂费、书本费外，还要对贫困地区学生提供就餐补助，不让一名儿童因贫辍学。

二是改善教学条件。保障教室坚固、适用、通风，符合抗震、消防、安全要求，自然采光、室内照明和黑板材料符合规范。按照学校规模和教育教学要求配备必要的教学仪器设备、器材。每个学生都有合格的课桌椅。配备适合学生身心发展特点的图书，小学生均图书不低于15册，初中生均图书不低于25册。根据学校地理条件和农村体育特点，因地制宜地建设运动场地和配备体育设施，鼓励学校开展足球、篮球、武术等多种体育运动项目。

三是改善生活设施。加强贫困地区寄宿制学校建设，让有寄宿需要的学生能够寄宿。保障寄宿学生每人1个床位，消除大通铺现象。根据实际需要配备必要的洗浴设施。食堂或伙房要洁净卫生，满足学生就餐需要。厕所要有足够厕位，以1∶3比例设置男女蹲位。北方和高寒地区学校应有冬季取暖设施。

四是关心乡村教师。通过实施农村义务教育学校特岗教师计划等多种方式，完善农村教师补充机制。推进县域内校长教师交流轮岗，提高城镇中小学教师到乡村学校任教的比例。优先安排免费师范生和特岗教师到乡村任教。乡村教师职称晋升比例与当地城区教师同步。推进农村教师周转宿舍建设，住房纳入公租房保障范围。完善艰苦边远地区教师特殊津贴制度，对在连片特困地区的乡、村学校和教学点工作的教师给予生活补助，建立乡村教师荣誉制度。贫困地区的教师要自强不息，扎根基层，教书育人，努力成为有理想信念、有道德情操、有扎实学识、有仁爱之心的“四有”好教师。

五是提高教育质量。贯彻党的教育方针，核心是要推进实施素质教育，促进学生德智体美劳全面发展。要加强社会主义核心价值体系教育，深入挖掘和阐发中华优秀传统文化讲仁爱、重民本、守诚信、崇正义、尚和合、求大同的时代价值，注重结合家庭教育，加强孝悌、节约、勤劳等中华传统美德和思想品德教育，形成爱学习、爱劳动、爱祖国活动的长效机制，引导学生树立正确的世界观人生观价值观。要尊重学生个性发展，注重培养他们的学习兴趣，提高学习信心，激发求知欲望，增强社会责任感、创新精神、实践能力。面向全体，因材施教，努力为每个孩子提供适合的教育。充分挖掘农村的自然环境、乡土人文资源，开发富有乡村特色的田园课程、体验教学和实践活动。

六是扩大数字资源。逐步提升贫困地区农村学校信息化基础设施与教育信息化应用水平，推进信息技术在教育教学中的深入应用，使贫困地区师生便捷共享优质数字教育资源。稳步推进农村学校宽带网络、数字教育资源、网络学习空间建设。配置数字教育资源接收和播放设备，配送优质数字教育资源。科学开发与学校教育教学实际相衔接的优秀数字资源，让基层学校免费使用。发挥全国统一的学籍管理信息系统功能，开展控辍保学，提升治理能力。贫困地区的教育信息化建设要体现适用、好用、耐用、节俭，不搞盲目超前和贪大求全。

七是关心留守儿童。要明确关爱重点，重点人群是双亲都长期不在家的儿童，让留守儿童优先享用营养餐，优先寄宿，优先乘坐校车，重点解决的问题是安全问题和亲情缺失问题。要做好部门联动，发挥民政部门、妇联组织的积极性，避免什么都让学校冲到前头，弄得不堪重负。要呼吁父母尽责，配合各地各部门落实儿童父母监护责任。

在新形势下，办好贫困地区义务教育要处理好几个关系。首先，城乡统筹与倾斜农村的关系。在城镇化背景下发展农村义务教育，实行城乡一致的拨款、建设、教师编制标准，解决城镇大班额问题，保障进城务工人员子女平等接受义务教育，同时用更多的精力、更大的财力、更优惠的政策，促进农村贫困地区义务教育的改革发展。其次，全面推进与重点突出的关系。既要均衡配置校舍、图书、设备等资源，更要把合理配置教师资源当作重中之重。努力通过提高教师素质来提升贫困地区义务教育质量，让当地的孩子不仅进得来、留得住，而且学得好。再次，统一要求与因地制宜的关系。在满足了国家制定的义务教育底线要求基础上，开展贫困地区义务教育学校标准化建设。同时，鼓励各地依据省情、市情、县情创造性地推动工作，以多样性应对问题的复杂性。

留守儿童和随迁子女的义务教育*

2013年，教育部会同全国妇联、中央文明办、中央综治办、国家计生委联合开展农村留守流动儿童关爱服务体系试点工作，并在第一批示范点的基础上，进一步扩大了试点范围。① 一年多来，各地示范点根据几部门的总体要求，加强动员部署，制订实施方案，强化工作推进，取得了显著成果。2015年3月，教育部会同全国妇联对试点工作进行了初期评估，也实地察看了各地试点取得的成绩。今天的会议就是对一年多来试点工作的总结，同时还要对下一步做好全国农村留守流动儿童关爱服务工作进行培训。

一、关于留守儿童教育工作

（一）基本情况

据教育事业统计，2014年全国义务教育阶段在校生中农村留守儿童2 075.42万人，比上年减少51.33万人。其中小学在读的农村留守儿童1 409.53万人，比上年减少30.94万人，下降2.15%；在初中就读的农村留守儿童665.89万人，比上年减少20.39万人，下降2.97%。我们今天开会的重庆市，截至2014年年底，共有义务教育阶段在校生301.36万人，其中小学在校生203.42万人，初中在校生97.94万人。重庆市义务教育阶段共有留守儿童86.27万人，占比28.6%，其中小学57.04万人，初中29.23万人。

---

* 本文系笔者2015年4月22日在全国农村留守流动儿童关爱服务体系试点工作总结暨培训会上的讲话。

①“随迁子女”与“流动儿童”系同义语。——本书新注。

（二）教育部所做主要工作

1. 加强部署，倡导建立政府主导、有关部门沟通参与的留守儿童关爱服务体系

2013 年 1 月，教育部、全国妇联、中央综治办、团中央和关工委①等部门印发了《教育部等 5 部门关于加强义务教育阶段农村留守儿童关爱和教育工作的意见》，提出了留守儿童关爱和教育工作的基本原则，要求教育部门、妇联组织、综治组织、共青团组织和关工委组织要在党委、政府领导下，进一步明确各部门责任，建立健全工作推进机制，定期开展专项督查，推广典型经验，整改突出问题，不断提升留守儿童关爱服务水平。

2013 年教育部召开了国家教育体制改革义务教育试点推进会，与全国妇联、中央综治办共同召开了全国农村留守流动儿童关爱服务体系试点工作总结推进会。2014 年，教育部召开了留守儿童专题座谈会，在中西部八省份集中开展了留守儿童问题专项调研。通过这些工作，积极推动各地建立健全政府主导、各部门参与的留守儿童关爱服务体系。

2. 保障留守儿童就近入学和寄宿需要

2012 年，国务院办公厅印发了《关于规范农村义务教育学校布局调整的意见》，要求各地研制农村义务教育学校布局专项规划，严格规范学校撤并程序和行为，办好必要的村小学和教学点，方便包括留守儿童在内的农村学生就近入学。

为了让农村留守儿童享受更好的义务教育，近年来，教育部等部门组织实施了义务教育薄弱学校改造计划、中西部农村初中校舍改造工程、农村寄宿制学校建设工程、农村义务教育学生营养改善计划等重大项目，极大地改善了农村义务教育办学条件，农村留守儿童教育状况得到了很大改变，有寄宿需要的留守儿童都能够在寄宿制学校完成学业，享受学校这个大家庭的温暖。

2013 年年底，经国务院常务会议审议，教育部、国家发改委、财政部联合

① “关工委”全称为“中国关心下一代工作委员会”。

印发了《关于全面改善贫困地区义务教育薄弱学校基本办学条件的意见》，启动了“全面改薄”工作，计划利用3—5年时间，全面改善贫困地区义务教育薄弱学校的教学、生活、管理条件，夯实留守儿童关爱和教育工作的物质基础。2014年中央财政支持“全面改薄”资金达492.4亿元。

（三）留守儿童教育面临的困难和问题

一些研究显示，农村留守儿童中普遍存在亲情缺失、行为习惯易出现偏差、教育管理存在盲区、安全健康状况不容乐观等问题。教育部于2015年1月组织对安徽、四川等8个省的10 685名留守儿童进行了抽样调查，结果显示，留守儿童学生在体重、学习等方面与非留守儿童没有明显差异，但是在其他方面仍然存在一定的差异，如留守儿童生病频率要高，留守儿童会遇到更多的交通、触电、烫伤等安全问题，留守儿童比非留守儿童孤独感要更强、更加不自信等。调研结果也从一定程度上反映了留守儿童关爱服务工作存在的一些不足。

一是关爱体系尚不健全。目前，留守儿童关爱服务工作主要由教育、妇联、共青团组织开展，政府及其他相关部门的职责任务有待进一步强化和明确，急需建立长效工作推进机制和相应的考核评价机制。

二是缺乏过硬制度保障。从全国来看，很多地方没有将留守儿童关爱服务工作纳入社会发展规划和财政保障范畴，没有稳定的经费投入。寄宿制学校和社区缺乏专职的管理和服务人员，无法保障留守儿童关爱服务工作长效运转。

三是各地工作很不平衡。由于各地留守儿童数量有别、财力不同及认识上的差异，留守儿童关爱服务工作发展很不平衡。我们看到，一些试点地区，虽然经济社会发展水平一般，但是由于认识到位，措施得力，留守儿童工作也是开展得有声有色。例如，江西省于都县，一方面筹措专门工作经费，保障留守儿童工作的开展，另一方面在当地大力发展产业，吸引本地劳动力就业，有效减少留守儿童数量，使留守儿童工作面临新的局面。据了解，近几年来，于都县减少了3.4万名农村留守儿童。

（四）教育部门要会同相关部门积极做好留守儿童工作

在我国经济社会发展和城镇化的宏观背景下，未来一段时间。留守儿童将依然是教育工作的重要方面，教育部门要针对留守儿童教育中面临的困难和问题，主动积极配合全国妇联等相关部门，积极做好留守儿童教育工作。

一是明确关爱服务重点对象。教育事业统计和中小学生学籍信息管理系统显示，2014 年全国义务教育阶段农村留守儿童（父母双方或单方外出务工连续半年以上）共有 2 075.42 万人，其中双亲外出留守儿童约占 48.8%。在教育工作中，应以双亲外出留守儿童为重点，聚焦做好关爱服务工作。

二是继续改善留守儿童的受教育条件。加大对农村义务教育的投入，统筹利用“全面改薄”和“营养改善计划”等资金，建好农村寄宿制学校，优先满足留守儿童的寄宿需求；继续建好食堂伙房，做好配餐服务，优先改善留守儿童的营养状况；进一步优化农村学校布局，通过安排学生就近入学、发展公共交通和提供校车服务等途径，优先保障交通需求。推进农村义务教育信息化，加快“三通两平台”建设，实施教学点数字资源全覆盖项目，使农村留守儿童共享优质教育资源，帮助提高教育质量。

三是继续不断提高留守儿童教育水平。要加强留守儿童教育全程管理，做好学籍记录、成长记录的管理更新，利用好全国中小学生学籍信息管理系统，全面掌握留守儿童的数量、结构、分布等情况，为做好关爱服务工作提供基本支撑。加强心理健康教育，密切关注留守儿童思想动向，主动回应留守儿童心理诉求，不断加强师生情感沟通交流，努力弥补留守儿童家庭温暖的缺失。加强安全教育，组织安全演练，提高防范意识，增强留守儿童自救自护、应急避险能力，预防溺水、煤气中毒、食物中毒等意外事故对留守儿童的伤害。加强法制教育，普及法律知识，增强法制意识，保护留守儿童合法权益。加强生活教育，结合学生的校园生活，教会留守儿童养成良好的健康卫生习惯，学会自强自立自理，及早发现和纠正个别留守儿童的不良行为。

四是积极抓好校内校外教育对接工作。充分利用国家彩票公益金建设乡村少年宫、青少年校外活动场所、综合实践基地，联合有关部门广泛建立“留守儿童之家”“七彩小屋”“农家书屋”，普遍开展“蒲公英计划”，为农村留守儿童校外教育创造良好条件。加强家校联动，开展家访活动，对学习和生活困难的留守儿童进行特殊帮扶，家长委员会要引导外出务工家长以各种方式关心留守儿童。支持做好家庭教育，落实父母作为第一监护人的责任。支持社区关爱服务和社会关爱活动，建立全社会立体式关爱服务网络，营造全社会共同关爱留守儿童的良好氛围。

五是优化农村师资队伍配置。教师是做好农村留守儿童教育工作的核心力量。教育部门要组织实施好农村义务教育阶段学校教师特岗计划，对乡村教师给予生活补助，加大“国培计划”对农村教师培训的倾斜力度，推动优秀校长教师向村小和教学点轮岗交流。将留守儿童关爱和教育纳入教师培训内容，重点提高班主任照料留守儿童的能力。

六是要总结试点经验，推广典型做法。教育部、全国妇联等儿部门开展的试点工作意见取得了阶段性的进展和成果，教育部门要认真总结，把成功的做法梳理出来，根据实际情况加以推广，使更多的地方共享试点做法。同时也要善于发现不足之处，在下一步工作中改进。

二、关于随迁子女教育工作

随迁子女义务教育工作是个老话题、老问题，也是一个常说常新的话题。2014年，国务院相继发布了《国家新型城镇化规划（2014—2020年）》《国务院关于进一步做好为农民工服务工作的意见》《国务院关于进一步推进户籍制度改革的意见》等一系列文件，随迁子女义务教育在新型城镇化背景下面临新的机遇和挑战。

（一）当前随迁子女义务教育的特点

一是随迁子女数量持续高位运行，但是增速有所减缓。2014年全国义务教育阶段共有农民工随迁子女1 294.73万人，比上年增加1.38%，增幅较小。

二是随迁子女主要在全日制公办学校就读，就全国范围来讲，在公办学校就读的比例为80%，其中比例超过90%的省份有19个。以公办学校为主解决随迁子女就学的局面已经保持稳定，但是目前全部靠公办学校还不能完全解决，在保证公办为主的前提下，近年来各地政府逐步加大财政投入力度，通过购买合格民办学校服务来安排随迁子女就学，2014年达到124.6万个学位。综合来看，享受政府就学保障的随迁子女的比例近90%。今后还要通过努力使这一比例继续提高，争取做到“全纳入”。

三是随迁子女及其家庭教育诉求不断增加。根据我们在全国多个城市调研的情况来看，随迁子女及其家长普遍对城市学校教育比较满意，随迁子女学生、家长给学校和老师点赞的不少。这充分体现了近些年来在各级政府和中小学广大教职员工共同努力下，随迁子女教育取得的巨大成绩。但是我们也应该看到，新形势下，随迁子女群体又有一些新的诉求，一方面，随迁子女家长希望孩子能够完全融入城市教育和生活，包括能进入一些社会认可的学校，能够与城镇学校混合编班；另一方面，希望能在城市完成义务教育后继续参加考试升学。这些诉求是我们努力的一个方向，但是满足其诉求尚需一个过程。

（二）解决随迁子女义务教育问题的主要原则

1. 以人为本，公平共享

新型城镇化的核心是人的城镇化，重点是要解决好城市户籍人口和外来人口公共服务差距造成的城市内部二元结构矛盾。所以加强随迁子女义务教育工作，必须要稳步推进城镇基本教育公共服务常住人口全覆盖，促进全体学生的全面发展和社会公平正义，使全体学生共享现代化建设成果。那种在同一座城市里，共享同一片蓝天，呼吸同一种空气，隔着同一条车水马龙的公路，一边教室窗明几净，一边却校舍破破烂烂，随迁子女和户籍学生享受两种完全不同质量的教育服务的情况不应该继续存在下去了！要力争通过一段时间的努力，改变这样的状况。

2. 因地制宜，分类指导

城市规模有大小，经济发展有快慢，城市人口承载力有不同，这是不争的事实。加强随迁子女义务教育工作，应该实事求是，区分超大城市、特大城市和其他城市等，在保障适龄儿童少年平等接受义务教育的大前提下，应允许一些超大城市和人口承载能力不足的特大城市，采取一些较为灵活的政策加以规范管理和统筹推进。

3. 实事求是，稳妥推进

既要积极进取，不断创造条件，使随迁子女一视同仁接受义务教育，也要从实际出发，防止吊高胃口，搞民粹主义。

（三）解决随迁子女义务教育问题的主要措施

一是统筹城乡义务教育发展，增强农村学校吸引力。城镇化必然推动农村人口向城镇转移，农村社会向城市社会演变，但绝不是以城市文明代替农村文明。从发达国家的经验来看，不管将来城镇化怎么发展，中国必然还有农业、农村和从事农业的人，只有发展好农村义务教育，才能建设好社会主义新农村，才能保证城镇化进程中人口的有序流动，才能维护好国家的安全稳定和长治久安。教育系统要抓好新型城镇化的历史机遇，加快城乡义务教育一体化进程。如充分利用国家加快水电路气等基础设施向农村延伸的契机，加大在交通便利、公共服务成型的农村地区布局义务教育学校的力度。加快探索乡村小规模学校办学机制和管理办法，适应乡村学生流动频繁的新常态。

二是扩大城市义务教育资源，满足随迁子女就学需求。要依法规划建设城镇义务教育学校，在对本地适龄儿童和随迁子女数量科学预测的基础上合理布局义务教育学校，保障义务教育学位供应和发展需要。加大省级统筹，合理使用国家及省级相关教育经费，加大县级本级财政支出，推进城镇新建住宅小区配套学校建设，有效扩容城镇义务教育资源。要扶持民办学校发展，在学校用地、校舍建设等方面支持民办学校改善办学条件，不断增加义务教育学位，满足随迁子女就学需求，通过对口帮扶、派驻公办教师、开展教师培训和合作教研等多种形式，提升其义务教育质量。

三是健全随迁子女就学政策。要畅通随迁子女就学渠道。已经申领居住证的随迁子女，小学、初中入学应与当地户籍学生一样，实行划片免试就近入学和对口直升。超大城市和义务教育资源承载力短缺的特大城市，应根据实际依法制订本地区随迁子女就学、转学的政策和实施办法。随迁子女回户籍所在地学校就读的，流入地政府应按就近入学的原则妥善安排。稳步推进随迁子女接受义务教育后在流入地参加升学考试工作。全面实行阳光招生，流入地教育行政部门和公办学校要完善招生办法，规范就学程序，为随迁子女入学和升学提供便利，相关信息要及时公开公示，方便公众监督。

四是加强政策指导和督导检查。教育部正在研究制定关于进一步做好农民工随迁子女义务教育工作的相关文件，推动各地继续加强随迁子女教育工作。下一步，还要强化随迁子女义务教育工作考核评估。省级政府要建立健全评价指标体系，把随迁子女义务教育工作纳入对地方政府年度目标考核内容。将随迁子女义务教育纳入义务教育发展基本均衡县（市、区）认定，将随迁子女义务教育工作的情况与义务教育发展基本均衡县（市、区）的评估认定挂钩。充分发挥社会监督作用，推进随迁子女义务教育工作公平、公正、公开。

农村留守儿童和流动儿童是教育工作的一体两面，加强农村留守流动儿童关爱服务体系建设是教育工作的需要，是教育适应城镇化进程的必然要求，也是和谐社会发展的题中应有之义。教育部正在会同有关部门研究制定新型城镇化背景下义务教育改革发展的相关文件，将把加强留守儿童和流动儿童教育作为重要内容予以部署。各级教育部门也要按照国家的统一部署，坚持从实际出发，上下同心，左右同力，把农村留守儿童和流动儿童教育工作抓紧做好。

如何开展“全面改薄”工作*

2013年12月31日教育部、国家发展改革委、财政部《关于全面改善贫困地区义务教育薄弱学校基本办学条件的意见》（简称《意见》）印发后，“全面改薄”箭在弦上，蓄势待发。2014年3月14日，国家教育体制改革领导小组专门召开了电视电话会议，刘延东副总理发表重要讲话，对项目实施提出了具体明确指示，三部委的负责同志也就本部门工作进行了相应部署。大家要深刻领会文件和会议精神，把“全面改薄”作为基础教育工作的重中之重，抓紧做好本省份的工作部署，摸清底数、制订方案、建立工作机制，扎实开展基础性工作，真正做到起好步、开好局。

一、如何看待当前形势

党和国家一直高度重视义务教育发展，出台了一系列重大方针、政策和举措，实施了一大批重大工程项目，不断加大经费投入力度，全面实现了城乡免费义务教育，办了很多大事实事好事，义务教育的面貌发生了历史性变化。义务教育系国家行为的性质没有变。义务教育系重中之重的地位没有变。

一是经费保障水平不断增强，但义务教育公用经费仍需提高。各级财政都把教育作为财政投入的重点领域予以优先保障，确保“三个增长”，同时，不断加大对农村义务教育的倾斜力度。2012年财政性教育投入占国内生产总值（GDP）达到了4.28%，财政性教育投入中52%都用在义务教育上，其中60%以上投向农村。生均公用经费也不断增长，2014年的中央1号文件要求，继续适当提高农村义务教育生均公用经费标准。2014年，提高义务教育公用经费保障水平已写入政府工作报告。

---

* 本文系笔者2014年3月19日在全国“全面改薄”培训班上的讲话。

二是办学条件大幅改善，但薄弱学校仍然存在。国家实施了中小学校舍安全工程、中西部农村初中改造工程、农村义务教育薄弱学校改造计划等一系列重大工程项目，显著改善了义务教育学校特别是农村学校的教学条件和基础设施，很多地方学校成为农村最好的建筑。实施了惠及 3 000 多万名学生的营养改善计划，让贫困地区的孩子能够更好地接受义务教育。虽然近些年来国家在统筹资源配置上下了很大功夫，重点扶持中西部地区、农村地区、贫困地区等教育事业发展相对滞后的地区，但经济社会发展的差距难以在短时间内消除，区域之间、城乡之间、学校之间办学差距仍然较大。发达地区已经开始创建现代化学校，而欠发达地区却还在努力满足基本办学条件。因此，“全面改薄”计划聚焦中西部地区、贫困地区。

三是入学水平持续达到高位，但巩固提高任务还很艰巨。2011 年，青海省、甘肃省、四川省、西藏自治区通过“两基”国检，标志着九年义务教育在全国范围的全面普及。各地都努力抓好控辍保学工作，九年义务教育巩固率达到 92%，可以说适龄儿童“进得来”“有学上”“留得住”的问题得到了彻底解决。但任务仍然艰巨，因此在项目实施时仍然把小学辍学率控制在 0.6%，初中辍学率控制在 1.3%作为重要目标。各地在推进工作时要充分利用好中小学生电子学籍系统，努力提高监控管理水平。还要认真对照义务教育均衡发展备忘录明确的具体时间表、路线图，统筹规划，加快推进。

四是教师队伍素质显著提升，但体制机制障碍还很明显。大力实施农村教师“特岗计划”，累计招聘 36.1 万人，持续推进师范生免费教育，三年共有近 3 万名毕业生到中西部中小学任教。实施了“国培计划”，三年培训了 473 万名农村教师。中央财政启动实施了连片特困地区乡村教师生活补助政策，支持优秀教师扎根农村、服务农村，目前已有 14 个省份 205 个县的 38.5 万名教师受益。但是，关于农村教师队伍建设的诸多问题仍待破解。

五是教育质量逐步提高，但素质教育任重道远。近年来，国家启动了基础教育课程改革，对义务教育各学科课程标准进行了全面修订和审议，进一步突出了时代特征，有机渗透了科学发展观和社会主义核心价值体系，整体控制了课程容量和难度，有利于减轻学生课业负担。还对义务教育实验教材进行了修订，涉及义务教育 17 个学科 148 套教材课程。同时，各地还通过教师交流、集团化办学等多种措施，扩大优质资源的覆盖面，进一步提升义务教育教学质量。但仍然有一些地方把应试放在第一位，片面追求升学率，学生普遍缺少创新和实践的时间，不利于实施素质教育促进全面发展。

六是城镇化在给义务教育带来机遇的同时，也带来新的问题。当前，推进城镇化成为经济社会发展的大背景、大趋势，中央区分建制镇和小城市、中等城市、大城市、特大城市四类，确定了城镇化发展总体思路，公布了城镇化发展蓝图。城镇化将从总体上提升教育发展水平。但短期内，还存在不少问题。一些城镇学校因农村学生大量进入造成大班额，一些农村学校却因生源不断减少而难以为继；一些优质学校人满为患、择校问题突出，一些薄弱学校却门庭冷落、资源闲置。教师配置也存在同样的问题，农村教师在学历、职称等方面都低于城市教师，一些农村学校甚至因缺乏教师难以开齐国家规定课程。

七是基础教育管理得以加强，但治理结构还需优化。近些年来，我们在建设现代学校制度上做了很多有益探索，但政府、学校、社会的关系和权责仍要进一步理顺，要逐步形成政府依法管理学校，学校依法办学、自主管理，教师依法执教，社会依法支持和参与学校管理的格局。实行信息化管理是实现教育治理体系和治理能力现代化的必然要求，在基础教育管理信息化方面我们已经起步破冰，全国中小学生电子学籍系统的建成是标志性事件。目前最短跨省转学 52 个小时完成，极大地方便了家长，为深化各项管理工作提供了利器。但仍有个别省份还在进行对接改造，我们必须加快进程，全力满足学生跨省转学的需要。

二、如何明确改革任务

党的十八届三中全会对深化教育领域综合改革提出了新部署、新要求，集中反映了今后教育领域以改革推动发展、提高质量、促进公平、增强活力的总体思路。义务教育领域将在以下几个方面加大改革力度。

一是义务教育资源配置改革。各地要针对《意见》提出的六项重点任务，逐条细化分解，形成可操作的工作计划，形成可检查的时间表和路线图，让六项目标落到实处，把好事办好，切实改变这些学校的面貌，进一步缩小城乡教育差距，让农村孩子也能就近享受有质量的义务教育。

二是义务教育考试招生改革。坚持义务教育阶段免试就近入学。贯彻教育部印发的《关于进一步做好小学升入初中免试就近入学工作的实施意见》，合理划定入学范围、有序确定入学对象、规范办理入学手续、全面实行阳光招生、不断减少特长招生、试行学区化办学。19 个重点大城市要按照《关于进一步做好重点大城市义务教育免试就近入学工作的通知》规范义务教育入学工作。推进中考制度改革，完善优质高中招生名额合理分配到区域内初中的办法，引导义务教育均衡发展。

三是义务教育治理结构改革。推进电子学籍管理。建设好全国联网的中小学生学籍信息管理系统，对学籍注册、学籍档案管理、学籍异动、升级、毕业、成长记录等进行全程信息化管理。推行学区化管理。各地要因地制宜，研究将初中和小学结合成片进行统筹管理，实行多校协同、资源整合、九年一贯等学区治理结构。强化安全教育管理。要继续下移工作重心，加强对一线、基层和管理薄弱地区的帮助指导，推进安全演练常态化。加强人防、物防、技防，推进校园安全综合治理。

四是义务教育育人模式改革。广泛深入开展“三爱”教育、“三节”活动，进一步深化“中国梦”主题教育和中国特色社会主义宣传教育。要加强文化育人，将良好的校风班风学风融入校园文化建设全过程。利用当地历史文化、革命传统等资源，不断拓展校园文化建设的渠道和空间。实施“蒲公英行动计划”，加强实践育人。利用综合实践基地、青少年活动中心（宫、家、站）等各类校外活动场所，科学设计和安排课内外、校内外活动，开展红色旅游、参与志愿服务和公益事业，增强学生社会责任感。

五是义务教育教学过程改革。提高教学效率。加强教师教学能力培训，切实提升教师的业务水平和教学能力。加强教研工作，改革教研机制，创新教研方式，充分整合一线教师、教研员、专家学者等力量，开展教育教学实践研究，为学校和教师提供专业服务和指导。做好减负工作。加强对各地减负工作的督查巡视，推广先进典型，加大惩处力度，加强舆论引导。同时开展课业负担监测，对各省、自治区、直辖市与地（市）学生课业负担情况进行量化排名，并将监测结果面向全社会公布。推进信息化教学。到 2015 年解决所有学校宽带接入问题。加快国家数字教育资源中心及共享服务平台建设，促进优质教育资源共享。

六是义务教育教师管理改革。完善教师准入、退出制度，建立国家教师资格考试制度，严格教师职业准入，保障教师队伍质量。建立教师资格定期注册制度，对教师入职后从教资格定期核查。中小学教师资格实行 5 年一周期的定期注册。启动统一城镇乡的教师编制标准，并对村小学和教学点予以倾斜。改善教师资源初次配置，吸引优秀高校毕业生和志愿者到农村学校或薄弱学校任教。探索农村学校实行班师比核编办法。在核准岗位结构比例时高级教师岗位向农村学校和薄弱学校倾斜。按照“地方自主实施，中央综合奖补”的实施原则，对在连片特困地区乡、村学校和教学点工作的教师给予生活补助。促进校长教师交流轮岗，使教师由“学校人”变成“系统人”，为校长教师资源的均衡配置提供制度保障。

七是义务教育督导监测改革。充实完善各级教育督导机构，加强专兼职结合的督学队伍建设。健全各级各类教育督导评估制度，科学规划、统筹安排督导评估工作。坚持督政与督学并重、监督与指导并重。贯彻落实《教育督导条例》，强化素质教育督导评估。建立完善督学责任区制度，做好中小学责任督学挂牌督导工作。发挥社会组织在教育评估监测中的作用，适时通过政府购买服务方式，委托社会组织开展教育评估监测，完善评估监测制度。

三、如何确定项目地区

“全面改薄”的目标就是要补短板，所以《意见》明确提出实施范围以中西部贫困地区为主，兼顾东部部分困难地区；以集中连片特困地区为主，兼顾其他国家扶贫开发工作重点地区、民族地区、边境地区等贫困地区。

如何界定“贫困”地区，一要依据政策确定的范围，可以适度调整，但要基本平稳。二要坚持“雪中送炭”，满足急需。三要结合工作，体现奖补。

我们匡算，上述范围大致会涉及 1 133 个县（市、区），小学 9.7 万所，初中 1.8 万所，小学生 3 182 万人，初中生 1 544 万人。中央资金将重点支持这些县（市、区），同时，各省、自治区、直辖市可以根据各县贫困程度和义务教育发展实际情况适当调整和增加贫困县，特别是要将一些自身财力较弱、支持相对不足的县（市、区），纳入支持范围，真正做到从最困难的地区做起，确保贫困地区全覆盖。

省会城市所辖区、经济发展水平较高且办学条件基本达标的县不纳入中央资金支持范围，市（州、盟）所辖区原则上不纳入中央资金支持范围。各地可以统筹省（区、市）内资金，自行改善这些地区相对薄弱的学校。

为体现省级统筹，三部委办公厅将印文，允许省（区、市）对项目地区做适当确定与调整。之所以提出划定实施范围的原则和要求，不是限制省级统筹的权力，而是授予必要的“尚方宝剑”，帮助各地避免不必要的干扰，保障项目顺利组织实施。

四、如何选定薄弱领域

“全面改薄”的核心是要满足学校的基本办学需要，为此《意见》提出了六项重点任务，也就是明确了六个重点投入的薄弱领域。

一是基本教学条件。教室应符合有关规范要求。要配备必要的教学仪器设备、器材、图书和合格的课桌椅，因地制宜地建设运动场地和体育设施。课桌椅，要作为优先保障的内容，2014 年 8 月 31 日前必须配齐，决不能再让孩子们“背桌椅上学”。新采购的桌椅要可以升降。

二是基本生活条件。配备生活设施设备要坚持够用能用、安全合理的原则。保障寄宿学生每人 1 个床位。根据实际需要配备必要的洗浴设施和条件。食堂或伙房满足就餐需要。设置开水房或安装饮水设施，方便学生接水。厕所要有足够厕位，女生蹲位要明显增加。北方和高寒地区学校配备冬季取暖设施。设置必要安全设施，维护师生安全。寄宿制学生床位，也要作为优先保障的内容，2014 年 8 月 31 日前必须配齐，决不能再出现“几个学生挤一张床”的情况。

三是必要的教学点。对确需保留的教学点，要配备必要设施满足教学和生活基本需求。并在资源共享、教师配置、经费投入等方面对教学点进行倾斜支持。对于只有 1 个学生的教学点，可本着节约资源的原则采取转移寄宿的方式安置。

四是县镇学校大班额。通过科学规划学校布局，加强新建住宅区配套学校建设，采取新建、扩建、改建等措施，首先解决 66 人以上的超大班额问题，逐步消除大班额现象。对于大班额严重的学校，合理分流学生，限制招生人数。

五是信息化条件。目前，国家已经为村小学和教学点配置数字教育资源接收和播放设备。下一步，稳步推进农村学校宽带网络、数字教育资源、网络学习空间建设，配备适用便捷的设备，逐步提升农村学校信息化基础设施与教育信息化应用水平。

六是教师队伍。完善农村教师补充机制，实行公办学校校长教师交流轮岗。改革教师培养模式，面向乡镇以下农村学校培养能承担多门学科教学任务的小学教师和“一专多能”的初中教师。加强农村学校教师和校长培训。保障农村学校教师职称晋升比例，落实对在连片特困地区的乡、村学校和教学点工作的教师给予生活补助的政策。

五、如何做好底数排查

这是做好下一步工作的重要前提。各级教育部门和学校要仔细排查，摸清基本情况，了解实际缺口。

一要定学校。各地研制的农村义务教育学校布局专项规划，已经报国家教改办备案。要以这一专项规划确定的学校为单位，开展底数排查工作，分析确定每所学校包括每个教学点的办学条件缺口。

二要保基本。要对照基本办学标准，以满足基本办学要求为前提，坚持实事求是、因地制宜的原则，不得提出过高的办学条件要求，更不得借此机会建设豪华学校。确定建设标准时，建议大家要参照国标、依据省（区、市）标，统筹实际需要、考虑资金额度，确定科学可行的建设目标和任务。

三要列清单。学校清查出来的办学条件家底和缺口，要分门别类列出清单，编成账册，清清楚楚，一目了然，并通过适当途径向社会公布，以便对账查漏和社会监督。

六、如何执行建设标准

各地要按照国家标准或省级标准为薄弱学校建造校舍和配备设备，通过“全面改薄”工作使义务教育学校标准化建设再上新台阶。

一是明确执行标准。没有制定省（区、市）标准的地区，要按照《农村普通中小学校建设标准》《小学数学科学教学仪器配备标准》《初中理科教学仪器配备标准》《中小学理科实验室装备规范》等国家标准执行；制定了省、自治区、直辖市标准的地区，可参照省、自治区、直辖市标准执行。

二是明确参照指标。依据"缺什么、补什么"的原则，区分"轻重缓急"，按照相应标准建造校舍和配备设备，遇到有上限和下限要求的指标，要按照下限来执行，遇到含必配和选配的指标，要用必配做参照，在确保安全、适用、实用的前提下勤俭办学，不搞超标准建设，不做"锦上添花"。

三是明确设置标志。建筑要有标牌，设施要有二维码。施工单位、监理部门、责任主体要可以追踪。不能糊里糊涂，不能滥竽充数，不能搞豆腐渣工程。

七、如何制订实施方案

这是确保各项工作有序开展的基础环节。教育部将会同国家发展改革委、财政部提出具体要求，各地要对照要求做好实施方案的制订和报送工作。

一要统筹谋划。把全面改善贫困地区义务教育薄弱学校基本办学条件，同实行公办学校标准化建设、坚持义务教育免试就近入学、试行学区制和九年一贯对口招生结合起来，同全面实施素质教育结合起来，统筹考虑信息化手段和体育、艺术教育等条件设施建设。

二要分层制订。县级教育部门要针对每一所存在基本办学条件缺口的学校制订专门方案，提出每一个环节的时间安排、实现途径和具体步骤。市（地、州）教育部门要加强指导和审核，确保数据真实，措施得当。省级教育部门要对所属县（市、区）的实施方案进行汇总和审核，形成总体实施方案，并按时上报。

三要细化措施。实施方案要对薄弱地区、薄弱学校采取"浇地式"资助，分清轻重缓急，确定2014—2018年改善贫困地区义务教育薄弱学校基本办学条件的总体目标及年度实施进度。要对组建工作机构、加强经费管理、防止"跑冒滴漏"等问题提出具体的保障措施，落实专人负责。要通过组建专家咨询队伍、公开征求意见等办法，广泛吸取各方意见，确保方案接地气、可实施。

八、如何加强过程管理

这是推动各项工作落到实处的必然要求。各地和学校要加强精细化管理，不断提高工作推进的质量。

一要加强部门协调。各级教育部门要加强与发改委和财政部门的配合，勤沟通、多商量，形成合力共同推进，确保各环节的工作扎扎实实落地。

二要抓好关键环节。校舍改造和设备采购都要依法依规履行招标等手续，明确工程进度和质量要求。全面推行标识管理，建筑物要标明项目名称、竣工时间、施工单位、责任人等，设备、器材要尽量标明项目名称、配置时间、采购人等情况，并贴上含设备相关信息的二维码，便于验收和管理。

三要及时开工建设。中央资金下达后，要立即组织施工和采购。无正当理由拖延工作进度的要责成改正。今年要解决的核心问题是课桌椅和寄宿制学校床位，秋季开学前要全部到位，作为开学检查的首要内容。

四要提高管理水平。教育部将对校舍管理系统进行升级改造，并全面采集校舍改造和设备采购相关信息，利用信息化手段全程跟踪和管理。各地也要积极利用信息化手段，提高项目管理的质量和水平，并配合做好信息采集工作，为科学管理提供数据支持。

九、如何强化评估检查

这是促进各项工作取得实效的重要保证。要通过三级评估检查，检验工作成效，推动工作落实。

一要开展地市和县级自查。从每一个环节入手，确保各县按照既定的时间表和路线图，按时开工建设。

二要开展省级过程检查。各省份要组织省级督学等专兼职队伍，加强过程检查，确保各项工作合法依规。工作开展到中期和结束以后，省级教育部门要在全面检查的基础上，会同发改委和财政部门提交评估报告。

三要开展国家级评估。教育部将制定具体评估办法，教育督导部门将根据评估办法加强专项督导检查。落实督学责任区制，国家和省级督学要对责任区内政府、部门和学校加强督导，特别是对工程进度和质量进行督导。加强信息公开，及时通报各地工作进展情况，表扬先进，督促后进，并自觉接受社会监督。需要特别强调的是，各级教育纪检监察部门要主动介入、全程监督，对发现的问题要及时纠正，对违规违纪行为要严肃查处、绝不姑息。

十、如何做好省部对接

三部委《意见》明确了各级政府和部门的责任，提出“全面改薄”工作由国家统一部署、省级人民政府统筹安排、县级人民政府具体实施。教育部、国家发展改革委、财政部要加强组织协调，及时跟踪了解各地工作进展等情况，加强指导和推动。可以说，“全面改薄”工作能否实施好的关键就是要做好省部对接，建立上下联动、合力推进的工作机制。

为此，教育部将会同并密切配合国家发展改革委和财政部加强顶层设计，做好政策衔接，特别是做好相关服务工作，为各地做好这项工作创造条件，提供支持。各省级教育部门要联合发改委、财政部门加强对“全面改薄”工作的组织领导和工作指导，合理分配中央和省级财政资金，科学配置教育资源，细化目标任务，明确完成时限，层层抓好落实。既要明确总责任人和联系人，还要分项目明确校舍建设和设备采购的责任人和联系人，做到事有人干、责有人负，按期完成实施方案的制订和报送工作，按时报送项目进展情况，确保项目及时开工，“全面改薄”工作目标如期实现。

最后，希望本次培训班是“全面改薄”新坐标，是同志们友谊的新起点。我相信，只要我们上下一心，共同努力，我们就一定会把党中央、国务院交给我们的事情办好，就一定能为贫困地区义务教育的发展贡献出我们自己的力量和智慧。

我国义务教育改革发展：形势分析与政策走势*

义务教育在各级各类教育中是重中之重，就其对象来讲它是面向全体青少年儿童的教育，就其内容来讲是促进学生对基本品德、基本知识、基本技能学习、形成和掌握的教育，就其性质来讲它是促进年轻一代全面发展的教育。当前，我国义务教育处在一个新的形势之下，需要我们理清新思路、迈出新步伐、取得新进展。

一、义务教育五大基本形势

外部形势纷繁复杂，都对义务教育直接或者间接产生影响。但是，能够产生较大影响的，我认为是五个方面的基本形势，其他形势可以囊括在这五大基本形势之内。

（一）“四化” 统筹进入新阶段

20世纪我们曾讲老“四化”，《国家中长期教育改革和发展规划纲要(2010—2020年)》(简称《教育规划纲要》)提出了“五化”，党的十八大提出了新的“四化”。新“四化”就是“工业化、信息化、城镇化和农业现代化”。信息化和工业化在深度融合，城镇化与工业化在良性互动，城镇化与农业现代化也紧密联系。新“四化”的浪潮汹涌而来，作为教育理论工作者、实践工作者，都不能对此不理不睬。例如，信息化影响培养人的规格、教育内容、教育手段，影响教育与社会经济的联系，使得义务教育必须在信息化的浪潮中有所适应。城镇

---

* 本文原载《中国德育》2015年第10期。

化对义务教育的影响更大，2014 年我国城镇人口达到了 54%，而义务教育阶段学生的城镇人口已经达到了 73%，就是说在义务教育阶段的学生在城镇的聚集度高于一般民众的聚集，而且这个势头还有加剧的可能。在这种情况下，城镇的大班额现象非常严重，不是所有地方都是这样，但是很多地方确实是这样，而农村的空壳学校、麻雀学校、教学点越来越多。以前，我们是要扩大出口、加大投入，曾经集中投入 4 万亿元来刺激经济发展，教育也受益于这种投入。现如今，我们要扩大内需、提高创新能力、促进经济发展方式的转变，在这个新机遇之下，教育更要受益于新的机遇。党中央、国务院对教育非常重视，李克强总理在主持国务院常务会议时强调，现在财政收入增速放缓，政府很多方面都要压缩开支，但是有两个例外。一是教育。教育具有基础性、先导性、全局性的作用，对教育投入只增不减，达到国内生产总值（GDP）4%的目标还要继续向前。二是国防，国防还要加大投入，使腰杆真正硬起来。

（二）经济增长进入新常态

我国经济的增长从高速调整为中高速，2015 年的 GDP 希望增长 7%，2016 年希望是 6.9%，后年可能更低些，比起前些年 GDP 增速一度高于 8%乃至达到 10%，增速明显放缓。但是在这种情况下，我们国家对教育的投入继续增加。各行各业的财政保障一般不与 GDP 挂钩，但教育不一般，财政性教育经费投入占 GDP 的比例要在 4%以上。并且，全国的教育经费有 70%左右投到基础教育，这包括学前教育、特殊教育、高中。全国的教育经费 52%投入义务教育。我们就必须筹好、管好、用好教育经费。

（三）世界教育进入了新拐点

现在，第三次工业革命已经到来，人工智能身手不凡，3D 打印已经风行，传播方式有大的改变。现代信息的传播是瞬间的传播。新形势更要求对创新精神、实践能力的培养。因此，教育也应该变革。面向未来，学校的形态还是现在这个样子吗？还是每天上午 8 点上课、下午 4 点下课吗？我们要进行考虑。也许学校教育永远不会消失，但是新的教育形态一定会出现，也许混合式的教育形态就是未来十年之后出现的新教育形式。另外，放眼世界，以前的发达国家课堂教学普遍比较宽松，对学生和教师都管得很少，放任自流是其中一个特点。而现在看起来，美国和欧洲一些国家普遍设立了国家课程标准。过去，中国对国外教育的学习借鉴比较多，而今许多国家对中国基础教育给予关注。

（四）中国教育进入关键期

现在，改革已经进入了攻坚期。《教育规划纲要》实施的时间已经过半，我们现在正在进行《教育规划纲要》的中期评估。教育部将有个自评，但是各个类型的教育如幼儿教育、义务教育、高中教育、高等教育、教师教育等，还要接受第三方评价。比如义务教育，在普及率、减负、均衡方面，需要评价这5年有什么进展、有什么问题、有什么建议。我国义务教育成绩和问题共生。义务教育成就巨大，就学在普及、公平在推进、质量在提升、保障在增强、管理在改进，但同时义务教育挑战很多，可以概括为“三更三高三弱”：变化更迅速、任务更艰巨、工作更复杂，教师呼声高、家长要求高、社会期待高，农村教育弱、治理结构弱，内涵发展弱。

（五）政策制定进入科学化

面对以上的情况，我们需要有更好的决策，教育政策制定现在进行到了科学化的阶段。不允许拍着脑袋决策，要有一套严格的程序。现在，出台文件要求立项、论证、起草、听证、会签，然后才能印发，通常还要求试点，要有风险评估，一般试点之后可以了才推广，推广之后还要搞评价。另外，评价之后发现问题要进行修正，最后才是全面落实。所以，在这种新常态之下，教育科研工作者的地位和作用也越来越明显。

二、义务教育五大核心任务

在新的形势下，基础教育面临着很多任务，这些任务很庞杂，包括应该干的，需要干的，要求干的，这都是我们的任务。总体来讲，我认为主要有以下五大核心任务。

（一）促进义务教育公平

促进义务教育公平就是要缩小区域之间的差距、城乡之间的差距、学校之间的差距、人群之间的差距。在区域方面，中央的资助要重点向中西部地区倾斜，而在中西部的对待上，对西部保持力度不减，对中部要加大支持。在城乡这个问题上，要全面改善农村薄弱学校基本办学条件，2014 年教育部制定了 20 项底线指标。这些指标规定要改善基本教学条件，比如，每个教室都应该符合规范要求，能够开启教室前后两门，要有符合教学需要的仪器设备、图书，学生一人一桌一椅，体育场地设施设备符合要求，要有旗杆、旗台、按时升旗。这些指标还规定要改善基本生活条件，寄宿学生每人一个床位、消除大通铺现象，厕位足够、按 1∶3 设置男女蹲位。在同一个区域，校际均衡更迫切、更重要，要推动硬件建设、学校联盟、集团化办学，试行学区化管理，促进资源共享、连片调研、小班化教学、特色办学，多措并举，使优质资源迅速扩大，让一部分薄弱学校能够尽快提升。在群体上，要关注贫困学生、进城务工人员子女、农村留守儿童和残疾儿童。要让贫困学生享受到义务教育全面免费的福祉；让 1 200 多万名进城务工人员子女得到妥善安置；让 2 200 多万农村留守儿童得到更多关爱，重点关心双亲均不在家的留守儿童，他们占到整个留守儿童的 48%，尤其要关心其中的女童。要调动监护人的责任，有的家长到城里去打工，扔下孩子不管，拍拍屁股走人，有点儿任性，现在不能提倡。经济是新常态了，不需要那么多的粗放式的劳动者，他们应尽量把孩子安排好。要办好特殊教育，把特殊学校变成当地最漂亮的学校，让残疾儿童成为最受呵护的孩子。在教育公平的过程中，义务教育的均衡发展是有质量的均衡、有品质的均衡。在均衡发展的同时，不要人云亦云，避免从一个极端到另外一个极端。均衡发展不是齐头并进，而是你追我赶；不是左顾右盼，而是动态平衡；不是不要特色，而是办出特色；不是只重硬件，而是关注内涵。

（二）提高义务教育质量

提高义务教育质量，我们强调贯彻党的教育方针的质量，符合素质教育的质量，德智体美劳全面发展的质量。在德育方面，要把“爱国、敬业、诚信、友善、自由、平等、公正、法治、富强、民主、文明、和谐”这24个字，校校上墙入屏，人人内化于心、外化于行，成为自觉行动。习近平总书记对核心价值观很重视，2014年五四青年节，他在北京大学针对青年提出了勤学、修德、明辨、笃行的要求；在参加北京市海淀区民族小学六一前夕的主题队会时，他针对少年儿童提出记住要求、心有榜样、从小做起、接受帮助的希望。我们要聚焦“加强”和“改进”两个关键词。要加强课程育人，加强文化育人，加强管理育人，加强法制育人，加强实践育人。要改进优秀传统文化教育，改进生态文明教育，改进公民意识教育，改进心理健康教育，改进网络环境下的德育。在智育方面，我们要重视基础知识，增强学生动手能力，避免死读书、读死书、读书死，培养创新精神，提倡刻苦勤奋，形成学习兴趣。对学习兴趣的强调，其实就是快乐地学习。幸福的成长是我们赞成的。现在，刻苦勤奋要强调，不能都搞所谓“快乐学习”。幸福成长，勤奋努力，是要兼顾的。另外，要注重因材施教。对于天资聪颖、提前达到较高年级学力程度的学生，要允许跳级、捷足先登，个别跟不上队的学生经过一定程序也可以留级。在体育方面，要强化体育教学，坚持体育锻炼，掌握一项技能，鼓励发展足球，形成锻炼习惯。美育也要强调，一个不重视美育的基础教育是不全面的基础教育。要改进美育教学，能够欣赏名作，掌握一项乐器，提高审美素养。另外，劳动教育也要加强，组织劳动实践，掌握一定技能，培养劳动能力，普及校园种植，坚持“光盘行动”。

（三）改进义务教育的治理

第一，坚持免试就近入学。合理划定入学范围，有序确定入学对象，取消共建方式入学，促进信息公开，破解学校难题，提倡分类指导。从1986年颁布《中华人民共和国义务教育法》（简称《义务教育法》），到2006年修订《义务教育法》，都有关于就近入学的规定。但这个问题一直未能根本解决。2014年，教育部加大了分类指导力度，对全国发了文件，对19个重点大城市发了文件，对北京市提了要求。经过共同努力，免试就近入学取得实质性进展，完成了不可能完成的任务。第二，全面建成电子学籍。实行一人一号，终身不变，省级统筹，属地管理，做到准确无误，方便转换，功能强大，服务大局，确保安全。现在已经全面建设、投入使用。教育统计是一个个数字。而电子学籍里有具体信息，包括姓名、性别、出生年月日、民族，是否乘校车，是否随迁子女，是否留守儿童，父母亲姓名及职业，基本的综合素质评价。第三，推进现代学校制度。实行依法管理、民主管理、校长负责、社会参与，落实学校自主权，逐步创造条件，取消学校行政级别。还要防止行政机关的越权、集权、扩权、重复用权和过度用权的情况，要确权、放权、分权、让权、慎权，做到法有授权必须为，法无授权不可为，把权力关到制度的笼子里。第四，加强学校安全管理。安全责任重于泰山，安全教育有用有效，安全工作突出重点，安全责任准确划定。对安全工作，我最想说的就是上面这四句话。安全不重视不行，但是如果噤若秋蝉，因噎废食，春游秋游不搞了，夏令营不搞了，有的学校甚至把单杠、双杠、跳箱、跳马器材都入库了，就不值得表扬了。该动的要动起来。在教室，要启迪学生智慧，培养学生的人性；在操场，要野蛮学生体魄，适当培养学生的狼性。掌握好一个合适的度。第五，实施学业负荷管理。让学生学习有一个合理的负荷，减轻过重的课业负担。

（四）重塑义务教育师资

我们国家有 1 700 万名教师，其中中小学的专任教师就有 1 069 万名。广大教师学为人师、行为世范、扎根基层、默默奉献，是党、人民和家长值得信赖的一支队伍。但是，教师队伍也同样存在多元、多样的特点，非常复杂，也有那么一些教师要求待遇、要求受关注，甚至还有一些其他私心杂念、违法乱纪的情况。因此，对教师队伍要回应他们合理的诉求，给他们更多发展的机会，提高他们的待遇，同时遏制他们一些不合理的诉求，尤其是不赞成搞罢课这样极端的方式。在我们国家，罢工、罢课都是非法的。要鼓励广大教师争做好教师。好教师有四个标准，一要有理想信念，二要有道德情操，三要有扎实学识，四要有仁爱之心。对于学校、教师的管理，我们可以从以下方面着力：重视培养，素质全面；加强培训，资格复审；统一编制，城乡一体；交流轮岗，合理编班；绩效工资，好事办好；特设岗位，继续坚持；照顾乡村，发给津贴；统一称谓，可至正高；校长队伍，渐去级别；做班主任，给予鼓励。要特别关心教师的专业成长，让其愿学、能学、想学；要让教师获得应有尊重，顾及其待遇、荣誉、节日；要使教师具备良好师德，能沉下心来，潜心育人；要鼓励校长具有教育家情怀，以生为本，依法治校，按照教育规律办学。

（五）提升义务教育品质

学校品质是一个综合的概念，包含诸多要素，涉及多个主体。提升学校品质，先进的思想和正确的理念是先导，优秀的校长和敬业的教师是主体，达标的硬件和规范的管理是基础，系统的课程和丰富的活动是载体，独特的文化和成熟的品牌是表征，优质的学生和社会的认可是目标。首先，要塑造全校共同认可的价值观。一所学校选择什么、崇尚什么、追求什么，外显为教育的行为和校风，内隐的是学校的价值观念。学校要建成民主管理、依法管理的实验基地；学校要建成公平正义、诚信友爱的人间净土；学校要建成充满活力、安定有序的成长乐园；学校要建成培养与自身、与社会、与自然和谐相处的一代新人的生命摇篮。其次，出台科学明确的学校发展规划。学校规划是在客观全面认识学校当前状态基础上面向未来的发展计划。好规划潜在地包含着目标力、整合力、前瞻力、凝聚力、发展力和执行力，也是这些力量的和谐统一。再次，改善学校领导团队的管理行为。校长是学校各项工作的统领者，也是学校品质提升工作的主要负责人。学校事务千头万绪，校长要保持清醒的头脑，避免陷入事务堆里。校长要着力构建强有力的领导系统，发挥团队的作用，改善管理行为。学校管理人员要在校长的带领下，明确职责，抓好落实。最后，要特别重视学校文化建设。教师是学校文化建设的播种者和实践者，通过课程与活动等形式实现文化的传承与创新；学生是学校文化建设的体现者和参与者，应当接受价值观培养，受到礼仪文明熏陶，让大到民族文化小到学校文化都在学生身上得以传承。要提升学校的物质文化，学校的建筑要独具匠心，以德载物，或造型新颖、具有时代气息，或古朴典雅、体现文化底蕴。学校建筑要符合学校特色，具有足够功能，总体风格保持一致，协调和谐，营造文化气氛。

三、义务教育五大政策抓手

推进义务教育工作，在新的形势之下，我认为要做好五件事，即五个政策抓手。

一抓教育改革。改革是当前一个时代的命题。要依据蓝图，先立后破，啃硬骨头，有始有终。

二抓教育法治。要坚持党的领导与依法行政的统一。全面依法，有法可依，有法必依，执法必严，违法必究。依法治教，依法治校，依法执教。

三抓教育科研。行政人员要更加尊重规律，运用成果；科研人员要更多联系实际，深入浅出。

四抓政策落实。一分部署九分落实，落实的时候要统一要求，体现一盘棋；还要因地制宜，给基层和学校留出足够空间。

五抓体制机制。实行管办评分离，大数据支撑，高端智库参谋，体现现代化取向，为教育战线服务，实现可持续发展。

第三编

高中教育研究

高中教育的重塑与提升*

一、关注对方，中美两国对高中教育展开系列研讨

高中教育作为基础教育高级阶段，对青少年健康成长和终生发展具有无可替代的重要作用。中美两国对各自的高中教育有首肯，也有异议。笔者希望它尽快适应知识经济发展大势，恰当定位，扬长避短，获得重塑与提升。

美国作为世界头号超级大国，面对高中教育质量欠佳等问题，非常想从中国找到破解“秘诀”；而中国作为发展中的人口大国，教育发展中遇到不少困惑，也希望从美国取一点儿“真经”。于是，两国教育部一拍即合，从 2003 年起发起组织中美基础教育论坛，对基础教育特别是高中教育，展开了一系列较为深入的研讨。

2005 年 7 月 11 日—12 日，第三次中美基础教育论坛——“中美高中数学与科学教育高层会议”在美国科罗拉多州丹佛市举行。教育部陈小娅副部长率领的中国数学与科学教育代表团一行 17 人和以美国教育部帮办苏姗·斯克拉法尼（Susan Sclafani）为首的美国官方及民间机构的 18 位专家、官员、诺贝尔奖获得者代表出席了此次论坛。中美代表对两国数学与科学教育领域的重要问题，特别是高中教育的现实改革，展开热烈讨论。论坛中，两国代表团介绍了各自基础教育改革和发展的成就与问题，达成了通过加强双方交流与合作共同推进中美数学与科学教育的共识。

2005 年 7 月 17 日，美国州长协会在艾奥瓦州德梅因市举行年会，不谈政

---

* 2005 年，笔者分别参加了第三次、第四次中美基础教育论坛并用英语发表了演讲。本文系由笔者撰写的第三次、第四次中美基础教育论坛综述，原载《基础教育参考》2006 年第 1 期。

治，不商经济，而以“重塑美国高中”为主题。会议特邀中国教育部代表出席并就基础教育发展发表演讲。各州州长专门就高中教育改革发展和质量提高进行了热烈讨论，并决定针对美国实际、借鉴中国经验采取改进措施。

2005 年 9 月 29 日，由中美两国教育部发起的第四次中美基础教育论坛——“中美科技和信息技术教育研讨会”在上海华东师范大学举办。来自教育部、部分省市的教育官员、有关专家、中学校长共 30 人，以及美国教育部、亚洲协会、州教育厅的厅长、专家共 22 人参加了论坛，华东师大逾百名研究生列席。论坛由教育部基础教育司杨进副司长和美国纽约州教育厅理查德·密尔斯（Richard Mills）厅长共同主持，教育部吴启迪副部长出席论坛并做了主旨发言。中美专家倾向于洞悉对方教育长处，查找自身不足。

参加了上海中美基础教育第四次论坛回国后，美国代表团撰写了书面报告，对中国基础教育大加赞赏。一是中国教育有长远规划、目的明确、措施得当、重点突出。二是中国中学教育成绩卓著，特别是数学、科学和外语水平相当惊人。三是中国的科学分为物理、化学、生物，有专业教师讲授，教学质量高；而美国的科学不分科，难以找到三方面都有专长的教师，影响了教学质量和学习效果。中国大多数女生选修科学，而美国女生对科学缺乏兴趣。四是中国基础教育注重教育国际化，从英语课程的设计和学习英语的数量，到大学科技园区、蒙台梭利学校、英国督学模式，再到论坛上中方代表表现出的英语和专业知识水平，都证明中国教育界注意博采众长，教育领导者具有广泛的国际视野。五是中国正在进行课程改革，以应对 21 世纪的新挑战。六是中国师资培养（岗前培训、在岗培训、教学观摩、职务晋升等）体系比较完善，能够造就优秀教师。

二、审时度势， 促进知识经济背景下高中教育变革

参加第三次、第四次中美基础教育论坛的专家认为，知识经济时代已经来临。知识经济是 21 世纪的一种全新类型的、富有生命力的经济。没有知识，就没有经济；没有知识，就没有发展。认识知识，创造知识，传播知识，已成为世界各国的紧迫任务。高中教育在知识经济时代应勇于变革，特别要通过加强高中的数学和科学教育来提高年轻一代的科技素质，迎接知识经济的挑战。高中阶段

正处于价值观念形成和思维发展的关键时期，学生思想活跃、接受能力强、可塑空间大，是科学精神培养的大好时机。只有抓好这个时机，才能促进学生全面提高，日后迎接知识经济时代的各种挑战。

科技知识在激增，知识陈旧率在加快，而基础知识相对不变，同时社会科学、自然科学日益合流。在此背景中，高中教育要奠定学生扎实宽广的科学文化知识基础，促进学生综合素质的提高，从长远看高中不宜分文理科；要激发学生对科学的兴趣，培养学生的科学精神，鼓励学生求异思维，增强学生的创新意识和创造能力。

在知识经济的大背景下，世界经济、科技和文化正呈现全球化的趋势。人类的不同文明创造了人类的共同繁荣，任何文明都是人类集体智慧的结晶。面对不同文明，人类社会只能秉持理性，互相包容，相互学习，求同存异，方可和睦共处。与会专家认为，今后，中美之间应加强基础教育合作，加强对学生外语、国际知识和国际理解方面的教育。

在第三次中美基础教育论坛上，美国教育部斯克拉法尼女士说，美国《不让一名儿童落伍法》就是针对知识经济时代的特殊情况制定的，加大数学、科学教学属于该法实施的步骤。她指出，知识经济发展对人的素质要求不断提高，但美国三分之一的12年级学生的数学能力连起码的基础水平都达不到，与世界其他国家尤其是东亚国家相比，美国高中生所接受的科学教育很不够，科学平均成绩甚差。斯克拉法尼说，全美高中生毕业率仅为70%，其中，白人毕业率为72%，西班牙裔为52%，非洲裔为51%。她希望美国同行在数学与科学的教学、评价等方面做深入探索，通过更加经常性的测验和教学绩效的核定，创立一个更加注重结果的体制。她强调，美国应定义数学和科学的核心概念，并通过有效的学科知识准备和专业发展提高教师质量。

美国联邦政府和州政府高度重视基础教育在国家竞争力中的地位，具有强烈的危机意识。从斯克拉法尼的演讲和美国专家的发言中，可以清楚地看到，美国正在认真反思并努力改进高中的数学和科学教育，力图通过教育法律提升基础教育质量，增强全民素质，进一步提升综合国力。

三、恰当定位，重塑新时期高中教育轮廓

中美两国专家认为，在世界科技迅猛发展和经济全球化的条件下，在初中阶段教育普及后，必须重新认真思考高中教育的定位和特点，重塑和提升高中教育，以此带动整个基础教育质量提高，并保持高等教育发展的后劲。新时代的高中教育要超越应试束缚，具备以下新的面貌。

第一，创新性的高中教育。创新是一个民族进步的摇篮。要彻底摆脱制约高中教育发展的各种桎梏，让创造的源泉充分涌流。要创新办学思维，创新办学实践，在国家法律的大框架下，大胆去试，创造经验。要重视对学生创新精神和创造能力的培养，启发学生勇于思考，勤于探索。一些好的高中，要为培养创新型拔尖人才奠定基础。

第二，综合性的高中教育。在培养目标上，重视培养学生全面、综合素质，以造就适应性强的复合型人才。在教育结构上，提倡普通教育与职业教育的融合和渗透，提倡办综合性高中，不人为确定普高、职业的比例。在教育内容上，减少课程门类，重视课程整合，增设综合性课程，帮助学生具备广阔的视野。

第三，国际性的高中教育。有条件的高中，可加大国际交流，开展学生互派、教师互访，增聘外教，开设第二外语选修课。通过课堂教学和各项活动，丰富学生的国际知识，培养他们的国际意向，帮助他们应对知识经济的挑战。

第四，以人为本的高中教育。教育的对象是人。高中教育要关心人，尊重人，理解人。在实际教育教学活动中，应顾及学生差异，注意培养学生的非智力因素，如良好的品德、豁达的性格、坚强的意志等。

第五，可持续发展的高中教育。面对新科技革命形势，一次性学校教育对人的一生发展远远不够，高中要重视培养学生的自学能力，使之不断地获得新知识。当前，中美逐步进入学习化社会，终身教育、终身学习、终身发展成了国家和个人发展的必由之路，除此别无选择。

四、采取措施，提升高中教育整体质量

美国为提升高中教育整体质量，采取了一系列的措施，值得我们重视。

（一）联邦政府层面

美国《不让一名儿童落伍法》旨在提高全体国民的基本素质，增进教育公平，让所有学生都能接受高质量的基础教育。美国联邦教育部根据此法出台了《2002—2007 年美国教育战略规划》，提出了具体战略目标和措施，体现了国家层面对高中教育的有关目标要求。

(1) 增加教育生机活力。联邦教育经费与教育成果挂钩；增加教育灵活性及地方机构权力；为学生家长提供更多的信息及更多选择；鼓励广泛应用科技手段，更新教育方法。

(2) 千方百计提高所有高中生的学习成绩，特别是数学和科学成绩。美国教育部将致力于增进高中教材的严谨性，新设一些综合性的选修课程。提供条件，提高教师和校长的质量，满足重塑高中教育的需要。

(3) 加大教育科研力度。教育部增拨科研经费，资助各高中开展教育科研，促进教育科研成果的运用，满足教育部门和社会各界需要。

(4) 加强对高中教育的管理与服务。完善财务管理制度以及内部控制机制，利用信息技术手段提高对高中教育的服务质量。

（二）州政府层面

2005 年美国州长协会提出了重塑高中教育的十条措施，体现了各州政府对高中教育质量的要求。

(1) 成立由州长任主席、教育厅等公共部门及企业部门主要负责人参加的协调性的圆桌会议或委员会，共商高中教育发展大计，加大对高中教育的支持力度。

(2) 推进高中课程改革，使之对升学和就业均具备生机活力。对积极开展课程改革、努力提高教育质量的高中，授予“州长优质高中”称号，动员团体、企

业、基金会给予资助。

(3) 呼吁企业、教育、家长、社区和有关团体，通过诸如“高校咨询星期日”“大学入学网络”等渠道扩大宣传，帮助高中生了解升学的经济资助来源。

(4) 对高中生开展有针对性的测试，尽可能弄清他们有哪些知识或能力欠缺，日后升入大学或参加工作后会有什么不适应，从而及早弥补。

(5) 以州为单位，制定大学认可的高中生修习的学分协议，以便既能让学有余力的高中学生提早学习大学课程，同时防止滥竽充数。

(6) 筹措资金，帮助家庭经济相对贫困的优秀高中学生提早学习部分大学课程，提前进入成才轨道。

(7) 通过提供奖学金、开放虚拟高中课程、允许职业项目的学生升学等方式，对处于不利地位的学生给予倾斜和照顾，扩大少数民族、残疾青少年、英语非母语学生提前学习大学课程及升入大学的机会。

(8) 重塑基础英语和数学计划，帮助差生在各自基础上获得发展，至少要真正在读写算方面脱盲。

(9) 帮助所有学生完成高中学业，通过毕业考试。美国 20 个州明确了高中毕业标准，另有 5 个州宣布对成绩不合格的毕业生停发毕业文凭。今后要通过网上辅导、集中强化、暑期办班、提供多次考试机会等形式，提高毕业率。

(10) 开发全州范围通用的职业证书，促进高中阶段的职业教育发展，开展高中后各种形式的职业培训，为年轻一代就业谋生、贡献社会创造条件。

（三）厅长及专家层面

第四次中美基础教育论坛美方的报告，对美国教育界领导人提出以下建议，体现了美教育厅长及专家层面对高中教育的期望。

(1) 美国若想在当今世界中保持全球领导地位，应把了解和认识中国及其他国家和地区当作头等要务。商业界领导应与立法者、教育工作者及学生家长密切合作，共同确定 21 世纪学生所需掌握的新技能；教育界应采取积极措施，让美国学生了解世界历史、地理和国际经济趋势，提升学生外语能力。

(2) 美国应当积极与中国合作，在课程标准、教科书、教学实践等方面进行比较研究，在中美姊妹学校中开展学生合作科研活动，以科技手段提高美国数学及科学学科的教学质量。在开展交流与合作中，双方应遵循互惠互利的原则，在协议内进行目标管理，给予合理的、充足的经费支持并在可预见的期限内取得实效。

(3) 为适应经济全球化的需求，美国应该通过在核心课程中加强世界历史、地理和国际经济的教学和外语学习，在高中毕业考试和高年级科目中增加国际化内容，和与世界各国建立广泛的校际间师生交流与合作，提升美国高中国际化程度。

(4) 为了解当今世界不断变化的市场和人才需求，用国际标准衡量课程教学，美国高中校长应与其他国家的校长进行短期“影子”式接触，积极开展国际学术交流与合作。商业和慈善机构应赞助州或市组织重要代表团参观访问中国，发展和中国的伙伴关系。

五、比较借鉴，培养高中学生科学素养

在第三次、第四次中美基础教育论坛上，中美两国专家对两国高中课程的组织内容和教学实施方式进行了比较和借鉴。

在中国，基础教育课程有国家标准，数学和科学的课程设置、内容编排和课时分配均有国家规定，各年龄段数学和科学教育的内容比美国内容多、难度深、系统化程度高。因此，就整体上看，做出我国高中学生数学和科学程度高于美国的判断是实事求是的。但是，我国课程对学生的适应性较弱，虽然新的高中课程标准增加了若干“选修模块”，但凭目前师资水平恐难实现，而且缺乏与大学课程的衔接。美国高中学生对系统知识掌握不够，但比较注重因材施教，高中的有些课程还与大学相通，使得一部分高中生捷足先登，脱颖而出。大量选修课的开设，研究性学习的普及，给学生发展各自兴趣和才能提供了广泛空间。

美国重视数学和科学的应用，其课程设计和教学实践注重书本内容与现实生活的联系，重视激发学生学习兴趣，重视培养学生的数学和科学思维能力及动手解决问题的能力，因此美国学生学习科学的自信心比较强。我国基础教育历来注重比较全面的知识结构与体系，似乎什么内容都不能少，教师很在意考试，轻易不放过可能考及的内容。这便导致教学课时紧，学生几乎没有时间动手实践。尽管新课程已经开始注重对学生能力的培养，但目前“讲授＋练习”的方法仍很流

行，大量时间花在对学生进行应试训练上。我国国家课程标准和以知识为核心的数学与科学教育课程体系，强调概念的掌握及课程与教学之间的一致性。数学与科学教师学科知识强，强调学生花在数理化知识学习上的时间。高中学生学习动机强，比较肯于钻研，但动手能力、解决实际问题的能力有待增强。

中美两国在课程推动策略与动力机制方面，也存在差异，并可相互借鉴。我国课程管理体制体现政府意志，数学与科学课程的推行有强大的政策、组织、人员和学校文化保证。相形之下，社会的有效参与尚显不够。比如，个别学科未能充分吸收顶级科学家和一线教师的思想。从另一方面看，某些“大家”也不屑于在基础教育方面多花时间，将其视为“小儿科”，这种状况需要改变。由于高等教育发达，教育体制本身多元、灵活、选择性强，加上就业压力相对较小，美国的高中没有中国高中那样面临那么大的压力。同时，大学和社会对学生的评价标准比较全面，高中没有出现严重的片面追求升学率问题。不过，一些美国学生避难就易，不愿刻苦学习数学和科学，其教育制度也没有特别强化学生学习数学和科学的动机。美国政府一向呼吁数学与科学教育对国家安全的重要性，但受教育行政分权体制所限，对科学教育只能是通过法律、项目、拨款等手段慢慢实施，联邦教育政策实施难以雷厉风行，推进数学与科学教育的努力更多地来自学术界和公众舆论，大量学术团体、基金会、企业乃至个人致力于推进数学与科学教育改革。美国基础教育课程改革计划集中了杰出科学家、学科教学论专家和一线教师等多方面的智慧，其中科学界的不少杰出人士对高中教育充满热情和责任心，积极投身数学与科学教育改革。

六、结语

中美两国代表团在第四次中美基础教育论坛后分别撰写了报告。后来，根据美国亚洲协会的建议，双方非正式地在网上交换报告以做参考，结果发现有一段话几乎完全相同：中美两国在历史、传统方面差异很大，对方的经验不能直接采取拿来主义的方式，但是我们要在数学和科学教育等方面向对方学习。中美两国的青年人需要进一步互相认识和了解对方，因为他们需要共创和共享同一个未来。

高中教育要适应全球化时代的变化*

我们眼前的世界，就像一个活生生的大舞台。国际社会形形色色的生旦净末丑角儿，一幕一幕地演着人间的悲剧和喜剧。我们渴望了解外面的世界。可是，当我们举目远望时，映入眼帘的图景却是那样的扑朔迷离，让人眼花缭乱。所以，观察和分析各种教育问题，必须进行准确判断，深入分析，抓住本质。

如今，知识经济时代已经来临。相对于农业经济、工业经济、信息经济来说，知识经济更为综合和广泛。知识经济的着眼点在于经济的持续性和战略性发展。知识经济是以知识（智力）资源的占有、配备、生产和使用为重要因素的经济，是21世纪的一种全新类型的、富有生命力的经济。

知识经济是国际性的，遍布全球的信息网络使得跨国界的投资、生产、管理、市场、营销、劳动、技术成为一个不可阻挡的世界潮流。不管你是否愿意，经济全球化日益成为现实，各国之间的相互依存越来越明显。在不同国家、不同地区、不同部门和不同社会群体之间，知识经济的发展具有明显的不对称性和蛙跳式特征，从而导致社会财富和权力的转移与再分配，进而提升一个国家在世界经济中的地位。由于世界上相当数量的科技投入、科技人员和科技活动集中在发达国家，因而这些国家占有很大优势。发展中国家多数处于工业经济发展初期，经济比较落后，社会知识化水平低，知识和技术创新能力弱，在全球经济一体化中处于被动地位。

可见，没有知识，就没有经济；没有知识，就没有发展。认识知识，创造知识，传播知识，已成为世界各国的紧迫任务。于是，各国把目光投向教育，希望教育在知识经济时代发挥先锋作用。许多国家也希望通过教育提高各自的技术水平，迎接知识经济的挑战。

---

* 本文系笔者2005年9月在复旦大学百年校庆期间举办的高中校长论坛上发言的部分内容。

经济、科技的全球化趋势，尤其是信息化程度的提高，使民族之间、国家之间的联系和合作日益密切，竞争也日益激烈。根据世界贸易组织（WTO）《服务贸易总协定》有关条例，成员国应提供四种方式“教育服务”：跨国远程教育课程与教学，鼓励出国留学，提倡海外办学，鼓励专业人才流动。据此，各国普遍鼓励人员交流与互访，培养学生的国际意向，加强国际知识和异域文化教学，加强外语教学，开展文凭互认，促进优质教育资源共享。教育思想和行为已冲破国界，交流与合作日益密切。同时，交流与合作也是增强自身竞争能力的方法。在可预见的将来，在继承和发扬优秀的民族文化传统的前提下，各国教育将更加面向世界。

中国正走向世界，世界也正走向中国。中国的教育大有希望，中国的高中教育任重道远。党的十六大提出要全面建设惠及13亿人口的小康社会的宏伟目标，十六届三中、四中全会，对建成完善的社会主义市场经济体制和更具活力、更加开放的经济体系做出了全面部署，要求树立科学发展观，实现经济社会和人的全面发展。这些大政方针的确定，体现了新时期经济社会全面协调发展的要求，同时与教育改革和发展全局息息相关，并使得高中教育在改革开放和现代化建设中的重要地位更加突出。

全国普通高中教育事业在党的十六大精神指引下，以科学发展观为指导，继续保持快速、持续、健康发展的良好势头，城市、经济发达的农村地区努力扩大优质教育资源；经济欠发达的农村地区在巩固“普九”成果的基础上努力扩大办学规模，满足人民群众子女升入高一级学校学习的愿望。各级政府和教育行政部门，结合当地实际，根据党的十六大提出的2020年普及高中阶段教育的规划目标，在普及九年义务教育的基础上，科学制订事业发展规划、出台鼓励高中发展的政策措施，调动了各方面办学的积极性，有效地促进了高中教育的发展。2004年，全国普通高中学校数为1.6万所，招生人数达到821.5万人，在校生数达到2 220.4万人，办学效益明显提高，布局结构更加合理，办学条件明显改善，优质教育资源覆盖范围进一步扩大，学校师资队伍、办学管理水平和教育质量明显提高，为大量的初中毕业生升入高一级学校提供了有利的条件，对于中西部农村地区“普九”巩固、提高也起到了积极的促进作用。

高中校长要做教育家，不要过于追逐高考，而要对高中教育做认真思考，办出适应全球化时代的高中教育。

一是要办创新性的高中教育。创新是一个民族进步的摇篮。我们要彻底摆脱制约事业发展的各种桎梏，让创造的源泉充分涌流。要创新办学思维，创新办学实践，在国家法律的大框架下，大胆去试，创造经验。创新性的高中教育，最主要是对学生创新精神和创造能力的培养，要启发学生勇于思考，勤于探索。特别是重点高中、示范性高中，要为培养拔尖人才奠定基础，而不是高级打工者。

二是要办国际性的高中教育。大城市的示范性高中，可以探索加大国际交流，学生互派，教师互访，增聘外教，开第二外语选修课，等等。通过课堂教学和各项活动，努力培养学生的国际意向，丰富他们的国际知识，帮助他们做好国际化生存的准备。

三是要办人文性高中教育。以人为本，尊重学生人格，关注个性差异。在实际教育教学活动中，注意培养学生的非智力因素，如良好的品德、豁达的性格、坚强的意志等，都是现代社会所需要的。

四是要办综合性高中教育。在培养目标上，重视培养学生全面的综合化素质，造就适应性强的复合型人才。在教育结构上，提倡普通教育与职业教育的融合与渗透。在教育内容上，减少课程门类，重视课程整合，增设综合性课程，帮助学生具备广阔的视野。

五是要办终身性高中教育。面对新科技革命的形势，一次性学校教育对人一生的发展是远远不够的，必须培养学生的自学能力，使之不断地获得新知识，并在某个方面有所创新。当前，世界已处于学习化社会，终身教育、终身学习、终身发展是国家和个人发展的必由之路，除此别无选择。

教育部基础教育司已经初步明确了今后几年我国高中教育发展的思路。

一要坚持科学发展观，促进高中阶段教育全面、协调、持续、健康发展。各地要树立科学的发展观和正确的政绩观，科学规划、合理布局、把握节奏、协调发展，要根据经济社会发展的水平，统筹好各级各类基础教育的协调发展，把握好高中阶段教育发展的节奏；高中阶段教育要特别注意统筹好普通高中教育与中等职业教育的协调发展，共同承担普及高中阶段教育的历史任务；普通高中学校统筹好示范学校与一般学校之间的协调发展，避免学校之间的差距进一步拉大，反对追求超豪华的不良倾向。

二要建立符合社会经济发展需要的高中发展的政策机制。发展高中教育一定要按照“实事求是、因地制宜、分区规划、分类指导”的原则，从当地实际出发，根据高中教育的性质及特点，立足改革创新，研究制定有利于普通高中事业发展的政策，多种形式、多元投入发展普通高中教育，探索建立并逐步完善“政府投入为主、社会共同参与、受教育者合理分担教育成本”的机制，促进普通高中教育与社会经济协调发展，与九年义务教育和职业教育以及高等教育的协调发展。要积极推进高中办学体制改革，要在深化公办高中办学体制改革的同时，积极鼓励、大力支持民办高中发展，整合社会资源，扩大优质教育资源覆盖范围，逐步消除薄弱学校，努力实现办让人民满意的教育的目标。

三要加大支持力度，有效促进县域（农村）高中发展。今后一个时期，大中城市高中阶段发展规模总量的增长将趋缓，高中阶段教育进一步发展的潜力在农村。因此，无论就教育特别是高中教育自身发展而言，还是就教育促进农村社会进步和经济发展的角度而言，今后一个时期，发展的重点应放置在农村地区。

四要倡导先进办学理念，建立科学的学校办学质量评价体系，大力推进素质教育。加强高中学校规范化管理，落实依法治教、科学管理的理念，认真研究高中发展改革中的各类问题（普职比例失调、超豪华建校、办学规模过大、择校收费不规范等），引导学校遵循教育规律，规范办学行为。全面提高教育质量，扩大优质教育资源供给能力，保障高中阶段教育事业持续、协调、健康发展。全面推进素质教育，关系党和国家教育方针的贯彻落实，关系青少年的健康成长，关系国家和民族的未来。推进素质教育工作，是我国教育事业的一个重大课题，是一项事关全局、影响深远和涉及社会各方面的系统工程，仅靠教育部门和学校是解决不了的，必须调动全社会的力量，发挥各方面的作用，综合研究分析面临的新形势和新特点，找出问题的关键所在，为全面推进素质教育创造良好的社会和政策环境。根据中央领导同志指示，教育部和其他有关部门联合成立调研领导小组，启动了素质教育问题综合调研，中宣部、人事部①、共青团中央、中国社科院等部门分别就舆论环境、社会用人制度、青少年健康成长社会环境因素、树立

① 2008年，第十一届全国人民代表大会第一次会议通过《第十一届全国人民代表大会第一次会议关于国务院机构改革方案的决定》，其中规定：“组建人力资源和社会保障部。将人事部、劳动和社会保障部的职责整合纳入人力资源和社会保障部。”

全面的人才观等进行调查研究。同时教育部还委托资深专家围绕十个专题：高等学校招生考试制度研究；基础教育课程改革与中考招生制度研究；义务教育均衡发展研究；素质教育理论、政策研究；基础教育国际比较研究；人才培养选拔的社会环境国际比较研究；教育舆情分析和民意调查；实施素质教育与学校整体变革研究；中小学学科课程教学改革研究等开展深入研究。教育部还与国家统计局一起，就中小学生学习、生活等有关情况进行问卷调查，摸清情况，找出问题。树立科学发展观，全面推进素质教育，大力提高国民素质和民族创新能力，增强综合国力，是21世纪基础教育的核心任务，是民族振兴的必由之路。全面推进素质教育，需要进行综合改革，需要我们付出艰苦的努力。

身处基础教育第一线的同志们工作辛苦，责任重大。在教育实践中，肯定会遇到许许多多的新情况、新挑战，必须丰富自己，恰当应对，灵活处理。要加强学习，把握规律性；胸怀全局，体现时代性；开拓创新，富于创造性。

第四编

立德树人研究

面向新时代的学校德育*

《国家中长期教育改革和发展规划纲要（2010—2020年）》对我国教育改革和发展做出了全面部署，对学校德育也提出明确要求。面向新时代，全国教育工作者都应该坚持育人为本，德育为先，采取扎实有效的措施，推动学校德育工作取得新进展，促进学生全面发展和健康成长。

一、切实加强学校德育的关键环节

在未成年人思想道德建设中，学校德育是主渠道、主阵地。学校德育的途径很多，各地各校可因地制宜创造性地予以实施。同时，学校德育有一些共同的关键环节，面向新时代，加强这些关键环节就可纲举目张，就有助于体现学校德育的规律性。

第一，加强课程育人。课堂教学是学校教育的中心，是学生道德认知、道德情感培养的主要途径。教育部门和中小学校要在课程改革中加强对品德与生活、品德与社会、思想品德、思想政治以及语文、历史等课程教学的管理和评价，推动在课堂教学中落实各学科课程的德育要求。有条件的地方，可开发一些地方课程或学校课程，以丰富学校德育资源，更好地发挥课程的德育功能。广大教师可依据课程标准、教学内容和学生实际情况，在传授知识和培养能力的同时，将良好的情感、端正的态度、正确的价值观自然融入课堂教学过程。

第二，加强文化育人。学校文化是学校特色和历史积淀的反映，是全体师生认同的思维和行为方式，对学生思想道德养成具有潜移默化的导向作用和持久深远的影响功能。开展学校文化建设，须把握一些重要方面。一要确立学校文化建设的高品位。自觉追求高品位文化，是学校文化建设的基础和重要标志。要通过

---

* 本文原载《教育科学研究》2010年第11期，原题为《面向2020年的学校德育》。

继承、创新和整合，使先进的、高品位的学校文化成为学校的强势文化、主导文化，应从制度文化、精神文化、行为文化和物质文化等方面进行学校文化创建，增强学校核心发展力。二要塑造学校共同价值观。一所学校选择什么、崇尚什么、追求什么，外显为教育行为和校风，内隐的则是学校价值观念。学校价值观为学校全体师生指明了共同愿景，影响着师生员工和学校的日常行为、精神追求与发展方向，是学校取得成功的必要条件。学校的共同愿景是规范教育行为、引领学校发展的巨大推动力。三要改善校长的管理行为。校长是学校文化的掌舵者、营造者。学校管理的事务千头万绪，但校长必须保持强烈的文化意识，避免陷入事务堆里。校长对学校文化的理论认识如何，积极性、主动性如何，是否具有文化自觉性，决定着一所学校文化发展的厚度与宽度。学校文化建设中，校长和学校管理团队应该自觉转变领导行为。从重事轻人、重权术轻品德、重他律轻自律、重控制轻激励、重效率轻价值等观念，转变为激励人、培育人、发展人。与此同时，要发挥广大教师的主体作用以及学生对文化建设的参与。四要着手学校制度文化建设。学校制度文化是学校在日常管理要求或规范中逐步形成的，是全体学校成员认同和遵循的精神规范，体现着学校个体特有的价值观念和行为方式。民主与法制是建设现代学校的人文基础；学习与创新是推进现代学校建设的不竭动力；发展与诚信是个体与团队的信誉所系。五要提升学校物质文化。学校的校容、校貌等外在形象是把学校形象传播给社会公众的外显性视觉对象，它是学校现代文明程度的外在表现。物质文化应该独具匠心，以物载德。建筑或造型新颖，具备时代气息，或古朴典雅，体现文化底蕴。学校建筑要符合学校特色，适合教育之用，总体风格保持一致、协调、和谐，营造校园文化氛围。

第三，加强实践育人。教育与生产劳动相结合是促进中小学生全面发展的重要途径。学校要结合课程改革，认真落实综合实践活动课要求，针对学生年龄、教学内容和课程安排，有序组织学生走出校园，了解社会，感受生活，积极探索，引导学生学思结合、知行并重。要积极引导学生参加志愿服务和社会公益活动，乐于参加力所能及的体力劳动，出点儿力、流点儿汗，乃至经风雨、见世面，从而培养学生热爱劳动、尊重劳动人民的情感，使他们珍惜劳动成果，不仅学到知识，还学会动手、学会动脑、学会做事、学会生存、学会合作。各地要善于整合社会资源，充分发挥综合实践基地、青少年活动中心等各类校外活动场所的作用，组织学生有计划、有目的地参加社会实践活动、红色旅游活动、专题考察活动，增强社会责任感。在现实背景下，抓工作光靠提倡和自觉是不够的。为此，要把组织学生参加社会实践活动的情况和成效作为评价学校教育教学工作的重要内容，将学生参加社会实践活动的考核结果纳入学生综合素质评价。

第四，加强管理育人。学校管理的理念和具体措施直接影响着德育工作的成效。教育部门和中小学校制定管理制度要坚持以人为本，将育人理念贯穿于学校管理细节之中。学生的行为规范管理、班级民主管理，要充分考虑学生的年龄特点和德育工作规律，体现育人要求，将学生品德的培养自然融入其日常学习生活中。面向学生制定的各种规章制度和管理措施，应体现以人为本，尊重学生人格，提高学生修养。要加强师德建设，大力提升教师教书育人能力，明确教学、管理、服务等各个岗位教职员工的育人责任，把育人要求和岗位职责统一起来。全体教职员工都要关心爱护学生，平等公正对待学生，把学生的全面发展作为学校一切工作的根本目标。在管理育人中，班主任的作用举足轻重。教育部门和中小学校要支持班主任教师开展工作，关心他们的专业成长。班主任教师要将班主任工作作为一个主业，努力成为学生的人生导师。班主任教师要加强班级建设，把班级各项工作都作为德育契机，深入分析每个学生思想、心理、学习、生活状况，保持与学生有效沟通，有针对性地进行德育。

二、努力改进学校德育的现实层面

在全球化、市场化、信息化、城镇化时代，有许多扑面而来的社会因素为学校德育注入新的活力，同时也带来新的挑战。面向2020年，学校德育要善于针对现实问题，提升薄弱层面，体现学校德育时代性。

首先，改进理想信念教育。理想信念对人的发展具有重要导向作用，中小学生只有树立崇高理想和远大志向，学习才有动力，前进才有方向，成才才有保障。要知道，过于务实、目光短浅、见利忘义，无异于俗不可耐。教育部门和中小学校要引导学生树立中国特色社会主义共同理想，按照社会主义核心价值体系的要求，培养学生正确的世界观、人生观、价值观，坚定学生对中国共产党领导、社会主义制度的信念和信心，引导学生将个人理想与祖国发展紧密联系起来。通过课堂教学、社会实践、专题活动、升旗仪式、榜样示范等多种途径开展理想信念教育、民族精神教育和革命传统教育。

其次，改进公民意识教育。公民意识教育是学校德育新的生长点。在此过程中，要重视学生良好的道德品质和行为习惯的养成。教育部门和中小学校要落实《中小学生守则》和《中（小）学生日常行为规范（修订）》要求，弘扬中华传统美德，推介通行交往礼仪，扎实开展养成教育。中小学校要引导学生主动担当对集体、对社会、对国家的责任，还要在培养学生世界眼光和开放意识的同时，突出以爱国主义为核心的民族精神教育。小学教育阶段要侧重培养小学生诚实守信、勤俭节约、文明礼貌、孝敬感恩等良好行为习惯，帮助他们树立是非观念、公德意识和规则意识。中学教育阶段要侧重培养中学生自立自强、团结互助、勇于创新等良好品质，帮助他们初步树立社会主义民主法治、自由平等、公平正义理念。通过公民意识教育，为造就有明晰的法律意识、高尚的道德情感、强烈的责任观念的社会主义合格公民奠定坚实基础。

再次，改进心理健康教育。良好的心理素质是学生健康成长、全面发展的基础。各级教育部门和中小学校要高度重视心理健康教育工作，将其作为新形势下推进素质教育的重要抓手，努力把学校建成学生快乐成长的精神家园。教育部门要高度重视心理健康教育教师队伍建设，在加强心理健康教育专业教师培训的同时，培养全体教师特别是班主任开展心理健康教育的基本能力。要统筹解决心理健康教育教师编制和职称评聘问题，积极采取措施提高教师自身心理健康水平。广大中小学校要建立以专兼职心理健康教育教师和班主任为骨干，全体教师共同参与的心理健康教育工作体系。要面向全体学生，根据学生年龄特征和个性差异，确定科学的教育内容和方法，培养学生积极向上的心理品质和健全人格。要加强心理辅导室的建设和规范使用，关注特殊群体学生，加强青春期教育，为有需要的学生提供心理疏导和服务。要建立校园内突发性应激和危机事件心理干预机制，及时干预突发性自然灾害、公共卫生、校园伤害及校园内矛盾纠纷等应激和危机事件对学生心理的影响。

最后，改进网络环境下德育工作。网络已成为学生学习生活的重要方式，对学生价值观的形成和道德认知产生重要影响。重视网络环境下的德育工作，兴利除弊，是学校德育与时俱进的必然要求。一要准确把握网络环境对学生的影响，学会利用网络进行德育，不断探索网络环境下德育工作的有效途径，用主流的道德规范和思想文化引领学生，让他们能够正确对待网络虚拟世界，合理使用互联网和手机。二要加强绿色网络建设，大力发展校园网络文化，不断丰富和更新健康向上的内容，逐步建成集德育管理、信息资源、活动管理为一体的网络德育平台。三要加强网络道德教育，结合不同年龄段学生实际和教学内容，有针对性地开展相关教育活动，引导学生树立网络责任意识和道德意识，增强对不良信息的辨别能力，防止网络沉迷和受到不良影响。四要加强网络法制教育，重点培养学生依法使用网络的意识和行为，自觉抵制网络不法行为，懂得在网络环境下维护自身安全和合法权益。

三、不断完善学校德育的工作机制

对学校德育的重要性没有人否认，但在实际工作中，人们更重视的是学生课业学习或升学率。因此，必须加强领导，明确责任，开展督导，深化研究，相互配合，将德育工作落到实处，体现学校德育的实效性。

首先，完善德育工作责任机制。教育部门和中小学校要将德育工作纳入当地教育发展规划和学校工作计划，确立年度德育工作目标和任务，明确相关责任主体。让学校德育有人问、有人管、有人抓。开展德育活动需要花钱，因而有必要设立德育工作专项经费，纳入教育经费年度预算，并保持稳定增长，满足学校德育工作的经费需求。

其次，完善德育工作督导评价机制。教育督导部门应加强对中小学德育工作的督导检查，将其作为新时期教育综合督导的重要内容，并使之制度化、规范化。督导评价结果要以适当方式向社会公布，并作为对政府、教育部门、学校考核评优的重要内容。定期表彰中小学优秀德育课教师、优秀班主任、优秀德育工作者，以激励先进、发挥榜样示范作用，增强广大教师从事德育工作的荣誉感和积极性。

再次，完善德育工作的研究机制。德育有规律，不能人云亦云。学生成长有年龄特征，不能超越阶段，搞假大空或高大全。要大兴研究之风，推动德育实验。重视成果运用，让大批学校受益。各个学生都有自己的个性特点，要注意一把钥匙开一把锁。关心进城务工人员随迁子女，努力满足他们自身发展的期待和需要，帮助他们尽快融入城市生活。对于农村留守儿童、单亲家庭、贫困家庭和问题家庭子女，采取关爱措施弥补其情感缺失，给予他们更多的引导和帮助。

最后，完善德育工作协同机制。学校德育是一项社会系统工程，做好未成年人思想道德建设工作需要学校、家庭、社会各方面的共同努力和协调配合。对家庭教育，妇联组织有积极性。教育部门要配合妇联开展好家庭教育工作，指导家长树立科学育子观念，掌握正确教育方法。要联系社会各方面力量，广泛整合社会资源，建设青少年健康成长的社会大课堂。努力构建以学校教育为主导、家庭教育为基础、社区教育为保障的德育工作格局，形成学校家庭社会育人合力，共同促进年轻一代健康成长。

精心培育和切实践行社会主义核心价值观*

习近平总书记于2014年五四青年节在北京大学和2014年六一儿童节在北京市海淀区民族小学发表重要讲话，站在建设富强民主文明和谐的社会主义现代化国家、实现中华民族伟大复兴中国梦的战略高度，深入论述了社会主义核心价值观的重大意义、丰富内涵、历史渊源和实践要求，对年轻一代树立和培育社会主义核心价值观提出了勤学、修德、明辨、笃实的殷切希望，深刻指出了当代青少年培育和践行社会主义核心价值观的时代责任和努力方向。2014年教育部印发了《关于培育和践行社会主义核心价值观进一步加强中小学德育工作的意见》（简称《意见》），对今后一个时期我国中小学德育做出了具体部署。

一、立足时代特征， 大力弘扬学校德育主旋律

社会主义核心价值观24个字分别从国家、社会、个人三个维度凝练了社会主义最基本、最核心、最重要的价值理念，它既与中华优秀传统文化和民族精神一脉相承，又与社会建设和现代文明水乳交融，是中国特色社会主义的本质体现，是全国人民共同的价值取向和精神追求。

党的十八大明确提出，要“全面贯彻党的教育方针，坚持教育为社会主义现代化建设服务、为人民服务，把立德树人作为教育的根本任务，培养德智体美全面发展的社会主义建设者和接班人”，指明了教育工作的根本方向。这意味着，真正成为德智体美全面发展的社会主义建设者和接班人，道德发展是其首要目标；对于“树人”的教育工作者而言，“立德”是其首要任务。《意见》回应了立什么德、树什么人这个教育根本问题，旗帜鲜明地提出要将培育和践行社会主义核心价值观作为中小学德育工作的灵魂和主线，贯穿于中小学教育教学全过程，

* 本文原载《基础教育参考》2014年第11期。

这对于培养德智体美全面发展的社会主义建设者和接班人、办好人民满意的教育具有重要意义。

《意见》是自2004年贯彻中共中央、国务院《关于进一步加强和改进未成年人思想道德建设的若干意见》以来，教育部出台的又一个中小学德育的综合性文件，标志着中小学德育工作进入了一个新阶段，培育和践行社会主义核心价值观已成中小学德育工作的主旋律。各级教育部门和中小学校要用社会主义核心价值观统领中小学德育工作，努力开创德育工作的新局面。

二、突出五个重点， 努力打造学校德育升级版

面对新形势，我们必须从学生的思想道德实际和身心发展规律出发，引导学生处理好以下五个关系，重点抓好优秀传统文化教育、公民意识教育、生态文明教育、心理健康教育和网络环境下的德育工作。

一是突出优秀传统文化教育。《意见》强调各级教育部门和中小学校要深入开展中华优秀传统文化教育，讲清楚中华优秀传统文化的历史渊源、发展脉络、基本走向，引导学生理解中华文化的独特创造、价值理念、鲜明特色，并在践行社会主义核心价值观中将优秀传统文化发扬光大。培育和践行社会主义核心价值观，引导学生增强民族文化自信和价值观自信，必须立足于中华优秀传统文化的根基。中华优秀传统文化注重讲仁爱、重民本、守诚信、崇正义、尚和合、求大同，具有很强的时代价值，是涵养社会主义核心价值观的重要源泉，必须充分继承和发扬。

二是突出公民意识教育。《意见》强调各级教育部门和中小学校要大力开展公民意识教育，培养公民美德，发扬社会公德，增强国家认同，引导广大学生了解公民的基本权利与义务。塑造合格公民才能培育良序社会，培养现代公民是建成社会主义现代化国家的基础，《意见》专门提出加强公民意识教育，反映了对于个人与社会良性关系的高度关注，希望通过公民意识教育逐步培养学生树立社会主义民主法制、自由平等、公平正义的观念，增强他们的社会责任感。

三是突出生态文明教育。《意见》强调各级教育部门和中小学校要普遍开展

生态文明教育，以节约资源和保护环境为主要内容，引导学生养成勤俭节约、低碳环保的行为习惯，形成健康文明的生活方式。面对自然环境日益恶化和资源约束日益趋紧，在中小学普遍开展生态文明教育已经迫在眉睫。实现习近平总书记提出的伟大中国梦，建设美丽中国，必须保护好我们赖以生存的自然环境，必须依靠我们每一个人与自然和谐相处的实际行动。

四是突出心理健康教育。《意见》强调各级教育部门和中小学校要认真落实《中小学心理健康教育指导纲要（2012 年修订）》，全面推进心理健康教育。即将全面建成的小康社会，是以国家富强、民族复兴、人民幸福为基础的，学校教育也要更加关注学生的幸福感，在这个以人为本的时代，要更加注重学生的心理健康。通过心理健康教育的广泛普及和深入开展，引导学生积极主动关注自身心理健康，帮助他们正确地认识和了解自我，挖掘心理潜能，注重预防和解决发展过程中的心理行为问题，培养积极的心理品质和健全的人格。

五是突出网络育人功能。《意见》强调各级教育部门和中小学校要不断探索网络环境下德育工作的有效途径，引导学生正确对待网络虚拟世界，合理使用互联网、手机以及微博、微信等新媒体。在信息社会，可以说是无人不网、无时不网、无处不网，我们必须更加重视网络环境下的德育工作。网络是双刃剑，教育学生学会利用网络，正确处理好个人和网络的关系，从而极大地丰富学习、生活、交往，享受方便、快捷、高效，青少年如不能正确对待网络，便会对他们的健康成长产生消极和负面影响。

三、推进三项改革，着力提升学校德育有效性

党的十八届三中全会召开以后，全国上下吹响了新一轮改革的号角，教育领域综合改革也在深入推进，中小学德育改革面临着重大的战略机遇期。《意见》体现了明确的德育工作改革导向，各级教育部门和德育工作者要把握机遇、乘势而上，借改革东风，改进德育工作，以改革推动发展，以改革增强活力，以改革提升育人实效。

一是改革学校育人模式。围绕培育和践行社会主义核心价值观，在把握德育规律性的前提下，积极构建横向沟通、纵向衔接、全面育人的立体化德育体系。

不仅突出直接德育，也要体现间接德育，不仅突出显性德育，也要重视隐性德育。引导学生从课上走到课下，从校内走向校外，从思想认知到亲身体验，从亲身的实践体验逐步内化为受益终身的行为习惯和道德自觉。注重全员育人，明确提出探索推行德育导师制，让每一位教师都担负起育人的职责，而不是只有班主任在育人。注重全程育人，综合运用课程育人、实践育人、文化育人、管理育人等载体，使学生学习、生活的各个方面自然地融入社会主义核心价值观教育。注重全方位育人，空间上学校、家庭、社会形成育人合力，时间上从低到高各年级德育内容形成体系。

二是改革德育方式方法。突出实效性导向，从中小学生的身心特点和思想实际出发，注重循序渐进、注重因材施教，润物细无声，真正把德育工作做到学生心坎上。强调知行结合，着力培养学生养成良好的行为习惯，引导学生将道德认知转化为道德实践。具体来讲，在课程育人上，突出“渗透融合”，改变单纯传授知识、说教的方式，推进五科统筹，发挥各学科综合育人功能，与课程内容结合，在人文内涵体验、科学探究发现、自然世界认知、体育艺术修养中培育和践行社会主义核心价值观。在实践育人上，提倡让每一个学生都参加到社会大课堂中接受锻炼，强化实际行动，作为对道德认知的补充，完善机制，变小打小闹为大动员、大行动，量变才能有质变。在文化育人上，突出“潜移默化”，树立优良校风、教风、学风，优化美化校园环境，开展丰富多彩的校园文化活动，用物质文化、精神文化、制度文化、行为文化传承校园精神，弘扬社会主义核心价值观。在管理育人上，突出“制度规范”，学生的行为规范管理、班级管理和其他面向学生制定的各种规章制度，都要充分体现友善、平等、公正、民主、和谐，彰显社会主义核心价值观的要求，注重在日常管理中体现价值导向，使符合核心价值观的行为得到鼓励、违背核心价值观的行为受到制约。

三是改革德育治理结构。改革评价制度，推行综合素质评价，发展学生核心素养，并将综合素质评价结果作为评价学生、考试招生的重要依据。加强督导检查，将德育工作纳入到教育综合督导和责任区督学工作范畴，夯实组织领导、经费投入等各项保障。突出资源整合，充分发挥综治、公安、民政、共青团、妇联、关工委等相关部门在学生道德培养、特殊群体关爱等方面的优势和作用。构建新型家校关系，推动学校、家庭在孩子品德培养上“一体化”进程，利用家长委员会等平台，引导家长参与学校教育管理，利用网络、微信、微博等手段及时沟通，进行新型家访，互相配合，互通有无，共同促进孩子们健康成长。

我国中小学生思想品德状况调查与思考*

党的十八大要求深入开展社会主义核心价值体系学习教育，用社会主义核心价值体系引导社会思潮、凝聚社会共识，强调把立德树人作为教育的根本任务，全面实施素质教育，深化教育领域综合改革，着力提高教育质量，培养学生创新精神，造就德智体美全面发展的社会主义建设者和接班人。在新形势下，有必要从中小学生抓起、从学校教育抓起，在弄清中小学生思想品德发展状况基础上，将育人理念融入教育全过程，突出抓好课程育人、资源育人、文化育人、礼仪育人、网络育人、心理育人、机制育人，切实做好学校德育工作。

一、中小学生思想品德状况总体良好

为准确掌握新形势下全国中小学生思想品德基本情况，提高学校德育工作的针对性和有效性，笔者于 2009 年同天津教科院和北京师大分别合作开展了相关调查研究基础上，又于 2011 年同天津市教科院合作开展了相关跟踪调研，形成了专题研究报告。① 从调查研究结果中，可以大体看到我国中小学生品德的一般状况。

---

* 本文系国家社科基金项目（教育学）国家一般课题“学校德育热点问题分析及政策建议”（课题编号：BEA090061）研究成果，原载《教育科学研究》2013 年第 1 期，原题为《新形势下我国中小学生品德状况调查与思考》。

① 经过综合考查，课题组对我国东中西部不同经济社会发展水平的县域进行抽样。小学最终共抽取 48 所、5 236 名学生。其中，山东 1 005 名、江苏 1 163 名、河北 800 名、湖南 736 名、甘肃 690 名、四川 842 名。市区 2 710 名，县城 1 437 名，乡 1 229 名。男生占 48.8%，女生占 51.2%，四年级占 51.2%。六年级占 48.8%。中学最终共抽取 32 所、5 167 名学生。其中，山东 1 045 名、江苏 907 名、河北 819 名、湖南 623 名、甘肃 716 名、四川 1 057 名。男生占 47.8%，女生占 52.2%。初二年级占 62.6%，高二年级占 37.4%。

（一）价值观方面

第一，具有强烈的爱国主义情感。爱国主义是指个人或集体对“祖国”的一种积极和支持的思想和态度，爱国主义是基本的同时也是崇高的道德情感。调查显示，我国中小学生普遍对祖国有很高的认同，对国家的未来充满信心。95.8%（94.3%）的小学生为祖国感到自豪和骄傲，在学校举行升国旗仪式时，93.0%（89.9%）的小学生感到庄严。① 同时，62.4%（70.8%）的中学生认为中国的国际地位很高或较高。84.3%（89.6%）的中学生为自己是中国人而自豪，91.7%（90.4%）的中学生对国家的未来充满信心。

第二，中学生信仰以中国特色社会主义和共产主义为主。信仰是生命的“永动机”。有了信仰，青少年才会有抱负、有志向、有目标、有追求，人生才会有超越，才会有幸福。信仰就是理想信念，它对人的发展具有重要导向作用，中小学生只有树立崇高理想和远大志向，学习才有动力，前进才有方向，成才才有保障。调查显示，学生对“哪种理论对你的人生更有指导作用”的题项，其中选择中国特色社会主义的占32.2%，共产主义的占18.4%，此两项之和为50.6%。在2009年的测题中，没有中国特色社会主义选项，表示信仰共产主义的人数最多，占总人数的43.4%。

第三，具有较强的民主参与意识。很多小学生想当学生干部，以锻炼自己的能力，为老师、同学服务为主要目的。69.7%（68.6%）的小学生赞成用投票方式选举班干部。同时，有49.4%（46.9%）的中学生想当学生干部，77.8%（88.0%）的中学生表示，如果有机会愿意做一名志愿者。

第四，具有很强的环保意识。有97.6%（96.7%）的小学生、92.6%（85.6%）的中学生对别人乱扔垃圾表示反感。95.5%（97.8%）的中学生表示，在看到没有人用的水龙头在流水时会将其关掉。有理由相信，随着年轻一代环保意识的增强，我们祖国会天更蓝、地更绿、水更净，真正成为美丽中国。

① 本文数据均来自于实际抽样调查，其中括号内数据为2009年调查数据，以下不再作注。

（二）人生观方面

第一，绝大多数学生对自我做了肯定性评价。小学生普遍认为自己生活愉快。94.3%（92.1%）的小学生对自己做肯定评价，94.4%（91.0%）的小学生认为自己生活得很愉快或比较愉快。中学生处在青春期，成长的烦恼相应地多一些，但他们总体上还是充满自信、积极向上的。

第二，学习目的兼重个人抱负和社会贡献。64.7%（68.3%）的中学生认为"个人努力"是获得成功最重要的因素。在学习目的方面，47.6%（50.9%）的小学生选择了为国家做贡献。中学生的学习目的依次是："增长知识、开阔视野"，"上大学、将来找份好工作"，"为了父母将来过得更好"，"为国家、社会多做贡献"。

第三，职业理想多元且现实。小学生的理想职业依次为：教师、医生21.6%（20.0%），演艺人员、运动员20.8%（25.1%），解放军、警察17.4%（16.6%），科学家、工程师12.5%（14.4%），企业家、商人9.3%（8.2%），政府工作人员5.0%（4.2%），掌握专业技能的工人或种粮大户0.3%（0.5%）等。中学生毕业后最想从事的职业依次是经理或管理人员15.7%、设计师12.7%、干部或公务员9.7%、专业技术人员8.3%、军人8.3%、艺术家8.1%、医生7.0%、教师6.2%、律师5.2%、警察5.1%、新闻工作者3.2%、运动员2.8%、理发美容师2.2%、厨师1.5%、护士1.4%、出租车司机0.6%、工人0.3%、农民0.3%。中学生最想从事的职业多具有收入高、稳定、社会地位高的特点，这本无可厚非，但想当工人、农民的如此之少，应该深思。

（三）基本品德方面

第一，绝大多数中小学生认同勤俭和秩序。中小学生普遍认同勤俭节约的观念。89.4%的小学生和77.9%（76.5%）的中学生认为勤俭节约是一种美德，应该提倡。88.9%（79%）的小学生能做到排队上车，86.1%（80.5%）的小学生绝不闯红灯。对乱扔垃圾的行为，有97.1%（93.6%）的小学生明确表示反对。有70.1%（88.6%）的中学生能做到自觉排队上车，但有24.9%（11.1%）的中学生也会视情况而定；有59.3%（86.1%）的中学生能遵守交通规则，绝不闯红灯，但也有36.7%（13.9%）的中学生在着急的时候会闯。看见别人在校园里或教室里扔废纸、零食及包装物等行为时，有84.9%（97.1%）的中学生明确表示反对。

第二，大部分中小学生拥有一定的生活自理能力。91.2%（85.8%）的小学生、87.9%（81.9%）的中学生表示自己应该干家务，农村学生、女生对参与家务活更有积极性。62.7%（58.1%）的小学生主动干家务活；70.7%（55.5%）的小学生能进行简单的洗衣；63.1%（65.6%）的小学生能做简单的饭菜。

第三，绝大多数中小学生具有孝亲尊师、助人、文明礼貌等良好品德。85.8%（81.6%）的小学生当家里有好吃的东西时能想到父母，66.3%（65.3%）的小学生会主动帮父母做些力所能及的事情。91.0%（93.0%）的小学生在学校遇到老师会上前主动问好。94.5%（94.7%）的小学生乐于向社会献爱心，77.8%（77.9%）的中学生表示会给需要的乘客让座。有76.4%（73.1%）的小学生能帮助同学解答难题，83.2%（84.0%）的中学生乐于在小组活动中相互合作完成任务，农村学生、女生的合作意识更高。大部分学生明确反对公共场所的不文明行为。88.4%（86.1%）的小学生、72.9%（54.9%）的中学生认为说脏话是缺乏修养的表现。

二、中小学生思想品德状况尚待继续改善

总体上，中小学生的思想品德状况是好的。不能夸大问题，悲叹所谓“垮掉的一代”，或所谓“独生子女问题成堆”。无论什么时候，都必须坚信，历史的车轮是滚滚向前的。长江后浪推前浪，一代更比一代强。无数事实证明，年轻一代是值得信赖的一代。不过，为了进一步有针对性地做好学校德育工作，也有必要正视中小学生思想品德方面存在的问题或不足。

（一）价值观方面

第一，部分学生尚不能全面看待我国当前民主法制状况。60.1%（69.8%）中学生认为“我国目前有法不依、执法不严的情况严重或比较严重”，12.3%（37.6%）的中学生认为党员与普通群众一样，60.9%（59.2%）的中学生认为

自己周围的共青团员和普通学生一样，37.1%（56.1%）的中学生认为多党制适合中国国情。并不是说中学生的看法不对，而是说对价值观正处形成时期的他们，应予更多关心和引导。

第二，少数学生对自己的未来感到迷茫。有33.0%（25.6%）的中学生表示对自己信仰什么说不清。45.4%（39.5%）的中学生对自己的未来感到迷茫。34.6%（33.3%）的中学生对就业形势表示担忧，认为努力学习不一定就能找到好工作，甚至有7.0%（9.4%）的中学生表现出听天由命的消极态度。

第三，环境保护的实际行动弱于环境意识。虽然有97.6%（96.7%）的小学生、92.6%（85.6%）的中学生对别人乱扔垃圾表示反感，但能主动捡起来的分别只占53.1%（46.4%）、44.9%（59.7%）。可见，在今后大力推进生态文明建设中，应弘扬环境保护从我做起、从一点一滴做起的行为。

（二）人生观方面

第一，学习压力和与父母、同学、老师的关系给大多数中小学生生活带来了不少烦恼。小学生的烦恼主要来自学习压力大的占22.0%（22.2%），父母期望值高的占13.5%（17.9%），同学中没友谊的占7.0%（8.0%）。中学生的烦恼主要来自于学习压力大的占46.8%（22.0%）、父母期望值太高的占24.1%（13.5%），同学中没友谊的占7.0%（8.0%）。对于部分学生来说，师生关系不够亲密也是影响学生生活质量的重要方面，在问到“当你遇到学习、生活方面的问题，老师是否经常找你谈心时”，有17.5%（27.2%）的小学生和20.4%（20.4%）的中学生回答“从来没有”。

第二，中学生对与异性交往持有较为开放的态度，但对早恋、婚前性行为等问题的危害认识不足。对中学阶段与异性密切交往的态度，32.6%的中学生表示赞同，对学校谈恋爱同学恋爱动机的看法，依次为好奇占36.0%，玩玩而已占24.7%，对老师或父母压制的叛逆占11.6%，从众、避免别人嘲笑自己落伍占5.7%，为了真正的爱情占7.6%。中学生对婚前性行为能接受的占31.2%。

（三）基本品德方面

第一，有相当比例的学生在勤俭节约、家务劳动、文明礼貌等行为习惯养成上存在问题。在勤俭节约方面，中小学生普遍认同勤俭节约的观念，但在实际行动中却有所弱化，有 49.7%（69.9%）的小学生承认有浪费文具的行为。在家务劳动方面，有 24.6%（18.1%）的中学生没有帮助父母做家务。在文明礼貌方面，72.9%（88.4%）的中学生认为说脏话不文明；47.4%（78.0%）的中学生从不说脏话；88.4%（84.6%）的小学生认为说脏话不文明；78.0%（88.1%）的小学生从不说脏话。但是，从上述数字也能看出，说脏话的还大有人在。

第二，在诚信方面，抄袭作业、考试作弊等问题较为突出。26.9%（34.0%）的小学生有过抄袭作业的行为，13.1%（16.9%）的小学生在考试中作过弊。对于中学生来说，考试诚信问题更加严重，42.6%（49.8%）的中学生承认在考试中有过作弊行为。

（四）其他值得关注的问题

第一，三好学生评选方式有待改进。87.2%（84.2%）的小学生认为学校评选三好学生是公平的；52.8%（73.7%）的中学生对评选三好学生表示赞同。三好学生评选虽然得到了大多数学生的认同，但 31.6%（32.4%）的中学生认为评选方式不公平，有 47.2%（19.6%）的中学生赞同取消评三好生制度。

第二，校园暴力值得关注，学生应对方式有待引导。对于同学间的欺侮情况，有 3.5%（6.7%）的小学生认为“很普遍”；6.4%（3.5%）的中学生认为“很普遍”。受到欺侮之后，有 15.1%（23.5%）的小学生、9.7%（5.4%）的中学生选择忍受，2.5%（2.7%）的小学生、7.7%（5.6%）的中学生选择报复，学生的应对方式有待引导。

第三，网络的教育功能发挥有待加强。如今，网络普及化程度迅速提高。有 91.2%（78.6%）的中学生，78.6%（81.4%）的小学生表示上过网。从上网内容看，看电影、电视的中学生有 24.2%（12.7%），小学生有 12.7%（6.5%）；聊天交友的中学生有 24.1%（11.3%），小学生有 11.3%（14.9%）；打游戏的中学生有 19.9%（16.0%），小学生有 16.0%（17.8%）；查资料的中学生有 18.1%（40.4%），小学生有 40.4%（34.1%）；看新闻资讯的中学生有 7.9%（4.5%），小学生有 4.5%（4.5%）。

第四，课余时间活动安排以休息娱乐为主，缺少社会实践活动。在课余时间安排（多选）上，除了写作业以外，中小学生最常做的事情是听音乐看电视，看课外书、上网、找同学玩、睡觉、帮家长干活、运动、逛街等。其中，七成左右中小学生很少去青少年校外教育场所。学校一般都不安排学生搞体力劳动。实际上，教育与生产劳动相结合是促进中小学生全面发展的重要途径。学校理应结合课程改革，认真落实综合实践活动课要求，针对学生年龄、教学内容和课程安排，有序组织学生走出校园，了解社会，感受生活，积极探索，引导学生学思结合、知行并重。要积极引导学生参加志愿服务和社会公益活动，乐于参加力所能及的体力劳动，出点儿力、流点儿汗，乃至经风雨、见世面，从而培养学生热爱劳动、尊重劳动人民的情感，更加珍惜劳动成果，不仅学到知识，还学会动手、学会动脑、学会做事、学会生存、学会合作。

三、努力做好新形势下育人工作

当今世界，多数国家的政府和人民希望和平发展，保护地球生态，提升人类福祉。许多国家为了自身发展，力图抢占未来科技和产业发展制高点，更加重视改进学校德育，更加重视提高教育质量，把培养德才兼备人才作为国家战略。然而，并非所有政治家都遵循联合国宪章或国际秩序，也并非所有团体势力安于平静度日。于是，政治斗争始终存在，货币危机时有发生，军事冲突此起彼伏，宗教矛盾有增无减。总体上，这个世界处于大发展、大变革、大调整时期。各国重视加强学校德育的做法以及人类优秀文明成果，值得我们研究借鉴。国际社会思想文化或意识形态领域渗透到我国的糟粕，则应予以摒弃。

从国内看，改革开放 30 多年来综合国力和国际地位持续提高，使得我国社会生产力、综合国力和人民生活水平不断迈上新台阶，经济总量跃居世界第二，显示出强大的生机活力，创造了世界经济发展的奇迹。国力的增长，为我国教育持续改革发展和对外开放，为到 2020 年基本实现教育现代化、基本形成学习型社会、进入人力资源强国行列，奠定了坚实的物质基础，创设了良好的社会环境，开辟了广阔的未来空间。可以欣喜地看到，在市场经济发展中，人们的自主意识、竞争意识、效率意识、民主法制意识和开拓创新精神不断增强。这些都是学校德育发展与创新的难得机遇。但是，在快速发展和人口迁徙过程中，各种思潮相互激荡，社会经济成分、组织形式、就业形式、利益关系和分配方式日益多样化，也给人们的思想观念、道德标准、价值取向带来巨大冲击，道德观念淡薄、守法意识不强、善恶界限混淆、诚信规范缺失等现象比较严重，缺乏理想、见利忘义、追求享受的倾向也比较普遍。在互联网时代，良好的与不良的信息同时存在，真实的与虚假的消息鱼龙混杂，一方面先进的思想得到弘扬，另一方面不实的消息也得到放大。以上种种，对学校德育工作影响很大。学校德育就像灵魂塑造，要耐心开展有大量创造性的教育工作。要依据新形势，针对学生实际做好育人工作。

（一）课程育人

课堂教学是学校教育的中心，是学生道德认知、道德情感培养的主要途径。教育部门和中小学校要在课程改革中加强对思想品德类课程教学的管理和评价，推动在课堂教学中落实上述学科以及所有课程的德育要求。与课程教学有机结合的德育，才是最基本最自然的德育。2011 年版的义务教育课程标准力求落实德育为先理念，突出了德育的时代特征。① 一是渗透科学发展观和社会主义核心价值体系。各学科都结合具体内容进行了有机渗透，特别是语文、历史和思想品德等更将相关内容写入课程标准。例如，对科学、技术、社会、环境的强调，对环境内容和环境问题的突出，就是对科学发展观的一种贯彻。二是突出中华民族优秀文化传统教育。语文课程标准明确提出了“语文教育对继承和弘扬中华优秀文化传统和革命传统，增强民族文化认同感，增强民族文化凝聚力和创造力，具有不可替代的优势”。历史课程标准在目标部分增加了“继承和弘扬以爱国主义为核心的民族精神，认识到国家统一、民族团结和社会稳定是中国强盛的重要保证，初步形成对国家、民族的认同感，增强历史责任感”的要求。思想品德课程标准进一步要求学生“感受个人成长与民族文化和国家命运之间的联系，提高文化认同感、民族自豪感”。三是增强了民族团结教育的针对性和时代性。这是依据我国是一个统一的多民族国家、各民族共同创造了辉煌灿烂的中华文化的国

① 孙智昌．义务教育课程标准修订理念解读［J］．中小学管理，2012（4）：4-6.

情，站在构建社会主义和谐社会的高度上来设计的。在原有民族团结教育的基础上，此次修订突出了“民族融合”和“共同发展”的内涵。历史课程标准增加了“认识国内各民族之间交流、相互影响和融合的重要性，增强民族平等和共同发展的观念”的要求。思想品德课程标准进一步强调，要让学生“知道我国是一个统一的多民族国家，各族人民平等互助、团结合作、艰苦奋斗、共同发展”。全国 1 064 万名中小学专任教师是学校德育工作的主力军。广大教师可依据课程标准、教学内容和学生实际情况，在对学生传授知识和培养能力的同时，将良好的情感、端正的态度、正确的价值观自然融入课堂教学过程。

（二）文化育人

学校文化是学校特色和历史积淀的反映，是全体师生认同的思维和行为方式，对学生思想品德养成具有潜移默化的导向作用和持久深远的影响功能。面向 2020 年，应组织关于学校文化建设的经验交流与深入研讨，推进各地开展学校文化建设，在促进义务教育均衡发展的背景下，继续提倡学校办出特色，办出品质。

一要确立学校文化建设的高品位。自觉追求高品位文化，是学校文化建设的基础和重要标志。要通过继承、创新和整合，使先进的、高品位的学校文化成为学校的强势文化、主导文化，应从制度文化、精神文化、行为文化和物质文化等方面进行学校文化创建，增强学校核心发展力。

二要塑造学校共同价值观。一所学校选择什么、崇尚什么、追求什么，外显为教育行为和校风，内隐的则是学校价值观念。学校价值观为学校全体师生指明了共同愿景，影响着师生员工和学校的日常行为、精神追求与发展方向，是学校取得成功的必要条件。通过学校文化建设，应大力弘扬民族精神和时代精神，深入开展爱国主义、集体主义、社会主义教育，倡导富强、民主、文明、和谐，倡导自由、平等、公正、法治，倡导爱国、敬业、诚信、友善，积极培育社会主义核心价值观。

三要改善校长的管理行为。校长是学校文化的掌舵者、营造者。学校管理的事务千头万绪，但校长必须保持强烈的文化意识，避免陷入事务堆里。校长对学校文化的理论认识如何，积极性、主动性如何，是否具有文化自觉性，决定着一所学校文化发展的厚度与宽度。学校文化建设中，校长和学校管理团队应该自觉转变领导行为。

四要着手学校制度文化建设。学校制度文化是学校在日常管理要求或规范中逐步形成的，是全体学校成员认同和遵循的精神规范，体现着学校个体特有的价值观念和行为方式。民主与法制是建设现代学校的人文基础；学习与创新是推进现代学校建设的不竭动力；发展与诚信是个体与团队的信誉所系。

五要提升学校物质文化。学校的校容、校貌等外在形象是把学校形象传播给社会公众的外显性视觉对象，它是学校现代文明程度的外在表现。物质文化应该独具匠心，以物载德。建筑或造型新颖，具备时代气息，或古朴典雅，体现文化底蕴。学校建筑要符合学校特色，适合教育之用，总体风格保持一致、协调、和谐，营造校园文化氛围。

（三）资源育人

在新形势下，随着社会的快速发展，各种信息资源充斥于生活和学习之中，德育不仅要做好校内的基础性工作，还要拓展外延，利用好校外德育资源。自2011年起，教育部倡议各部门各单位开放、开发适合广大中小学生需求的社会资源，构筑起校外教育的大课堂。许多地方以学校为龙头、社区为平台、家庭为基础，整合各方资源，形成了良好的育人氛围。

利用社会资源育人，需要充分顾及学校教育、家庭教育、社会教育的一致性，追求育人合力。利用社会资源育人，还必须开展公民教育，培养学生的社会责任意识、民主法治意识、遵守规则意识。利用社会资源育人，应该突出抓好生态文明教育，让学生热爱美好家园，参与环保行动。

面向2020年，国家正在建设一批大型的青少年学生综合实践基地，并支持这些基地以及此前已建成的县级学生校外场所发挥作用。各地须善于整合社会资源，充分利用各类校外活动场所，组织学生有计划、有目的地参加社会实践活动、红色旅游活动、专题考察活动。在现实背景下，抓工作光靠提倡和自觉是不够的。为此，要把组织学生参加社会实践活动的情况和成效作为评价学校教育教学工作的重要内容，将学生参加社会实践活动的考核结果纳入学生综合素质评价。

（四）礼仪育人

礼仪不单是形式，更承载着丰富的文化内涵。礼仪的内涵十分丰富，几乎涉及人类生活的方方面面。礼仪是道德的示范，是行为的准则，是交往的枢纽，是文明的标志。在新形势下，礼仪教育是学校德育新的生长点。通过礼仪教育，可增强学生的文明礼貌、团结同志、孝敬父母、沟通交流的意识。2011 年，教育部颁布了《中小学文明礼仪教育指导纲要》，对礼仪教育内容做出明确规定。教育部门和中小学校要开展礼仪教育，弘扬中华传统美德，推介通行交往礼仪，引导学生养成良好习惯。为了提高文明礼仪教育的质量，必须遵循学生身心发展的规律，努力探索文明礼仪教育的规律，研究学生道德行为形成的内在机制，坚持以学生发展为根本，将文明礼仪教育贯穿于学校教育之中，不断提高教育的针对性和实效性。①

第一，坚持有机渗透。礼仪教育是学校德育的重要组成部分，应以日常管理为主线，以课堂教学为载体，以各种活动为途径，以学校、家庭、社会三位一体为网络，做到有机渗透，形成教育合力，发挥整体效应。

第二，坚持知行统一。学生的思想品德、礼仪习惯是在实践中逐渐形成，又在实践中表现出来的。在文明礼仪教育中，要加强对学生的礼仪指导和训练，引导学生在生活中不断体现和感悟，并付诸实践。同时，要抓好总结评比等环节，促进学生养成礼仪习惯，进而内化为良好的道德素质和个人修养。

第三，坚持言传身教。教师是礼仪教育的主要实施者，也是学生主要的模仿对象。教师的道德品质、性格爱好、文化素养、治学态度、言行举止都会对学生的心灵产生影响，在学生成长中留下印记。在礼仪教育中，教师的以身作则、言传身教至关重要。在文明礼仪教育中，要加强师德师风建设，规范教师礼仪行为，让教师以深厚的思想感想、庄重大方的仪表、和蔼可亲的仪容、彬彬有礼的语言给学生做示范，产生耳濡目染之效。

第四，坚持内化自律。在礼仪教育中，要遵循学生品德、行为习惯形成的心理规律，从治礼、懂礼入手，提高学生的道德认识，明理、激情、导行，引发其

① 黄正平．文明礼仪教育为学生成长奠基 [J]．人民教育，2011（18）．

内驱力的产生，进而促使内化，实现从他律到自律的转化。

（五）心理育人

《国家中长期教育改革和发展规划纲要（2010—2020 年）》指出："加强心理健康教育，促进学生身心健康、体魄强健、意志坚强。"加强心理健康教育，培养学生积极、乐观、向上、抗挫的心理品质，促进学生人格的健全发展，是实施素质教育的必然要求。我国正处于重要战略机遇期，同时也是矛盾多发期。社会结构变动，贫富差别凸显，生活节奏加快，给教育工作带来了前所未有的冲击。社会思潮激荡，价值观念多元，网络信息海量，给青少年带来五彩斑斓的世界，也让他们遭遇诸多新情况、新问题，容易产生心理困惑或成长中的烦恼。在独生子女时代，家长过度溺爱或过高期望，使孩子坚强意志得不到有效培养，学习中压力反而增加。在一些学校，习惯采取题海战术，反复考试训练，驱使学生拼时间、拼精力、拼健康。现在，是时候把时间还给学生，把空间还给学生，把幸福还给学生了，这是一项神圣的使命。必须告别"粗放式经营"，告别"大机器生产"，告别"填鸭式教学"，告别"见物不见人"，努力营造学生快乐成长的精神家园。

第一，总结推广心理健康教育成功经验。开展心理健康教育，很多地方做得很好。广东省中小学心理健康教育全面铺开，值得跟踪和总结。陕西省将心理健康教育师资纳入教师培训体系，通过省级培训，造就骨干教师。上海市虹口区教委领导重视，亲自部署，试点引领，家校合作，富有特色。吉林省长春市以心理剧为载体，情景交融，静动结合，长期坚持，春风化雨，滋润心田。福建省厦门市强化政府行为，精心组织。其他很多地方、学校，心理健康教育工作也都有各自的探索，取得了相应的经验，这是进一步做好心理健康教育的有益参考。

第二，加强心理健康教育师资队伍建设。心理健康教育是一项专业性较强的工作，教师需要做行家里手。教育部门要高度重视心理健康教育教师队伍建设，加强心理健康教育专业教师培训，造就一支骨干力量。同时，培养全体教师特别是班主任开展心理健康教育的基本能力。要统筹解决心理健康教育教师编制和职称评聘问题，解决一些地方存在着的"没人做"或"不愿做"的问题，并积极采取措施提高教师自身心理健康水平。广大中小学校要建立以专兼职心理健康教育教师和班主任为骨干，全体教师共同参与的心理健康教育工作体系。

第三，深入开展心理健康教育的科研探索。各地要及时了解和掌握中小学生心理健康的总体状况和发展趋势，研究分析中小学生教育和成长问题中的心理方面的因素，为进一步推动学校心理健康教育提供依据。各地应加强心理健康教育的理论研究、实践研究，探索心理健康教育的模式和方法，为心理健康教育的发展提供理论支持。通过开展心理健康教育的试验研究，着重解决点上的问题，从点上总结经验，再以点带面，逐步形成一种星罗棋布的局面。

第四，将心理健康教育真正推向全面普及。各地应制订或完善实施心理健康教育的规划，明确到2015年达到什么程度，到2020年全面普及需要提前采取哪些措施。学校应把心理健康教育作为教育教学工作和学生健康成长的有机组成部分，摆上重要位置，予以合理安排。教师要面向全体学生，确定科学的教育内容和方法，培养学生良好心理品质和健全人格。

（六）网络育人

网络是把双刃剑。它已成为学生学习、生活、交友、娱乐的重要方式，对学生价值观形成和道德认知具有重要影响。然而，网络中的不良或虚假信息确实太多。尽信网，不如无网。面向2020年，应兴利除弊，重视网络环境下的德育工作，这是学校德育与时俱进的必然要求。

第一，提倡正确认识网络。教师应把握网络环境对学生的影响，学会利用网络进行德育，不断探索网络环境下德育工作的有效途径，用主流的道德规范和思想文化引领学生，让他们能够正确对待网络虚拟世界，合理使用互联网和手机。教师应教育学生不浏览、不制作、不传播不良信息，慎交网友，不进入营业性网吧。

第二，提倡绿色网络建设。大力发展校园网络文化，不断丰富和更新健康向上的内容，逐步建成集德育管理、信息资源、活动管理为一体的网络德育平台。为中小学生建立的网络空间，应及时更新内容，不断改进形式，用他们喜闻乐见的载体赢得认可。

第三，提倡网络道德教育。结合不同年龄段学生实际和教学内容，有针对性开展相关教育活动，引导学生树立网络责任意识和道德意识，增强对不良信息的辨别能力，防止网络沉迷和受到不良影响。培养学生依法使用网络的意识和行为，自觉抵制网络不法行为，懂得在网络环境下维护自身安全和合法权益。

（七）机制育人

对学校德育的重要性没有人否认，但在实际工作中，人们更重视的仍然是学生课业成绩或升学率。因此，为把德育要求落到实处，体现学校德育的实效性，就必须明确责任，开展督导，深化研究，相互配合。

第一，完善德育工作责任机制。教育部门和中小学校要将德育工作纳入当地教育发展规划和学校工作计划，确立年度德育工作目标和任务，明确相关责任主体。让学校德育有人问，有人管，有人抓。开展德育活动需要花钱，因而有必要确定德育工作专项经费，纳入教育经费年度预算，并保持稳定增长。

第二，完善德育工作督导评价机制。教育督导部门应加强对中小学德育工作的督导检查，将其作为新时期教育综合督导的重要内容，并使之制度化、规范化。各地在进行素质教育评价时，应加大德育工作及其效果权重，体现德育为首、育人为本。

第三，完善德育工作的研究机制。德育有规律，不能人云亦云。学生成长有年龄特征，不能超越阶段，搞假大空或高大全。要大兴研究之风，重视成果运用，让大批学校受益。德育没有固定模式，各地都可以大胆尝试，不断创新，在探索中前进。

第四，完善德育工作协同机制。学校、家庭、社会等各种教育力量，应在德育目标一致的基础上，建立教育网络，形成教育的正向合力，统一协调地开展德育工作，发挥德育整体效益。为此，要联系社会各方面力量，广泛整合社会资源，建设青少年健康成长的社会大课堂。努力构建以学校教育为主导、家庭教育为基础、社区教育为保障的德育工作格局，形成学校家庭社会育人合力，共同促进年轻一代健康成长。

总之，学校德育要创造性地把党的十八大关于思想道德建设的各项要求落实到校、落实到班、落实到每位学生的心坎上，把中华传统美德通过恰如其分的形式内化为年轻一代的自觉行动，还要引导学生养成好习惯。学校德育有规律，教育工作者要善于发现规律、尊重规律、根据规律，根据学生年龄阶段特征与个性特点，科学实施教化、贴近学生实际，因材施教引导、一把钥匙开一把锁，努力提升德育的针对性、实效性和感染力。

我国中小学生思想品德状况再调查与再思考*

2015年实施的全国中小学生品德状况调查的德目涵盖了学生的思想、基本品德、环保理念与行为、心理健康、文明上网行为、德育环境等，涉及人与自我、人与他人、人与社会、人与自然、人与网络等方面。调查表明，中华优秀传统文化教育、中国特色社会主义教育、礼仪教育、节俭教育、心理健康教育得到普遍加强，德育环境得到明显改善，学生的思想品德总体向好。

一、调查实施

（一）完善工具

为追踪了解我国中小学生思想品德状况及心理发展情况，2015年我们再次组织开展了调查研究。① 调查工具为课题组编制《全国学生思想品德状况调查问卷》，问卷内容80%与2009年、2011年开展品德调查时的问卷保持一致。根据形势发展，也做了一些调整完善。一是加大了中小学生心理健康状况测查的比重。既包括了体现积极心理学内容的检测心理健康题目，也加强了检测心理问题或烦恼的题目，既设定了检测一般幸福感的题目，也顾及检测具体心理健康之核心素养，如生命意义感，合群性、耐挫性、自信心等的题目。二是根据教育部《关于培育和践行社会主义核心价值观进一步加强中小学德育工作的意见》等相关文件关于中小学生5个方面德育内容及爱国敬业诚信友善等价值观要求，对原有问卷内容结构进行梳理。修改完善了传统文化认同，中国特色社会主义道路认

* 本文原载《教育科学研究》2016年第1期。

① 天津市教科院副院长刘金明研究员及课题组受教育部基础教育一司委托具体实施了这次调查活动。

同、理想信念、社会公德、文明绿色上网等部分内容，以便使调查内容与政策指向高度衔接，使中央和教育部的要求真正在调查项目中得到体现。三是将原先分排的中学生、小学生问卷合并为一个中小学生问卷，除 9 个题目不适合小学生回答仅由中学生作答外，其余 111 个题目中小学生共同作答。这样便于分析中小学生思想品德状况年级发展趋势，保持调查内容共性，同时也不影响中小学调查内容的差异性。四是对个别项目选项做了调整，以使调查工具更加精准反映学生做答反应范围而又不致增大选答方差。在问卷修改过程中，课题组逐一对每项测题从其方向性、措辞水平、反应范围等又进行了反复检查修改完善，以保障调查工具的科学性。

（二）开展实测

这次调查取样范围与此前基本相同，涉及河北、甘肃、山东、四川、湖南、江苏 6 个省、12 个城市、24 个区县的 62 所学校共 10 233 名学生。为了提高样本校对调查取样的重视程度，由教育部基础教育一司致函各地教育行政部门，再由它们负责通知、协调取样工作，保证了取样工作的顺利进行。实测时，采用邮寄问卷方式。为了保障施测标准化，采用统一印制标准化问卷、统一指导语、统一施测时间区间、统一施测程序。为尽量统一施测人员素质，我们要求尽量由学校德育教师或心理教师组织施测。从取样结果等多方面看，该实测方式比较科学、可行、有效。

（三）处理数据

对调查结果的处理主要包括对各德目选项的频次统计，对各德目的年级、城乡、家长受教育程度等的差异分析，有关德目不同监测时段同年级比较分析等。为了便于对调查结果的深入分析和评价，参照教育部有关学生综合素质测评分类标准和学生思想品德发展实际，将学生思想品德调查结果分为 4 类：百分数 90 分以上为思想品德表现优秀，百分数 75—89 分为思想品德表现良好，百分数 60—74 分为思想品德表现一般，百分数 60 分以下为思想品德表现较差。为了避免人工录入的误差，对原始数据采用问卷机对标准化问卷集中录入，提高了准确度和效率。统计分析程序软件为 SPSS 20.0 汉化版。录入完成后对个别漏答较多的项目个案及出现系统填答倾向明显、表现出不认真作答的个案进行了删除，其他个别选题非故意漏答的项目按缺省值处理。

二、调查结果

（一）表现优秀和良好的德目

1. 思想主流积极向上

一是热爱国家，热爱社会主义，热爱中华优秀传统文化。有90.4%的学生对作为一个中国人感到自豪，79.5%的学生认为现在的中国在国际上的地位很高和比较高。87.9%的学生听到奏唱国歌、升国旗时，心情庄重。88.6%的学生对中国梦的具体含义有所了解。93%的学生对中国特色社会主义道路前景很看好和比较看好。88.4%的学生更喜欢过中国的传统节日，77.6%的同学认为很有必要进行传统文化教育。这说明广大中小学生具有强烈的民族自豪感、民族自尊心和自信心，对中国特色社会主义充满制度自信和道路自信，对民族文化也充满自信。

二是崇尚个人努力，珍视家庭亲情。在人生获得成功的重要因素中，75.8%的学生最看重个人努力，其次是运气机遇（9.0%）、天赋（8.2%）、家庭背景（7%），表明现在的年轻人崇尚个人奋斗，愿意靠自己努力过幸福生活。在人的一生中，对影响个人幸福的因素最看重的依次是家庭亲情（36%）、友谊（21%）、健康（14.3%）、个人名誉（6.6%）、信仰（5.3%）、爱情（4.3%）、知识（3.8%）、金钱（3.5%）、事业（3.2%）、权力地位（1.9%）。我国青少年把家庭、友谊视为人类幸福最重要的源泉，反映出他们重家庭、人际关系等伦理道德的价值取向，而金钱、地位则被放置在了影响人生幸福的末位，具有典型的东方价值观倾向特点。在做人最重要的道德品质中，学生将孝顺（63.9%）排在第一位，其次分别是诚信（58.2%）、遵纪守法（38.3%）、爱国（33.8%）、友善（31.3%）、敬业（19.7%）、勤劳（13.1%）、环保（19.4%）、俭朴（5.2%）、合作（5.1%）。在认知上，爱国敬业诚信友善等核心价值观被排在价值认同的前列。可以说，在青少年的人生观价值观中，既保留了重亲情等东方传统价值主流内容，也有现代崇尚个人奋斗的独立自主的价值观。

2. 基本品德素质良好

一是孝亲尊师。87.4％的学生记得父母的生日；98.6％的学生外出或回家时“经常”和“有时主动”向父母等长辈打招呼；98.2％的学生遇到老师时“经常”和“有时主动”向老师问好；只有7.4％的同学完全同意“教好学生是教师的天职，学生不必表示感激”的说法。

二是互助友善。看到同学有困难，周围的同学有97.7％“经常”和“有时”能帮忙；对于学习成绩差、家庭条件不好或身体有缺陷等弱势同学，80.5％的学生大多数情况下能做到关心帮助；向同学请教问题，77％的同学会耐心认真讲解；当在公共汽车上，看到老人、小孩、孕妇或残疾人上车后，76.4％的学生让座；学校组织献爱心捐款活动时，85.1％的学生能自愿捐款。

三是明礼守法。97.4％的学生在公众场合“经常注意”和“有时注意”自己不大声讲话，以免干扰别人；过马路遇红灯时，66.1％的学生遵守交通规则，绝不闯红灯，29.6％的学生一般情况下也不会闯，只有遇紧急情况下才会闯，两项合计95.7％。

四是崇尚环保。73.7％的学生对低碳生活“非常了解”和“比较了解”。86.1％的学生认为乱扔废纸、零食及包装等垃圾行为是不对的，95.4％的学生对别人乱扔废纸、零食及包装等垃圾行为“很反感”和“反感”。86.8％的学生外出时能做到随手关灯，95.9％的学生看到自来水龙头没关上会随手关上。

3. 心理品质阳光健康

一是生活愉快，满意度高。幸福感的最重要综合指标是心情愉悦、生活满意。调查发现，86.3％的学生生活得非常愉快和比较愉快，88.6％的学生对自己的生活感到非常满意和比较满意。此项结果表明，广大中小学生生活的总体愉快度、满意度高。

二是乐观自信。93.9％的学生对自己做了积极正向评价，认为自己“很棒”和“还行”；79％的学生对自己应对未来学习和生活上遇到的困难非常“有信心”和“比较有信心”。

三是专注有韧性。80.4%的学生学习时绝大多数时间能精神高度集中，极少分心和比较专心，做事情时 89.1%的学生能做到有始有终，善做善成。这说明广大青少年学生意志品质良好。

四是心理承受力较强。调查表明，93.1%的学生对人生挫折有正面认知，当问到“面对考试、升学、就业等压力，你多数时间是如何想的”时，学生认为“车到山前必有路”“自古英雄多磨难”，说明大多数同学能正确看待挫折。当遇到困难和挫折时，76.8%的学生努力改变现状，使事情向好的一面发展，问题应对能力良好。当遭遇如成绩下滑、失去朋友之类打击时，77.1%的学生能很快和比较快地从不良情绪中恢复过来。情绪应对能力良好。总体表明，广大中小学生心理恢复力、情绪调节能力比较强，有较好的心理承受能力。

（二）思想品德表现欠佳的德目

1. 部分学生人生偶像选择偏差

在人生偶像选择上，学生最崇拜的偶像选择按先后排序依次是歌星影星体育明星（27.7%），父母（11.8%）、革命英雄（11.4%）、商界英雄（10.8%）、领袖人物（8.8%）、科学家（7.8%）、文化名人（5.2%）、教师（3.7%）、道德模范（2.2%）、其他（10.6%）。可见，将歌星影星体育明星排第一位的学生多，将教师、道德模范排后面的学生多。这在一定程度上说明，学生人生榜样选择多元、分散，较重视外表、影响、金钱等外在因素，榜样选择存在一定偏差，榜样教育有待加强。

2. 部分学生没有劳动习惯

67.8%的学生在家里主动干家务活，如洗衣服、扫地、擦地、洗碗、洗菜、倒垃圾等。66.5%的学生自己洗自己的袜子、内衣等衣物。66.9%的学生认为体力劳动光荣。当父母劳累了一天回来，45.7%的学生会“主动”为父母做些力所能及的事情，50.3%的学生“偶尔”为父母做些力所能及的事情。

3. 部分学生浪费现象严重

虽然有 81.3%的学生认为节俭是一种美德、值得提倡，但 59.2%的学生倾向于购买一些新款的文具、玩具、时髦的运动鞋等时尚物品。66.1%的学生的纸、笔、本等学习用品“经常”和“偶尔”没有用完或用坏就换新的。29.6%的学生认为周围同学浪费粮食现象普遍，回答不普遍的占45.1%，25.4%的学生回答不清楚。

4. 部分学生不讲诚信

部分学生存在说谎、抄袭、作弊、说话不算数等诚信问题。在过去的一年里，53.1%的学生对父母撒过谎，35.1%的学生向老师撒过谎。在过去一年里，54.8%的学生“经常”和“偶尔”抄写同学的作业，或请人代写作业。在过去一年里，24.2%的学生在考试或测试中作弊。只有68.1%的学生答应过别人的事情经常能够做到。

5. 部分学生缺乏公共文明行为

部分学生爱护公共卫生、遵守公共秩序、讲求文明礼仪的行为缺乏，言行不一，知行脱节等现象较严重。51.5%的学生经常（3.1%）和偶尔（48.4%）扔废纸、零食及包装等垃圾。34%的学生在遇红灯时，别人闯，自己也跟着闯，或急的时候会闯。51.5%的学生偶尔说文明礼貌用语，7.7%的学生从不说文明礼貌用语，30.2%的学生认为说脏话只是个人习惯问题，有个性、很酷。49.5%的学生当别人用脏话骂自己时，会用脏话骂他或气急了用脏话骂人。

6. 部分学生存在心理问题

29.9%的学生常常感到紧张，焦虑、心神不宁。26.1%的学生常常责怪自己，24.6%的学生常常发脾气，想控制但控制不住自己。13.4%的学生常常觉得别人和自己作对，13%的学生常感到孤独苦闷，前途无望，甚至有轻生念头。这表明青少年焦虑、自责、冲动、敌对、抑郁等心理烦恼不少。有的心理问题，已经引起了他们的生理反应。35.4%的学生常常难以入睡或醒得太早、20.6%的学生常常头疼头昏，13.4%的学生常感恶心或胃不舒服，11.9%的学生常心跳厉害，说明心理健康与不健康并存。

7. 部分中学生缺乏方向感、意义感

面对社会激烈的竞争，有62%的中学生有紧迫感、发奋学习；但也有7.4%的中学生没什么紧迫感，觉得竞争离自己还远；有22.1%的中学生担心就算努力学习，也不一定找到好工作，因而不能专心学习；7.9%的中学生听天由命，走一步算一步。面对未来，45%的中学生有长远打算，并且为此付出努力；41.3%的中学生一直在考虑人生未来，但还没想好；有9.1%的中学生不考虑将来，只想顺其自然；4.6%的中学生很少考虑未来，都听家长安排。34.2%的学生认真思考过人生意义和生命价值，65.8%的中学生偶尔思考或从未思考过人生的意义和生命的价值。10.1%的中学生看不到自己的人生有什么价值。21.5%的中学生认为自己活得有点儿价值。比较有价值和很有价值的中学生只占38.9%和29.4%。可见，对中学生的生命教育与理想教育有待加强。

（三）一般生活状况和德育环境状况

1. 一般生活状况

一是学生学习压力较大，学习兴趣不高。13.1%的学生感到学习压力非常大，难以承受；47.9%的学生感到学习压力较大，但还可以承受。36.7%的学生对学习感到很厌倦、有些厌倦。喜欢和比较喜欢学习的学生占63.6%。学生的压力主要来自考试（61.8%）、升学（46.1%）、家长期望值高（40.1%）.

二是部分学生每天锻炼少，睡眠严重不足。每天锻炼时间1小时以上的学生只占到24.6%，半小时到1小时的占32.7%，半小时以内的62.1%，有13.6%的学生回答根本没有锻炼时间。睡眠达到8小时以上的只有32.7%，6—8小时的51.8%，有15.5%的学生睡眠时间在6小时以下。

三是学生课余时间主要用于上网和看课外书。学生课余时间除了写作业，43.2%的学生看课外书、上网或听音乐、看影视。24.6%的学生出去玩或运动。14.2%的学生帮家长干活，9.3%的学生补觉，8.8%的学生上各类课外学习班。学生课外看得最多的课外读物依次为小说名著类（43.8%）、科技科幻类（15.2），学习辅导类（12.5）、童话寓言类（10.3%）、漫画类（9.9%）、历史知识类（8.2%）。

四是学生上网成为其生活的重要内容。95.2%的学生上网，上网做得最多的事情依次是查资料（32.9%）、看电影电视（23.6%）、打游戏（17.2%）、聊天交友（15.9%）。上网时间每天半小时以上的占58.2%，其中13.6%的学生每天上网2小时以上。对于社会比较关心的青少年上网是否浏览色情暴力等不良信息，18.6%的学生认为此种现象很普遍和比较普遍。

2. 中小学生德育环境状况

从中小学生对家庭、德育课、教师、社会实践等德育途径实施的感受情况，可在一定程度上调查出学生所处德育环境。

一是家长对学生思想品德关心不够，但亲子关系情况良好。家长仍被学生视为影响其为人处世第一重要的人（51%）。但父母最关心学生的身体健康（45.3%），学习成绩（31.2%），其次才是思想品德（16%）和心理健康（7.5%）。总体上看，父母和子女的沟通情况良好，19.6%的学生和父母无话不谈，有时说、有时不愿说的占60.9%，与父母谈不来，很少说的占11.1%，从来都不说的占8.4%。当学生考试没考好，71.3%的家长通常会鼓励下次考好，24.4%的家长会批评数落，2.3%的家长会体罚学生，不关心的只占1.9%。61.7%的家长会立即制止学生乱扔垃圾等不文明行为。

二是专门德育课对学生做人有帮助，但德育课被挤占现象较重。88.1%的学生表示喜欢上德育课，87.2%的学生认为德育课对为人处世有帮助，但46.9%的学生回答德育课不能严格按课表上，不上或被语文、数学等课挤占。

三是大部分教师能做到教书育人。学生认为86.4%的课任教师在教学中，能自然地结合教学内容，既讲学科知识，又讲为人处世的道理。班主任除最关心学生成绩（47%）外，其次关心的是思想品德（28.3%），身体健康（13.5%），心理健康（11.2%），85.2%学生认为教师师德表现很好和较好。当遇到学习生活问题时，79%的教师经常和有时找学生谈心。

四是学生实践活动不足。60.3%的学生从没去过纪念馆、博物馆、科技馆、美术馆、青少年宫等校外教育场所。30.3%的学生表示没有参加过学校的德育主题教育活动（也说明学校未开展类似活动）。58.3%的学生未参加过任何志愿者或公益活动。16.9%的学生表示未参加过任何传统文化教育活动。27.1%的学生表示在学校未接受过关于生命意义、生命价值的教育。

五是学校对学生基本道德行为训练不严格。关于学校对学生基本道德行为是否有明确要求和严格训练，有 40.7%的学生表示没有或不清楚。

三、相关思考

（一）优良德目主要成因

1. 党中央高度重视

近年来，我国现代化建设取得举世瞩目的成就，一跃成为世界第二大经济体，人民生活不断改善，国际形象、国际地位得到彰显。国家的强盛大大激发了广大中小学生的民族自豪感和爱国热情，更加坚定了学生的道路自信和民族文化自信。党的十八大提出了实现中华民族伟大复兴中国梦的宏伟目标和“四个全面”的战略布局，将立德树人作为教育的根本任务，倡导在全社会培育和践行社会主义核心价值观，为中小学生思想道德建设指明了努力方向，提供了基本遵循。习近平总书记于 2014 年五四青年节、六一儿童节、教师节和 2015 年全国少代会期间多次就广大青少年儿童社会主义核心价值观教育做出重要指示，提出明确要求。

2. 中华优秀传统文化涵养

中华优秀传统文化具有跨时代的生命力，它成为广大中小学生思想品德发展的不竭之源。中华传统文化在个人修养上讲自强不息、厚德载物；在个人与他人关系上讲仁者爱人、以德立人；在人与社会关系上讲天下兴亡、匹夫有责；在个人与自然关系上讲道法自然、天人合一。这些优秀的传统价值观基因，渗透在中国人日常生活的方方面面，潜移默化地熏陶人、规约人、塑造人，成为学生价值观修养的基本遵循。从调查数据反映，广大中小学生重家庭伦理亲情，崇尚个人努力，尊师孝亲、崇尚环保、乐观知足，这些优秀品质具有典型的东方文明特点。

3. 教育工作者积极努力

教育部和各地教育部门、中小学校积极行动起来，开展德育制度建设，加强在德育重要方面的努力，改进德育薄弱环节，提升德育的针对性、时效性和感染力。学生思想道德建设迎来了难得的历史机遇，步入了健康发展的崭新阶段。近年来各地总结中小学德育工作形成的宝贵经验，概括起来，有以下四点：一是始终坚持将培育和践行社会主义核心价值观作为学校德育工作的灵魂和主线，二是始终坚持将增强德育的时代性、规律性、实效性作为学校德育工作的重点，三是始终坚持将拓展渠道、改进方式方法作为学校德育工作的突破口，四是始终坚持将建立学校、家庭、社会三位一体育人体系作为学校德育工作的坚强保障。这些经验对于我们进一步培育和践行社会主义核心价值观、加强和改进中小学德育工作具有重要意义，必须长期坚持，并在实践中不断丰富完善。

（二）欠佳德目主要成因

1. 社会环境中存在不良因素

从发展阶段来看，当前我国仍然处于社会主义初级阶段，是在发展市场经济和扩大对外开放的环境中开展思想道德建设的。社会主义初级阶段的长期性，决定了解决思想道德领域问题的艰巨性；市场经济在促进竞争、增强发展活力的同时，其逐利性也会给思想道德领域带来负面影响；实行对外开放，在带来好的东西的同时也会泥沙俱下。社会思想道德主流积极健康向上，但也有一些问题亟待解决。如：有的人信仰缺失、精神迷惘，把灵魂交给鬼神和“大师”；有的人价值观扭曲、唯利是图，“一切向钱看”；有的人是非善恶不分，不讲社会良知和社会责任；有的人无视社会公德、公序良俗，肆意突破道德底线。

2. 学校德育工作不够与时俱进

从实际工作层面来看，社会主义核心价值观教育存在着一些困难和问题。一是一些地方思想认识不到位，重视程度不够，对社会主义核心价值观教育重要意义和实质内涵的理解缺乏深度。二是对中小学德育研究不够，针对不同年龄阶段学生的社会主义核心价值观教育的目标内容仍不明确、方法手段有待改进，社会主义核心价值观融入学校教育教学全过程的机制尚不健全。三是学校、家庭、社会三位一体的育人格局尚未形成，一些教师育人素质和能力有待提高，一些家长忽视价值观教育，一些不良社会文化现象、特别是网络负面信息影响巨大，造成学生价值观冲突的困境。这些，决定了社会主义核心价值观教育的长期性、复杂性和艰巨性。

四、政策建议

（一）发挥好课程教学的阵地作用

学生在校期间的绝大部分时间都在课堂上，因此加强课程教材建设和课堂教学，进行系统传授，是德育的重要阵地。教育部正在加快对义务教育阶段品德、语文、历史三门课程统编教材的编写，同时推进普通高中课程标准修订，将社会主义核心价值观的要求有机融入其中。加强课程教学的管理，指导学校充分挖掘各门课程蕴含的德育资源，把各门课程育人目标和内容具体化，并有机渗透到学科课程教学之中。引导教师在传授知识和培养能力的过程中，培养健康的情感、端正的态度和正确的价值观。

（二）发挥好优秀文化的熏陶作用

文化熏陶往往可以深入骨髓、植入内心，对价值观的形成影响最为深厚和久远。中华优秀传统文化源远流长，厚德载物，是取之不尽、用之不竭的德育资源。此外，我们党领导人民创造的鲜明独特、奋发向上的革命文化、红色文化，像井冈山精神、长征精神、延安精神、抗战精神、西柏坡精神，以及雷锋精神、大庆精神、“两弹一星”精神，以及载人航天精神、抗震救灾精神，等等，也不断实现着中华文化的再生再造。学校应发挥隐性德育资源的浸润作用，将中华优秀传统文化、历史传统文化、革命传统文化与校园文化建设相结合，以建设优良校风、教风、学风为核心，以开展丰富多彩的校园文化活动为载体，营造校园文化氛围，对广大青少年学生进行陶冶。

（三）发挥好社会实践的体验作用

良好品德一般是在认知的基础上，通过实践体验来形成。因此，要充分发挥社会实践在青少年成长中的作用，努力拓展校外教育功能，大力推进社会资源协同配合，引导学生亲身体验。深入开展“蒲公英行动计划”和“少年传承中华传统美德”系列教育活动，通过研学旅行、寻访红色足迹、志愿服务等校外实践，组织学生实地参观，近距离接触历史、认识社会、体验美丽中国，了解中华民族灿烂悠久的文明史和中国共产党可歌可泣的革命史，激发对党、对国家、对民族、对家园的热爱，传承中华传统美德，坚定理想信念。认真贯彻落实教育部等部门印发的《关于加强中小学劳动教育的意见》，充分发挥劳动的育人功能。广泛开展校内劳动、组织校外劳动、鼓励家务劳动，通过劳动教育，提高学生劳动素养、培养学生热爱劳动、勤学敬业、诚实肯干、创新创造的品质，增强他们的社会责任感、创新精神和实践能力。

（四）发挥好教师队伍的主导作用

加强师德建设，推动教师专业成长，引导教师在“教书”的同时，提高“育人”的意识和能力，推进师德建设进入制度化、规范化轨道，提高教师职业道德水平。广大教师都要坚定理想信念、提高道德情操、掌握扎实学识、永怀仁爱之心。当前，要特别注重加强中小学班主任队伍建设，保障班主任各项待遇，提高专业化水平，让他们做学生成长的引导者，以自己高尚的情操和良好的思想道德风范教育和感染学生，以自身的人格魅力和卓有成效的工作赢得社会的尊重。

（五）发挥好学生守则的养成作用

中小学生正处在行为习惯养成和价值观形成的关键阶段，也是可塑性最强的时期。因此，要抓好中小学生行为习惯养成教育，引领他们在日常学习生活中践行社会主义核心价值观。要将教育部 2015 年修订颁布的《中小学生守则》（简称《守则》）作为德育工作落细落小落实的重要载体，作为行为养成教育的基本遵循和指导依据，校校上墙入屏、制订行为规范、纳入督导评价，引导中小学生记住每一项要求、遵守每一条准则，引导学校将守则融入教育和管理的方方面面。

修订《守则》，是学习贯彻习近平总书记系列重要讲话精神、落实立德树人根本任务、在广大青少年学生中培育和践行社会主义核心价值观的一个具体举措，也是贯彻党的十八届四中全会精神、推动法治中国建设的具体体现。要将社会主义核心价值观体现在学生的日常学习生活中，在青少年中乃至全社会推动形成奋发向上、崇德向善的强大力量，建设中华民族的共有精神家园。①

在落细上下功夫，引导中小学生记住每一项要求。落细，利于学生认知。中小学生正处在世界观、人生观、价值观发展的关键阶段，首先要在认知上引导他们，让他们明是非、辨美丑、知善恶。要引导广大中小学生记住《守则》的每一项要求，熟知学习生活中的基本行为规范，知道哪些是必须遵守的，哪些是要坚决摒弃的，引导他们逐渐形成正确的价值判断。新版《守则》共 9 条，既有原则性要求，如爱党爱国爱人民、明礼守法讲美德、诚实守信有担当等，更提出了具体的、便于学生操作的行为规范，如了解党史国情、上课专心听讲、主动分担家务、自觉礼让排队、虚心接受批评、节粮节水节电等。因此，要引导学生从细微处着手，见微知著，逐渐从具体的行为规范中形成对社会主义核心价值观的正确认知，使学生逐步理解富强、民主、文明、和谐作为国家层面价值目标以及自由、平等、公正、法治作为社会层面价值取向的深刻内涵，从而将自觉践行爱国、敬业、诚信、友善作为公民层面的价值准则。

在落小上下功夫，引导中小学生遵守每一条准则。落小，便于学生践行。新版《守则》既注重以人为本，关注学生的生命安全、身心健康、道德成长；也注重从学生实际出发，涉及学生的知识学习、劳动实践等领域；更注重价值引领，引导学生正确处理与他人、与社会、与国家、与自然的关系。这就要求在“落小”上下功夫，将学生全面发展的要求落到日常学习生活中，教育引导学生从身边小事做起、从一点一滴做起，真正把核心价值观的要求变成日常的行为准则，进而增强自觉奉行和日常践行的能力。要引导广大中小学生遵守《守则》每一条准则，在日常学习生活中以《守则》为镜子，做到“吾日三省吾身”，时时刻刻提醒自己，努力使自己的言行符合《守则》规范，努力克服和改正不符合《守则》规范的言行。要重在践行体验，结合升旗仪式、重大节日、重大活动等契

① 王定华．把小规则做成大文章 [N]. 中国教育报，2015-09-02.

机，结合学雷锋、志愿服务、少年传承中华传统美德等系列活动，广泛开展形式多样的《守则》践行活动，引导学生在实践中深化对核心价值观的理解，更好感悟核心价值观的真谛和要义。行为养成贵在坚持，要持之以恒地组织中小学生开展“遵《守则》、见行动”专项活动，结合学生学习生活实际去推动核心价值观的践行，让学生便于参与、乐于参与。

在落实上下功夫，引导学校将《守则》融入教育教学全过程。落实，才能有效推动工作。《守则》是在广大中小学生中培育和践行社会主义核心价值观的重要载体，涉及学生学习生活的方方面面，包含学生全面发展的方方面面，贯穿学校教育的方方面面。这就要求在“落实”上下功夫，将《守则》各方面的要求落实到整个教育教学工作中，融入教育教学全过程。要加强学校教育，将《守则》内容贯穿于课程教学、社会实践、校园文化和学校管理全过程。在课程教学过程中，要有机渗透《守则》相关内容，做到润物无声、春风化雨；在社会实践活动中强化行为规范的要求，做到言行一致、知行统一；在校园文化中要处处体现《守则》要求，使符合核心价值观的行为受到鼓励，使违背核心价值观的现象受到抑制；在学校管理中，强化规则意识、制度约束，有效规范学生言行。

（六）发挥好虚拟网络的便捷作用

网络正深刻改变着生活、学习和教育方式，要切实加强网络教育，用主流价值观占领网络这块新阵地。加强对学生的网络素养教育，增强他们的网络道德意识、网络法律意识，引导他们科学利用网络，抵制不良信息的侵害。加强绿色网络建设，增强校园网站的思想性、教育性、服务性、互动性，善于运用中小学生喜闻乐见、容易接受的方式，善于运用新兴网络平台和社交媒体，利用手机、平板电脑等移动终端，利用班级微博、校园微信、公共账号等新媒体，扩大网络正能量。

（七）发挥好正面榜样的示范作用

先进典型和英雄模范是有形的正能量、鲜活的价值观。一个有希望的民族不能没有英雄，一个有前途的国家不能没有楷模。我们党历来重视先进典型、英雄模范的力量。要教育引导学生心中有榜样，引导他们学习先进典型和英雄人物，包括航天英雄、奥运冠军、大科学家、劳动模范、青年志愿者和那些助人为乐、见义勇为、诚实守信、敬业奉献、孝老爱亲的道德模范，特别要学习身边的教师楷模和“最美少年”，使学生见贤思齐，提高自己的道德修养和美好情操。

（八）发挥家庭教育的协同作用

家庭是人生的第一所学校，是孩子的第一个课堂。要进一步明确家长在家庭教育中的主体责任，依法履行家庭教育职责，注重家庭、注重家教、注重家风，帮助孩子扣好人生第一粒扣子。切实强化学校对家庭教育工作的指导，推动形成政府主导、部门协作、家长参与、学校组织、社会支持的家庭教育工作格局。成立家庭教育工作指导委员会和工作管理机构，统筹家长委员会、家长学校、家长会、家访、家长开放日、家长接待日等各种渠道，密切家校沟通。丰富指导服务内容，举办家长培训讲座和咨询服务，组织社会实践和亲子活动，通过优秀家长现身说法、案例教学等方式，提高家长育人意识和能力，营造良好的家校关系和共同育人氛围，大力培养和弘扬良好家训、家规，将社会主义核心价值观融入家庭教育，发扬中华传统家庭美德。健全合力育人机制，建立学校教育为主导、家庭教育为基础、社会教育为支撑的协作机制，增强育人合力，形成全社会共同关心支持中小学生健康成长的良好氛围。

抓住时代机遇做好班主任工作*

一、我国中小学校德育及班主任工作面临的机遇与挑战

党的十六大以来，我国教育事业快速发展，教育优先发展的战略地位日益巩固，教育普及水平持续提升，教育公平迈出重大步伐，教育质量稳步提升。这些成就的取得为做好中小学德育及班主任工作奠定了良好基础。新时期中小学德育及班主任工作面临的机遇与挑战并存。

一是教育事业发展进入了新阶段。综观国际国内大势，我国教育事业发展已进入可以大有作为的重要战略机遇期。当今国际竞争日趋激烈，世界多极化、经济全球化、文化多元化、社会信息化、教育国际化的形势日趋明显，教育和科技已成为各国提高核心竞争力的战略支撑。当前的中国正在由人力资源大国向人力资源强国迈进，经济社会发展进入关键时期，党的十八大已经发出了全面建成小康社会的动员令，加快转变经济发展方式、全面推进依法治国、提高国家文化软实力、加强社会建设、建设美丽中国等各项目标任务的提出，都凸显了教育事业服务经济、政治、文化、社会、生态建设的重要性。

二是广大人民群众有了新期待。随着经济社会的发展，人们生活水平的提高，大家越来越关注生活质量的提高，越来越关注自身的发展。教育首当其冲成了人们关注的焦点，正如习近平总书记所说，“人民期盼有更好的教育”，“期盼着孩子们能成长得更好、工作得更好、生活得更好”。反思我们中小学德育及班主任工作，在取得突出成绩的同时，还有一些不尽如人意的地方，存在重智育轻德育的现象，存在针对性和实效性不强的问题，存在不按教育规律办事的毛病，存在不能完全适应时代新要求和学生新特点的情况。人民群众的期待是我们奋斗

* 本文原载《班主任》2013 年第 3 期，收入本书时有删改。

的目标，也是我们加强和改进工作的动力。

三是青少年群体呈现出了新特点。我国当代青少年生活在改革开放的伟大时代，精神世界积极向上，最有朝气，最具活力。他们热爱祖国、志向远大，团结友爱、文明礼貌，对中华民族的伟大复兴有着更加美好的憧憬。他们思维活跃、求知求新、观念新颖、兴趣广泛，对精神文化生活有着更加强烈的渴望。他们主体意识、独立意识、参与意识和担当意识强，对自我发展有着更多期待。但随着社会的进步，他们的成长也面临着更多挑战：一方面社会环境发生深刻变化，手机、互联网等新型媒体对青少年学习、生活影响深远，复杂的社会思潮、多元的文化环境、不良的网络信息带来的挑战日益艰巨；另一方面家庭环境也发生深刻变化，他们大多是独生子女，还有数以千万计的进城务工人员随迁子女和农村留守儿童。这些新情况新问题都需要我们加以研究与应对。

四是党的十八大做出了新指示。十八大报告从全局和战略高度出发，把努力办好人民满意的教育放在改善民生和加强社会建设的首要位置，提出把立德树人作为教育的根本任务，培养德智体美全面发展的社会主义建设者和接班人。立德树人说到底是“培养什么人、怎样培养人”的问题，它将学校德育工作提升到一个新的高度，也为我们进一步做好新形势下的德育工作指明了方向，提出了更高的要求。第一，“立德树人”指明了基础教育的方向就是“树人”，要坚持育人为本，通过合适的教育来发展人、改造人、塑造人。第二，“立德树人”指出了基础教育的途径就是“立德”，要坚持德育为先，通过正面的教育来引导人、感化人、激励人。第三，“立德树人”指定了基础教育的内容就是要在传授基础知识、基本技能的同时，突出社会主义核心价值体系，从而规范人、要求人、提高人。

五是教育部提出了新要求。早在2011年年底，教育部就组织召开了全国中小学德育工作经验交流会，袁贵仁部长出席会议并讲话，要求各地对中小学生进行社会主义核心价值体系教育，把社会主义核心价值体系融入中小学教育全过程。中小学德育工作要抓住“融入”这一关键，坚持贴近实际、贴近生活、贴近学生，充分考虑中小学生的认知能力和成长需求，区分层次、突出重点，通过课堂教育、社会实践、校园文化、学校管理、班主任工作等途径，潜移默化地对学生进行社会主义核心价值观教育。党的十八大再次提出要深入开展社会主义核心价值体系教育，并凝练出了社会主义核心价值观。在今后一段时期，对中小学生进行核心价值体系教育仍然是学校德育工作的主线。

二、我国在中小学德育及班主任工作实践中的基本经验

在近年的中小学德育工作实践中，我们得出了四条基本经验：一是体现社会主义核心价值体系的教育引导是加强学校德育工作的主线，二是不断研究新情况新问题是加强学校德育工作的关键，三是增强吸引力和感染力是加强学校德育工作的重点，四是学校、家庭、社会齐心协力是加强学校德育工作的保证。今后中小学德育工作要在坚持这几条基本经验的基础上，不断改革创新和改进工作。要处理好改革、发展、稳定三者之间的关系，对于一些符合学生实际、针对性实效性强的经验和做法要持之以恒，一以贯之。

自 2009 年《中小学班主任工作规定》出台以来，各地为落实文件精神，创新了许多工作方式，形成了很多典型经验，尤其是一些地区及中小学校以建立“班主任研究室”“名师工作室”等形式提升班主任素质和水平，《班主任》杂志也在全国成立了 40 余家“班主任工作研究室”，受到广大一线学校和班主任的欢迎。这些经验都是广大班主任和基层学校长期实践摸索的结果。《中小学班主任工作规定》出台之后，各地普遍召开会议，进行全面部署，制定了实施办法。一些地方提高了班主任的待遇，现在很多地区班主任津贴每月已在 300 元以上，班主任已成为优秀教师锻炼成长、走向更重要岗位的平台。

但是，我们国家立体化的国情决定了我们在班主任队伍建设方面不能用一把尺子、一个标准推动工作，必须尊重各地的首创精神，鼓励各地区、各学校在班主任工作方面大胆创新，积累好的经验，发挥班主任的带头作用，真正使他们在教书育人的岗位上发挥聪明才智，引导学生德智体美全面发展，健康成长。

教育部基础教育一司充分肯定各地的积极探索，发现典型、甄别典型、培育典型、推广典型，对一些地区及学校班主任队伍建设方面的优秀经验进行总结、归纳、推广，在制定相关政策时也会考虑吸纳这些经验。教育部将在适当的时候组织开展班主任工作经验交流活动。

总的来讲，在新形势下，中小学校德育及班主任工作要坚持立德树人，做到育人为本、德育为先，始终将中小学德育工作摆在学校各项工作的首要位置；要

始终坚持社会主义办学方向，将社会主义核心价值体系融入中小学教育全过程；要把握好新形势下的新任务、新要求，与时俱进，不断改进工作方式方法，提高德育工作的吸引力和感染力，增强德育工作的针对性和实效性。

为此，要采取综合措施。一要坚持课程育人；二要坚持文化育人；三要坚持实践育人；四要坚持礼仪育人；五要坚持网络育人；六要坚持制度育人；七要坚持合力育人。

三、如何看待学生的安全管理

学生安全至关重要。生命不保，何谈教育，何谈发展，何谈幸福?！教育部将不断完善中小学安全教育与管理工作机制，印发学校安全岗位指南，制定中小学校安全工作标准，定期发布预警或提示，及时通报有关安全事故，还将做好中小学安全事故统计分析，探索建立学校安全工作约谈制度，每年举办中小学安全教育日活动。教育部还拟推进安全教育资源库建设，开展教育部门负责人、中小学校长、幼儿园园长及相关教师安全专题培训，组织中小学幼儿园安全检查，推动各地加强安全管理、安全教育和安全防范，组织全国学校安全工作经验交流。贯彻落实《校车安全管理条例》，指导地方按照就近设置学校、安排学生寄宿、发展公共交通、提供校车服务的顺序，统筹解决学生上下学交通问题。健全校车安全管理各项制度，完善校车安全管理部际联席会议工作机制。召开部际联席会议及办公室主任办公会和相关专题研究会，推动校车安全管理工作经验交流，开展学生上下学交通安全管理专项督查。推动各地落实人防、物防、技防，加强校园安保。班主任要把学生安全时刻放在心上，要重视对学生的安全教育，定期组织安全演练。平时多一次安全演练，危难时刻就多一分希望。在保证安全的前提下，班主任要踊跃组织开展丰富多彩的校内外活动，让学生经受锻炼，不让学生成为温室里的弱苗。

校外教育与校外场地建设*

校外教育，顾名思义，是指在学校课程计划以外，利用课余时间，对学生进行的各种有目的、有计划、有组织的教育活动。随着我国素质教育的不断推进，中小学生的课余时间逐渐增多，如何利用好这些课余时间为学生提供积极、科学和丰富的校外教育，已经成为学校、家庭和社会共同关注的问题。

一、重视校外教育的作用

对于校外教育，社会上一度存在一些误区和盲点。一方面，相当一部分家长认为校外教育就是上辅导班，是对校内学习的扩展和深化，无休止的校外补习不仅导致学生的课业负担加重，更令学生丧失学习兴趣；另一方面，一部分学生和家长认为课余时间就是休息，只要不违法违纪就可以，致使一些学生沉溺于网络游戏或影视，不仅没有起到积极的休息调整作用，还因为过度放纵或交友不慎而损害健康和受到负面影响。这些问题的存在，应该引起我们对校外教育的根本目的和教育途径的深刻反思。

校外教育是校内课堂教学的有机延伸，是素质教育的重要组成部分。高效的课堂教学加上生动的校外教育，可以为学生提供更全面、更健康、更个性化的发展可能。通过科学合理的校外教育，学生德智体美各方面的素质能够得到提高，他们在丰富多样的课外活动中可以进一步发现自身潜能，形成各自爱好，并在辅导人员的帮助下选择适合自己的方向进行学习和实践，进而使爱好逐渐发展成为特长，并终身受益。从这个角度讲，校外教育是一种终身教育。由于校外教育较课内教育更灵活更有针对性，因此，更容易吸引学生持久参与。积极的校外教育

---

* 本文系笔者 2015 年 11 月 13 日在全国校外教育工作暨示范性综合实践基地建设推进会上的讲话。

有利于学生抵制不良社会风气的影响和腐蚀，对形成健康的品格和良好的生活习惯都具有重要促进作用。同时，校外教育使学生有更多的机会接触社会、参与社会实践，因此，校外教育对学生全面了解社会，加速社会化进程也起到一定作用。

校外教育的途径很多，学校、家庭和全社会都可在这个领域发挥作用。

学校应该保证学生有足够的课余时间进行有选择性的校外学习和实践，不能为了片面追求升学率挤占学生的课余时间。同时，学校可以通过组织学生社团、兴趣小组、社会实践活动等多种形式，积极开发校外教育资源和创建校外教育机制，主动引导学生进行有益的校外学习实践，这不仅提高巩固了校内教育的成果，也增加了学生对学校的喜爱和眷恋。

由于学生大部分的课余时间是在家庭中度过的，周末和假期更是如此，所以，家长在学生的校外教育中扮演着重要的角色。家长应该给孩子表达个人愿望的机会，避免出现孩子被动不情愿地“走出学校门，又进辅导班”的现象。另外，家长对孩子的选择还要合理引导和正确规范，不能够听之任之、放任自流。必要的时候，家长还要参与孩子的校外学习和实践活动。例如，家长可以利用假期带领孩子参观自己的工作单位，让孩子了解社会的方方面面和家长工作的艰辛；可以带领孩子走进博物馆，走进大自然，让孩子以愉快的心情学习知识，锻炼体魄。

社区街道和各种公共机构要为学生提供校外学习的场地设施和内容，配合学校、家庭对学生进行校外教育。要充分利用图书馆、博物馆、爱国主义教育基地免费开放的机遇，鼓励学生在课余时间进入图书馆浏览图书，进入博物馆参观欣赏艺术，进入社区提供志愿服务。

在新的形势下，校外教育的作用愈益体现，要通过多种方式让学生了解社会，开阔眼界，锻炼才智，发展特长，完善个性。加强对校外教育的研究，提高校外教育的水平，是全社会共同的责任。

对于校外教育，国家和社会各界一直是重视的。早在1956年宋庆龄就提出“把最宝贵的东西给予儿童”，“应该把最好的建筑物作为儿童校外活动的场所，并且动员各方面的力量来充实儿童活动场所的设备；应该在最好的风景区设立夏令营和儿童疗养院”。在我国的校外教育机构中，有教育部门举办的活动中心，有妇联系统举办的活动设施，共青团组织举办的青少年宫，有科协部门举办的科普机构。其中，各级教育部门举办着80%的校外教育机构。只是，2000年以前各部门举办的青少年校外活动场所主要分布在大中城市和东部经济发达地区，广大中西部地区的县几乎没有独立的专门面向未成年人的校外活动场所。

二、梳理校外教育的进展

一是场所建设全面推进，校外活动场所网络基本形成。目前，全国由政府投资兴建的校外活动场所共15 337所，形成了国家、省、市、县、乡镇五级校外活动场所网络。近年新建的校外活动场所中，大部分集中在中西部地区和县区乡镇地区，大大缩小了区域、城乡之间校外教育发展差距。“十二五”期间，教育部利用中央专项彩票公益金分批次支持各省份的150个地市建设了示范性综合实践基地。同时，由中央文明办、财政部和教育部共同组织实施的乡村学校少年宫项目，共建设乡村学校少年宫12 000个。山东省目前已完成7个国家级、5个省级示范性综合实践基地项目的立项或建设，扶持了170个公益性校外活动场所，年接待量达367万人次。山西省共立项建设5个市级示范性综合实践基地，111个县级青少年校外活动中心，346个乡村学校少年宫，构成市、县、乡三级青少年校外活动网络体系。上海市、区两级教育系统拥有青少年活动中心、校外营地52个，乡村（城市）学校少年宫300个。

二是治理力度不断强化，校外教育管理日趋规范。教育部联合中央其他29个部委，成立了“全国青少年校外教育工作联席会议”，办公室设在教育部，宏观指导全国校外教育工作。安徽、山东、山西、内蒙古、黑龙江、上海、河南、湖北、四川、陕西、宁夏、广东深圳等地都建立了校外教育工作联席会议制度，统筹协调和规划指导当地校外教育工作。教育部和财政部印发了《中央专项彩票公益金支持示范性综合实践基地项目管理办法》《示范性综合实践基地实践活动指南（试行）》，有效保障了项目组织实施和活动开展。北京制定了《校外教育机构工作规程》《校外教育机构办学条件标准》《北京市区县校外教育工作督导评价方案（试行）》，健全了校外教育机构管理制度。河北进一步健全规范《工作管理制度》《教学管理办法》《安全管理制度》等规章制度，校外活动场所的管理运行日趋制度化、规范化。

三是协作机制逐步完善，校外育人功能有效发挥。教育部大力推进社会资源协同配合，在公共机构、公共设施、国有企事业单位等建立了质量教育、节水教育、科普教育、消防安全教育、毒品预防教育、爱粮节粮教育、档案教育和水土保持教育、环境教育等各类主题教育社会实践基地491个。2013年，教育部、总装备部联合成功举办了神舟十号航天员太空授课活动，创造了全新的教育形式，点燃了孩子们探索未知、崇尚科学的激情，是我国乃至世界教育史上的奇迹。2015年10月，首届“全国中小学生电影周”，成为中小学生影视教育一个新的有效探索。教育部还组织实施了“小小百家讲坛”“墨香书法展示”“寻访红色足迹”系列“少年传承中华传统美德”主题教育活动，“乡村学生看县城”“走进科学世界”“品味经典阅读”“追寻红色记忆”系列“圆梦蒲公英”暑期活动。安徽省开展“圆梦蒲公英”活动1 199次，参与学生64.77万人次。福建省实施“圆梦蒲公英”行动计划，累计组织67万余名农村中小学生到县城博物馆、科技馆参观。一些地方还探索“互联网+校外教育”模式，营造“时时能学习，处处可受教，人人有提升”的实践新空间。

四是服务能力显著增强，人民群众愿望不断得到满足。近年来，各类校外教育活动蓬勃开展，在内容上坚持立德树人导向，具有时代特色和地域特点；在形式上推陈出新，不再是学科学习或课程培训，深受家长孩子们的广泛喜爱。针对一些地方由于减负，学生在校时间缩短，放学时间和家长下班时间不同步，学生有较长时间脱离学校和家长的监管，存在所谓的“3点半”难题。许多地方政府和教育部门都进行了积极探索。北京、上海、江苏南京、山东济南、广东广州等地政府和教育行政部门围绕出台了解决“3点半”难题的新举措。研学旅行是面向全体中小学生，由学校组织安排，通过集体旅行、集中食宿方式开展的校外教育活动。2013年开始，安徽、江苏、陕西、上海、河北、江西、重庆、新疆8个省（区、市）或其部分地市启动研学旅行试点，从课程内容，制度建设、经费筹措、安全保障、评价激励机制等方面进行了积极探索，取得了良好育人效果，也培育了新的经济增长点。

五是师资培训持续开展，校外教育队伍素质明显提高。2008年以来，教育部利用中央专项彩票公益金积极开展校外师资培训项目，共培训校外活动场所负责人、场所管理人员和骨干教师等各类人员12 000多名，实现了100%校外活动场所管理人员、100%中央专项彩票公益金支持项目负责人和30%的骨干教师接受国家级培训的目标。内蒙古自治区2014年建立了6个自治区级校外教育培训基地。广东省实施了“青少年校外活动场所管理人员和骨干教师能力提升计划”，全方位提升场所管理能力和育人水平。浙江省每年常态化举办各种师资培训，年度参训人数达1 600余人次，同时将其纳入了浙江省“中小学教师培训管理平台”。

实践证明，校外教育工作取得的这些成绩，得益于各级党委政府的高度重视，推动有力，措施有力，保障有力；得益于各级教育部门、发改委、财政、文明办、共青团、妇联、科协等部门的通力合作，科学规划，统筹指导；得益于各地教育部门、中小学、校外活动场所的改革创新，试点示范，以点带面；特别是得益于全体校外教育战线同志们的辛勤努力，锐意进取，积极开拓。在此，谨向一直关心支持校外教育的领导和同志们致以崇高的敬意，向广大校外教育工作者表示衷心的感谢！

三、增强校外教育的责任感

站在新的历史起点上，我们必须清醒看到，校外教育离基本实现教育现代化的要求还有不小差距，一些深层次矛盾和问题需进一步解决。一是治理体系亟待健全。现有校外活动场所、校外机构由多部门管理，统筹协调监管难度较大，由于少数校外活动场所、校外机构教育理念、价值追求存在一些偏差，出现了乱招生、乱办班、乱收费现象。二是基础保障条件亟待提升。校外场所总量缺乏、分布不均、设施设备数量少，难以满足青少年活动的需要，以“培训”养“活动”的模式普遍存在。教师编制不足，职称评定存在限制，缺乏必要的培训交流，教师素质亟待提高。三是项目建设进度亟待加快。刚才通报了中央专项彩票公益金支持示范性综合实践基地建设进展情况，一些地方还存在不按时开工、不及时完工、不按规定开展活动的现象。四是社会效益亟待提高。学校、学生参与活动的积极性不足，一些场所存在“白日空”现象。学校、家庭、社会教育缺乏统筹规划，尚未形成学校教育、校外教育良性的互联、互通、互动、互补机制。这些问题制约着校外教育的内涵发展，影响着人民群众的满意程度，不利于促进学生健康成长和全面发展。

中央高度重视校外教育工作。2013 年“六一”前夕，习近平总书记专程到北京市少年宫参加校外活动，对青少年健康成长提出殷切期望。李克强总理在政府工作报告中强调，要增强学生创新精神、实践能力。刘延东副总理多次就校外教育问题做出批示，要求“规范和扶持校外教育，扩大教育经费，满足多样化需求”，还多次就“研学旅行”“营地教育”做出批示。认真学习贯彻中央领导同志讲话和批示精神，要求我们必须准确把握校外教育改革发展面临的新形势、新变化、新要求。

一是经济社会发展对校外教育提出了新要求。“十三五”是全面建成小康社会的关键时期，校外教育肩负双重责任。一方面，要深入贯彻党的十八届五中全会对教育工作的重大部署，牢牢把握“提高质量”这一教育主题，全面贯彻党的教育方针，落实立德树人根本任务，加强社会主义核心价值观教育，培养德智体美劳全面发展的社会主义建设者和接班人。另一方面，要适应全面建设服务型政府的要求，要作为保障和改善民生的重大举措，积极构建和经济社会发展水平相适应的校外教育公共服务体系。校外教育要紧扣经济社会发展脉搏，在为中小学生提供普惠性公共服务的同时，发挥对“稳增长、促改革、调结构、惠民生”的积极拉动、支持和促进作用，服务经济增长和转型升级，引导消费向智能、绿色、健康、安全方向转变。

二是广大人民群众对校外教育有着新期待。随着我国的综合实力不断增强，人民群众生活水平迈上了新台阶，校外教育作为公共服务的重要内容，越来越成为众多家庭的福祉。但由于社会主义市场经济尚处在健全期，中国特色社会主义教育制度正处在建设期，出现了不少问题。很多社会培训机构单纯进行中小学学科补习。一些非法托管班出现伤害学生的安全事件，一些“戒网瘾班”“国学班”因伤害、非法拘禁学生酿成刑事案件，个别地方宗教势力以夏令营形式向中小学生渗透宗教极端思想。这就迫切需要各地教育部门、学校、校外活动场所齐心协力，把社会效益放在首位，积极发挥正面引导和良好示范作用，共同打造有利于学生健康成长的校外教育环境和教育生态，满足人民群众对优质校外教育的期待。

三是教育改革发展对校外教育提出了新任务。目前，基础教育改革已经进入了攻坚期和深水区。重点任务是培育学生的社会责任感、创新精神和实践能力。完成这一任务，校外教育具有不可替代的作用。落实这一任务，校外教育具有学校教育不具有的优势。坚持立德树人根本任务需要校外教育，优质的实践基地、现场教学将成为培育中小学生践行社会主义核心价值观的重要途径。基础教育领域综合改革取得重要突破需要校外教育，丰富多彩的资源、灵活多样的形式为启发式、探究式、讨论式、参与式教学提供了条件，为激发学生的好奇心，培养学生的兴趣爱好创造了机会。把中小学生过重课业负担减下来，也需要校外教育。校外教育可抓住学生校外时间、空间，引导学生了解社会、深入思考、动手实践、健身娱乐在学思结合、知行合一中全面发展。

四是国际先进做法对我国形成新借鉴。当今世界正处在经济全球化深入发展，科技进步日新月异，人才竞争日趋激烈的时代，世界发达国家都在抓紧进行技术创新、管理创新、制度创新。一些发达国家在研学旅行、营地活动方面已经常态化，并积累了丰富经验，对我国校外教育发展具有借鉴意义。营地教育在美国、加拿大、俄罗斯、澳大利亚等国家已经成为常规教育体系的重要组成部分。我们要打开国际视野，关注国际动态，立足基本国情，加强研究创新，借鉴和利用国际经验推动我国校外教育事业。

党的十八届五中全会强调，实现“十三五”时期发展目标，破解发展难题，厚植发展优势，必须牢固树立并切实贯彻创新、协调、绿色、开放、共享的发展理念。这是关系我国发展全局的一场深刻变革。要求全党同志要充分认识这场变革的重大现实意义和深远历史意义。“十三五”时期，是全面建成小康社会决胜阶段，提高教育质量，培养创新人才，校外教育承担着更加重要的责任和使命。因此，校外教育要贯彻“五个发展”，尊重基层首创精神，遵循教育规律和人才成长规律，坚持让人民满意的原则，按照系统性、整体性、协同性的要求，加强顶层设计，提出具有战略意义的总体改革部署。

各级教育部门和中小学要提高认识，统一思想，凝聚共识，牢牢抓住“十三五”这个重要机遇期，有效应对各种挑战，继续推动校外教育健康、可持续发展。

四、明确校外教育的思路

贯彻落实科学发展观，就是要通过学习实践活动，进一步统一对校外教育事业发展面临的一些重大问题的认识，明确校外教育在科学发展中的地位，增强服务科学发展的意识。思路决定出路，眼界决定境界。要结合科学发展观的学习，在坚持“以人为本”的校外教育观和公益性原则的基础上，与学校教育有效衔接，充分利用社会资源，为每一个学生创设和提供优质而公平的发展条件、发展环境、发展机会和发展可能，去引领、提高、完善他们，从而促进青少年和谐、健康、全面而富有个性的发展。

第一，坚持“以人为本”的校外教育观。党中央、国务院明确提出要坚持以人为本，树立全面、协调、可持续的发展观，促进经济社会和人的全面发展。就校外教育而言，“坚持以人为本”就是坚持以学生的全面发展为本，牢记服务的对象是人，教育的目的就是培养人，使学生得到全面发展。要关心人，尊重人，理解人，教育人。大力倡导“以人为本”的“校外教育观”是真正推进校外教育活动开展、抓好青少年校外教育工作针对性和实效性的必由之路。

第二，坚持校外活动场所的公益性原则。青少年校外活动场所要坚持面向全体未成年人、服务全体未成年人的宗旨，开展形式多样、内容丰富、公益性特色鲜明的普及性活动。在活动内容、活动安排和开放时间上，对青少年学生参加校外活动给予保障。不以营利为目的开展经营性创收活动，对集体组织的普及性教育实践活动和文体活动要实行免费，对确需集中食宿和消耗材料的集体活动以及特长培训项目，只能收取成本费用，对特困家庭的未成年人和农村“留守儿童”要全部免费。要争取各级财政加大投入，对公益性校外活动场所建设和运行维护经费予以保证。

第三，密切校外教育与学校教育的有效衔接。把校外活动列入学校教育教学安排，逐步实现校外活动的经常化和制度化；中小学校要把校外实践活动排入课程表，切实保证活动时间；校外活动场所要积极主动地为学生参加校外活动提供周到优质的服务，精心设计开发与学校教育教学有机结合的活动项目。校外教育主要可采取以下三种方式与学校教育有效衔接。一是为学校教育教学提供帮助。

二是为社会各方参与开发青少年校外教育和校外活动内容搭建平台，建立资源共享机制。三是充分发挥校外活动场所的师资、活动组织经验和覆盖面的优势，为丰富中小学校园文化，开展主题教育活动提供服务。

五、开创校外教育新局面

推动校外教育事业发展，要突出重点，狠抓落实，多措并举，综合施策，加快形成政府重视校外教育，社会支持校外教育、学校融合校外教育、家长认可校外教育，学生享受校外教育的良好局面。

一要建好校外场所。要不断加大校外活动场所建设力度，形成布局合理、规模适当、功能配套的国家、省、市、县、乡镇五级校外活动场所网络，让每个城区、县（市）都有一所综合性、多功能的校外活动场所。青少年活动场所建设是面向广大未成年人服务的工程。建设必须高标准严要求，做到万无一失。要想做好这方面的工作就必须加强对项目建设的监管。第一，建筑选址要科学。要远离可能发生地质灾害的地域；要考虑比较方便的交通，努力形成当地的区域文化环境；要充分考虑学生参加活动的需求，可建在学校周边地区。第二，功能设计要合理。应该说各地对项目建设是重视的，也希望利用这个机会把项目建得大一些、好一些，这种心情可以理解，但是一定要从实际出发、量力而行。“十五”期间就有个别县的项目因功能设计过于庞大，项目经费不足、自筹经费不到位导致项目建设迟迟不能竣工，有的一拖几年建不成。因此，一定要切实加强对项目功能设计的监管，要根据实际资金量入为出，做好对各县上报的图纸及工程预算的审查工作，对于不切实际的设计和超出预算的项目要指导各县及时进行修正，严格控制施工中变更设计，增加项目投资的现象，避免出现“半拉子”工程。第三，工程质量要确保。各地负责项目建设的同志要指导地方制订工程进度报表，要聘请专业机构加强对工程建设质量的监督。对项目的工程进度和建设质量实行实时监控，要充分利用远程信息技术网络的优势，及时通过校外教育网等平台更新传递项目建设信息。采用公开招标的方式择优选择施工承建单位、施工监理单位。进度要保证，质量要保证，避免豆腐渣工程。当然，管理也要保证，不能起来一批场所，倒下一批干部。

二要管好校外场所。教育部将开展《少年儿童校外教育机构工作规程》的修订工作，研究制定《校外活动场所公益性评估标准》《校外教育机构评估标准》。各地教育部门要结合实际，建立健全适合校外活动场所的规章制度，逐步规范校外活动场所管理运作。

三要用好校外场所。教育部制定的《示范性综合实践基地实践活动指南（试行）》对用好校外活动场所，开展实践活动提出了明确要求。各地教育部门、中小学、校外活动场所要充分发挥校外教育公共服务功能，继续深入开展“少年传承中华传统美德”“圆梦蒲公英”等系列主题教育活动，探索创新活动内容和形式，使校外活动场所成为培育和践行社会主义核心价值体系的重要阵地。

四要全力统筹社会资源。利用社会资源开展社会实践是提高校外教育质量的必然要求，也是促进内涵发展的重要内容。2011 年，教育部印发了《关于联合相关部委利用社会资源开展中小学社会实践的通知》，大力推进社会资源协同配合和免费开放工作，联合相关部委挖掘课程和社会两个资源，牵动学校和社会两个力量，推动中小学开展社会实践。各级教育行政部门和中小学要联合相关部门做好主题教育社会实践基地的建设、管理和使用工作；配合相关部门认真落实博物馆、美术馆、展览馆、图书馆等国家公共文化服务设施免费开放政策，开发适应中小学生需要的活动项目；指导农村中小学、学生利用国家公共文化服务设施，如农家书屋、乡镇文化站（室）、科技活动站等资源开展校外、课外活动。逐步整合各类社会资源，实现部门联动、城乡互动的协同合作机制，满足青少年对校外活动多样化的需求。

五要积极开展研学旅行。经过前期的试点，我们发现，研学旅行不仅创新了校外教育活动内容和形式，而且探索出新时期校外育人模式的有效途径，有利于中小学生深入培育和践行社会主义核心价值观，有利于创新人才培养模式，有利于促进旅游投资和消费，有利于提升公民文明旅游素质。这将会是今后一个阶段校外教育的重要内容。这次会议，我们就研学旅行的指导意见征求了大家的意见。会后，我们将尽快研究，修改完善。各地教育部门和中小学也要积极探索开展研学旅行工作。一是在收费问题上要有突破，既要体现公益性，又要保证活动效果。二是在安全保障上有突破，普及校方责任险，建立安全矛盾纠纷协调处理机制。三是在教育模式上要有突破，不能在学校教育系统内部循环，要广泛利用农场、工厂、军营等社会资源单位，让学生出点儿力，流点儿汗，经风雨，见世面。

六要更加重视劳动教育。教育部等部门 2016 年联合出台了《关于加强中小学劳动教育的意见》，对劳动教育工作做了明确部署，其中要求要充分发挥劳动综合育人功能，以劳树德、以劳增智、以劳强体、以劳育美、以劳创新，促进学生德智体美劳全面发展。各地教育部门和中小学要抓好劳动教育的关键环节，落实相关课程，开展校内劳动，组织校外劳动，鼓励家务劳动。尤其要结合校外教育特点，充分利用劳动教育实践基地、综合实践基地和其他社会资源，结合研学旅行、团日队日活动和社会实践活动，加强城乡学生交流，组织学生学工学农。中小学要把校外劳动纳入学校的教育工作计划，小学、初中、高中每个学段都要安排一定时间的农业生产、工业体验、商业和服务业实习等劳动实践。

七要有效推动家庭教育。家庭是孩子的第一个课堂，父母是孩子的第一任老师。注重家庭、注重家教、注重家风，必须发挥家庭教育的基础作用，形成家庭教育、学校教育、社会教育有机融合的综合育人体系。各地教育部门和中小学要积极发挥家庭教育在少年儿童成长过程中的重要作用，明确家长在家庭教育中的主体责任，充分发挥学校在家庭教育中的重要作用，加快形成家庭教育社会支持网络，推动形成政府主导、部门协作、家长参与、学校组织、社会支持的家庭教育工作格局。各地教育部门和中小学要认真落实教育部《关于加强家庭教育工作的指导意见》，积极推动家庭教育实验区和示范校的创建工作。各中小学要统筹家长委员会、家长学校、家长会、家访、家长开放日、家长接待日等各种家校沟通渠道，举办家长培训讲座和咨询服务；通过优秀家长现身说法、案例教学发挥优秀家庭示范带动作用；定期开展家长和学生共同参与的参观体验活动。通过丰富多彩、生动活泼的文艺、体育等活动增进亲子沟通和交流。及时了解、沟通和反馈学生思想状况和行为表现，营造良好家校关系和共同育人氛围。

八要切实加强组织领导。要加强顶层设计。各地教育部门要解决思想认识不到位的问题，进一步明确校外教育的重要意义，把校外教育摆在更加重要的位置，纳入教育事业发展的整体规划之中，以“蒲公英行动计划”为行动纲领，以“建、配、管、用、研、训、协、督、宣”为工作抓手，结合实际，研究制订本地校外教育发展规划。要健全领导机制。各地教育行政部门要建立健全校外教育工作领导体系，明确职能定位和工作机构，理顺体制机制，做好场所建设、活动开展、师资培训、督导评价等指导工作。要强化督导检查。各地教育部门要将校外教育纳入教育督导办督导范围，建立完善的评估机制、激励机制和问责机制。各地教育行政部门还要对中央专项彩票公益金支持示范性综合实践基地建设项目建设管理实施更加严格的督导检查制度，强化约谈和问责工作。国务院已经将基地项目作为教育部 2015 年稳增长系列政策跟踪审计项目，将对审计出现的问题进行严肃追责，对相关责任人进行处罚，对未开工的项目要收回并进行通报。还要加强宣传引导。综合运用多种宣传渠道，创新宣传方式，改变大众舆论对校外教育的陈旧印象，为校外教育事业发展营造良好氛围。

试论新时代劳动教育的意蕴与方略*

2020年3月，中共中央、国务院发布《关于全面加强新时代大中小学劳动教育的意见》（简称《意见》），对新时代劳动教育做了顶层设计和全面部署，意义重大，影响深远。我们必须增强全面贯彻党的教育方针、抓好新时代劳动教育的紧迫感、责任感，明确意蕴，凝练方略，加强保障，把劳动教育落到实处。

一、全面加强新时代劳动教育的意蕴

劳动教育是新时期党对教育的新要求，是中国特色社会主义教育制度的重要内容。广大教育工作者都应该有站位、有立场，全面把握新时代劳动教育的重要意义和丰富内涵，深化理论认识，增进思想自觉。

（一）劳动教育是贯彻马克思主义教育学说之应有之义

劳动是马克思主义用以分析人类历史发展的核心范畴。马克思认为，劳动是人类社会独有的、自觉的对象化实践，“整个所谓世界历史，不外是人通过人的劳动而诞生的过程，是自然界对人来说的生成过程”①。恩格斯在《劳动在从猿到人转变过程中的作用》中专门阐述了“劳动创造了人本身”的基本观点。

在揭示劳动与人的发展之间关系的基础上，马克思恩格斯创立了人的全面发展的教育理论。首先，人的发展是劳动能力的发展。在谈到劳动过程时，马克思指出，人通过劳动改变身外的自然，也就同时改变他自身的自然，“他使自身的自然中蕴藏着的潜力发挥出来，并且使这种力的活动受他自己控制”。② 恩格斯

* 本文原载《课程·教材·教法》2020年第5期。

① 马克思. 1844年经济学哲学手稿［M］. 北京：人民出版社，2000：92.

② 马克思恩格斯全集（第四十二卷）［M］. 北京：人民出版社，2016：168.

同样指出："生产劳动给每一个人提供全面发展和表现自己的全部能力即体能和智能的机会"。① 其次，人的发展是人的社会关系的发展。马克思认为，劳动是人类全部社会关系形成和发展的基础，而"这些社会关系实际上决定着一个人能够发展到什么程度"②。他指出，"人的本质是人的真正的社会联系，所以人在积极实现自己本质的过程中创造、生产人的社会联系、社会本质。"③ 再次，教育与生产劳动相结合是造就全面发展的人的唯一方法。在马克思看来，"未来教育对所有已满一定年龄的儿童来说，就是生产劳动同智育和体育相结合，它不仅是提高社会生产的一种方法，而且是造就全面发展的人的唯一方法。"④ 马克思恩格斯还极为重视综合技术教育，认为这种教育可以使少年儿童了解生产过程的基本原理，获得运用各种生产工具的最简单的技能，从而弥补旧式分工所造成的体力劳动与脑力劳动的分离。列宁进一步指出："无论是脱离生产劳动的教学和教育，或是没有同时进行教学和教育的生产劳动，都不能达到现代技术水平和科学知识现状所要求的高度。"⑤

新时代劳动教育，是对马克思主义劳动观和教育学说的继承发展，是对劳动本质属性的回归，旨在引导学生正确认识劳动，正确看待劳动和劳动人民。我们应加强马克思主义劳动观的教育，"超越将劳动单纯视为技能训练的认识局限，使学生自觉认识到劳动是彰显生活意义的个体实现过程"⑥，是创造财富、创造价值、成就自我的过程，摒弃坐享其成、投机取巧、一夜暴富等不良思想，砥砺勤劳自强、诚实守法、创新创造之品格。

（二）劳动教育是贯彻习近平总书记关于劳动重要论述之关键举措

习近平总书记高度重视劳动的价值和意义，在一系列的讲话中做了深刻阐

① 马克思恩格斯全集（第二十六卷）[M]. 北京：人民出版社，2014：311.

② 马克思恩格斯全集（第三卷）[M]. 北京：人民出版社，1960：295.

③ 马克思. 1844 年经济学哲学手稿 [M]. 北京：人民出版社，2000：170.

④ 马克思恩格斯全集（第四十二卷）[M]. 北京：人民出版社，2016：501.

⑤ 列宁全集（第二卷）[M]. 北京：人民出版社，2013：463-464.

⑥ 徐海娇. 意义生活的完整性：人工智能时代劳动教育何以必要与何以可为 [J]. 国家教育行政学院学报，2019（11）：88-95.

述。他指出："人世间的一切幸福都需要靠辛勤的劳动来创造"①，"人民创造历史，劳动开创未来。劳动是推动人类社会进步的根本力量"②，"人类是劳动创造的，社会是劳动创造的。劳动没有高低贵贱之分，任何一份职业都很光荣"③。他反复强调，"实现我们的奋斗目标，开创我们的美好未来，必须紧紧依靠人民、始终为了人民，必须依靠辛勤劳动、诚实劳动、创造性劳动"。④

基于对劳动价值的重视，习近平总书记强调要弘扬劳动精神和劳模精神。2013 年，他在全国劳模大会上提出"各级领导干部要带头发扬劳模精神"。⑤ 2015 年，他在全国劳模大会上再次指出"在前进道路上，我们要始终弘扬劳模精神、劳动精神"。⑥ 2018 年"五一"前夕，他在给中国劳动关系学院劳模本科班学员的回信中强调："全社会都应该尊敬劳动模范、弘扬劳模精神，让诚实劳动、勤勉工作蔚然成风"。⑦ 2018 年 9 月 10 日，他在全国教育大会上再次强调，要在学生中弘扬劳动精神，教育引导学生崇尚劳动、尊重劳动，懂得劳动最光荣、劳动最崇高、劳动最伟大、劳动最美丽的道理，长大后能够辛勤劳动、诚实劳动、创造性劳动。⑧

习近平总书记相关重要论述立足新时代，深刻揭示劳动的创造本质，高度评价劳动的重大意义，大力弘扬劳模精神、劳动精神和工匠精神，为全面加强新时代劳动教育指明了方向，确立了定位。对此，可作三点理解。第一，劳动不能泛化。不能辩称教师讲课是"劳动"，学生写作业是"劳动"，没必要再提劳动教育。其实，这些是广义的劳动，读书、写作业、搞课题，不是这里所说的"劳动"，课堂亦非劳动的主要场所。要让学生走出教室动手体验，感受过程，看到

① 习近平谈治国理政［M］. 北京：外文出版社，2014：4.

②④⑤ 习近平. 在同全国劳动模范代表座谈时的讲话［N］. 人民日报，2013-04-29.

③ 习近平. 在知识分子、劳动模范、青年代表座谈会上的讲话［M］. 北京：人民出版社，2016：9.

⑥ 习近平. 在庆祝"五一"国际劳动节暨表彰全国劳动模范和先进工作者大会上的讲话［N］. 人民日报，2015-04-29.

⑦ 习近平给中国劳动关系学院劳模本科班学员的回信［N］. 人民日报，2018-05-01.

⑧ 习近平在全国教育大会上强调：坚持中国特色社会主义教育发展道路 培养德智体美劳全面发展的社会主义建设者和接班人［EB/OL］. http：//cpc. people. com. cn/n1/2018/0910/c64094-30284598. html.

成果。第二，劳动不能矮化。不能以学生首要任务是学习为由，把劳动简单地理解为自己洗手绢和袜子。如果是那样，不搞劳动教育，学生也应做到。第三，劳动也不能窄化。到工厂去干活、到田间去收割，固然是劳动，但如果断定只有学工、学农才算劳动，则不可取。有利于增强学生动手体验、提升学生实践能力、激发学生做事热情的各种活动安排，都应予以鼓励。

（三）劳动教育是贯彻党的教育方针之有机部分

新中国成立70多年以来，中国共产党高度重视教育与生产劳动的结合，认为这是确保教育事业同国民经济发展的要求相适应，培养理论与实际结合、学用一致、全面发展的新人的根本途径。

新中国成立之初，囿于百废待兴的社会现状，劳动教育的定位多是为生产建设服务。1958年9月，中共中央、国务院发出的《关于教育工作的指示》中明确提出，“党的教育工作方针，是教育为无产阶级政治服务，教育与生产劳动相结合”，同时指出“教育的目的，是培养有社会主义觉悟的有文化的劳动者”。党的十一届三中全会后，我国进入了改革开放新的历史时期，劳动教育主要是为了经济建设服务。邓小平在1978年全国教育工作会议上指出：“现代经济和技术的迅速发展，要求教育质量和教育效率的迅速提高，要求我们在教育与生产劳动结合的内容上、方法上不断有新的发展”。① 21世纪初新课改后，劳动教育的功能与定位得到拓展。2010年，《国家中长期教育改革和发展规划纲要（2010—2020年）》提出：“坚持教育为社会主义现代化建设服务，为人民服务，与生产劳动和社会实践相结合，培养德智体美全面发展的社会主义建设者和接班人”。

进入新时代，党的教育方针更加注重教育服务社会主义现代化建设和促进人的全面发展的有机统一，明确提出教育要“为人民服务，为中国共产党治国理政服务，为巩固和发展中国特色社会主义制度服务，为改革开放和社会主义现代化建设服务”②“以凝聚人心、完善人格、开发人力、培育人才、造福人民为工作

① 邓小平文选（第二卷）.［M］. 北京：人民出版社，1994：107.
② 习近平谈治国理政（第二卷）［M］. 北京：外文出版社，2017：377.

目标，培养德智体美劳全面发展的社会主义建设者和接班人”①。这就要求我们结合建设社会主义现代化强国认识劳动教育承担的新使命，结合产业新业态、劳动新形态拓展劳动教育的新内容，结合社会主义核心价值观突出劳动教育的新导向，为建设一支“知识型、技能型、创新型劳动者大军”而努力。

（四）全面加强劳动教育是新时代之现实呼唤

党的十八大以来，我国在劳动教育方面做出积极努力，取得可喜进展。2015年，教育部、共青团中央、全国少工委联合印发《关于加强中小学劳动教育的意见》，提出要充分发挥劳动综合育人功能，以劳树德、以劳增智、以劳强体、以劳育美、以劳创新，促进学生德智体美劳全面发展。2016年，教育部修订的《中小学生守则》要求“勤劳笃行乐奉献”，“主动分担家务，参与劳动实践，热心志愿服务”。以此为指导，各地进行了积极探索。2010—2020年，笔者实地调研发现：海南思源学校集团重视种植养殖；山西省晋中市张庆中学采取“学校＋农户”的劳动实践基地模式；湖北省孝感市孝南区三叉镇初中在校门外设立劳动教育试验田；江苏省锡山高中探索劳动教育新方式，建成校内“社区”，号召全体学生参与“社区”志愿服务，计3学分。云南省怒江傈僳族自治州的学校都有勤工俭学基地，普遍开展种植养殖；山东省淄博市临淄区每年开展劳动周，研发了课程，配备了教师。浙江宁波财贸学院重视提升学生劳动素养；东北林业大学常年组织学生在校属林场劳动实践。

虽然劳动教育已取得一定进展，但总体上与中央《意见》要求差距尚大。就学校看，劳动与技术课程常被占用，师资、场地、经费缺乏，劳动教育基本无计划、无考核。就家庭看，家长往往只关心孩子学业成绩，体力劳动和生产劳动常被忽视。就社会看，一夜暴富、不劳而获的思想有所蔓延，体力劳动和生产劳动被淡化，轻视劳动、不会劳动、不珍惜劳动成果的现象仍然存在。上述情况影响了青少年学生的健康成长，全面加强新时代劳动教育势在必行。

① 习近平在全国教育大会上强调：坚持中国特色社会主义教育发展道路 培养德智体美劳全面发展的社会主义建设者和接班人［EB/OL］. http：//cpc.people.com.cn/n1/2018/0910/c64094-30284598.html.

二、全面加强新时代劳动教育的方略

立足新时代，应当抓住重点，疏通堵点，突破难点，培育增长点，确立大中小学加强劳动教育的一些共同方略。

（一）明确劳动教育原则

1. 把握育人导向

劳动教育的重点是“在系统的文化知识学习之外，有目的、有计划地组织学生参加日常生活劳动、生产劳动和服务性劳动，让学生动手实践、出力流汗，接受锻炼、磨炼意志，培养学生正确劳动价值观和良好劳动品质”。① 要转变劳动教育“技术化”的片面理解，扭转“有劳动无教育”的形式主义现象。不管组织学生参加什么样的劳动，都需要围绕劳动教育的目标，对劳动实践过程进行必要设计，分析实现有关目标的关键环节和要素，让学生身验之、心悟之。要使学生不仅拥有灵巧的手、聪明的脑，能创新、善思维，还对劳动、劳动者持有一颗温暖的心。②

2. 遵循教育规律

劳动教育有规律，不能人云亦云。一要坚持适当适度。根据学生年龄特征、性别差异、身体状况等特点，选择合适的劳动项目和内容。要结合不同年龄段孩子身心发展的规律和特点，开展相应劳动教育。二要坚持有机融入。探索劳动教育在各种教育、教学活动中的渗透方式，有效发挥课程教学、社会实践、学校文化的劳动教育功能，让学生在日常学习生活中形成劳动光荣、劳动伟大的正确观念。三要坚持循序渐进。劳动可以分为家务劳动、手工劳动、生产劳动、社会公益劳动等类型。从可行性角度看，可从日常生活劳动教育入手，随着学生年龄的增长，逐步向服务性劳动教育和生产劳动教育拓展，夯实他们成长的基石。

---

① 中共中央　国务院关于全面加强新时代大中小学劳动教育的意见［EB/OL］. http://www.gov.cn/zhengce/2020-03/26/content_5495977.htm.

② 参见褚宏启. 21 世纪劳动教育要有更高立意和站位［J］. 中小学管理，2019（9）：61.

3. 体现时代特征

新时代的劳动教育，应具有新时代的特点。一要弘扬劳动精神。让勤俭、奋斗、创新、奉献成为时代主旋律。新时代劳动教育不只关注学生做了什么，更重要的是让他们在动手实践、出力流汗中埋下崇尚劳动的种子，在接受锻炼、磨炼意志中涵养不懈奋斗的精神。二要融合科学技术。当前，人类生产工具和劳动形态发生深刻变化，“当代工人不仅要有力量，还要有智慧、有技术，能发明、会创新，以实际行动奏响时代主旋律”。①因此，劳动教育不仅要继承行之有效的传统方式，而且要开展信息化和工业 4.0 时代的新探索。三要提倡手脑并用。劳动教育诚然突出体力劳动，但并非只干不思。不仅应让学生“双脚扎进泥土里”，还要“头脑跟上新时代”。在劳动教育中，要鼓励学生手脑并用，灵活掌握、融会贯通各类知识和技巧，主动运用所学知识理解与解决问题，并做出基于证据的解释。② 四要激发创新潜力。比占有知识更重要的是拥抱智慧，只有让学生在体验和尝试中摆脱重复和机械，他们才能成为有感情、能创造的人。劳动教育要重视学生自身发展需求，尊重学生的自主选择，让他们进行大胆的研学、实践，使他们的创造潜力得到激发。

4. 强化综合实施

劳动教育涉及方方面面，要取得切实成效，须进行系统、整体地思考和设计。从纵向上看，要根据学生年龄特点，把小学、中学、大学各学段的劳动教育贯通起来，处理好学期之间、学年之间、学段之间活动内容的有机衔接，要求逐渐提高，内容不断丰富，体现层层递进，螺旋上升。从横向上看，要促进劳动教育与德育、智育、体育、美育相融合，体现德智体美劳全面发展。普通高校要重点引导学生积累职业经验，树立正确的就业观，懂得“空谈误国、实干兴邦”的道理。职业院校在抓好职业技术教育的同时，强化劳动精神、劳模精神、工匠精神教育，让学生增强职业荣誉感。

---

① 习近平. 在同全国劳动模范代表座谈时的讲话［N］. 人民日报，2013-04-29.

② 参见教育部. 中小学综合实践活动课程指导纲要［EB/OL］.（2017-09-25）［2020-05-25］. http：//www.moe.gov.cn/srcsite/A26/s8001/201710/t20171017_316616.html.

5. 坚持因地制宜

中国立体化的国情决定了不能用一种要求推动工作，一把尺子衡量效果。不同区域的学校，比如农村、城乡接合部以及城市内部学校应当根据实际情况因地制宜。各地各校应当结合当地的自然、经济、文化等情况，充分挖掘可利用的资源，宜工则工，宜农则农，采取多种形式开展劳动教育。

（二）拓宽劳动教育途径

1. 落实相关课程

劳动教育不能仅仅局限于具体的劳动活动安排，还需要通过课程设置落到实处。《意见》规定，开齐开足劳动教育课程，完善教学大纲，明确课程目标，保证教育课时。根据《义务教育课程设置实验方案》和《普通高中课程方案》，中小学应将国家规定的综合实践活动课程、通用技术课程作为实施劳动教育的重要渠道。其他课程也蕴藏着大量劳动教育的素材，应因势利导、润物无声地开展劳动教育。如在语文、历史等学科教学中加大劳动观念和态度的培养，在物理、化学、生物等学科教学中加大动手操作和劳动技能的培养。高等学校应开设马克思主义劳动观、人类劳动发展史等专门课程，同时将劳动教育有机纳入专业教育，加强与行业企业紧密协同，深化产教融合，优化人才培养模式。

2. 开展校内劳动

在学校日常运行中渗透劳动教育，积极组织学生参与校园卫生保洁和绿化美化，普及校园种植。开辟专门区域种植花草树木或农作物，让班级、学生踊跃认领，精心呵护。有条件的学校应适当开展养殖。大力开展与劳动有关的兴趣小组或社团、俱乐部活动，组织学生参与手工制作、电器维修、班务整理、室内装饰、勤工俭学。广泛组织以劳动教育为主题的班团队会、劳模报告会、手工劳技展演，提高学生劳动意识。

3. 组织校外劳动

将校外劳动纳入学校的教育工作计划，每个学段都应安排一定时间的农业生产、工业体验、商业和服务业实习等劳动实践。充分利用劳动教育实践基地、综合实践基地和其他社会资源，开展研学旅行、团日队日活动和社会实践。中小学可结合实际情况组织学生参加适当的生产劳动，有条件的学校应当设立劳动教育基地。高等学校可组织学生参加冬奥会、冬残奥会志愿服务或其他各类志愿服务、公益劳动，有条件的大学可在城郊设立青年林，人人种活一棵树，见证成长念祖国。

4. 鼓励家务劳动

中小学应教育学生自己的事情自己做，家里的事情帮着做，参与孝亲、敬老、爱幼等方面的劳动，针对学生的年龄特点和个性差异，布置洗碗、洗衣、扫地、整理等力所能及的家务。密切家校联系，转变家长对孩子参与劳动的观念，让家长成为孩子家务劳动的指导者和协助者，形成劳动教育合力。大学生应当自立自强，理解父母，避免啃老，掌握就业创业本领。

（三）联通劳动教育环节

1. 增进劳动认知

知者，即人们对客观世界的理性认识。人类社会发展的历史告诉我们，每一项劳动技术，每一种劳动形态均来自于人类生产生活实践，是人类千百年来实践经验的积累和提高。刀耕火种技术决定生产劳动处于自然耕作的原始状态，而科技信息技术的使用则提升了劳动的现代化、自动化水平。因此，可通过讲解说明、操作训练、项目实践、反思交流、榜样激励等劳动教育形式，使学生对劳动技术、劳动形态的历史内涵及现实意义进行理性思考，能够运用娴熟的劳动技术从事各种具体劳动，最终明白只有掌握劳动技术才能进行有效劳动的科学道理。

2. 培养劳动情感

情者，即人的情绪与情感，是人们对客观事物是否符合其需要所产生的态度和主观体验。教育是心心相印的活动，唯独从心底发出来，才能打动心灵的深处。劳动教育要让学生切切实实地感受、体会到劳动和劳动人民的艰辛与不易，真正懂得“粒粒皆辛苦”，从而树立“劳动最光荣、劳动最崇高、劳动最伟大、劳动最美丽”的思想感情。应让学生从劳动的成果上得到愉悦和满足，真正懂得生活靠劳动创造，美好人生也靠劳动创造，进而激发劳动情趣和劳动热情。

3. 磨炼劳动意志

意即意志，是人们自觉地确定目的，选择手段，去克服困难实现预定目的的心理过程。今天的学生绝大多数是在不愁吃穿的环境中长大的，培养他们吃苦耐劳精神、奋斗精神至为必要。所以，劳动教育的设计应有一定挑战性，不仅有质的要求，还要有量的规定；不仅有劳动体验，还要完成劳动任务；不仅提倡自己动手，还鼓励团队合作。不搞劳动一日游，不搞“留痕式”劳动。“通过劳动和创造播种希望、收获果实，也通过劳动和创造以磨炼意志、提高自己。”①

4. 养成劳动习惯

行为即人们在具体处理事务中的外在表现，习惯是由反复体验和练习而巩固下来的变成自己需要的行动方式。要有劳动的能力，必须真正动手去劳动。《尚书》云：“不知稼穑之艰难，乃逸乃谚。”没有挥洒过劳动的汗水，没有体味过劳动的艰辛，就很难真正理解劳动的内涵、珍视劳动的价值。“不能在课上‘听’劳动、在课外‘看’劳动、在网上‘玩’劳动”。② 要明确一定时间，以体力劳动为主，组织学生亲身参与劳动过程，初步走进社会生产，了解草木鸟兽，体验稼穑农桑，在扎根大地的劳动中展现风采、感受快乐、实现成长、形成习惯。

（四）协同劳动教育主体

办好教育事业，家庭、学校、政府、社会都有责任。③ 开展劳动教育，学校担负第一责任。同时，新时代劳动教育具有鲜明的社会性和实践性，要求学生面

① 习近平. 在庆祝“五一”国际劳动节暨表彰全国劳动模范和先进工作者大会上的讲话［N］. 人民日报，2015-04-29.

② 陈宝生. 全面贯彻党的教育方针 大力加强新时代劳动教育［N］. 人民日报，2020-03-30.

③ 习近平在全国教育大会上强调：坚持中国特色社会主义教育发展道路 培养德智体美劳全面发展的社会主义建设者和接班人［EB/OL］. http：//cpc.people.com.cn/n1/2018/0910/c64094-30284598.html.

对真实的环境世界和现实生活，这与当下强调学习的情景化、综合化、应用化是一致的。欲达此目标，学校关起门抓劳动教育行不通。因此，新时代劳动教育应当发挥家庭基础作用，唤起家长责任，担当孩子榜样，做好教育引导；新时代劳动教育更需要社会各方面支持，加强政府统筹，搭建活动平台，形成协同育人格局，营造良好氛围。

三、全面加强新时代劳动教育的保障

新时代应有新担当。为避免劳动教育流于形式，就必须把劳动教育的各相关要素落实到位，确保劳动教育得到全面加强。

（一）人员师资保障

劳动教育能否取得满意的效果，很大程度上取决于师资队伍的专业水平高低，因此必须加强师资队伍建设。一是配备合格人员。积极探索建立专兼职结合的劳动教育教师队伍，保证专任教师的稳定性，并聘请能工巧匠、专业技术人员担任兼职教师。高等学校、职业院校应当建立必要的劳模工作室、技能大师工作室。二是明确管理要求。采取有效措施，在工资待遇、绩效考核、职称评聘、评优选先、骨干教师培养等方面，对劳动教育教师同等对待，保持劳动教育教师队伍的稳定与发展。三是加强专业培训。组织经常性的教研活动，开展教学竞赛，引导劳动教育教师探索教育规律，总结有效经验，不断提高劳动教育的实效性和专业化水平。

（二）实践场地保障

当前，适合学生的劳动教育项目少、基地少、建设不均衡，是制约劳动教育向深度广度推进的重要因素。[①] 为此应多措并举，加强实践场地的建设。一是拓展资源。教育行政部门应推动建立校际间及学校与社会相关部门间的协作机制和资源共享平台，强化资源统筹管理，推动公共资源间的相互联系和硬件资源的共

① 劳动教育，事关全面发展的大计［N］. 光明日报，2019-01-19.

享，为学校利用各种社会资源及丰富自然资源提供政策支持。二是以点带面。近些年，一些地方和学校在建设城市劳动技术中心，普通学校与职业学校的协同，城市学校种植角，建设联盟校共享基地、集团校共享基地、独立校单独基地，深化校企合作以及学校与社区合作等方面，探索出了行之有效的劳动教育场地建设模式。各地方应积极梳理，做好经验推广，为各学校拓展实践场地提供范例和样板。三是就地取材。农村地区应争取当地政府和有关部门支持，安排相应的土地、山林、草场或水面作为学农实践的基地。城市地区应与各部门协同建立劳动教育实践基地，或利用青少年校外活动场所、青少年宫和各类综合实践基地开展劳动教育。有条件的学校还可建设专门的劳动与技术教育教室，配置相应设备和所需耗材。

（三）经费投入保障

探索建立政府保障为主、学校等相关方面共同承担的多元化劳动教育经费筹措保障机制。政府部门应在师资队伍建设、设备配置、场地建设、常规运行经费等方面，加强财政投入。中小学可按照规定统筹利用公用经费开展劳动教育；高等学校应利用可支配资金用于劳动教育，确保建设经费充足，奖励资金到位，形成良性的发展机制。

（四）风险防范保障

增强安全意识，签署安全承诺，落实安全措施。针对学生身心发展阶段特征，适度安排劳动强度、时长，关注劳动任务与场所设备的适宜性。遵守安全规范，制订安全预案，预防接触有害物品，防范新冠病毒及各类传染病。同时要加强对学生的安全教育，提升学生安全防范能力，使其掌握应急避险和自救自护常识或技能。

（五）督导评价保障

教育评价是“指挥棒”。教育督导部门应把劳动教育开展情况作为督导重点，对学校实施劳动教育进行经常性督导，对地方各级政府和有关部门保障劳动教育情况进行专项督导。完善通报制度、反馈制度、整改制度、约谈制度、激励制度等监督机制，压实责任，传导压力，奖优罚劣。各级各类学校应把学生劳动课程学习、劳动实践锻炼、创新性劳动成效以及劳动习惯养成、劳动品质形成，纳入学生综合素质评价内容。评价体系既包括参加劳动次数、劳动时间等量化指标，也包括劳动态度、实际操作、劳动成果等质性分析，考核结果记入学生综合素质档案，作为学生升学、评优的参考。通过多重努力，全面加强新时代劳动教育，培养德智体美劳全面发展的社会主义建设者和接班人。

第五编

心理健康教育

开创中小学心理健康教育新局面*

教育是百年大计，是人才培养的基础，而心理健康教育则是教育的重要组成部分。教师不懂心理健康教育，教书育人会事倍功半；学生没有健全的心理，全面发展无从谈起。建设社会主义现代化强国，最终靠的还是人，因此，我们要站在实现“两个一百年”奋斗目标和中华民族伟大复兴中国梦的战略高度，立足“四个全面”战略大局，将中小学心理健康教育作为一项基础性、长远性的工作，反复抓、抓反复，不断落实到位。

一、心理健康教育工作取得新进展

2012 年，教育部颁布了《中小学心理健康教育指导纲要（2012 年修订）》，并确定了首批 20 个全国中小学心理健康教育示范区。各示范区珍惜荣誉、抓住机遇、深化改革、努力探索，思想认识到位、保障机制到位、政策支持到位、资源整合到位，积极按照“全面推进、重点突出、分类指导、协调发展”的工作方针，不断加强制度建设、队伍建设、阵地建设和课程建设，努力促进心理健康教育工作的新发展，形成了各具特色的新经验，心理健康教育取得了积极成效，品牌效应进一步彰显，无愧于“全国中小学心理健康教育示范区”的光荣称号。在示范区的带动引领下，各地心理健康教育工作正在蓬勃开展，这几年取得了很多成绩。

一是加强制度建设，中小学心理健康教育工作机制逐步建立健全。天津、海南、内蒙古，北京海淀、山西晋中等地通过设立领导小组、专家委员会、成立指导中心等措施加强专家指导。辽宁、福建、湖南等地强化评价、评估作用，加强督导考核力度。山西、黑龙江、山东等地开展示范校和实验校的创建，加强示范

* 本文原载《中国教师》2015 年第 14 期。

引领作用。上海、广西、吉林等地确定心理健康活动月，开展集中活动。江苏、吉林等地通过“医教结合”，加强预警干预。

二是加强队伍建设，以专兼职心理健康教师为核心、班主任为骨干、全体教师共同参与的工作队伍逐渐形成。浙江、福建、广东等地规定了心理健康教育专职教师配备标准，建立了心理健康教育专职教师持证上岗制度或资格准入制度，并逐步解决了编制、待遇和职称评聘等问题，积极推进心理健康教育教师专业化建设。安徽、江西、河南等地组织专门的心理健康教育教师培训活动，侧重教师心理健康教育基本知识和技能的培训，通过多种形式，提高教师开展心理健康教育的水平。河北、四川、甘肃等地实行高校与中小学对接，提供心理援助和志愿服务。

三是加强阵地建设，“区域心理健康咨询中心—学校心理辅导室—心理咨询网站及心理咨询热线”三位一体的心理服务体系逐步形成。山西、上海、浙江等地基本实现了学校心理辅导室建设全覆盖。辽宁、湖南、云南等地积极拓展校外教育场所，依托未成年人辅导站开展心理健康教育。天津、重庆等地充分利用现代信息技术，通过建立亲情聊天室、开通服务咨询热线、建立咨询网站、心理信箱等方式，建立了服务阵地。

四是加强课程建设，以活动课程为主，形成了形式多样的心理健康教育教学模式。河南、四川、贵州等地规定了心理健康教育的课时，配备了专门的心理健康教育教研员，编发相关的教育材料或者参考资料。北京、广西、宁夏等地通过心理健康活动课观摩展示，进行教学交流。吉林、江苏、青海等地积极拓展心理健康教育途径，通过考前辅导、校园心理剧、班会、校园文化活动等形式提高心理健康教育的实效。福建、广东等地通过设立研究课题、组织调研等方式，提高心理健康教育科学性和针对性。

五是加强社会合作，全社会关注和支持未成年人心理健康的良好氛围逐步形成。山东、湖南等地积极推进家庭、社会、学校教育三结合，通过建立家长委员会、家长学校等方式，加强学校与学生家长的沟通，及时协商解决学生的心理问题。辽宁省大连市西岗区开发了家校交流的手机互动平台。湖北、陕西、福建等地学校开展了大规模的家访活动，增进了与学生及学生家长的相互了解。江西、贵州等地集中开展了心理健康教育案例征集评比，通过为留守儿童安排代理妈妈等活动，关注单亲子女、农民工子女等特殊群体的心理健康。辽宁、四川等地积极组织心理健康志愿者，与社区合作开展专家讲座、知识宣传、团体训练等教育活动。

二、心理健康教育承载新期待

要抢抓发展机遇，坚持立德树人，促进学生身心和谐全面健康发展，增强青少年的社会责任感、创新精神、实践能力，为党和人民培养合格建设者和可靠接班人。

第一，加强心理健康教育是落实中央精神的重要举措。党的十八届三中全会决定明确提出要“促进青少年身心健康”。加强和创新社会治理，核心是人，只有人与人和谐相处，社会才会安定有序。开展心理健康教育，尊重人、关心人、理解人，把学生利益作为工作的出发点和落脚点，缓解学生的各种压力，排除他们的焦虑，不断满足学生多方面的心理需求，促进学生德智体美劳全面发展，是教育部门和广大中小学校贯彻落实中央精神的历史担当，我们一定要提到这样的高度来看待中小学心理健康教育工作。

第二，加强心理健康教育是教育内涵发展的时代需要。教育发展有阶段性。现阶段“有学上”“上学难”的问题基本解决了，这些问题解决以后，内涵发展、品质提升就成了最重要的问题。这就需要把心理健康教育摆到重点工作之中，进一步加以落实。要进一步满足人民群众从“有学上”到“上好学”的期待，需要我们充分发挥积极性和主动性，敢于创新、勇于实践、勤于落实，注重学校内涵，开展学校文化建设，着力提升学校品质，提高基础教育质量。有品质的教育，关注学生生命存在、关注师生共同成长、关注校内外有效衔接。提高教育质量、办有品质的教育要求我们必须加强心理健康教育，树立学生不仅是学习知识的认知体，更是有血有肉的生命体的意识，树立学生特点不一，必须因材施教的意识，关心每个学生成长成人成才，一把钥匙开一把锁。广大教师不再高高在上，而是平等地和学生共同成长，过上完美幸福的教育生活。教育也不仅仅是局限在学校内，而是与家长和社会互动，拓宽学生眼界，打开学生心扉。

第三，加强心理健康教育是促进学生全面发展的必然要求。孩子们成长得更好，是我们最大的心愿。少年儿童从小就要立志向、有梦想，爱学习、爱劳动、爱祖国，德智体美劳全面发展。广大学生一定要坚定理想信念、练就过硬本领、勇于创新创造、矢志艰苦奋斗、锤炼高尚品格。心理健康教育不仅是人的一种基本的素质，而且对人其他方面的发展都有促进作用，在提高人的综合素质、促进人的全面发展方面具有不可替代的重要作用。正如《大学》所言，“欲修其身者，先正其心”，要想“修身”，得到全面发展，必须先“正心”，心正才能修身，一个心理不健康的人，是不可能做到心正的，更不可能做到全面发展而达到“修身”的目的。

三、心理健康教育应迈新步伐

在肯定成绩的同时我们必须看到，新形势下中小学心理健康教育工作有待进一步加强。各地中小学心理健康教育状况仍不容乐观，相当一部分管理者的观念并未发生转变。各地中小学心理健康教育发展状况仍不均衡，一些地方政府重视不够，中小学心理健康教育工作推进缓慢；一些地方和学校还没有系统开展心理健康教育，心理健康教育的形式和内容不够丰富；一些地方和学校经费投入不足，缺乏心理辅导室等必要的活动阵地，难以有效开展工作；一些地方专兼职的心理健康教育教师还非常缺乏，教师的专业成长不够；一些地方学校、家庭、社会相互配合开展心理健康教育的机制还没有真正建立起来。

当前，社会思潮纷繁复杂，学生家庭结构变化很大，就业竞争和人才选拔的压力也很大，一些学生在这样的形势下确实存在心理困扰，一些学生的心理问题有增无减。心理健康教育不能再停留在“一种时髦的口号、实施素质教育的粉饰品和应付上级检查及汇报工作的美妙装饰物”上。我们要深刻把握中小学生所处时代和环境对其心理的影响，进一步统一思想认识，解决突出问题，做好宣传发动，强化工作保障，加快推进步伐，充分发挥心理健康教育综合育人功能，提升全体学生的心理健康素养，帮助学生珍视生命、善待生命、尊重生命，提升生命质量，实现生命价值，成就幸福人生。

一是结合核心价值观教育，增强思想性。心理健康教育和德育工作是紧密结合的，在全国都是这样，尽管心理健康教育与狭义的德育不是一回事，但是它属于大德育的范畴，因此我们要将心理健康教育与德育工作统一部署和考虑。富强、民主、文明、和谐，自由、平等、公正、法治，爱国、敬业、诚信、友善，这24个字表现了社会主义核心价值观，广大中小学生对它们已经耳熟能详，我们要通过心理健康教育，研究掌握学生价值观形成的心理机制、关键因素和有效方式，把握当前学生身心特点和心理需求，充分尊重学生的主体性，调动学生践行社会主义核心价值观的自主性、主动性和创造性，帮助学生从记忆24个字向理解社会主义核心价值观内涵迈步，真正让学生入脑入心，内化为自觉意识，外化为自觉行动。对孩子的教育要有好的榜样，最好是身边的榜样，中小学生的成长需要正面榜样的指引。我们在教育工作中要树立正面的榜样，看得见摸得着的榜样。新修订的《中小学生守则》，也将心理健康纳入其中。

二是遵循学生成长规律，提高科学性。心理健康教育对启迪思想、温润心灵、陶冶人生具有不可替代的作用。因此，要求也很高，不是谁都能做好的，一定要有科学性。

要研究学生年龄阶段特点和个性特点。不同年龄有不同年龄的成熟度，对于小学低年级、小学高年级、初中阶段、高中阶段的学生要施以恰到好处的心理健康教育。要有针对性，提供切实可行的方法帮助学生。不是对所有学生所有年龄段都提出同样的要求，要因材施教，有条件的地方对学生的心理辅导可以考虑“私人订制”辅导方案，帮助学生了解自己、了解专业、了解世界、了解社会，减轻升学压力，处理好同伴关系，开展好职业生涯规划，解决好他们遇到的各种问题。尤其要关注进入青春期的中学生们。

要重视教师的心理健康和专业发展。我们让心理教师、班主任参与心理辅导，一方面是他们要心理健康，另一方面要让他们具备基本的心理辅导技能，否则，盲目引导还不如不引导。要有计划、分步骤配齐专职心理健康教师，建设以专兼职心理健康教师为核心、班主任为骨干、全体教师共同参与的师资队伍，树立全员育人的心理健康教育理念。全体教师都应自觉地在各学科教学中遵循心理健康教育的规律，将适合学生特点的心理健康教育内容有机渗透到日常的教育教学活动之中。

要发挥专家的指导作用。正是因为心理健康教育的科学性很强，并不是所有好心人都能发挥好的作用，所以我们需要专家引领。教育部专家指导委员会新成立的中小学心理健康教育指导中心，要发挥好学术组织作用，帮助各地更好地开展工作。希望专家们主动发挥指导作用，走出象牙塔，接地气，用基层同志听得懂的语言进行指导。各地也要主动求教，教育部基础教育一司一定会大力支持。

三是鼓励各地探索，发挥示范性。2014 年，教育部启动了心理健康教育特色学校争创计划，这是继全国示范区评选之后，再次推动发挥示范引领作用的一次活动。准备每两年在全国创建一批心理健康教育特色学校，让其他地区、学校可以见贤思齐。广大中小学校深化改革、完善政策、健全机制，真正以学生为中心，真正尊重学生的个体差异和个性化需求，真正将学生作为教育的主体，让学生站在学校的正中央，努力提升教育品质。要深入学生之中，探索“互联网＋心理健康教育”的模式，建立健全资源共享体系，建立健全结对帮扶机制，扩大品牌辐射效应。要树立全方位育人的教育理念，完善学校与专家、家长、社会联合开展心理健康教育的新模式，构建学校、家庭、社会三位一体的心理健康教育体系。这些工作都要探索，我们鼓励各地探索。

四是落实相关政策，体现推动性。各地教育部门要将心理健康教育纳入规划，明确责任主体、明确分管领导、明确主管部门、明确承担单位，把这项工作真正抓好、抓实。教育部将进一步组织经验交流，大会推动，还将组织对政策落实情况的督导评估，对做得好的地区进行表彰宣传，做得不好的进行批评，对按兵不动的进行约谈，体现“奖优曝劣”。教育行政部门是推动心理健康教育的主要力量，要将国家的要求落到实处。

面向新时代的中小学心理健康教育*

《国家中长期教育改革和发展规划纲要（2010—2020年）》指出，要“加强心理健康教育，促进学生身心健康、体魄强健、意志坚强”。根据这一要求，我们必须提高思想认识，总结成功经验，深化科研引领，开展教师培训，狠抓措施落实，认真做好中小学心理健康教育各项工作。

第一，应当提高对心理健康教育重要性的认识。人是教育的对象。学生不仅是学习知识的认知体，更是有血有肉的生命体。加强心理健康教育，培养学生积极、乐观、向上、抗挫的心理品质，促进学生人格的健全发展，是实施素质教育的必然要求，是落实以人为本、全面、协调、可持续发展科学发展观的生动体现，是教育系统构建社会主义和谐社会的组成部分。我国正处于重要战略机遇期和矛盾多发期。社会结构变动，贫富差别凸显，生活节奏加快，给教育工作带来了前所未有的冲击。社会思潮激荡，价值观念多元，网络信息海量，给青少年带来五彩斑斓的世界，也让他们遭遇诸多新情况、新问题，容易产生心理困惑或成长中的烦恼。在独生子女时代，家长过度溺爱或过高期望，使孩子的意志得不到有效培养，学习中压力反而增加。在一些学校，习惯采取题海战术，反复考试训练，驱使学生拼时间、拼精力、拼健康。在个别地方甚至出现这样的现象：生活富裕了，心灵枯竭了；物欲满足了，精神空虚了；课本背得多了，兴趣却变得淡了。现在，是时候把时间还给学生，把空间还给学生，把幸福还给学生了，这是一项神圣的使命。必须告别“粗放式经营”，告别“大机器生产”，告别“填鸭式教学”，告别“见物不见人”，努力营造学生快乐成长的精神家园。一个无视学生心理发展规律的校长是不合格的校长，一个忽略学生心理基本状况的教师是不称职的教师。

第二，应当总结推广心理健康教育方面的成功经验。广东省中小学心理健康

* 本文原载《中国德育》2010年第10期，原题为《面向2020年，加强中小学心理健康教育》。

教育全面铺开，值得跟踪和总结。陕西省将心理健康教育师资纳入教师培训体系，通过省级培训，造就骨干教师。上海市虹口区教委领导重视，亲自部署，试点引领，家校合作，富有特色。吉林省长春市以心理剧为载体，情景交融，静动结合，长期坚持，春风化雨，滋润心田。江苏省南京市心理健康教育正在形成目标系统、推进系统、评价系统。福建省厦门市强化政府行为，精心组织。河北省石家庄市委、市政府推动心理健康教育，加大投入，使这项工作不差钱；设立心理健康三级维护站点，使这个努力有场地；选拔合适人选，定期培训，名师引导，使这项事业有人做。北京市第十九中学将心理健康教育作为学校生长点，设立了设施完备、空间充分、功能齐全的心理辅导区，由专职心理教师对全体学生进行科学的心理疏导。湖南、河南、重庆、安徽、云南、内蒙古等地的心理健康教育工作也都有各自的探索，取得了相应的经验，这是进一步做好心理健康教育的有益参考。

第三，应当加强心理健康教育师资队伍建设。心理健康教育是一项专业性较强的工作，教师应该成为行家里手。教育部门要高度重视心理健康教育教师队伍建设，加强心理健康教育专业教师培训，造就一支骨干力量。同时，培养全体教师特别是班主任开展心理健康教育的基本能力。要统筹解决心理健康教育教师编制和职称评聘问题，解决没人做和不愿做的问题，并积极采取措施提高教师自身心理健康水平。广大中小学校要建立以专兼职心理健康教育教师和班主任为骨干，全体教师共同参与的心理健康教育工作体系。

第四，应当深入开展心理健康教育的科研探索。学生心理发展有规律，心理健康教育要科学。各地要及时了解和掌握中小学生心理健康的总体状况和发展趋势，研究分析中小学生教育和成长问题中的心理方面的因素，为进一步推动中小学心理健康教育提供依据。针对中小学心理健康教育等方面的热点、难点问题，教育部基础教育一司启动了科研课题，组织有关科研机构和学校开展相关课题研究。教育部中小学心理健康教育专家指导委员会应发挥领头雁作用、智囊团作用、生力军作用，各地的专家都应加强心理健康教育的理论研究、实践研究，探索心理健康教育的模式和方法，为心理健康教育的发展提供理论支持。各地要依靠专家力量深入开展工作，还要立足于实践，关注心理健康教育各个层面出现的问题，积极寻找解决的途径和方法。通过开展心理健康教育的试验研究，着重解决点上的问题，从点上总结经验，再以点带面，逐步形成一种星罗棋布的局面。

第五，应当将心理健康教育真正推向全面普及。各地应制订或完善实施心理健康教育的规划，明确到 2012 年达到什么目标，到 2015 年达到什么程度，到 2020 年全面普及需要提前采取哪些措施。学校应把心理健康教育作为教育教学工作和学生健康成长的有机组成部分，摆上重要位置，予以合理安排。教师要面向全体学生，根据学生年龄特征和个性差异，确定科学的教育内容和方法，培养学生良好心理品质和健全人格。有条件的地方，要加强学校心理辅导室的建设和规范使用，为有需要的学生提供心理疏导和服务。要关注特殊群体学生的情绪变化，创造性地做好进城务工人员子女、农村留守儿童、困难家庭孩子的心理辅导。耐心做好青春期教育。探索建立校园突发性应激和危机事件情景下的心理应对机制，及时干预突发性自然灾害对学生心理的影响。

积极心理学对心理健康教育的作用及影响*

基础教育现在处于重要的发展和改革时期，由以前非常强调普及到现在更加强调提高转变；由以前非常注重扩大规模，到现在更加强调内涵发展。坚持德育为先，能力为重，德智体美全面发展是教育改革发展的战略主题，进入人力资源强国的行列是教育改革的战略目标。

《国家中长期教育改革和发展规划纲要（2010—2020 年）》特别强调把教育放在优先发展的战略地位，重申了百年大计教育为本，提出了强国必先强教的思想。在教育工作方针中指出，把育人为本作为教育工作的根本要求就是要培养人，核心是解决好培养什么人、怎样培养人的重大问题，重点是面向全体学生、促进学生全面发展，着力提高学生服务国家人民的社会责任感、勇于探索的创新精神和善于解决问题的实践能力。要以学生为主体，以教师为主导，充分发挥学生的主动性，把促进学生成长成才作为学校一切工作的出发点和落脚点。

积极心理学将心理学的研究关注点放在心理健康和良好的心理状态方面，它是一门旨在促进个人、群体和整个社会发展完善和自我实现的学问，是关于引导人们懂得如何实现自我、如何幸福生活、如何使社会和谐发展的科学，其目标是促使人们建立生命中的美好品质，增进幸福感①，以造就出适应社会发展需要且具有幸福感的优秀人才。积极心理学的目标与我国教育改革的目标不谋而合。推进教育改革和发展，实现素质教育的目标，应该引入积极心理学和积极教育的理念，运用积极心理学和积极教育的原理和方法，加强对青少年学生积极心态、积极品质和积极社会适应能力的培养。

---

* 本文原载《中小学心理健康教育》2010 年第 15 期。

① Martin E. P. Seligman，Csikszntmihalyi M. Positive Psychology：An Introduction [J]. American Psychologist，2000，55 (1)：514.

一、积极心理学应运而生

（一）应对矛盾挑战的需要

从现在到2020年，是我国教育发展的关键期。国内经济结构调整步伐的加快、国际人才竞争的加剧以及人全面发展的需要，都对教育提出了更高要求。尤其是近年来，社会竞争日趋激烈。竞争从根本上说是人才竞争。在科技迅猛发展和知识经济时代，我们要充分重视对未来人才的培养。未来人才正是现在就读于中小学的学生们，他们肩负着祖国的重托，民族的希望。这些孩子衣食无忧，理应快乐幸福，但是在经济全球化、价值多元化、社会思潮多样化、网络信息复杂化背景下，部分学生却出现了心理失衡现象。在一些学校，学生小小年纪就感到郁闷、孤独、无助；生活富裕了，心灵却枯竭了；物欲满足了，精神却空虚了；课本背得多了，兴趣却消失了。我们不禁要问：学生的幸福哪里去了？难道知识装进了书包，幸福抛到了身后？难道分数越来越高，快乐却越来越少？教育理应既教授学生科学知识，又形成学生快乐心境，既帮助学生学业进步，又指引学生人生成长。

哈佛大学泰勒·本-沙哈尔（Tal Ben－Shahar）教授的积极心理学课程受学生欢迎率排名第一，泰勒·本-沙哈尔被誉为哈佛“最受欢迎的人生导师”。他指出，在美国抑郁症的患病率比20世纪60年代高出了10倍，而抑郁症的平均发病年龄从60年代的29.5岁提前到今天的14.5岁。① 积极心理学家们发现，积极教育中的“幸福计划”可以有效减轻青少年绝望感觉，提高乐观情绪；可以有效减少和预防焦虑；可以减轻行为问题，如攻击性行为问题、青少年犯罪等，而且它对不同种族背景的孩子都起作用。由此看来，对积极心理学的需求从未像今天这样迫切。

① 肖一．心理学教育：让学生触摸幸福——访美国哈佛大学积极心理学讲授者泰勒·本-沙哈尔博士［N］．光明日报，2007-08-22.

（二）构建和谐社会的呼唤

实现社会和谐，始终是人类孜孜以求的一个社会理想。我们所要建设的社会主义和谐社会，应该是民主法治、公平正义、诚信友爱、充满活力、安定有序、人与自然和谐相处的社会。这些基本特征相互联系、相互作用，需要在全面建设小康社会的进程中全面把握和体现。①

民主法治，强调的是社会主义民主得到充分发扬，依法治国基本方略得到切实落实，各方面积极因素得到广泛调动。民主化和法治化程度越高的国家，也是人民平均幸福指数越高的国家。② 在学校则体现为，发扬课堂民主，提倡教学相长，学校依法办学，校长依法管理。

公平正义，强调的是社会各方面的利益关系得到妥善协调，人民内部矛盾和其他社会矛盾得到正确处理，社会公平正义得到切实维护和实现。公平正义能够使人避免偏见影响，保持人与人的平等关系。公平正义的人，在组织和社会中有很强的凝聚力和影响力。

诚信友爱，强调的是全社会互帮互助、诚实守信，全体人民平等友爱、融洽相处。诚信被普遍地赞赏，拥有它的人诚实、正直、真实、现实；友爱则涵盖了友善和爱，友善不仅利人，而且利己。友善的人有同情心，经常帮助别人并且从中得到快乐；拥有爱的人会珍惜与别人正当的亲密关系，更加能感觉到幸福，更能体验到人生意义，更能够发展和谐关系。友爱能促进人的正面感受、生活意义、和谐关系及人生成就。

充满活力，强调的是能够使一切有利于社会进步的创造愿望得到尊重，创造活动得到支持，创造才能得到发挥，创造成果得到肯定。充满活力的人对国家未来、社会发展持积极态度。充满活力的人在对未来的情绪中，更多的是乐观、希望、信念、信任和信心等积极情感，他们会将快乐和积极情感扩展到最大并把痛

① 深刻认识构建社会主义和谐社会的重大意义扎扎实实做好工作大力促进社会和谐团结[N]. 人民日报，2005-02-20.

② Inglehart Ronald，R. Foa，C. Peterson and C. Welzel. Development，Freedom and Risng Happiness：A Global Perspective（1981－2007）[J]. Perspectives on Psychological Science，2008，3（4）：264-285.

苦和消极情绪缩减到最小，在生活中能够更多地参与和融入，拥有更充实的人生，尤其重要的是，将会对社会更加积极地奉献。

安定有序，强调的是社会组织机制健全，社会管理完善，社会秩序良好，人民群众安居乐业，社会保持安定团结。“安定有序”是和谐社会构建的基本保障。和谐社会是一个过程，“和谐”没有上限，却有下限。如果社会的不和谐突破了这个下限，社会的安定就难以保障。

人与自然和谐相处，强调的是生产发展，生活富裕，生态良好。人与自然和谐相处意味着人类形成尊重自然、遵循规律、爱护环境的意识，启迪人们要节约节制，要求人们恰当控制需求，适度克制动机，能在最少地伤害自己、他人和社会的同时去满足合理需求。

和谐社会的目标指向是要实现人与人、人与社会、人与自然之间及人自身的全面和谐。这就要求我们必须正确处理好三个关系。一是人与人的依赖关系。要实现人与人之间的互惠互利，进而实现人与人之间关系的和谐，这是构建和谐社会的基础。二是人与社会的依存关系。要实现社会发展和个人发展的良性互动，这是构建社会主义和谐社会的必然要求。三是人与环境的友好关系。要求人在向自然索取的过程中，尽力增强其再生能力，保持原有生态环境。① 总目标是“实现全面建设惠及十几亿人口的更高水平的小康社会的目标，努力形成全体人民各尽其能、各得其所而又和谐相处的局面”。

构建和谐社会的核心问题是要调节好人与人之间的利益关系，公平地分配社会利益，使每个人都各得其所，各得其利，而人与人之间和谐的灵魂离不开积极的情绪、积极的品质、积极的人格、积极的自我、积极的关系、积极的改变。② 当社会处于稳定和繁荣时期时，这个社会将会更加关注个人、集体和社会各层面的积极品质和美德，而对积极品质和美德的关注又会进一步促进社会的繁荣富强，两者相互促进。

---

① 徐晨光．和谐意识是构建和谐社会的先导［J］．学习月刊，2006（20）．

② 郝宁．积极心理学——阳光人生指南［M］．北京：北京大学出版社，2009：9-13.

二、积极心理学大有可为

积极心理学将“同时教授学生幸福和传统技能”称为积极教育①。在中小学开展积极教育主要有三方面作用：一是有助于减少青少年抑郁，二是有助于形成学生积极人格，三是有助于促进传统教育。

（一）有助于减少青少年抑郁

美国学者研究表明，较 1989 年，2005 年美国青少年患抑郁症人数增加约 7%；② 较 1992 年，2005 年美国青少年患焦虑症人数增加约 8%。③ 在这种情形下，学生需要学习寻找快乐的技能，这种技能可以帮助学生提高韧性、产生乐观情绪、愿意积极参与事情。美国积极心理学家认为，这种技能在学生进入社会前就应该被教授，显然，学校应该承担起这种积极教育的责任。美国宾夕法尼亚少年韧性项目（Penn Resilience Program，PRP 项目），是积极心理学家塞里格曼（Seligman）博士与他的研究小组专为小学生和初中生精心设计的小组型干预课程。结果表明，该项目减少和预防了青少年抑郁症状，降低了青少年无助感④，预防了青少年抑郁和焦虑的临床症状⑤。

---

① Seligman, M. E. P., Ernst, R. M., Gillham, J., Reivich, K., & Linkins, M. Positive Education: Positive Psychology and Classroom Interventions [J]. Oxford Review of Education, 2009, 35 (3).

② 辛自强，池丽萍. 社会变迁中的青少年 [M]. 北京：北京师范大学出版社，2008：12.

③ 辛自强. 青少年心理健康水平下滑及其应对 [J]. 中小学心理健康教育，2009 (2)：4-7.

④ Brunwassera, S. M. Gillham, J. E. & Eric S. K. A Meta-Analytic Review of the Penn Resiliency Program's Effecton on Depressive Symptoms [J]. Journal of Consulting and Clinical Psychology, 2009, 77 (6): 1042-1054.

⑤ 焦虑分为广泛性焦虑和突发性恐慌，常伴有头晕、胸闷、心悸、呼吸困难、口干、尿频、尿急、出汗、震颤和运动障碍。它不是由实际的威胁造成的，主要是紧张和恐慌。抑郁是一种常见的精神疾病，主要表现为兴趣减退、悲观、思维迟钝、缺乏主动性、自责、吃不好、睡不着、害怕患有不可能患有的疾病、全身不舒服，严重者可能有不想继续在人世间生存下去的念头和行为。

积极心理学强调培养学生的主动性和创造性，通过挖掘处于困境中的人自身的力量能够有效预防心理问题的产生。当学生出现抑郁等症状时，我们要用发展的眼光看待学生，相信学生可以通过自身积极潜能解决问题。

（二）有助于形成学生积极人格

小学和中学阶段是学生发展的黄金时代，是人格形成的重要时期。在这个时期，学生从生理成熟过渡到心理成熟，智力水平不断提高，情感体验不断丰富，知识经验不断完善。这一时期是积极人格形成的关键期。

培养学生积极人格特质的过程是激发和强化学生各种现实能力和潜在能力，并逐渐转变成为习惯性行为方式的过程。例如，教师对学生抱有较高的合理期望，能有效激发学生好奇心和进取心，促使学生形成使自己潜在智慧得到最大发展的心理倾向，对学生具有激励、鞭策作用。

在美国，大多数家长和教育者认为，引导和教授学生幸福和培养学生性格发展是学校教育的重要任务。美国大多数州强制或鼓励开展性格教育。① 美国积极心理学必修课是第一个以实验为根据的美国青少年积极心理课程研究，其主要目的是帮助学生认识自己标志性积极品质（如友善、勇敢、智慧、毅力、积极的人际关系和情感）②，促使学生把这些积极品质应用于日常生活中。英国也出台了鼓励道德与性格发展的教育政策。③ 我国教育近年来也非常注重学生积极品质的培养。

（三）有助于改进教育教学

积极教育能促进学生的学习。积极情绪能产生更广泛的注意④、更多的创造

---

① Cohen J. Social, Emotional, Ethical, and Academic Education: Creating a Climate for Learning, Participation in Democracy, and Well-Being [J]. Harvard Educational Review, 2006, 76 (2): 201-237.

② 陈虹，张婷婷．美国积极心理学倡导的“优秀品质和美德”[J]. 中小学心理健康教育，2009 (3): 18-21.

③ Arthur, J. & James, P. The Rre-emergence of Character Education in British Education Policy [J]. British Journal of Educational Studies, 2005, 53 (3): 239-254.

④ Fredrickson, B. L., & Branigan, C. Positive Emotions Broaden the Scope of Attention and Thought-action Repertoires [J]. Cognition and Emotion, 2005 (19): 313-332.

性思维①；而消极情绪产生更狭窄的注意②和更具批评性的思维。虽然两种思维方式都很重要，但目前更需要的是创造性思维。美国 PRP 项目通过引导学生的认知行为，增强学生更加客观、灵活地处理日常压力和常见问题的能力，提高学生抵抗抑郁与焦虑的韧性，教授学生应对困难与应付消极情感的技巧与策略，包括提高自信、协商、做决定、解决问题和放松，激发学生乐观精神，用以帮助学生获得更优秀的学习成绩。

积极教育是对传统教育的反思。积极教育强调教育并不只是对学生纠正错误、指出问题、克服缺点，不是过多约束、控制、批评和说教学生，而是要发掘学生的各种积极品质，让学生主动性、思考力、热情、勇气、坚强等得到充分发挥，培养学生对自己的想法、玩法、做法负责任，并在实践中扩展和培育这些积极品质。积极教育的内容和目标就是要关心学生的优秀品质和美好心灵，关注学生积极的认知加工、积极的情绪体验和积极的社会行为，培养积极健康的人。因此，学校教育既要关注学生的负面情绪，更要激励学生的积极情绪、积极人格品质，并力争建立积极的社会支持系统。既要发现心理问题，更要以积极的心态、积极的方法面对问题，解决问题，形成以正面教育为主的策略与模式。

三、积极心理学前景广阔

近年来，我国中小学心理健康教育已取得长足进步，但仍需不断发展完善。积极心理学在教育中的应用，旨在培养学生的积极品质和美德，培养身心和谐的人。它所追求的不仅是个人的幸福，而且是广泛的人类幸福，是更广泛意义上的社会发展的一部分；它符合育人规律，有助于推进我国素质教育和创新人才培养。积极心理学和积极教育为我国心理健康教育提供了新视角和新思路，使得心

① Estrada，C. A.，Isen，A. M. & Young，M. J. Positive Affect Improves Creative Problem Solving and Influences Reported Source of Practice Satisfaction in Physicians [J]. Motivation and Emotion，1994 (18)：285-299.

② Bolte，A.，Goschke，T.，& Kuhl，J. Emotion and Intuition：Effcts of Positive and Negative Mood on Implicit Judgments of Semantic Coherence [J]. Psychological Science，2003 (14)：416-421.

理健康教育的对象不局限于对少数有心理问题的学生，而是扩大到全体学生；不只关注学生出现的问题，而且关注学生的潜能发展，有助于引导学生快乐学习，幸福生活。

推动心理健康教育科学发展，可以从以下五个方面思考及实践。第一是协调发展，就是德育、心理健康教育、学科教育协调发展，坚持育人为本，德育为先，同时开发学生智力，培养学生能力。第二是内涵发展，就是要提高心理健康教育质量，借鉴积极心理学的原理和方法，更加注重培养学生的美德，培养学生的积极心理品质。第三是规范发展，就是加强学校管理，规范办学行为，尊重科学规律，结合学生实际，把心理健康教育纳入学校工作计划中。第四是专业发展，就是要重视教师队伍建设，促进建成素质高、心态好、业务精的专业化心理健康教育教师队伍。第五是生态发展，构建人与自然和谐的和谐社会，我们要开展环境教育，营造绿色校园，促进生生、师生、师师、家校、亲子的积极生态环境，让学生在快乐中成长发展，教师在愉悦中教书育人，全面促进校园环境可持续发展。

我国经济体制深刻变革，利益格局深刻调整，社会结构深刻变动，使教育不仅处在重要战略机遇期，同时也处在矛盾多发期，中小学生的成长环境发生了重大变化。我们要正视当前中小学生成长中遇到的突出问题，分析中小学生成长过程中出现的难点、热点问题。在关心全体学生身心健康成长的同时，要对进城务工人员随迁子女、单亲家庭子女、贫困家庭子女、问题家庭子女等群体加强针对性研究。要充分认识加强和改进学生心理健康教育工作的重要性和紧迫性，开发学生潜能，促进学生积极品质发展，促进学生健全人格形成，全面提高学生心理素质。

中小学要加强国内、国际交流与合作，在交流中学习，在学习中创新，在创新中发展。

我期望，学生快乐学习每一天，健康工作五十年，幸福生活一辈子。

科学实施中小学心理健康教育*

本次中小学心理健康教育工作研讨会圆满完成各项既定议程，开得很成功。主要表现在以下几个方面。一是代表广泛。这次会议由教育部中小学心理健康教育专家指导委员会和教育部基础教育一司共同主办，广东省教育厅、华南师范大学承办，佛山市南海区人民政府协办。德高望重的林崇德先生亲自出席并对如何开好这次会议提出了六点要求。会议代表来自全国各省、自治区、直辖市，有教育行政部门的同志，教研部门的同志，也有大中小学校的同志。有心理学专家学者，也有一线教师。这是一次促进中小学心理健康教育发展的全国性工作研讨会。二是内容翔实。会上，13 个来自全国各地教育部门的单位代表介绍了他们在心理健康教育工作中的做法和经验，体现了各地以人为本的理念、科学求是的作风、积极进取的态度、锐意创新的实践、因地制宜的策略。例如，广东省建立的预防、预警、心理危机干预的“三预”工作机制给人以深刻的印象。广东省抓得早，抓得实，在全省学校全面普及心理健康教育，有编制、有师资、有培训、有经费、有读本、有评定，有成效。对此，广东省教育厅做了很好的介绍，并将安排同志们明天上午实地考察佛山市南海区的学校。南海区把心理健康教育作为学校的一把手工程进行了有益的探索。浙江省 74.5%的学校成立了心理健康教育机构，早期发现，早期干预，培养学生阳光心境。河南省将心理健康与实施素质教育、新课程改革相结合，实施伦理、生理、心理“三理教育”，整体规划，开局良好。三是交流充分。本次会议大家发言踊跃，小组讨论热烈，会下切磋深入；大家相见恨晚，产生了共鸣，结下了友谊；大家畅所欲言，交流了思想，碰撞了智慧。同志们反映，这样的会有用有效，收获颇丰，不虚此行。

在此，我仅就当前进一步推动中小学心理健康教育工作谈几点原则意见，这

---

* 本文系笔者 2009 年 7 月 8 日在全国中小学心理健康教育工作研讨会上的讲话。原载《小学德育》2009 年第 17 期。

些意见也正是大家发言或讨论过程中达成的共识，是本次会议的成果。

一、提高认识，增强心理健康教育的使命感

加强心理健康教育是贯彻科学发展观的生动体现。科学发展观的第一要义是发展，核心是以人为本。开展心理健康教育，尊重人，关心人，理解人，把学生利益作为工作的出发点和落脚点，缓解他们的压力，解除他们的焦虑，不断满足学生多方面的正当需求，促进学生德智体美劳全面发展，就是教育部门和广大中小学校贯彻落实科学发展观的生动体现。

开展心理健康教育是构建社会主义和谐社会的有效途径。社会主义和谐社会提倡民主法治、公平正义、诚信友爱、充满活力、安定有序，人与自然和谐相处。这些都离不开个人乐观向上的积极心理品质，离不开人与人关心友善的健康人格，离不开人与社会利益关系的协调融洽。假如一些人心理不健康，对别人反感，对社会仇视，那么他们就难以正确认识自我、认识他人，就很难付出恰当的言行。这对于处在快速成长发育期的青少年学生而言，尤为如此。所以，学校多一分心理健康教育，社会就多一分和谐稳定进步。

加强心理健康教育是实施素质教育的必然要求。良好的心理素质是学生身心全面发展的重要内容，是学生的认知、情感和意志品质的整体综合反映。如何提高全体学生的心理素质，培养学生积极、乐观、向上的心理品质，促进学生人格的健全发展，已成为素质教育的一个重要课题。实施素质教育，努力培养德智体美劳全面发展的社会主义建设者和接班人是贯彻党和国家教育方针的应有之义，是素质教育的根本任务。面向现代化，面向世界，面向未来，我国的基础教育处在一个新的历史起点上，必须告别“粗放式经营”，告别“大机器生产”，告别“填鸭式教学”，告别“见物不见人”。在新的时期，更加需要注重内涵，推进实施素质教育；更加需要因材施教，关注每一位学生的精神世界。学生不仅是学习知识的认知体，更是有血有肉的生命体。

加强心理健康教育是解决有关问题的现实选择。我国正处于重要的战略机遇期，同时也是矛盾多发期。社会结构变动，生活节奏加快，贫富差别凸显，给教育工作带来了前所未有的冲击。社会思潮激荡，理想信念复杂，价值观念多元，

网络信息量大，既给青少年带来五彩斑斓的世界，也让他们遭遇诸多新情况、新问题，容易产生心理困惑或成长中的烦恼。独生子女时代，家长的过度溺爱或抱有过高期望，使孩子坚强的意志得不到有效培养，学习中压力反而增加。在一些学校，习惯采取题海战术，反复考试训练，驱使学生拼时间、拼精力、拼健康。在个别地方甚至出现这样的现象：生活富裕了，心灵枯竭了；物欲满足了，精神空虚了；课本背得多了，兴趣却变得淡了。2009 年 4 月，教育部在山东省召开加强中小学管理，规范办学行为经验交流现场会，并出台了相应的文件。文件规定不得利用节假日和双休日组织学生集体补课或上新课，不得按学生考试成绩给学校、教师、学生排名，切实减轻学生的学习负担和心理压力。现在，是时候把时间还给学生，把空间还给学生，把幸福还给学生了。这是一项神圣的使命。一个不重视学生心理发展规律的校长是不合格的校长，一个不了解学生心理基本状况的教师是不称职的教师。

二、摸清现状，体现心理健康教育的针对性

目前，我国的心理健康教育已经有了较好的基础，主要体现在以下六个方面。

一是国家大力倡导。1999 年教育部颁布了《关于加强中小学心理健康教育的若干意见》，2002 年出台了《中小学心理健康教育指导纲要》。这些文件明确了中小学心理健康教育的原则、教育内容、实施途径。2004 年颁布的中共中央、国务院《关于进一步加强和改进未成年人思想道德建设的若干意见》更明确提出要加强心理健康教育，培养学生良好的心理品质；2007 年党的十七大报告，浓墨重彩，号召我们要加强和改进思想政治工作，注重人文关怀和心理疏导，用正确方式处理人际关系。

二是人员逐渐具备。我们不仅在大专院校有一批理论学者，在基层也有一批长期努力工作并致力于探索和研究的实践专家，还有广大的班主任和学校心理教师队伍。有些省的教师持有 C 证，B 证，乃至 A 证。教育部最近制定的《中小学班主任工作规定》要求班主任教师必须自身心理健康，还要重视加强学生的心理健康教育。真正做到主管领导是心理健康教育的指挥官，专家教授是心理健康

教育的参谋长，心理教师是心理健康教育的排头兵，班主任是心理健康教育的生力军。

三是各地成功实践。目前很多地方的做法富有启发，可资借鉴。陕西省将心理健康教育师资纳入教师培训体系，通过省级培训，造就了600位教师骨干。上海市虹口区教育局领导重视，亲自部署，试点引领，家校合作，富有特色。吉林省长春市以心理剧为载体，情景交融，静动结合，长期坚持，春风化雨，滋润心田。南京，南京，不再只是悲情之地，而是胜利之城。“陶老师工作站”蜚声大江南北，“宁教授工作室”也已形成品牌。江苏省南京市的心理健康教育正在形成目标系统、推进系统、评价系统，将如同复建的郑和宝船般破浪远航。福建省厦门市强化政府行为，精心组织，呈现三个走向，结下喜人成果。河北省石家庄市委、市政府牵头抓心理健康教育，加大投入，使这项工作不差钱；设立心理健康三级维护站点，使这个努力有场地；选拔合适人选，定期培训，名师引导，使这项事业有人做。因此心理健康教育在石家庄蔚然成风。此外，湖南、重庆、江苏、安徽、福建、云南、内蒙古等地的心理健康教育工作也都有各自的探索，取得了各自的经验，这是进一步做好心理健康教育的有益参考。

四是国外做法启示。现在很多国家都非常重视心理健康教育。美国“9·11事件”给美国民众带来了难以愈合的心理创伤，当时美国联邦和地方政府立即启动紧急预案，划拨专款用以矫正灾难对生者造成的恐慌、焦虑和臆想。纽约市教育局派出学校心理专家，逐校与学生、家长谈心，进行心理辅导，排解人们心中的恐惧和不安。目前，美国有专家提出，在金融危机的时代，除了化解经济领域的危机之外，还要关注人们内心深处的危机。

五是抗震救灾昭示。2008年我国汶川等地发生了新中国成立以来破坏性最强、波及范围最广、救灾难度最大的地震灾害。在党中央、国务院的坚强领导下，各级教育行政部门共同努力，全国人民大力支援，教育系统的恢复重建工作取得了巨大的胜利。在这个过程之中，心理的重建是一个非常重要的方面。救灾期间，我本人带领四川灾区的千名中小学生到俄罗斯疗养，在俄期间吃、住条件都一般，但却给了这些孩子莫大的心理抚慰。在地震之后，大家进一步认识到了心理健康教育的重要作用。

六是研究成果丰硕。目前不少大学开展了一些心理健康方面的调查，也做了很多深入的研究。《心理学报》《心理科学》《中小学心理健康教育》等杂志发表了很多好文章。不少中小学也进行了颇具特色的研究，如北京地大附中通过沙盘开展的心理辅导的研究等。

以上这些，为进一步做好心理健康教育奠定了良好的基础。当然，各地的工作基础不同，大家要发挥优势，抢抓机遇，乘势而上。

就目前而言，我国中小学心理健康教育存在的困难和问题也不少。我曾总结为无人做、不愿做、不会做、不真做。

所谓无人做，就是数量足够质量合格的心理健康教育师资队伍还未真正形成。而今，心理健康教育教师专业水平参差不齐，很多地方心理健康教育工作大部分由团队干部、政治教师、生物教师或班主任兼任，总体上还不能很好地适应心理健康教育这项科学性、专业性很强的工作。对于大家关心的编制问题，教育部基础教育一司会积极争取。同时，希望你们不等不靠，从我做起，从现在做起，借鉴这次会上一些地方好的经验，创造性地开展工作。

所谓不愿做，就是心理教师积极性还不够高。在多数省份，还没有相应的专业技术职称和评聘标准。学校在聘用专兼职教师时无章可循，心理教师很难成为学校的骨干教师。有的心理教师甚至有“当一天和尚撞一天钟”的思想。

所谓不会做，就是开展心理健康教育的能力还有待提高。心理健康教育强调体验、参与和发展，不能依靠传统的课堂教学模式，需要在对学生进行基本的心理健康教育知识普及的基础上，针对学生学习生活中出现的具体问题、新问题进行分析，采用多种形式对学生进行教育疏导。但目前，很多地方或学校的心理健康教育形式还比较单一，缺乏系统性和科学性，有的还存在学理化、医学化的倾向。

所谓不真做，就是一些地方没有真抓实干，心理健康教育总体仍显薄弱。说起来重要，做起来次要，忙起来就不要。不能按照学生的成长规律和认知特点开展教育教学活动，过多的课业负担使学生的心理承受很大的压力，学校和教师忙于应付考试和教学，无暇顾及学生身心的健康成长。家庭、学校、社会之间缺乏有效的配合、衔接机制，学校、家庭、社会相互配合开展心理健康教育的机制还有待完善。

目前，教育部基础教育一司正组织有关专家开展“中国儿童青少年心理发育特征调查”“中小学心理健康教育工作发展状况调查”，旨在摸清中小学生的生理和心理发育的基础数据、基本状况，以及学校心理健康教育工作的基本情况。各地也要结合本地实际情况，定期开展中小学生心理健康状况和学校心理健康教育工作情况的调查研究，为制定区域性政策和更好推动心理健康教育提供依据。

三、加强研究，把握心理健康教育的规律性

学生心理发展有规律，心理健康教育要科学。

各地要及时了解和掌握中小学生心理健康的总体状况和发展趋势。对于当前中小学生心理健康的总体状况和发展趋势，特别是热点和难点问题，要注重通过调研进行及时、全面的了解，研究分析中小学生教育和成长问题中的心理方面的因素，为进一步推动中小学心理健康教育和整体德育工作提供依据。

针对当前中小学德育和心理健康教育方面的热点、难点问题，教育部基础教育一司与全国教育科学规划领导小组办公室启动了科研课题，同时还委托有关科研机构和学校开展相关课题研究。我们还将充分发挥教育部中小学心理健康教育专家指导委员会的作用。希望各位专家加强心理健康教育的理论研究、实践研究，探索心理健康教育的模式和方法，为心理健康教育的发展提供理论支持和咨询指导。

各地也要依靠专家力量深入开展工作。要立足于实践，关注心理健康教育各个层面出现的问题，积极寻找解决的途径和方法，特别要关注心理健康教育实验研究，着重解决点上的问题，从点上总结经验，再以点带面，逐步形成一种星罗棋布的局面。各地教育行政部门要与高校、科研机构的心理健康教育专家积极沟通、密切合作，聘请他们担任心理健康教育工作的顾问，充分调动和发挥他们在中小学心理健康教育科学化发展中的重要作用。

四、重在落实，突出心理健康教育的实践性

心动不如行动，行动胜于言辞。我们要认真抓好心理健康教育的机制建设工作。心理健康工作的开展需要健全的机制作为保障。为此，学校要建立起在校长

领导下，以班主任和专兼职心理健康教师为骨干，全体教师共同参与的心理健康教育工作体制，并逐步探索、确立行之有效的运行方式，使各校在确保心理健康教育课时落实的同时保障教育质量。

要把面向全体和关注个体差异结合起来，根据不同年龄、学段、群体学生的身心发展特点和成长规律，采取学生喜闻乐见的形式，有针对性地开展心理健康教育，注重培养学生良好的心理品质和尊重自己、珍爱生命、自律自强的优良品格，增强排解烦恼、克服困难、承受挫折的能力，保持积极健康向上的心理状态。要将心理健康教育工作贯穿于学校的各类教育教学活动，在日常生活中及时帮助学生解决各种心理困惑和问题，在潜移默化中培养学生的健康人格。

要把心理健康教育工作纳入到对学校的督导评估体系中，并增加其权重。要定期组织督导检查，认真了解各校心理健康教育工作的开展情况和好的做法，积极听取各校对心理健康教育工作的意见，调动各校开展心理健康教育的积极性。

要高度重视心理健康教育教师的队伍建设，加强对在岗心理健康教育教师的专业知识培训，在内容上要注重科学性和实效性，避免形式化。同时要积极吸收具有专业背景的高校毕业生加入心理健康教育教师行列，不断提高心理健康教师队伍的专业素质。要关注教师尤其是心理健康教师的工作、学习和生活，倾听他们对工作的建议，减轻他们的工作压力，使他们健康充满活力地面对学生，通过自身的人格魅力和为人师表促进学生健康快乐成长。

希望各地在推进心理健康教育的过程中，一定要实事求是，因地制宜。我国立体化的国情决定了各地不能用一把尺子推动工作，必须根据实际情况创造性地开展，尽力而为，量力而行。

最后，祝各地在心理健康教育方面取得新成绩，创造新经验，迈上新台阶。

第六编

学校品质提升

启动学校品质提升*

《教育部 2015 年工作要点》提出，要“推动学校特色发展，提升学校品质”。① 这是国家教育行政部门首次正式提出这一重要时代命题。提出这一命题不是偶然的。特色是事物所表现的独特的色彩、风格。学校特色创建是提升学校品质的重要基础，在办学特色的基础上进一步深入挖掘、总结提炼，形成学校的特色文化，进而提升学校品质。

一、学校品质提升的基本含义

品质是质量、信誉、文化的综合体，外在是品牌，内在是内涵。学校品质是一个综合的概念，包含诸多要素，涉及多个主体。构建和提升学校品质，先进的思想和正确的理念是先导，优秀的校长和敬业的教师是主体，达标的硬件和规范的管理是基础，系统的课程和丰富的活动是载体，优雅的文化和独特的品牌是表现，优秀的学生和社会的认可是目标。学校品质是质量、内涵、文化、特色、信誉的集合体。

学校品质提升是一个有计划、有组织的过程，具有持续性。学校品质提升不仅表现为一种结果，还表现为一个动态的不断追求卓越的过程，一种机制。学校品质提升不仅是一个理想的目标，更是一项有计划、有组织的活动，需要提前设计品质提升的方案，确定具体行动计划，按计划来推进，同时根据内外部环境的变化不断地进行调整，做好总结，使之常规化、行为内化、成果固化。学校要建成民主管理、依法管理的实验基地；建成公平正义、诚信友爱的人间净土；建成

* 本文原载《人民教育》2015 年第 12 期。

① 2018 年中共中央、国务院《关于全面深化新时代我国教师队伍建设改革的意见》指出，中小学校长要全面提高办学治校能力，打造高品质学校。——本书新注。

充满活力、安定有序的成长乐园；建成培养与自身、与社会、与自然和谐相处的一代新人的生命摇篮。

学校品质提升是学校发展的整体性改进，具有复杂性。学校品质不是由某一个因素单方形成的，创建和提升的过程涉及学校管理、教学、课程等多方面，是一个复杂的系统，因此在某一点上的变革，需要把影响该问题的内外部因素综合考虑进来，整合学校品质提升的途径，使其形成一个有机整体，发挥最佳效果。学校品质提升的过程中，可能会出现这样或那样的问题，需要注重借鉴各地有益经验，同时避免简单照搬，实现优质教育资源利用效益最大化、最优化。学校品质提升，从时间上看，涉及过去、现在、未来；从空间上看，可分宏观、中观、微观；从对象上看，涵盖硬件、软件、外观；从形态上看，包含思想、行为、制度；从主体上看，依赖校长、教师、学生；从校情上看，当区分百年老校与新建学校、公立学校与私立学校。

学校品质提升是教育理想与追求下的具体行动，具有操作性。学校品质提升是在教育理想与追求下的具体行动，有了正确的教育观念引导，有了对学校理想目标的正确理解，学校品质提升的各项举措才会有正确的追求。学校品质提升的价值取向主要不是看创造了多少深刻的理论，而是要看有多少已切实转化为促进学校发展的具体行动，落实到教师的教、学生的学上，落实到教师的工作、学习、生活方式上，落实到学校的发展模式上，如此，方能真正推动学校品质的提升。

二、学校品质提升的时代背景

学校发展是一个动态的、不断深入的过程。在教育尚未普及的阶段，增加学位、实现有学可上是学校发展的首要任务。教育普及实现以后，标准化建设成为学校发展的迫切任务。学校建设标准化达到一定程度后，特色创建、文化建设、内涵发展应成为学校的追求目标。面向2020年乃至更远的未来，必须促进发展方式转变，将学校品质提升作为学校发展新的努力方向。

学校品质提升是基础教育改革发展的时代呼唤。近年来，在党中央、国务院的坚强领导下，在各级党委政府、教育部门和广大校长教师的共同努力下，我国义务教育均衡发展有力推进，学前教育快速发展，高中教育走向普及，“有学上”的问题得到有效解决，学校的硬件条件发生根本性改善。在基础教育改革发展新的历史起点上，提出学校品质提升，强调学校特色发展、内涵建设，正当其时。开展学校品质提升，也是迎接国际教育新挑战的需要。

学校品质提升是教育治理体系改革的现实需要。加快推进治理体系改革是深化教育领域综合改革的重要内容和目标。教育治理体系改革要落到实处，必须激发学校活力。我国地域辽阔，各地情况千差万别，相去甚远，完全用一把尺子推动工作往往事与愿违，有时甚至南辕北辙、让人啼笑皆非。教育改革面对着复杂的形势，各地的情况不同，人民群众期待不同，家长的诉求不同，学生群体也不同，要允许并鼓励地方先行先试，大胆探索，在完成基本任务的基础上根据本地本校实际有所创造，有所突破，有所引领。要实现教育治理体系和治理能力的现代化，提升学校品质是亟待有所突破的紧要任务。

学校品质提升是迈向教育现代化的重要步骤。党中央提出“两个一百年”的奋斗目标，特别是到新中国成立100周年时要建成富强、民主、文明、和谐、美丽的社会主义现代化国家。教育现代化是一个国家现代化的基础和先导。《国家中长期教育改革和发展规划纲要（2010—2020年）》明确提出到2020年要基本实现教育现代化。教育现代化的关键是人的现代化，学校品质的提升应该成为教育现代化的一个重要方面，也是迈向教育现代化的一个重要步骤。在这个时候提出学校品质提升的目标，恰如其分，让战线和学校知道未来若干年往哪个方向去努力。

学校品质提升是中小学校多年实践的科学统整。教育智慧来源于基层实践。近年来，各地各校立足本地实际，积极探索教育规律，在学校管理、德育工作、课程改革、课堂教学、教师培训、教研科研、信息化等方面开展了大量工作，形成了多种办学模式，涌现了各种各样的教育思潮，急需用一个科学的概念加以统整。值得注意的是，已经有很多地方和学校自发提出了建设学校特色品质、提升办学品质。在教育部指导下，有的地方提出中小学校品质提升工程，有的地方启动基于品质提升的学校改进计划，有的地方开展了中小学特色品质建设的实践研究等。提升学校品质已有一定的工作基础，用学校品质提升统整基层相关实践，有利于形成推动基础教育工作的合力，形成教育工作的特色。

学校品质提升是解决热点难点问题的有效措施。就全国来看，随着义务教育均衡发展的不断深入，择校、课业负担过重等问题在一定程度上已得到解决。但是，在一些地方，中小学无序择校现象依然存在，中小学生的课业负担依旧较为沉重。在一定区域内，开展学校联盟、集团化办学、试行学区化管理，扩大与共享高品质教育资源，提倡学校品质提升，使每一所学校都以自身的特色、品质赢得社会认可，可以让家长接受身边的好学校，有效解决教育热点难点问题。品质提升，不是建豪华学校，而是让每所学校都获得实实在在发展，获得成功喜悦。当前，要进一步全面落实国家教育方针，减少“花架子工程”、减少迎合各级检查而为之的无效劳动，把减下来的时间和空间还给学生和老师，提高教师教育教学水平，提高学校管理效益，提高学校内在发展动力。

三、学校品质提升的主要途径

学校品质提升重在实现师生高水平差异发展，具体来说，学校要创造丰富、高质量、高品位的校园生活，将学校的各个系统、各种关系和资源置于一种符合规律、和谐共生的平衡状态，为广大师生提供一个基于可持续发展生态意义的校园生活背景。学校作为提供教育的组织机构，教育服务的最终受惠者是学生，学校品质提升要将“一切为了学生的发展”作为起点与归宿，调动学校发展的所有力量，包括学校外部的教育行政力量、专家力量、家长力量，以及内部的管理力量，从管理、教学、课程等多方面为学生提供高质量、多样化的教育教学服务，实现学生全面、个性和可持续发展。

（一）塑造学校发展哲学

就是确立全校上下共同认可的、可以统领全局的、长期发挥作用的价值观。一所学校选择什么、崇尚什么、追求什么，外显为教育的行为和校风，内隐的是学校的价值观念。学校的价值观为学校全体师生指明了共同的向往和愿景，影响着师生员工和学校的日常行为、精神追求与发展方向。全校共同认可的价值观是学校取得成功的必要条件。愿景和价值观是学校品质提升的根基，共同价值观是愿景的灵魂，共同愿景是规范教育行为，引导学校发展的强大推动力。要明确学校的发展哲学，哲学并不是很高深的东西，而是反映普遍规律，也可以叫指导思想、指导原则、发展目标、下一步路径等。当前，有必要探索制定学校章程，让学校的价值观能相对固定，宁静致远。

（二）出台学校发展规划

学校发展规划是在客观全面认识学校当前状态基础上的面向未来的发展计划。好的规划潜在地包含着目标力、整合力、前瞻力、凝聚力、发展力和执行力，也是这些力量的和谐统一。一般说来，学校规划的制订主体是学校教师、领导和学生以及学校所处的社区和学校的上级行政机关，必然是多主体意见的统一。制订学校发展规划，应充分发扬民主，以全校共同认可的价值观为基础，经过全校师生员工广泛深入的讨论甚至争论之后达成最大限度的共识，这个过程弥足珍贵，是一次难得的凝聚人心的过程。学校发展规划的客体是校内外有关的人、财、物、智、信息等可用资源，必须合理配置这些资源。学校发展规划的过程是主体与客体的一体化。学校发展规划始于对内外环境的体察、思考和前瞻，抓手是解决发展中的问题，唤起发展的意识，谋划发展的步骤。有了科学明确的学校发展规划，学校品质提升就有了基础。

（三）落实学校管理标准

2014 年教育部颁布的《义务教育学校管理标准（试行）》提倡“育人为本、全面发展；促进公平、提高质量；安全和谐、充满活力；依法办学、科学治理”的义务教育学校管理理念，提出“平等对待每位学生，促进学生全面发展，引领教师专业发展，提升教育教学质量，营造和谐安全环境，建设现代学校制度”6 个方面，包涵 22 项管理任务。① 开展学校品质提升过程中，义务教育学校要以这一管理标准为基本遵循，高中学校进行参照。梳理本校各项制度，尚未达到标准要求的要抓紧完善，达到要求的要进一步细化，超出标准要求的要抓好落实。要努力建设充满生机的现代学校制度，突出民主管理、依法管理、校长负责、社

① 2017 年教育部对该管理标准进行修订，同时文件名去掉了“试行”二字，当年颁布施行。

会参与，调动方方面面的积极性，按照法治精神依法推动学校改革与发展。要构建学校制度体系，体现学校各级特有的价值观念和行为方式，为全体学校成员提供认同和遵循的精神规范，为学校品质提升打下坚实的制度基础。

（四）发挥校长统领作用

校长是学校各项工作的统领者，也是学校品质提升工作的主要负责人。学校事务千头万绪，校长要保持清醒的头脑，避免陷入事务堆里。校长要朝着教育家方向努力，着力构建强有力的领导系统，发挥团队的作用，改善管理行为。校长要将学生的进步、成长、成就作为学校工作的终极目标，清晰、具体地列出学校的任务和目标，领导大家解决学校发展中面临的教育教学问题。改善学校领导团队的管理行为。学校管理人员要在校长的带领下，明确职责，抓好落实，注重细节。要注重管理团队领导力建设，校长的领导力表现在对学校办学方向、办学方式以及办学策略的正确引导上；中层干部的领导力体现在对校长领导力量的放大和具体工作的执行上，具体表现为计划、协调、筹措、掌控、合作和创新等。

（五）调动教师主体作用

教师是学校各项工作的主要承担者，要有理想信念、道德情操、扎实知识、仁爱之心。我国有 1 069 万名中小学专任教师，是国家公职人员中人数最多的一个群体。教师是学校品质提升最重要的主体，要提升学校品质，必须充分发挥广大教师的作用。学校要建设共同的精神家园，使广大教职工具有归属感，增强学校的凝聚力，发挥教师的积极性和创造性。学校要定期召开教职工代表大会，最大限度地听取教师对学校管理及各项工作的意见建议，讨论教育教学等方面重大事项，使广大教师真正参与到学校治理中来。要把教师有品质的发展作为学校品质提升的重要组成部分，构建教师发展共同体，鼓励教师开展教研、科研，聘请专家加强对青年教师的指导，积极为教师发展创造机会和舞台。

（六）凝练学校特色文化

学校文化是学校全体成员在教育教学和管理实践中逐渐积累和共同创造生成的价值观念、思维模式、行为方式及其活动结果，其以具有特色的学校精神、学校制度和物质形态为表现形式，影响和制约着学校全体成员的思想和行为。学校文化是学校的灵魂，是学校可持续发展的内在驱动力，学校文化建设是学校品质提升的重要途径。要确定学校文化建设的高品位，提出的学校文化建设目标要有较高的站位。要审视校徽、校旗、校歌、校训，用这些标志性的东西形成文化特色、凝练文化共识、激励师生员工。学校重视网络文化建设，构建绿色网络空间，并引导学生具备一定的网络鉴别意识。

（七）构建现代课程体系

课程是学校一切工作的核心，是学校品质提升最重要的载体。学校品质提升必须依托学生每天都要接触的课程才能有效推进。学校要在开足开齐国家课程、地方课程的基础上，根据学生发展需要和学校、社区的资源条件，组织开发富有特色的校本课程，形成学校独有的课程体系。高度重视综合实践活动课程，落实综合实践活动课程要求，组织学生开展研究性学习、社区服务与社会实践以及劳动技术教育，培养学生的创新精神和实践能力，提高学生综合解决实际问题的能力。鼓励教师积极探索教学方法，提高课堂教学效率，努力减轻学生过重课业负担。开展丰富多彩的校园文化活动，使活动课程化，发挥活动的育人功能，实现全方位育人。

（八）促进学生幸福成长

学校要培养有品质的人，创设有品质的成长环境，设立有品质的课标，让学生站在学校的正中央。要促进学生幸福成长就要致力于他们全面而有个性的发展，这是学校品质提升的一个核心目标。学校要全面贯彻党的教育方针，促进学生德智体美劳全面发展，形成核心素养。要使社会主义核心价值观校校上墙入屏，人人牢记于心，时时外化于行。要弘扬中华优秀传统文化，贯彻落实新修订的《中小学生守则》，让学生形成好习惯。要传授给学生基础知识和学科基本结构，避免过度学习，不要让学生学太多东西而失去学习兴趣，要关注学生创造性和动手能力的培养，着力减轻过重的课业负担。要让学生从小养成体育锻炼习惯，在小学阶段形成一些体育爱好，在中学毕业时有一到两项体育特长。不重视艺术教育就谈不上素质教育，就不能实现学校品质提升。要让学生初步具有感受美、鉴赏美、表现美、创造美的意识和能力，让学生能够表现、善于表现、勇于表现，每个中学生应该有一到两项乐器的演奏能力。要让学生动手实践，参加一定的生产劳动，让孩子们出点儿力、流点儿汗，甚至经风雨、见世面，不要把学生培养成温室里的弱苗。此外，还要加强心理健康教育，排解学生成长中的烦恼和心理困惑。在整个教育教学过程中，学校都要因材施教，体现一把钥匙开一把锁。

在致力于学校品质提升的过程中，要处理好以下几个关系。

一是硬件建设与内涵发展的关系。提升学校品质是贯彻落实党的教育方针、全面实施素质教育的有效抓手，对于提高教育质量具有重要作用。硬件建设有标准，内涵发展无止境，品质提升永远在路上。

二是品质提升与日常工作的关系。学校品质应成为新形势下学校发展不懈追求的目标。以品质提升统整学校各项日常工作，明确发展思路，提高工作水平，建强骨干团队，不断推进学校品质提升工作深入发展，提高教育教学质量。

三是共同追求与因校制宜的关系。广大学校要抓住品质提升的主要途径，同时立足本校实际，坚持特色办学，谋求稳中求进，为中国特色社会主义建设事业培养出一批全面发展的高素质合格建设者和可靠接班人。

给力学校品质提升*

学校品质是质量、内涵、文化、特色、信誉的集合体。开展学校品质提升，十分必要，恰逢其时，需要给力。

一、让世界教育给力学校品质提升

2015 年 5 月至 7 月笔者先后赴韩国、泰国、以色列、埃及等国执行教育交流任务，真切感受到世界教育出现的新变化，见证了联合国教科文组织举办的世界教育论坛上《仁川宣言》和《面向 2030 年世界教育行动框架》的问世。各国将基础教育作为国家行为予以安排，将基础知识作为核心素养予以强调，将多方参与作为改进治理予以提倡，将中国教育作为重要案例予以参照。

根据世界教育论坛精神和我国实际，可预测我国基础教育 15 年后能达到的一些目标，学校品质提升亦应顾及。一是真正实现教育优先发展。世界教育论坛提出，到 2030 年各国教育投入应占其国内生产总值（GDP）的 4%至 6%。同样，未来我国教育投入将进一步增长，逐步普及 12 年免费教育，实现基础教育办学标准化，切实提高教师待遇，普遍建立起现代学校制度。二是全面实现教育公平公正。面向 2030 年，地域之间、城乡之间的办学条件差距切实缩小，形成良好教育生态；学校之间、人群之间的公平公正得以实现，儿童随父母一起生活，不再存在大量流动儿童、留守儿童，全体学生同在阳光下共同成长进步；对弱势群体更加关爱，对残疾儿童拨款将达到普通儿童的 10 倍左右。三是切实培养学生良好品格。年轻一代要为正义、和平、包容、全纳、安全、可持续的发展做出贡献。未来的教育将更加关心人、尊重人、理解人，促进学生德智体美劳全面自由和谐发展。四是普遍提升终身发展能力。基础教育将重新回到基础，避免

* 本文原载《人民教育》2015 年第 14 期。

过度学习。学生具备基础知识和核心素养，掌握科学逻辑和学科结构，获得不断打开知识宝库之门的金钥匙。五是广泛运用信息技术手段。未来更加多样化的教育推送形式和学习方式必将涌现，一部分学校形态将发生重大改变，进入人人皆学、处处可学、时时能学的学习型社会。六是明确提高学生国际意向。外语教学不会削弱，国际交流力度还会加大。请更多外教来华任教，派更多教师出国任教。继续实施更加开放的留学政策，支持留学，鼓励回国，来去自由，发挥作用。

二、让优秀文化给力学校品质提升

中华文明源远流长，博大精深，为学校品质提升注入不竭动力。影响深远的诸子学说，浩如烟海的历史典籍，气象万千的诗词歌赋，匠心独运的书画雕刻，泽被后世的四大发明，都令后人推崇备至。人生也有涯而知也无涯。在新形势下，亟待让中小学生掌握的美德与素养，应结合中华优秀传统文化的主要品质予以精选。

一是注重伦理、道德至上。在先贤们看来，德是首要的。比如，讲爱国的“先天下之忧而忧，后天下之乐而乐”，“岳母刺字、精忠报国”；讲勤学的“少壮不努力，老大徒伤悲”，“只要功夫深，铁杵磨成针”；讲诚信的“言必信、行必果”，“论必作、作必成”；讲友善的“融四岁能让梨”，“温良恭俭让”；等等。从诸子百家到宋明理学，从唐诗宋词到明清小说，从《三字经》《弟子规》到民俗歌谣，很多内容都是价值观教育的经典，教育者要为学生优中选优。

二是儒家为主、和而不同。传统文化中最主要的是儒家文化。当然，儒家思想和中国历史上存在的其他学说既相互竞争又相互借鉴，既独树一帜又和谐统一。还有，和谐中的相反相成思想，和谐中的多样性统一特征，和谐思想的有机整体观，亦富哲理。对中小学生开展优秀传统文化教育时，应侧重选择儒家文化之瑰宝，兼顾其他学说之名作。

三是与时俱进、应物变化。传统文化，不仅是古代文化。许多学说流派都是顺应社会发展和时代前进不断发展更新的，具有长久生命力。五四运动之后所创造的优秀文化，也应纳入传统文化教育范畴。这一时期的文化体现中西交汇，与此前中华文化相融通，是联系我国古代文化与当代文化的桥梁。

四是兼容并蓄、务实厚生。中华民族是一个兼容并蓄、海纳百川的民族，在漫长的历史进程中，不仅输出文化，还学习其他民族的好东西，从不同文明中寻求智慧、汲取营养、相互交流、相互学习、相互借鉴。中华优秀传统文化还注重发挥教化功能，助益国家治理，体现经世致用。在教育实践中，必须引导学生更加热爱祖国，同时懂得国际理解，还要初悟“空谈误国、实干兴邦”的道理。

三、让管理标准给力学校品质提升

2014 年 8 月教育部印发试行、2017 年修订颁布的《义务教育学校管理标准》（简称《标准》），基本涵盖义务教育学校管理各主要方面，具有较强的针对性、指导性，为义务教育学校实现管理规范化、科学化和精细化提供了依据，也为高中学校管理提供了参考。

希望全国所有义务教育学校将《标准》作为学校加强内部管理制度建设的基本依据，认真梳理管理工作的各个方面，排查存在的问题和差距，对于没有达到要求的项目，采取整改措施，组织攻关，明确达标的时间表、路线图、任务书和责任人，落细、落小、落早、落实，将要求逐一贯彻到学校管理实践中。开展学校品质提升，不能没有遵循。学校要按照《标准》，自觉规范管理和教育、教学行为，将各项要求作为行为指南，把各项标准落到工作实处。

四、让学校章程给力学校品质提升

学校依章程办学是依法治教的应有之义，是未来学校品质提升的重要遵循。按照党的十八届三中、四中全会对建立事业单位法人治理结构、构建现代公共服务体系、推进社会事业改革创新提出的新要求，有条件的地方或学校要以此为改革发展契机，积极组织参与此项工作。学校章程制定要结合学校治理特点，服务立德树人目标，立足长远、放眼全局，统筹考虑，充分借鉴现有经验，因势推进。不过，学校章程事关教育改革全局，涉及学校法律定位、党政关系、治理结构、教师管理诸多方面，还涉及理事会制度、人财物管理制度的重构和突破。因而，各地在开展此项工作时宜分步实施，分层实现，不必操之过急。在义务教育阶段，在一定区域内的学校也可共享一个章程。

为了给各地学校制定章程提供参照和便利，在《事业单位章程示范文本》（2012 年印发）基础上，结合《依法治校实施纲要》，教育部、中央编办研究制定了中小学章程分类示范文本，现已通过中央深化改革领导小组批准，不久就要发布。

五、让基层探索给力学校品质提升

党中央号召深化综合改革，加强依法治国，实现治理能力和治理水平现代化。学校品质提升是实现治理能力现代化的路径。在 2015 年 6 月于江苏省泰州市举办的全国义务教育改革发展现场经验交流会上，教育部明确倡导学校品质提升，正式拉开了全国学校品质提升的序幕。

学校品质提升没有太多现成经验可资借鉴，必须走实践的路子，鼓励基层探索，寻找源头活水。我国立体化的教育国情也决定了不能整齐划一推动工作或用相同尺子衡量成绩，要体现分类指导，鼓励各地先行先试，大胆探索，为一线教育试验者点赞，让各地在完成基本任务的基础上根据实际情况有所创造，有所突破，有所引领。教育部已确定合肥、兰州、赣州为学校品质提升试点地区。希望更多地方启动学校品质提升，明白学校品质提升的时代背景、实施价值、重要意义，明确学校品质提升的基本目标、实施原则和主要任务，引导学校在确立发展哲学、制订发展规划、培育特色文化、构建科学课程、强化师生主体、凝聚民主参与等方面迈出新步伐，取得新进展。教育部将做好总结、提出意见、统筹指导、培育典型、推广经验。

做好学校品质提升*

在基础教育进入了改革发展新的形势下，有必要认真做好学校品质提升。对这种提法，许多同志愿意接受却不知如何着手。为此，开展学校品质提升的试点试验很有必要。2014 年 12 月 15 日，教育部基础教育一司印发《关于委托开展义务教育学校标准化建设，提升学校品质试点工作的函》（基教司函［2014］88 号），确定安徽省合肥市为加强义务教育学校标准化建设、提升学校品质项目试点地区。做好学校品质提升试点试验，需要结合基础教育改革发展的政策、策略，做好准备，采取措施，取得实效。

一、开展试点试验工作需要做好三项准备

（一）认识准备

为什么要开展学校品质提升的试点试验呢？

第一，基础教育改革发展的时代呼唤。通过各级党委、政府和教育部门的努力，广大校长和老师们的共同努力，基础教育领域“有学上”的问题已经解决，学校的硬件条件已经得到根本性的改善。过去在许多乡村学校里，“土桌子，土台子，里边坐着土孩子”。“现在进村看学校、楼房高层红旗飘。”多少年前的那种学校破烂不堪的局面已经一去不复返了。城区的学校就更好了。义务教育的均衡发展已经搞了十多年了，择校问题也不是那么突出了，办人民满意的教育取得了实质性进展。很多区县已经接受了国家义务教育均衡发展的认定，而且已经通过了。那么处在这样一个阶段，下一步怎么办？这的确是一个值得思考的问题。我想，硬件建设可以看得见摸得着，而内涵提升永远在路上。在新形势下，面向

* 本文系笔者 2014 年 12 月 27 日于合肥市召开的学校品质提升专题报告会上的讲话。

2021 实现首个“一百年”奋斗目标、进而实现教育现代化，我们应该主要干什么？朝哪里走？我想在这个时候，提出学校品质提升的目标是恰如其分的。

第二，中小学校多年实践的内生动力。这些年很多校长、教师不满足以前的一些教育方法和措施，在学校管理、德育工作、课程改革、课堂教学、教师培训和教研工作乃至学校信息化等方面已经做了很多的探索，也形成这样那样的模式或者这样那样的思想，那么这时候我们需要有一个统整。那就是，拿学校品质提升作为一个统整，这样的话会形成一个当地的合力、当地的特色。当然，提出学校品质提升也需要有基础。如果到一个经济、社会、教育不发达地区，你提这样一个口号、搞这样一个试验，大家会感觉无所适从，也感觉到难度太大。而与教育比较发达地区的同志们谈这个问题是完全可以的，何况其中一些学校已经开始提出要创建品牌、要提升品质。

第三，迈向现代化的重要步骤。在认识上我们需要知道品质提升的研究和实践，就是迈向教育现代化的一个重要步骤。我们国家整体实现现代化，还需要更长一段时间。要与“两个一百年”奋斗目标相同步。2010 年中央颁布了《国家中长期教育改革和发展规划纲要（2010—2020 年）》，明确提出了教育的现代化要早于国家整体现代化而全面实现。学校的品质提升也应成为教育现代化的一个重要方面。

第四，国家教育治理体系的紧迫任务。为什么教育部支持搞试点呢？我想这就是当前治理体系改革的一个紧迫任务。中国很大，各地情况千差万别，相去甚远，完全用一把尺子推动工作往往事与愿违，南辕北辙，有时候甚至让人啼笑皆非，因此需要试点先行。国家教育的政策要有弹性，要有灵活性，还要鼓励各地先行先试。

中央领导同志就有这样的胸怀。几十年前，当安徽小岗村开展农村联产承包责任制的时候，中央领导认可了。很多其他地方也想搞类似的改革，怕上面不同意，但中央领导也认可了。还有很多地方说，我们暂时不承包，还继续搞集体经济，当时中央领导也认可了。而今，我们面对复杂形势，就教育改革来说，情况各不相同。人民群众期待不同，家长的诉求不同，学生群体也不同，所以中央对这个问题，态度也是明确的，就是让大家“探索，探索，再探索”。这都是正确的态度。不正确的态度是这样的：基层有了积极性，想进行改革，想进行探索，想迈出新步伐，上面就说“不行，不行，就不行”。

因此，在教育方面我们根据中央的精神，也要鼓励大家去大胆地试，大胆地闯。我想，作为一个教育局局长，一个中小学校校长如果按照上级的要求，完成了任务，我说你是一个合格的局长、合格的校长。但是要成为优秀的局长、优秀的校长，除了把上级的任务完成了，还要根据本地本校的实际有所创造，有所突破，有所引领。教育部领导同志多次告诫我们：坐在北京西单的办公楼里，教育部的工作人员想不出比基层工作的同志更高明的主意，我们的主要任务就是发现典型，甄别典型，培育典型，推广典型。

（二）人力准备

第一，组织领导人员。谁来牵头？教育局也要有明确的人来抓这项工作。领导班子还要明确指定谁来做，要提前定好。

第二，学校负责人员。学校校长要牵头，副校长以及其他的领导要抓好具体工作。

第三，项目执行人员。既然是一个试点项目，就需要有一个核心的团队。也就是说要去观察、交流、开会、写总结、上报材料。要找那些年富力强、有经验、思想活跃的、文笔较好的同志来承担项目工作。

第四，专家咨询人员。搞试点试验，主要靠埋头苦干。先行先干，突破思想上的一些藩篱，但是不能闭门造车，需要请高人指点。市里面要相对固定地请几位专家给予指导，先固定两年吧。县区学校里面也要有相对固定的专家，他们可能来自教育局机关、教科所，可能来自于省教育厅、安徽师大，等等，也可以来自北京、上海兄弟省市那些得到认可的专家。他们要愿意做这件事，有时间做这件事，有兴趣做这件事。专家不一定很大牌，但是一定不能是那些低层次的或者对基层情况不了解，说的仅是教育学上的一些概念的人。实际上，面对迅速变化的基层教育改革与发展的新形势，一些不接地气的学者是提不出有针对性的意见的。

（三）方案的准备

方案总体目标需明确。例如，通过试点试验使教育发展保持协调，这里除了以义务教育为重点，还要关心普通高中教育和中等职业教育，兼顾特殊教育、幼儿教育等方面。另外，方案要明确促进学生身心全面发展，有效提升教师素质，使教育治理充满活力。这应该算是总体的目标。各县区在制订目标的时候，可以根据市里的总体目标进行调整或者细化。

方案除了基本目标，还应有一些基本原则。我们要遵循以学校为主体，真正调动学校的积极性；要以学生为本，关心人，尊重人，理解人，促进学生德智体美劳全面发展和健康成长，真正调动学生学习的主动性和发展的内需力。要注意过程指导，结合工作，大家要有总结，真正做到有变化。

方案要有些政策亮点。学校品质提升试验与教育科学规划办、教育学会的试验是不同的，一定要有改革突破。比如说，投入机制、投入公用经费标准、城乡统筹、教师编制和职称的评定、教学的自主权、地方课程的设置等等。

方案还要有明确的实施步骤和明确的督导评价制度。一年之后要有一个小结，搞得好的要给予表扬；两年之后这个项目告一段落，搞得好的要有奖励。

二、开展试点试验工作应该树立四种意识

（一）改革意识

现在的时代是一个改革的时代。2013 年党的十八届三中全会的主题就是改革，这个会议顺利召开并且出台了《中共中央关于全面深化改革若干重大问题的决定》。在教育方面改革明确了责任机制，也研究了一些教育未来改革方向的方案、具体的目标，时间表和路线图也都有了，还有一些改革的具体措施。可以说，教育改革的作战图已经绘就，司令部已经成立，集结号已经吹响，不能再玩潜伏了。要攻坚克难，去夺取教育改革的新胜利。

（二）法治意识

2014 年党的十八届四中全会通过了《中共中央关于全面推进依法治国若干重大问题的决定》（简称《决定》）。这次会议和《决定》鲜明地提出了坚持走中国特色法治道路，坚持建设社会主义法治国家，建设中国特色社会主义法治体系

这样一个重要的论断，明确了全面推进依法治国的指导思想、总体目标、基本原则，对科学立法、严格执法、公正司法、全民守法做出了全面部署。教育系统要认真学习，深入领会，全面贯彻，特别是要结合各项涉及教育的法律法规抓好贯彻落实，扎实推进依法行政、依法治权。

一要依法改进教育行政。要依法落实教育经费的“三个增长”，确保教育优先发展，坚持法律面前人人平等。要强化政府的执法意识，规范行政部门的职能，把权力关到制度的笼子里。要做到法“无授权不可为”，教育局局长也不是干得越多就越好，而是要看你是不是把依法行政抓到了点子上。要体现确权、分权、放权、让权、慎权这样的要求，实现管、办、评分开，发挥社会中介组织和学术团体的作用，体现决策的科学民主，落实学校的办学自主权。

二要依法改进学校治理。创造条件逐步取消学校的行政级别，倡导校长自己治理，倡导教育家办学。坚持中小学的校长负责制，同时发挥党支部的战斗堡垒作用和党员教师的先锋模范作用，还要发挥教代会的作用，要普遍建立家长委员会。要依法落实义务教育免费就近入学的规定，要依法加强安全管理，依法处理学校安全纠纷，该谁负责就谁负责，不能是大闹大解决、小闹小解决。同时，也不能因为担心出安全事故，就噤若寒蝉、缩手缩脚，正常的课外活动、校外活动、春游秋游都不敢搞。要把义务教育的管理标准落实到每所义务教育的学校。

三要依法改进教师队伍。在教师队伍建设方面，要做到七个关注：关注教师培养，特别是要培养一专多能的小学教师和能够教一门主课并负责一些其他工作的中学教师；关注教师的培训，开展国培计划、省培计划、市培计划、县培计划以及校本教研、影子学习、网络培训；关注教师编制，改善教师编制结构，克服有编不补的问题，从教师的学校所有变成系统所有，便于交流，促进教育均衡；关注教师待遇，尊重教师、关心教师，特别是解决好绩效工资的问题；关注教师补助，特别是贫困地区乡村以下的教师；关注教师职称，统一中小学职称称谓，并且评职称时要照顾薄弱学校和农村教师；关注特岗教师，充分发挥好他们的作用。

四要依法改进教育教学。要贯彻好国家的教育方针，促进学生德智体美劳全面发展和健康成长。德育方面要突出立德树人，要把社会主义核心价值观落实到校、落实到班，通过恰如其分的方式逐渐落实到孩子们的心坎上。24 个字的社会主义核心价值观要直观地校校上墙、人人熟记、内化于心、外化于行。要按照习近平总书记的要求，让学生记住要求、心有榜样、从小做起、接受帮助。在德育方面，还要弘扬中华优秀传统文化，增加中国革命优秀篇目的传授。教育部在2015—2017年三年里，将推动开展一系列相关的活动，分为三个系列：少年传承中国梦之小小百家讲坛、少年传承中国梦之墨香书法展示、少年传承中国梦之寻访红色足迹。通过这些活动，把广大中小学生发动起来，通过他们喜闻乐见的形式，了解传统文化、了解红色革命历史。在智育方面，要改进课程教学、改进手段方法，减轻学生课业负担。在体育方面，要落实每天锻炼一小时，健康工作五十年，幸福生活一辈子。当前尤其是要大力发展校园足球，发展学校武术。在美育方面，要培养学生欣赏美、表现美、创造美的意识和能力。城市学校要让学生会用一种乐器，农村学校也要尽力去做。在劳动方面，要让学生出点儿力、出点儿汗，要把花草树木交给学生去管理，让他们经风雨、见世面。

（三）人本意识

人本意识就是突出以人为本，特别是主要的教育相关群体，那就是校长、教师、学生。要尊重校长的办学自主权，学校里的具体事务要他说了算，要落实学校里的各种权益，不能缩小，也不要扩大，法律赋予你的有哪些，都落实了就不错了。再一个就是教师，要让教师有积极性，要克服一部分教师的职业倦怠。

还要特别关注学生。怎么让学生得到很好的发展？怎么让学生的人格得到尊重？怎么让学生得到呵护？怎么让学生得到严格的批评教育？这都是需要特别关注的问题。对学生要满腔热情地给予爱，没有爱就没有教育。爱体现在以正面教育为主，多给他鼓励，多给他表扬，不要吝啬，哪怕是一句肯定的话，哪怕是一个赞许的眼神，哪怕是一朵小小的红花，都可以给他以激励，不要吝啬使用。但同时，也要给予必要的批评教育。正面教育为主，不是什么都表扬。我到一些学校去听课，课堂很活跃，某个学生回答老师的问题，其他学生不管是不是听清了，也不管回答对错，齐声说："嘿嘿，你真棒！"这就是庸俗的表扬文化。现在人们的心态都是不愿意批评与自我批评。是男的都说帅哥，是女的都说美女。在教育领域我认为一个教育工作者如果一味地表扬，让学生看不到身上的瑕疵，这是一种不正常的表现。表扬和批评犹如打气和补胎一样，都很重要。轮胎有口，你打气是有害处的。学生的教育是一门科学，也是一门艺术，需要我们在课题研究和以后的工作中，慢慢地品味和探索。

（四）品牌意识

品质和品牌本身就是一致的。什么是品质呢？品质一词依据《辞海》里的解释就是指人的行为和作风所显现的思想。品牌是品质形成内化和产生较大影响之后所形成的一种状态。有长期的、较大的影响，才能形成品牌。品牌很重要。在中小学强化品牌意识，我觉得要顾及以下要素。

一是要有中华文化的元素。中华文化源远流长，好的精华浩如烟海，糟粕也很多，我们在学校中应该倡导优秀文化。安徽的学校树立品牌意识时要有徽派传统元素。安徽这个地方不简单，文化源远流长，在中国历史和现实中，都是产生重大影响的，文化是厚重的。

二是要有现代精神元素。现代精神很重要，现代精神还应该成为主流。现代与传统之间的关系是很难处理好的。要学会运用优秀传统文化，同时，我们要特别关注现代精神。

三是要有国际意识元素。邓小平同志早就告诫我们，教育要面向现代化，面向世界，面向未来。面向世界很重要。2014 年高考改革方案的意见征求过程和结果，备受教育工作者和家长的关注。高考改革中关于外语的权重问题，大家争议多，到底外语是不是和语文、数学一样占 150 分呢？有人说应该占，有人说不应该占。每个人都有自己的想法。北京市提出外语降为 100 分。语文变成 180 分，数学变成 170 分。后来经过教育部的慎重考虑，特别是有关领导的指示，目前公布的方案是语、数、外各 150 分。最后拍板的是国务院副总理刘延东同志，她强调要培养学生现代国际意识。

四是要有本校特色元素。有的学校历史悠久，有的学校具有田园风光，都应该有自己的特色。农村学校的布局设置、特色不要和城市一样，要有自己的特色。比如说，进到学校就是花，还有很多景观，还有些菜地。这是农村学校的优势。

三、开展试点试验必须付出七种努力

（一）落实教育优先发展的战略地位

试验当然是以学校为主，但是作为政府主导的一项试验，党委和政府责无旁贷。

首先是经费。义务教育是政府的主责和教育发展的主线，所以义务教育必须抓好。同时要兼顾学前教育、高中教育。高中教育在拨款保障等很多方面是不够的，收费标准也比较低，所以高中教育也要给予关注。

其次是要统筹。统筹城乡义务教育均衡发展，统筹学校之间硬件设置、师资配置、教育质量、教育管理的均衡发展。若全市所有的县区都通过了义务教育均衡发展的验收，那个时候就要考虑市域内义务教育的均衡发展。合肥已有这样的想法，这是落实教育优先发展的战略地位的一个抓手。

再次是要撑腰。落实教育优先发展的战略地位就要为学校创设宽松的育人环境，对学校不合理的要求应该去除。要为学校创造好的环境，重点有以下三个方面。

一是舆论。不要过于宣传出事故、上学远、上学不安全，还是要宣传主流，包括宣传那些兢兢业业、扎实工作，为学生发展呕心沥血的校长和教师。

二是安全。①学生安全，重如泰山。一个没有安全保障的学校是不合格的学校，一个没有安全意识的教师是不称职的教师。②安全教育，有用有效。平时多一次安全演练，危难时刻就多一分生的希望。地震和其他自然灾害以及火灾发生时，很多学校成功组织学生逃生的事例都说明了这一点。③事故责任合理划定。属于谁的责任就是谁的责任，该怎么办就怎么办。很多地方一旦遇到学生伤亡事故，不论谁的责任，便把局长撤了、把校长免了，这是不妥的。④安全工作，突出重点。从教育部层面，这两年安全抓五个重点：一防交通事故，二防溺水群死，三防校门口砍杀，四防校内挤踩，五防性侵欺凌。

三是升学。政府部门不要给教育部门下达升入重点大学的指标。教育部门不要给学校下达升入重点大学的指标、一本指标以及初中升入重点高中的指标。没有必要。我们把教育工作做好，高一级的学校自然能选拔一批新生，不用担心。所以，不要下达升学指标。只有这样，校长、教师才能够安安静静地从事教育教学，搞内涵发展，品质提升。

（二）推进义务教育学校标准化建设

在标准化建设过程中要注意以下几点。

一要关注教学条件。让教室有合适的采光，白炽灯可以淘汰。白炽灯比较耗电，而且光线晃得太厉害。现在有一种新型的灯，灯的闪动就像电脑的液晶频闪，很清洁，而且也不贵。要开启教室前后的两个门，便于学生遇到危险时顺利逃生。要有必要的教学仪器设备，要有适合学生的运动场地。

二要改善生活条件。尤其要改善寄宿制学校的生活条件，每个学生要有一套床铺，不搞大通铺，否则冬天夜里上厕所回来找不到自己的位置。要让学生能够喝上开水。另外厕位要足够多，按照1∶3的比例设置男女蹲位。我觉得要照顾一下女生。在很多商场影院，男同志进去一会儿就出来了。要是你带着你夫人，她可能还在那儿排队，她还没进去。学校必须解决这个问题。

三要改善教学资源。就是信息化，努力推进信息化教学。

四要改善教师配置。标准化不光是硬件，教师的配置也要标准。

五要改善课堂教学。要关心课堂教学，区长、局长、教研员、督学，都要走进课堂，回应教师诉求，解决学生关切，改进教学方法。更新教学手段，教学有法但无定法，贵在得法，要把得法的这种手段运用上，使课堂教学事半功倍，最好是在课堂上解决问题。

六要改善管理。要按照2014年教育部出台的《义务教育管理标准（试行）》实施。贯彻了它，就贯彻了国家的意志，实现了管理的主要方面。

（三）全面着手学校文化建设

文化是一个国家、一个民族的灵魂，文化的繁荣兴盛与国家、民族前途命运紧紧联系在一起。对于一个国家而言，文化是形象和软实力；对于一个民族而言，文化是灵魂和旗帜。国家的存在和发展，既需要以物质、经济的发展作为基础，也离不开精神、文化的作用。相应地提升学校品质，学校文化建设是必不可少的，必须切实抓好学校文化建设。要确立学校共同的价值观。一所学校崇尚什么、推动什么、欣赏什么，外化为学校的指导思想、校风校训，内隐为教师、学生、校长、书记的价值观。如今，网络已经成为青少年学习、娱乐、交友、学习的重要工具。但是网络是个双刃剑，网络中好的东西很多，但不良信息、黄色信息、反动信息充斥。要让学生有一定的网络鉴别意识，引导学生不浏览、不传播、不制作不良信息，慎交网友，不进入营业性的网吧。

（四）贯彻落实党的全面发展的教育方针

1. 德育

习近平总书记指出，要在品德修养上下功夫，教育引导学生培育和践行社会主义核心价值观，踏踏实实修好品德。新时代德育应理解为以下方面。一是加强理想信念教育。我们培养的人，必须树立共产主义远大理想和中国特色社会主义共同理想。要在学生中加强中国历史特别是中国近代史、中国改革开放史、中国共产党史、中华人民共和国史的教育。弘扬社会主义核心价值观，增强学生中国特色社会主义道路自信、理论自信、制度自信、文化自信，让他们不被任何干扰所惑，立志肩负起民族复兴的时代重任。二是厚植爱国主义情怀。爱国主义是世界各国的必修课，也是中华民族的民族心、民族魂。开展爱国主义教育，要从青少年儿童抓起，培养学生的爱国情怀，坚持爱国和爱党爱社会主义相统一。三是提升道德品质修养。品德修养十分重要，应当贯彻教育始终。在此过程中，公德私德并行不悖。个人品德应不断修炼，而热爱国家、热爱人民的公德则更应弘扬。从做好小事、管好小节开始起步，踏踏实实修好品德，学会感恩、学会助人、学会谦让、学会宽容、学会自省、学会自律，进而成为有大爱大德大情怀的人。四是弘扬中华优秀传统文化。重视挖掘阐发，弘扬精华，剔除糟粕。在新时代，尤其要弘扬中华优秀传统文化中讲仁爱、重民本、守诚信、崇正义、尚和合、求大同的时代价值。开展中华优秀传统文化教育，应既要利用课程教材，又要利用文化场所，让学生既在学校里受教导，又在校外体验中得感悟。要把“富强、民主、文明、和谐，爱国、敬业、诚信、友善，自由、平等、公正、法治”这 24 个字的社会主义核心价值观，上墙入屏，人人牢记于心，外化于形，成为自觉行动。要弘扬中华优秀传统文化，要让学生形成良好习惯，贯彻落实《中小学生守则》。

2. 智育

智育应体现以学习知识为本职，以立足国情为使命，以全球视野为站位，以奋斗精神为动力。学习知识是学生的天职，青少年学生应珍惜光阴，心无旁骛，如饥似渴地学习知识。既重视宽度，又重视深度。既掌握知识，又形成见识。既把握特点，又洞悉规律。既勤于学习，又敢于创新、勇于实践，求真理、悟道理、明事理。

要传授给学生基础知识和学科的基本结构，避免让学生过度学习，不要让中小学生因学太多的东西而失去了学习兴趣，要关注对他们的创造性和动手能力的培养。为减轻学生过重的课业负担，教育部在 2013 年组织了“减负万里行”的第一季，2014 年组织了“减负万里行”第二季，目的就是帮助基层学校规范办学行为，不要给学生过多的课业负担。另外，还要转变家长的教育行为。这几年“虎妈”“狼爸”“鹰舅”的现象到处流行，“动物”咆哮，针对的是弱小的人类，不足取。还有一些媒体说，“不让孩子输在起跑线上”。这句话本身没有错，但是过分地宣传也不符合教育规律。在我看来，人生犹如长跑，起跑的快慢并不决定着一生的成败。那种“不让孩子输在起跑线上”的宣传，实际上是误导了舆论，教育部门和学校不要随波逐流，不要跟风行事。

3. 体育

学校体育应注意以下几个方面。首先，坚持体育课教学。开足体育课时，讲授健体方法，坚持体育锻炼，养成锻炼习惯。让学生掌握两项体育运动技能，也提倡其他各类健康有益的体育项目。其次，遏制近视率攀升。中国学生视力不良率居于世界前列，令人担忧，保护学生视力迫在眉睫。要端正日常坐姿，减少屏幕辐射，讲究用眼卫生，开展相关干预，推广先进做法。将保护学生视力工作情况，纳入各地党政领导和教育、卫生部门负责人政绩考核的指标，通过多管齐下，给学生光明的未来。再次，磨炼坚强意志。学校体育要“文明其精神，野蛮其体魄”。男生应成为男子汉，在体育活动中，碰破点儿皮，崴着了脚，应视为是常见情况，不必大惊小怪。

要让学生在小学阶段就形成一些体育爱好，在中学毕业特别是高中毕业之际就要有一到两项体育特长。有条件的学校可以大力普及足球。有的学校场地小，也不要搞形式主义，可以搞点儿别的项目。2014 年“六一”前夕，习近平总书记到海淀区民族小学参加足球队活动。当时习总书记说“我是喜欢足球”，因此到哪去，人家送他球衣，或者送签过字的足球。习近平总书记还说了一句话，他实际上也喜欢篮球，还喜欢武术。各地各校应因地制宜，开展多种形式的体育项目和体育活动，以便让学生每天锻炼一小时，健康工作五十年，幸福生活一辈子。

4. 美育

美育滋润人生，让人追求美好，改善性情。美育直接关系人的精神生活、情感生活，关系灵魂塑造和人格培养。首先，应配备美育教师。在可能的情况下配备专兼职的音乐美术或艺术教师，逐步改变师资紧缺局面。其次，要运用美育资源。正规的艺术教学诚然是好的，而童话、歌谣、云彩、花朵、鸟叫虫鸣都可用来唤起青少年的心灵世界。再次，应提升艺术修养。通过多种方式，让学生具备初步的感受美、鉴赏美、表现美、创造美的意识和能力。在中学毕业之际，每个中学生应该能够演奏一种乐器。我到安庆去，那里每个学生都会唱黄梅戏，唱得还很好听。当然光会唱黄梅戏还不够，应掌握一到两种乐器的演奏技法，这对孩子一生的发展都有好处。

（五）构建充满生机活力的现代学校制度

现代学校制度要突出民主管理、依法管理、校长负责、社会参与这四个层面。民主管理就是要调动方方面面的积极性，甚至中学生都可以参与一些管理。依法管理就是要按法制意识依法推动。校长负责就是要体现校长在学校里的领导地位。同时要发挥党支部的战斗堡垒作用和党员教师的先锋模范作用，发挥教代会、职代会作用。社会参与就是要广泛建立家长委员会或者关心学校发展委员会，调动社会资源为学校出谋划策，提供帮助。

（六）建成素质更高的教师队伍

国运兴衰，系于教育。教育大计，教师为本。教师是人类灵魂的工程师，是人类文明的传承者，承载着传播知识、传播思想、传播真理，塑造灵魂、塑造生命、塑造新人的时代重任，是教育发展的第一资源，是国家富强、民族振兴、人民幸福的重要基石。

1. 铺就师德底色

底色是根基。师德是教师的基础色彩，学高为师，德高为范，人之无德，何以为师。近来接连曝光的数起违反师德事件，引发了一系列社会反应、舆论炒作，严重影响了教师形象，损害了师道尊严。我国教师总体上是让党放心、让人民满意、让学生敬仰、让家长信赖的好教师，但极个别人伤天害理、道德败坏，破坏了教师的光荣形象。一个人如果品行不正、德行不端，即使他学历层次再高、教学能力再强、研究成果再丰富，他的所谓高素质也是变色质、变味质，空有教师之名，难副教师之实。师德师风应作为教师队伍建设的第一标准、第一要求，实施师德师风建设工程，突出全员、全方位、全过程师德养成，推动师德师风建设常态化、长效化，引导教师明大德、守公德、严私德。具体而言，一要加强师德教育，突出思政内容，强化理想信念，引导教师树立正确的历史观、民族观、国家观、文化观；二要加强社会主义核心价值观教育，增强价值判断能力、价值选择能力和价值塑造能力，帮助教师在纷繁复杂的社会现象面前认识正误、厘清曲直、明辨是非；三要加强中华优秀传统文化和革命文化、社会主义先进文化教育，引导教师热爱祖国、奉献人民、造福社会。四要加强师德宣传，发掘师德典型，讲好师德故事，持续推出一大批让人喜闻乐见、反映时代风貌的影视作品和文学作品，注重典型引领，加强精神感召，营造崇德向善、德行天下的浓厚氛围。强化师德考评，推出负面清单，对于屡教不改、屡禁不止，敢于触碰高压线、红线、底线的，必须严肃查处，不能手软。

2. 提高教师质量

质量是核心。没有高质量的教师，就培养不出高质量的学生，满足不了人民高质量的美好生活需要，要用优秀的人培养更优秀的人。必须紧紧抓住各级各类教育的不同特点，注重学思践悟、知行并进，分类培育、分级指导，努力培养造就政治素质过硬、业务能力精湛、育人水平高超的高素质教师队伍。要创新培养培训模式，加强教育实践，推进地方政府、高等学校、中小学“三位一体”协同育人，分类深化中小学、幼儿园、中职教师培养模式改革，升级培养卓越教师，提高培养质量；优化培训项目，改进培训方式，强化线上线下相结合，提高实践课程比例，突出跟岗研修，增强培训实效。

3. 改善地位待遇

教育要发展，人民上好学，归根到底靠的就是广大教师的奉献精神和人梯情怀，但也要保障他们相应的收入待遇。只有有了更好的待遇，教师的获得感、幸福感和安全感才会更加充实、更有保障、更可持续，精神才会更强更纯，情怀才会更香更浓。

一是从政治上改善，明确教师的特别重要地位，凸显教师职业的公共属性，确立公办中小学教师作为国家公职人员特殊的法律地位。

二是从收入上改善，完善中小学教师待遇保障机制，健全中小学教师工资长效联动机制，明确中小学教师和公务员平均工资水平的比较口径，核定绩效工资总量时统筹考虑当地公务员实际收入水平，公务员发放奖励性补贴时应及时统筹考虑教师。研究制定绩效工资总量核定和内部分配办法，完善收入分配激励机制，有效体现教师工作量和工作绩效，充分体现多劳多得、优劳优酬，让多干活、干好活的教师获得更好的待遇。

三是从荣誉上改善，加大表彰力度，深入做好教学名师、教育系统先进集体和先进个人、教书育人楷模等评选推选活动，鼓励各地因地制宜开展多种形式的教师表彰奖励活动，鼓励社会团体、企事业单位、民间组织对教师出资奖励，倡导全社会尊师重教，让教师在社会上有荣誉感。

4. 关心青年教师

这就要把青年教师工作摆在突出位置，紧紧依靠和充分信任青年教师，切实关爱和大力帮助青年教师，支持他们在教育的广阔天地里释放青春激情、追逐青春梦想，支持他们努力提升自我、为国教书育人，支持他们以青春之我、奋斗之我书写青春之歌、奉献之歌。同时，帮助青年教师解决住房等实际困难，让他们安心从教、热心从教、舒心从教、静心从教。

（七）形成可操作、可复制、可推广的经验做法

试点要注意总结、积累经验，具体做四件事。

一要搜集文案。把方案、讲话、讨论、共识整理出来，形成卷宗，包括电子版和书面版，主要是书面版。

二要树立样板。样板包括样板学校、样板区县、样板工程、样板试验，让大家按样板去做。

三要交流研讨。大家要定期或不定期地进行研讨，也可以到不同的区县参观，还可以到外地参观。

四要凝练经验。要能说出个所以然，不断总结经验教训，逐步推进工作，取得成效。

加强中小学生优秀传统文化教育*

一个国家要兴旺发达，离不开强大精神力量的支撑与滋养。一个民族欲发展繁荣，有赖于民族文化的传承与弘扬。2014 年“六一”前夕，习近平总书记在参加北京市海淀区民族小学主题队日活动时深刻地指出：“中华民族要继续前进，就必须根据时代条件，继承和弘扬我们的民族精神、我们民族的优秀文化，特别是包含其中的传统美德。”2015 年“六一”当天，习近平总书记在接见全国少代会全体代表时，希望广大少年儿童“学会做人”，“从小立志”，“劳动创造”。这两场活动，我都在现场，感受非常真切。广大中小学生是祖国的未来、民族的希望，处于长身体、长知识、形成世界观人生观价值观的关键时期，优秀传统文化对学生的做人教育具有固本培元的作用。加强中小学生中华优秀传统文化教育，正逢其时，势在必行，功在当代，利在千秋。

一、深刻认识中华优秀传统文化教育的重要意义

在中国进一步扩大开放的今天，世界上多元多样的文化元素纷纷呈现在人们面前，文明成果千姿百态。理想指引人生方向，信念决定事业成败。中国的基础教育，必须加强对中华优秀传统文化的传承，培养年轻一代具有高度的文化自觉和文化自信，让学生在经典浸润下形成良好情感、端正态度和正确价值观。唯有如此，才能走好中国道路，弘扬中国精神，凝聚中国力量。

第一，加强中华优秀传统文化教育是走好中国道路的重要保障。中国特色的社会主义道路是在对中华民族悠久文明的传承中走出来的，具有深厚的历史文化渊源。很多外国人都对中国文化叹为观止、自愧弗如，中国人没有理由妄自菲

---

* 本文原载《中国教育学刊》2015 年第 9 期，原题为《中小学生优秀传统文化教育的提升路径》，选入本书时略有修改。

薄、数典忘祖。基辛格称：“中国是独一无二的，没有哪个国家享有如此悠久的连绵不断的文明，抑或与其古老的战略和政治韬略的历史及传统如此一脉相承。”① “少年智则中国智，少年强则中国强”。当前，我国经济建设进入新常态，换挡降速，提质增效，正从高速增长转为中高速增长；作风建设进入新常态，摒弃形式主义、官僚主义、享乐主义与奢靡之风，党风廉政建设和反腐败斗争持续深入开展；思想建设进入新常态，将进一步加强正确思想引领，用主流话语体系占领意识形态阵地；四化统筹进入新常态，工业化、信息化、新型城镇化、农业现代化深入发展，户籍制度发生根本性变革。加强优秀传统文化教育，从过去、现在、未来的延长线上组织教学，对于引导中小学生正确认识历史规律，准确把握现实国情，不断增强道路自信、理论自信、制度自信，具有润物无声、潜移默化的作用。

第二，加强中华优秀传统文化教育是弘扬中国精神的重要途径。有了强大精神的支持，一个人才不致陷入空虚；有了强大精神的滋养，一个民族才可能屹立于世界先进民族之林。青少年是祖国的未来、民族的希望。加强对中小学生中华优秀传统文化教育，使他们从小就受到良好熏陶，有利于建设中华民族共有精神家园，用凝心聚力的强国之魂统领全面建成小康社会进程，铸就起伟大中国精神，让中国人活出自信、活出豪迈、活出精彩。

第三，加强中华优秀传统文化教育是凝聚中国力量的重要基础。中华民族厚德载物、自强不息的精神追求，蕴含着日新月异、与时俱进的人文气质，是全球化时代传承民族文化基因、培育主流价值的重要载体。面对世界范围价值观交流交融交锋的新态势，针对改革开放和市场经济条件下思想意识多元多变的新特点，迫切需要以社会主义核心价值观来规范、引领和主导，为多元时代凝聚中国力量指明方向。社会主义核心价值观是我国当代社会的最大公约数，是一种特殊的精神文化公共产品。而优秀传统文化是中华文明的精髓，是核心价值观的重要内容。在全面对外开放和实施“一带一路”战略新形势下，加强中华优秀传统文化教育，引导学生增强民族文化自信和价值观自信，有助于增强其对国家和对社会主义核心价值观的认同，凝聚起实现中华民族伟大复兴中国梦的强大正能量。

---

① 亨利·基辛格．论中国［M］．胡利平，等译．北京：中信出版社，2012：2.

二、精心选择中华优秀传统文化教育的基本内容

在世界几大古代文明中，中华文明是唯一没有中断、延续发展至今的文明，已经有5 000多年历史了。影响深远的诸子学说，浩如烟海的历史典籍，气象万千的诗词歌赋，匠心独运的书画雕刻，泽被后世的四大发明，都令后人推崇备至。人生也有涯，而知也无涯。中小学阶段只能教给学生最基本的东西，激发其终身学习的兴趣。在新形势下，亟待让中小学生掌握的美德与素养，主要应结合中华优秀传统文化的主要品质予以精选。

一是注重伦理、道德至上。在先贤们看来，德是首要的。比如，讲爱国的“先天下之忧而忧，后天下之乐而乐”，“岳母刺字、精忠报国”；讲勤学的“少壮不努力，老大徒伤悲”，“只要功夫深，铁杵磨成针”；讲诚信的“言必信、行必果”，“论必作、作必成”；讲友善的“融四岁能让梨”，“温良恭俭让”；等等。从诸子百家到宋明理学，从唐诗宋词到明清小说，从《三字经》《弟子规》到民俗歌谣，很多内容都是价值观教育的经典，教育者要为学生优中选优。

二是儒家为主、和而不同。传统文化中最主要的是儒家文化。当然，儒家思想和中国历史上存在的其他学说既相互竞争又相互借鉴，既独树一帜又和谐统一。还有，和谐中的相反相成思想，和谐中的多样性统一特征，和谐思想的有机整体观，亦富哲理。对中小学生开展优秀传统文化教育时，应侧重选择儒家文化之瑰宝，兼顾其他学说之名作。

三是与时俱进、应物变化。传统文化，不仅是古代文化。许多学说流派都是顺应社会发展和时代前进不断发展更新的，具有长久生命力。五四运动直到新中国成立之前的新民主主义革命时期所创造的文化，也应纳入对学生的传统文化教育范畴。这一时期的文化是中西文化交汇的成果，与此前的中华文化相融通，是联系我国古代文化与当代文化的桥梁。要加强对中华优秀传统文化的挖掘和阐发，努力实现中华传统美德创新发展。

四是兼容并蓄、务实厚生。中华民族是一个兼容并蓄、海纳百川的民族，在漫长的历史进程中，不仅输出文化，也学习其他民族的好东西，从不同文明中寻求智慧、汲取营养。在这个世界上，不管是谁，都应维护各国各民族文明的多样

性，加强相互交流、相互学习、相互借鉴，而不应该相互隔绝、相互排斥、相互取代。同时，中华优秀传统文化注重发挥教化功能，助益国家治理，体现经世致用。在教育实践中，要让中小学生既更加热爱祖国，又懂得国际理解，还明白“空谈误国、实干兴邦”的道理。

三、准确把握中华优秀传统文化教育的关键环节

学校是中小学生学习中华优秀传统文化的主渠道，校长、教师、班主任都要准确把握加强优秀传统文化教育的关键环节，因地制宜，因材施教，循序渐进，循循善诱。

第一，把中华优秀传统文化教育融入课程体系。全面深化基础教育课程改革，在品德、语文、历史、艺术等课程标准中，增加中华优秀传统文化内容比重，尤其是要增加爱国忠诚、孝敬父母、尊敬师长、文明诚信、勤俭节约、吃苦耐劳等美德。地理、数学、物理、化学、生物等课程，也应结合教学环节渗透中华优秀传统文化相应内容。充分发挥中小学德育课的重要作用，促进思想品德教育与中华优秀传统文化教育紧密结合。鼓励各地各学校充分挖掘和利用本地优质文化资源，开设地方课程和校本课程。至于开不开“国学课”，搞不搞专门教室，穿不穿长袍大褂，则不必做统一要求，关键是深入挖掘各门课程内涵，提升教育教学的效果。

第二，把中华优秀传统文化教育融入社会实践活动。完善优秀传统文化实践教育体系，鼓励青少年学生走出校园、走进社会，了解国情，参加公益活动、文化体验、社区服务、志愿者活动等，引导他们在实践中感受优秀传统文化，避免把优秀传统文化当作书本上的抽象教条，或是流于摇头晃脑与浅尝辄止。要动员中小学生从身边小事做起、从一点一滴做起，逐步内化于心，增强自觉奉行能力。鼓励广大中小学生踊跃参加教育部组织的2015—2017年“少年传承中华传统美德”系列活动，在小小百家讲坛、墨香书法展示、寻访红色足迹上传承美德、显露才艺、经受锻炼。充分利用春节、清明节、端午节、中秋节和历史重要事件、重要人物纪念日，把优秀传统文化的内容渗透到生动活泼的日常生活、民俗文化娱乐活动中，实现内容和形式的有机结合，让学生便于参与、乐于参与，

在实践活动中陶冶心灵，逐渐成为优秀传统文化教育的传播者、实践者和推动者。

第三，把中华优秀传统文化教育融入学校文化建设。要开展校风、班风、学风建设，将优秀传统文化融入校园物质文化、精神文化、制度文化、行为文化之中，与课堂教育教学互为补充。可邀请传统文化名家、非物质文化遗产传承人等进校园、做示范，可依托少先队、共青团、学生会、学生社团等，开展主题教育、理论研讨、社会实践、志愿服务、文艺体育等平台，可利用学校博物馆、校史馆、图书馆、档案馆等载体，发挥各自独特的文化育人功能。

第四，把中华优秀传统文化教育融入学校管理工作。充分挖掘优秀传统文化中注重道德、顾及情感、追求和谐等积极因素，将其贯穿于学生的行为规范管理、班级管理和其他面向学生制定的各种规章制度中，引导学生通过身体力行逐步内化为受益终身的行为习惯和道德自觉。将贯彻 2015 年版《中小学生守则》的过程，作为加强中华优秀传统文化教育的契机。充分考虑青少年学生的身心特点和学校管理工作规律，把学校、学生管理的每一个细节自然地与优秀传统文化建立联系，使之适合我国文化特点、现实国情、学生认知规律和民众心理特点，努力造就兼具中华文化底蕴和现代文明意识的一代新人。

试论新形势下学校文化建设*

党的十七届六中全会是在全面建设小康社会和文化改革发展关键阶段召开的重要会议。会议深刻地阐述了新形势下推进文化改革发展的重大意义，审议通过了《中共中央关于深化文化体制改革推动社会主义文化大发展大繁荣若干重大问题的决定》，从战略上对文化改革发展进行了全面部署，提出了明确要求。教育系统和广大中小学应根据中央要求，针对学校实际，积极投身到文化建设中来。

一、学校文化建设的基本含义

本文所述的“学校文化”指中小学学校文化，相应地“学校文化建设”亦指中小学校的文化建设。学校文化既具有一般文化的属性，又具有自身的特点。加强学校文化建设，需要从不同角度理解学校文化的含义。

（一）学校文化具有广义文化的一般性

学校文化是一种组织文化，具有一般文化所固有的特征。西欧“文化”一词来源于拉丁文，原意是指农耕和作物培植，文艺复兴以后逐渐推广使用，把对人的教化称作文化。英国人类学家泰勒率先认为文化是一个复杂总体，包含知识、信仰、艺术、伦理、法律、风俗以及个人习得的能力和形成的习惯。其他多位国外学者从各自学术立场和观察角度出发，也对文化做出了相应定义。尽管表述不同，但他们都承认，文化是指人类创造出来、可以通过学习获得并为后人学习和传递下去的一切物质和非物质产品。① 在中国，“文化”的含义也十分广泛，读书、写字、文学、艺术、图书、考古、民俗、礼仪、宗教等都属于文化。

---

* 本文原载《教育研究》2012 年第 1 期。

① 郑金洲. 教育文化学 [M]. 北京：人民教育出版社，2000：11.

尽管文化包罗万象，但大致可归纳出三个构成方面。一是观念形态，包括人们的世界观、价值观、宗教信仰、道德标准、认知能力、思维方式、心理特征等。二是物化产品，包括透过物质形式能反映人类精神世界变迁和人们观念差异的产品等。三是生活方式，包括人们的衣食住行、婚丧嫁娶、生老病死、家庭生活、社会生活等。构成文化的各因子之间有着千丝万缕的联系，研究文化问题时，不仅要考察它内部的各构成因素，更要努力探寻它们之间的内在联系。文化的性质受自然环境影响，更是由社会政治经济制度决定的。观念形态的文化是一定社会政治经济制度的反映。物质文化除了受社会制度影响之外，还受自然环境制约。文化是人类创造出来的，可以后天习得；文化是可供一个群体或社会全体成员共同享有的，并可以代代相传；文化是多样的，特殊性是其本质，相似性是其表现。广义的文化包含教育活动。通常意义上的文化，与教育成交叉关系。在新的形势下，开展学校文化建设要应对经济社会发展对教育的新期待，主动引领社会文化发展。

（二）学校文化体现教书育人的特殊性

学校文化是一种特殊文化，具有自身特点，与其他行业文化有所不同。各行各业都可以有本行业的文化，经济部门的文化突出富民，政治机构的文化突出民主，文化领域的文化突出文明，社会组织的文化突出和谐。企业文化重在创造利润、占领市场、形成工业化商业化团体，同时提倡双赢、多赢，回馈社会。社区文化注重提高居民素养，鼓励利益共存、相互帮助、绿化美化、门户安全。村镇文化注重改变农村相对落后状况，提高农民文化修养，促进社会主义新农村建设。

学校文化是学校群体成员在教育教学和管理实践中逐渐积累和共同创造生成的价值观念、思维模式、行为方式及其活动结果，以具有特色的学校精神、学校制度和物质形态为其表现形式，影响和制约着学校全体成员的思想和行为。学校文化可以分为理念文化和具体文化，理念文化突出学校的办学思想、办学价值观、学校精神、校风、教风、学风等；具体文化包括课程文化、网络文化、制度文化、物质文化等。学校文化建设具有自觉性，有目的、有意识地进行建设；具有集中性，集中于一定年龄、一定场所进行传承；还具有有效性，有专人引领，有经费支持，可广泛传播优秀文化，整体提升国民素质。①

（三）学校文化发挥核心价值的引领作用

学校文化直接涉及学生成长，具有明确导向，必须倡导先进文化，弘扬优秀传统，提倡核心价值观。先进文化包括世界先进文化结晶，更包括中华传统文化瑰宝。学校文化要弘扬中华传统文化，突出天下为公的价值观，天人合一的自然观，厚德载物的道德观，自强不息的人生观，先天下之忧而忧、后天下之乐而乐的幸福观，仁政、德政、修身、齐家、治国、平天下的政治观，有教无类的教育观等。学校文化不只是传承古代文化，更要弘扬现代意识，把现代优秀的思想通过恰如其分的方式加以渗透。

在当前和今后相当长的时期，学校文化建设要侧重弘扬以爱国主义为核心的民族精神和以改革创新为核心的时代精神，突出社会主义核心价值体系的要求，让学生具有社会主义荣辱观，具有民主法制、自由平等、公平正义的理念，为培养具备高尚道德情感、有责任心、有正义感、有奉献精神的社会主义合格公民奠定坚实基础。学校文化建设，最主要的是学校文化管理，即从文化的视角管理学校。学校文化管理要侧重于体察师生内心，最大限度地调动每个人的激情，让学校成为师生的精神家园。

二、学校文化建设的现实意义

在当前社会急剧转型、多种社会文化观念激荡、传统教育观念和现代教育观念的冲突中，学校文化建设显得格外重要。开展学校文化建设，校长、教师、学生都是重要主体，制度层面、精神层面、物质层面的文化都不能忽略。

（一）学校文化建设是教育系统贯彻中央精神的重要举措

在物质条件得到改善之后，广大人民群众对精神文化生活的追求越来越高。时代呼唤文化，文化凝聚力量。党的十七届六中全会顺应历史潮流，对社会主义

① 卢元锴. 论学校文化的背景及发展策略［J］. 现代校长，2005（11/12）.

文化建设做出了全面部署。中小学校应坚持马克思主义指导地位，坚持不懈地用中国特色社会主义理论教育全体师生员工，在真学真懂真信真用上下功夫。加强理想信念教育，让学生获得学习动力；提倡诚实守信教育，让学生保持本真做人；开展心理健康教育，让学生形成阳光心态。还要加强学校德育体系建设，动员社会各方面共同做好青少年思想道德教育工作。中小学对自身的文化建设要发挥主导作用，同时，政府、教育部门、社会各界应为学校文化建设提供更多支持，共同为年轻一代的健康成长和全面发展创设良好环境。

（二）学校文化建设是构建社会主义和谐社会的必然要求

社会主义和谐社会强调民主法治、公平正义、诚信友爱、充满活力、安定有序、人与自然和谐相处等。学校文化建设倡导和谐社会理念，有利于和谐社会构建。第一，学校可成为民主管理、依法管理的实践基地。学校在制订发展规划或做其他重要决策时应发扬民主，广泛听取意见，并考虑其是否在技术上可能、经济上合理、法律上允许、操作上可执行、进度上可实现。同时要提倡依法治校，学校的各项规章制度都应依法制定。第二，学校应成为公平正义、诚信友爱的基地。教育公平是社会公平的起点和核心环节。学校的大门是向人人敞开的，没有全民教育的普及和提高，便没有国家现代化的未来。教育不能只关注精英、面向少数，而应面向全体学生，要让所有学生享有平等接受教育的权利，尤其应将教育资源向基层和弱势群体倾斜，用教育公益性和公平性促进社会和谐。第三，学校可成为充满活力、安定有序的创新平台。学校要尽可能创设各种情境与机会，让管理者、教师、学生都能得到发展，让不同的人找到各自的位置，各得其所，激发师生的创新潜力，使其发挥最大潜能，鼓励优秀人才脱颖而出。第四，学校可成为培养与自身、与社会、与自然和谐相处的一代新人的成长沃土。通过学校文化的浸润，学生可形成积极的人生态度、良好的素质，为和谐发展奠定基础。

（三）学校文化建设是落实科学发展观的生动体现

科学发展观是新形势下指导我国各项工作的行动指南。科学发展观强调以人为本，学校文化建设着眼的也是人的价值。广义上说，有了人，就有了历史，有了文化。人之所以为人，主要不在于人是一种具有生理特性的物质存在，而在于人有文化。学生不仅是学习知识的认知体，更是有血有肉的生命体。学校必须关心人、尊重人、理解人，促进学生全面发展和健康成长。学校文化突出人的培养，具有明确的时代特征，在与社会互动的过程中形成学校共同信念和价值追求。这种信念和价值追求能够影响和支配学生的行为方式并积淀为学校内在的精神，它弥散于学校之中，无形中主导着学校的运行和发展。只有开展学校文化建设，才能提升学校的软实力，才能将以人为本、全面、协调、可持续发展的科学发展观落到实处。

（四）学校文化建设是基础教育改革发展的迫切呼唤

在工业化、信息化、城镇化、市场化、国际化深入发展的大背景下，在落实《国家中长期教育改革和发展规划纲要（2010—2020年）》过程中，我国教育进入了推动公平、提高质量、深化改革、完善体系的新阶段。九年制免费义务教育在全国城乡已全面普及，高中阶段教育迅速发展，“有学上”问题已得到解决，“上好学”诉求则日益凸显，基础教育的工作重点需要从规模扩张向内涵提升转变。加强文化建设、提升学校品质是中小学校内涵提升的重要抓手和核心内容。

我国基础教育已处在一个新的发展时期，呼唤着学校文化建设和学校品质提升。从外部看，政府加大了教育投入，改善了办学条件，开展了学校布局调整，为学校文化建设奠定了基础。但是，在教育改革发展中也存在着一些问题，比如，如果农村学校撤点并校过急过快，村子里没有了琅琅读书声，则农村文化生态会受到影响。又如，鼓励教师流动是促进义务教育均衡发展的有效措施，但如果操作不当，可能会削弱某些学校已有的文化特质。从内部看，基础教育课程改革向纵深发展，教学形式五彩纷呈，但考试评价制度相对滞后，亟待培育一种以师生为本的新文化。面向未来，现代教育制度和教育实践必将进一步呼唤学校文化建设的自主、创新、内涵发展，催生学校文化建设的自觉、自信、能动意识，追求学校文化建设的有效、深入、持续进行。

三、学校文化建设的主要路径

建设学校文化，要处理好理想与现实的关系、理论与实践的关系、共性与个性的关系、继承与创新的关系、责任与利益的关系等。建设学校文化，既要因地制宜、因校制宜，又要有所遵循，少走弯路。

（一）塑造学校共同价值观，体现文化自觉

学校文化建设不是自给自足的存在，它受社会文化的制约并与其互为滋养。学校要有一种文化自觉，要意识到学校的文化精神，学校在当代中国社会的文化发展中的历史使命。这既是由学校文化建设与社会大文化复杂生态直接关联所决定的，也是由学校在文化继承和创新中的独特地位与功能所决定的。因此，学校文化建设不能局限于学校范围内思考问题，而应该关注社会文化环境对学校文化建设的作用，建立起社会文化与学校文化之间的良性互动联系。一所学校选择什么、崇尚什么、追求什么，外显为教育行为和校风，内隐的则是学校价值观。学校价值观为学校全体师生员工指明了共同的愿景，影响着师生员工和学校的日常行为、精神追求与发展方向，是学校取得成功的必要条件。① 学校的共同愿景是规范教育行为、引领学校发展的巨大推动力。在新的形势下，开展学校文化建设要自觉地将社会主义核心价值体系融入课堂教学、融入社会实践、融入学校管理、融入班主任工作。

（二）确立学校文化建设高品位，增强文化自信

学校文化建设就是通过继承、创新和整合，使先进的、高品位的文化成为学校的强势文化、主导文化。我们应从制度文化、精神文化、行为文化和物质文化等方面进行学校文化创建，增强学校核心发展力和文化自信。学校文化应是开放的，提倡国际主义与爱国主义的统一、合作与竞争的统一、共性与特色的统一。学校文化建设要追求高品位文化，塑造符合时代要求的文化，要加强文化传承与交流，弘扬中华传统文化，吸收借鉴国外优秀文化成果，在互动交流中丰富和发展社会主义先进文化。学校管理过程就是学校文化建设的过程。要建设优秀的学校文化，就必然要选择优良的管理、体现现代理念的管理，形成一种既有民主，又有集中；既有自由，又有纪律；既有统一意志，又有个人心情舒畅的良好局

① 卞恩鸿. 学校文化管理的实践与思考 [J]. 基础教育参考. 2008 (9).

面。一所学校的文化离不开管理，一所学校的管理也离不开文化，优秀学校文化引领学校管理。

（三）动员全员参与，发挥校长、教师、学生的能动作用

1. 校长要改善管理行为

校长是学校文化的掌舵者、营造者。学校管理的事务千头万绪，但校长必须保持强烈的文化意识，避免陷入事务堆里。校长对学校文化的理论认识如何，积极性、主动性如何，是否具有文化自觉性，决定着一所学校文化发展的厚度与宽度。① 在学校文化建设中，校长和学校管理团队应该自觉转变领导行为，激励人、培育人、发展人，要转变重事轻人、重权术轻品德、重他律轻自律、重控制轻激励、重效率轻价值等观念。

2. 教师要发挥主体作用

教师是学校文化建设的主导者、播种者、实践者，他们通过课程与活动实现文化的传承与创新。教师文化建设的内容包括教师的教育观念和教师的教育教学行为方式，具体包括教师观念、教师行为、教学研究、行为风范和文化活动等。要建设共同的精神家园，使教师具有归属感，增强学校的凝聚力，发挥教师积极性和创造性。教师必须积极践行学校的文化理念，否则学校的文化就变成无本之木、无源之水。教师要实践学校的文化理念，前提是自己要领悟学校文化。教学是学校文化建设的落脚点和基石，通过教学，教师传播文化知识，并内化于人的内在精神结构的一部分。由此，文化也实现了自身的延续、更新和发展。所以说，学校文化建设要源于教学，融于教学，在教学中实现学生的发展和文化的生态循环。

3. 重视学生对文化建设的参与

学生是学校文化建设的承载者、体现者、参与者。学生文化建设要依据学生

① 徐文彬，张勇. 我国学校文化建设研究：成就与展望［J］. 当代教育与文化，2009（2）.

文化的多层次性，以理想信念、价值观的精神层次为核心去建设学生观念文化和活动文化；依据学生文化的多系列性，选择不同年龄段学生文化建设的重点；依据学生文化的多层次性，既要重视价值观培养层面的建设，也要重视礼仪文明层面的建设；依据学生文化的多形态性，重视学科课程文化资源的开发，既要有必修课，也要有选修课、社团活动、综合实践活动等。通过多层次的文化建设，形成养成机制、自律机制和创新机制。

（四）抓住学校文化建设的关键环节，力求取得成效

1. 逐步形成课程文化

要形成课程文化，就要实施好国家课程，建设好校本课程；建立融洽的师生关系，力争实现教学相长；不断提高教学效率，拒绝过重课业负担；既培养学生能力，增强学生体质，又将健康的情感、端正的态度和正确的价值观自然融入教学过程之中。欲形成课程文化，先要形成学校的课程特色，进而在先进思想的指引下，逐渐进入一种有益的课程文化氛围之中。

2. 积极探索网络文化

随着时代的发展，网络正广泛影响着师生的学习、工作和生活。在网络德育方面，要强化教师的网络德育意识、网络主体意识、网络法律意识和网络资源意识，丰富网络道德生活的内容，积极抵制消极文化的影响。教育学生不浏览、不传播、不制作不良信息，慎交网友，不进入营业性的网吧，培养学生对网上信息的辨别能力。

3. 不断完善制度文化

民主与法制是建设现代学校的人文基础，学习与创新是推进现代学校建设的不竭动力，发展与诚信是个体与团队的信誉所系。学校制度文化是学校在日常管理要求或规范中逐步形成的，是全体学校成员认同和遵循的精神规范，体现着学校个体特有的价值观念和行为方式。“不依规矩不能成方圆”，要不断完善制度文化，使人人都能遵守制度。

4. 整体提升物质文化

物质文化建设应该独具匠心，以物载德。学校的校容校貌等外在形象是把学校形象传播给社会公众的外显性视觉对象，它是学校现代文明程度的外在表现。建筑或造型新颖，具备时代气息，或古朴典雅，体现文化底蕴。学校建筑要符合学校特色，具备足够功能，总体风格保持一致、协调、和谐，营造校园文化氛围。学校要规划好硬件环境和软件环境，为养成学生优良个性服务；学校要突破课堂和围墙束缚，创设躬行实践的机会，加强环境教育，培养与自然和谐相处的观念。

学校文化建设是一个非常复杂的过程，内容涉及面广，开展学校文化建设的途径也丰富多样。中小学应探讨各种途径之间的关系，整合学校文化建设途径，使其形成一个有机整体，产生最佳效果。党的十七届六中全会指明了社会主义文化大发展大繁荣的方向，现在开展学校文化建设面临大好机遇，我们不能只有愿望，而要付诸行动。学校要顺应新形势，针对新情况，制订文化建设规划，明确文化建设主体，积聚文化建设力量，从而真正使学校办出特色，提升质量和品质。

第七编

推进教育治理

推进基础教育治理体系和治理能力现代化*

党中央明确提出，全面深化改革的总目标是完善和发展中国特色社会主义制度，推进国家治理体系和治理能力现代化，明确了深化综合改革朝什么方向奋斗、在什么地方聚焦、于什么环节着力。基础教育系统要深刻领会、全面把握、深入贯彻中央精神，不断增强深化综合改革的紧迫性和责任感，牢牢扭住和抓实各项重点任务，紧紧围绕简政放权和科学用权，率先实现治理体系和治理能力现代化，充分发挥基础教育全局性、先导性和前瞻性作用，为实现教育事业总体及国家治理体系和能力现代化全局奠定基础。

一、推进基础教育治理现代化已势在必行

第一，推进基础教育治理现代化是落实中央决策部署的必然要求。中央将治理现代化作为深化改革总目标，反映了新形势下我们党对治国理政理念和方式规律性认识的深化。过去我们强调管理，现在则提倡治理。强调管理，主要体现自上而下来用力，提要求；提倡治理，主要期冀调动方方面面积极性，重协商。当前，中央要求改作风、转职能，实质上都是完善治理体系、提高治理能力。国家全面深化改革为教育改革开启了新的窗口期，基础教育系统一定要深刻领会中央精神、自觉遵循中央要求，抢抓机遇、乘势而上，推动转变，加快实现各项管理从等级制向网络化的转变；从把人当作资源和工具，向把人作为参与者的转变；从命令式的信号发布到协商合作的转变。

第二，推进基础教育治理现代化是适应教育形势变化的战略抉择。当前，教育形势发生了深刻变化。我国举办着世界最大规模的基础教育，各级各类学校组织的复杂化、结构的多样化、水平的差异化以及人民群众教育诉求的个性化都在

* 本文原载《基础教育参考》2014 年第 15 期，选入本书时略有改动。

不断增强。教育规模扩大后，各方面更加关注教育质量和水平；教育经费投入增多，各方面更加关注教育公平和效益；接受高等教育人数不断增长，各方面更加重视教育结构和布局。城镇化加速推进，教育人口出现了前所未有的迁移流动；经济全球化日益深化，国际竞争异常激烈，加强对外交流合作日益紧迫；信息化的飞速发展，对基础教育理念和方式带来多方位的冲击。基础教育作为社会的一个子系统，随着形势的发展变化，迫切需要加快实现由办教育向管教育转变。教育行政部门要由微观管理走向宏观管理，由直接管理走向间接管理，由教育管理走向教育治理。

第三，推进基础教育治理现代化是实现教育现代化的重要内容。实现国家现代化，教育要率先现代化；实现教育现代化，就必须包含基础教育现代化。党的十八大明确提出，到2020年教育现代化基本实现。让世界最大教育体系整体进入现代化，任务十分艰巨。在致力于教育现代化过程中，不能只重硬件建设，还要重内涵提升，更应重治理体系塑造。如果不能尽快实现教育治理体系和教育治理能力现代化，教育现代化的目标就不可能如期实现。我们必须充分认识推进教育治理体系和治理能力现代化的重要性、必要性、紧迫性，以更加清醒的认识、更加主动的姿态、更加执着的努力，完成好我们这一代人必须面对、必须回答的时代课题，交出一份合格答卷。

第四，推进基础教育治理现代化是破解热点难点问题的现实举措。当前，基础教育工作在取得巨大成就的同时，还存在不少问题。学生创新精神、实践能力还不足，办学活力还不够，教育与经济社会发展的联系还不紧，国际竞争能力还不强等。这些问题，原因有很多，究其根本，不在学生、不在教师、也主要不在书记校长，而在教育管理部门：在于我们管理理念落后、管理体制落后，以及由此带来的管理方式落后、管理能力落后，导致政府、学校、社会之间的关系没有理顺，政府缺位、越位、错位的现象时有发生，制约了学校办学的积极性、社会参与的积极性；不同层级政府之间教育权责交叉，上级部门管得过多过细过于简单，制约了基层因地制宜创造性地开展工作；管理方式单一，习惯于用分数管学生、用升学率管教师，制约了学生的创造性、教师的创造性；等等。这些问题如果不能有针对性地予以破解，教育管理体制机制就不能实现很好转变，我们的工作就难免事倍功半，甚至可能事与愿违。

二、推进基础教育治理现代化应突出重点

（一）把好方向，落实立德树人根本任务

全面贯彻党的教育方针，坚持社会主义办学方向，做好立德树人、教书育人的工作，始终是教育第一位的要求。当前的关键，是要把党的教育方针和社会主义核心价值观细化、实化、具体化，进而转化在学生的系统培养之中，从根本上唤起人们的生命存在意识、精神追求取向。

一要培育和践行社会主义核心价值观。2014 年“六一”前夕习近平总书记到北京市海淀区民族小学参加主题队会活动时，寄希望于各级教育部门和学校，践行和培育社会主义核心价值观，真正把 24 个字落实到校，落实到班，落实到每个学生的心坎上，转化成自觉行动；寄希望于广大中小学生，记住要求，心有榜样，从小做起，接受帮助。深入学习领会习近平总书记讲话精神，就要把立德树人作为推进基础教育治理现代化的方向，全面落实教育部《关于培育和践行社会主义核心价值观进一步加强中小学德育工作的意见》，改进课程育人、实践育人、文化育人、管理育人，全方位提升育人水平。

二要修订好、落实好《中小学生守则》。守则是中小学生最重要的行为指南，伴随学习生活全过程，影响个人成长一生。面对新时代新形势要求，立足治理模式和内容变革，我们正在加快修订《中小学生守则》。为修订出各方普遍认可的守则，将广为征求社会意见，把修订和贯彻守则作为吸收全社会参与学生德育建设的范例，使其成为改革治理模式的有益探索。

三要学习贯彻中华优秀传统文化。民族的才是世界的，民族元素永远是深化治理改革的不竭源泉。要全面贯彻《完善中华优秀传统文化教育指导纲要》，分段有序推进，融入课程和教材体系，创新教学方法，提升相关师资水平，增强多元支持，提供条件保障，打牢培育和践行社会主义核心价值观的思想文化根基。

四要突出实践环节促进全面发展。要坚持知行统一原则，完善“青少年志愿服务制度”，将学生在学期间参加志愿服务逐步纳入学生综合素质评价指标。要加强和改进体育美育工作。牢固树立健康第一的教育理念，教会学生掌握一两项

终身受益的运动技能，养成锻炼身体的良好习惯。因地因校制宜，教会学生使用一两种乐器、培养一两项艺术爱好，提高学生审美情趣和人文素养。

（二）促进公平，推进基本公共教育服务均等化

公平正义是社会主义本质要求，教育公平是社会公平的重要基础。要在教育公平上多想办法、多做实事，用教育公平重新审视体制机制，重新评估政策措施，通过规则调整和制度创新，不断提高教育公平水平。对于基础教育，特别是义务教育要兜底线，确保每一个孩子上好学。保基本，促进每一所学校达到基本的办学条件。上水平，不断扩大优质教育资源的覆盖面。集团化办学是共享优质教育资源，以治理模式变革快速促进教育公平的有效途径。继续发挥优质学校的辐射带动作用，鼓励建立学校联盟，探索集团化办学，提倡对口帮扶，实施学区化管理，整体提升学校办学水平。推动办学水平较高学校和优秀教师通过共同研讨备课、研修培训、学术交流、开设公共课等方式，共同实现教师专业发展和教学质量提升。

（三）优化结构，促进各级各类教育协调发展

不断调整优化教育结构，是适应经济社会发展、推动经济转型升级的要求，也是政府教育宏观调控的重要内容。对于基础教育，结构创新意义重大。要把义务教育均衡发展作为基础教育工作的重中之重，要把普通高中教育的改革创新谋划好推动好，还要着力解决入园难入园贵的问题。要在支持公办教育的同时，鼓励社会力量办学，全面清理各类歧视性政策，创造统一开放、公平竞争的发展环境。要注重普通教育与职业教育的衔接，按照系统培养要求，促进普通教育与职业教育协调发展。北京市丰台区教育集群的治理模式突破了传统的教育集团化办学，不仅限于义务教育学校之间强带弱的互相帮助形式，还实现了真正意义上的教育共同体，值得继续深入观察、跟踪。教育部和全国各级教育行政部门的重要职能就是发现典型、甄别典型、培育典型、推广典型。推进基础教育治理现代化，要充分贯彻这一思想，发挥先进典型的示范带动作用。

（四）锐意改革，创新基础教育治理方式

一要深化免试就近入学。要进一步巩固义务教育招生入学治理成效，贯彻落实教育部《关于进一步做好小学升入初中免试就近入学工作的实施意见》和教育部办公厅《关于进一步做好重点大城市义务教育免试就近入学工作的通知》，合理划定招生范围，有序确定入学对象，规范办理入学手续，全面实行阳光招生，逐步减少特长招生，在加快均衡发展的同时，健全科学、明晰、便利的免试就近入学制度，不断提高治理水平，促进教育公平。特别要抓主要矛盾，重点推动做好起示范作用的19个重点大城市（直辖市、计划单列市、副省级省会城市）的相关工作。

二要推进电子学籍应用。目前，电子学籍系统建设已经取得阶段性成效，基本实现了“一人一号、全国统一、籍随人走”，成为基础教育治理模式改革的有效载体和抓手，极大地方便了家长。转学时，家长只需向转入学校提出申请，不再需要各地间往返奔波。从转入学校发起申请到完成全部转学审核，4个环节均在网上进行。同时，极大地提高了效率。广东省增城市中新镇福和中学的一名学生转往河南省安阳市第三十二中学，仅12小时便全部完成。2014年上半年，学籍管理系统共为180万名学生办理省内转学，完成跨省转学20万例。在事业统计、经费管理、学生资助等方面也逐步显现出综合效益。教育部已与公安部进行学生身份基本信息核对，还将进一步完善系统功能，并支持各省、自治区、直辖市以学籍系统为基础开发学分管理、综合素质评价、招生管理等特色功能。

三要推进法治建设。“政贵有恒”。法治是现代教育治理的基本特征，对教育事业科学发展具有稳定持久的保障作用。推动《中华人民共和国教育法》《中华人民共和国教师法》《中华人民共和国民办教育促进法》一揽子修订工作，不断健全教育法律制度体系。要普遍建立法律顾问制度，完善规范性文件、重大决策合法性审查机制，健全规范性文件备案审查制度。教育部将出台《义务教育学校管理标准（试行）》，让学校管理更有遵循。

四要强化教育督导。逐步实现管、办、评相对分离，进一步发挥教育督导的作用。按照教育部和各省、自治区、直辖市签署的《义务教育均衡发展备忘录》和《县域义务教育均衡发展督导评估暂行办法》，全面开展对县级人民政府推进

义务教育均衡发展工作的评估验收。各地要抓好《关于推进中小学教育质量综合评价改革的意见》贯彻落实，对中小学教育质量进行“绿色评价”，从德、智、体、美、劳等方面评价学校和学生，促进学生全面发展和健康成长。

（五）体现自主，加快建设现代学校制度

一是完善内部治理结构。教育有没有活力，关键要看学校有没有活力。推进教育治理体系和治理能力现代化，必须把学校作为基本立足点，建立以学校持续健康发展为导向的工作机制，最大程度激发学校作为教育“细胞”的活力。要依法制定学校章程，规范学校治理行为，提升学校治理水平。制订学校发展规划，明确学校中长期发展目标，确定年度实施方案，科学评估学校发展进程。制定并完善各项管理制度，建立便捷有序的办事程序，完善内部机构组织规则、议事规则等。采取多种方式学习借鉴先进的管理经验，提升校长和管理团队的领导力。指定专人负责学校法制事务或聘请专业机构、人员作为法律顾问，协助学校处理法制事务。

二是坚持校长负责制。要准确领会中小学校实行校长负责制的内涵，克服片面认识。明确校长是学校的法人代表，支持其创造性地办好学校。在上级党组织和教育行政部门领导下，校长对学校的教育教学和行政管理工作全面负责，学校党组织发挥政治核心作用，教代会参与学校民主管理、民主监督。建立校务会议制度，民主决策学校重大事项。健全教职工代表大会制度，涉及教职工切身利益及学校发展的重要事项，提交教代会讨论通过。建立信息公告栏，公开校务信息，保证教职工、学生、相关社会公众对学校重大事项、重要制度的知情权。建立学校领导接待日制度，设立校长信箱，收集学生、教职工和家长的意见和建议。

三是发挥学生自主作用。探索学生代表参与学校治理或决策的机制，建立学生自主管理的相关制度，发挥少先队、共青团、学生会、学生社团的作用，引导学生自我管理和参与学校治理。搭建信息沟通平台，使学生的意见和建议能及时上传。学校每学期至少召开一次听取学生意见的会议。制定涉及学生利益的管理规定时，充分征求学生及其家长意见。

四是做好校内校外衔接。贯彻教育部《关于建立中小学幼儿园家长委员会的

指导意见》，中小学要普遍建立家长委员会，并让其运转起来，参与学校管理工作，发挥智囊团和“保护膜”作用。学校的决策，要充分参考家长意见，调动家长的积极性和创造性。根据学校发展状况和家长实际情况，采取灵活多样的组织方式，确保家长委员会工作取得实效。引入社会和利益相关者的监督，密切学校与社区联系，促进社区代表参与学校治理。积极主动争取社会资源和社会力量对学校教育的支持。有序开放学校体育文化设施，服务社区居民。通过共同努力，构建学校、家庭、社会密切配合的育人体系。

三、推进基础教育治理现代化要主动对标

中共中央新修订颁布的《中国共产党廉洁自律准则》（简称《准则》）和《中国共产党纪律处分条例》（简称《条例》），是党中央实现依规管党治党、加强党内监督的重大举措，体现了党的十八大以来全面从严治党的力度，是全面加强党的建设的重大制度创新，彰显了全面从严治党的坚定决心。深入学习贯彻《准则》和《条例》，推动全面加强中小学党建工作，是当前基础教育战线广大党员干部的一项重要而紧迫的政治任务。

一要把握根本遵循，把要求记下来。新修订的《准则》和《条例》以党章为根本遵循，适应全面从严治党新的实践需要，将党章的纪律要求和廉政要求进一步细化和具体化，提出了“四个必须”“八条规范”和“六大纪律”，是全面从严治党的不断深化。基础教育领域广大党员干部应该认真阅读《准则》和《条例》全文，领会精神实质，做到“内化于心”。

二要坚持以德治党，把标准立起来。《准则》重在立德，紧扣“廉洁自律”，坚持正面引导，面向全体党员，重申了党的理想信念、根本宗旨、优良传统作风、高尚道德情操等原则要求；突出党员领导干部这一“关键少数”，提出了廉洁从政、廉洁用权、廉洁修身、廉洁修家等，确定了道德“高线”，为加强党员党性修养，筑牢思想防线，提供了有力武器。教育部门的负责同志、中小学校长要带头执行规定、践行标准，共同营造风清气正的教育生态。有了这些标准和规定，有助于让《准则》和《条例》“外化于形”。

三要坚持依规治党，把纪律严起来。《条例》重在立规，坚持纪法分开、纪

在法前、纪严于法，围绕党纪戒尺要求，列出“负面清单”，划出了党规党纪“底线”，突出强调政治纪律、组织纪律和廉洁纪律，着力解决管党治党和执行纪律失之于宽、失之于松、失之于软的问题。基础教育领域的党员干部要坚持把纪律和规矩挺在前面，远离违纪红线；对违反党规党纪行为要抓早抓小，防止小错酿成大错、从违纪走向违法。

四要加强党的建设，把责任担起来。各地教育部门和广大中小学校要将中小学党建工作抓紧、抓实、抓好。在构建现代学校制度和坚持校长负责制的同时，进一步发挥基层党组织的政治核心作用和党员教师的先锋模范作用，着力打造一支党性强、业务精的基础教育工作队伍，全面贯彻党的教育方针，落实立德树人根本任务，积极践行社会主义核心价值观，培养社会主义合格建设者和可靠接班人。

五要推进依法治教，把工作做起来。坚持全面从严治党，不是纵容懒政怠政，而是要给想做事、能做事、干成事的人创造条件。一方面要严明纪律底线，推进依法治教、依法治校；另一方面也要鼓励锐意进取、有所作为，不断提高教育系统广大党员干部依法依规履职的能力。要深入贯彻落实党的路线方针政策，深化基础教育综合改革，促进基础教育创新发展、协调发展、绿色发展、开放发展、共享发展。

加快推进基础教育治理现代化，是我们面临的时代命题，是必须完成的崭新课题，也是十分艰巨的历史任务。完成好这一任务，无论思想观念、精神状态，还是知识储备、工作方法，我们都还有许多不适应之处。能力不足、本领恐慌的问题现实地摆在每一个教育管理者的面前。我们要以强烈的使命意识、责任意识、危机意识，切实提高认识、增强本领，打好深化基础教育领域综合改革这场攻坚战，实现基础教育治理体系和治理能力现代化的总目标。

义务教育学校规范管理的若干思考*

2006年9月1日起施行的修订后的《中华人民共和国义务教育法》（简称《义务教育法》），对义务教育经费保障、办学行为、学校管理、教育教学等方面都做出了明确规定。是开展义务教育学校规范管理的最高准则。据此，各有关责任主体和义务教育学校都必须把规范管理摆上议事日程，依法行政、依法治教、依法办学，促进学校管理水平提高和义务教育持续健康发展。

一、义务教育学校规范管理的意义

义务教育是国家统一实施的所有适龄儿童、少年必须接受的教育，是国家必须予以保障的公益性事业。义务教育学校（本文指实施九年义务教育的小学、初中）是构建国民教育体系和学习化社会的基本单位，是实施科教兴国战略的重要组成部分，是把我国巨大人口压力转化为人力资源优势的根本途径。实行规范管理，直接关系到义务教育公益性的体现，关系到义务教育学校育人功能的发挥。

义务教育学校规范管理是落实科学发展观的重要体现。坚持以人为本，全面、协调、可持续的科学发展观，必须切实转变教育发展观念、创新教育发展模式、提高教育发展质量。义务教育要在办学指导思想上坚持以人为本，面向每所学校，关注每位学生；要追求学校管理的科学性和民主性，调动广大教师的积极性和创造性；要立足于新的历史起点，针对新时期义务教育学校管理中的现实问题，树立科学发展理念，确定适当发展目标，制定学校管理章程并内化为学校全体人员的自觉行动，促进义务教育学校规范运转。只有坚持学校规范管理，才能真正把义务教育办成面向人人的教育，面向大众的教育。

义务教育学校规范管理是构建社会主义和谐社会的一项内容。教育公平是社

* 本文原载《人民教育》2006年第20期。

会公平的基石和核心环节，是社会公平价值在教育领域的延伸和体现，是构建社会主义和谐社会的步骤和要求。推进义务教育学校规范管理，办好每一所学校，有利于平衡、缓和社会矛盾，融洽社会关系。当前一些地方存在的“上学难，上学贵”和“择校热”现象成了受各界普遍关注的教育热点。实际上，“上学难”主要是指上具备优质教育资源的学校难，即“上好学校难”；“上学贵”主要是指“择校”过程中出现的乱收费和过高择校费，即“上好学校贵”。优质教育资源在很大程度上体现在学校管理水平上，规范的管理，优良的校风，上进的精神，是家长特别看重的。面向未来，提高所有学校特别是薄弱学校的管理水平势在必行。

义务教育学校规范管理是全面实施素质教育的有效路径。全面实施素质教育，必须面向全体学生，使人人都能得到良好的教育。义务教育学校规范管理，就是在办学指导思想上和制度保障上充分体现这一宗旨，始终着眼于提高国民素质，始终坚持办好每一所学校。义务教育学校规范管理，有利于促进校际之间均衡发展，减缓激烈升学竞争，减轻学生过重课业负担，防止办学行为及教育教学活动偏离素质教育方向。

义务教育学校规范管理是解决管理不规范问题的现实选择。我国经济社会发展已进入非常关键的时期，这既是重要战略机遇期，也是社会矛盾凸显期，为教育改革和发展创造了难得的机遇，也提出了新的要求和挑战。一方面，经济社会的快速发展和综合国力的不断增强，为教育发展提供了强大的物质基础，人民群众受教育的观念也在发生变化，希望子女接受高质量的、公平的义务教育；另一方面，分配不公、收入差距拉大等各种社会矛盾也不同程度地反映到教育领域中来，教育的社会需求更加广泛和迫切。一个时期以来，部分地方义务教育学校的办学体制改革不够规范，出现了政府在与学校关系方面的缺位、错位或越位现象。学校管理中各方责权不明，缺少章法，程序不清，或者有章不循，效率低下，或者独断专行，我行我素。还有的学校置国家课程计划于不顾，随意增减教学科目或课时，经常挤占学生休息时间搞集体补课，甚至按考试成绩给学生公开排队。对此，亟待通过规范管理加以解决。

义务教育学校规范管理是各国义务教育发展的共同愿景。放眼世界，可以看到各国在义务教育普及后，重点放在学校的规范管理和教育质量提高上。美国自

“9·11 事件”以来，以立法形式规范中小学办学行为，启动了加强学校管理的若干项目，并对学校办学质量进行监测。日本文部省制定了明确具体的义务教育学校规章，校长须依规办学，完成各种规定动作，履行法定职责。柬埔寨教育部一边普及义务教育，一边在联合国教科文组织指导下开发出详尽的学校管理操作指南，让学校管理者有所遵循，让督导部门有了评价标准。总体而言，多数国家义务教育学校管理趋于规范化，学校和校长必须在一定范畴内行使法律或政府赋予的办学责任。

二、义务教育学校规范管理的环境

学校是需要支持的。要求义务教育学校规范管理，必须提供必要的条件，创设适宜的环境。比如，真正做到学校规范收费，就需要政府依法足额拨付办学经费，让学校不必违规收费即可自如开展各种教育教学活动。提供必要条件，是有效规范办学行为、加强学校管理、提高教育质量的重要前提。

首先，依法落实义务教育公共财政经费保障机制。保障机制是发展义务教育的基础，举办义务教育的责任在政府。各级政府应按照科学发展观的要求和法律规定的义务，进一步巩固和完善义务教育经费保障机制，把维持学校运转的日常经费和事业发展的建设经费全面纳入财政预算。公用经费应能够涵盖学校按照国家规定开展的各种教育教学活动和合理的办学支出。此外，还要建立危房改造、学校设备更新、教师待遇提高等方面经费保障的长效机制，使得对义务教育的投入不因负责人的变化而变化，不因当事人重视程度的高低而不同。以后，义务教育学校需考虑的是如何把钱花好，花到何处更好，而不是从哪里可以得到钱，可否向学生收点儿钱。

其次，明确规范义务教育办学行为的责任主体。根据《义务教育法》规定，义务教育实行国务院领导，省、自治区、直辖市人民政府统筹规划实施、县级人民政府为主管理的体制。据此，应划清省级政府与下级政府的投入与管理职责，划清教育行政部门与其他部门在学校规范管理方面的工作职责，探索建立起一套责权明确、运转有效的工作机制。现在看来，各省级政府及其教育行政部门确有必要结合当地实际情况，制定和完善规范义务教育办学行为的规定，明确政策界限，把握政策尺度，指导和督促县区政府及其教育部门依法规范义务教育办学行为。县级政府及其教育部门负有规范本行政区域内所有义务教育阶段学校办学行为的直接管理责任，应严格执行有关法律法规和政策，及时纠正各种违法的办学行为。

再次，均衡配置公共教育资源。义务教育发展到今天，各地有必要制定或完善本地区义务教育阶段学校办学基本标准。根据标准对所有学校进行诊断、甄别，取消各种名目的重点学校，切实加大对薄弱学校的支持力度，增强其管理水平，加快推进区域内义务教育均衡发展。再也不能利用公共教育资源集中建设或支持少数窗口学校、示范学校。同时，身处节约型社会之中，教育工作者应树立节约意识，提倡资源整合，积极推动学区内各学校精品课程、优秀教师、实验设备、图书资料、体育场馆等资源的共享，发挥教育资源最大效益。当然，学校之间的均衡是动态的、相对的，推进均衡发展要避免急功近利或削峰填谷。

最后，尊重学校在具体教育教学活动中的自主权。规范管理不是让学校“戴着脚镣跳舞”，而是要按一定规则“跳舞”，具体怎么去跳还要鼓励大胆发挥。教育行政部门应给予学校在内部管理上的自主权，让学校根据实际情况具体实施管理工作，组织教育教学活动。与此同时，可要求学校认真研究解决管理中存在的老问题，及时发现管理中出现的新情况，继而从学校实际出发妥善处理。

三、义务教育学校规范管理的环节

规范招生管理，不用考试方式录取新生。义务教育学校要自觉遵守让学生免试就近入学的制度，敞开大门接受符合条件的适龄儿童、少年，不能采取考试、考核、测试方式选拔学生。做到这一点并不容易，尤其在区域内教育资源校际分布尚不均衡的情况下，没有点儿勇气是难以为之的。但是“办法总比困难多”，只要强化管理，创新思路，就没有渡不过的难关。

规范收费管理，逐步实施免费义务教育。《义务教育法》规定：“实施义务教育不收学费、杂费。”义务教育将回归到免费的真正含义。在政府保障了义务教育经费的前提下，学校作为提供公共服务的公益性组织，不应向学生和家长收取开展分内教育教学活动所需的费用。至于一些经审批后仍存在的服务性收费项目，例如放学后托管班的看护费，开展社会实践活动的交通费，组织文娱活动的场租费等，应明确收费办法，遵循自愿、公开、规范、合理、不营利原则。

规范班级管理，合理配置校内教育资源。在校内要均衡配备资源，不以任何名义分设重点班和非重点班，对所有学生一视同仁，努力创设学生友好型学校。重点班往往在招生时或新生报到就选定学生，常与高收费或加收辅导费、外教费、电脑费相联系，侧重对学生进行应试训练，促使他们升入所谓重点学校，忽视对大多数学生的培养及学生的全面发展，因而义务教育阶段的重点班该划个句号了。为因材施教及发挥学生特长，应提倡对不同程度和学力的学生开展分层教学，努力提供适合学生的教育。在教学实践中确需设立实验班的，应在学生入校后根据其潜能和兴趣选定学生，并不另收任何费用，鼓励培养学生音乐、体育、科技、劳动等多方面素质，不能办成改头换面的重点班。而且，办实验班要经过一定程序审批，切莫太多太滥，避免把优秀教师和优质教育资源集中于实验班而将其他班置于不利地位。

规范教学管理，依法实施素质教育。规范教育教学秩序，最主要的是学校应努力实施素质教育。第一，坚持德育为首，育人为本。开展与学生年龄相适应的社会实践活动，促进学生养成良好的思想品德和行为习惯。第二，突出培养学生独立思考能力、创新能力和实践能力。实施启发式教学，培养学生学习兴趣、态度和习惯，培养和保护学生的好奇心和探索精神。第三，平等对待每一个学生，关注学生的个体差异。不能只是关爱升学有望、成绩优异或老实听话的学生，要看到每个学生的长处或闪光点，发扬积极因素，克服消极因素，促进学生生动活泼地、主动地发展。第四，模范执行国家课程方案。义务教育课程方案代表国家意志，学校应自觉遵守。还要争取让学生每天锻炼一小时，并保证他们参加社会实践活动的时间。如果不执行国家课程方案，随意延长教学时间，统一组织学科竞赛，那么学生过重负担就不会减轻，素质教育就难以推行。这样的学校无论有多少光环，都不算是最好的学校。

规范目标管理，保证基本教育质量。我国义务教育基本完成了普及任务，整体上面临着由注重外延发展向更加注重内涵发展、由注重普及向更加注重提高的新阶段转变。学校规范管理也要与时俱进，提高管理水平，以保证基本的教育教学质量为目标。为此，学校在加强规范管理过程中，应制订保证或提高教育质量的方案或计划，明确管理指导思想，确立本校管理特色，提出规范管理的具体要求。例如，办学条件应当满足教育教学的基本需要，教师达到国家规定的基本资格，班主任应符合任职条件和工作要求。新时期加强学校规范管理，必须服务于保证或提高基本教育质量这一目标。

致力于义务教育学校规范管理，应注意处理好几个关系。

一是规范管理与科学管理的关系。规范管理应是科学的管理，规范必须服从于科学性，服务于科学性。不科学的规范，只会是束缚学校发展的羁绊。

二是规范管理与人文管理的关系。管理首先得“管”，规范管理具有硬性，人人必须执行。管理还必须要“理”，体现出对人的尊重、理解和关爱，用感人的精神激励，深厚的情感关怀，创设和谐氛围，让教师觉得愉悦，让学生感到温馨。这样，规范才会内化为师生自觉行动。

三是规范管理与内涵发展的关系。管理本身不是目的，而是要从科学发展观出发促进学校内涵发展。内涵发展的出发点是提高质量，落脚点是可持续发展。可以说，今日的学校规范管理是为了明日的教育质量提高。

四是规范管理与办出特色的关系。各地义务教育学校差别很大，规范管理不能脱离实际，应允许一些地方和学校分步到位。不用某种模式生搬硬套，不依一个标准齐头并进，要通过规范管理，创设良好教育生态，鼓励学校管理创出特色。

四、义务教育学校规范管理的保障

一是法律保障。在开展义务教育学校规范管理过程中，教育法律法规特别是《义务教育法》，是最重要的依据，学校规范管理方案的制订、实施、评价，都必须依据法律规定进行。同时，法律也是克服不规范管理行为的锐利武器，它从根本上保障了规范管理的合法性。

二是机制保障。学校管理制度涉及面甚广，包括学籍管理制度、安全管理制度、德育工作制度、学生行为规范、作息制度、门卫制度、财务管理制度、学生公寓管理制度等。这些制度应该建立健全，时刻发挥保障作用。为使学校管理决策科学化和民主化，各地可探索建立现代学校制度，如学校可成立理事会，成员包括校长、教师、社区成员、学生家长以及学生代表，建立社区、学生和家长参与学校管理和监督的有效机制。此外，为促进规范管理和提高工作效率，有条件的学校可引入现代化的电子管理系统。

三是校长保障。从某种意义上说，一个好校长就是一所好学校。今后，应进一步完善和落实校长负责制，明确中小学校长的权利、义务和责任，充分发挥校长在管理学校、组织教育教学活动中的重要作用。

四是教师保障。认真加强和改进师德建设，强化师德教育和考核，引导广大教师热爱学生，教书育人，为人师表。积极推进教师全员聘任制，通过签约方式，明确教师责任、权利和义务，尤其要对教师本职工作、校外兼职等方面提出明确要求，加强教师工作考核，对行为良好的要表扬，对违约者要劝告直至解聘。

五是督导保障。各责任主体应按照《义务教育法》，建立健全工作机制，制定科学的学校管理评价指标，对依法办学、成绩突出的单位和个人予以表彰奖励，同时严肃查处各类违法违规的办学行为。教育督导机构应把规范义务教育办学行为作为教育督导的重要内容，纳入到对学校的综合督导评估中，指导和督促学校依法办学，并将督导情况及时向社会公布。

以现代法治精神统领义务教育治理*

依法治国是治国理政的基本方略，法治是治国理政的基本方式。党的十八届四中全会通过的《中共中央关于全面推进依法治国若干重大问题的决定》，明确了法治中国建设的性质、方向、道路和抓手，做出了全面建设中国特色社会主义法治国家和法治体系的重要部署，必将有力推进依法治国进程。我国正处在改革攻坚期、经济转型期、矛盾多发期，实现法治中国建设的宏伟目标面临诸多挑战，必须树立现代法治精神，以踏石留印、抓铁有痕意志，在法治道路上迈出坚实步伐。作为法治中国建设的重要方面军，义务教育工作者应当以现代法治精神指引义务教育治理，以现代法治精神推动义务教育治理，以现代法治精神规范义务教育治理。

一

现代法治精神与传统法治精神、西方法治精神既有相通之处，又有不同之点。现代法治精神是传统法治精神的现代化，同时也是西方法治精神的中国化。在新形势下，现代法治精神的内涵包含五个方面。第一，全面依法治国。全面依法治国突出“全面”，就是各行各业都要树立法治精神，严格依法办事，而不能认为依法治国是司法部门的事情；就是无论官民都要守法，官要带头，民要自觉，人人敬畏法律、了解法律、遵守法律，使全体人民都成为法治的忠实崇尚者、自觉遵守者、坚定捍卫者，让人民权益靠法律保障，法律权威靠人民维护；就要做到有法可依、有法必依、违法必究、执法必严，自觉守法，遇事找法，解决问题靠法。第二，彰显宪法价值。现代法治精神把宪法作为法律、法规之上的国家根本大法。宪法是全国人民共同意志的体现，也是党治国理政的重要制度依

* 本文原载《教育研究》2015 年第 1 期。

托和最高行为准则，具有最高的法律效力。严格遵循宪法是建设社会主义法治国家的首要任务和基础性工作。第三，体现人文品质。法律是治国之重器，良法是善治之前提。法治依据的法律应是良法，维护大多数人利益，照顾弱势群体权益，符合社会发展方向；执法的行为应当连贯，注重依法行政的全局性、整体性和系统性；法律、法规、政策的关系应当妥善处理，既严格依法办事，又适当顾及过渡时期的基本国情，让“法治”胜于“法制”，实事求是地解决人民内部纠纷。第四，具有中国特色。现代法治精神强调坚定不移地走中国特色社会主义法治道路，崇尚坚持党的领导、人民当家做主、依法治国有机统一，不断促进国家治理体系和治理能力现代化，为实现“两个一百年”奋斗目标、实现中华民族伟大复兴的中国梦提供有力法治保障。第五，做到与时俱进。树立现代法治精神，就要顺应时代潮流，根据现代化建设需要，总结我国历史上和新中国成立后法治的经验教训，参照其他国家法治的有益做法，及时提出立、改、废、释的意见建议，促进物质、精神、政治、社会、生态五个文明建设，调整公共权力与公民权利的关系结构，约束、规范公共权力，维护、保障公民权利，从而让法治为国家复兴、民族幸福、人类福祉切实保驾护航，不断发挥出强大正能量。

树立现代法治精神，就要用法治精神推进社会治理创新。过去人们强调管理，现在更强调治理。强调管理时，一般体现为自上而下用权，提要求；而强调治理，则主要期冀调动方方面面积极性，重协商。治理是各种公共的或私人的机构及个人管理其共同事物的许多方式的总和，是使相互冲突的或不同的利益得以调和并且采取联合行动的持续的过程。① 治理的实质是建立在市场原则、公共利益和认同之上的合作。它所拥有的管理机制不单是依靠政府的权威，还依赖合作网络的权威，其权力是多元的、相互的，而不是单一的和自上而下的。② 治理是公共利益最大化的社会管理过程，其最终目的是实现善治，本质是政府和公民对社会公共生活的合作管理，体现政府、社会组织与公民的一种新型关系。

政府部门改作风、转职能，实质上都是完善治理体系、提高治理能力。在完

---

① 李阳春. 治理创新视阈下政府与社会的新型关系［J］. 中共中央党校学报，2014，18(5).

② Anthony R. T. , et al. Governance asTrialogue：Government-Society-Science in Transition［M］. Berlin：The Springer Press，2007：29.

善治理体系中，应优先完善公共服务的治理体系；在提高治理能力时，须着力提升公共事务的治理能力。义务教育作为法定的基本国民教育，面向全体适龄儿童少年，关乎国民素质提升，关乎中华民族伟大复兴，是国家最需以现代法治精神引领的公共服务，是政府亟待致力于治理创新的公共事务。改善义务教育治理，于法有据。义务教育突出了各方的法定“义务”，是一种强迫教育：政府必须合理设置学校，保障适龄儿童少年就近入学；家长必须送法定年龄子女入学接受义务教育；学校则必须贯彻国家课程，优化教育教学，促进学生全面发展。

创新社会治理，就是要实行善治，其特点是合法性、透明性、责任性、法治、回应、有效和稳定，其结果是推进治理体系和治理能力现代化。① 笔者认为，实行善治有五项基本要求，每项要求均可对改善义务教育治理以一定的启迪。第一，形成正确的社会治理理念，重点解决治理为了谁的问题。义务教育为的是全体适龄儿童少年，让他们享受到有质量的公平、免费的教育。第二，强化政府在社会治理中的主导作用和服务功能，解决过度治理与治理空白的问题。义务教育阶段要处理好政府、教育行政部门与学校的关系，政府依法提供充分保障，教育部门依法制定好的政策，学校依法自主办学，各方履职应恰如其分，过与不及都不足取。第三，建设组织平台，积极培育和发展社会组织，解决社会治理无资源的问题。义务教育学校也可根据情况采取政府委托、政府购买、政府补贴方式，促进民办学校发展，让其提供社会和家长多样化的教育需求。第四，建好社区平台，发挥社区作用。义务教育可依托社会构建课后教育看护机制，关心进城随迁子女，照顾农村留守儿童。第五，广泛吸引民众参加。义务教育学校在外部应普遍建立家长委员会，发挥其参谋、监督、助手作用；在内部应调动教师、学生的参加，听其意见，为其服务。总之，要加快实现从等级制管理向网络化治理的转变，从把人当作资源和工具向把人作为参与者的转变，从命令式信号发布到协商合作转变，形成我国义务教育治理新常态。

二

中央将依法推进治理体系和治理能力现代化作为深化改革总目标，反映了新

① 俞可平. 治理与善治 [M]. 北京：社会科学文献出版社，2000：10.

形势下我们党对治国理政理念和方式规律性认识的深化，为做好义务教育工作指明了方向，必然要求以现代法治精神推动义务教育改革发展。

（一）依法深化教育改革

用法治方式凝聚改革共识意味着将告别不破不立、破字当头、先破后立的法治被动时代，意即告别以往文件开路、政策驱动的改革范式。为此，需要明确法治对改革的要求以及法治方式对改革的意义，以便使改革与法治彼此之间相互协调，相辅相成。在用法治推动改革的活动中，有的制度可以改革，有的法律也可以修改，但法治精神和方式则必须坚持。

首先，用法治精神和方式保持义务教育改革稳中求进。自觉提高运用法治思维和法治方式深化改革、推动发展、化解矛盾、维护稳定能力。依法深化义务教育领域综合改革，既要敢于突破阻碍发展的体制性障碍，以法治方式推进体制机制改革，以法治思维破解义务教育发展中的热点难点问题，又要保持改革的渐进性，防止过于激进的改革方案出台，坚持重大改革于法有据、依法推动。

其次，用法治精神和方式保障义务教育决策程序公正。尊重法律制度的权威，按照“游戏规则”办事，该听取意见的就要听取意见，该获得利益相关者认可的就要得到他们认可。要依法深化义务教育管理体制改革，实现政事分开、权责明确、统筹协调、规范有序。要依法深化义务教育办学体制改革，健全政府主导、社会参与、主体多元、形式多样、充满活力的办学体制，形成以政府办学为主体、民间办学为补充，既提供基本公共服务、又提供多种选择的良性格局。①

再次，用法治精神和方式保证义务教育均衡发展。用法治凝聚改革共识，形成公民在义务教育方式上的最大公约数。用法治所奉行的科学和理性思维来满足民主、自由、公平、正义的诉求。缩小地区之间、城乡之间、学校之间在硬件条件、师资队伍、办学质量、管理水平之间的过大差距，办好每一所义务教育学校，让广大适龄儿童少年接受公平的教育，同在蓝天下共同成长进步。

---

① 袁贵仁. 深化教育领域综合改革加快推进教育治理体系和治理能力现代化［N］. 中国教育报，2014-02-13.

（二）依法改善外部治理

首先，改善外部治理方式。随着教育改革的持续深入，义务教育领域新情况、新问题层出不穷，教育公共管理的范围和领域不断扩大。所以，有必要充分发挥法治作用，综合应用立法、拨款、规划、信息、试点、新闻等方式，改进政策指导和行政措施，提高治理能力。创新学籍管理方式，推进全国统一的中小学生电子学籍系统建设与应用，实现一生一号、全国统一、籍随人走，为入学注册、跨省转学、经费监管、科学决策等提供技术支撑。

其次，改善外部治理内容。严格落实法定免试就近入学的规定，合理划定招生范围，有序确定入学对象，规范办理入学手续，全面实行阳光招生，逐步减少特长招生，在加快均衡发展的同时，指导各地健全科学、明晰、便捷的招生入学工作秩序。发挥优质教育资源引领作用，推广学区制管理、集团化办学、名校办分校、委托管理、学校联盟、九年一贯制等做法，实现优质资源共建共享。坚持规划先行，研究制订基础教育装备工作发展规划，加强装备质量标准建设，提高基础教育装备工作管理水平。加强分类指导，按照城镇化发展规划和户籍制度改革要求，消除不合理门槛，提升进城务工人员随迁子女义务教育治理能力。

再次，改善外部力量运用。法治是现代教育治理的基本特征，对教育事业科学发展具有稳定持久的保障作用。所以，要推动《中华人民共和国教育法》《中华人民共和国教师法》《中华人民共和国民办教育促进法》等法律一揽子修订工作，不断健全教育法律制度体系。普遍建立法律顾问制度，完善规范性文件、重大决策合法性审查机制，健全规范性文件备案审查制度。建立健全依法办学、自主管理、民主监督、社会参与的现代学校制度。借鉴西方做法，普及家长委员会，探索学区理事会，让其参谋办学、支持办学。加强学校安全防范，依法明确安全责任，妥善处理事故纠纷，不让学校承担法外责任。

（三）依法理顺内部关系

首先，要在管理制度上下功夫。加强学校内部制度建设，逐步完善依法治校的内部机制，推动《义务教育学校管理标准》贯彻落实，明确学校办学责任和权利。坚持校长负责制，同时充分发挥学校党组织战斗堡垒作用和党员教师先锋模范作用。实行校务公开，落实教职工代表大会制度，不断完善学校科学民主决策机制。

其次，要在人际协调上下功夫。定期召开教职工代表大会制度，把涉及教职工切身利益及学校发展的重要事项，提交教代会讨论通过。建立信息公告栏，公开校务信息，保证教职工、学生、相关社会公众对学校重大事项、重要制度的知情权。建立学校领导接待日制度，设立校长信箱，收集学生、教职工和家长的意见和建议。探索学生代表参与学校治理或决策的机制，建立学生自主管理的相关制度，发挥少先队、共青团、学生会、学生社团的作用，引导学生自我管理和参与学校治理。搭建信息沟通平台，使学生的意见和建议能及时上传。制订涉及学生利益的管理规定时，充分征求学生及其家长意见。

（四）依法提升教育教学

首先，促进学生全面发展。内涵发展、提高质量、促进学生德智体美全面发展是义务教育学校的法定职责。立德树人、教书育人的工作，始终是教育第一位的要求。当前的关键，是要把党的教育方针和社会主义核心价值观细化、实化、具体化，进而转化在学生的系统培养之中，从根本上唤起人们的生命存在意识、精神追求取向。根据法律规定，加强教师队伍建设，改进教育方式，改善教学方法，更新教学手段，精选教材内容，优化教学过程，减轻学生过重课业负担，促进其德智体美全面发展和健康成长。

其次，加强法治精神教育。党的十八届四中全会决定把法治教育纳入国民教育体系，从青少年抓起，在中小学设立法治知识课程。因而，必须整合现有相关课程中的法治内容，抓紧设立这样的课程，推动中国特色社会主义法治理论普及。要探索以法治体现道德理念、以道德滋养法治精神的融合式教育实践途径，实现法治教育与道德教育相互促进，让传统美德培养、法治思维养成、法治精神强化贯穿于义务教育全过程，贯穿于学生成长全过程。让学生在课堂教学中获得法治知识，在校内外活动中养成法治思维，在生活浸润中形成法治习惯。围绕每年 12 月 4 日的宪法日，开展相应的实践活动。加强学校法治文化建设，向师生普法，向家长宣法，营造良好法治环境。

再次，实施新的学生守则。《中小学生守则》是中小学生最重要的行为指南，伴随其学习生活全过程，影响个人成长一生。面对新时代新形势要求，2004 年版守则显得有些不适应，故而有必要修订完善。新的守则应体现系统性、继承性、时代性、可行性，为此要立足治理模式和内容变革，广为征求社会意见，把修订过程作为吸收全社会参与学生德育的范例，使其成为义务教育治理改革的有益探索。要让广大中小学生牢记守则，遵守守则，将守则的要求转化为自觉行动，把守则的实施过程作为法治精神养成的过程。

（五）依法强化教育督导

逐步实现管办评分离，发挥三驾马车作用。依法强化教育督导，按照国务院教育督导条例，依照《县域义务教育均衡发展督导评估暂行办法》，针对教育部和各省、自治区、直辖市签署的《义务教育均衡发展备忘录》，全面开展对县级人民政府推进义务教育均衡发展工作的评估认定。此外，还要推动各地抓好中小学教育质量综合评价改革，对中小学教育质量的衡量注重过程、变化和全面指标，进行“绿色评价”。

三

依法治国的核心是依法行政。要有效规范和制约权力，也就是要依法治权。只有国家公权力得到有效的规范和制约，才能保证国家公权力依法有效行使，才能形成良好的法律秩序和社会秩序，从而实现经济发展、政治清明、文化昌盛、教育进步、社会公正、生态良好的国家战略目标。在教育领域，应该正确对待公权力，规范义务教育治理。①

（一）慎权

中央政府把转变职能作为大事，以壮士断腕的决心推进行政审批制度改革，着眼点就是推进治理现代化。在义务教育领域，也要审慎梳理权力清单，着力解

① 俞水，易鑫. 聚焦：如何推进教育治理体系和治理能力现代化［N］. 中国教育报，2013-12-05.

决一些地方不同程度上存在的权力运用不当的问题。一是越权问题，就是超越所赋予的行政职责。二是扩权问题，就是把自己的权力扩得很大，什么都想管都要管。三是交叉问题，就是动辄各部门齐抓共管，出现“九龙治水”局面。四是集权问题，就是过于集中，造成办事效率低，不利于科学决策和调动各方积极性。五是替权问题，就是上级代替下级和学校干预义务教育学校的具体工作。事实上，权力是把双刃剑，有权能成事，用权要担责。应坚持法定职责必须为，依法安排教育经费、师资配备，落实各项法律规定，把义务教育摆在优先发展的战略地位；坚持法无授权不可为，不管是教育部门，还是其他什么部门，都不能滥用公权力干扰基层学校的正常运转。

（二）确权

明确各级教育部门、相关部门的权力清单。根据国务院的要求，教育部已大幅度下放了审批权。在义务教育方面，除了国家课程教科书的审定，国家层面已无其他实际意义上的行政审批项目了。今后仍要严格确权，不搞越俎代庖。一要依据法律。对于政府机构来讲，只有法律赋予的权力才能行使；而对于公民个人来讲，法律不禁止的事情都可去做。二要依据政策。根据政策规定和政策实施需要，国家教育行政部门抓宏观，省级教育行政部门抓中观，基层教育行政部门抓具体，学校抓政策执行和日常办学。三要依据职能。每个部门都有职能界限，每个工作人员都有岗位职责，应各就其位、各做其事，既不能“鸡犬之声相闻、老死不相往来”，也不能“种了别人的地、荒了自己的田”。

（三）让权

让权即把权力委托出去，将可管可不管的事情分转给适合的主体去管。既可委托给社会中介组织，也可委托给有信誉的专家学者。比如关于学校质量评价，就可以交给专业组织和人员去实施。再比如国家级基础教育成果奖，也可以委托教育学会去组织评选。社会组织和学术机构面临的约束较少，回旋余地也比较大，有利于多措并举、综合施策，从不同角度助推义务教育治理现代化，激发义务教育持续改革发展的生机活力。当然，不能不负责任，简单地一让了事。因为事业单位、社会组织也是由一个一个人组成的，在履职过程中同样可能失之于严、失之于宽，或者出现主观臆断等问题。所以，让权后还要实施有效的监管。

（四）管权

要把权力关进制度的笼子里，充分发挥制度的规范作用。制度就是规矩，没有规矩，不成方圆。不管建立和完善什么制度，都要于法周延、于事简便，注重实体性规范和保障性规范的结合和配套，确保针对性、操作性、指导性强。于法周延，指的是制度在法理上、法律上要考虑周到、周密、周全，不存在遗漏、缺漏、错漏，从而增强制度的权威性与指导性，不让制度存在硬伤。于事简便，指的是制度在实践中，要可用、易用、好用、不烦琐、不深奥、不昂贵，从而增加制度的吸引力与适用性。

（五）放权

义务教育阶段要给基层放权，给学校放权。加大行政审批改革力度，对已经明令取消的，要不折不扣地放给学校、放给社会，不能变相保留。对保留的项目，要抓紧清理审批流程，公开审批的标准、程序和结果。根据国家财税体制改革要求，整合义务教育专项资金，扩大基层和学校的统筹使用权，发挥资金使用最佳效益。整合各种常规性和临时性检查，减少检查活动，给基层和学校创造一个安心静心的办学环境。“善政必简”。只有该简的简、该放的放，才能激发学校和社会活力、需求潜力和发展动力，才能从名目繁多、烦琐细碎的具体事务解脱出来，有更多的时间和精力抓大事、议长远、谋全局，做好该做的事。

综上所述，现代法治精神是义务教育治理的强大动力和基本遵循。义务教育工作者要在党的领导下，针对义务教育实际，依法律制定政策，靠法律推动改革，拿法律促进发展，以法律破解难题，凭法律维护权益，用法律规范行为，努力实现我国义务教育治理体系和治理能力现代化。

切实做好学校安全管理和安全教育工作*

一、确保广大中小学生的生命安全意义重大

确保学生安全是落实科学发展观的必然要求。科学发展观的核心是以人为本。基础教育战线贯彻落实科学发展观更要关心人、尊重人、理解人，确保学生平安，促进学生发展。青少年学生是祖国的未来，家庭的希望。保障他们的生命安全，责任重于泰山。生命不保，何谈教育，何谈幸福，何谈发展。

确保学生安全是构建社会主义和谐社会的生动体现。社会主义和谐社会具有安定的特点。加强安全管理和安全教育，确保学生安全健康成长，事关亿万家庭幸福，事关群众切身利益，事关社会和谐稳定。必须清醒地认识到，在我国，各类涉校涉生安全事故仍然不断，一些重特大事故还时有发生，给学校和学生家庭都造成了极大的伤害，也十分不利于维护校园的安全稳定。我们必须认清形势，进一步提高对做好安全管理和安全教育工作的紧迫感。一个没有安全保障的学校是不合格的学校，一个不具备安全意识的教师是不称职的教师。

加强学生安全教育是实施素质教育的有效载体。学校和相关部门对交通安全知识的介绍、防震减灾意识的陶冶、各种逃生本领的训练，本身就是在增进学生的素质。安全知识学习和安全逃生演练，有利于增进学生的创新精神和实践能力。许多地方在安全教育方面的做法，就是按照素质教育的要求，贯彻落实素质教育精神，措施扎实，工作得力，这些做法本身就是素质教育实施的重要体现。学生时代接受的安全教育，长大之后仍会铭记，从而受用终生。

---

* 本文原载《基础教育参考》2009 年第 7 期。

二、做好学校安全管理工作具备了较好基础

（一）加强了中小学校安全工作法规制度建设

2006年修订的《中华人民共和国义务教育法》，首次将安全教育写入，从法律层面对学校安全工作进行了明确规定。2006年教育部与公安部等十部委以部长令形式印发了《中小学幼儿园安全管理办法》，对各部门安全责任、学校安全管理制度、学校日常安全管理、安全教育、校园周边安全管理和事故处理等方面提出了明确要求。2007年国务院办公厅转发了教育部制定的《中小学公共安全教育指导纲要》，将公共安全教育纳入了中小学校教育，并规定中小学校要根据不同年龄阶段学生的认知特点开展安全教育。2005年制定了《教育系统突发公共事件应急预案》，同年还制定了《学校食物中毒事故行政责任追究暂行规定》，2006年制定了《学校和托幼机构传染病疫情报告工作规范（试行）》和《学校食堂从业人员上岗卫生知识培训基本要求》，2020年又制定了一系列校园防控疫情的操作文件，学校卫生管理工作更加规范化。

（二）完善了中小学安全工作机制

一是建立了预警机制。教育部针对不同季节和不同区域事故发生的规律与特点，每年四次发布预警，督促各地中小学校提前采取防范措施，并经常通过中国教育电视台播出安全教育节目或播放滚动字幕，提醒师生注意安全。对出现的事故，不定期进行通报。

二是建立了定期安全检查机制。在进入事故高发期前，以及中小学校开学、放假前后定期开展安全检查，重点检查事故多发、易发地区和管理薄弱地区，并特别重视排查农村中小学校校舍建筑、食品与饮水卫生和“黑校车”等方面存在的隐患。

三是完善了信息报送制度。各级教育部门建立了安全事故报告人制度、逐级上报制度、事故信息续报制度和重大事故直报制度，并严禁延报、误报和谎报。

四是建立了事故统计分析工作机制。各级教育行政部门按季度、半年和年度

对中小学生安全事故发生情况进行统计分析，及时、全面把握中小学安全工作面临的突出问题和主要矛盾，有针对性地采取应对措施。

五是完善了重大事故调查与处理工作机制。教育部门密切会同有关部门组成联合工作小组，对各类重大安全事故进行现场调查，指导地方开展事故处理与善后工作。

六是建立了各地安全工作信息交流机制。教育部定期印发《中小学幼儿园安全工作简报》，并通过论坛、网络和有关媒体进行及时交流。

（三）持续开展中小学安全教育

一是举行“全国中小学生安全教育日”。自1996年起，确定每年3月最后一个星期的星期一为“全国中小学生安全教育日”。安全日当天，全国各地中小学校因地制宜、积极采取多种形式开展安全教育主题活动。陕西、安徽、辽宁等地还将“安全教育日”拓展为“安全教育周”或“安全教育月”。

二是加强日常安全教育。各地中小学校将安全教育纳入学校日常安全管理工作，通过学科渗透、地方课程、班团队会、升旗仪式、专题讲座、墙报板报、参观现场等多种途径和方法，全方位、多角度地开展安全教育。

三是安全知识编进中小学教材。根据学生年龄特点和教材内容，从2006年秋季起，在中小学《品德与生活》《品德与社会》《思想品德》等学科教材的封二、封三中印上了中小学生安全知识宣传插图，使中小学生时刻保持安全意识。

四是向中小学校提供安全教育各种资源。每年向部分地区中小学生赠送意外伤害保险，安全知识图书、挂图、卡片和安全教育光盘。组织编写了科普宣传手册，并配发到农村学校，推动中小学校卫生防疫宣传教育。

五是各地在每年开学初、放假前，都有针对性地部署中小学校集中开展安全教育，并在每年暑期前组织学生同上一堂安全教育课或组织收看安全教育专题节目。

（四）及时部署中小学生安全演练活动

教育部每学年初都要部署中小学安全演练，指导各地中小学校要结合当地实际，每学期至少开展一次针对洪水、地震、火灾等灾害事故的紧急疏散演练，使师生掌握避险、逃生、自救的方法。广大中小学校还积极利用课间操、升旗等集体活动，组织学生不定期举行紧急疏散演练。各地教育部门还密切联系公安、消防、交通、地震、气象等部门，邀请专业人员深入学校指导师生开展安全演练活动。实践证明，平时多一分安全演练，危难时刻就多一分生的希望。

（五）组织实施对中小学校长和教师的安全培训

通过近几年的努力，全国基本建立了国家、省、市、县、校五级中小学校长和教师安全教育培训体系，通过各级培训，力争每年都使所有中小学校长和教师在不同层面接受一次安全培训。建立了学校卫生人员培训基地，定期对学校卫生管理人员和专业人员进行业务知识培训。针对农村边远地区、事故多发地区和管理薄弱地区，创新培训模式，通过面授与远程培训相结合，对西部各省（区）中小学校长和骨干教师进行培训。

近年来，教育部认真贯彻落实中央领导批示精神，坚持“积极预防，科学预防”的工作方针，会同有关部门在加强立法、完善制度、强化管理和深入开展安全教育等方面采取了一系列政策措施，各类安全事故发生起数和学生伤亡数字都逐年下降，安全形势有所好转。这是我们继续做好中小学安全管理和安全教育工作的基础。

三、必须有针对性地抓好安全教育关键环节

（一）交通事故

交通事故是造成学生伤亡的主要事故之一。中小学生交通事故绝大部分都发生在上下学路上，其中，学生上下学乘坐客车渡船严重超载、驾驶员精神不集中、疲劳驾驶，农村家长集体租用不合格车辆接送学生、农村学生私自搭乘农用拖拉机和其他无证无照“黑校车”上下学、部分地方和学校仍存在安全意识不强，校车管理制度不健全等都是发生重大伤亡事故的主要原因，但也有约20%的事故是由于学校安全教育不到位，学生缺乏安全意识，不遵守交通规则酿成的。

认真贯彻落实《中小学公共安全教育指导纲要》，将交通安全教育纳入学校必修内容，根据不同年龄阶段学生的认知特点，通过专门课程、学科渗透、实践活动等多种方式深入开展交通安全知识教育，使学生自觉遵守交通安全规则，养成良好的交通安全行为习惯。各地教育行政部门要认真配合公安机关交通管理部门做好“全国交通安全宣传教育工程”有关工作。中小学校和幼儿园要积极聘请当地公安机关交通管理部门有关同志进校、进课堂，向学生讲解有关道路交通安全法规知识。有条件的地方和学校，要积极组织学生到公安机关交通管理部门进行现场观摩和学习。要继续结合每年举办的“全国中小学生安全教育日”活动，在广大中小学师生中开展形式多样、内容丰富的交通安全宣传教育活动，继续制作和编写交通安全知识挂图、图书和光盘，并免费向中小学发放。

各地教育行政部门要积极利用国家、省、市、县和校五级培训网络对中小学校长进行交通安全培训，争取每年都使各地中小学校长普遍接受一次轮训。在培训方法上要注重使用案例分析，突出针对性、实效性和可操作性；培训内容要密切结合学校安全管理中存在的问题，强化理性分析和实践操作指导；在培训模式上要充分运用现代远程培训模式，不断扩大培训规模，提高培训效益。通过培训，要使广大中小学校长进一步增强安全意识，提高学校安全管理能力，普遍树立起科学的安全观，能够正确处理学校安全工作与学校管理和日常教育教学工作之间的关系，从整体上提升学校安全管理水平。

（二）游泳溺水

这几年，每年溺水事故死亡学生占全年死亡学生总数的40%以上，其中小学生占溺水死亡学生总数的70%左右。溺水事故主要发生在4月以后，学生私自结伴到江、河、湖、水库等地游泳是造成溺水身亡的主要原因。中小学生喜欢在下学路上或者节假日结伴下水玩耍。一旦某名同伴落入深水或被急流卷走，其他同学常常出于善良的本性，盲目前去施救，于是便发生溺水群死事件。所以，要让学生懂得，遇到同伴发生危险，应立即呼救成年人前来营救。同时，寻找木杆，递送过去，赢得时间。当然，各地学校应积极采取措施，普及游泳，获得终身受益之技能。

（三）校内事故

楼梯狭窄，采光不足，管理不善，可发生楼道挤踩，造成学生伤亡。寄宿制学校下晚自习时，是发生挤踩事故的主要节点。或爱动天性使然，或部分学生恶作剧，校园内人为的或无意识的安全事故时有发生。有些地方的学校为方便管理故意把教室后门堵死，有些是因班额大课桌占用了安全通道，一旦出现异常情况会造成学生疏散不畅。有的农村学校，厕所蹲坑太大，发生低年级学生滑落便池的事故。在冬季，一氧化碳中毒也是学生的死亡原因。2008 年冬天，陕西省定远县锥子梁中心小学 11 名四年级女生因一氧化碳中毒夜间在宿舍死亡。这些事故令人十分痛心。

（四）自然灾害

我国是世界上自然灾害最为严重的国家之一，灾害种类多、分布地域广、发生频率高、造成损失重。近年来极端天气气候事件频发，中强地震呈活跃趋势，自然灾害及其衍生、次生灾害的突发性、复杂性和危害性进一步加重加大，给广大人民群众人身安全和财产安全带来了严重危害，同时也对中小学校安全构成了严重威胁。另外，由于我国区域和城乡经济社会发展不均衡，中西部和广大农村地区经济社会发展相对落后，基础设施建设不完善，学校等公共设施建筑质量不高，抗灾能力不强，在遭遇重大地震灾害时，很容易发生校舍倒塌事故。在学校开展防震减灾教育方面，一些地方和学校领导还存在着重视程度不够和落实不到位现象。学生在自然灾害中发生伤亡，既有不可抗拒的外在客观原因，也有安全教育缺失的内在主观原因，地方各级教育行政部门和中小学校必须采取一切有效措施，最大程度上保障广大师生的人身安全。

除此之外，还要重视防控各类病毒或传染病在校园传播，确保师生健康。

四、确保学生安全仍需要警钟长鸣

（一）实行严格的校长负责制和各种岗位责任制

各级教育行政部门要加强对学校安全管理工作的领导，健全机构，落实人员，负责并监督学校各项安全管理措施的落实。学校校长是学校安全管理工作第一责任人，校长的思想水平决定了学校的管理水平，因此抓学校安全关键要靠校长。每位校长都要深刻认识做好安全工作的重要意义和所肩负的重大责任，自觉加强政治素养和管理能力的建设。要把安全工作纳入学校目标管理范畴，制订目标管理细则，强化内部管理，堵塞安全漏洞，建立覆盖所有工作环节的安全责任体系，并建立责任追究制度。要完善突发事件处置的工作预案，落实预防安全事故和公共卫生事件的措施。要高度重视校长队伍建设，切实做好校长的选拔、任用、培训等工作，进一步加强校长的日常管理工作，对经考核不能胜任校长职务的，要及时进行调整，因失职渎职造成安全事故的，要严肃进行处理。同时要注意的是，不能因强调保障孩子的安全，学校怕担责任就因噎废食，不让学生在楼道蹦跳、在操场上玩耍，集体组织春游、秋游等活动，各地应研究和实践进一步明确责任的有效办法。

（二）大力加强和改进学生的安全教育

学校要切实提高对师生进行法制教育、安全教育、心理健康教育的实效性和有效性。要把安全与健康教育纳入教学内容，要有一定的课时保证，要定期开展自救自护的实际演练，使师生员工法制观念、安全防范能力、健康保健意识、自我保护和心理调节能力得到进一步加强，维护学校安全健康成为师生自觉行动。特别要结合各地各校的具体情况，有针对性地开展教育活动。要在开学初、寒暑假和重大节假日前专门对学生进行安全、健康教育，提高学生的安全意识和防范能力。

（三）积极推进安全文明健康的和谐校园建设

各地教育行政部门和学校要积极加强校风、教风、学风和人文环境建设。落实好《中小学教师职业道德规范》《中小学生守则》《中（小）学生日常行为规范（修订）》等要求，提高师生的文明素质。要积极开展丰富多彩的校园文化活动，形成健康向上、生动活泼的良好育人环境。要结合实际情况经常对师生进行以爱国主义为核心的民族精神、以改革创新为核心的时代精神和社会主义荣辱观的教育，树立正确的理想信念。弘扬中华民族传统美德，树立遵纪守法、团结向上、互相关心、互相帮助的良好道德风尚，形成师生之间、学生之间互助友爱、和谐的人际关系。

（四）密切配合通力协助共同保障学生安全

各地教育部门要密切与公安、消防、卫生、地震、建设等有关部门的合作，定期联合开展工作，逐步构建安全工作长效机制，从体制机制上确保各部门切实落实学校安全工作职责，从长远上、根本上保障中小学校安全。各地教育行政部门要充分利用有关部门的专业优势，加强对学校制订应急预案、开展防震减灾科普知识教育、进行紧急疏散演练、培训和检查等工作的专业指导，科学开展学校防震减灾工作。各地教育行政部门和广大中小学校把加强学校防震减灾工作作为一项重要任务，摆在突出位置，强化管理，狠抓落实，将工作做深、做细、做实，确保学生平安健康成长。

教育部门和中小学校要进一步增强责任感和紧迫感，把加强学校管理，开展和谐校园创建活动，确保广大中小学生的生命安全。一个没有安全保障的学校是不合格的学校，一个没有安全意识的教师是不合格的教师。地方各级教育行政部门和中小学校必须清醒地认识到学校交通安全管理工作的复杂性、艰巨性和长期性，切实将学校交通安全管理工作放在学校教育工作的重中之重，做到警钟长鸣、长抓不懈。

学生课业负担测评模型的构建研究*

我国政府对减轻中小学生过重课业负担（简称“减负”）这一问题的重视程度是罕见的。不仅几代最高领导人都对其做出过重要批示或讲话，而且从教育部到地方教育行政部门为解决这一问题先后出台过成百上千的政策文件。但时至今日，中小学“减负”仍感任重道远。

中小学生课业负担过重的形成因素很多，如传统考试文化、就业压力、高考指挥棒、过分强调知识传授的教育方式等。其中最重要的因素是我国千百年来形成的考试文化造成了社会与学校都以考试分数排序、“定乾坤”、选人才。同时，为了维护社会公平、教育公平，我国的中高考也不得不用考试分数来确定录取，导致学生往往为了取得更好的名次或分数不得不花费大量的时间和精力进行机械重复学习。近年来，我国基础教育在考试评价录取方面进行了一系列的改革和尝试，取得了一定的进展，但要以此彻底解决中小学生课业负担过重的问题仍然需要一个相当长的渐进过程。

三十年来，随着现代教育测量理论与技术的深入发展，通过教育测评建立的各种数据库，为不少国家监测教育系统的状态和变化趋势，发现潜在问题并指明解决方向，以及判定目标是否达成等方面提供了科学的依据与决策。① 换言之，通过对教育问题的测评、监测与督导提升教育质量，已经成为当前世界教育发展的趋势，这也为我们解决课业负担问题提供了新的思考。

有鉴于此，“减负”一方面需要突破考试文化的束缚，改革高考、中考的评价与录取方式，另一方面需要积极构建可测量、可操作的学生课业负担测评模

---

* 本文原载《西南大学学报》（社会科学版）2015 年第 3 期，由笔者与宋乃庆、杨欣、朱德全合作完成。

① 杨向东，朱虹. 教育指标系统构建的理论问题［J］. 清华大学教育研究，2013（3）：16-28.

型，并以此建构可监测评价的课业负担常模，从而科学推进“减负提质”。为此，本文在构建课业负担操作性定义的基础上，依托课题组对全国 20 个省份、400 余所中小学、20 098 名中小学生、3 836 名学生家长、3 766 名教师的前期调查，尝试通过进一步的实证研究构建学生课业负担测评模型，以期推动我国中小学“减负”的监测与督导工作。

一、课业负担的操作性定义

时至今日，尽管研究者从各自不同的角度与领域对课业负担进行了大量的阐述，但对课业负担这一概念仍然缺乏统一认识，尤其是面向实证研究的操作性定义。为了对课业负担这一抽象概念进行定量研究，需要重新对其内涵构建可观测、可测量、可操作的定义。鉴于此，本文从我国中小学实情出发，尝试运用教育学研究中的概念分析①，从课业负担的词源与已有定义出发，对其内涵进行操作性定义。

（一）课业负担问题的由来与演变

在我国教育研究领域内，“课业负担”首次被提出是在 1954 年发表在《人民教育》的《积极设法消除学生过重的课业负担》一文中。该文提出要响应和执行毛泽东同志提出的“身体好、学习好、工作好”的指示，并将课业负担概括为“学生所背负的课程负担以及生理负担”。那一时期，学生课业负担过重的主要原因是一些地区过于激进地提高教学质量和学习成绩，加之非学业性社团活动过多，致使学生正常学习受到严重干扰。也正是从这个时期，我国基础教育受到凯洛夫《教育学》中教学论的影响，更加注重系统知识的传授与教师的主导作用。② 尽管此举在相当长时间内对我国基础教育的发展起到了一定的积极作用，但它也逐渐成为我国中小学生课业负担过重的一个重要原因。

---

① 石中英. 教育学研究中的概念分析［J］. 北京师范大学学报（社会科学版），2009（3）：29-38.

② 顾明远. 论苏联教育理论对中国教育的影响［J］. 北京师范大学学报（社会科学版），2004（1）：5-13.

1977 年高考制度恢复后，中小学生课业过重问题的背景与内涵出现了一定的变化。一些学校为了考出好成绩让学生加班加点，甚至不惜采用疲劳战术。而这一问题再次得到党中央和全社会的关注。1978 年 4 月，邓小平同志在全国教育工作会议上指出："学生负担太重是不好的，今后仍然要采取有效措施来防止和纠正。"在这一时期，学者对课业负担的研究已不再局限于课业负担本身，也开始逐渐反思学校制度、教学方式、课程设置、考试评价等因素对课业负担的影响。至此，逐步达成了应试教育是造成我国中小学生课业负担过重的首要因素的共识。

1999 年 6 月，中共中央、国务院发布了《关于深化教育改革全面推进素质教育的决定》，其中明确提出"减轻中小学生课业负担已成为推行素质教育中刻不容缓的问题"。进入 21 世纪之后，为了积极、科学地推动素质教育，全国从上到下都投入到学生课业负担问题的讨论当中来。2000 年 2 月，江泽民同志在《关于教育问题的谈话》中提出："现在一些学生负担很重，结果形成了很大的心理压力，这不利于青少年学生的健康成长。"2007 年 10 月，胡锦涛同志在党的十七大报告中明确提出："要减轻中小学生的过重课业负担，全面提高学生的综合素质"。2013 年 3 月，习近平同志在参加首都义务植树活动时亲切询问小学生作业多吗，再次表达了国家最高领导人对中小学生课业负担问题的高度关注。与此同时，研究者对课业负担的探究更加深入和系统化，从教育学、经济学、社会学、心理学、统计学等不同学科对课业负担问题进行了跨学科、跨领域的探索，并提出了诸多有益见解。

回顾课业负担这一概念的发展与变化，不难发现以下几个要点。第一，课业负担是一种长期存在的教育问题，但它在不同时期具有不同的内涵与意义。第二，人们对课业负担的关注反映了我国应试教育传统与素质教育发展趋势之间的冲突。第三，课业负担是可能引发学生不良反应的学习现象，如果学生课业负担过重就没有时间参加科学、文艺、体育和社会实践等活动，就无法发挥自己的兴趣与特长，享受幸福的学习生活。第四，课业负担源于教育者过分强调学科知识的掌握，是在力所能及的地方，学生"可能"接受的地方尽量拔高，特别是在形式上和细微处理上孜孜以求，出现了形式和烦琐的倾向，淡化了实质，脱离了学生认知实际。①

（二）课业负担的定义分析与构建

尽管学界高度关注课业负担这一问题，但研究对这一问题的概括和说明相对多元。一方面，对这一概念的称谓不一，主要包括课业负担、学习负担、学业负担、学生负担等说法。另一方面，对这一概念内涵的界定各执一词，比如有学者将其定义为“学生为了达到自身素质全面发展的目的所应该承担的全部任务与责任”②；也有学者将这类现象界定为“人类个体以个体经验的方式，在对人类经验吸纳加工以认识和适应生存环境的过程中，对认定的目标承担的任务和责任所带来的压力的一种体验，以及为此而消耗的生命”③。此外，还有研究者认为在中国情境下的中小学生课业负担现象已经超越了国际研究领域中所界定的学生课业，是学生学习时间、学习数量、学习精力、情感投入以及压力感受的复杂函数方程。④就已有研究而言，无论这类现象如何命名，它的关键词都包含了“目标”“压力”“课业（任务）”等。进一步分析可以发现，这类现象的核心表征有以下几点。一是课业负担是客观学习量（如教辅、作业）与主观心理体验（如压力、难度）的综合体现。二是课业负担是一个“中国式教育难题”，因为我国中小学高度重视智育，导致学生学习的内容、时间与方式严重失衡。三是课业负担不是一个简单的教育问题，而是一个具有多元主体和多重逻辑的复杂问题，因此我们必须运用复杂性思维去驾驭它，以整体的、辩证的、发展的眼光去解析课业负担的内涵与构成。

综上所述，本文构建的课业负担操作性定义是：学生在适应现有学习环境的过程中，由考试评价与课业任务引发的压力体验，以及为此消耗的时间与精力。

---

① 陈重穆，宋乃庆. 淡化形式，注重实质——兼论《九年义务教育全日制初级中学数学教学大纲》[J]. 数学教育学报，1993（2）：4-9.

② 邬志辉. 关于学生负担问题的深层次思考［J］. 课程·教材·教法，1998（1）：14-16.

③ 肖建彬. 学习负担：含义、类型及合理性原理［J］. 教育研究，2001（5）：53-56.

④ 陈霜叶，柯政. 从个人困扰到公共教育议题：在真实世界中理解中小学生课业负担［J］. 全球教育展望，2012（12）：15-23.

二、学生课业负担测评模型构建的方法

（一）研究假设

根据上述课业负担的操作性定义，本文提出了三条课业负担测评模型假设。下文的“付出”是指学生学习过程中承担的任务与要求，以及为此消耗的时间与精力。

假设一：如果某种付出被称作课业负担，那么它一定是课业任务及其心理体验的综合体现。

假设二：如果某种付出被称作课业负担，那么它更多是为了满足成绩目标的需要。

假设三：如果某种付出被称作课业负担，那么它会对学生发展产生消极作用。

（二）研究目的与思路

本文在构建课业负担操作性定义的基础上，通过在部分地区的抽样调查，结合统计分析的方法，定量探索课业负担的维度与指标，以期为科学评估课业负担提供可观察、可测量、可操作的信息。基于此，本次研究在构建课业负担维度与指标时，主要遵循以下原则。

1. 理论与实践相结合

课业负担测评模型是由一系列相互独立、相互关联的指标所构成的有机整体，其指标的选建应以相关理论作为指导，同时结合与课业负担有关的典型案例，从而清晰、易懂地诠释课业负担内涵。

2. 操作性与体悟性兼备

课业负担测评模型各项指标的数据必须能够被收集和计算，收集到的数据可重复、可检验，且有助于人们感受与反思课业负担的内涵。

3. 力求简化、突出重点

在利用统计学方法描述课业负担测评模型时，如果挖掘的细节过多，不仅容易掉入相互解释的死循环，还会让事实变得更加模糊。所以，本研究运用统计学的方法探究课业负担测评模型，力求简化有关维度与指标，并突出课业负担的核心要素。

4. 学生视角

由于课业负担牵涉方面较多，既有学校、社会，也有家庭与学生；内容既包括教与学，还包括繁杂的社会因素。为了便于统计分析，本研究以四至九年级的中小学生为例，从学生的个体视角探索课业负担测评模型。因此，本文暂不考虑周课时、在校学习时间、统一考试次数等学校层面指标，另文有专题研究。

除了把握上述原则之外，本研究主要参考了《国家中长期教育改革和发展规划纲要（2010—2020年）》《中小学学生近视眼防控工作方案》《中共中央国务院关于加强青少年体育增强青少年体质的意见》，以及部分省、自治区、直辖市的有关规定，同时广泛吸取教育研究专家和一线各级教育行政与管理人员的意见。

（三）样本的选择

2013年12月到2014年1月，本文通过随机抽样选取重庆市合川区、湖南省邵阳市、山东省济州市、浙江省义乌市16所中小学、1 476名中小学生，收回有效问卷1 350份，问卷有效率91.46%。其中小学四年级学生219人，小学五年级学生218人，小学六年级学生222人，初中一年级学生236人，初中二年级学生230人，初中三年级学生225人。男生671名，女生679名。本次问卷调查的样本选择充分考虑区域、学校类型等方面的代表性，过程符合随机抽样的要求，结构较为合理。这种抽样调查基本可以反映义务教育学生课业负担的基本状况。

（四）研究工具的编制

本研究主要从以下两个方面收集课业负担测评模型的构建素材。

第一，文献分析。查阅已有的文献，包括国内外公开发表有关课业负担的文献，运用文献分析法抽取出能够反映学生负担的语句。

第二，开放式问卷调查。采用方便取样对重庆某小学进行开放式问卷调查，访谈题目包括：①对课业负担的直观感受与认识，并举例说明；②对“在学习上付出时间与精力”“因为成绩承担的压力”“课业任务的难易度”“课内外学习活动”等概念的理解，并举例说明。

为了检验初始问卷是否存在表述不清、语意模糊或者过于专业化的现象，问卷编好后请教育学专业、心理学专业博士研究生各两名进行审阅，又请 12 名重庆市某学校四至九年级中小学生以及 12 位中小学教师进行阅读，确保所有指标能够准确反映学生课业负担的内容。最后综合考虑内容效度、文字表述以及是否符合中小学生的实际情况等，每个维度至少保留了 4 个条目，得到了包含 35 个指标的课业负担测评模型。其中，所有描述心理层面课业负担的指标采用李克特五点计分法从 1（“非常不符合”）到 5（“完全符合”）。描述客观层面课业负担的指标根据数量多少以及相关规定划分为 5 个等级。

（五）课业负担测评模型的测算方法

通过课业负担测评模型收集的数据在测算之前，应经过数据同趋化处理和无量纲化处理。数据同趋化处理主要解决不同性质数据问题，对不同性质指标直接相加并不能正确反映不同指标的综合结果，须先考虑改变反向指标数据性质，使所有指标对测评方案的作用力同趋化。数据无量纲化处理主要解决数据的可比性。为此，本文将不同指标转换成五点量表，然后测算学生的课业负担情况，各项指标越接近，说明学生的课业负担水平越高。

（六）问卷施测与数据处理

根据调研要求与调研工具设计思路，对 32 位调研人员进行培训，统一指导语和施测方式，并对可能出现的与问卷有关的问题进行详细解释，然后为调研人员提供问卷。所有中小学生被试均按照自愿的原则完成问卷，完成一份问卷的平均时间约为 15 分钟。问卷收回后对所收集数据进行录入，按要求剔除无效问卷，采用统计软件 SPSS16.0 进行数据管理和统计分析处理。

对所有录入问卷进行编码，数据输入计算机之后，将 1 350 份有效问卷随机分成 2 组，其中 675 个样本数据借助 SPSS16.0 做探索性因素分析，另外 675 个样本数据借助 AMOS17.0 做验证性因素分析。

三、学生课业负担测评模型构建的过程

（一）课业负担测评模型的探索性因素分析

为了构建学生课业负担测评模型，本文对本次调查问卷 35 个指标进行了探索性因素分析，采用主成分分析法和正交旋转法抽取公共维度。以特征根大于等于 1 为因子抽取的原则，并参照碎石图来确定指标抽取因子的有效数目。判断是否保留一个指标的标准为：①该指标在某一维度上的负荷超过 0.50；②该指标不存在交叉负荷，即不在两个维度上都有超过 0.35 的负荷。经过几次探索之后，最后抽取出 4 个维度，其贡献率为 64.65％。各个指标在相应维度上具有较大的负荷，处于 0.61—0.83，具体结果如表 7-1 所示。从表 7-1 可以看出，因素分析的结果与理论构想相符，说明本问卷有较好的构想效度。

表 7-1　课业负担测评模型探索分析表（被试＝675）

指标	成绩压力	课业难度	精力消耗	课内学习任务	共同度
A1 总担心自己考得不够好	0.83				0.75
A2 成绩不好（退步）时，觉得自己笨	0.83				0.75
A3 成绩不好（退步）时，担心受到父母的责骂	0.76				0.66
A4 成绩不好（退步时），担心被别人看不起	0.68				0.55
B1 经常听不懂上课内容		0.79			0.67
B2 作业太难		0.78			0.68
B3 学习令自己头疼		0.74			0.65
B4 考试太难		0.66			0.54
C1 每天要做很多题			0.83		0.73
C2 每天要背诵很多东西			0.75		0.61
C3 只能做与学习有关的事			0.73		0.60
C4 经常学习到很晚			0.61		0.54
D1 每天平均作业时间				0.77	0.64
D2 教辅持有量				0.76	0.62
特征值	4.52	1.83	1.37	1.25	
解释变异量	32.29％	13.09％	9.76％	8.90％	64.04％

最后根据意义对 4 个维度命名，F1 是课业难度，指的是学生课业内容难易程度的心理感受，主要表现为上课、作业、考试等是否超过学生的理解能力与学习基础。F2 是成绩压力，指的是学生在强调学习成绩的环境中所面临的心理威胁。中小学生的成绩负担主要表现在两个层面：一是个人对成绩的重视程度，二是个人对学习成绩的消极归因。F3 是精力消耗，指的是学生在学习过程中对投入时间与精力的心理体验。F4 是课内学习任务，指的是为了让学生完成课程标准、教学计划、家长要求等，学校（家长）通过惯例、权威、信念等方式给予学生的书面作业与辅导书。这 4 个维度的内容符合本研究的假设一与假设二。

需要特别说明的是，本研究原本假设的课外活动这一维度并没有出现在探索得出的学生课业负担测评模型之中。这是因为本研究发现，课外学习活动这一维度的指标与其他 4 个维度的指标要么相关不显著，要么呈现负相关。究其原因是课外学习任务与课内学习任务呈现“零和状态”，即如果学生课内任务过多，他们就没有更多时间与精力参加课外学习任务。

（二）课业负担测评模型的验证性因素分析

为了检验根据探索性因素分析结果建构的课业负担四维度模型是否合理，为此进行了验证性因素分析。采用极大似然估计结果显示：$x^2/\mathrm{df}=4.51$（$x^2=320.54$，$df=71$），RMSEA$=0.072$，SRMR$=0.052$，GFI$=0.94$，AGFI$=0.91$，CFI$=0.92$，TLI$=0.89$，各指标的标准负荷值均在 0.5 以上（具体数值见表 7-2）。该模型的各项指标均达到了测量学要求，说明本研究构建的课业负担四维度一阶模型得到了数据的支持。

表 7-2　课业负担指标验证性因素分析的标准负荷（被试=675）

成绩压力		课业难度		精力消耗		课外学习任务	
指标	负荷	指标	负荷	指标	负荷	指标	负荷
A1	0.77	B1	0.72	C1	0.74	D1	0.55
A2	0.83	B2	0.66	C2	0.67	D2	0.63
A3	0.65	B3	0.78	C3	0.66		
A4	0.62	B4	0.61	C4	0.71		

（三）课业负担测评模型的信效度检验

在本研究中，成绩压力、课业难度、精力消耗、课内学习任务和课业负担总量表的内部一致性系数分别为：0.81、0.79、0.78、0.53、0.83。表 7-1 数据也表明，课业负担问卷各个维度清晰，指标的因素负荷量均大于 0.50，总体方差解释量为 64.04%，并且各个指标含义清楚，具有较强的解释性，可以认为指标结构效度较好。已有研究表明课业负担对学习心理、学习成绩有一定的负面作用。①②为此，我们同时测量了中小学生厌学倾向、睡眠时间和成绩状况，并以它们作为测量效标，用以检验课业负担各维度的外部效度。其中成绩状况的测量分为 4 个等级：等级 1 表示学习困难，等级 2 表示中等，等级 3 表示良好，等级 4 表示优秀；睡眠时间划分为 5 个等级，等级 1 表示 6 小时，等级 2 表示 7 小时，等级 3 表示 8 小时，等级 4 表示 9 小时，等级 5 表示 10 小时及其以上。本研究中的厌学倾向是指学生在学习过程中经常感到身心疲惫、对学习本身缺乏兴趣、时常因为学习感到情绪低落，共有 6 个指标，内部一致性系数为 0.82。结果如表 7-3 所示，课业负担各维度与成绩状况、睡眠时间有低度的负相关，与厌学倾向有中等程度的正相关。这说明本研究构建的指标模型符合本研究的假设三，且具有良好的效标效度。

表 7-3　课业负担的内部一致性信度和效标关联效度（被试＝1 350）

维度名称	课业负担总分	成绩压力	课业难度	精力消耗	课内学习任务	厌学倾向	成绩状况	睡眠时间	内部一致性系数
课业负担总分	1								0.83
成绩压力	0.71**	1							0.81
课业难度	0.73**	0.26**	1						0.79
精力消耗	0.77**	0.33**	0.45**	1					0.78
课内学习任务	0.53**	0.18**	0.31**	0.31**	1				0.53

① 宋乃庆，杨欣. 中小学生课业负担过重的定量分析［J］. 教育研究，2014（3）：25-30.

② 中央教育科学研究所中小学生学业成就调查研究课题组，田慧生. 我国小学六年级学生学业成就调查报告［J］. 教育研究，2011（1）：27-38.

续表

维度名称	课业负担总分	成绩压力	课业难度	精力消耗	课内学习任务	厌学倾向	成绩状况	睡眠时间	内部一致性系数
厌学倾向	0.55**	0.30**	0.57**	0.43**	0.18**	1			0.82
成绩状况	−0.15**	−0.09**	−0.26**	—	—	−0.23**	1		NA
睡眠时间	−0.28**	—	−0.23**	−0.26**	−0.35**	−0.25**	0.11**	1	NA

注：1. * 代表 $p<0.05$；** 代表 $p<0.01$；—表示不显著。

2. NA 表示“不适用”。

四、学生课业负担测评模型构建的讨论

（一）科学构建学生课业负担测评模型的分析

课业负担测评模型的构建经历了文献分析、访谈与开放式问卷调查、构建理论、编制指标、初测、复测和正式测试等程序，严格遵循教育统计的基本过程，并且以验证性因素分析得到的结果为依据，确定了课业负担的初步测评模型。该测评模型既有理论依据，又有一定的建构效度。在此基础上，验证性因素分析的结果也证明了课业负担测评模型具有较好的真实性，可以作为学生课业负担的测评工具。本研究构建的课业负担测评模型一共有 4 个维度、14 个指标。

（二）开展学生课业负担督导的维度分析

本研究通过文献分析、开放式问卷调查、访谈等方式收集指标，采用探索性因素分析和验证性因素分析的方法，分 3 个步骤对课业负担测评模型进行了初步探索。结果表明，课业负担测评模型由 4 个维度构成，其贡献率依次为：成绩压力＞课业难度＞精力消耗＞课内学习任务。这 4 个维度与问卷总分显著相关，模型拟合指数均符合要求。这一结论具有理论意义。在这 4 个维度之中，成绩压力的解释率明显高于其他 3 个维度。出现这种结果可能是由于成绩压力最能体现我国学生课业负担的本质：我国学生之所以背负如此沉重的课业负担，正是源于社会、学校、家庭以及学生自己对考试成绩的高度重视。

值得一提的是，从表7-3来看，课业负担与厌学倾向呈中等程度正相关，与学习成绩呈低等程度负相关。这说明课业负担过重会让学生找不到学习的成就感，逐渐失去兴趣，并且经常感到情绪低落。同时，学生们更多的付出并没有让学生获得好成绩，相反这还可能导致学生成绩的轻度下降。

（三）加大学生课业负担测评模型的实际应用

通过对学生课业负担测评模型的定量研究，可以初步形成一套衡量学生课业负担状况的指标量数，即根据反映课业负担的综合指数和若干分类指数，据此判断或预测课业负担的程度。根据本文构建的课业负担测评模型，未来可以从学生个体的角度出发，重点考察成绩压力、课业难度、精力消耗、课内学习任务这四项内容，同时结合课时数、统一考试次数、在校学习时间等学校层面指标，定量阐明课业负担对学生身心健康、文体活动、社会实践、素质发展、睡眠时间等因素的影响。

此举，一方面有助于引导学校纠正“通过增加课业负担、损害学生身体健康、违背科学发展观来谋求学生成绩提高的教育方式”①，并着力使教学中的合理要求变成学生内在的思维渴求②；同时努力优化课堂教学方式与内容、更新考试评价理念与制度以及提升作业（教辅）质量与品位，促进学生形成健康活泼的学习情感、学习方式与学习态度③。另一方面以此为据可以形成课业负担定量督导管理办法，由各级教育部门和教研部门定期定量监测、督导不同地区、学校的学生课业负担状况，科学推进“减负提质”。此外，通过学生课业负担测评模型分析课业负担现象，不仅可以建立公众对课业负担的话语体系与分析框架，还可以启示课业负担对应的课程、教学、生理、认知和行为等研究。

由于国内外课业负担问题定量研究较少，本文尝试构建的课业负担测评模型仍需进一步完善。未来要确切描述学生课业负担的高低，还应在上述课业负担测

---

① 王定华. 论基础教育的科学发展［J］. 教育研究，2009（2）：52-57.

② 朱德全，宋乃庆. 论数学教育现代化与素质教育观［J］. 西南师范大学学报（哲学社会科学版），2000（1）：76-81.

③ 林崇德. 心理和谐：心理健康教育的指导思想［J］. 西南大学学报（社会科学版），2012（3）：5-11.

评模型基础上构建学生课业负担常模——监测学生课业负担的状态和变化趋势，判定“减负”目标是否达成以及达成效果。若要详细描绘学生课业负担潜在的危害，还需要探索课业负担的作用机制——明确课业负担对学生学习发展的影响，指明下一步中小学“减负”的方向。此外，本研究对课业负担测评模型进行了初步构建，未来要测评不同学段、不同学科、不同地区的学生课业负担，有待构建相应的具体模型与常模参照。

新时代考试评价改革的新动向*

考试评价是指挥棒，与每所学校、每个校长、每位教师、每名学生息息相关。指挥棒用得好，科学合理，张弛有度，则国家意志得以体现，教育方针得以贯彻，校长教师服气，家长学生满意。指挥棒用得差，则会让社会不公平，教育入歧途，学生受损害，“片面追求”成风气。正因为如此，多年来，教育部和各地对考试评价都格外重视。

立足新时代，各级教育行政部门和学校应该树立创新、协调、绿色、开发、共享的发展理念，按照教育教学规律、学生成长规律和各地实际情况，制定更为合理的考试评价政策，建立更加科学的考试评价体系，把中小学考试评价工作做得更好。

考试评价要引领教育创新。一要改进考试评价体系，激励各地各校锐意深化课程改革，勇于改进教学方法，善于激发学生思维想象和创新意识。二要改进考试评价标准，促进课堂内外、学校内外教育活动的结合，增加学生动手实践机会，发挥综合实践基地作用，促进社会资源利用。三要改进考试评价方式，扩展学生求知空间，加快建立与学生创新素养培育相配套的装备支撑基础，面向“互联网+”，发挥翻转课堂、慕课、微课作用，培养学生利用信息技术进行自主学习能力。如果考试评价把学生囿于书本、死记硬背、不敢探索，则不如没有。

考试评价要衡量综合素质。在教育实践中，既要改进考试并有序、适时、适度开展，又要完善评价并发挥正向引领、正确指导、提供服务功能。要科学实施对学生各方面素质的评价，促进广大学生德智体美劳全面协调发展。“综合素质评价”应体现写实与客观，突出品德与操行。各类考试评价都应让愿学、勤学、会学的学生考出好成绩，让体质好、爱锻炼、能坚持的学生评上优等次。此外，还要鼓励学生具备审美素养，养成劳动习惯，参与“光盘行动”，形成节约意识，

*本文原载《中小学管理》2016 年第 1 期，原题为《“十三五”期间考试评价改革的新动向》。

拥有阳光心态。

考试评价要体现“绿色”性质。一要将实用功能与理念价值相结合。将评价目的定位到促进发展、提高质量、保障公平上，让校园充满生机活力。淡化日常考试过高区分度，改变以往片面依升学率评价学校、片面依分数评价师生的方式，建立基于学校品质提升的学校教育质量监测体系，规范教育管理行为和办学行为。二要将终结性评价与形成性评价相结合。重视提高终结性评价的客观性和实效性。充分顾及发展性、主体性和动态性，把促进发展作为评价的出发点和归宿点，用可持续发展思维贯彻评价全过程。三要将外部评价与自我评价相结合。除了教育部门实施考试评价外，还要确立被评价者的主体地位，充分发挥自我评价的作用，通过自我评价提高自我、发展自我、完善自我。在新形势下，要体现管、办、评的相对分开，妥善委托开展第三方评价。四要将定量测评与定性分析相结合。既要让数字说话，又要做出准确或带鼓励性的评语，为未来进步提出建议。

考试评价要具有国际眼光。各国基础教育评价领域呈现了一些发展趋势。一是强调评价促进教和学的功能，注重通过全面的、发展性评价促进学生品德、知识、体力全面发展，以培养国家建设所需人才。二是强调评价的目的性和评价方法的多样化，促进“学生友好型”学校的建设，以服务于社会发展和人的发展。三是反思传统上占主流地位的标准化测验的教育效果，强调在真实的情景中评价学生的学习。四是重视信息技术对教育的影响及其带来的新的评价问题，如网上学习评价、网络学习条件下学生发展的评价等。五是强调评价思想、方法、技术本身的变革，倡导开发新的评价方法和技术。对国外考试评价中的有益经验，应根据我国国情，有所分析借鉴。

考试评价要惠及各类群体。体现共享发展理念，进一步推动考试评价改革。抓住招生入学这个人民群众关心的牛鼻子，把工作落到实处。义务教育阶段依法采取就近免试入学方式，不把社会培训机构所获证书作为录取依据。在中考改革方面，要制订入学名额分配、优秀学生推荐、指标到校比例、考试内容调整、考试方式完善等切实可行的方案。认真贯彻国家考试改革方案，做好“两依据一参考”落地。要适应居住证时代新要求，完善让符合条件的进城务工人员随迁子女在当地参加中考和高考的政策。还要就考试评价改革的目的意义程序，对社会广为宣传，接受社会监督，赢得各界理解。

为基层教育实验者点赞*

当前，我国基础教育正站在加大改革力度、改进依法治理、提升内涵品质这一新的历史起点上。在这一时代背景下，新教育实验“缔造完美教室”叙事研讨会的召开，踩准了基础教育的时代节奏，跟上了基础教育的发展变化，是一次很好的会议。

自进入21世纪以来，新教育实验在朱永新教授的带领下，取得了丰硕成果，产生了良好的社会效益，为我国教育事业做出了应有贡献，也因此成为推动中国教育事业发展的一支重要民间力量。本次会议，既是推广民间优秀教育改革经验的一次契机，也是中国教育事业发展的一个缩影。它不仅真实反映了新教育实验在缔造完美教室中的实践，而且也为教育教学实践中的难题提供了一个可行的解决方案，推动着基础教育不断前行。新教育实验的成功经验为国家制定教育政策，提供了宝贵的积累。

一、关心基层实验者

教师的专业水平决定了教育教学的质量。在本次新教育研讨会上发言的9位基层教师结合亲身经历，采用叙事手法，饱含思想感情，讲得生动有趣，有内容、有细节、有深度、有创新，我深受感染，深受启发，深受教育。从9位教师叙事的总体效果来看，每一位有每一位的精彩。总体而论，教师们的教育教学理念新颖，方法独特，内容丰富，效果显著。在平凡而又普通的工作岗位上，教师们自觉探索运用新教育的理论，把生命叙事理论与缔造完美教室创造性地有机结合起来，并把发生在缔造完美教室过程中师生共同成长的故事，用叙事的手段予以呈现，进一步丰富了教育形态。事实上，讲故事是广义教育的最初形态之一。

* 本文原载于《人民教育》2015年第6期。

具体来说，教师们关心学生、理解学生、尊重学生，从每个学生入手，从每个班入手，从薄弱环节入手，把学生作为学习的主体，不断研究学生发展规律，带领学生一起全面发展，注重学生品德养成。同时，还积极通过班主任工作和课程，调动所有学生，引领学生打通走向外部世界的通道，促进他们全面发展和健康成长，真正发挥了立德树人的作用。

很多教师工作在农村或边远地区，条件比较艰苦。他们代表着我国 1 069.5 万名中小学专任教师的形象。他们学为人师，行为世范，扎根基层，默默奉献，是值得党和人民、家长信赖的一支队伍。希望基层教师进一步完善专业素养，按照习近平总书记“四有老师”要求，为国家的教育事业做出更大的贡献。希望各地教育部门为基层教师的教育实验、教书育人、建功立业、专业成长、幸福生活提供切实保障和周到服务。

二、关注基层实验者

总体上看，各位老师都干得很好、讲得很好，我为你们点赞。概括起来，我认为，在缔造完美教室方面的探索，有以下四个共同特征值得关注。

第一，关注了学生生命存在。学生不仅是学习知识的认知体，更是有血有肉的生命体。基础教育要关心人，尊重人，理解人，促进学生的健康成长和全面发展。古人说：“圣贤施教，各因其材，小以小成，大以大成。”学生特点不一，因材施教，在你们的新教育实验中得到充分注意，我非常赞赏。今后要更加注意因材施教，关心每位学生成长、成人、成才，一把钥匙开一把锁。

第二，关注了学生学习兴趣。兴趣是最好的老师。“知之者不如好之者，好之者不如乐之者。”你们不用强迫的方式让学生机械重复、反复训练、加班加点，也不利用节假日、双休日组织学生集体补课，而是把“要他学”变成“他要学”，真正调动了学习兴趣。我想，调动了学习兴趣的课堂，才真正可能让师生过上幸福完整的教育生活。

第三，关注了师生共同成长。“学然后知不足，教然后知困。知不足然后能自反也，知困然后能自强也。”在新教育实验里，老师不再是高高在上，而是平等地帮助学生发展。9 位老师的叙事无一例外，都体现了教学相长，与学生互动，师生共同在学习氛围中得到提高。

第四，关注了教室内外衔接。表面上看是在说完美教室，实际上并不封闭。在新教育的视野里，教室是无限开放的。你们常常是把孩子们带到教室外，与家长、社会互动，或与外面的一些老师、教育工作者互动。这样，有利于学生眼界的扩宽、知识的增加、能力的提升，较好地体现了完美教室的理念。

三、支持基层实验者

自 2000 年开始，新教育实验团队已遍及我国大部分省份，积累了丰富经验，创造了很多好的方法，而且还凝练出比较深邃的可操作、可复制、可推广、可持续的行动指南，我们找不出理由不去支持新教育实验。真正的英雄来自于基层，真正的智慧来自于民间。教育部袁贵仁部长深刻地指出，坐在北京西单大木仓胡同教育部的办公楼里，我们的工作人员想不出比基层同志更高明的主意。教育部的主要工作之一就是要善于发现典型，甄别典型，培育典型，推广典型。

下一步，推广新教育实验成果以及我国其他丰富多彩的教改经验是我们的任务，我想只要符合四个标准的经验都应该让大家分享。

第一，富有改革精神。我们的时代是改革的时代，教育的改革优先于其他一些社会领域的改革，教育的现代化要早于全国现代化的实现。在教育改革方面，不能总是“不行、不行、还不行”，而应该是“可以、可以、也可以”，更应该是“探索、探索、再探索”。要让基层的创新实践得到保护，让学校的创新活水充分涌流。

第二，符合法治精神。党的十八届四中全会号召建设法治中国，教育部门也要以法治精神服务基层，以法治精神治理教育。在公权力的运用方面，要做到“法有授权必须为”，保证教育经费“三个增长”，提供良好的教书育人的环境，推进现代学校制度，促进教师的待遇改善和专业成长。还要做好学校安全保卫工作，特别是要为每所学校配备专职保安。同时，还要做到“法无授权不可为”，真正落实学校办学自主权，避免过多干预学校依法开展的日常具体管理和教育教学行为。

第三，贯彻教育方针。贯彻党的教育方针，核心是要推进实施素质教育，促进学生德智体美劳全面发展。在德育方面，要把“富强、民主、文明、和谐、自由、平等、公正、法治、爱国、敬业、诚信、友善”这 24 个字，校校上墙入屏，生生牢记于心，成为自觉行动。还要把中华优秀传统美德通过恰如其分的方式转化为孩子的内心体验，继而再转化为道德行为，并引导学生养成好习惯。

在智育方面，要突出课堂教学，关注完美教室。局长、校长、督学、教研员都应走进教室，回应教师关切，回答学生诉求。教学有法，但无定法，贵在得法。要选用合适的方法引导教育人。要改进教育的手段，科学运用信息化媒体和其他现代教学手段，呈现给学生具有直观性和启发性的教学材料。另外，还要注意减轻学生负担，不要过分宣传“不让孩子输在起跑线上”的观念。实际上，人的成长犹如长跑，起步的快慢并不决定一生的成功与失败。家庭教育要跟上，所谓的“虎妈”“狼爸”现象不可取。

在体育方面，要让学生每天锻炼一小时，健康工作五十年，幸福生活一辈子。当前，尤其要防治近视和推广校园足球。

在美育方面，要让学生具有初步的感受美、欣赏美、表现美、创造美的意识与能力。中学毕业的时候，每个学生要能演奏一两种乐器，而不仅仅是哼唱《小苹果》。

在劳动教育方面，要让学生出点儿力，流点儿汗，甚至经风雨见世面。2015 年，教育部将研究提出加强中小学劳动教育的意见，就是让孩子多参与社会实践，从事社会实践，走出校门，像蒲公英花絮那样飞向天空，扑向大地。我赞成“蒲公英”的比喻，为什么不是牡丹，因为牡丹太艳；为什么不是昙花，因为昙花只能一现。

第四，提升特色品质。义务教育均衡发展要办好每一所学校，促进每一个学生的发展，让他们同在蓝天下共同成长进步。另外，内涵发展要强调，特色发展要体现，不要把所有的学校都办成一个模子。每所学校都应该尽量办出特色，提升品质，唯有这样的实验才具生命力，才更可持续。

根据中央的要求，我们要深化改革，要加强法治，要立德树人。可以说教育改革的集结号已经吹响，教育法治的路线图已经绘就，促进改革、改善治理的司令部已经成立，不能再玩“潜伏”了，要抓铁有痕，攻坚克难，夺取基础教育改革发展的新胜利。

第八编

教育交流互鉴

美国基础教育课程之观察与研究*

教学是学校的核心任务，课程是教学的关键载体。课程是学校为实现培养目标而选择的教育内容、学科系列及其进程与安排，包括学校教师所教授的各门学科和有目的、有计划的教育活动。课程包括文化课程、科学课程、活动课程、实践课程、隐性课程。长期以来，美国基础教育课程注重以人为本、联系实际、改革创新，对国家的进步、国民的发展，发挥着独特的作用，对世界许多国家也产生了影响。

一、当代美国基础教育课程发展历程

19 世纪前，美国中小学课程延续着一贯的传统。小学课程以读、写、算和宗教内容为核心，而与生活相关、全面发展儿童心智的课程，如初级科学、自然、图画、音乐、教育、游戏、缝纫、手工等，虽已出现在学校的课堂中，但所占比重甚微。中学课程以文科类课程为核心。尽管以艾略特（C. Eliot）等人组成的中等教育“十人教育委员会”提出了以削减古典人文课程、增加现代人文科学和自然科学为特征的新的中等教育课程体系，但该课程体系确立的出发点却定位在智力发展以及为学生升大学做准备，因而该课程体系的学术性有余，而职业性、生活性、实践性不足。

直到 19 世纪末，进步主义教育思潮引发进步主义教育运动，为美国基础教育的改革做了理论铺垫。在杜威“教育即生长”“教育即生活”“教育即经验的不断改造”以及“从做中学”理论的影响下，美国中小学课程在 20 世纪初发生了深刻变革。小学课程中传统的 3R（Reading，Writing，Arithmatics，简称

* 本文原题为《美国中小学课程考察》，原载《课程·教材·教法》2003 年第 12 期，收入本书时做了修订更新。

"3R"）课程在课程结构中所占的比重由1856年的70.1%降至1926年的51.7%，而图画、音乐、体育、活动、手工等经验性课程占比由14.2%升至36.5%。中学课程改革以1918年"中等教育改组委员会"发表《中等教育基本原则》报告为标志开始启动。该报告首先确立了新的中等教育的目标及原则：保持身心健康，掌握基本知识技能，履行公民职责，成为家庭有效成员，养成职业素养，善于利用闲暇时间。其次，倡导为具有不同需要的学生开设多样化课程。再次，倡导将教育心理学、教育测量、教育评价、教学等领域的新理论应用于课程和教学实践中。在此报告的倡议下以及在进步教育协会主持进行的"八年研究"的影响下，20世纪20—30年代美国中学的课程从传统的学术性中挣脱出来，增加了诸如消费、家政、保健、体育、性格养成等生活性和实用性的课程，增加了当代文学、演讲、新闻、辩论、戏剧、广播、电视等反映现代人文发展新成果的课程。20世纪初叶，美国中小学课程结构的改革是美国基础教育由传统走向现代的重要标志。一方面，新的课程结构的确立，使其基础教育从此走上了一条多样性和实用性发展的道路；另一方面，进步主义教育理论在中小学课程发展中的渗透，使其基础教育从此逐渐形成了进步主义的传统。二战后美国中小学课程发展出三次改革并各具特点。

（一）第一次课程改革：以"生活"为主导

二战时期的课程改革，以杜威进步主义教育思想为指导，批判传统教育的课堂中心、教师中心，提出活动中心、儿童中心的主张。小学课程主要有：社会研究，包括历史、地理、公民的综合；语文艺术，包括阅读、写作、听说；健康教育，包括体育、保健；艺术，包括音乐、美术；数学和科学。"生活适应教育"是二战后初期美国中等教育改革的主题。杜威主张"教育即生活""学校即社会"。他提出"从做中学"的教学原则，并从这个原则出发，认为课程教材要与儿童生活经验相联系。在课程结构上，它要求中学课程不应仅具有学术性，而应具有社会性、职业性；不应仅局限于抽象的概念、原理，而应涵盖从事家庭生活、职业活动和公民活动在内的各种实用知识和技能。

杜威不愧为美国头号教育家，他著作等身，理论自成体系。他的教育思想对美国教育的影响是持续、深刻和全面的。此次课程改革虽然有助于学生养成丰富的个性并使其积极有效地参与家庭、社会生活和职业活动，却淡化了学生学术能力的培养，最终导致美国科技人才的短缺，科学事业大幅度下降。这种弊端的长期累积，最终引发了以苏联 1957 年人造卫星上天为导火索的一场广泛、深刻的课程改革。

（二）第二次课程改革：体现“回归基础”

当学校教育注重儿童个性发展以及为学生个人生活服务的理念和实践走向极端时，它将不得不背负起国家高科技人才减少、科技水平下降的罪责。1958 年，由艾森豪威尔总统亲自签署的《国防教育法》及其以后的修正案将数学、自然科学和现代外语定为所有学校必设的核心课程，即所谓的“新三艺”，以培养学术人才；同时，对历史、地理、公民和英语等课程进行修订，以真正确立国民的国防意识。受要素主义、结构主义等教育思潮的影响，美国小学课程发生了变化：加强 3R 的教学；加强数学和理科的教学；提高课程标准，增加课程的理论性；开设现代外国语的学校增多。相对于小学课程改革来说，中学课程改革的幅度和力度更大一些。教育家科南特（B. Conant）在对美国中等教育进行广泛调查的基础上提出了一套中等教育改革方案。其中，在课程结构方面，主张中学课程应以必修课和选修课两种形式进行组织。必修课分为英语（4 年）、社会研究（3～4 年，包括 2 年历史）、数学（1 年以上）和自然科学（至少 1 年）；选修课分为职业类（打字、速记、文书、供销、商业、农业、工艺等）、学术类（必修课内容的加深）和补习课（为学习困难的学生开设），无论学生如何制订选修课的计划，它都必须占学生学习时间的一半以上。科南特关于中等教育课程改革的方案尽管并未体现为官方政策，但却成为 20 世纪 60 年代美国中等教育课程改革的主要参照标准。经过这一阶段关于课程的讨论与改革，美国中等教育逐渐形成了以必修课和学术课程为主、必修课与选修课相结合、为学生升学和就业服务的基础教育课程结构。但这次课程改革存在着过分强调学术性和学生的智力发展，而压抑学生个性发展的不足。

面对“非人性化教育”的众人指责，美国发起了“回归基础”运动。这场运动要求严格中学的升级考试制度，注重道德教育。在课程结构上要求取消“社会性服务”等非学术性内容，减少选修课，增加必修课，限制职业课程，将学校主要科目界定为数学、科学、外语和历史等，各科目注重加强基本事实、概念和原理等内容的传授。

“回归基础”的课改有以下几个特点。

一是课程改革的指导思想是“精英主义”。美国一些科学家认为，美国科学对二战胜利的重大贡献在很大程度上依赖于在欧洲接受教育而后移居美国的科学家，所以美国教育如不能培养足够数量的高质量的科学家，在未来社会中美国的优势就没有保证。

二是课程改革的理论基础是结构主义。布鲁纳结构主义的课程观风靡一时，强调基础知识和学科的基本结构，认为一般的知识变动太快，不必过多教授。

三是新课程在内容和结构上与传统课程迥然不同。新课程要求学生尽可能地像一名科学家那样，不仅要使用工具，还要以他的眼光看问题；不仅仅体验他的劳动成果，还要体验从事智力活动的欢乐。因此要把“探究”“问题解决”“发现教学”等科学方法作为教学的主要目标。在新的课程中，教师不再是所有知识的源泉，而是学生学习的指导者。学生是学习的主体。

四是此次课程改革由一流科学家推动。课程的编制也是由专家进行的。例如，当时的新数学、新物理、新化学、新生物课本都是由大学或专门委员会编写的。这样做，实现了教育内容的现代化。20 世纪上半叶的科学成就被吸收到课程和教学中，删除了陈旧的内容，如物理不再强调热学、声学、静电学。但是，由于没有教学专家参与课程编制，科学未有效地转化为学科，重视了学科的逻辑顺序而忽视了儿童的心理顺序，从而给教学工作带来了一定的困难。

（三）第三次课程改革：推动“高质量教育”

至 20 世纪 80 年代，美国再次掀起与“回归基础”性质相近的“高质量教育”运动。运动产生的原因较为复杂，从教育外部看，科学技术迅猛发展带来了生产的深刻变化和社会的不断变革，国际局势趋于缓和，但经济竞争日益激烈。从教育内部看，一方面，中等教育普及和终身教育思潮兴起，另一方面，中小学教育质量下降。1983 年，美国高质量教育委员会发表《国家处在危险之中：教育改革势在必行》的报告发挥了导向作用，它提出了一套新的中学课程方案：加强学术教育，开发“新基础课程”，提高中学毕业学术标准，规定高中 4 年内必须学习现代核心课程，即英语（4 年）、数学（3 年）、科学（3 年）、社会研究（3 年）、计算机（半年）。在“回归基础”运动和“高质量教育”运动的影响下，美国基础教育阶段尤其是中等教育阶段的课程结构再次发生了重大变化，即恢复和确立了学术性学科在课程结构中的主体地位，加强了全国范围内课程结构的统一性，减少了差异性。1990 年，拟定了 2000 年美国教育的六大目标，老布什总统发表了《2000 年美国——教育改革战略》，提出了“新的世界标准”，1994 年克林顿政府的《2000 年目标：美国教育法》继续确认 1991 年的 6 项全国教育目标，并在科学和历史学科之间增加了外语和艺术两门学科，这样共有 7 门核心课程。小布什总统期间颁布的《不让一名儿童落伍法》，更加强调对阅读和数学的评价。年度的统计数据是衡量学校是否得到不断改善的重要工具。此外，“国家教育进展评估项目”将对 4 年级和 8 年级学生进行阅读和数学测验，对各州抽样学生进行年度评估。奥巴马政府认为当时美国的中小学教材太简单，要提高课程标准，延长课时。规定各州要提高课程标准，要求美国八年级学生的课程标准应该比其他发达国家领先两年。并将此视为应对经济下滑的一剂良药。

美国为了摆脱教育危机，为了培养高质量的人才，从而在日益激烈的国际竞争中取胜，提出并颁布了一系列教育计划、方案和法案。从总体上看，此次课程改革主要表现为以下几个特点。

一是课程改革的指导思想是“大众教育”，与 20 世纪 60 年代的课程改革有很大不同。这次改革强调“科学为人人”（Science for All），要求培养学生的科学素质。

二是课程改革的理论基础是建构主义。心理学家皮亚杰把主客体的相互作用看作是一切经验和知识的源泉。他既反对纯粹来自感官经验的经验主义，也反对知识来自纯粹的理性主义，他认为“知识基本上就是建构”。传统的认识论视客观存在为认识的对象，建构主义则把认识限定在人类经验领域内，承认客观存在，但人的心理无法直接接触它。传统认识论视知识为客观真理，建构主义认为应抛弃真理的概念，代之以“可行性”，它只是一种解释，一种假设。

三是科学教育的目标强调科学素质培养。对科学素养的理解包括三个方面：理解科学哲学，即科学的本质、科学的价值等；了解科学发展历史；理解科学与社会的关系，注重“科学与社会”“科学与人文”“科学与技术”等范畴，强调培养学生“解决问题”的能力。对于美国基础教育课程改革起到深远的影响作用。

二、美国中小学课程改革现状

美国中小学课程在改革中产生并发展，经历了三次大规模的改革，如今美国中小学课程表现出哪些特点？我们如何看待三次改革带来的影响？哪些政策、法令的出台影响着美国中小学课程？由于美国中小学课程纷繁多样，笔者试图以对上述问题的回答来粗略展现美国中小学课程现状。

（一）美国中小学课程改革具有渐进性

渐进性是美国中小学课程的发展观。经历了三次大规模的改革，如今的美国中小学课程并未停止调整。与以往大规模的课程改革形式不同，20 世纪 90 年代以后的课程改革不再是彻底否定前期成果的彻底改革，而是以真正认识到本国学生培养质量低下为基本原则开展的微调和革新。为此，从 20 世纪末期起美国基础教育课程结构的调整仍然在逐步推行加强课程的学术性、加强课程的统一性、培养学生的学术能力等关注提升教育质量的政策。此后，美国颁布了一系列法律法规，强调中小学的核心课程，包括 1990 年的《全美教育目标》、1991 年的《2000 年教育战略》、1993 年的《2000 年目标：美国教育法》、2001 年的《布什谈教育蓝图》、2002 年的《不让一名儿童落伍法》、2002 年的《2002—2007 年战略规划》和 2010 年的《改革蓝图》。美国中小学试图通过强化英语、数学、自然科学、历史、地理、外语、艺术等核心课程的方式，提升学生的学业水平。由此可见，美国中小学课程发展结束了颠覆式发展的阶段，而是逐渐步入相对稳定的推进时代。

综观美国课程结构变革的整个历程，20 世纪以来中小学课程一直处于基础学术教育与生活适应教育、统一要求与灵活多样、提高教育质量与实现教育平等这三对矛盾的反复对抗之中。基于这三对矛盾的冲突，直接导致课程结构的不稳定，具体表现为学术性科目与非学术性科目、共同必修的核心课程与选修课在比例上的此消彼长的持续摇摆。事实上，这种不稳定课程结构的存在是社会本位主义教育价值观与个人本位主义教育价值观斗争的结果。两者基于发展目标的不同，而产生各持一端、相互对立的结果，是一种价值观试图修正另一种价值观的表现。两种不同教育价值观的摩擦导致课程结构的反复颠覆，实际上证明任何一种教育价值观在实践中走向极端时，都不利于系统、稳定的课程体系的生成，同时不利于促进教育质量的提升。在经历过若干次改革后，人们逐渐意识到选择任何一种教育价值作为教育实践的指导思想都有失偏颇，需要二者的“中和”。在发展过程中，每一种尝试都具有其历史意义，无论是成功带来的胜利成果，还是失败带来的经验教训。在 20 世纪 90 年代后期的中小学课程改革中，两种价值观的“中和”促进了美国中小学课程的稳定发展。

（二）美国中小学课程改革具有多层性

美国中小学课程改革实行分级管理、各司其职，体现出分层推进的特点。与美国联邦制的特点有关，包括国家、州、学区和学校在内的多级管理部门对中小学课程的设置和改革起着不同作用。具体表现为，国家建议、州定标准、学区决策、学校实施的基本特点。

1. 国家建议

受国家政治制度结构的影响，美国联邦教育部门只对中小学课程设置提出建议，因此美国不设统一的国家课程。除联邦教育部门的建议外，一些全国范围内的非营利组织或研究部门也会通过提出课程改革计划的方式，对中小学课程的发展提出指导性建议。如美国科学促进协会提出的《2061 计划》，此计划是关于科学教育课程改革的前瞻性研究计划，是一项面向 21 世纪、致力于科学知识普及的中小学课程改革工程，它代表着美国基础教育课程和教学改革的趋势。此外还有许多学科性的研究组织对学科课程进行研究，提出不断更新课程体系或教材的建议。这些组织和研究部门所提供的建议，可以作为联邦教育部门建议的有益补充，为州级教育部门制定课程标准提供基础条件。

2. 州定标准

在联邦教育部门、非营利机构和研究部门提供建议的基础上，各州教育部门会根据本州的实际情况制定自己的课程标准。各州课程标准的制定，一方面能够作为学区和学校制定课程的主要依据，另一方面也可作为对学校课程实施情况进行检查的重要标准。一般来说，州课程标准比较具体、详尽，有很强的可操作性。

以纽约州小学一至四年级为例，通过必修课程和必备考评对课程标准进行简单介绍。

关于必修课程。小学一至四年级学生需要接受特定的教育，以达到州小学阶段各科学习标准。①数学，包括算术、科学和科技。②英语，包括以获得信息和理解为目的的读、写、听、说；书面表达、评论分析和评价、对社会互动的理解；词汇拼写和理解、语法和标点的使用。③社会研究。包括地理和美国历史。④外语。⑤生涯发展和职业研究。⑥根据学生需要，开设双语教育或英语作为第二语言。⑦健康教育、体育和家庭、消费者科学。

关于必备考评。从1999年1月起，四年级学生必须参加包括英语初级考评和数学初级考评在内的考试。从2005年起，三年级和四年级学生都要参加英语初级考评和数学初级考评。从2000年1月起，四年级学生需要参加科学初级考评。

此外，在家接受教育的学生可不参加考评，公立学校学生必须参加州考评。根据个人化的教育项目，残疾学生参加可选择的学业成绩标准，按照州可选择评价标准对成绩进行衡量。

3. 学区决策

无论是国家建议还是州级标准，美国基础教育阶段教材的使用权和选择权主要集中在地方的学区。美国学区作为一级教育行政机构，具有较大的自主权，包括选举权和财政独立权。美国学区有权组织民众选举教育委员会，该委员会对学区内的所有教育事务进行管理。委员会的执行机构是本地教育局，其负责人是教育局长或学区总监，该委员会对学区内所有的教育事务进行管理。由于该委员会的产生是以民选结果为基础，因此教育委员会能够在一定程度上反映出学区内民众对教育的普遍期望和要求。除选举权外，90％的美国学区都具有较强的财政独立性。学区有权通过征收学区内居民财产税的方式，提高整体的办学条件，为学校硬件和软件条件的提升做基本的经费保障。在民主意愿的基础上，依托于专业的指导，教育委员会可根据课程标准的要求选择不同版本的教材。由于教材的类型选择能够在一定程度上体现出对课程标准的理解程度和执行力度，因此学区在教材选择过程中具有一定的价值倾向性。事实上，在课程管理过程中，学区呈现出承上启下的衔接作用，既要在最大程度上反映出民众对课程的追求，也要尽量遵循州制定的课程标准，兼顾州和民众的双重要求。

4. 学校实施

相对于国家、州、学区层面的课程要求来讲，学校是课程实施的最基层组织，各级课程管理部门的意识需要在此级执行计划中得以呈现。学校在执行课程计划时通常需要遵循两个基本原则：一是课程实施和检测要达到州课程标准，二是必须采用学区所规定的教材。上述原则实际上表现为基础性的框架条件，即规定了学校课程执行过程中所需遵循的大纲和所使用的教材都是已经确定的，这是最低标准的过程性干预。学校在执行课程过程中虽然在一定程度上表现为约束影响，但在课程执行过程中仍具有较大的自主性。学校可根据学生特点和兴趣采取不同的教学方法或开设具备特色的课程，这是学校特色建设中的重要手段之一，校际间差异伴随着课程的深入开展而逐渐形成。

（三）美国中小学课程改革具有多元性

美国教育以多样化著称，在中小学课程方面也具有明显多元性特征，各州在课程开设方面虽不尽一致，但 K—12 课程通常会以下列常规课程作为主体。包括国际化教育、语言艺术、阅读、数学、科学、AP 课程（大学先修课程，Advanced Placement，简称 AP 课程）、公民教育、经济、环境教育、外语或世界语、地理、历史或社会研究、多元文化教育、体育、性教育等。下面通过对几门课程的介绍，详细展现目前美国中小学课程的设置变化和具体要求。

1. 阅读

阅读是通往成功的核心要素，研究表明如果三年级学生仍存在阅读困难，那么将直接影响其在其他课程的学习并且可能会导致其无法毕业。《美国教育进展评测（2009）》中阅读测试显示，从 1992 年起八年级学生的阅读水平已经得到提升，而四年级学生的阅读成绩几乎保持不变。1992—2003 年，四年级和八年级大多数学生群体间的差距几乎没有发生变化，2007—2009 年，八年级学生在种族差距、性别差距、学校类型差距等方面均未出现明显改变。相比于 1992 年，2009 年只有四年级黑人学生和八年级女性学生的差距缩小了。国家健康研究所在研究儿童如何学习使用纯语音、纯语言和混合形式后建议，教师应该通过阅读的方式使学生接触到书面语言，利用兴趣书籍开展全语教学法。研究者和教育者期望政策制定者避免强力执行某种固定的阅读方式，允许教师选择最适合的阅读方式。尽管存在语音和全语的争论，但在初级阶段学生仍应具备一系列基本的阅读技巧，包括：语音意识（对语言中词语的理解和与书面中的字母相对应），单词中发音与拼写之间的关系，解码策略（通过开展对单词的分解和重组），词汇发展和建构，理解策略（理解阅读材料的意义）。

为了增加学生参与阅读的机会，研究和实践经验得出结论，应从以下几方面做准备开展阅读能力的培养。

一是尽早提供诊断和干预服务。

二是使用多样的阅读策略和阅读材料满足每名学生扩大词汇、增强理解能力的需求。

三是对学生尤其是处于危机中的学生提供高质量的准备和专业发展服务，使得学生有充足的知识和实践技能完成教师在阅读课上提出的任务。

四是通过改革教职员工成分的方式，尽可能保持规模较小的团队或班级。例如通过运用其他证书来重塑教职工队伍、教师救助和导师制度等。

五是将阅读成绩作为首要优先权，在较早年级段安排尽可能多的时间供学生阅读。

六是家长参与到儿童的阅读意愿、阅读能力的培养中，使儿童成为较好的阅读者。

尽管教育界对于最适合教授阅读的方式存在不同看法，但是一些研究仍然关注学生如何学习阅读。针对此问题已经有了较为清楚的了解，为什么并未出现越来越多的学生阅读成绩发生转变？其中原因包括针对阅读出现的问题缺乏适当的阻止、诊断和干预，教师不适当的准备和专业发展，缺乏阅读标准和责任。政策制定者能够在促进学生阅读方面存在积极影响，很多州相应的政策指向儿童的意愿、干预、教师质量和责任。其中最有效的策略是涉及政策所有领域、与儿童发展轨迹相近的综合性倡议，运用这些信息进行适当调整使得所有学生能够在阅读方面取得更好的成绩。

2. 公民教育

在美国同行看来，公民教育在于培养学生成为未来有影响的、有道德原则的公民。公民教育包括历史和政体的教学、民主国家内公民应具备的权利和责任的公民课程、讨论时事问题、服务学习、模拟法庭审判和选举、个性教育和其他方式。公民教育可通过学生管理、课外课程、合作课程等活动开展，包括学生在学校、学区和社区中参与决策制定。

尽管大多数美国人赞成年轻人参与作为公民准备的重要性，但是与数十年前相比，公民教育在学校中受到的关注越来越少。现在，学校首要关注的是为学生升学和工作的准备，于是在初级教育阶段对于数学、阅读和写作的关注更加强烈。专家认为与 1972 年相比，如今满 18 岁的年轻选举者在逐渐减少，这与公民教育的影响力降低有直接关系。

针对公民教育影响力的下降，一些州在 20 世纪 90 年代和 21 世纪早期颁布了公民和政府的发展标准，以确保学生能够对政府的工作有基本的理解，对基于美国民主基本价值的文件能够理解。然而大多数州还没有建立州层面的基于公民标准的评价系统。目前，一些州成立合法委员会或形成任务执行力推动公民教育的实践，为立法部门、州教育机构和公立学校提供推荐建议和咨询。

3. 大学先修课程

从 1955 年起，大学先修课程（AP 课程）作为一项培养具有天赋的学生的项目，允许学生在高中阶段完成大学级别的课程。对学生来讲，学习 AP 课程，可提前体验大学阶段的学习，挑战自我，开阔视野，进入一个崭新的学习领域。到 2014 年，美国高中已经能够提供 10 多个学科近 40 门 AP 课程的服务，开设 AP 课程的高中达到14 000所。① 在 AP 课程的测试通过以后，学生可以换取大

① 熊万曦．美国高中国际文凭课程发展研究［J］．比较教育研究，2015（03）：30-36.

学学分、提前毕业或者两者兼顾。然而小规模、农村和低收入学校在提供 AP 课程方面面临特殊挑战。另外，没有获得 AP 课程服务的学生和家长不能理解 AP 课程的好处。事实上，一些因素和指标决定着 AP 课程是否能够顺利开展，其中包括，州政府经费资助远距离学习 AP 课程的机会、准 AP 课程和教师专业发展的支持、为学生能够始终参加 AP 课程而提供的政策支持、鼓励少数群体和低收入家庭学生参加 AP 课程和考试的政策、鼓励根据州地理的多元性提供 AP 经费的项目和政策、为高中学生提供暑期 AP 项目。

AP 考试采取 5 分制，3 分及格，为多数大学所接受，名牌大学则要求 4 分乃至 5 分才能折抵大学学分。例如，哈佛大学自 2003 年做出规定，只有 5 分的 AP 成绩才能折抵学分。学生若有几门 AP 课程高分通过全国统考，便可在申请大学时占得先机。把成绩带入大学折抵学分，可节省学费，并有更多的时间从事自己喜欢的研究，谋划下一步的专业发展。对高中学校来讲，通过设置 AP 课程，丰富了办学层次和教学领域，给学生提供更广阔的发展空间，让天资聪颖和学有余力的学生捷足先登，增强了学校的影响力。

4. 国际文凭课程

国际文凭课程（International Baccalaureate，简称 IB 课程）是国际文凭组织为世界各国 3—19 岁孩子提供的四个不同教育阶段的课程。至 2014 年，全球有 146 个国家的3 741所学校开设 IB 课程，117.1 万名学生正在接受 IB 课程教育。① 国际文凭组织的总部设在瑞士，然而在美国却得到最好的发展。2014 年，美国有1 506所国际文凭组织认证的学校，其中开设大学预科的美国公立或私立高中共有 810 所。美国的这些高中希望通过 IB 课程提高教育质量。的确，IB 课程对学生的训练比较严格，考试评价亦由国际文凭组织设在威尔士的评价中心统一掌控，而不是由高中自行出题，因而 IB 课程成为公认的学术性课程，能够为学生今后的发展奠定良好的基础。

美国联邦各级政府对引入国际课程比较认可，还为低收入家庭的学生提供考试费用减免，所以实际上美国是全球 6 个政府层面资助国际文凭组织课程的国家

① 熊万曦．美国高中国际文凭课程发展研究［J］．比较教育研究，2015（03）：30-36.

之一。美国700多所大学招生会把在高中阶段学习了IB课程作为加分因素。国际文凭组织所授予的文凭已经被世界上120个大学所承认。

5. 国际理解教育

“9・11事件”以后，很多州领导关注学生如何更好地理解国际事件以及本国与其他文化之间的相互关系。“国际理解教育”指分析、评价美国与其他国家和人民相互作用的课程。较系统的国际理解教育应从以下几个方面开展。

一是通过地理和社会科学帮助学生理解世界历史和文化，认识美国文化和其他文化的相互作用，欣赏国际文化的多元化。

二是通过外语教学鼓励有效的语言学习，鼓励学校在9年级之前开展外语教学。

三是鼓励学生参加AP课程，对欧洲历史、外语、政府和政治、人文地理和世界历史进行比较探究。

四是高中毕业时需要对全体学生开展以下课程，如世界历史/地理和外语，促使学生获得高水平的知识并对国际文化有更好的了解。

五是在放学后和暑期时间开设外语项目，深化学生地理、世界历史、外语和文化方面的知识；无论是哪个年级、哪个专业学科的教师，在职前教育阶段需要学习下列课程：外语、地理和世界历史。不同于普通的社会研究，小学、初中、高中阶段的教师都应进行地理学科的学习；在小学和初中阶段，应进行外语学科的学习。

六是加强与国外的交流互动。交换项目的开展可以为师生提供较好的学习机会，包括将个人派到国外同时也可邀请他人来美国，这有利于提供国际理解教育的信息，给学生带来亲身体验，增强书本、研究报告、互联网信息与现实的联系等。

三、美国基础教育课程未来发展

（一）聚焦基础学科课程

基础学科是中小学课程的重要组成部分，基础教育阶段的主要任务之一是为学生提供系统、扎实的基础知识和基本技能，如在小学阶段强调对学生的读、写、算等基本能力的培养。为学生提供符合社会需求、学生发展需要的基础知识和技能是美国基础课程改革的重中之重。与当今世界许多国家相比，美国基础教育阶段表现出较强的生活化、理解性的特点，而对记忆性知识呈现弱化处理，于是导致在国际学生评估项目（Program for Internatonal Student Assessment，简称 PISA）测试中美国学生成绩不佳，表现为基础教育质量普遍偏低。在我国基础教育倡导减负时，美国却试图通过增加学生在校时间的方式促进课程改革。基础知识的积累和基础能力的培养能够为学生提供适应未来社会发展的前提，是终身教育、全民教育开展的基础。因此，通过学生对基础知识和基础技能的掌握来实现美国基础教育课程改革是可行途径。

（二）发展自然科学课程

科学教育开展的主要任务是向学生传授科学知识的同时，培养学生学习科学知识的方法和能力。在科学课程中，需要注重学生的科学探究能力，关注学生科学探究精神与科学世界观、价值观的形成。除提高对科学课程的重视程度外，运用专题的方式实现学科重组，能够帮助学生更加清楚地认识科学自身的逻辑以及实质性的相互关系。例如，在能量怎样流通于生物系统的学习中，学生可以感性地认识营养物质在一些容易养育的生物体中的流动，如家养植物、草履虫、面粉甲虫、小白鼠等。以后，他们就可以运用这些知识考虑能量在生态系统中通过食物链或食物网的流通。用能量专题联结这两个活动将促进概念的联系效应，而不是孤立地对待这两个活动。专题不会造成知识的片面化，相反更强调事物之间的联系，强调多角度分析问题。

（三）注重课程的整体性

美国课程发展虽然注重每个学科的发展状况，同时又不拘泥于学科发展，使课程实现整体性发展。事实上，学生的身心发展本身是一个整体，对需要发展的方面按学科进行分解不利于学生的理解和掌握。

一方面，注重对不同内容的课程进行联系性整合，如自然科学学科和人文社会学科的有机结合。自然科学通常指研究无机自然界和包括人的生物属性在内的有机自然界的各门科学的总称。通过对自然科学的认识，揭示自然界发生的现象以及自然现象发生过程的实质，进而把握这些现象和过程的规律性，以便解读它们，并预见新的现象和过程，为在社会实践中合理而有目的地利用自然界的规律开辟各种可能的途径。而人文社会主要研究与人类利益和社会现象及其相关的问题，其直接面对的是有意义关系的事物，既要研究共同性和普遍性，又要研究特殊性，它不但无法排除而且要研究偶然性、研究意义和价值。同时，它的研究主体与客体之间也并非像自然科学那样是人与物之间不能沟通只能说明的单向度关系，而是人与人之间可以沟通理解的双向互动关系。不同课程内容的两类学科所面临的研究对象、运用的研究方法等方面都不尽相同，但注重两类课程的整体性能够促进学习者思维的整体性发展，而非因对事物的片面认识而产生的非理性认识。

另一方面，注重显性课程和隐性课程的结合。美国在学校教育中有计划、有组织地实施的课程谓之显性课程，它显现在教学计划中，师生显然都知道要教、要学的内容。而学校通过教育环境有意或无意地传递给学生的非公开性教育经验即为隐性课程。它注意学生在班级或学校的社会关系中所产生的非正式学习，重视学校及教室结构特征对学生社会化的意义，强调学生身心特质的社会意义及其与情意学习的关系。所以，重视隐性课程无疑开拓了新的领域，扩展了课程系统的视野。美国学校显性课程与隐性课程并重，其含义是多方面的：显性课程与隐性课程并非主从关系，而是相互对应和相互独立的，各有自己独特的内容、设计模式等，是两种独立的课程形态；两者是互相促进的，在相互依赖中共同发展；显性课程与隐性课程的关系不是静态的，而是一种互动辩证的关系，二者的分界是不断调整的，是可以相互转换的。隐性课程虽然具有潜在与难以控制的特点，但它却有独特的结构。与显性课程相比，隐性课程常常带有无意识性和随机性的特点，体现出非规范性的特征；在内容方面，隐性课程重视知、情、意的整体性学习；在来源方面，除了教材、教科书之外，也重视学校组织特性、学校文化、教师人格和行为、同辈团体、能力分组、学生身心特质等因素对学习者的影响。

（四）制定课程参照标准

包括课程管理在内的美国管理体制都表现为分权制的特点，在国家宏观调控的基础上，地方有权对具体事务进行规定。美国虽然有国家层面的宏观引导，但各地的课程却表现出千差万别。这种差异的存在主要考虑到各地的实际情况，因地制宜开展各种各类课程。然而在差异较大的课程设置中，各州的教育质量却不能得到有效的保障。于是，美国也试图通过设置一系列基础课程的课程标准供各学校参考。2010 年，美国颁布《各州共同核心标准》（Common Core State Standards）及与其相对应的公共评价要求。至 2015 年，已有 46 个州、华盛顿特区、4 个领地接纳了该标准。美国课程标准的制定不可能避免地受历史遗留和现实管理体制的影响，促进美国共同的参考性课程标准更具科学性和可操作性，是未来美国课程发展的一个重要趋势。

（五）促进课程的现代化

课程内容的设置、课程手段的选择等方面都不应是一成不变的，而是随着社会发展进行现代化和全球化的倾向改变。人类社会的知识出现了总量迅速增加，老化日益加快，物化期渐趋缩短等前所未有的状况。课程若不能根据现代科学技术发展的要求，及时更新自己的不适宜的内容，就将出现不适应甚至严重危机。更主要的是，课程内容现代化由社会自身发展要求所决定。当今世界，竞争激烈，为求生存、求发展，就必须及时更新技术和设备，开发新产品。课程内容不改革、不革新就不能适应未来社会的生产和生活。

（六）强调价值观教育和道德教育

物质条件的富足是社会进步的重要标志，但不能以价值观念的失落和道德的沦丧作为代价而追求物质条件。校园恶性事件的频发，使得美国教育强调对价值观教育和道德教育的高度重视。学校教育应该反映有利于达到促进机会均等，形成健康和公正民主的生产经济关系和可持续发展的基本目的的价值，包括自身、家庭及相互关系，学生所属的更广泛的群体、社会的多样性及生存的环境，并对积极的信念美德给予肯定。在未来的课程发展中，美国将更加重视对学生个性品质、价值观方面的教育，培养诚实、公正、礼貌、责任、尊严、忠诚、宽容等品德，使学生形成良好的品德和树立正确的价值观，以提高公民素质。目前，新一轮道德教育课程改革正在美国许多学校中积极开展。

四、结语

2020 年在世界范围内暴发的新冠肺炎疫情对世界格局产生重大冲击，但全球化的大趋势不会根本改变。全球化社会的发展要求人们具有开放性思维与创新精神，需要与世界各地的人们进行交流。因此，美国课程改革强调创造性与开放性思维的培养，认为教育应该培养出能够站在全球化视野考察问题并创造性地解决问题的公民。课程内容的全球化意味着将全球观念渗透到课程内容中，学习有关跨国间的种种问题；学习能满足全球迫切需要的内容，特别是保护环境、维护和平、热爱民主、促进国际经济和道德新秩序的内容；学习有关制度、生态、文化、经济、政治和科技之间的交叉联系；学习通过他人的眼光、心理、心态来看待事物；树立多元化观念，了解并尊重世界范围内人类社会中存在的多样的思想观念和行为方式，形成对国际事务的关心。课程改革是教育改革的本质内容。要坚定信心，努力推动课程改革。精选学生终身学习所需的基础知识和技能，注重学生良好品德的养成，促进学生德智体美全面发展。通过培训教师，有效利用高中课程的“选修模块”，加大课程对学生的适应性，给学生发展兴趣和潜能提供广泛空间。开展分层教学，开好选修课程，注重因材施教。普及研究性学习，促进高中部分课程与大学的联通，使所有高中学生获得发展，并使一部分高中生在宽松适宜的环境中脱颖而出，为创新型拔尖人才的培养奠定基础。

德国基础教育质量提高问题的考察与分析*

2007 年 10 月，笔者同中国基础教育代表团就德国基础教育质量提高问题，访问了德国各州文教部长联席会议（KMK）秘书处、德国教育与研究部、部分州文教部，与德国教育专家举行了基础教育质量提高研讨会，并同社会各界进行了广泛接触和较深入的交流，实地考察了柏林、波茨坦、迈森、德累斯顿、莱比锡、慕尼黑、韦姆丁、迪林根等地学校。通过考察，基本上了解到了德国基础教育质量提高的有关做法。

一、调整宏观教育结构，为大力提高基础教育质量创造环境

（一）充分发挥州教育自主权，同时加强国家层面的沟通协调

长期以来，德国的教育政策与教育规划是由其联邦体制所决定的。各州享有充分的教育自主权，初等、中等和高等教育均由州管理。这样，各州可以发挥主动性和自觉性，因地制宜地开展教育工作。同时，由于各州教育自行其是，造成了州与州教育质量参差不齐。为了协调各州在教育方面的政策，推动各州既保留本州的教育特色又兼顾其他各州的利益，保证全国教育的基本水平，成立于 1948 年的各州文教部长联席会议，近年来全面担负起协商各州在教育发展方面合作的职能。其中包括：处理跨地区的教育文化事务，协调相关的全国性政策，在与联邦政府和欧盟的合作及谈判中，代表各州的共同利益。特别是在 2004 年蒂斯（E. Thies）博士出任各州文教部长联席会议秘书长以来，各州文教部长联席会议强化了在各州教育体系、教育结构方面的协调工作，并积极推动各州高中学分、毕业成绩或文凭的互认。各州文教部长联席会议定期召开，商讨重大教育

* 本文原载《中国教育学刊》2008 年第 1 期。

事项，其通过的建议体现了各州的意志。2007 年 10 月 19 日，各州文教部长联席会议在波恩召开，原则上通过了将基础教育学制由目前十二年和十三年并存统一调整为十二年制的决议。这次会议还做出决定，从 2008 年起，小学二年级、三年级学生都应参加全国的德语、数学统一测试，将此作为改变教学组织偏于松散状态、促进各地努力提高教育质量的措施。

（二）积极研究教育体制改革，着手调整中等教育结构

德国基础教育体制复杂，学段划分不一，学校类型较多。除柏林州和勃兰登堡州的小学实行 6 年制外，德国其他各州的小学均为 4 年制。在小学结束时对全部学生进行分流。通常分为三轨：一是敞开入学的普通中学（Hauptschule），二是开展职业训练的实科中学（Realschule），三是开展升学预备教育的文理中学（Gymnasium，又叫文法学校）。2007 年巴伐利亚州的 36％的小学毕业生进入普通中学，45％进入实科中学，其余的 19％升入文理中学。柏林州的中学类型更多，分为普通中学（学生占 11％），实科中学（学生占 22％），介于普通中学和实科中学之间的混合中学（Haupt—und Realschule，学生占 8％），还有文理中学（学生占 33％），以及介于文理中学和实科中学之间的文实学校（Gesamtschule，学生占 28％）。

各界呼吁，适应科技发展新形势以及未来社会对复合型人才的要求，按照综合化的需要，应将上述所有的学校进行整合。萨克森州的中学现已归并为两种类型，一类是文理中学，另一类是文实中学。如其他各州一样，该州的文理中学同样是开展学术性训练，提供升学预备教育。文实中学的学生毕业时可直接参加职业培训，也可在在本校或转入文理中学再读一年文化课以参加高中会考，继而升入大学。

（三）开始重视幼儿教育，进行早期智力开发

长期以来，幼儿教育被视为家长自己的事，政府不加干预。随着这些年德国经济的复苏和发展，妇女就业比例上升，加之受早期智力开发理论的影响，人们的观念开始发生变化，对幼儿教育逐渐重视起来，政府部分也着手进行推动。2003 年以来，德国的所有联邦州均通过了将儿童日托机构确认为教育体系一个

不可缺少的组成部分的教育与指导计划。如今，全国已有90%以上的幼儿接受幼儿教育，其中巴伐利亚州自1974年就把幼儿教育作为学制一部分，该州如今98%的儿童接受学前三年教育，在全德名列前茅。不过，德国的幼儿园近四分之三由教会、医院、红十字会设立，其余由乡镇设立，家长是需要交费的。

2007年10月17日，各州政府代表在慕尼黑市召开了早期教育工作会议。会议认为，在新时期新阶段，德国的资源不能出口，优势是外销知识产品，随着科技的发展，幼儿教育的重要性愈益显现，必须从小奠定儿童持续发展的基础，这样将有助于大幅度提高基础教育的质量。要舍得在早期教育上花些精力，投些资金。为进一步促进学前教育发展，就要改变德国高校未设幼教专业的状况，全面改革日托机构专业人才的进修制度，还要提高从事早期教育的工作人员的职业地位。可以预见，德国各州将把早期教育摆到重要位置，通过多种适合幼儿身心发展规律的形式，开展早期智力开发。

（四）开展教育督导评估，指导学校提高质量

在这次考察中，汉堡州的哈泽（I. Hase）女士、石因州的索不陶（B. Soltau）女士和萨克森州教育评价研究所克鲁格（A. Kruger）先生、巴伐利亚州韦姆丁市教育局的赫尔（P. Hell）分别向代表团介绍了本州举行学校督导评价的做法。德国的教育督导评估，就是对学校的督导和评估，体现“督学”功能，并无“督政”一说。对学校的督导评估，包括内部评估、外部评估。其中内部评估由学校对自身情况进行调查反思，对学生考试成绩进行分析研究，听取家长意见，改善学校工作。而外部评估则由州教育评估机构组织实施，关注学校的办学思想、办学行为、整个面貌和教师队伍。

在督导评估准备阶段，校长要按要求提供大量背景材料，如教学、教师、管理、对外联系、正在运作的项目等情况。学校需回答多份问卷，学生、教师、家长代表也须填写。问卷有网上问卷，有纸质问卷，不要求署名。网上问卷的评定，是通过州属学校质量评估机构（ISB）负责评判。进驻学校的评估组由四至五人组成，成员包括一位领队（通常是外地校长）、两位专家、一位经济界代表，有时还包括一位家长代表。

评估组一般在受评学校工作三天。第一天，先查看学校大致情况，形成整体

印象。接着，分成两组去听不同的课堂教学，尽量涉及多个年级。一天快结束时，一个小组与校长面谈，另一小组与副校长谈，开诚布公地进行意见交流。评估组注意了解校长及其在学校发挥的作用及所承担的工作任务。之后，一组与分管教育的市长谈话、另一组与管理学校房产的部门会谈，还要与家长代表谈。第二天，评估组深入进行听课，观察课堂上的学生反应、观察课间休息情况。还要与学校的教辅人员、秘书接触，了解情况，甚至与午餐管理协会见面，与教师团队见面。第三天，上午继续听课，下午与校长、副校长谈话，还要看图书馆的阅读书、教科书、计算机联网情况。

在巴伐利亚州，内部评估两年一轮，外部评估四年一轮。外部评估结果分为四等，1 分为特差、2 分为差，3 分为良，4 分为优。不过，学校得 1 分的情况几乎是不会发生的。如果某校得的是 2 分，校长得向教育局、家委会述职，说明情况。学校与地方教育局，据此制订未来几年学校发展的目标和规划。借助督导评估的契机，教师们与校外专家一起在社会目标、方法、学习、面对错误等四方面制订未来 4 年的改进计划。学校督导评估注重双向互动，在评估组进驻学校期间，校长可就学校校舍建设等问题提出合理要求，如评估组认可，就进入申请程序了。对评估成绩前 10%学校，由州教育评估机构向全社会公布。对其他等次的学校，则由州教育评估机构书面通知校长，并抄送给地方教育局，不在媒体上公布。反馈给学校的不只是等次，更重要的是具体的工作指导意见和学校发展建议。学校对这些意见和建议非常看重，组织全校教师认真研读，总结经验，汲取教训，制订和完善学校未来发展的具体方案。

二、采取切实改革措施，努力提升基础教育整体质量

（一）成立国家教育质量研究所，制定学校质量评价标准

为了制定和实施全国性的基础教育质量标准，2004 年 6 月，各州文教部长联席会组建了国家教育质量研究所（IQB）。办公地点设在洪堡大学内，配 17 名专职人员，同时成立了理事会，邀请数百名政治家、科学家、学科专家兼职。该所的主要任务是研究和制定适用于德国的教育质量指标体系，对各州的基础教育

质量开展研究，推动各州学业考试程度逐步相当，以此提高各州教育的平衡性。

1. 制定学科质量标准

从2005年开始，国家教育质量研究所组织优秀课程专家、学科专家、教育专家等设计问卷，积极尝试制定供各州参照的主要学科的基本标准。每科出1 000个题，抽出18 000名学生接受测试。2007年，各州根据国家教育质量研究所的标准，结合本州实际进行部分调整，制定出本州的标准。2008年，全部16个州，初步确定出数学、德语各600个题目，然后再经过逐年完善，到2011年建立正式的质量标准。外语、物理、化学、生物等学科参照这一进程予以开展。

2. 制定合格学校标准

国家教育质量研究所组织大批专家制定出了全德合格学校标准，分为六项共49条。

第一项，教育过程方面。这包括：教学目标和内容以教学计划为导向；教学结构清晰；学习安排促进学生的主动性，指导学生为自己的学习过程负责；将新型媒体和互联网应用于教学中，以刺激并支持学习过程；向教师、学生、家长公开评判上课、考试的标准；了解学习能力较弱的学生，并予以特别关注；发现天资聪颖的学生，并予以特别促进；在教学计划中，考虑到性别差异；学校的参与者在互相的交流中，遵循既定的行为规范；学校采取相应的措施，防止吸毒现象的发生。

第二项，学校成绩和结果。这包括：学生离校时可以达到的毕业水平；各年级学生达到相应年级教学目标要求的水平；学生毕业论文应达到州平均水平；德语至少达到州平均水平；数学至少达到州平均水平；第一外语至少达到州平均水平；学生能够自主解决问题并向全班展示结果；学生之间有建设性的相互合作；非暴力解决矛盾；学校生活丰富多彩；学生对学校感到满意；家长对学校感到满意；教师对学校感到满意；其他机构对学校感到满意。

第三项，学习和工作条件。这包括：教室、专业空间按照学习要求进行布置；教师办公室按照教学任务进行布置；学校有多媒体及电脑设备；校舍和设施应处于安全、良好状态；校园应能让学生得到积极的放松或休息。

第四项，学校领导。这包括：校领导的职责要清楚规定，透明公开；有效规划教学组织；校领导真正负起责任；校领导把已做出的决定付诸实施；校领导与同事及其教职工之间信息沟通流畅；校领导负责各种会议的领导工作，使会议目标得以实现；人事发展符合学校的发展目标。

第五项，质量管理。这包括：管理活动应按照已确定的学校规划来进行；要对学校规划进行系统地再发展；定期评估学校的工作并不断改进；学校要按照既定的培训计划对教师进行培训；学校要促进形成反馈文化。

第六项，合作情况。这包括：在做出重大决定之前学校要成立相应的工作组；教学人员深入合作；教学人员与家长深入合作；与其他类型的学校深入合作；学校与其他机构深入合作；人事代表与校长进行合作；教师与学生在设计学校生活中深入合作。

（二）学校设置体现差别，教学过程注重因材施教

1. 从学校设置看

德国各州不断加大对基础教育的投入，要求所有学校均达到基本的设置标准，以保证适龄儿童、少年都能享受到合格的教育。在此前提下，允许学校体现不同的差异，提倡学校办出特色。

一是允许重点学校存在。萨克森州设立了面向全德国招生的英才文理中学，意欲为造就拔尖人才奠定基础。位于该州迈森市的阿菲尔特文理中学就是其中之一。这所学校师资一流、设施齐全、条件优越，每年通过考试招收 50 名有较好潜质的学生，进行精心培育，以升入重点大学为目标，并为其打下持续超常发展的基础。

二是设置特色学校。例如，勃兰登堡州波茨坦市在两德统一后建立了一所蒙特梭利学校，这所学校积极开展教学改革，实施复式教学，每三个年级为一个教学集体，学生之间相互引导，彻底打破了传统意义上教学班的概念。这所学校学生的学业成绩和多方面素质良好，在全州有一定名声。再如，萨克森州德累斯顿设立了专门招收体育特长生的特色学校。

三是评选实验学校。萨克森州决定，从 2008 年起，面向全州1 050所中小学校，用 3 年时间，每年评出 10％左右的实验学校，开展教育教学示范，州教育

行政部门给予一定的政策和资金支持。

四是补贴私立学校。私立学校的教师工资和学校建设经费主要由所属宗教团体、基金会、私人企业或公民个人提供，但公用经费基本由政府给予财政保障。政府对私立学校的补贴，受益的是学生，体现了义务教育普惠性。私立学校的存在，为广大家长和学生提供了多样化的教育选择机会。

2. 从招生和升级制度看

公立学校基本上实行就近入学办法。就近入学，并不是只有一种选择，常常有若干学校可供学生选择。由于学生总体人数的减少，即使学生跨区申请，学校一般也不会轻易拒绝。不过，跨区就学的学生家长需要交纳一定的转学费，一年500欧元左右。德国中学普遍实行弹性升级制，洪堡中学学制安排灵活，允许有天分的学生不上五年级及六年级，直接升入七年级。如果仍然学有余力，可不参加八年级学习，而跳入九年级，进而提前准备升入大学。

3. 从在校学习时间看

长期以来，德国的中小学采用半日制授课。学生8点进校，在校上6节课，到13点30分放学回家。如今，出于提高基础教育质量的考虑，有些州拿出一定数量的学校，进行全日制上课的实验。联邦教育与研究部每年拿出40亿欧元，用于支持各州推行全日制教学。据该部2007年统计报告，现在25%的学校提供全日制的教育项目。其中，小学阶段的全日制，下午的活动带有托管班的性质，中学阶段则开设很多选修课，让学生自由选择。慕尼黑的圣安娜中学选修课17点才结束，成了实际上的全日制上课。专家研究认为，全日制让学生尤其低年级的学生下午产生疲劳，但全日制普及后各地均可实现从十三年学制转换为十二年学制。另外，下午学生在校，可以解决父母不在家无人看管的问题，高年级的学生也可在校利用学校资源学习。

4. 从教学方式看

教学环境比较宽松，注重启发学生思维。一般每个班的学生在25人左右，便于教师因材施教。课堂教学普遍采取启发式教学，采用对话式方法，教师十分注意启发学生的思维。教师提出问题后，师生共同讨论，也有学生引经据典，相互争辩，双边活动频繁，气氛十分活跃。学生回答问题，可以站起来，也可以坐着发言，师生关系融洽。教师注重培养学生学习科学文化知识的思路，教会学生如何搜集资料，引导学生自发研究问题、拓展思路。

（三）不断探索开发课程资源，充分体现出多样性和选择性

尽管各州之间的具体课程有所不同，但是核心课程还是大体一致的，即德语、一至三门外语（取决于学校类型）、历史、地理、数学、自然科学（生物、化学、物理）、美术、音乐、体育、政治等。同时，作为选修课程的有宗教教育和哲学。这个原则在二战后从未受到严重挑战，仅有的变化发生在选修课程上，学生可以选择各种课程，如健康教育、法律、外语、自我防卫、医疗等。尽管人们承认传统原则落后于时代发展，但是这种原则在学术界仍然享有难以动摇的权威。德语课程的大纲在未来不可能发生显著变化，因为它深深地根植于教育传统中。德国许多中小学根据学校的定位、特点和实际情况，依据统一的教学大纲标准开发、开设了一些适合学校基本情况的学科课程、综合性课程和综合实践活动课程供学生选修，以丰富课程的多样性、加强课程的开放性、增加课程的选择性，为学生创造了更多发展和选择的机会。这些课程大多反映了德国经济社会发展、历史文化传统和生态环境等方面的特点和需要。

洪堡中学通过多样探索，逐步形成了以语言和科技教学为主要特色的课程设置。学校非常重视第一外语英语的教学；第二外语是拉丁语，学生可以在九至十年级的必修科目中选择法语和汉语或汉语和“科学与自然”作为第三、第四外语及以英语为工具语言的理科选修课。从十一年级起学校开设经济学和信息学课程，为学生提供更多的高考科目。初中选修课中的“科学与自然”是该校课程的独创，它基于专题教学，如测量气候变化、分析提取能量等将每一专题同时从数学、物理、化学、生物、地理课的角度进行综合、分析、研究和学习，更加注重课程的综合性、实践性、活动性和探究性。学校每两年举办“世界中学生科技大会”，邀请世界十几个国家的“小科学家”共同研讨发明和创意，该校的科技小组在柏林市乃至全德的众多竞赛中成绩斐然。学生还有很多机会参加众多活动，如洪堡学校乐队、洪堡剧团、学生家长合唱团等，诸如此类的实践活动为学生提

供了参与社会生活的机会，让学生在实践中感受、探究和体验，增强社会责任感，培养创新精神和实践能力。

德国各州教育行政部门赋予了地方和学校一定的开发课程资源和开设课程科目的空间和自由度，同时也为研究机构和社会团体参与开发、编写学校使用的教材提供了可能与机会。例如，巴伐利亚州文教部在要求执行统一的教学大纲标准的前提下，为地方课程和学校课程的开发、设置和教材选用留有较大空间，让其根据实际情况和学生需求开设相应课程，为学生选取依据教学大纲标准编写并经州文教部审定的不同版本的教科书。以该州德语科目为例，可供学校选用的不同版本的教科书达 10 种之多。课程开设的多样性和教材使用的多样化不仅呈现了课程教学资源的不同特色，满足了教学的不同需求，增强了教学的适应性，从而提高了教学的质量与效益。

（四）着力陶冶学生道德品质，提升学生国际意向

1. 重视品德教育

德国教育界人士认为，基础教育的质量提高，不仅在于学生的知识和能力的提升，还取决于学生道德面貌的改善。面对工业化社会的享乐主义，以及两德统一后部分青少年对国家认同感的缺失，德国学校重视在教育教学的各个环节培养现代合格公民，引导学生参加各种社会活动和公益劳动，形成社会责任感，形成热爱德意志文化的思想感情。德国中小学德育旨在促进学生社会化的行为方式，使他们了解与他人共同生活的意义，唤醒和促进他们的宽容意识和民主意识，懂得尊重他人、重视生命、尊重人格、保障人权，具有责任心和评判是非的能力，遵守社会秩序和社会各种行为准则，具有团结友爱的精神，懂得以和平的方式解决冲突。

德国学校德育以宗教教育为主，辅之以伦理科和社会科中的课堂德育和各种课外活动及劳动教育中的各种道德教育。德育的内容主要分为三大方面：宗教内容、伦理道德内容和社会生活道德内容。除勃兰登堡州外，其余各州均开设宗教课，每周两节。小学生如不能自选接受何种，先按父母的教派接受相应的宗教课，到十年级时学生可再次选择宗教。如果有学生不愿学习宗教课的话，则伦理课就成为其必修课。伦理道德内容主要根据社会情况和学生实际开设与现实生活

有关的伦理道德规范，掌握政治学和社会学方面的基础知识，学会就一些政治和社会现象做出合理的判断和决定，最终有能力承担国家和社会的权利和义务。洪堡中学重视培养学生爱心和合作精神。该校学生自己成立了多个互帮小组，帮助和辅导学习较差或表现欠佳的同学。一些学生还成立了“赞比亚小组”，为遥远的非洲国家的学生提供力所能及的帮助。此外，在德国，独生子女问题也逐渐显露。巴伐利亚州文教部已决定，虽然由于出生率低、学生人数减少了，但不减少教师数量，从而进一步加强个别辅导，让学生学会相处，学会适应社会。

2. 培养国际化生存的意识和本领

在经济全球化时代，德国中小学校普遍强化了外语和国际知识教学，培养学生具备国际化生存的意识和本领。一是加强了世界历史、世界地理及其他国际知识的教学。例如，历史课过去只讲德国史及欧洲史，现在有所扩展。二是加强了现代外国语的教学。中学生都要至少学习三种语言，即除学好德语和英语外，还必须至少再学习一门外语，从法语、西班牙语、拉丁语、意大利语、俄语、汉语中任选。事实上，先后学习三至五种外语的学生也大有人在。至 2007 年，德国 16 个州中已有 15 个州的部分学校开设了汉语。在柏林州，有 20 多所中学开设汉语，现有 600 多名学生选修了汉语。巴伐利亚州有 45 个中学开设有汉语课。慕尼黑圣安娜文理中学从 1998 年起自第 9 年级开设汉语课，另外 6 所学校选修汉语的学生也来此上课。三是用英语讲授其他科目。洪堡中学的历史、技术与自然、物理等科目，每个学期拿 3 周左右时间，采取英语授课，目的是让学生摆脱说英语的恐惧心理，形成英语环境下对问题的理解。四是开展多种形式的出国学习体验。有的州设置中学生短期出国学习计划，利用暑假或秋假组织学生出国学习，感知异域文化，研究某些课题。对于家庭经济困难的学生，提供一定的旅费补助。五是与国外学校建立姊妹学校关系。例如，洪堡中学与北京的知春里中学开展学生定期交流，迈森的阿菲尔德文理中学与武汉外国语学校结成姊妹学校。

（五）努力提高教师水平，调动教师教育教学的积极性

德国没有专门的师范学校培养教师，但学生可以选择就读师范专业。师范专业的大学生多数时间与其他学生一起上课，只不过所学的课程范围有所不同，有

些专业课必须到专门的教室。一般的大学生读完 6 至 7 年后，完成毕业论文，可获得硕士学位，而想做教师的人不必交毕业论文，但必须修习教育学、心理学和教材教法等课程。通过国家组织的考试后，取得教师资格，便可向教育局提出从教申请。教育局初选后推荐到学校担任实习教师，实习期为 2 年。

正式成为教师后，也不能一劳永逸，还必须不断进修提高。巴伐利亚从 2002 年起规定，教师每 4 年至少要完成 12 天进修。这个州设有迪林根教师进修学院，在七个大区均设立教师培训中心，各市镇又有教师培训的场所。2007 年 10 月 16 日，迪林根教师进修学院副院长史密特（G. Schmidt）介绍道，面对本州5 000个中等学校的 10 万名教师，学院每年要在院部举办 500 个培训班，另与各地教师培训机构共同举办 500 个培训班。每个培训班一般搞 3—5 日的集中培训。平时，公立学校的教师免费参加。私立学校教师每人则须象征性地交 39 欧元。对跨州来学习的教师收费 100 欧元。培训学院中有教学人员 35 人，由州文教部全额发放工资。对于这个学院，州资助 300 万欧元作为维护资金，其他专项资金另拨。在教学方式上，这个学院采取远程教育与面授相结合。假期班、周末班、远程教育，是常用的形式。学院每两年推出新的教学计划，也负责编写各种教学参考材料。2008 年和 2009 年重点开展中学教师信息技术运用培训、教师课程研发能力培训、学校领导层的深入培训、儿童友好型学校创建的培训。

长期以来，德国中小学教师按公务员进行管理，校长没有解聘教师的权力。教师干好干坏，全凭自觉。为了改变这种情况，萨克森州教育厅决定，从 2008 年起，将教师工资总量的 10％作为浮动工资，奖励做出优异成绩者，激励广大教师努力提高教学能力，不断提高教学质量。

（六）改进高中毕业会考，完善大学入学制度

德国没有统一的高考，录取主要是看高中毕业会考成绩。中学毕业会考有五门课必考，即数学，物理或化学，德语，两门外语。高中毕业会考成绩，以高中毕业时的集中考试成绩为主，同时将平时考试成绩折合计算进来。这样做，有利于拓宽学生视野，发展学生的综合素质。

对于非文理中学的学生，如欲参加高中会考，亦准许。这部分学生的会考与文理中学学生参加的会考，试卷不尽相同，侧重动手能力考查，适当降低了学术

要求。在各州，不同类型的中学都不再是死胡同，均有继续深造的机会。非文理中学的毕业生在经过会考或职业能力测试后也可以升入高等学校深造。

大学水平和质量存在客观差别，高校对通过高中会考的高中毕业生可以来者不拒。但一些研究型大学，不光要求申请者高中会考成绩优秀，而且还自行出题，对这些学生再进行测试，择优录取。对于具有创造潜能和特殊才艺的申请者，大学往往会踊跃接受。

三、适应新的形势变化，德国大力提高基础教育质量并非偶然

德国教育素以注重理性、思想深邃著称，近代赫尔巴特、福禄培尔等一批教育家的学说在整个世界都产生过影响。德国教育的成功，曾带来德国历史上的辉煌，黑格尔、歌德、马赫、舒伯特等哲学家、文学家、音乐家辈出，更不用说出现了马克思、恩格斯这样的巨匠。这种状况在二战后曾灰飞烟灭，这不能不让德国人反思。两德统一后，德国需要保持经济腾飞势头，还要缩小东西德的社会差别，维护社会稳定和谐。许多德国人便把目光转向教育发展和人才培养。因此，大力提高基础教育的质量不是偶然的，有着深刻的社会背景和教育自身的原因。

首先，知识经济时代的到来呼唤提高基础教育质量。在知识经济时代，科学技术飞速发展，知识的生产、加工、传播和应用日益成为经济增长的主要驱动力。德国传统上偏重职业教育、不重视全体学生宽广文化知识传授的做法，虽然培养了大批熟练劳动力，同时也逐步暴露出一些弊端。全德 16 个州中有 14 个州对只接受了小学四年共同普通教育后的学生即进行分轨。在新的形势下，人们发现一些只接受过职业训练的人转换工作岗位的能力较差，一旦工种调整，常会束手无策，不能顺利适应新的变化。随着经济社会发展对教育的要求不断提高，单靠双元制职业训练的一定优势，远不能解决教育上存在的种种问题，必须加大基础教育改革和发展力度，整体提高基础教育的质量。

其次，德国教育发展的新阶段要求提高基础教育质量。德国教育事业规模扩张的任务早已完成，接下来主要是内涵发展和质量提高。两德统一后，西部和东部之间的协调与配合需要加强，学校中的认同教育需要跟上，学生间的团结合作

精神有待加强。来自土耳其或东欧国家有移民背景的中小学生越来越多，在一些地方占到20%左右，如何开展多元文化教育，并保证基本的教育水平，需要认真研究和应对。近年来，德国中小学生源下降十分明显，有的学校难以维系，学校间开展生源竞争，最终只能以质量或特色取胜。社会各界和家长对长期以来存在的过早分流、半日上课、学校各行其是的做法产生怀疑，甚至产生种种抱怨，强烈要求提高质量。教育界人士认识到，如今不仅要让学生们有学上，还要让学生上好学。

再次，欧盟教育改革动向启示提高基础教育质量。进入 21 世纪后，世界上各发达国家对提高教育质量的高度重视，对德国具有很大的推动作用。随着欧盟教育一体化进程推进的加快，在高等教育方面推出了“波罗尼亚进程”，开展高校学分互认，欧盟高等教育统一性的增强，刺激各国在基础教育方面也探索研制一个大致统一的质量标准。欧盟在基础教育课程改革、评价制度改革方面的成功实践，促使德国行动起来，审视本国教育体制得失，谋求教育质量提高策略。

最后，国际学生测试成绩欠佳倒逼基础教育质量提高。2000 年 32 个国家参加国际学生评估项目（PISA）测试，每个参与国随机抽取4 500至10 000名中学生进行测试，内容主要包括阅读能力、数学和科学能力。这一年德国首次参加 PISA，29 所中学近5 000名 15 岁的中学生参加。翌年成绩揭晓，德国学生的阅读能力在参与国中排名 21，数学基本能力和科学能力排名 20。德国人一直认为自己的教育水平很高，这一结果在全国引起强烈反响，家长抱怨很多，社会普遍批评，政客们则对教育改革信誓旦旦，教育界则进行认真的反思。大家都认为，在国际竞争日益激烈的形势下，德国基础教育显得很不适应，必须尽快提高基础教育的质量。

新西兰基础教育质量提高问题的考察与思考*

新西兰学制比较独特，学生 5 岁入学，接受 13 年基础教育。其中义务教育至十一年级，实行强制入学、完全普及、免收学费。学前 1 年教育和高中阶段教育虽属非义务教育，不过普及率已在 98%以上。在实现教育普及后，新西兰十分重视基础教育的质量提高。新西兰教育部官员不无自豪地称，在南半球，其基础教育质量名列前茅，即使在世界范围内也在十佳之列。为了弄清新西兰提高基础教育质量的具体做法，2012 年 8 月下旬，笔者率团前往进行了实地考察。

新西兰追求什么样的基础教育质量?

第一，有公平前提的质量。为了体现教育公平，新西兰教育部直接负责全国学校标准化建设和教育拨款，义务教育阶段不设重点学校，学生按学区就近入学。一是对相对落后地区学校给予更多拨款扶持。例如，2012 年生均拨款为 6 500新元，而相对落后地区学校可获不同程度追加，落后地区学校追加后生均拨款最多可达13 000新元。二是对少数民族进行倾斜照顾。教育部的政策文本、课程标准和评估要求均以英文和毛利文双语呈现。同时，启动一些专门惠及毛利学生的项目计划。2012 年，85%的毛利学生进入普通学校，其余进入毛利人学校。普通学校普遍开设毛利语，让全体学生学习，而毛利人学校则开展双语教学。三是通过随班就读解决残疾儿童少年的教育问题，安排专人照顾，给予特别关爱。由于重视义务教育均衡发展，新西兰全国各地公立学校办学条件无明显差异，教师水平无明显差异，广大适龄儿童少年得以接受公平教育。高中入学一般亦采取就近入学方式，个别享有盛名的学术性高中，则通过查阅申请者初中成绩并依据升学考试成绩选拔新生。

第二，有安全保障的质量。新西兰是火山喷发和地震灾害多发的国家，因而对学校安全十分重视。一方面，新西兰重视硬件的安全，校舍建设按抗 7 级地震

* 本文原载《人民教育》2012 年第 20 期。

设防，定期进行学校校舍安全检查。在学校建筑物中，配备多处防震应急逃生设施和应急物品。另一方面，注重对学生的安全教育，包括在健康与体育课中讲安全，在科学课中讲安全，还开设专门的安全教育讲座，或定期组织开展安全演练，努力提高学生的安全意识和基本的防震避险及自救自护能力。

第三，有合理布局的质量。新西兰学校布局以学生就学方便为基本前提。在乡村地区，即使有的小学规模很小，只要当地有需求，仍继续办好。他们对于学校撤并极其慎重，可撤可不撤的，首选是保留。如果确因学生太少或校址不安全需要撤并，那么程序十分严格。由教育部派人与家长进行磋商，得到绝大多数家长同意后方能操作，而且强调先建后撤、平稳过渡。

第四，有选择机会的质量。新西兰中小学类型较多，从性质看，有公立学校、私立公助学校、私立学校（含教会学校）；从学段看，有小学、中间学校、中学、一贯制学校，有时交叉并存；从性别看，有男女混合学校、男子学校、女子学校；从形式看，有正规学校、家庭学校、函授学校。为了促进私立教育发展，政府按学生人数给私立学校拨付公用经费，同时允许它们另向学生收取学费。多样化的学校，提供了教育选择，满足学生、家长和社区的需要，也照顾了文化差异。奥克兰大学教育学院副院长约翰·霍普（John Hope）教授对笔者说，高质量的教育不是僵死的教育，而是要有一定灵活性，努力满足学生和家长的选择愿望。

新西兰采取了哪些提高基础教育质量的措施？

一是实施渐进课程改革。2012 年 8 月 20 日，新西兰教育部高级顾问史蒂夫·本森（Steve Benson）在惠灵顿向笔者介绍了新西兰课程改革的整体情况。他说，新世纪新西兰基础教育课程改革是在以往课程基础上为适应新科技革命形势而进行的。新的课程不只强调学生应该学习什么，而是强调学生应该达到的标准。所以从教育部层面，新西兰非常重视课程标准的制定和完善。①致力于课程标准的科学性，吸收自然科学最新成果，强调基础知识和学科基本结构。②致力于课程标准的民主性，在制定课标过程中，开展了教育思想讨论，涉及范围非常广泛，例如，学生最需要学习什么？谁最能帮助他们？如何更好地教育他们？学生的灵感怎样发挥作用？我们对学习本质知道多少？学校与社会的合作到了什么程度？教育部还邀请各方面人士参加课程标准的研制，充分发扬了民主。经集思广益后，教育部于2006年公布课程标准草案，引发各界反响，1万多个团体提出修改建议。在此基础上，2007年正式颁布了课程标准，2010年起所有学校的起始年级采用。③体现课程的灵活性。给学校留下开发学校课程空间，学校课程的比重可占到40%左右。④提倡课程的综合性。在中学阶段实行课程的普职融合和渗透，不搞泾渭分明的普高或职高。⑤提升课程标准的可操作性。新西兰教育部试图通过课程改革设定教与学的发展方向，一是确定教学应体现的价值和关键能力（思考，运用语言、符号和文本，自我管理，与人相处，参与和贡献）；二是确定主要学习领域（英语、艺术、健康与体育、外语、数学与统计、科学、社会科学、技术）；三是提供学校课程发展指导，审视教学目的、内容、方法、校本课程设计。课程标准详细提出了每个年级、每门学科、每个时段学生应掌握的知识点或应达到的各种发展目标。

二是促进学生全面发展。新西兰教育部确定了课程改革要促进学生发展的理念。①树立自信。自我意识明晰、诚实可靠、修养良好，具有求知欲望和开拓精神，克服困难，追求卓越。通过各科教学和社会实践潜移默化地加强学生公民意识教育。实施价值教育，让学生具备21世纪所需要的品德。②善于联系。善于与周围的人联系，能够良好相处，做社区成员；善于与外部世界联系，有效利用通信工具，成为有国际意向的公民；善于爱护自然，关注土地与环境，致力于可持续发展。③积极参与。置身多元文化，贡献自身力量，促进社会、文化、经济、环境之福祉。④终身学习。学生要做知识的探索者、使用者、创造者，善于做出明智决定。为此，新西兰普遍优化教育过程，布置跨学科综合作业，提供在线学习资源，将教学作为探索过程，广泛开展分层教学。

三是提高教师教育素质。新西兰设定了新教师初始门槛，即必须具有本科学历加上1年以上研究生学习经历。上任后，还要有2年试用期。转正后，每3年接受1次评估，至少涨1次工资。公立学校教师属于准国家公务员，没有特殊情况是不能解聘的，其工资待遇在社会上处在中上位置。由于小学没有固定教材，中学的有些学科也没有教材，因此教师可以自行确定授课方式，客观上对教师要求非常高。教师通过观察或测试了解学生学习程度与个体需求，选择合适的教学材料。教育部门和学校重视加大教师教研力度，也提供各类学习进修的机会。教师要定期接受校董会的评审，成绩优异者可获物质奖励。

四是发挥信息技术作用。国家一级设立函授学校，辅导学生学习，帮助边远地区学校开设部分科目，并可让不愿进入学校的学生有选择教育形式的机会。在学校参观过程中，我们目睹了教师通过电化教学上远程日语课的情形。这样的课程由教育部提供资助，面向全国教师招标委托，面向全国学生开设，供学生选修。新西兰同行认为，信息化不仅是教育改革的重要推动力，也是各国抢占的重要制高点，对提高教育质量乃至增强国家软实力具有重要作用。教育云计算时代的到来，给教育带来革命性变革，教育资源的开放性、共享性大为提高。

五是改善学校民主管理。笔者一行到惠灵顿索顿学校（Thorndun School）等实地参观，发现新西兰重视调动学校办学积极性，让学校享有充分自主权，与1989年以前曾采用的中央集权学校管理模式已有本质区别。各校都设立了校董会，发挥家长参与作用，鼓励开展家校合作。校董会由5名家长代表、1名校长、1名教师组成，有时也聘请专业人士参加。如果是高中，还要有1名学生代表。校董会根据国家教育指南，研究制订学校发展政策及其实施计划，聘任校长和教职员工，监督学校依合同办学，分配并管理学校预算，维持学校土地及建筑设备，根据发展计划代表当地社区与教育部签订办学合同，根据教育部颁布的课程标准设计学校课程，向教育部提交年度经费决算报告。校董会每学年给家长写信，动员家长捐款，以改善办学条件或组织学校活动。对此，大家习以为常，一般都能踊跃捐款，社会反应平静，没有人指责学校乱收费。

六是促进校内外教育衔接。学校举办的社会实践活动非常普遍，有些学校有稳定的实践基地。社区活动中心志愿为学生提供服务，政府部门、议会大楼常年接待学生观摩。博物馆、纪念馆、科技馆、植物园对学生免费开放，教师经常带学生前往参观学习。学生的户外体育活动非常丰富，体质普遍优良，近视率非常低。通过实践活动，学生开阔了视野，培养了劳动观点，提高了团队精神，锻炼了健康体魄，增强了动手能力。为便于与外部联系，学校的各种教育信息和活动安排皆对外公开，让人周知，邀请参与，接受监督。

七是开展教育形成性评价。2011年，国家设立与教育部并驾齐驱的教育评估办公室（ERO），旨在通过科学的评价方式去检验和促进各地、学校、教师、学生努力工作，勤奋学习，追求卓越。从此，学校须每3年接受1次国家评估，结果与拨款挂钩。定期举行对教师的测评，范围涉及教师教育技巧、对课程要求的把握、新知识的摄取，更把学生对教师的评价放到重要位置。相应地，学校也加强了对教师的考核评价，包括通过考试测试教师水平。为体现可比性，新西兰教育部把教师测试题库挂到网上，供学校选用。新西兰教育评估办公室直接面向高中生举办学力考试，通过者可获得全国教育成绩证书（NCEA）。探究式学习是新西兰所大力倡导的，对其评价是联邦教育评估办公室的一项优先领域，评估的内容主要有：①学生应该获得什么？现在达到了什么程度？下一步如何改进学习？②已采取的策略、措施、项目成效如何？③学生的学习发生了什么改变，教师如何确保学生继续进步？通过考察，我们认识到，新西兰虽然强化了对师生的测试，但更重视形成性评价，而不只是学习的结果。

八是借鉴他国改革经验。新西兰国家很小，全国只有 400 多万人，为避免成为信息孤岛，非常强调对外交流。首先，全面跟踪澳大利亚教育发展与改革情况，官方每年 3 次参加澳大利亚联邦教育部组织的各州教育磋商会议。其次，关注经合组织（OECD）国家基础教育发展情况，尤其研究它们在提高教育质量方面的措施。在此基础上，新西兰每年接受马来西亚、新加坡、中国、中国香港等国家和地区的教师前往研修，参与中小学教育教学，其间新西兰教师与这些教师交流合作，切磋琢磨，汲取基础教育经验。

若干发达国家择校政策分析*

择校（school choice）是世界各国都很关注的问题。国际上对“择校”比较通行的界定是“义务教育阶段学生及其家长凭个人意愿对学校的选择”。择校涉及三个层面：从学校性质看，即选择公立学校或私立学校；从选择权限而言，即从允许的若干公立学校范围内选择或允许超出范围进行选择；从做出决定看，指学生及其家长考虑多种因素后从可望可即的若干学校中最终选定一所学校就读。

一、若干发达国家择校政策的现状

（一）美国

20 世纪 70 年代，美国经济出现了结构性经济危机，凯恩斯主张的大政府、高税收政策受到质疑。自此，倡导自我放任、弘扬市场机制、减少国家干预、主张小政府、低税收成了改革的主流声音。联邦政府相继推行紧缩货币、减税以及税制改革，收缩福利等一系列减少政府作用、注重市场机制的改革政策，使美国经济再度出现繁荣。在此背景下，20 世纪 80 年代以后，美国各州“划分学区，就近入学”的一贯做法有所松动。1991 年共和党提出的《美国 2000 年教育战略》中有关教育改革的重要内容之一就是鼓励择校计划。1992 年克林顿总统签署的《目标 2000 年：美国教育法》，把家长择校计划看作是提高竞争、增加公共教育责任的一种途径，推出“特许学校计划”。2001 年乔治·布什总统签署的《不让一名儿童落伍法》，同样将择校作为一项重要的改革措施予以推行。奥巴马总统也誓言增加教育的生机活力，为年轻一代提供适合的教育。

---

* 本文原载贺国庆、朱文富主编：《滕大春先生百年诞辰纪念文集》，河北教育出版社 2009 年版。

21世纪初叶，纽约市每年都有10％到20％的公立学校未能达到联邦政府《不让一名儿童落伍法》规定的标准，经排名后被定为“需要改进的学校”。一旦被列入这个名单，校方就必须允许家长将子女转到附近其他学校。这一措施的初衷是要给薄弱学校学生再一次选择的机会，并促进学校竞争，推动教育质量提升。

20世纪90年代后，美国的择校政策已发展为多种形式。

一是允许家长和学生在学区若干学校中选择中意的学校。目前，美国有16个州在全州范围实行学生在学区内自由择校，不再限于居住的小区；另有28个州允许学区自愿选择是否这样做。

二是通过交换学额，实现学区间的择校。比如，有5名A片区的学生到B片区就学，同时又有大致数目的B片区的学生到A片区就学，那么两个区的教育委员会一般会达成默契，互相予以方便，准许这些学生选择。

三是学生凭学券申请私立学校。比如，人均教育经费每年9 000美元的地方，如果学生放弃上公立学校而申请进入私立学校，那么地方教育局便发给每个学生面值6 000美元的学券，以折抵学费。

四是全国有40个州先后新办或将一部分公立学校转变为特许学校，允许自由选择。至2008年，全美共有5 000多所特许学校。

五是在美国，高中虽然属于义务教育阶段，但各州均办少量学术性的重点高中，不搞就近入学，而是通过考试选拔新生，搞“以分择校”。

（二）英国

传统上，英国一般平民百姓子女只能就近进入公办学校就读。富有阶层和贵族子女可缴高额学费选择进入私立的预备学校或公学。1979年保守党赢得大选后推行了一系列的教育改革，开始给家长选择学校的权利，并引入学校间的竞争机制。针对当时小学规模多在150—500人、有的学校甚至少于100人的情况，保守党政府把择校看作关闭不受欢迎学校、整合教育资源的一种手段。1997年，布莱尔领导的工党政府上台后，基本上延续了撒切尔夫人时代的教育政策，仍然允许择校，还鼓励社会和家长参与学校发展。

1. 家长择校考虑多种因素

在小学阶段，家长选择学校最重要的考虑有：学校地理位置、校长管理方式、教师工作方式、孩子在学校是否幸福等。在中学阶段，家长为孩子选择中学考虑的因素依次是：教学质量、孩子学习程度、学校校风、男女分校或混合学校、离家远近、是否是教会学校、课程开设情况、学校管理状况、校长声誉如何。

2. 热门学校招生实行“邮编抽签”

英国教育当局为每所中小学校都编制了考察报告，详细罗列了各校的强项、弱项、特色、接受考察的过程、师资、设施、教学质量、学生表现、学生通过各级全国考试的成绩表和合格率、就读学生家长的意见等。家长可以在学区内选择3所中学，按选择的意愿依顺序填好表格，地方政府将根据学校的招生额度安排。一般情况下，家长为子女选择学校的愿望是可以实现的。

但是，在长期的教育发展过程中，有的公立学校渐渐地受到更多群众的欢迎。家长们便想方设法送子女进入此类“理想学校”。由于要求到“理想学校”就读的申请者过多，有关地方政府不得不制定“邮编抽签”政策。家长登录英国教育标准局网站，输入孩子年龄、住址、邮政编码、学校与住处之间的距离等内容之后，就可以查到符合要求的所有学校的名单。然后，对报名量明显多于招生数的学校，当局让家长根据家庭住址邮编抽签确定入选的学校。

让孩子在教学质量较高的学校就读是许多英国家长的心愿。2007年11月17日公布的一份调查结果显示，为了实现这一心愿，超过一半的家长有搬家的考虑或决定要搬家，七分之一的家长不惜谎报家庭住址。为确保孩子能进“理想学校”就读，有的家长甚至选择夫妻分居，让其中一方带着孩子搬到离学校较近的出租屋。另一些家长则试图通过捐献书籍的方式讨好校方。还有一些家长，感觉不能如愿让子女进入理想的公立学校，于是送子女进入质量好的教会学校。为此，尽管家长本人可能并不是教徒，也让孩子接受洗礼，每周都把他们送到教堂，以便今后进入教会学校。

3. 招生规章力图体现教育公平

为了规范义务教育招生秩序，英国教科部制定了新的《学校招生录取规章》（简称《规章》），于2008年9月的招生录取中开始实施。此《规章》适用于所有公立学校，目的是力争确保所有学生获得公平进入理想学校的机会。该《规章》要求有关政府部门协调招生录取、设立择校顾问、改善家校交通、创造更多更好的学校位置，帮助家长为其子女选择合适的学校。新《规章》赋予了地方当局和学校制定招生录取政策的自由，允许各地为确保学生多样性、避免优秀学生扎堆所做出的各种招生安排。但是，禁止各地各校把家长的经济状况、职业、教育和社会背景作为学校招生的考虑因素，禁止把家长为学校提供赞助或提供其他支持的能力作为考虑因素，禁止把学生所属的家族与学校的关系作为招生录取的考虑因素。新《规章》扩大了家长在招生方面上的权利，例如，允许访问想要选择的学校并有权要求会见校长；设立招生录取论坛，对不公平的招生录取提出反对意见，对学校招生行为进行监督。新《规章》列出了一些特殊的“照顾”标准，例如，给住在学校附近地区的儿童以就近入学的优先权；给有亲戚、兄弟姐妹在同一所学校的儿童以优先权，以便上下学相互照应。

（三）德国①

1. 小学基本上做到就近入学

德国的小学也叫“基础学校”，学制一般四至六年。学校条件差别很小，少年儿童一般就近入学。只要孩子达到上学年龄，无论是本地人、外地人、外国移民或者国际机构工作人员的子女，不经过任何考试均可申请进入距居住地最近的小学学习。为了满足家长选择要求，各州教育行政部门和各学区实际上提供了选择的空间。但选择要付出成本。例如，萨克森州规定，如果有家长为子女选择居住地之外小学，每年须交纳200欧元的择校费。

2. 升入不同类型中学由小学成绩决定

在教师指导下，学生根据小学阶段平时表现和成绩，选择进入不同类型的中

① 王定华．德国基础教育质量提高问题的考察与分析［J］．中国教育学刊，2008（1）．

学。主科平时成绩是选择中学的关键。另外，日常提问、回答问题、与同学合作、反应能力、动手能力等情况也是升中学的重要因素。

德国中学可分为为普通中学、实科中学和文理中学等。多数一般成绩的小学毕业生进入学制五年的普通中学，毕业后多接受职业教育，成为熟练的技术工人、技师、绘图员等蓝领阶层，其中少数人通过努力进入大学深造。小学成绩中等的人进入实科中学，六年毕业后就读高等专科学校。他们毕业后主要从事职业教育、护士、试验员或银行职员，也有的经过文化补习通过资格考试后进入应用技术大学，毕业后成为较高级的技术人员。只有小学成绩特别优秀、各种能力和表现良好的小学生才能进入学制九年的文理中学，这类学生比例在30%左右。九年后他们通过毕业会考，获取直接进入大学的资格。

（四）加拿大

加拿大择校政策主要涉及公立学校、家庭学校、特许学校和独立学校。加拿大政府主要通过资助独立学校促进择校政策的推行，资助可分为以下四类。

1. 直接资助模式

主要是以政府向公立学校拨付的生均经费为参考，以就读人数为基础，按照固定比例（约相当于公立学校生均经费的60%）给予私立学校以资助。因接受政府资助，这些学校一般向家长收取的学费比较低。

2. 间接资助模式

政府并不直接向独立学校拨款，而是针对有子女在独立学校就学的家长予以税收优惠。政府通过给予家长补贴来间接地给予学校资助，同时，家长仍然向学校交纳全额学费，在一定程度上也保护了家长和学校的联系。

3. 全额资助模式

这里主要是指对于教会学校的全额资助。因为历史原因，部分省份天主教学校享有特殊的合法地位，几乎与普通公立学校一样得到政府的全额资助。

4. 特殊资助模式

这种资助模式为那些既不选择公立学校、也不选择独立学校而是主要接受家庭学校教育的家长提供补贴。

（五）澳大利亚

澳大利亚义务教育发展比较均衡。绝大多数儿童少年就近入学。由于总体上学生人数不存在压力，如果家长有正当理由，都可以实现为子女择校的愿望。家长在为孩子选择学校时所考虑的因素按重要性排列有：教师质量、安全环境、学校的学术声誉、学校设备、学校地点、社会因素、教育花费、课外活动情况。

为了激发教育体系的生机活力，澳大利亚鼓励私立教育的发展。私立学校所占的份额较大，2005 年在私立学校注册的学生占 32%。在澳大利亚，择校一个显著特点是引导对私立学校的选择。从 20 世纪 90 年代起，澳大利亚联邦政府补贴所有的私立学校，补贴与学校的学费和捐赠等相联系，标准是根据学校的“需要”，额度相当于公立教育系统生均经费的 12%—50%。服务于普通社区的学校得到的补贴较高，而服务于富裕社区的学校得到的补贴则很少。

（六）日本

长期以来，日本教育采取均衡发展政策，学校建设标准趋同，教师在校际定期流动，因此不存在“择校热”问题。但是，办学缺乏活力的问题相应地产生了。于是，近年来，日本一些地方也逐步允许家长选择学校，以增加学校系统的生机活力。例如，2005 年山形县获准成了全日本第一个基础教育自主办学实验区。2006 年，东京都允许儿童少年跨区择校，并按学生人数给学校核拨经费，实行不受欢迎学校的末位淘汰。

2007 年，日本新修订的《教育基本法》明确提出政府“保障选择学校的自由”。这是安倍政府努力推进的“教育再生”计划的一项重要内容。由此，择校制从政府层面开始推动，将在日本的都、道、府、县迅速扩展。

学生及其家长可以根据自己的愿望、要求，在规定期间内向区教委提出择校申请，学校依照有关政策审核，在合理要求及学校的招生名额允许的情况下，一般都会被批准。日本择校主要有四种方式：自由选择、区域内选择、跨区域选择、特色学校、特定地域选择。

（七）韩国

韩国一直实行义务教育平准化政策，各地之间、各学校之间在办学条件、师资水平、教学质量等方面，不存在明显差异，因而家长的择校现象并不普遍。为了在面向大多数学生的同时，发现并鼓励天资聪颖、成绩优异的学生获得更好更快的发展，韩国各地一直保持了少数招收拔尖学生的优质学校。对这类优质学校的择校，只能凭借分数和各种获奖证书，除此以外没有别的标准。长期以来，这种优质学校，为数很少，一般学生难以问津，因此没有引起家长争相追捧、造成“羊群现象”。

二、各国择校政策与其经济社会发展阶段具有一定的相关性

（一）在提倡小政府、大社会的时期，政府往往重视教育发展的市场调节并支持择校行为

以美国为例，20世纪70年代，美国经济出现了结构性经济危机，受到经济滞胀的困扰，美国经济理论界和政府都感到凯恩斯所主张的大政府、高税收政策的失败。于是，在80年代初，倡导自我放任、弘扬市场机制，反对国家干预，主张小政府、低税收的供应学派和货币学派逐渐成为美国公共政策的基础。里根总统相继推行紧缩货币、税制改革、收缩福利等一系列减少政府作用，注重市场机制的改革政策，这使美国的经济再度出现了繁荣。正是这一转变，构成了美国择校政策的一个社会背景。

在英国，社会发展中出现的问题也对政府的角色提出了挑战。1979年保守党赢得大选后推行了一系列市场化的改革，以择校的方式引入学校间的竞争是教育改革的关键部分。保守党政府还把择校看作是减少学校中空闲位置的一种手段，通过择校淘汰那些不受欢迎的学校。此外，在校生数的减少也使得家长选择

成为可能，学校一般不会以缺少位置为由拒绝家长的择校要求。1997 年布莱尔领导的工党政府上台后，基本上延续了撒切尔夫人时代的教育政策，仍然允许择校，继续鼓励社会和家长在学校教育中的参与。

（二）随着后工业社会和知识经济时代的到来，择校成为一种共同的政策取向，质量提高和满足公民对教育的多样化与个性化需求成为主要任务

各国工业化时期义务教育主导政策多采取均衡化发展模式，主要任务是普及和发展。二战以后到 20 世纪 70 年代，各国主要致力于工业化建设，急需大量标准化技能性人才，适应经济社会发展的这一需求，各国基础教育更多地表现出一种同一性、标准化、均衡化，这是各国基础教育尤其是义务教育发展的主要目标。因此，在这个时期，欧美国家除因传统而有少数人选择宗教学校，或少数富有阶层为孩子选择学费较高的私立学校外，择校并不多见。

20 世纪 80 年代，正值世界范围发达国家由工业社会进入后工业社会、知识经济时代，经济社会发展对人才标准提出了新的要求，迫切需求创新人才的培养，教育开始从标准化培养向个性化服务转变，择校则应时而生。各发达国家纷纷引入竞争机制来进一步提高教育质量和效率，促进教育服务的多样化和个性化。

（三）随着西方新自由主义思潮和社会公平观的流行，择校成为公民权利的体现

西方择校政策的一个重要的思想基础是新自由主义。在美国公立学校体系建立之前，自由主义是其社会主流的、基础性的意识形态。它在政治上反对封建专制统治，在经济上主张自由竞争，反对国家对经济活动的干预，此期的自由主义被称为传统的自由放任主义或古典自由主义。到 19 世纪末 20 世纪初，上述自由主义的主张开始发生了变化，为一种更加强调社会共同利益，更加强调个人自由与公共利益的统一，更加强调对弱者的救济与福利的现代自由主义所取代，在 20 世纪相当长的时期里，现代自由主义直接影响了欧美许多国家的社会经济政策。

20 世纪 50—60 年代各国均热衷于教育民主化和机会均等，几乎所有国家的政府都把办教育当作政府天经地义的职责来看待。就在同一时期，弗里德曼和哈耶克为代表的新自由主义的教育改革理念开始出现，其核心正是认为只有市场才能反映多元化的需要、创造更加多元化的选择机会，因此主张把竞争机制引入整个学校系统，促使各个学校提高质量，提供多元化的教育供给，给家长和学生提供选择的市场。

当 20 世纪 70 年代末 80 年代初现代自由主义的社会经济政策无法解决经济停滞这一社会发展的基本问题时，新自由主义便引起了重视。新自由主义的基本观点是：当代社会的所有弊病都是由于资产阶级国家干预过多造成的，希望返回到自由竞争的资本主义，要最大可能地排除国家的管理与干预而将问题交由市场解决，强调为市场自由竞争恢复名誉。

（四）义务教育的巩固提高和均衡发展是择校实现的根本基础

各国是在经济高度发展、在义务教育高度普及、教育资源基本均衡以及有充足的可供选择的学位的基础上进行择校的。在普及义务教育之前，只有少数具有某种特权或有钱人的子女可以享受优质教育。随着初等教育的普及，中等教育普及的立法也随之进行。到 20 世纪中期，各个发达国家已基本普及了中等教育，高等教育也开始由精英阶段走向大众化，在这种背景下，家庭经济条件优越或民主意识强的家长开始为其子女接受更好的义务教育而努力。另外，由于各国义务教育发展比较均衡，一般社区都有方便学生入学的义务教育阶段学校，且学生数量不多，学校都有充足的学位可供学生选择。

美国历次教育改革的失败和公立教育质量不能满足社会发展的需求，则是择校政策推行的教育背景。尽管政府多年来为公立学校投入经费、增设教师、缩小班额，但家长仍认为很多公立学校的教学水准未能达标。择校的学生人数在逐年增加。

在日本，20 世纪 50—90 年代，政府致力于在基础教育阶段采取均衡教育的政策，为所有国民提供机会均等、质量优良的教育。在教育资源公平分配、教学内容设置、师资力量和管理水平等方面均采取相对均衡化的教育政策，培养了大批量的规格化人才，成为日本社会经济飞速发展的动力与源泉。但是，当世界由市场经济时代进入知识经济时代，培养富有个性化的创新型人才成为时代所需。日本政府深刻认识到要从教育思想上彻底改变日本传统的“大一统”方式，培养英才，走英才教育之路。为达到这一目标，他们认为在教育中引入竞争促进机制非常必要。同时，由于在公立学校均衡各种教育资源后，学校之间的竞争不足，教育的效率变得低下，公立学校学生学习能力和积极性普遍下降，引起了家长们的不满。为了创造特色学校，培养适应 21 世纪知识经济时代有创造性的个性化人才，20 世纪 90 年代后，日本的公立中小学教育的择校制度开始正式走上日程。从 90 年代中期的提议到 2000 年东京所有学区接受部分外来入学者的政策出台，再到 2007 年《教育基本法》明确提出政府“保障能够进行学校选择的自由”。日本的择校政策呈现了逐步发展的势头。

（五）在教育体制发育比较健全，教育要素市场比较完善的情况下，可以承受通过择校实现的教育资源的流动和再配置

择校政策的实施，就是要通过受教育者的理性选择，实现教育经费的有序流动，进而带动实现各类教育要素的优化配置。因此，各类教育要素能否有序流动并优化配置，就成为择校政策能否成功的关键环节之一。这就要求建立完备的教育要素市场体系作为基础。也就是说，在健全的市场经济条件下，教育机构可以遵循等价交换的市场法则来自由地获得和配置人力资本、物力资本两大类资源。只有具备这样规范、完善的市场机制环境，学券制度的实施才会带来优化教育资源配置效率和提升教育机构办学质量的创新效果。

在澳大利亚和加拿大，为了促进教育市场的发展，政府不仅鼓励公立学校系统内的择校，还不同程度地为私立学校提供一定的财政资助。在澳大利亚，联邦政府补贴所有的私立学校，补贴的标准根据学校的需要，与学校的学费和捐赠等相联系，额度是国家教育系统生均经费的 12％—50％；在加拿大的部分省份也为私立学校提供一定的资助。这就扩大了择校的范围，推动了公立学校和私立学校之间的竞争。

三、若干发达国家择校政策的特点

从各国的择校情况看，推动择校运动的国家都是西方和东亚发达国家，存在推动择校的现实可能性。这些国家有能力为所有的儿童提供大致均衡普及的教育。他们推行教育选择的主要目的是适应知识经济时代社会发展的需要，提高教育质量，同时欧美国国家也是为了促进种族之间的融合，满足家长对更高水平教育的需求。

（一）从择校方式来看，多数国家采取限定性择校政策

目前，实行限定性择校政策的国家居多，即确定一些条件，满足这些条件即可择校。完全放开择校，或一律不许择校的国家是很少的。各国择校具有明显的市场化倾向，学校在市场中竞争学生，根据学生的数量得到政府拨款。在公立学校系统内的择校，限制较少，无须付费。对私立学校的自主选择，是完全放开的。但是，如果要得到政府的资助，则需符合一些条件。对后者，各国的做法区别较大。

（二）从择校学段看，择校行为集中在升入中学之际

有关研究显示，初中的择校明显要多于小学，且初中择校行为最多。儿童六岁入学时，家长从安全和方便考虑，比较倾向于让孩子就近入学，除非就近的学校太差。但进入初中时，家长更多考虑的是学校的质量，因而择校集中地发生在这个时候。一些发达国家的高中阶段已被纳入义务教育，这些国家高中招生普遍采取就近入学和考试录取相结合的办法。进入一般的高中就近入学无须考试，进入优质高中则需要通过考试。

（三）择校普遍体现在家长选择学校，中高收入家庭和教育程度较高的家长更倾向于为子女选择学校

西方国家的文化传统比较尊重家长在孩子教育上的选择权利。在英美等英语国家和其他许多欧洲国家，选择被认为是民主国家的核心理念，家长被认为有为

孩子择校的权利。如今，这些国家更是希望通过择校强化家长在儿童教育中的参与，增强家长在孩子教育中的责任感并主动参与到学校教育之中。

美国关于择校政策实施的研究表明，有较高收入的家庭具有较为强烈的择校意愿，而即使在面向低收入群体提供学券的择校项目中，家长受教育程度越高，越有可能利用择校机会。英国关于择校的研究同样表明，有择校要求的家长比没有择校要求的家长有着更高的教育水平、社会地位以及相对较高的家庭收入。教育水平低的家长呈现较少意识到选择的倾向；即使意识到选择，社会经济地位低的家长也较少去主动了解学校。

各国家长择校时考虑的主要因素有离家远近、孩子的幸福感和学校声誉等，同时，儿童自己的意愿也在择校过程中产生一定的影响。择校政策的关键在于扩大群众选择优质教育的机会。历史发展证明，优质教育的权利总是先由少数人获得，然后再扩大到其他多数人，这是事物发展的路径。整个社会经济发展程度会影响群体获得优质教育的权利，而家庭经济收入的水平也会影响到学生及其家长择校需求的实现。

（四）为了避免不必要的纠纷，各国重视通过立法解决择校过程中可能出现的问题

西方国家择校政策的推行还取决于它们以较为完备的法制为基础制定了可供操作的择校规则。20 世纪 80 年代以后，美国实行择校的各州均制定了相关的政策法规。开办特许学校的州也多制定了相应法律。根据《不让一名儿童落伍法》，美国教育部颁布了《2002—2007 年美国教育战略规划》，它所提出的六个具体教育发展战略中，就包括要增加教育灵活性，为学生和家长提供更多的信息及更多选择机会，以期促进教育公平，提高教育质量。

英国择校的推行取决于教育法中有关择校规定的完备以及执法的有效。给予家长选择学校的权利主要通过以下法律的颁布而实施，如《1980 年教育法》，给予英格兰和威尔士的家长为孩子选择学校的权利；《1981 年教育法》（苏格兰），允许苏格兰的家长为孩子选择学校；《1986 年教育法》，要求学校给家长提供更多的信息，学校董事会被要求增加家长和地方商业利益的代表；《1988 年教育法》，引入自由择校政策（open enrollment policy）；《1992 年学校法》，向家长提

供关于学生在学校的表现的年度报告，要求地方教育行政当局提供关于考试结果和其他表现指标的排名表，要求董事会在报告中给家长提供更多的信息。

自1980年以来，英国政府还规定，英国家长的择校计划如果遭到无理拒绝，他们有权依法上诉，2001—2002年上诉案例达到了94 900件。大量的案例法和官方的指导性文件为有序择校提供了司法依据。择校并不违法。就近入学并不表明家长没有择校的权利。

（五）各国普遍存在对择校政策实施效果褒贬不一的评价

赞成择校者认为，择校有利于提高学生学习成绩和毕业率，有利于为学生提供更好的教育，有利于鼓励教学创新，能够提高家长对教育的满意度，可以创造一个鼓励所有教育机构不断提高的环境。

反对择校的人士则断言，择校政策本身并非必然带来教育质量的提高，反而会增加学校间的差距，加剧教育的不平等，强化社会阶层差距。择校中的学券和奖学金方式基本上是给私立学校送钱。私立学校缺乏监管，且随着大批公立学校学生涌入私立学校，私立学校逐步失去独立性和活力，变得不伦不类。

四、结语

通过对一些发达国家择校政策的初步比较研究，可以得出几个基本认识。

第一，“就近入学”是长期以来各国义务教育阶段公立学校普遍采取的基本入学方式。但是，自20世纪80年代开始这种局面有所改变。随着经济社会的发展，通过引入竞争，激发学校办学活力、提高办学质量，满足家长多样化选择的需求，成了各国制定公共教育政策的重要考虑。

第二，私立学校是引导家长择校的重要方面，允许自由选择私立学校是所有国家的共同做法。历史上专为贵族阶层设立、其他阶层即使缴费也难以进入的贵族学校（如英国的公学）已失去原有的意义，开始为有钱人或成绩优异者开放。为了帮助家长选择私立学校并支持私立学校的发展，各国多对私立学校以一定的补贴，或将学生教育经费的部分份额转移至私立学校。

第三，允许择校的政策普遍得到本国学生及家长的广泛认同，也赢得了社会多数民众的支持，同时各国也均存在基于维护教育公平而反对择校的声音。目前，实行限定性择校政策的国家居多，即确定一些条件，满足这些条件即可择校。完全放开择校，或一律不许择校的国家是很少的。

亚太发展中国家农村教育经验及启示*

2009年2月中旬，受世界银行邀请和教育部派遣，笔者参加了世界银行在菲律宾宿务举办的亚太农村教育研讨会①，进一步感到亚太发展中国家（本文中“亚太发展中国家”指除中国之外的其他亚太发展中国家）在农村教育方面存在许多共同的课题。进入21世纪以来，在取得巨大成就的同时，各国农村教育在数量、质量、均衡、管理等方面存在较突出的问题。各国根据国际经验和本国国情积极采取应对措施，推动农村基础教育改革和发展，对我国有一定启示。

一、亚太发展中国家农村教育的主要问题

（一）数量问题

在世界银行宿务研讨会上，亚太发展中国家同行就进得来、留得住问题请教了中国代表团。中国专家对其他亚太发展中国家的农村教育情况也给予了关注。世界上80%以上的文盲在亚太国家，亚太农村教育成败与世界全面教育进展息息相关。② 这些国家虽然小学、初中的入学率在逐年上升，但普遍的辍学现象让各国头痛。例如，越南、泰国、印度均已实施免费的小学义务教育，但由于农村小学生中辍学者多，至今未能真正普及。东帝汶义务教育的辍学率甚至达16%。亚太发展中国家农村人口占80%，辍学主要发生在农村。导致辍学的原因虽各

---

* 本文原载《中国教育学刊》2009年第5期。

① 当时参加此次世界银行会议的中国代表团成员除笔者外还有世界银行北京办事处肖丽萍博士、中央教科所周南照教授、北京大学陈向明教授、清华大学史静寰教授、西北师大赵明仁副教授。

② 本文所用数据除注明的外均源于 Workshop on Multiple Approaches of Education for Rural Areas [C]. Cebu, Philippines: The Worldy Bank, 2009: 2.

不相同，但家庭贫困、教师水平低、课程内容偏难或脱离农村实际、女生人群不稳定是共同的原因。学校布点不合理，有些地方没有学校，学生居住地离校太远，则是哥伦比亚教育部指出的首因。在印度尼西亚、菲律宾等多岛国家，交通不便、旧的习俗、缺乏教师也会成为制约因素。墨西哥教育部还认为，就学与健康也有关系，疟疾、霍乱会导致部分群体性辍学。

（二）质量问题

亚太发展中国家普遍重视提高基础教育质量，让学生“学得好”的问题已开始得到关注。然而，长期以来这些国家农村教育条件落后、师资薄弱、缺乏教研的状况，严重影响了教育质量的提高。老挝教育部同行介绍道，该国寄宿制学校不足，学生上学远，到校不整齐，组织教学不容易。老挝虽小，却有49种在用语言，教师难以熟悉学生母语，交流沟通存在障碍，不利于教育质量的提高。越南、马来西亚、巴布亚新几内亚的情况亦然。墨西哥研究表明，贫困影响学生的认知水平。在很多人看来，三年级不会写书信，五年级不能解应用题，七年级不能讲日常外语就表明学生没学好。而这种情况，在亚太发展中国家的农村地区司空见惯。

（三）管理问题

在亚太发展中国家的一些农村地区，教育管理水平低的问题普遍存在。一是农村教育的管理体制过于强调地方负责，中央政府发挥作用较小，各地自行其是，不易整合力量。二是农村学校管理理念有待更新，管理手段比较落后，管理水平参差不齐，校长的专业化水平低，未能充分调动教师的积极性。三是对学校评价的标准和程序尚未普遍做到科学全面。不能对多数学校以有力的引导，帮助其提高管理水平。四是农村学校的安全问题比较突出，道路交通状况不良，周边环境脏乱情况比较常见。

（四）均衡问题

实现基础教育的均衡发展，促进教育机会均等，是国际社会一贯的理想。但在教育普及和基本质量保证尚未做到的情况下，亚太发展中国家基础教育不均衡的问题较为严重。最突出的是，城乡办学条件差别大。历年来笔者曾到泰国、印度、柬埔寨、菲律宾、墨西哥、斯里兰卡、巴基斯坦、马来西亚等亚太发展中国家考察农村教育，亲眼看到这些国家的农村学校在硬件和软件上均与其城市学校存在较大差距。亚太发展中国家的教育实际上是以城市为中心的教育。农村学校的校舍、设施、管理都比较差。当然，农村教育差，最主要的是差在农村教师队伍上。泰国、老挝、越南、菲律宾、巴不亚新几内亚的同行都认为本国农村教师数量不足，质量不高，队伍不稳。之所以如此，一是因为工作条件差，农村教师要在简陋的环境中付出辛勤劳动；二是因为生活条件差，工资、津贴低，住房没保障；三是因为发展机会少，接受培训、经验交流、外出参观每年不到一次，有的教师教学能力多少年原地踏步。在教育落后的状态下，一些亚太发展中国家往往把有限的资源向一部分学校集中投入，建窗口学校、重点学校是普遍的现象。在菲律宾，当地安排参观的也是其重点学校，而且校内还有按学业成绩组成的重点班。近年来，墨西哥致力于教育均衡发展，均衡分配教育资源，但由于整个社会形态落后，因而出现教育效率低下、缺乏生机活力的情况。

综上所述，亚太发展中国家农村教育比较薄弱，有其共同的原因。首先，受自然条件的制约。或山区较多，或岛屿较多，群众居住分散，交通相对不便，学生走路远，家长不放心。其次，经费保障不足。虽然近年来亚洲经济发展较快，但由于底子薄，世界上三分之二每天生活水平在 2 美元的人口在亚洲，发展中国家 60％的人口在农村，世界上四分之三的赤贫人口在农村，亚洲居住着世界上三分之二的人口。在一些亚太国家，贫富差距加大，在经济不景气的时期更是如此，失业者众多。再次，社会变动较大。经济社会不断发展变化，人口流动加速。印度、印尼、越南、墨西哥等国面临农村人口向城市流动的问题，城市学校容量不断受到挑战，贫民窟中的教育谈不上什么质量。

二、亚太发展中国家农村教育的基本做法

（一）强化国家行为，重视教育扶贫

农村教育是全民教育的重要组成部分，是国家必须保障的事业。各国中央政

府注意发挥政策引领、项目推动、资金支持、督导评估功能，对全民教育特别是农村教育进展予以投入、统筹和监测。

为了资助农村贫困学生，一些国家的中央财政出资启动了有关项目。至2009年年初，亚太地区有20个国家启动了“有条件的现金转移支付计划”(Conditioned Cash Transfer，简称CCT)。中央政府出资，通过银行进行拨付，资金直接发到受益者，减少中间环节，运行费不超过5%。贫困程度越深，得到资助越多。孟加拉国1997年开始实施，对小学40%的贫困学生和初中所有的女生实施资助。2008年年底，在哥伦比亚，CCT项目每年出资3.5亿美元，约占国内生产总值（GDP）的0.04%，让150万家庭受益。墨西哥政府协调财政、教育、健康、社会发展部门一起行动，筹集31亿美元，于1997年启动了CCT项目，取名“机会”，旨在为农村学生和其他处境不利学生提供成长和发展机会，进行教育与健康干预，包括补贴贫困学生，开展儿童疫苗接种，提供干净用水，保证学生营养。资金额度从每人每月22美元至100多美元不等。资金使用效益可观，1997—2006年，农村初中毕业生升学率从23%提高到65%。由政府出资，泰国、柬埔寨、孟加拉国实施学校用餐计划，免费向农村学生提供午餐，作为吸引儿童少年留在学校的一个手段，效果也比较好。

（二）政府办学为主，鼓励社会各界和家庭参与

公立学校是农村学校教育的主体，由于政府支持力度加大，公立学校在不断改进。印度尼西亚、菲律宾的公立学校开始重视提供全面发展的教育。印度长期以来公办教育薄弱，私立学校条件较好，但收费高昂，一般平民百姓难以问津的状况也出现改善迹象。但从总体上看，政府举办的农村学校还只是初步提供了教育条件，尚不能满足全社会各类人群的需要。所以，各国政府并不包揽农村教育，而是鼓励社会部门积极参与。哥伦比亚全国咖啡种植者联盟负责人杰拉米罗(P. Jaramillo) 介绍，该联盟与政府、大学、筹款机构、非政府组织保持合作，组成理事会参与举办农村教育。杰拉米罗坦言，私营部门投入教育不是为了慈善。在他们举办的学校和教育机构里，课程包括学校与咖啡、信息技术、学校与食品安全，贯穿初中、高中及成人补偿教育。他断言，在21世纪，传统的种植方式缺乏竞争力，而受过较好教育的咖啡种植者必将采用新技术，提高劳动生产

率，在咖啡生产和经营方面更具竞争力。

为调动基层办学积极性，鼓励社区筹集资金，孟加拉国地方政府乐于提供配套资金。如果基层社区筹集到一定的办学经费，地方政府则支持其同样额度的资金。“孟加拉国农村提升中心”（BRAC）动员社区筹集资金，实施非正规教育。社区负责维护学校设施，保证学生按时就学，确保学生安全，举办家校会议，协助学生六年级后向正规学校转学。据该项目主任伊斯拉姆（S. Islam）2009 年 2 月 10 日在宿务对笔者说，在孟加拉国有 714 个非政府组织创办了8 250所这样的农村学校，覆盖了 24.8 万名小学生。

柬埔寨教育部指出，要扩大社区参与，以保证所有学生入学，调动社会支教资源，监督教师出勤情况。其他国家代表认为，有必要强化跨部门协作，如教育与农业部门要加强在农村教育方面的合作。还有必要整合教育资源，鼓励高校参与农村教育，在培训教师、提供技术支持方面发挥作用。

世界银行研究表明，政府为主举办教育，决不排斥公民个人对教育的贡献。私人对公立教育可以发挥明显作用。[①] 支持学校发展，家庭亦不应免责，家庭对学校的赠予是合情合理合法的。同时，家长有权为学校发展提出建议，甚至组成家长委员会，参与学校管理，而不是学校举办家长学校、教训家长。学校允许家长观察教师成长，观察孩子在校是否专注。在哥伦比亚，家长至少每两个月要到学校一次，确保学生按时就学，讨论学生学习情况。

（三）学校教育为主，兼用多种办学形式

农村教育的主体是学校教育。农村学校教育须符合农村实际，课程和教学体现相关性。各国专家普遍认为，农村学校应为农村职业技术培训和农村扫盲教育提供必要支撑。除此之外，各国还提倡多种形式办学。拉美 19 个国家启动了“信心与快乐”项目。这是在全纳教育理念引领下的多种形式办学，包括正规教育、非正规教育、广播教育、教师培训等。这个项目自 1955 年创办以来，非常关注残疾儿童、贫困学生、贫民窟中的学生，帮助他们接受教育，完成学业。

① H. A. Patrineos, et al. Mobilizing the Private Sector for Public Education [Z]. The World Bank, 2007: 125.

复式教学是亚太发展中国家高度关注并津津乐道的教学形式。越南、老挝、泰国、蒙古、印尼、巴布亚新几内亚的专家认为，针对偏远地区学生分散、缺乏教师的情况，复式教学不失为提高就学率的最重要的措施。越南教育部制定了复式教学指南，给担当复式教学的教师提供津贴和进修机会。2008 年，越南接受复式教学的学生占学生总数的 3%。泰国教育部代表说，本国 43.5%的学校不足 120 人，对为每个班都配备一名教师感到困难，表示复式教学要作为全国性政策在全国推进。当复式教学的作用受到质疑时，与会倡导者辩驳道，复式教学有用有效，它并不是随便一个乡村教师敷衍了事的，真正从事好复式教学，对教师要求其实很高。复式教学中，教师充当协调员，而不是高高在上、单向传递。教师还需结合当地实际对教材内容做适当调整，以增加儿童兴趣，或提升教学内容与当地实际的相关性。

印度尼西亚从 2005 年实施“单顶学校”（One Roof School）评建项目，采取灵活办学形式，帮助偏远农村少年完成学业。选点要求是：①地处偏远、孤立、困难地区；②学生数量 30 人为宜；③离其他公立或私立学校不少于 6 公里；④原学校校舍基本可用；⑤当地社区提出申请并表示要积极支持。如属新建项目，则另外还有两个标准：一是至少有2 500平方米的用地；二是地方政府要承诺聘任校长和合格教师，提供运行经费，配备教学设施。至 2008 年“单顶学校”已新建和修缮学校2 791所，其中2 191所为教育部拨款，另 600 所系地方政府贷款兴办。

（四）提倡基于学校的管理，发挥学校办学自主性

基于学校的管理，在过去的十年里，成了很多国家的流行做法。这与基础教育地方分权的现实以及扩大学校的办学自主权的呼吁是一致的。倡导者认为，好的教育不光是资源上的投入，还包括改善学校和教学的鼓励措施。基于学校的管理方法，就是要给学校充分的办学自主权，提高其办学积极性。选择、竞争、诉求可以影响实践，绩效机制有利于调动积极性，促进工作，改善效果。各国与会者认为，基于学校的管理，首先要划分好校长与各种管理委员会的关系；其次要取得利益相关者，特别是教师的支持；再次要得到社区和家长的拥护，形成合力，共同努力。

（五）制定基本办学标准，构建儿童友好型学校

亚太发展中国家重视制定农村学校基本的办学标准，要求利益相关者为达到此标准而共同努力。在国际机构的倡导下，儿童友好型学校（Child Friendly School）的标准成了一些国家农村学校的基本目标要求。儿童友好型学校的提法如同环境友好型城市、资源节约型经济、用户友好型界面一样，在很多国家已经比较流行。会议期间，笔者参观了一所名叫马波咯（Mabolo）小学的儿童友好型学校。泰佳娜（J. B. Tejano）校长介绍，儿童友好型学校有7个维度：鼓励儿童在学校和社区的参与；注重儿童健康和福祉；确保学生安全；鼓励全勤，遵守纪律；保证儿童取得良好学业成绩；提升师德水平和育人动机；动员社区支持教育。每个目标下又细分了4—11项具体指标。依据这些标准和指标，马波咯小学提出“5H教育”：善于用脑（Head），富于爱心（Heart），能够动手（Hands），保持健康（Health）和家庭参与（Home）。菲律宾教育工作者认为，教学要以儿童为中心，鼓励学生积极参与，还提倡年长学生对年幼学生的照顾。为此，在教师培养培训、课程资源开发、设施设备配置、考试评价安排过程中，都要体现对学生的尊重。

（六）分析问题症结，促进教育性别平等

推进女童教育、实现性别平等是全民教育六大目标中最为薄弱的方面。促进性别平等，亚太发展中国家还要走很长的路。除了个别国家更需关照男童外，促进性别平等就要加强女童教育。女童就学问题是一个老问题，涉及入学率和完成率等指标。制约女童进入学校的原因很多，主要可归纳为三个方面。一是家庭因素。有的因家境贫寒不能承受由于就学而产生的直接或间接开销，有的家长认为送男孩上学日后更可得到回报，有的认为学校教育对女孩未来的生活帮助不大，或担心女孩离家到学校后可能会受到性骚扰，莫不如尽早让她们在家里料理家务，照看弟妹。有的父母甚至较早地安排了女儿的婚姻。二是学校因素。学校离家较远，路途中可能会招致安全问题；校内缺少女生专用设施，特别是卫生设施跟不上。教育工作者对待女生不公正，认为女生理所当然地要多帮学校干些后勤事务；一些教师断定女生学业不如男生，因而在教学中缺乏对女生的鼓励，给予

提问、辅导的机会较少。三是个体因素。不少女生既要做家务，又要上学，身心疲惫。有的感到学校所学的东西与日常生活和未来就业关系不大，缺乏学习兴趣；有的看不到周围有多少成功的女性，学校中女教师也少，缺乏学习动力；有的较早地操持家务、务农或外出打工从而放弃了继续学习。

联合国教科文组织成立了亚太地区各国女童教育协调员联合体，定期组织讨论，每年一个议题，深入交流看法，共享发展经验。近年来，亚太各发展中国家对性别平等问题开始重视，采取了一些政策措施。一是专门对女童提供经济支持，如助学金、奖学金等。二是为女生提供够用、适用的学校卫生设施。三是在农村地区多聘女教师，以应对女生的一些咨询，并让女生看到学习的希望。四是多做家长工作，使之转变落后观念，树立男女平等意识。五是提倡在边远民族地区用母语授课，减少女童学习压力。

（七）加强教师培训，实施课程革新

亚太发展中国家教育部普遍关心如何培养教师，招聘教师，留住教师，提高教师。基本手段包括提高工资，提供住房，组织培训，号召校本进修。马来西亚针对受过培训的优秀农村教师流失现象，采取法律手段和经济手段予以防止。柬埔寨修订了教师资格标准，改善了农村教师待遇，开展了教师培训，招聘了合格教师，淘汰了混事人员。

进入 21 世纪后，各国为适应新的科技形势，开展了渐进性的课程改革。没有轰轰烈烈，却也不断推进。新课程增加了现代科学知识，删减了庞杂的学科内容，强调发展学生能力，加强了与生活、生产的联系。实行课程分级管理，国家统一规定核心课程，同时给地方和学校一定的空间。爱国主义教育、生态环境保护的比重增加。泰国自 2003 年来在全国范围进行了大规模的课程改革，引起教育理念的更新、教学管理方式的变化，以及教师教学方法的更新。世界银行专家建议，各国的课程革新，要制定科学可行的课程标准，强调结果导向，采用合适教法；要加强学生生活技能以及与人交往能力的培养；教学评价要跟上，体现激励，并照顾男女生的学习特点。

（八）采用计算机辅助教学，合理使用信息技术手段

首先，信息技术有用有效。世界银行专家阿树涛希（C. Ashutosh）在对 40 多个国家在教育中使用信息技术的情况进行调查后认为，在迅速变革时代，任何国家都不应对信息技术不理不睬，不能让农村孩子远离现代文明。信息技术对城市学校并不成问题，推进信息技术应用，其实是对农村教育的支援。信息技术可用来改善管理，可用作教师培训，可用作教师特别是偏远地区教师与外部联系及愉快生活的手段。学生的研究性学习、项目学习常常也需要借助电脑。信息技术让过去只有城市和发达地区学生享有的优质教育资源到达乡村，让那里的孩子受益，并了解外部世界。

其次，信息技术只是辅助。世界银行的研究报告对信息技术在学校运用的效果持非常谨慎的态度。① 评估表明，若一堂课超过一半的时间使用电脑，就会降低教学效果，信息技术的作用不能无限夸大。课堂上，既不能以教师为中心，也不能以信息技术为中心，而要让学生做课堂的主人。“计算机辅助教学”的概念比较好，机器不应取代人成为主导，也不必任何课都用信息技术。传统的方法不能轻易丢弃，教师作用不能降低。世界银行的研究报告还指出，将计算机放到教室比建计算机室好；多大年龄引入计算机学习还不确定，但不是越早越好；如果指望靠信息技术提高教育质量，那么及早停止吧，这在拉美国家已证明不行。

再次，信息技术需要条件。政府资金投入、企业参与、社区捐助、电力到达缺一不可。教师是否适应、教学内容是否适合也是需要考虑的问题。与世界银行研究结果不同的是，蒙古教育部官员称，在学校设立电脑室是其做法，由于资金所限，不能让人人拥有笔记本电脑，集中使用比较合算。哥伦比亚早在 20 世纪 80 年代就积极推进现代化教育手段，而今却不敢自称成功。在美国麻省理工学院媒体实验室推介下，柬埔寨、印度等国近年试行“100 美元电脑”计划。推介者称 100 美元就可配一台笔记本电脑。事实上，100 美元的电脑功能太差，扩充功能后则超过了 200 美元。目前，这个计划风声大，雨点小，并未得到大面积推广。

---

① Michael Trucano. Knowledge Map：ICT in Education［Z］. The World Bank，2005：5-8.

三、亚太发展中国家农村教育的若干启示

（一）政府应加大对农村教育的投入，同时继续鼓励利益相关者积极参与

缺乏充足经费是亚太发展中国家农村教育的共同问题。各国的理想是，政府大幅度提高对教育的投入，尤其是提高对义务教育的投入，并向农村教育倾斜。在世界金融危机的大背景下，是否重视教育，不在于口号多么好听，关键看这个国家的政府是否一如既往地投入教育。事实上，对学校建设的投入，短期内可以刺激经济增长，长远来看则可为经济持续发展提供智力和人力支撑。借鉴“有条件现金转移”的办法，对贫困学生的资助，要从暗补变为明补，让贫困学生直接感到受益，激发学习动机。

对于农村教育政府投入为主，不应排斥社会各界和家庭对学校的自愿资助。学校依法接受捐助，是各国的通行做法，不必视而不见。人民群众追求的是高质量的教育，而未见得是省钱的教育。当然，学校必须妥善管理和合理使用各种来源的经费。

（二）农村教育应发挥多种功能，为当地经济社会发展服务

借鉴亚太国家经验，除保持和发挥农村学校固有的教育教学功能外，逐步把农村学校建设成为当地少年儿童活动中心、社会文化知识传播中心、农民实用技术培训中心、精神文明的辐射中心。在农村，分散地建这设施、那场所不一定好，而整合建设和使用学校设施则可一举多得。学校的设施要尽量为农村开放，学生课余可返回活动，家长周末可进去打球，农民农闲可前往受训。在金融危机背景下，农村学校应在返乡农民工培训方面发挥应有的作用。动辄课后清校，把人进出的门紧锁，已经不受欢迎。

（三）因地制宜，提出切合的教育规划和政策措施

亚太国家处在不同的发展阶段，其中一些发展中国家一直在搞树下上课、非

正规教育、社区简易办学。对此，各国交流经验、乐此不疲，说既节能又环保，国际机构也较为推崇。然而，美国、日本、韩国、新加坡等亚太发达国家，则不去效仿。这说明，因陋就简，往往是不得已而为之的。大多数亚太国家的与会者都表示继续扩大复式教学，亦属无奈之举。毕竟，有比无好，让学生接受复式教育比不受任何教育要强。看来，各国应因地制宜，实事求是地谋划本国的农村教育。生搬硬套，势必南辕北辙。在经济社会发展达到一定阶段后，当然更多的应是实施正规学校教育，促进学生全面发展。应建立一些寄宿制学校，以控制辍学，减少复式教学，并避免让学生每天走很远的路去上学。虽然寄宿制也有弊端，但利大于弊。亚太发展中国家农村教育中一些有益经验，值得借鉴。例如，加强学校管理，实施儿童友好型学校建设，构建和谐校园；项目推动工作，重视典型带动，逐步全面普及。这些在制订教育改革和发展中长期规划纲要过程中，可予参考借鉴。

（四）加大国际合作交流，推动实现全民教育目标

各国间的交流与合作，促进了信息共享，增强了教育工作紧迫感，推动各国如期实现向国际社会承诺的教育目标。因而，国家间教育交流与合作需要继续进行。国际组织启动的“快车道计划”（FTI），就是一个全面教育合作项目。只是，中国学者参加亚太地区教育会议，特别是与其他发展中国家同行在一起时，少了新鲜，多了自豪。因为很多时候，这些国家讨论的问题是我们曾经遇到、现已解决的问题。但这种自豪，不应成为我们面对其他发展中国家时的烦躁或自大。中国仍然可以从其他国家农村教育中得到启迪。即使不能马上学到新经验，也可开阔眼界，丰富思维，坚定信心，少走弯路。亚太发展中国家对中国农村教育发展经验，特别是教师培养和培训计划、绩效工资制度很感兴趣。作为负责任的发展中人口大国，中国也应该与世界共享我国普及义务教育的艰苦努力、光辉历程和经验教训，为亚太农村教育发展做出应有的贡献。

与世界各国基础教育交流互鉴*

现在，我们比任何时候都渴望了解世界教育的优秀做法，都渴望与外国先进的教育实践相互交流与借鉴。但是，当我们举目远望的时候，映入眼帘的情景却是那样扑朔迷离，让人眼花缭乱。那么，究竟哪些是世界教育发展的主流趋势和前进方向呢？需要我们认真地分析辨别，真正学到好的东西，真正留下好的东西。把优秀的外国做法引进来，把优秀的传统做法留下来，这是我们教育国际化的出路。习近平总书记 2014 年做出重要指示：尺有所短，寸有所长，教育上的事既要借鉴，更要弘扬。这就是一个重要的辩证思维。我于 2015 年在韩国仁川参加了每 15 年一次的世界教育论坛。这次仁川论坛谋划了中长期的世界教育目标。结合今天会议的主题，依据我国的情况，我认为在未来有 8 件事应该做好，或者说有 8 个目标应该实现。

第一，实现教育优先发展。教育是国计也是民生，是今天更是明天。对教育，没有谁说不重视。但是，真正重视教育需要拿出实实在在的东西。在仁川论坛上，各国经过研讨形成了与联合国教科文组织一致的意见，那就是重视教育首先体现在经费投入上。到 2035 年，各国财政性教育投入应占到其国内生产总值（GDP）的 4%—6%。有条件的国家还应该更多。美国在教育投入值得我们了解，美国财政性教育投入，在基础教育上的投入占 GDP 比 4%还多，对高等教育投入占 GDP 的 2%还多，加在一起美国的教育投入占 GDP 的 7%左右，同时，在这样一个市场经济高度发展的资本主义国家里，私人对教育的投入远比政府多。重视教育，实现教育的优先发展，还体现在物质保障上，未来我们要向世界上的发达国家看齐，实现基础教育办学标准化。教育优先发展还体现在人力资源的准备上，教师的地位在很多国家是比较高的，我们要见贤思齐，必须提高教师的社会地位和经济待遇。到 2035 年，教师岗位要真正成为让人羡慕的岗位，教

* 本文系笔者 2015 年 5 月 25 日在中国教育国际化研讨会上的讲话。

师职业要真正成为太阳底下最光辉的职业。教育优先发展还体现在智力的支持上，各国逐渐实现管、办、评分离，加强对教育部门和学校的智力支撑。服务学校，关心学校，帮助学校，促进按照现代学校制度办学。到 2035 年，我们的学校都普遍建立起现代学校制度，以章程自主办学，避免各方面对学校过多的干涉。

第二，实现教育公平公正。公平公正我们现在也很强调，其中在义务教育领域动作较大。借鉴国际经验，适应国际大潮，我们要实现四个方面的公平公正。一是缩小地域之间的差距，中东西部教育的发展和受教育的机会的差距要有明显缩小。二是缩小城乡之间的差距，扭转现在很多农村学校办学条件过差，沦为空壳学校、麻雀学校这样的现象，扭转城镇学校让很多人趋之若鹜，形成大班额、大校额、不堪重负的现象，形成城乡教育良好的生态。三是实现学校之间的公平公正，在义务教育实现均衡发展的基础上，面向未来，要大力发展学前教育、普通高中教育、中等职业教育。让学前的儿童受到关爱，让高中教育不再无助。并且，以服务为宗旨、以就业为导向、以工学合作为主要模式，采取订单式培养、东西合作、校企联办、国际交流等方式来促进职业教育上台阶。四是实现人群之间的公平公正，让流动儿童同在阳光下共同成长进步。让留守儿童不再有心理的缺失，感情的冷落和安全的隐患。我们要特别办好残疾人的特殊教育，这在国际上是衡量一个国家教育水平的重要指标。要对残疾学校以更多的支持，给残疾儿童以八倍于普通儿童的生均公用经费，目前国家已经出台了文件，应当落实。到 2035 年，对残疾儿童的拨款要达到普通儿童的十倍左右，要有这样的胸怀。通过有效的特殊教育，让残疾人造福社会，自食其力，有尊严地活着。根据中国国情，我们重点关注五十岁以下的成人文盲，超过五十岁的文盲，我们给予适当的生活技能培训。另外，还要关心女生，让女童在一些地区仍不受关注的情况得到改善，当前我们要做的事情就是让每个学校都有足够厕位，并按照 1∶3 的比例设置男女蹲位。

第三，培养学生良好品格。面向 2035 年，还要让学生具备良好的品格，也就是要抓好德育。国际上很多国家强调爱国主义教育，而我们也要改善和加强这方面的工作，要培养体魄健全的负责任的中国公民。当然一些机构也提出培养世界公民。其实，世界公民是由各国的公民组成的，这些人将共同为正义、和平、包容、全纳、安全、可持续的发展做贡献。要培养学生良好的行为习惯，充分顾及未来网络的迅速发展，做好网络环境下的德育工作。今后衡量人，首先看的是人的品格。此外，还要进行心理健康教育，关注学生的心理健康发展。学生是有血有肉的生命体，我们的教育要关心人，尊重人，理解人，促进学生德智体美劳全面发展。

第四，具备终身发展能力。未来的教育要侧重帮助学生具备终身发展的能力。要讲的很多，我只讲两句话。第一句话，基础教育要注重基础知识。基础知识是基础教育的核心要素，学生具备了基础知识，掌握了学科基本结构，就相当于获得了打开未来知识宝库的金钥匙，就可以在知识爆炸的时代以不变应万变。所以，基础教育阶段要强调基础知识的传授，要使基础教育真正成为基础。第二句话，高等教育要注重通识教育。通识教育是相对于专业教育而言的，通识教育突出做人的培养，专业教育突出做事的培养。通识教育让人品格良好、目光远大，犹如爬山，可让我们意志坚定、认准方向；专业教育教人善于动脑、能够动手，亦如爬山，可让我们充满活力、拾级而上。

第五，培养学生国际意向。面向 2035 年，还要让学生具有国际意向。培养国际意向不是一句空话。当前，要做好四件事。一要加强外语教学。前段时间对于外语教学是否加强、是否弱化，有很多的议论，甚至有人说在高考的分值上降低外语的比例。但是教育部仍然看重外语教学，国务院决定外语在高考中的分值不变。外语不仅仅是打开外部世界的一扇窗户，更是人生修养的重要组成部分。二要促进人员交流。有条件的学校可以加快请进来、走出去的步伐，不能因为个别的学生出现安全问题而因噎废食。展望未来，必然会加大国际交流力度，请更多的外教来任教，派更多的教师去任教。英国科教大臣就想请中国派出一批能用英语教学的中学数学教师前往任教，由于没有给出交换的条件我们暂时按兵不动。学校之间的交流，可以加大力度。三要善待小留学生。我们不主张高中生到国外留学，而认为应考虑本科毕业以后是否去留学，但是我们尊重各地各校及家长们的选择，教育部不做硬性规定。当然有许多家长会问，我的孩子高中毕业后到底在国内上大学呢，还是出国上呢？一般人会说各有利弊，而家长希望有明确的答复。对此我做了一个模型。如果可以上国外重点大学，外语成绩特别优异，家庭经济条件殷实，曾有正面出国体验，性格比较外向活泼，就是加分因子；如果相反，就是减分因子。在留学问题上，国家的政策依然是支持留学，鼓励回国，来去自由，发挥作用。

第六，普遍运用信息技术。如今，慕课、翻转课堂，教育信息化的这些名词，大家都已耳熟能详。展望2035年，未来一部分学校的形态将发生重大改变，将出现一批无墙学校。未来，多种教育推送形式必将涌现，网上学习将非常普遍。从这个意义上说，“在家上学”将成为合法，“智能手机”将伴随每个人。不过，在可预见的将来，学校将长期存在，教师的主导作用也不会发生根本改变。在未来教育信息化过程中，我们一定要有改革的意识。我在《人民教育》2015年第6期发表的文章《为基层教育实验点赞》中写道，对各地的教育改革，我们的态度是“可以、可以、还可以”，或者是“探索、探索、再探索”，而不能是“不行、不行、还不行”。教育部领导同志深刻地指出，坐在北京西单大木仓胡同的办公楼里，教育部的工作人员想不出比基层同志更高明的主意，其重要工作之一，就是发现典型、甄别典型、培育典型、推广典型。在座的各位基层的同志，应梳理改革意识、法治思维，大胆放开手脚探索，让创新的思想不断地涌现。

第七，形成合作办学格局。面向2035年，中小学的合作办学将变得普遍，大学的合作办学将在当前政策已经比较宽松的基础上进一步得到发展。当前的宁波诺丁汉大学和上海纽约大学等大学，已经很受欢迎。他们培养的毕业生，也是社会主义建设者，他们的老师也是辛勤的园丁，他们的学生也是祖国的未来。有同志好心地担心，到这些大学会不会淡化思想教育，我想这种担心是不必要的。到国外留学都已经允许和鼓励了，在国内留学有什么可担心的？所以，我想，中外合作办学探索如今已经起航，未来必将形成繁荣发展的新格局。

第八，畅享先进教育思想。面向2035年，教育思想将真正突破国别的限制，为人类做贡献，外国好的教育思想，不管以前的，还是当今的，我们要虚心学习借鉴。中国好的教育思想和好的做法，我们也要向国外介绍。教育思想将形成一系列跨国的理论，教育家将形成一些跨国的团队。陶行知是我国最著名的教育家之一，而他就曾经在美国哥伦比亚大学和杜威一起学习研究。陶行知在哥伦比亚大学教师学院的很多中英文文稿，到目前为止，只有少数人看过，我是其一，还有很多人不知道。这个事例就让我们知道，早在几十年前，教育家就在进行跨国合作。未来，我们要把世界最先进的教育理念引入中国，结合实际加以运用，要使我们的教育真正地活跃起来。我坚信，到 2035 年的时候，我国的教育将进一步繁荣，屹立在世界先进教育的行列。

第九编

奋进新时代

新时代我国教育改革发展的新方向新要求*

——学习习近平总书记在全国教育大会上的重要讲话

2018年9月10日召开的新时代第一次全国教育大会，分析研究了教育工作面临的新形势、新任务，对当前和今后一个时期教育工作做出了重大部署，动员全党全国全社会为加快推进教育现代化、建设教育强国、办好人民满意的教育而努力。认真领会全国教育大会的时代背景和重大意义，明确大会的战略要求和重点任务，深入学习阐释，抓紧确立和推进落实方略，是我国教育领域需要深化研究的命题。

在我国经济社会发展进入新时代，全面建成小康社会目标即将实现，全国上下加快建设富强民主文明和谐美丽的社会主义现代化国家，努力实现中华民族伟大复兴中国梦的关键节点，全国教育大会召开，恰逢其时。

进入新时代，中国正行进在建设社会主义文化强国道路上。弘扬社会主义先进文化，推动社会主义文化大发展大繁荣，势在必行。教育具有强大凝聚力和引领力，能够促进年轻一代坚定文化自信。应当充分发挥教育在培育和践行社会主义核心价值观中的主阵地作用，吸收人类文明有益成果，传承中华优秀传统文化，推动创造性转化、创新性发展，增强国家文化软实力。

进入新时代，中国社会主要矛盾发生关系全局的历史性变化。城镇化和农业农村现代化水平显著提高，国民财富不断增长，中等收入比例明显上升，人口结构持续变化，人民群众对教育的需求更为多样。必须顺应时代变化和人民群众的期待，加快发展更高质量、更加公平、更具个性的教育，促进社会公平正义与和谐进步。

进入新时代，中国积极推动构建人类命运共同体。应对人类共同面临的政

* 本文原载《教育研究》2018年第10期。

治、经济、安全、气候等方面诸多挑战，推动实施联合国有关议程，履行国际义务，抵制个别发达国家单边主义抬头，促进包容性发展，在国际合作中创造新机遇，必须办好更高水平更为开放的教育，借鉴发达国家教师理论和实践，突出教师发展，提高教育质量。① 加强教育和人文交流，促进民心相通，人员交流，文明互鉴，为创造人类美好未来做出更大贡献。

进入新时代，必须清醒地认识到，我们的教育发展与建设社会主义现代化国家相比还有诸多不适应。优先发展教育的战略尚未落实到位，教育中偏重知识传授、忽视全面素质养成的状况还未根本扭转，教风学风尚待净化，教育评价尚欠科学，劳动教育还比较薄弱，等等。

在这样的时代背景下，党中央审时度势，在充分调查研究的基础上，于2018年9月10日在北京召开了新时代第一次全国教育大会。习近平总书记做了高瞻远瞩、富有新意、深刻生动的重要讲话，对改革开放以来，特别是党的十八大以来我国教育改革发展的经验进行总结，概括出“九个坚持”：坚持加强党对教育事业全面领导的根本要求，坚持立德树人的根本任务，坚持优先发展教育事业的战略部署，坚持社会主义办学方向的政治原则，坚持立足中国大地办教育的坚定自信，坚持以人民为中心发展教育的价值追求，坚持深化教育改革创新的鲜明导向，坚持服务中华民族伟大复兴的使命担当，坚持加强教师队伍建设的基础作用。这“九个坚持”是我国教育事业取得巨大成就的经验所在，也是新时代深入推进教育改革发展的重要遵循。

习近平总书记在全国教育大会上的重要讲话，对教育地位再做定位，对教育方针全面表述，对教师作用更予强调，对教育工作重点任务进行部署，奠定了新时代我国教育改革发展的政策取向。

一、关于加强党的领导的新强调

其一，提高政治站位。全国教育大会特别强调加强党对教育工作的全面领

① National Councilon Teacher Quality. 2018 Teacher Prep Review [R]. Washington, D.C.，2018：25-26.

导，指出其是办好教育的根本保障。教育部门和各级各类学校党组织要增强“四个意识”，坚定“四个自信”，坚定不移地维护党中央权威和集中统一领导。自觉在政治立场、政治方向、政治原则、政治道路上同党中央保持高度一致。还特别要求各级党委要把加强对教育工作的全面领导当成重要职责，把教育改革发展纳入议事日程。党政主要负责同志要熟悉教育、关心教育、研究教育，建立健全党委统一领导、党政齐抓共管、部门各负其责的教育领导体制。

其二，加强学校党建。各级各类学校党组织要把党建工作作为办学治校的重要方面，把抓好学校党建工作作为办学治校的基本功，把党的教育方针全面落实到学校工作的各个方面。加快推进民办学校党组织和党的工作全覆盖，确保党的教育方针在民办学校得到落实。将党建与学校工作紧密结合，党建工作不做表面文章，必须实而又实、严而又严。

其三，健全组织体系。加强各级各类学校党的领导和党的建设工作，支持学校党组织讨论决定学校重大问题，履行好把方向、管大局、做决策、抓班子、带队伍、保落实的领导职责，保证党的路线方针政策和上级党组织决定不折不扣得到贯彻执行。要建立健全加强和坚持党的领导的组织体系、制度体系、工作机制，形成落实党的领导纵到底、横到边、全覆盖的工作格局。

其四，坚持组织路线。坚持新时代党的组织路线，树立正确用人导向，把政治过硬、品德优良、业务精湛、锐意进取的优秀干部选配到各类学校领导岗位上来。发挥基层党组织作用，使基层党组织成为师生最贴心、最信赖的组织依靠，成为学校教书育人的坚强战斗堡垒，把教师和学生党员的先锋模范作用发挥好，把广大教职员工和学生最广泛地凝聚团结起来。

其五，做好思想政治工作。思想政治工作是学校各项工作的生命线，各级党委、各级教育主管部门、学校党组织都必须紧紧抓好。思想政治工作不要简单化，应该是全方位的，无处不在、无时不在的，融入式、嵌入式、渗入式的，要善于运用一切场合、一切载体、一切方式来做思想政治工作，带动所有教职员工和学生共同来做思想政治工作。要精心培养和组织一支会做思想政治工作的政工队伍。要管好课堂，还要管好网上网下，严格教学纪律。

其六，全面从严治党。各级各类学校党组织要按照新时代党的建设总要求，坚持把政治建设摆在首位，不断推进党的建设新的伟大工程。加强党员日常教育管理，持之以恒落实中央八项规定，深入推进反腐败斗争，给学校营造风清气正的良好政治生态。

二、关于教育作用的新定位

首先，教育是国之大计，党之大计。此前说教育为国计又是民生，而此次更加强调教育为国之大计。党的十九大报告指出，党政军民学，东西南北中，党是领导一切的。因此，纳入党的重点工作范围的事，自然是重中之重。这次全国教育大会把教育定位为党之大计，足见党中央对新时代教育事业的高度重视和对教育战略地位的充分强调。

其次，教育要各方尽责，办大教育。自改革开放至本次全国教育大会，党中央层面共召开过四次教育工作会议。第一次全国教育工作会议于1985年5月召开，发布了《中共中央关于教育体制改革的决定》，邓小平同志发表了题为《把教育工作认真抓起来》的重要讲话，指出“忽视教育的领导者，是缺乏远见的、不成熟的领导者，就领导不了现代化建设”。这些谆谆教诲一直激励着后人重视教育工作、推进教育事业。第二次全国教育工作会议于1994年6月召开，会议部署了中共中央、国务院颁布的《中国教育改革和发展纲要》的实施工作，提出到20世纪末基本普及九年义务教育、基本扫除青壮年文盲（“两基”）的目标。从而，我国按照积极进取、实事求是、分区规划、分类指导的原则，全力推进“两基”工作。第三次全国教育工作会议于1999年6月召开，印发了中共中央、国务院《关于深化教育改革全面推进素质教育的决定》。自此，素质教育从民间探索变为官方倡导，从学术争鸣变为学校实践。第四次全国教育工作会议于2010年7月召开，会上，中共中央、国务院印发了《国家中长期教育改革和发展规划纲要（2010—2020年）》（简称《教育规划纲要》），擘画了21世纪第二个十年我国教育改革发展的目标任务和保障措施，开启了建设教育现代化的征程。2018年9月的这次教育盛会，没有沿袭惯例称之为第五次全国教育工作会议，而称全国教育大会。这成了新时代第一次全国教育大会，给人振聋发聩之感，凸显出以习近平同志为核心的党中央对全国教育改革发展的新要求和再部署。同时，全国教育大会彰显了大教育的概念。教育不再仅仅是教育部门和学校的事情，而是全党、全国、全社会的大计。各方面都应凝聚力量，同向发力，共同为年轻一代的健康成长发挥更大的积极作用。

再次，教育是发展基石，德政工程。党的十八大以来，人们已经认识到，教育是民族振兴、社会进步的重要基石，功在当代、利在千秋。因此，政府明显加大了对教育财政投入的力度。2013—2017 年的五年里，全国一般公共预算教育支出累计 12.95 万亿元，年均增长 8.2%，是一般公共预算第一大支出。2017 年，国家财政性教育经费占国内生产总值（GDP）的比例为 4.14%，连续六年保持在 4%以上。① 全国教育大会进一步强调了新时代教育的重要性，第一次提出教育是德政工程。全国教育大会还指出，教育事关国家发展、事关民族未来，影响甚至决定着接班人问题，影响甚至决定着国家长治久安，影响甚至决定着民族复兴和国家崛起。

最后，教育应优先发展，积极行动。在国家经济社会发展中，教育事业具有基础性、先导性、全局性作用。教育强则国家强，教育兴则民族兴。根据全国教育大会精神，在从教育大国迈向教育强国进程中，对教育事业，应当优先规划，优先投入，优先配置，优先落实。在新时代教育优先发展过程中，应当突出内涵，遵循教育规律、人才成长规律，着力形成充满活力、富有效率、更加开放、有利于高质量发展的教育体制机制。坚持教育公益性原则，把教育公平作为国家基本教育政策，大力推进教育体制改革创新。

三、关于立德树人的新阐释

“立德”“树人”之说由来已久，影响深远。《左传·襄公二十四年》云：“太上有立德，其次有立功，其次有立言，虽久不废，此之谓不朽。”《管子·权修》云：“一年之计，莫如树谷；十年之计，莫如树木；终身之计，莫如树人。”现代人将“立德树人”结合使用，更彰显教育之价值。在新时代，虽然教师角色多元、任务繁杂，但其核心使命当数立德树人。立德树人实际上就是全面贯彻党的教育方针，坚持实施素质教育，培养德智体美劳全面发展的社会主义事业建设者

① 国家财政性教育经费占 GDP 比例连续 6 年超 4%［N］. 中国教育报，2018-10-16.

和接班人。

（一）德育

习近平总书记指出，要在品德修养上下功夫，教育引导学生培育和践行社会主义核心价值观，踏踏实实修好品德。根据全国教育大会精神，新时代德育应理解为以下方面。一是加强理想信念教育。我们培养的人，必须树立共产主义远大理想和中国特色社会主义共同理想。要在学生中加强中国历史特别是中国近代史、中国改革开放史、中国共产党史、中华人民共和国史的教育。弘扬社会主义核心价值观，增强学生中国特色社会主义道路自信、理论自信、制度自信、文化自信，让他们不被任何干扰所惑，立志肩负起民族复兴的时代重任。二是厚植爱国主义情怀。爱国主义是世界各国的必修课，也是中华民族的民族心民族魂。开展爱国主义教育，要从青少年儿童抓起，培养学生的爱国情怀，坚持爱国和爱党爱社会主义相统一。三是提升道德品质修养。品德修养十分重要，应当贯彻教育始终。在此过程中，公德私德并行不悖。所谓公德，指的是公共领域公民的道德规范，它关系到其他公民的公共生活，关系到公共领域的正常秩序。所谓私德，则是指个人自处的道德情操，也是个人对待其他个人、处理与其他个人关系的道德。① 个人品德应不断修炼，而热爱国家、热爱人民的公德则更应弘扬。从做好小事、管好小节开始起步，踏踏实实修好品德，学会感恩、学会助人、学会谦让、学会宽容、学会自省、学会自律，进而成为有大爱大德大情怀的人。四是弘扬中华优秀传统文化。重视挖掘阐发，弘扬精华，剔除糟粕。在新时代，尤其要弘扬中华优秀传统文化中讲仁爱、重民本、守诚信、崇正义、尚和合、求大同的时代价值。开展中华优秀传统文化教育，应既要利用课程教材，又要利用文化场所，让学生既在学校里受教导，又在校外体验中得感悟。

（二）智育

根据全国教育大会精神，笔者认为，新时代智育应体现以学习知识为本职，

① 谢维和．公德与私德的“先后”——立德树人的逻辑与实践研究之四［J］．人民教育，2017（10）：38-40.

以立足国情为使命，以全球视野为站位，以奋斗精神为动力。学习知识是学生的天职，青少年学生应珍惜光阴，心无旁骛，如饥似渴学习知识。既重视宽度，又重视深度。既掌握知识，又形成见识。既把握特点，又洞悉规律。既勤于学习，又敢于创新、勇于实践，求真理、悟道理、明事理。立足国情是青少年的历史使命。激发好奇心、想象力，面对每一位学生，减轻过重的课业负担。了解中华文化变迁，触摸中华文化脉络，感受中华文化魅力，汲取中华文化精髓。与此同时，关注世界形势和发展变化，开阔学生视野，借鉴异域长处，摒弃腐朽思想。而奋斗精神是动力和保障。培养学生的责任感、坚强意志、吃苦耐劳精神。立鸿鹄志，做奋斗者；志不求易，事不避难；敢于担当，不懈奋斗；刚健有为，自强不息。

（三）体育

全国教育大会对体育格外强调。在学习习近平总书记重要讲话精神过程中，笔者认为，新时代学校体育应注意以下几个方面。首先，坚持体育课教学。开足体育课时，讲授健体方法，坚持体育锻炼，养成锻炼习惯。让学生掌握两项体育运动技能，鼓励踢足球、练武术，也提倡其他各类健康有益的体育项目。其次，遏制近视率攀升。中国学生视力不良率居于世界前列，令人担忧，保护学生视力迫在眉睫。要端正日常坐姿，减少屏幕辐射，讲究用眼卫生，开展相关干预，推广先进做法。将保护学生视力工作情况，纳入各地党政领导和教育、卫生部门负责人政绩考核的指标，通过多管齐下，给学生光明的未来。再次，磨炼坚强意志。学校体育要“文明其精神，野蛮其体魄”。男生应成为男子汉，在体育活动中，碰破点儿皮，崴着了脚，应视为是常见情况，不必大惊小怪。

（四）美育

美育滋润人生，让人追求美好，改善性情。美育直接关系人的精神生活、情感生活，关系灵魂塑造和人格培养。全国教育大会对美育也很重视。要以美导真，即以美的媒介系统和符号形式唤起青少年的情感体验和想象力，引导他们自觉地迈向追求真理的轨道；以美润善，即以美的形式去滋润青少年的道德世界，让他们把道德规范不再当作外在的强制，而是视为自觉的愉快和享受；以美树信，即以美的形象、品质去帮助青少年培植信仰和信念的种子，直到它成为参天大树。① 为贯彻和落实大会精神，首先，应配备美育教师。在可能的情况下配备专兼职的音乐美术或艺术教师，逐步改变师资紧缺局面。其次，要运用美育资源。正规的艺术教学诚然是好的，而童话、歌谣、云彩、花朵、鸟叫虫鸣都可用来唤起青少年的心灵世界。再次，应提升艺术修养。通过多种方式，让学生具备初步的感受美、鉴赏美、表现美、创造美的意识和能力。

（五）劳动教育

全国教育大会对劳动教育格外重视，专做阐述和部署。首先，劳动教育作用很大。“劳动可以树德、可以增智、可以强体、可以育美。”劳动教育思想是马克思主义教育思想的有机组成部分。劳动教育的核心意蕴，就是教育与生产劳动相结合，并提高人的精神境界。劳动教育旨在展现人的本质力量，提升人的主体性，使人获得身心解放，促进人的能力和自由个性全面发展。劳动教育具有自我意识意蕴、情感意蕴、审美意蕴、自由意蕴。② 学生学习之余，做一些力所能及的劳动，有助于调试心情、缓解压力、增强动手能力，在各种劳动实践中受到劳动教育，进而从思想、技能、习惯等方面感受到劳动的价值。其次，劳动教育亟待加强。2015 年教育部、共青团中央、全国少工委③曾发文要求在中小学开展劳动教育，《中小学生守则（2015 年修订）》也提倡珍惜劳动成果、尊重劳动人民，一些地方和学校开展了劳动教育的有益探索并取得一定成效，但总体上看这些年劳动教育抓得远远不够。社会上一度对劳动的价值有所怀疑，劳动教育在学校中被弱化、在家庭中被软化、在社会中被淡化。④ 一些青少年不珍惜劳动成果，不想劳动，不会劳动。2018 年“五一”前夕，总书记给中国劳动关系学院劳模本科班学员的回信中指出：“全社会都应该尊敬劳动模范、弘扬劳模精神，让诚实劳动、勤勉工作蔚然成风。”⑤ 在全国教育大会上，习近平总书记再次强

① 王一川. 塑造新时代的美好心灵［N］. 中国教育报，2018-09-13.
② 刘黎明. 马克思劳动教育思想的现代阐释［J］. 中国教育科学，2018（1）.
③ 全国少工委，即“中国少年先锋队全国工作委员会”的简称。
④ 郭立场. 让劳动教育塑造年青一代美好未来［N］. 中国教育报，2018-09-13.
⑤ 刘向兵. 劳动的名义［M］. 北京：中国工人出版社，2018：1.

调，要在学生中弘扬劳动精神，教育引导学生崇尚劳动、尊重劳动、懂得劳动最光荣、劳动最伟大、劳动最美丽。再次，劳动教育准确定位。劳动教育的主要目的是增强学生劳动意识，培养学生劳动观念，提升学生劳动能力，激发学生劳动热情，学会劳动，学会勤俭。劳动不能泛化，也不能窄化。读书、写作业、搞课题，不是这里所说的劳动。课堂亦非劳动的主要场所。要让学生走出教室动手体验，看到成果。出点儿力，流点儿汗，以便日后经风雨，见世面。

五育相辅相成，缺一不可。根据全国教育大会精神，要着眼于“教好”，围绕教师、教材、教法推进改革，探索形式多样、行之有效的教学方式方法，切实在素质教育上取得真正突破；要着眼于“学好”，围绕立德立志、增智健体、成人成才推进改革。要加大社会资源的有效开发配置，不能因担心安全问题而因噎废食，各级党委政府要为学校办学安全托底。在新时代，须按照习近平总书记的要求，努力构建德智体美劳全面培养的教育体系，形成更高水平的人才培养体系。

四、关于教师队伍的新表述

全国教育大会指出，教师是人类灵魂的工程师，是人类文明的传播者，担负着传播知识、传播思想、传播真理的神圣使命，从事着塑造灵魂、塑造生命、塑造新人的工作。《教育规划纲要》把教师队伍建设放至“保障措施”重要地位，而全国教育大会更将教师队伍建设作为“基础工作”予以强调。

一是加强师德师风建设。国无德不兴，人无德不立。评价教师队伍素质的第一标准是师德师风。习近平总书记多次倡导教师争做“四有”好老师，希望教师做到教书与育人相统一、言传与身教相统一、潜心问道与关注社会相统一、学术自由与学术规范相统一，从而成为先进思想文化的传播者、党执政的坚定支持者、学生健康成长的指导者和引路人。① 教师是太阳底下最光辉的职业，可以肯定地说，全国各级各类学校的1 626万名教师，学为人师、行为世范、扎根基层、

① 习近平. 做党和人民满意的好老师——同北京师范大学师生代表座谈时的讲话［N］. 人民日报，2014-09-10.

默默奉献、爱岗敬业、成绩凸显，值得充分肯定。但确有个别教师严重违反师德，损害了教师形象。根据全国教育大会精神，下一步要把提高教师思想政治素质和职业道德水平摆在首要位置，把社会主义核心价值观贯穿到教书育人全过程，突出全员全方位全过程师德养成。分别颁布高校教师、中小学教师、幼儿园教师职业行为准则，设定正面标准，划出负面底线，引导广大教师以德立身、以德立学、以德施教、以德育德。

二是提高职前培养质量。体现问题导向，采取有力措施，改变教师培养环节薄弱现状。提升生源质量，鼓励办学条件好、教学质量高的院校师范专业提前批次录取，对符合政策要求的采取到岗退费或公费培养、定向培养等方式，吸引和选拔乐教适教善教的优秀青年进入师范专业。改进培养环节，实施《教师教育振兴行动计划（2018—2022 年）》，加大对师范院校支持力度，建立以师范院校为主体、高水平非师范院校参与的教师教育体系。借鉴国际经验，界定教师应当具备的必备素质，诸如专注于学生和教学，对所教科目谙熟于心并善于传授，对学生学习进行管理和掌控，对教学实践进行系统思考并汲取有益做法，将自己置于学习共同体之中。① 实施卓越教师培养计划，分类培养一批高素质专业化的中小学教师、高素质善保教的幼儿园教师、高素质“双师型”的职教教师、高素质创新型的高校教师，倡导教育家办学。做好师范类专业认证，以认促建，以认促强。②

三是提高在职培训实效。根据全国教育大会精神，应当大力开展能力建设。统筹推进国培项目，分级分层分类开展培训，国培计划集中支持中西部乡村教师提升整体素质，教师素质提高计划重点提升职业院校教师实践教学技能，高校国培项目注重提升西部青年教师教学能力。强化校本教研，发挥教学名师示范带动作用，引领青年教师快速成长。通过“领航工程”“领雁计划”等举措，鼓励教师大胆探索，创新教育理念，改进教学方法，成为学生创新精神的呵护者、创造能力的培育者、创业生涯的指导者。提升校长办学治校能力，增强校长培训的针对性，促进校长队伍专业化建设。

---

① National Board for Professional Teaching Standards. What Teachers Should Know and Be Able to Do［M］. Washington，D. C.，2018：6-18.

② 王定华. 培养好老师从师范类专业认证开始［N］. 光明日报，2018-01-06.

四是创新现代治理体系。创新和规范中小学教师编制配备，盘活事业编制总量，优先保障教育发展需要。深化中小学教师资格考试和定期注册改革，逐步提高中小学教师入职学历。鼓励职业院校专设流动岗，聘用企业家、高科技人才、高技能人才兼职任教。严把高校教师选聘思想政治关，推进职务聘任制改革，实现能进能出。深化职称制度改革，优化中小学中高级教师岗位比例，研究在中职学校设立正高级职称，将职称评审权下放至高校并做好相应监管。深化考核评价制度改革，突出教育教学实绩和师德要求，努力扭转中小学单纯以升学率和学生考试成绩评价教师的倾向，努力扭转高校教师重科研轻教学、重数量轻质量的倾向。

五是确保教师地位待遇。完善中小学教师待遇保障机制，确保平均工资收入不低于当地公务员。关注教师身心健康，提供有效健康服务，让教师健康工作、幸福生活。深化“放管服”改革，推动管、办、评分离，充分发挥教师办学治校主体作用。补齐乡村教师队伍短板。切实落实乡村教师支持计划。鼓励地方政府和相关院校采取多种方式培养一专多能的本土化乡村教师。扩大“特岗计划”招聘规模，适时提高特岗教师工资性补助标准。编制配备向乡村小规模学校倾斜，深化“县管校聘”制度改革，关爱乡村青年教师。完善荣誉制度，深入做好教学名师、教育系统先进集体和先进个人、教书育人楷模等评选推选活动，发挥其示范引领作用，营造全社会尊师光荣、鄙师可耻的浓厚氛围。

五、关于评价体系的新要求

在全国教育大会上，习近平总书记对教育评价制度改革做出重要指示，指出要从根本上解决教育评价指挥棒问题，通过评价改变办学中的一些急功近利的做法。

首先，克服单一指标。根据全国教育大会精神，教育评价必须做出改变，坚决改变唯分数论。现在教育比较突出的问题是中小学生太苦太累，更严重的是大家都知道这种状况不对，但又在沿着这条路走，越陷越深、越深越陷。立足新时代，应当纠正简单以学生考试成绩排名评价老师，拿考试成绩评价学生、拿升学率衡量学校的导向和做法。还要改变工程项目、经费分配与评优评先挂钩的潜规则。对高校教师的评价要科学合理，坚决克服唯文凭、唯论文、唯帽子、唯奖项的顽瘴痼疾，扭转教育功利化的倾向。考试招生制度不断推行有效的改革，真正实现学生成长、国家选才、社会公平的有机统一。高考改革牵一发而动全身，各级党委和政府应做到亲自把关、亲自协调、亲自督查，加大统筹协调力度，确保这项备受关注的高风险改革平稳落地。

其次，减少不必要的评比。全国教育大会让人们认识到，办学有规律，学校有主业，各级党委和政府要减少不必要的检查评比。学校是办学主体，要尽可能把资源配置、经费使用、考评管理放给学校，保证学校事情学校办。支持有条件的高校创一流，但不能通过不当评比，把高校人为分为三六九等，应鼓励不同学科、不同方面争创一流。

再次，规范校外培训机构。全国各类校外培训机构有 38 万所，良莠不齐，这种情况客观上加重了学生的负担。根据全国教育大会精神我们认识到，良心的行业不能变成逐利的产业。对校外培训机构要依法管起来，让校外教育培训回归育人的正常轨道。

最后，端正用人导向。全国教育大会让人们认识到，学历不代表能力，也说明不了人品德行。正因为如此，国家机关、事业单位、国有企业要率先破除唯名校、唯学历是举的导向，建立以品德和能力为导向的人才使用机制，给全社会带个好头，担起育人的社会责任，不以出身论英雄。

六、关于服务能力的新期待

全国教育大会将新时代教育改革发展置于现代化国家建设的大局中，分别提出高等教育差别化发展和职业教育融合化发展。

根据建设社会主义现代化国家的需要，调整优化高校区域布局、学科结构、专业设置，改进高等教育管理方式，促进高等学校科学定位、差别化发展。把创新创业教育贯穿人才培养全过程，建立健全学科专业动态调整机制，加快双一流建设，推进产学研协同创新，着重培养创新型、复合型、应用型人才。

推进产教融合，健全德技并修、工学结合的育人机制，培养亿万产业生力军，让职业院校毕业生在职业发展上也有广阔空间。出台优惠政策，调动企业参与职业教育，推动职业院校和行业命运与共、休戚相关。

七、扩大对外开放的新扩展

首先，要培养国际化人才。根据全国教育大会精神，要大力培养掌握党和国家方针政策、具有全球视野、通晓国际规则、熟练运用外语、精通中外谈判和沟通的国际化人才，有针对性地培养“一带一路”等对外战略急需的懂外语的各类专业技术和管理人才。中国公民在各类国际组织中的工作人员比例过低，这种情况必须改变。为此，应有计划地培养选拔，支持优秀人才到国际组织任职。有条件的大学可确立英语开道，复语跟进，加强通识，兼容并蓄，博学笃行，承担起为世界、为人类做贡献的责任。加强同世界各国的互容、互鉴、互通，聚焦世界科技前沿和国内薄弱空白紧缺学科专业，同世界一流资源开展高水平合作，将办学质量高、符合需要的高等教育资源引进来，打造具有国际竞争力的留学教育，将我国建成全球主要留学中心和世界杰出青年向往的留学目的地。

其次，做好留学教育。一方面，支持出国留学。1978—2018 年，我国出国留学总人数 519.49 万人，已有 374 万人完成学业，其中 313 万人学成回国。下一步，要坚持我国支持留学、鼓励回国、来去自由、发挥作用的留学政策，选派莘莘学子出国深造。另一方面，改进来华留学。吸引海外顶尖人才来华留学，培养未来全球精英。要加强教育服务国家外交的能力，通过教育交流合作，继续办好全球孔子学院、孔子课堂，培养知华、友华、亲华人士，让全球几千万汉语学习者、几十万来华留学生成为中国的好朋友。

为建成社会主义现代化强国奠定坚实基础*

——论学习贯彻《中国教育现代化2035》

2019年2月，党中央、国务院印发了《中国教育现代化2035》。作为亲身参与这个重要文献起草的教育工作者，我感到欣喜自豪而又深受鼓舞。《中国教育现代化2035》提出推进教育现代化的指导思想是：以习近平新时代中国特色社会主义思想为指导，坚定实施科教兴国战略、人才强国战略，紧紧围绕统筹推进"五位一体"总体布局和协调推进"四个全面"战略布局，坚定"四个自信"，在党的坚强领导下，全面贯彻党的教育方针，坚持马克思主义指导地位，坚持中国特色社会主义教育发展道路，坚持社会主义办学方向，立足基本国情，遵循教育规律，坚持改革创新，以凝聚人心、完善人格、开发人力、培育人才、造福人民为工作目标，培养德智体美劳全面发展的社会主义建设者和接班人，加快推进教育现代化、建设教育强国、办好人民满意的教育。将服务中华民族伟大复兴作为教育的重要使命，坚持教育为人民服务、为中国共产党治国理政服务、为巩固和发展中国特色社会主义制度服务、为改革开放和社会主义现代化建设服务，优先发展教育，大力推进教育理念、体系、制度、内容、方法、治理现代化，着力提高教育质量，促进教育公平，优化教育结构，为决胜全面建成小康社会、实现新时代中国特色社会主义发展的奋斗目标提供有力支撑。

一、充分肯定基础教育发展的巨大成就

党的十八大以来，以习近平同志为核心的党中央进一步坚持把教育摆在优先发展的战略位置，作为政府财政支出重点领域给予优先保障，推动教育特别是基

---

*本文撰写于2019年3月，2020年5月修订。

础教育实现了跨越式发展。一是学前教育快速发展。2018 年，全国有幼儿园 26.67 万所，全国学前三年毛入园率达到了 81.7%，比 2017 年增加了 2.1 个百分点。其中普惠园在园幼儿覆盖率达 73.07%，比 2017 年提高了 3 个百分点。2018 年对学前教育而言是有特殊意义的一年，中共中央、国务院对学前教育深化改革、规范发展做了新的顶层设计，印发了《关于学前教育深化改革规范发展的若干意见》（简称《若干意见》），进一步强化学前教育公益普惠发展方向，围绕扩资源、增普惠、建机制、提质量等提出了一系列政策举措。《若干意见》是新中国成立以来第一个以中共中央、国务院名义印发的关于学前教育工作的文件，也是 2018 年全国教育大会召开之后第一个重磅教育政策性文件，含金量很高。二是义务教育强化了均衡发展。义务教育是重中之重。2018 年，我国九年义务教育巩固率为 94.2%，比 2017 年提高了 0.4 个百分点，小学学龄儿童净入学率达到 99.95%，初中学生毛入学率达 100.9%，九年义务教育普及率已达到世界高收入国家的平均水平。从 2013 年开始部署县域内义务教育基本均衡督导评估工作，到 2018 年年底，全国 94%的县级单位通过了义务教育发展基本均衡督导评估，有 19 个省份整体通过国家认定。国家市场监管总局委托第三方做了一个公共服务质量监测，在 11 项公共服务中，人民群众对义务教育的满意度排名第一。三是高中阶段教育取得了巨大发展。2018 年，我国普通高中共有学校 1.37 万所，在校生2 375万人，高中阶段毛入学率达到了 88.8%，比 2017 年增加了 0.5 个百分点。同教育部签署备忘录的 10 个中西部省份 2018 年高中毛入学率平均提高了 1.37 个百分点，海南、河南、四川、新疆 4 个省份率先达到 90%。共有 28 个省份制定了公办普通高中生均公用经费拨款标准，比 2017 年增加了 7 个省份。四是特殊教育取得了新进步。2014 年以来，按照国务院要求，各地组织实施了第一期特殊教育提升计划，义务教育阶段特殊教育生均财政拨款标准提高到6 000元（2013 年为2 000元，2016 年提高到6 000元，是普通学生的 6—8 倍）。目前正在实施第二期特教计划，已批复立项学校 753 所，开工率 43%，累计新增 1.6 万个公办学位。2018 年，全国共招收特殊教育学生 12.35 万人，特教在校生 66.59 万人，视力、听力、智力三类残疾儿童少年义务教育入学率达到 90%以上。

二、充分认识基础教育面临的严峻挑战

第一，从百年奋斗目标来看。到2020年，有三个“兜底线”的硬任务必须确保完成。一是确保义务教育有保障，全国九年义务教育巩固率要达到95%，实现县域义务教育发展基本均衡的县（区）占比达到95%。为此，必须进一步加强贫困地区控辍保学和县域义务教育均衡发展工作。二是确保普及高中阶段教育，全国高中阶段教育毛入学率要达到90%，还差1.2个百分点，主要是中西部6个省份尚未普及，有的差距还比较大，必须加大普及攻坚力度，确保如期实现普及目标，向党中央和全国人民交出一份满意的答卷。三是确保实现学前教育普及普惠发展，到2020年全国学前三年毛入园率要达到85%，普惠性幼儿园覆盖率要达到80%，全国公办园在园幼儿占比原则上要达到50%，普惠性民办园在园幼儿占比要提高到30%左右。到2035年，我们现在培养的中小学生将成为实现第二个百年奋斗目标的新生骨干力量。基础教育工作责任重大，使命光荣，必须加快推进基础教育现代化，努力建设基础教育强国。

第二，从国家经济社会发展来看。党的十九大明确提出我国经济已由高速增长阶段转向高质量发展阶段。高质量的经济发展需要进一步提高劳动力受教育程度和人才培养质量，将人口红利转化为人力资源红利，这离不开高质量教育的支撑。基础教育要从注重提高普及水平为主转向以提高育人质量为主的发展模式，为培养数以亿计的高素质劳动者、数以千计的专门人才和一大批拔尖创新人才奠定基础。

第三，从世界科技教育发展趋势来看。当今世界科技进步日新月异，新一轮科技革命以及由之驱动的产业革命方兴未艾。互联网、大数据、虚拟现实和人工智能等新技术的广泛应用，正在影响并深刻改变着人类的思维方式、学习方式和生产生活方式。我们要紧跟科技创新步伐，及时将最新成果融入课程教材和教学内容中，让学生了解掌握新知识和新技能，更加注重学习能力、创新思维、合作能力、国际视野的培养。

第四，从人民群众的期盼来看。习近平总书记用“八个更”来概括人民群众对美好生活的期盼，期盼“有更好的教育”位列其首。更好的教育，首先应是公

平而优质的教育，既要有学上，还要上好学。其次是促进学生全面而有个性发展的教育，既要增强学生的综合素质，也要发展学生的兴趣特长，使每个孩子成为最好的自己。再次是学业负担合理的教育，更加注重素质培养、能力提升，为长远发展打好基础。我们要积极回应人民群众关切，努力满足人民群众多样化多层次多方位的教育需求。

第五，从中小学生的成长环境来看。首先，意识形态领域的风险和挑战更加复杂、隐蔽、尖锐。2020 年肆虐全球的新冠肺炎疫情对世界格局产生严重冲击。在新型全球化背景下，西方国家通过各种方式，对我国进行着几乎无所不在的政治渗透、经济渗透、文化渗透、宗教渗透，向广大青少年施加意识形态的影响，必须增强防范和抵御渗透的能力。其次，现在的中小学生都出生在新世纪，成长在全球化、信息化和多元文化背景下，还是互联网原住民，面临的社会环境极为复杂，容易受到不良思潮和网络信息影响，危害身心健康，我们必须高度重视，坚决治理。再次，现在学生多数是独生子女，生活环境优越、见识比较广泛、更加自信活跃，但也存在着以自我为中心、心理脆弱、缺少吃苦耐劳精神等问题，教育培养上需要付出更大的努力。要采用更加适合的教育方式方法，切实增强教育的针对性、有效性和吸引力、感染力。

第六，从我国基础教育改革发展的实际来看。目前还存在着一些不利于提高质量的突出问题，主要表现在教育理念还相对滞后、教育评价导向还不够科学、素质教育尚未有效落实，以及城乡义务教育发展还不够平衡、教师队伍建设还亟待加强、学校办学活力还不充分等方面。针对这些问题，中央出台了关于学前教育、义务教育和普通高中教育的文件，进行了统筹谋划和制度设计，提出了一系列重大政策措施。各地要结合本地实际，认真研究制订落实方案，进一步健全工作落实机制，积极推动深化改革，着力破解制约基础教育改革发展的深层次体制机制障碍，促进基础教育持续健康发展。

三、全面完成教育现代化的战略任务

肯定巨大成就，正视严峻挑战，依据《中国教育现代化 2035》，立足当前，着眼长远，我们要全面完成教育现代化的十大战略任务。

一是学习习近平新时代中国特色社会主义思想。把学习贯彻习近平新时代中国特色社会主义思想作为首要任务，贯穿到教育改革发展全过程，落实到教育现代化各领域各环节。以习近平新时代中国特色社会主义思想武装教育战线，推动习近平新时代中国特色社会主义思想进教材进课堂进头脑，将习近平新时代中国特色社会主义思想融入中小学教育，加强高等学校思想政治教育。加强习近平新时代中国特色社会主义思想系统化、学理化、学科化研究阐释，健全习近平新时代中国特色社会主义思想研究成果传播机制。

二是发展中国特色世界先进水平的优质教育。全面落实立德树人根本任务，广泛开展理想信念教育，厚植爱国主义情怀，加强品德修养，增长知识见识，培养奋斗精神，不断提高学生思想水平、政治觉悟、道德品质、文化素养。增强综合素质，树立健康第一的教育理念，全面强化学校体育工作，全面加强和改进学校美育，弘扬劳动精神，强化实践动手能力、合作能力、创新能力的培养。完善教育质量标准体系，制定覆盖全学段、体现世界先进水平、符合不同层次类型教育特点的教育质量标准，明确学生发展核心素养要求。完善学前教育保教质量标准。建立健全中小学各学科学业质量标准和体质健康标准。加强课程教材体系建设，科学规划大中小学课程，分类制定课程标准，充分利用现代信息技术，丰富并创新课程形式。健全国家教材制度，统筹为主、统分结合、分类指导，增强教材的思想性、科学性、民族性、时代性、系统性，完善教材编写、修订、审查、选用、退出机制。创新人才培养方式，推行启发式、探究式、参与式、合作式等教学方式以及走班制、选课制等教学组织模式，培养学生创新精神与实践能力。大力推进校园文化建设。重视家庭教育和社会教育。构建教育质量评估监测机制，建立更加科学公正的考试评价制度，建立全过程、全方位人才培养质量反馈监控体系。

三是推动各级教育高水平高质量普及。以农村为重点提升学前教育普及水平，建立更为完善的学前教育管理体制、办园体制和投入体制，大力发展公办园，加快发展普惠性民办幼儿园。提升义务教育巩固水平，健全控辍保学工作责任体系。提升高中阶段教育普及水平，推进中等职业教育和普通高中教育协调发展，鼓励普通高中多样化有特色发展。振兴中西部地区高等教育。提升民族教育发展水平。

四是实现基本公共教育服务均等化。提升义务教育均等化水平，建立学校标准化建设长效机制，推进城乡义务教育均衡发展。在实现县域内义务教育基本均衡基础上，进一步推进优质均衡。推进随迁子女入学待遇同城化，有序扩大城镇学位供给。完善流动人口子女异地升学考试制度。实现困难群体帮扶精准化，健全家庭经济困难学生资助体系，推进教育精准脱贫。办好特殊教育，推进适龄残疾儿童少年教育全覆盖，全面推进融合教育，促进医教结合。

五是构建服务全民的终身学习体系。构建更加开放畅通的人才成长通道，完善招生入学、弹性学习及继续教育制度，畅通转换渠道。建立全民终身学习的制度环境，建立国家资历框架，建立跨部门跨行业的工作机制和专业化支持体系。建立健全国家学分银行制度和学习成果认证制度。

六是提升一流人才培养与创新能力。分类建设一批世界一流高等学校，建立完善的高等学校分类发展政策体系，引导高等学校科学定位、特色发展。持续推动地方本科高等学校转型发展。加强高等学校创新体系建设，建设一批国际一流的国家科技创新基地，加强应用基础研究，全面提升高等学校原始创新能力。探索构建产学研用深度融合的全链条、网络化、开放式协同创新联盟。提高高等学校哲学社会科学研究水平，加强中国特色新型智库建设。健全有利于激发创新活力和促进科技成果转化的科研体制。

七是建设高素质专业化创新型教师队伍。大力加强师德师风建设，将师德师风作为评价教师素质的第一标准，推动师德建设长效化、制度化。加大教职工统筹配置和跨区域调整力度，切实解决教师结构性、阶段性、区域性短缺问题。完善教师资格体系和准入制度。健全教师职称、岗位和考核评价制度。培养高素质教师队伍，健全以师范院校为主体、高水平非师范院校参与、优质中小学（幼儿园）为实践基地的开放、协同、联动的中国特色教师教育体系。强化职前教师培养和职后教师发展的有机衔接。夯实教师专业发展体系，推动教师终身学习和专业自主发展。提高教师社会地位，完善教师待遇保障制度，健全中小学教师工资长效联动机制，全面落实集中连片特困地区生活补助政策。加大教师表彰力度，努力提高教师政治地位、社会地位、职业地位。

八是加快信息化时代教育变革。建设智能化校园，统筹建设一体化智能化教学、管理与服务平台。利用现代技术加快推动人才培养模式改革，实现规模化教育与个性化培养的有机结合。创新教育服务业态，建立数字教育资源共建共享机制，完善利益分配机制、知识产权保护制度和新型教育服务监管制度。推进教育治理方式变革，加快形成现代化的教育管理与监测体系，推进管理精准化和决策科学化。

九是开创教育对外开放新格局。全面提升国际交流合作水平，推动我国同其他国家学历学位互认、标准互通、经验互鉴。扎实推进“一带一路”教育行动。加强与联合国教科文组织等国际组织和多边组织的合作。提升中外合作办学质量。优化出国留学服务。实施留学中国计划，建立并完善来华留学教育质量保障机制，全面提升来华留学质量。推进中外高级别人文交流机制建设，拓展人文交流领域，促进中外民心相通和文明交流互鉴。促进孔子学院和孔子课堂的转型与特色发展。加快建设中国特色海外国际学校。

十是推进教育治理体系和治理能力现代化。提高教育法治化水平，构建完备的教育法律法规体系，健全学校办学法律支持体系。健全教育法律实施和监管机制。提升政府管理服务水平，提升政府综合运用法律、标准、信息服务等现代治理手段的能力和水平。健全教育督导体制机制，提高教育督导的权威性和实效性。提高学校自主管理能力，完善学校治理结构，继续加强高等学校章程建设。鼓励民办学校按照非营利性和营利性两种组织属性开展现代学校制度改革创新。推动社会参与教育治理常态化，建立健全社会参与学校管理和教育评价监管机制。

四、扎实做好基础教育的重点工作

《中国教育现代化 2035》提出，到 2035 年，总体实现教育现代化，迈入教育强国行列，推动我国成为学习大国、人力资源强国和人才强国，为到 21 世纪中叶建成富强民主文明和谐美丽的社会主义现代化强国奠定坚实基础。建成服务全民终身学习的现代教育体系、普及有质量的学前教育、实现优质均衡的义务教育、全面普及高中阶段教育、职业教育服务能力显著提升、高等教育竞争力明显提升、残疾儿童少年享有适合的教育、形成全社会共同参与的教育治理新格局。

在全面建成小康社会、实现第一个百年奋斗目标的关键阶段，各地各校应当深入贯彻落实全国教育大会精神，按照教育现代化目标任务，统筹推进基础教育各学段、各方面工作任务，攻坚克难，狠抓落实。

第一，要加强中小学党建和德育工作。要研究完善中小学领导体制，制定中小学党建工作规范化基本要求，继续举办中小学党组织书记示范培训班和网络培训班。要做实德育工作，深入落实《中小学德育工作指南》，"一校一案"，普遍建立完善德育工作实施方案。要落实中小学影视教育工作意见，推动学校以多种形式定期开展观影活动，举办全国中小学生电影周。开展"学习新思想，做好接班人"主题阅读活动。

第二，要抓好乡村小规模学校和乡镇寄宿制学校建设工作。要指导各地以县（市、区、旗）为单位制订完善农村义务教育学校布局专项规划，特别是乡村小规模学校和乡镇寄宿制学校的规划工作。同时同步谋划并妥善解决可能带来的学生上下学交通、寄宿需求等问题，并建立布局规划执行的督查机制。本着实用、够用、安全节俭的原则，督促各省级教育行政部门结合本地实际修订完善乡村小规模学校、乡镇寄宿制学校基本办学标准，制定两类学校教职工编制具体核定标准和实施办法。推动各地摸清底数，统筹利用项目和资金，按照缺什么补什么的原则，加快未达标两类学校建设。

第三，要深化校外培训机构治理。要制订深化治理的工作方案，开展校外培训机构专项治理全面督查，总结专项治理经验，巩固治理成果，加强管理服务平台建设，加强线上教育监管，构建长效监管机制。完善财政保障等各项措施，调动广大教师积极性，进一步全面深入推进中小学课后服务工作，切实提高课后服务水平。规范中小学生竞赛，清单之外的全国性竞赛一概不得举办，切实减轻中小学学生和教师的负担。

第四，要规范中小学招生入学，完善招生入学管理。要对招生入学工作提出明确要求，严控辍学，严控起始年级大班额，严控违规招生，推进义务教育免试就近入学全覆盖，进一步规范普通高中和民办学校招生管理。加强对重点大城市随迁子女入学情况调研评估，指导各地保障随迁子女平等接受义务教育。

第五，继续大力化解大班额。严控起始年级大班额。各地应完善有关政策，有序扩大城镇学位供给。进一步健全消除大班额工作通报和约谈制度，确保如期实现 2020 年义务教育大班额控制在 5％以内的工作目标。

第六，大力推进学前三期、高中攻坚、特教二期三大工程计划。推动各地加强协调，在项目批复、开工等方面走“绿色通道”，切实加快建设进度，扩大学前、高中、特教等方面资源，2020 年实现普及目标。

第七，坚决治理一些乱象。禁止商业广告进校园，严格按照广告法等相关法律规定，杜绝企业以任何形式发布不利于中小学生和幼儿身心健康的商业广告，确保学校一方净土。规范学习类应用软件，建立进校园备案审查制度，按照“凡进必审”“谁选用谁负责”“谁主管谁负责”的原则建立“双审查”责任制，不得在课外统一组织或要求、推荐学生使用未经备案审查的学习类应用软件。

第八，坚决防范风险。加强梳理排查，及时研判分析，加大病毒及传染病防控力度，针对可能存在的风险点，做好宣传引导和化解，及时回应人民群众关切，建立并不断完善风险防控机制，在做好改革发展工作的同时，切实保障基础教育和谐稳定。

实现教育现代化，要明确一些有效的实施路径。一是总体规划，分区推进。在国家教育现代化总体规划框架下，推动各地从实际出发，制订本地区教育现代化规划，形成一地一案、分区推进教育现代化的生动局面。二是细化目标，分步推进。科学设计和进一步细化不同发展阶段、不同规划周期内的教育现代化发展目标和重点任务，有计划有步骤地推进教育现代化。三是精准施策，统筹推进。完善区域教育发展协作机制和教育对口支援机制，深入实施东西部协作，推动不同地区协同推进教育现代化建设。四是改革先行，系统推进。充分发挥基层特别是各级各类学校的积极性和创造性，鼓励大胆探索、积极改革创新，形成充满活力、富有效率、更加开放、有利于高质量发展的教育体制机制。

后 记

人类社会进入21世纪第三个十年后，国际政治风雷激荡，科技革命日新月异，人工智能扑面而来，工业4.0时代渐成现实，各种思想思潮交流交融交锋，人们的学习方式、工作方式和生活方式发生很大变化。中国正在日益走近世界舞台中央，华夏儿女应该放眼世界，胸怀全局，不忘本来，吸收外来，继往开来，创造未来。2020年，全球蔓延的新冠肺炎疫情，波及范围之广、影响领域之深，历史罕见，给人类生命安全和身体健康带来巨大威胁，给各国的经济社会发展带来巨大挑战，对世界经济与全球治理造成重大干扰。基础教育作为其中的重要领域，也受到剧烈冲击。这是一次危机，也是一次大考。基础教育相关各部门、广大中小学校以及每位教育工作者都应化危为机，抓住机遇，迎接挑战，相互借鉴，努力打造基础教育升级版，培养全球治理格局剧变背景下能够担负起中华民族复兴大任的一代新人。

我于1980年考入河南大学教育系学校教育专业学习，1984年考入河北大学教育系研读比较教育专业，1986年开始在河南大学教育系执教，1988年到美国波特兰州立大学访学、授课半年；1991年考入河北大学教育系外国教育史专业，1994年获教育学博士学位。1994—2000年在国家教委基础教育司工作，先后任义务教育处副处长、高中教育处副处长。2000—2003年任中国驻纽约总领事馆教育领事。2003年任教育部基础教育司办公室主任，2006年任综合处处长，2007年任基础教育司副巡视员，2008年任基础教育一司副司长。2012—2016年任教育部基础教育一司司长。2016—2018年任教育部教师工作司司长、国家督学，其间2016年11—12月在英国帝国理工学院、伦敦国王学院研修，2017年10—11月在美国哈佛大学、萨勒姆大学研修。2018年调任北京外国语大学党委书记，同时任国际教育学院教授、博士生导师。

几十年来，我经历过多个工作岗位，但在繁忙的行政、党务、教学工作中，我始终提醒自己把所学的教育理论和所从事的教育实际工作紧密结合起来，实施“教育行动研究”，持续保持对教育现实问题观察、思考与研究的热度、力度和精度，并以此推动和保证工作的科学进展，努力出业绩、出成效、出成果，以不负党和人民的培养、教育和重托。本书选入的内容就是我多年来在报刊上公开发表的一些有关基础教育的研究论文、研究报告以及会议发言等，包括基础教育改革发展、义务教育研究、高中教育研究、立德树人研究、心理健康教育、学校品质提升、推进教育治理、教育交流互鉴、奋进新时代等专题。我想，我自己二十多年来亲身参与了基础教育的相关政策制定和改革发展过程，把相关研究成果整理成书，可以比较真切地反映一些重大政策制定情况。从某个角度来看，这也可算是对我国基础教育事业近些年又好又快发展进程的一份零散的“工作实录”。但愿这本“工作实录”能为热心关注我国基础教育事业的教育管理人员、教师、教育研究者提供信息资料、提供经验感受、提供决策参考、提供研究议题、提供解决思路。

需要特别说明的是，本书所收篇目前后时间跨度较大，体例不尽一致，内容也有一些重复，确实不够完美。如果还有其他不足，请各位贤达和广大读者不吝赐教，我将虚心接受并于再版时订正。

在本书的选编和整理过程中，教育部基础教育司荣雷、北京外国语大学郑大鹏、刘捷等给予了热情鼓励和大力协助。人民教育出版社郭戈、吕达、刘立德、诸惠芳、龚鹏飞等为本书的编辑出版付出了心血。在此一并谨致谢忱！

我深切地感到，处在一个伟大的新时代，自己不能止步不前，不能故步自封，而要继续积极努力，有所作为，砥砺前行。

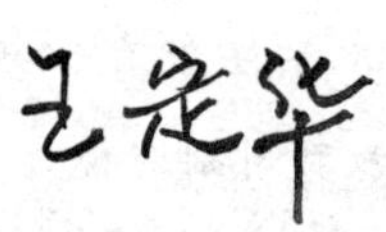

2020年10月于北京外国语大学国际教育学院